기독교 교리를 체계적으로 정리하는 데 도움이 되는 좋은 책을 소개해 달라는 요청을 받을 때마다 무엇을 추천해야 할지 곤란했는데, 이제 브루스 밀른의 『기독교 교리 핸드북』이 바로 그런 책이라고 대답할 수 있겠다. 이 책의 특징은 세 가지다. 첫째, 방대한 내용을 깊이 있게 다루면서도 매우 쉽게 쓰였다. 마치 에세이처럼 술술 읽히는 서술을 따라가다 보면, 어느덧 신학의 중요한 개념들을 두루 섭렵하게 될 것이다. 둘째, 성경과 위대한 기독교 전통을 함께 엮어 가면서 균형 잡힌 대화를 시도한다. 신학이 성경 해석의 산물인 동시에 교회사 속에서 축적된 지혜의 보고임을 이 책은 잘 보여 준다. 셋째, 현대의 중요한 이슈들을 아울러 다루고 있어 매우 적실하다. 목회자이자 선교사이자 신학 교수인 저자는 현대인에게 꼭 필요한 복음적 가르침이 무엇인지 예리하게 분별한다. 아우구스티누스는 하나님에 대하여 "너무나 오랜, 여전히 새로운 아름다움이시여!"라고 고백했다. 이 책은 하나님에 대한 탁월한 가르침에도 그러한 아름다움이 있음을 깨닫게 해 준다.

우병훈 고신대학교 신학과 교수

1982년에 초판이 출판된 이래 복음주의 권역에서 큰 영향을 미쳐 온 브루스 밀른의 『기독교 교리 핸드북』 개정판이 번역되기를 오랫동안 기다렸다. 밀른은 복음주의와 개혁주의 진영의 수많은 양서들을 잘 소화하여, 기독교의 핵심적 신앙 조항들을 30개의 항목으로 명료하게 정리한다. 성경적 고찰이 풍부하고, 신학사적 논의들을 최대한 반영하려 애쓴 흔적이 돋보이는 조직신학 개론이다. 성경적 신앙에 대해 깊이 숙고하는 많은 신학도들과 신자들에게 권한다.

이상웅 총신대학교 신학대학원 조직신학 교수

이 책은 기독교 교리의 주요한 내용과 관련된 방대한 분량의 용어와 개념 및 입장 등을 성경을 바탕으로 상세하고 풍성하게 정리했다. 신앙 문제에 관한 최종적 권위로부터 시작하여 신론, 인간론, 기독론, 구원론, 성령론, 종말론과 같이 주요한 신학적 주제들을 다루었다. 기독교 교리에 관한 다양한 입장들을 소개하면서도 성경적 핵심을 놓치지 않고 강조함으로써, 매우 균형 잡힌 접근법을 일관되게 유지한다. 기독교 신앙의 뼈대로서 교리가 매우 중요함에도 불구하고, 교리에 대한 가르침은 난해하고 복잡하고 사변적인 것, 추상적이고 비실용적이며 심지어는 불필요한 것으로 치부되기도 한다. 그래서 신앙의 향방을 잃고 혼란에 빠져 표류하는 일들이 생겨나며, 더 나아가 성경에서 멀리 벗어난 이단/사이비 교설들이 넘쳐난다. 이러한 상황에서 이 책은 매우 의미 있고 귀중한 역할을 담당해 왔으며, 앞으로도 그럴 것이다. 이 책을 통하여 모든 신앙인들이 삼위일체 하나님을 더 깊이 알고, 더 많이 사랑하고, 더 크게 기뻐하게 되기를 기대한다.

백충현 장로회신학대학교 조직신학 교수

변함없는 하나님의 말씀이 그러하듯, 기독교 교리는 내용이 심오하며 구조가 체계적이다. 복음주의 전통에 깊게 뿌리내린 『기독교 교리 핸드북』은 일반 독자들이 쉽게 접근할 수 있는 평이한 표현으로 심오한 교리의 맥을 질서 정연하게 짚어 준다. 또한 "적용"과 "토론 질문" 등을 제공하여, 교리 공부와 함께 실천적 묵상을 가능하게 한다. 교리를 배우는 평신도와 교리를 정리하고 가르치는 지도자 모두에게 유익하다.
송태근 삼일교회 담임목사

오늘날 우리는 삶의 실천이 중요하고 진리와 교리를 아는 지식은 상대적으로 덜 중요하다고 여기는 시대를 산다. 그러나 기독교 신앙에서 올바른 진리야말로 올바른 삶을 사는 근본과 기초다. 진리와 교리에 대한 무관심은 성도와 교회에 재앙과 불행의 시작이다. 이 책은 30년 이상 널리 사용되며 크게 사랑받아 왔는데, '이데올로기와 종교 다원주의', '교회의 선교적 정체성과 섬김', '말씀 전파와 고난' 같은 오늘날의 주요 화두들이 보강되어 더욱 유익해졌다. 이 귀한 책이 널리 읽혀서 성경의 진리가 우리를 자유케 하고, 구원의 은혜를 더 풍성히 하여, 삶에서 거룩을 증진하는 일에 복되게 사용되기를 기대한다.
화종부 남서울교회 담임목사

너무 방대한 조직신학도 아니고 피상적 요약만도 아닌 교리 연구서가 없을까? 지적 탐구심이 강한 그리스도인 교수나 지도자들로부터 교리 관련 도서 문의를 받을 때마다 드는 궁금증이었다. 3판으로 전면 개정하고 보강된 브루스 밀른의 『기독교 교리 핸드북』은 이 간극을 메우기에 너무도 안성맞춤이다. 풍성한 분량뿐 아니라, 저자가 무엇보다도 하나님을 사랑하고 경배하는 정신으로 전체 내용을 채웠다는 점이 이 책의 가장 큰 미덕이다. 책의 내용을 따라가다 보면 교리 하나하나가 경건한 성경 읽기로부터 나온 것임을 분명히 알 수 있다. 게다가 시대의 이슈와 문제점도 간과하지 않았다. 교리서 저자로서 복음주의적 (또 칼뱅주의적) 확신이 또렷하지만, 자신과 입장이 반대되거나 다른 이론에 대해서도 공정히 취급하고자 애쓴 점도 돋보인다. 모든 사람을 위한 교리 안내서로서, 이 책은 한국 교회에서 독특한 입지를 굳건히 확보할 것이다.
송인규 전 합동신학대학원대학교 조직신학 교수, 한국교회탐구센터 소장

더없이 합리적이고 명쾌하며 효과적이다. 가히 모든 사람을 위한 칼뱅의 『기독교강요』라 할 만하다.
제임스 패커

기독교 교리에 대한 복음주의적 안내서로 이처럼 사려 깊고 알기 쉽게 쓰인 책이 또 있을까!
웨인 그루뎀

KNOW
THE
TRUTH

기 독 교
교   리
핸 드 북

IVP(InterVarsity Press)는
캠퍼스와 세상 속의 하나님 나라 운동을 지향하는
IVF(InterVarsity Christian Fellowship)의 출판부로
생각하는 그리스도인을 위한 문서 운동을 실천합니다.

Know the Truth (3rd Edition)
Copyright ⓒ 1982, 1998, 2009 by Bruce Milne
This translation of Know the Truth first published in 1982,
Second edition (completely revised and reset) 1998, Third edition
(completely revised and reset) 2009 is published by arrangement
with Inter-Varsity Press, London, England, United Kingdom.
through rMaeng2, Seoul, Republic of Korea.

Korean Edition ⓒ 2017 by Korea InterVarsity Press
156-10 Donggyo-ro, Mapo-gu, Seoul 04031, Republic of Korea

이 한국어판의 저작권은 알맹2를 통하여
IVP UK와 독점 계약한 IVP에 있습니다.
신 저작권법에 의하여 한국 내에서 보호받는 저작물이므로
무단 전재와 무단 복제를 금합니다.

기독교 교리 핸드북

브루스 밀론

안종희 옮김

IVP

그러므로 예수께서 자기를 믿은 유대인들에게 이르시되,
너희가 내 말에 거하면 참으로 내 제자가 되고 진리를 알지니
진리가 너희를 자유롭게 하리라.
— 요한복음 8:31-32

형제들이 와서 네게 있는 진리를 증언하되
네가 진리 안에서 행한다 하니, 내가 심히 기뻐하노라.
— 요한삼서 3절

차례

- 추천의 글   13
- 감사의 글   15
- 머리말   16

1부   신앙 문제에 관한 최종적 권위

1. 권위   23
권위의 의미 · 권위의 원천

2. 계시   30
계시의 중요성 · 계시의 가능성 · 일반 계시 · 특별 계시

3. 성경   44
특별 계시의 물리적 형태 · 성경을 하나님의 기록된 말씀으로 받아들이는 근거 · 영감 · 정경 · 다른 문제들 · 해석학: 성경을 해석하는 학문이자 기술

▶ 적용   86

2부   신론

4. 하나님의 존재   93
기독교 유신론의 근거 · 하나님 존재에 대한 합리적 '증명' · 전제론적 변증 · 합리적 접근법에 대한 평가

5. 삼위일체 하나님   109
   성경적 근거 · 삼위일체 교리에 대한 이해 · 삼위일체 교리의 중요성

6. 하나님의 속성 또는 완전성   118
   하나님의 영광 · 하나님의 주 되심 · 하나님의 거룩 · 하나님의 사랑

7. 창조 사역   135
   '무로부터의' 창조 · 계속되는 창조 · 언어의 문제 · 과학적 노력 ·
   기적 · 기원 문제 · 영적 세계의 창조

8. 섭리   153
   섭리의 범위 · 필요한 구분들 · 하나님의 섭리와 악

▶ 적용   162

3부   인간과 죄

9. 인간의 본성   173
   영속적 질문 · 하나님과의 관계 · 자신과의 관계: 인간의 본성 ·
   이웃과의 관계 · 창조 질서와의 관계 · 시간과의 관계

10. 죄 가운데 있는 인간   200
   인간의 타락 · 죄의 본질과 범위 · 죄의 결과 · 추가적 문제들 ·
   현대의 논쟁들 · 요약

11. 은혜 가운데 있는 인간   235
   신-인이신 예수 그리스도 · 그리스도인: 그리스도 안에서 태어난
   새로운 피조물

12. 영광 가운데 있는 인간   242

▶ 적용   244

4부   그리스도의 위격과 사역

13. 예수 그리스도의 인성   253
   종교 생활 · 제한적 지식 · 성부에 대한 의지와 순종 · 시험 · 부활 후

14. 예수 그리스도의 신성 260
신성에 관한 직접적 진술 · 예수님과 야훼/여호와의 동일성 ·
복음서의 증거들 · 결론

15. 한 인격 287
초기 논쟁들 · 다른 주요 개념들 · 현대적 해석 · 보충 설명

16. 그리스도의 사역: 성경의 가르침 303
구약에 나타난 속죄 · 메시아 예수

17. 그리스도의 사역: 역사적 관점들 333
객관적 해석 · 주관적 해석 · 현대적 해석

▶ 적용 353

5부 성령의 위격과 사역

18. 성령의 위격 365
구약의 가르침 · 신약의 가르침

19. 약속의 성령 369
그리스도의 초림 전의 성령 · 성령과 그리스도

20. 성령과 그리스도인의 시작 374
토대: 하나님의 은혜 · 본질: 성령에 의한 그리스도와의 연합

21. 성령과 그리스도인의 성장 391
소망 · 확신 · 성화 · 성도의 견인 · 수단과 마지막 때

22. 역사적 관점: 오늘날의 성령 412

▶ 적용 416

6부 교회

23. 교회의 정체성 423
성경에 나타난 교회의 이미지들 · 진정한 교회의 특징

24. 교회의 기능　　　　　　　　　　　　　　445
예배 · 교제 · 사역 · 증언

25. 교회의 삶　　　　　　　　　　　　　　461
하나님의 말씀 · 성례 · 기도 · 교제 · 고난

26. 역사 속의 교회　　　　　　　　　　　　486
조직 형태 · 역사적 개관 · 교회의 미래

▶ **적용**　　　　　　　　　　　　　　　　　502

7부　마지막 일들

27. 하나님 나라　　　　　　　　　　　　　　507
구약적 배경 · 예수님과 하나님 나라 · 신약 후기의 가르침 · 하나님 나라와 그리스도인의 경험

28. 그리스도의 재림　　　　　　　　　　　　513
신약의 용어들 · 관련 성경 구절 · 재림의 성격 · 재림의 목적 · 재림의 시기 · 관련된 문제들

29. 최후의 상태　　　　　　　　　　　　　　536
죽음 · 중간 상태 · 부활 · 심판 · 지옥 · 다가올 삶

30. 종말론의 역사　　　　　　　　　　　　　557
초기 시대 · 중세 시대 · 종교개혁 · 19세기 · 오늘날

▶ **적용**　　　　　　　　　　　　　　　　　561

- 주　　　　　　　　　　　　　　　　　　　567
- 찾아보기　　　　　　　　　　　　　　　　571

• 일러두기
 - 본문 괄호 안에 나오는 '라. 헬. 히.'는 각각 라틴어, 헬라어, 히브리어를 가리키는 약어다.
 - 각 부 앞부분에 나오는 그림은 초기 기독교에서 사용되던 상징으로, 로마 카타콤에서 발견된 것이다.

추천의 글

"기독교 신앙의 기초를 이처럼 합리적이고 명쾌하며 효과적으로 개관하는 책을 추천한다는 것은 내게 하나의 특권과도 같다." 이 책의 초판 추천사에서 이렇게 쓴 지도 25년이 지났다. 해마다 이 책을 신학 수업 자료로 사용하면서, 브루스 밀른의 날카로운 지성과 성경적 정확성, 영적 통찰에 날로 더 감탄하게 되었다. 이제 이 책도 제법 성장해서, 제3판에서는 초판 출간 이후 기독교계에 큰 영향을 미친 주된 논의들을 비롯한 많은 내용이 추가되었다.

그 논의들이란, 성경에 대한 이해, 하나님의 실재와 본성, 창조 세계와 섭리를 이해하는 방식, 인간의 본성과 성(性), 포스트모더니즘 시대의 이데올로기와 종교 다원주의, 우리 주 예수 그리스도의 성육신하신 인격과 대속의 죽음, 인간 생명의 신성함, 교회의 선교적 정체성과 섬김, 계속되는 교회의 삶에서 말씀 전파와 고난이 차지하는 위치 등이다. 이런 주제에 대한 저자의 참신한 논평 덕분에, 본래 유용했던 이 책이 더욱 유용해졌다.

저자는 나처럼 은퇴를 했지만, 지적 능력은 여전히 왕성하다. 이 책을 읽다 보면 그 점을 곧 확인할 수 있을 것이다. 나는 이 책에 찬사를 보내기 위해 이전 추천사에 담은 최상급 표현들을 다시금 사용하되, '지금은 더욱 그러하다'고 덧붙이고 싶다. 새롭게 보완된 이 신앙 개론서를 읽는 이들에게 나는 자신 있게 약속할 수 있다. 한때 영국에서 흔히 사용한 표현대로, 이 책은 당신에게 아주 좋은 도움(a power of good)이 될 것이다. 물론 이 표현은 전적으로 영적인 의미다. 주님, 여기에 당신의 귀중한 진리가 있습니다. 당신의 영광스러운 능력으로, 읽는 이들에게 그 진리를 부어 주시고 복 주시기를 기도합니다. 아멘.

정말 그렇게 되기를! 일단 맛보면 알게 될 것이다.

제임스 패커

감사의 글

『기독교 교리 핸드북』 제3판을 출간하게 되어 다시 한 번 깊이 감사드린다. 1980년 낡은 올림피아 타자기로 작성했던 소박한 원고가, 놀랍게도 약 30년이 지나는 동안 세계적으로 탐독되는 신앙 서적이 되었다. 지난 30년 동안 이 책은 18개 언어로 번역되었거나 번역이 진행 중이며, 여러 나라에서 다양한 계층의 수많은 기독교 지도자와 학생들이 성경신학의 기본 주제를 탐구하는 입문서로 사용해 왔다. 우리는 끊임없이 움직이는 역동적 세상에서 산다. 이 3판은 이처럼 지속적으로 변화하는 상황 안에서 성경의 변치 않는 메시지를 '경청'하려는 진심 어린 시도를 담은 개정판이다.

이전 판들과 마찬가지로, 영국 IVP에 큰 은혜를 입은 나는 이번 책 역시 기쁜 마음으로 이 기관의 지속적 사역에 바친다. 또한 책을 만드는 과정에서 도움을 준 충실한 친구들에게 깊은 감사를 전한다. IVP의 필 듀스 박사는 전문적 도움과 신학적 통찰을 제공했고, 짐 패커 박사는 통찰력 있는 논평과 함께 추천사를 새로 써 주었으며, 제이 휴는 텍스트의 '공명판'이 되어 의견을 주었다. 아내 발레리는 늘 그래 왔듯이 충실한 지원자가 되어 주었다. 그러나 그 누구보다 최고의 감사를 드려야 할 분은 영원히 복되신 우리 하나님, 곧 성부, 성자, 성령 하나님이시다. 그분은 이 책의 무궁무진한 주제이며, 그 측량할 수 없는 은혜로 말미암아 현재는 물론 영원히 우리의 본향이 되신다.

머리말

'물론 전 신학자가 아닙니다.' 지난 수십 년 동안, 기독교 신앙에 대해 나보다 훨씬 잘 알 법한 사람들이 이런 말을 하는 것을 수도 없이 들어 왔다. 사람들이 이렇게 말할 때 뜻하는 것은, 기독교 신앙을 진지하게 여기고 체계적 형태로 표현하려는 시도와, 주님과의 인격적 동행이나 복음전도 등 현실적 관심사를 다루는 실제 기독교가 완전히 구별된다는 것이다. 흔히 사람들은 신학자들이 존재할 가치는 있겠지만, 평범한 그리스도인은 진지한 교리 공부에 번거롭게 관여할 필요가 없고, 또 너무 깊게 파고들면 오히려 그리스도인의 삶에 방해가 될 수도 있다고 여긴다.

이처럼 널리 퍼진 교리에 대한 반감은 이전 세대 그리스도인들의 특성과는 매우 판이한 것으로, 현대 서구 문화에 깊이 뿌리박혀 있다. 오늘날 교회 앞에 놓인 엄청난 도전과 기회를 고려하면, 교리의 후퇴란 곧 재앙의 시작이다.

그렇다면 교리를 공부하는 것이 왜 그렇게 중요할까?

첫째, 사실상 모든 그리스도인이 신학자이기 때문이다! 신학은 문자 그대로 '하나님에 관한 학문', 더 정확히는 '하나님에 관한 지식에서 비롯되는 생각과 말'이다(참고. 고전 1:5). 우리는 거듭남으로 말미암아 하나님을 알기 시작했고, 그분의 속성과 행위에 대해 어느 정도 이해하고 있다. 그러므로 그 내용을 체계적으로 종합해 본 경험이 있든 없든 간에 우리에게는 모두 일종의 신학이 있는 셈이다. 따라서 신학을 제대로 이해한다면, 그것은 관념적 논쟁에 재능이 있는 소수의 종교적 지식인이 **아니라** 모든 사람과 관련된 것이다. 따라서 우리는 하나님의 영광을 위해 가능한 한 최고의 신학자가 되어야 한다. 하나님과 그분의 도에 대한 이해가 분명해지고 깊어지려면, 하나님이 바로 그 목적을 위해 주신 성경(딤후 3:16)을 연구해야 하기 때문이다. 이 핸드북도 독자들이 그렇게 할 수 있도록 돕기 위해 쓰였다.

둘째, 바른 교리는 그 밖의 모든 것을 바르게 하는 열쇠다. 하나님이 어떤 분이고 우리가 어떤 존재인지, 하나님이 우리에게 무엇을 원하시는지 등을 알고자 한다면, 우리는 성경을 공부해야 한다. 성경을 공부하는 것은 성경 전체의 가르침을 공부하는 것이고, 그 전체적 가르침이 바로 교리다. 교리는 그리스도인 생활의 모든 분야, 곧 예배(요 4:23), 증언(행 17:11), 제자도(요 8:31이하), 그리스도인의 관계(고전 12:12), 일상생활(엡 6:5-9)에 영향을 미친다. 바른 삶은 항상 바른 생각에서 시작된다. 신약성경 저자들이 이런 원칙을 전형적으로 잘 보여 준다. 교회에서 실제적 문제에 직면하면, 그들은 항상 그 배후의 신학적 쟁점을 명확하게 규명한 다음 실제적 처방을 내리곤 했다. 그런 깊은 의미에서 볼 때 교리는 곧 삶의 열쇠다. 성령은 하나님의 진리를 사용하여, 우리 안에서 그리고 우리를 통해 일하신다.

물론 올바른 교리만으로는 충분하지 않다. 안타깝게도 인간이 실제 순종으로 하나님의 진리를 실천하는 데 실패할 가능성이 늘 있기 때문이다. 이것이 흔히 교리가 비판받는 이유다. 만일 올바른 교리가 거룩하고 사랑으로 충만하며 성숙한 삶으로 이어지지 않는다면, 무언가 심각하게 잘못된 것이다. 그러나 이것이 교리를 무시하거나 경시할 이유는 결코 될 수 없다. 나는 바로 이 점을 강조하기 위해, 각 부의 끄트머리에 "적용" 부분을 덧붙였다. 모든 적용거리를 다 담으려는 게 아니라, 올바른 교리가 올바른 삶의 기초가 된다는 점을 설명하기 위해서다.

셋째, 교리 공부는 지성을 통해 주님에 대한 사랑을 표현하는 것이다(마 22:37). 진실한 생각과 이해는 진실한 행위와 말 못지않게 하나님께 응답하는 타당한 표현 방식이자, 진리의 하나님께 영광을 돌리는 중요한 방식이다. 많은 이들이 실천을 곧 진리의 시금석이라 여기는 이때, 우리는 진리 추구 자체가 하나님을 높여 드리는 행위임을 강조할 필요가 있다.

넷째, 교리가 무엇보다 핵심 위치를 차지하는 이유는, 성경이 그리스도에 대해 계시한 진리와 그리스도 그분을 궁극적으로 분리할 수 없기 때문이다. 성경 전체의 진리와 교리를 통해 알려진 그리스도 이외에 다른 그리스도는 없다. 칼뱅이 말했듯이, 그리스도는 "복음의 옷을 입고서" 우리에게 오신다. 따라서 그리스도의 인격에 대한 충성은 필연적으로 그분에 관한 진리에 헌신하는 일을 포함한다. 반대로, 성경 교리에 관한 부주의나 무관심은 그리스도의 이름에 대한 불충이며 그분의 영예에 대한 무관심이다.

이 네 가지 주장은 어느 하나를 선택해야 하는 것이라기보다는 상호 보완적이다. 그리고 이를 종합하면, **교리가 중요하다**는 하나의 단순하고 필연적인 메시지가 될 것이다. "너는 진리의 말씀을 옳게 분별하며…일꾼으로 인정된 자로 자신을 하나님 앞에 드리기를 힘쓰라"(딤후 2:15).

이 핸드북은 몇 세기에 걸쳐 정립되어 온 기독교 교리의 주요 분야를 다룬다. 이 책의 주요 독자는 성경의 가르침을 더 알고자 하고, 논쟁이 있는 교리들이 오랜 시간을 거치며 어떻게 전개되었고 현대의 흐름은 어떠한지에 어느 정도 관심이 있는 생각하는 그리스도인들이다. 이 책의 주된 관심은 성경의 가르침을 자세히 설명하는 데 있다. 각 교리 설명 다음에는 주제와 관련된 주요 성경 구절을 실었는데, 성경 구절부터 읽고 교리 설명으로 돌아가도 좋을 것이다. 각 장 끝에 마련한 질문은 독자 스스로 교리를 숙고하고 복습하도록 돕기 위한 것이며, 더 깊이 공부할 수 있는 방향을 안내하고 격려하기 위해 각 분야 입문서 목록도 첨부했다.

■ 참고 자료

교리

T. D. Alexander and B. S. Rosner (eds.), *New Dictionary of Biblical Theology* (IVP, 2000). 『IVP 성경신학사전』(IVP).

L. Berkhof, *Systematic Theology* (Banner of Truth, 1959). 『벌코프 조직신학 합본』 (크리스천다이제스트).

J. M. Boice, *Foundations of the Christian Faith* (IVP, 1986). 『기독교강요 교리설교』 (크리스천다이제스트).

G. Bray (ed.), *Contours of Christian Theology series* (IVP, 1993-). 『IVP 조직신학 시리즈』(IVP).

J. Calvin, *Institutes of the Christian Religion*. 『기독교강요』(크리스천다이제스트).

S. B. Ferguson et al. (eds.), *New Dictionary of Theology* (IVP, 1988). 『IVP 아가페 신학사전』(아가페).

S. J. Grenz, *Created for Community* (Victor/BridgePoint, 1996). 『누구나 쉽게 배우는 신학』(CUP).

W. Grudem, *Systematic Theology* (IVP, 1994). 『웨인 그루뎀의 조직신학』(은성).

T. C. Hammond, *In Understanding Be Men* (IVP, 6th edn, revised and edited by David F. Wright, 1968). 『간추린 조직신학』(CLC).

C. Hodge, *Systematic Theology* (James Clarke, 1960). 『찰스 하지 조직신학』(크리스천다이제스트).

J. I. Packer, *God's Words* (IVP, 1981). 『꼭 알아야 할 기독교 핵심 용어 17』(부흥과개혁사).

G. Vos, *Biblical Theology* (Banner of Truth, 1976). 『성경신학』(CLC).

역사

L. Berkhof, *The History of Christian Doctrines* (Banner of Truth, 1969). 『루이스 벌코프 기독교 교리사』(크리스천다이제스트).

G. C. Berkouwer, *A Half Century of Theology* (Eerdmans, 1977).

G. W. Bromiley, *Historical Theology: an Introduction* (T. & T. Clark, 1978). 『역사신학』(크리스천다이제스트).

S. J. Grenz and R. E. Olson, *20th-Century Theology* (Blackwells, 1992). 『20세기 신학』(IVP).

J. N. D. Kelly, *Early Christian Doctrines* (A. & C. Black, 5th edn, 1977). 『고대 기독교 교리사』(크리스천다이제스트).

J. G. Machen, *Christianity and Liberalism* (Eerdmans, 1946). 『기독교와 자유주의』(복있는사람).

J. Orr, *The Progress of Dogma* (Eerdmans, 1962).

1부

신앙 문제에
관한
최종적 권위

<u>기독교 신앙의 기초인 십자가,</u>

<u>혹은 하나님이 주신 든든한 소망 곧 영혼의 닻(히 6:19)을 나타낸다.</u>

1 │ 권위

종교는 그 무엇보다 심각한 논쟁을 불러일으키는 주제다. 종교적 신념이 우리의 가장 깊은 가치관 및 헌신과 관련되어 있음을 감안한다면 그리 놀라운 사실은 아니다. 하나님은 존재하는가? 만약 존재한다면 어떤 분인가? 하나님을 인격적으로 경험할 수 있는가? 우주에서 발견할 수 있다는 지적 설계의 증거는 어떠한가? 우리는 예수님에 대해 **정말로** 무엇을 알 수 있는가? 예를 들어, 그분은 결혼하셨는가? 기독교는 하나님께로 가는 유일한 길인가, 아니면 이외에도 많은 길이 있는가? 교회는 설립자인 예수님의 모습과 왜 그렇게 다른가? 혼외정사나 동성애 관계와 같은 생활방식의 문제는 어떻게 봐야 하는가? 우리는 모두 환경 운동가가 되어야 하는가? 그리스도인이 되면 더 부유해지거나 더 건강해질까? 기도하면 상황이 달라지는가? 사후의 삶은 존재하는가? 만약 그렇다면 어떤 모습일까?

그리스도인과 비그리스도인을 막론하고 사람들 사이에 끊임없이 논쟁을 일으키는 이와 같은 질문들은 이 책에도 등장한다. 그런데 이런 열띤 공방을 주고받으면서도, 우리는 정작 종교적 권위에 관한 한층 근본적인 불일치가 존재한다는 사실을 놓치기 쉽다. 우리는 어떤 방식으로 결론에 이르는가? 무엇을 증거로 간주하는가? 단지 개인적 느낌인가, 아니면 사람들이 주장하는 체험인가? 인류학이나 비교종교학, 사회심리학의 연구 결과가 이런 문제에 중요한 실마리를 주는가? 성경의 가르침은 어떠한가? 다시 말해, 종교에서 권위는 어디서 비롯되는가? 우리는 어떤 근거를 내세워야 하는가?

여러 자료를 검토해 보면, 종교적 사안에 대해 사람들이 취하는 다양한 관점은 주로 이미 의식적 혹은 무의식적으로 결정한 종교적 권위의 소재에 좌우되는 것 같다. 권위의 문제에 대해 질문을 던진다고 해서 모든 불일치가 해소되지는 않겠지만, 차이를 만드는 실제 지점을 명료하게 하면 적어도 불필요한 오해를 예방할 수 있을 것이다.

따라서 기독교의 기본 교리를 자세히 설명하는 작업은 반드시 이 지점에서 시작해야 한다. 우리는 **무엇이** 올바른 기독교적 가르침인지 어떻게 판단하는가? 차이와 갈등을 해소하기 위해 어떤 근거를 내세울 수 있는가? 진리의 기준은 무엇인가? 먼저 이런 질문들을 살펴보려 한다.

권위의 의미

권위(authority)란 순종을 요구할 수 있는 권리나 힘이다. 권위가 위기에 처한 현대 사회에서 많은 사람이 받아들이는 유일한 권위는, 스스로 의식적으로 부여한 권위, 곧 자신이 보거나 느끼기에 옳은 것이다.

기독교 신앙의 관점에서, 하나님은 모든 인간의 창조주이자 주님이시기 때문에 순종을 요구할 수 있는 최고의 권리와 힘이 있으시다. 참된 그리스도인이라면 '나는 이 문제에 대한 하나님의 관점을 알지만, 거기에 꼭 순종해야 한다고는 생각하지 않아'라는 식으로 여기지 않을 것이다. 때로는 의도적으로 하나님의 뜻을 거역할 수 있지만, 그런 행동은 스스로 내리는 판단에도 항상 반대되며, 뒤따르는 양심의 가책은 하나님의 권위가 여전히 작용하고 그들이 이를 인식하고 있음을 증언한다. 하나님께 권위가 있는 것이다.

일단 그리스도인들이 이러한 근본 원칙을 이해하면, 권위 문제는 모든 사안에서 하나님의 뜻과 생각을 구하는 실질적 문제가 된다. 그러나 어떻게 하나님을 만나고 그분의 생각과 뜻을 알 수 있을까? 보다 구체적으로, 하나님은 어떤 원천적 수단을 제공하셔서 그것을 통해 우리가 그분의 진리에 도달하고 그 권위에 따를 수 있도록 해 주셨는가?

권위의 원천

수 세기에 걸쳐 그리스도인들이 최종적 권위의 원천으로 삼아 온 다양한 목소리들이 있다.

신조

신조란 교회사의 이른 시기에 기독교 진리를 간단히 요약한 것으로, 신학적으로 혼란했던 시기에 신앙의 본질을 진술하기 위해 만들어졌다. 여러 신조들 중 '사도신경'은 가장 오래되고 널리 알려져 있어 강한 권위를 확보해 왔다. 사도신경은 기독교 신앙의 내용을 상세히 설명할 수 있는 유용한 일련의 조항들을 제시하지만, 기독교 진리의 최종적 원천이나 기준은 아니다. 첫째, 사도신경은 너무 일반적이라서, 극단적 관점을 점검하는 데는 유용하지만, 각 교리를 충분하게 설명해 주지는 않는다. 둘째, 사도신경의 권위는 그 이전의 좀더 시원적 내용, 곧 예수 그리스도와 사도들의 가르침에 의존한다.

역사적 신앙고백

종교개혁 시기와 그 이후에 성공회 39개 신조(1571)와 웨스트민스터 신앙고백(1647) 같은 기독교 신앙에 대한 여러 진술문들이 발표되었다. 신앙고백은 신조보다는 내용이 훨씬 자세하지만, 이 역시 최종적 권위는 될 수 없다. 우선, 신앙고백은 보편 교회 중 한 교파의 관점을 반영하는 '교단' 선언서의 성격을 띠며, 따라서 다른 교파가 지지할 수 없는 내용도 포함된다. 더 나아가 이것은 결국 '이차적' 문서가 될 수밖에 없는데, 대략만 살펴보아도 의도적으로 성경의 가르침을 이용해 자신들의 주장을 정당화하고 있음을 알 수 있다.

그리스도인의 체험

이 방식은 하나님에 대한 인간의 실제 체험에서 시작하며, 교리들을 체험 속에 표현된 것으로 규정하려고 시도한다. 19세기의 영향력 있는 많은 신학자들이 이러한 접근법을 따랐는데, 여기에는 두 가지 중대한 어려움이 있다. 우선, 하나님을 체험할 때 우리는 하나님에 대한 객관적 진리와 자신의 제한적이고 편향된 주관적 의견을 구별해야 한다. 이런 어려움은 우리가 타락한 정신을 가진 타락한 존재이기 때문에 더 심각해진다. 또한, 가령 삼위일체 교리처럼 인간의 직접 경험을 넘어서는 것들을 일절 배제함으로써 기독교 진리를 제한하기도 한다.

그리스도인의 이성

논리적 추론으로 하나님에 대해 증명할 수 있는 것이 곧 기독교 진리라고 주장하는 접근법으로, 3세기부터 이를 옹호하는 사람들이 줄곧 있었다. 기독교 진리를 정립할 때 이성적 숙고를 전적으로 배제하는 사람은 거의 없지만, 어쨌든 이성 역시 궁극적 권위가 되지 못한다. 타락한 인간의 진리 인식 능력은 특히 도덕적·영적 영역에서 심각하게 제한적이며, 피조물의 지성은 결코 창조주를 헤아릴 수 없다. 이런 방법은 진정한 성경적 종교의 생명력을 포착하는 데 늘 실패하기 마련이다.

'내적 음성'

어떤 이들은 하나님이 우리의 깊은 의식 속에서 직접 말씀하시며, 이러한 '내적 음성'이 권위의 궁극적 원천이 될 수 있다고 주장한다. 이런 관점은 오늘날 널리 퍼져 있고 흔히 성령의 직접적 역사로 해석된다. 물론, 일부는 진실이다. 권위를 기독교적으로 이해하는 데 마땅히 성령이 중요한 역할을 하시기 때문이다. 그러나 성령은 본질적으로 성경 안에서, 그리고 성경을 통해 일하신다. 성령의 역사에 대한 그 어떤 구체적 주장도, 기록된 하나님의 말씀을 언급하지 않거나 소속 교회 혹은 단체의 경험을 통해 확인되지 않을 경우, 우리는 그에 대해 본능적으로 회의적 태도를 취해야 한다. 그런 주장을 하는 많은 사람들이 아무리 진실하다 해도, 자기기만의 엄청난 위험을 피해 갈 수는 없다. 여러 기독교 상담가들의 기록을 보면, 반복적으로 이런 암초에 걸려 결국 영적으로 파선한 실례가 무수히 많다.

궁극적 원천

이와 같은 방법들은 하나님의 뜻을 파악하기에 충분하지 않으므로, 기독교 진리의 권위 있는 원천이 될 수 없다. 하지만 각 방법이 어느 정도 도움이 될 수는 있다. 신조와 신앙고백은 세계적이고 유구한 역사를 지닌 예수 그리스도의 교회 내에 있는 우리의 위치를 강조한다. 따라서 이와 같은 증언들을 신중하게 다루는 것은 매우 현명한 태도다. 그리스도인의 체험은 교리가 단순히 지적인 것이 아님을 상기시키며, 그리스도인의 이성은 교리가 인간의 의사소통 방식에 맞추어 진술되어야 함을 주장한다. 그러나 **권위의 궁극적 원천은, 성경 말씀을 통해 우리에게 자신을 알려 주시는 삼위일체 하나님이다.** 이 말에는 세 가지 진리가 포함된다.

1. 하나님께 주도권이 있다. 하나님은 사랑 이외에 다른 어떤 내재적 필요로도 제한받지 않는 그분만의 거룩한 자유를 가지고, 우리와 소통하고 그분

자신과 자신의 뜻을 우리에게 나타내기로 선택하셨다. 이 과정이 '계시'다.

2. 하나님은 신-인(God-man)이신 예수 그리스도 안에서 직접 우리에게 찾아오셨다. 하나님의 영원한 말씀이자 하나님의 지혜이신 예수 그리스도는 하나님에 관한 모든 지식의 중재자이시다(참고. 요 1:1이하; 14:6-9; 고전 1:30; 골 2:3; 계 19:13).

3. 우리는 성경을 통해 하나님에 대한 지식을 얻는다. 하나님은 성경을 기록하게 하신 분이며, 말씀을 처음 주셨을 때 자기 백성에게 말씀하신 것처럼 오늘날에도 성경을 통해 우리에게 말씀하신다. 우리는 성경을 우리에게 주어진 하나님의 말씀으로 받아들여, 공경하고 순종해야 한다. 성경의 권위에 굴복하는 것은, 곧 예수 그리스도 안에서 가장 분명하게 자신을 드러내신 살아 계신 하나님의 권위 아래로 들어가는 것이다. 권위의 궁극적 원천에 관해서는 이후에 더 자세히 설명할 것이다.

■ 성경 구절

창 1:1; 욥 40:1-5; 42:1-6; 시 95:6; 사 40:21-23; 45:9; 롬 9:19이하; 11:33-36; 엡 1:11; 계 4:9-11.

■ 토론 질문

1. 권위에 대한 기독교적 관점을 말해 보라.
2. 이런 관점이 (1) 다양한 수준의 학교에서 공부하는 그리스도인들, (2) 법과 질서의 문제, (3) 예술에 대한 그리스도인의 접근 방법에 어떤 영향을 미치는지 탐구해 보라.
3. 기독교 진리 영역의 최종적 권위를 주장하는 여러 목소리들의 장점과 단점을 요약해 보라.
4. 구체적 문제에 대해 하나님의 뜻을 알고자 하는 그리스도인에게 당신이 할 수 있는 조언을 간단히 정리해 보라.

■ **참고 자료**

Arts. 'Authority' in *New Bible Dictionary* (IVP, 1996) and *New Dictionary of Theology* (IVP, 1988).『새성경사전』(CLC).

D. A. Carson and J. D. Woodbridge (eds.), *Scripture and Truth* (IVP, 1983).

C. F. H. Henry, *God, Revelation and Authority* 1 and 2 (Word Books, 1976).『신, 계시, 권위』(생명의말씀사).

H. Heppe, *Reformed Dogmatics* (Baker, 1978).『개혁파 정통 교의학』(크리스천다이제스트).

B. Ramm, *The Pattern of Religious Authority* (Eerdmans, 1957).

P. Schaff, *The Creeds of Christendom* (Baker, 1977).『신조학』(CLC).

2 계시

계시의 중요성

계시(revelation)란 숨겨져 있던 것이 드러나서, 그 모습을 보고 그것이 무엇인지 알게 되는 것이다. 구약에서 중요하게 사용되는 단어 '갈라'(gālâ)는 '벌거 벗음'(참고. 출 20:26)을 의미하는 어근에서 나왔지만, 종종 은유로 사용된다. 이사야 53:1에서 하나님의 구원 사역에 대한 표현은, 문자 그대로 그분이 팔을 '걷어붙인다'는 뜻이다(참고. 사 52:10). 사무엘하 7:27의 "당신은 종에게 이 것을 계시하셨나이다"(You have revealed this to your servant, NIV)라는 표현은, 문자 그대로 번역하면 "당신은 주의 종의 귀를 벌거벗기셨나이다"가 된다. 같은 의미를 지닌 헬라어 '아포칼륍토'(apokalyptō)는, 신약에서 종교적 실재를 밝힌다는 발전된 신학적 의미로만 쓰인다(참고. 눅 10:21; 엡 3:5).

이 용어들은 성경에서 하나님이 남자와 여자에게 말씀하시거나 자신에 대해 이야기해 주시는 사건이 언급될 때, 거기 함축된 의미가 무엇인지를 분명히 설명해 준다. 성경의 종교는 계시의 종교이며, 하나님이 우리에게 찾아오셔서 자신을 드러내셨다는 주장에 기초한 신앙이다. 우리가 하나님을 알고자 할 때, 계시가 반드시 필요한 두 가지 상보적 이유가 있다.

우리는 피조물이다

"태초에 하나님이…사람을 창조하시되 남자와 여자를 창조하시고"(창 1:1, 27). 성경의 첫 말씀은 하나님과 인간의 차이를 나타낸다. 창조주 하나님은 우리와는 별개로 자유롭게 존재하신다. 피조물은 존재하기 위해 전적으로 하나님께 의존한다(참고. 창 2:7; 3:19; 시 103:14 등에서 사람은 '먼지'로 묘사된다). 따라서 하나님과 인간은 서로 다른 존재 질서에 속한다.[2]

이런 차이는 절대적이지 않다. 우리는 '하나님의 형상'으로 창조되었고 하나님은 우리와 소통하신다(창 1:28 등). 하나님은 주 예수 그리스도를 통해 인간이 되셨다(요 1:1, 14). 성령 하나님은 그리스도인 안에 거하시며, 그들로 하여금 하나님과 인격적 관계를 맺게 하신다(롬 8:9-17). 이 모든 요소들은 하나님과 인간이 어느 정도 닮았음을 확인해 준다. 그러나 하나님과 인간 사이에는 결코 사라지지 않는 심원한 차이가 여전히 존재한다.

존재(being)의 차이는 **인식**(knowing)의 차이를 수반한다. "사람의 일을 사람의 속에 있는 영 외에 누가 알리요. 이와 같이 하나님의 일도 하나님의 영 외에는 아무도 알지 못하느니라"(고전 2:11). 오직 하나님만이 하나님을 진정으로 아신다. 하나님은 창조주이시며 인류의 주님이시므로, 그분의 지식은 우리가 스스로를 아는 지식을 포함한다(시 139:2이하). 그러나 우리의 지식은 하나님이 스스로를 아는 지식을 포함하지 않는다.[3] 따라서 피조물인 우리가 하나님에 대한 충분한 지식을 얻으려면 하나님이 스스로를 드러내 주셔야만 한다. 심지어 타락하기 전의 아담도 하나님의 뜻을 알기 위해서는 하나님이 직접 말씀해 주셔야 했다(창 1:28이하; 2:16이하).

우리는 죄인이다

이러한 계시의 필요성은 우리가 죄인이라는 사실 때문에 헤아릴 수 없을 만큼 커진다. 타락은 인간 존재의 모든 측면에 영향을 미쳤고, 특히 도덕적·영적 실재에 대한 인식 능력이 심각한 손상을 입었다. 죄로 말미암아 우리는 하나님에 대해 영적으로 눈멀고 무지해졌다(롬 1:18; 고전 1:21; 고후 4:4; 엡 2:1이하; 4:18).

따라서 우리의 지적·도덕적 인식을 통해 하나님에 대한 참되고 만족스러운 지식에 이르는 길은 존재하지 않는다. 하나님을 아는 유일한 길은, 하나님이 우리의 인식 범위 안에 자유롭게 들어오셔서 우리의 타락한 이해를 새롭게 해 주시는 방법뿐이다. 따라서 하나님을 알고 기독교적 이해나 경험에 대한 적절한 기초를 얻고자 한다면, 반드시 계시가 필요하다.

계시의 가능성

만일 하나님이 우리의 창조주라면, 계시가 어떤 형태로든 존재할 개연성이 매우 크다. 왜냐하면 하나님이 우리를 어떤 목적을 위해 지으셨다고 확신 있게 추정할 수 있기 때문이다. 또한 그분의 피조물인 인간은 명백히 관계를 맺으려는 내재적 성향을 지닌 응답하는 존재이기 때문에, 하나님이 우리를 창조하신 목적에도 관계 맺기와 그분에 대한 응답이 포함되어 있으리라고 추정할 수 있다. 그렇게 관계 맺고 응답하기 위해서는 어떤 형태로든 계시가 필요하며, 따라서 창조 세계 자체가 계시를 함축하고 있다. 과연 그 어떤 현명하고 지적인 창조자가, 자신을 드러내지 않은 채로 자신의 피조물이 우주에서 그분의 존재에 대한 단서를 스스로 더듬어 찾도록 내버려 두겠는가? 도저히 상상하기 힘들다. "만약 하나님이 진짜 하나님, 곧 가시적인 것과 비가시적인 것을 모두 창조하신 분이며 우주의 모든 합리적 질서의 근원이라면, 그분이 자신을 적극적으로 드러내지 않고 무력하게 멀리 떨어져 있으면서 우리가 어둠 속에서 그분의 실재에 대한 암시나 단서를 더듬어 찾도록 내버려 둘 것이라는 생각은 매우 불합리하다"(T. F. 토런스).

많은 사람이 생각하듯 창조주 하나님이 사랑이 많은 분이라고 막연하게나마 가정한다면, 계시의 가능성은 훨씬 분명해진다. 사랑이 많은 부모라면 과연 일부러 아이의 시야에서 멀어지거나 찾을 수 있는 반경에서 벗어나 있음으로써 그 아이가 부모의 존재를 모르고 자라나게 하겠는가? 비록 인간의 사랑과 하나님의 사랑을 완전히 똑같이 여길 수는 없다 해도, 하나님이 의도적으로 자신을 완전히 숨기시는 것을 사랑의 부정으로 간주함으로써 둘 사이의 유사성을 추정해 보는 것은 충분히 가능한 일이다.

일반 계시

신학자들은 계시를 '일반 계시'와 '특별 계시'의 두 가지 형태로 보통 구분한다. 먼저 **일반** 계시는 모든 곳에 있는 모든 사람에게 나타나는 하나님의 계시로, 다음과 같은 여러 형태와 특징이 있다.

창조

로마서 1:18-32에서 바울은 당대의 이방(비유대인) 세계에 대한 하나님의 심판에 대해 설명한다. 하나님은 그들이 타락한 본성의 자기 파괴적 성향대로 행하도록 "내버려 두셨다"(1:24, 26, 28). 그들이 "하나님을 알되 하나님을 영화롭게도 아니하며 감사하지도 아니하고, 오히려 그 생각이 허망하여지며 미련한 마음이 어두워졌[기]"(1:21) 때문이다. 그들은 "썩어지지 아니하는 하나님의 영광을…바꾸고…하나님의 진리를 거짓 것으로 바꾸고, 마음에 하나님[을 아는 지식] 두기를 싫어[했다]"(1:23, 25, 28). 그들이 잃어버린 하나님에 대한 지식 즉 '하나님의 보이지 않는 특성'은 "그가 만드신 만물에 분명히 보여 알려[진]" "영원하신 능력과 신성"이기에, 결코 평계를 댈 수 없다(1:20). 이러한 하나님의 계시는 "창세로부터"(1:20) 시작된다. 그러므로 바울은 창조 질서가 자신의 영원한 능력과 신성을 모든 사람에게 나타내는 하나님의 계시이며, 이를 통해 사람들이 마땅히 하나님을 인정하고 그분께 영광과 감사를 드려야 한다고 본다(1:20이하). 사도행전 14:17에서, 바울은 시골 마을 루스드라의 이교도들에게 하나님이 "자기를 증언하지 아니하신 것이 아니[다]"라고 말한다. 그에 대한 확실한 증거는 다음과 같으니, 곧 "여러분에게 하늘로부터 비를 내리시며 결실기를 주시는 선한 일을 하사, 음식과 기쁨으로 여러분의 마음에 만족하게 하셨느니라." 사도행전 17:26이하에서는, 바울이 지적인 아테네의 철학자들을 상대로 하나님의 보편적 계시에 관한 유사한 주장을 펼친다. 창조주는 개인과 국가의 일에 질서를 부여하심으로써 "사람으로 혹 하나님을 더듬어 찾아 발견하게 하려" 하셨다. 오늘날에도 이러한 창조의 '질서'를 보여 주는 중요한 과학적 발견들이 있는데, 제2부에서 언급할 것이다.⁴

도덕적 경험

로마서는 "율법 없는 이방인이 본성으로 율법의 일을 행할 때에는 이 사람은 율법이 없어도 자기가 자기에게 율법이 되나니, 이런 이들은 그 양심이 증거가 되어 그 생각들이 서로 혹은 고발하며 혹은 변명하여 그 마음에 새긴 율법의 행위를 나타내느니라"(2:14-15)라고 말한다. 이처럼 인간이 경험하는 양심의 갈등은 하나님의 최종 심판과 관련이 있다(롬 2:16; 참고. 롬 1:32). 구약의 예언자들은 이방 민족들이 구약의 율법을 알지 못함에도 불구하고 그들에 대한 하나님의 정의로운 심판을 자주 언급한다(예를 들어, 렘 46-51장; 암 1:6-2:3). 신약은 비그리스도인의 양심이 그리스도인의 행동을 판단할 수 있음을 인정한다(예를 들어, 딤전 3:7; 벧전 2:12). 사실 복음의 도덕적 호소나 모든 사람이 죄인이라는 복음의 주장(롬 3:9-23), 회개하라는 요청(행 17:30), 그리스도의 사역에 대한 도덕적 해석(롬 3:21-26; 고전 15:3) 등은 모두 보편적인 도덕적 경험과 신자의 경험 사이에 진정한 연속성이 있음을 암시한다. 결국 비그리스도인도 하나님의 뜻을 어느 정도 인식할 수 있는 것이다.

이런 성경 구절들은 하나님이 도덕적 갈등을 겪는 모든 사람에게 자신을 계시하셨다는 사실을 확인해 준다. 인간의 도덕적 규약들 사이에 다양한 차이가 있다고 해서 이 사실이 무효화되지는 않는다. 하나님은 비그리스도인의 양심에 자신을 계시해 주시지만, 타락으로 인해 하나님 뜻을 아는 그들의 지식은 결코 완전하지 않다. 죄는 하나님과 그분의 뜻에 대한 인식을 모두 왜곡하는 도덕적 무감각을 초래한다. 따라서 비그리스도인의 양심의 소리는 엄밀한 의미에서 '내적인 하나님의 음성'이 아니다. 여기서 비록 제한적이지만 중요한 요점은, 하나님이 "자기를 증언하지 아니하신 것이 아니라는" 것이다. 인간으로서 수많은 도덕적 갈등을 경험하는 우리 모두는, 선을 행하고 악을 물리쳐야 한다는 의무감이 우리가 최종적으로 응답해야 할 궁극적 존재이신 주님의 뜻을 반영한다는 인식을 어느 정도는 하고 있다.

창조에 나타난 일반 계시가 그러하듯, 이 역시 하나님의 존재를 '입증'해 주지는 않는다. 정확히 말하면, 성경은 **사실상** 하나님이 도덕적 경험의 차원에서 모든 사람에게 자신을 증언하신다고 주장한다. 이성적 추론에 의한 입증 여부와는 상관없이 말이다. 제2부에서 이런 '증언'에 대해 더 깊이 살펴볼 것이다.[5]

성경적 근거는 덜 확실하지만 가끔 언급되는 일반 계시의 다른 한 가지 측면을 간략히 살펴보자.

보편적인 종교적 감각

예배하려는 본능은 인간의 보편적 현상인 것 같다. 인류학자들이 숱한 원시 집단을 두루 살펴보았지만, 초자연적인 것에 경외감을 갖지 않는 사람들은 아직 발견되지 않았다. 칼뱅(Calvin, 1509-1564)은 '신성에 대한 감각'이 인간 마음에 새겨져 있다고 말했고, 루터(Luther, 1483-1546)는 "인간이라는 존재는 반드시 하나님이나 우상 둘 중 하나가 있어야 한다"라고 주장했다. 이런 형태의 일반 계시를 뒷받침하는 구절로 요한복음 1:9이 종종 언급되며, 시편 139:1-18도 참고하라.

역동적 요소

그러나 하나님의 계시는 객관적이고 분리된 박물관 전시품 같은 것이 아니라, 역동적으로 계속 진행되는 실재다. 하나님은 반복해서 자신을 계시하시는 반면, 인간은 반복해서 계시에 저항하고 모호하게 하고 오용한다(롬 1:21-28). 하나님의 계시를 진실로 만나기 위해서는 오로지 완전한 굴복과 순종의 태도를 가져야 하며, 그런 태도를 거부하는 순간 더 깊은 계시로 들어가는 문이 닫힐 수 있다(예를 들어, 마 25:29; 눅 8:18; 참고. 막 6:21-28과 눅 23:9에 나오는 헤롯).

하나님의 계시를 반복해서 거부하는 사람은 결국 계시를 인식하거나 그것에 응답할 수 없게 된다. 성경에도 하나님의 실재에 대한 감각이 없는 '세속적 인간'이 등장한다. 성경이 **확고하게 주장하는 것**은 하나님이 공정한 분이라는 점이다. 하나님은 모든 사람의 인생 순례 가운데 어느 지점에서 자신을 계시하시지만, 사람이 그 빛을 거부하고 마음이 강퍅해지면 그 빛은 사라질 수 있다.

하나님의 계시가 우리를 향한 하나님의 선하심과 사랑을 증거함에도 불구하고, 죄인인 우리 모두는 하나님의 계시를 끊임없이 거부한다. 그래서 인간에 대한 성경의 가장 심오한 평가는 '인간은 어리석다'이다(시 14:1; 롬 1:22).

일반 계시의 결과

일반 계시가 갖는 이 모든 한계에도 불구하고, 그 의의가 있다면 무엇일까?

첫째, 일반 계시는 하나님의 선하심을 반영한다. 도덕법의 제재로 인해 인간 사회가 안정을 유지하는 것은 일반 계시의 결과다. 선과 악을 구별하여 악을 억제하는 도덕적 의무감이 유지되고, 인류의 삶 전체가 악에 잠겨 버리지 않고 적절히 영위되는 것은, 비록 거의 인식하지 못한다 해도 궁극적으로는 하나님의 일반 계시 덕분이다.

둘째, 실제로 일반 계시는 타락한 인간을 하나님 앞에서 죄인으로 만든다. 하나님은 늘 자신을 나타내시는 분이며, 사람들의 인생 경험 전체를 통해 그들에게 말씀하신다. 만일 그분이 보내신 빛이 소멸한다면, 그 이후 발생하는 어둠에 대한 책임은 사람에게 있다. "사람은 다 거짓되되 오직 하나님은 참되시다"(롬 3:4). 그래서 바울은 루스드라 사람들의 잘못된 우상숭배 행위와 이교 신 숭배, 그 신들에게 바치는 무의미한 희생 제사를 질책했다. 그리고 유일한 창조주 하나님의 '증거', 곧 비와 곡식을 주시는 선한 일로써 그들에게 음식과 만족을 주시는 분에게 응답하도록 요구했다(행 14:11-18).

이 진리는 특히 그리스도인의 복음전도에 중요하다. 모든 사람은 하나님을 대면하고 있으므로, 하나님과 진정한 관계를 맺지 못하는 것에 스스로 책임을 져야 한다. 이러한 인간의 보편적 죄가 바로 복음의 전제다. 물론 사람들은 마지막 날에 그들에게 주어졌던 빛과 기회에 따라 심판받게 될 것인데, 모두에게 빛과 기회가 동일하게 주어지지 않는다는 것은 분명하다(마 13:11; 눅 10:13이하; 참고. 제7부 "심판", pp. 542-546). 그러나 성경은 빛이 모든 사람에게 어느 정도는 **비추었기** 때문에, 하나님을 알지 못하는 것은 죄가 된다고 명백하게 가르친다.

일반 계시의 한계

일반 계시는 타락하지 않은 아담에게조차도 충분하지 않았다. 하나님과의 의미 있는 관계나 그분에 대한 지식은 하나님이 직접 그에게 말씀하실 때만 가능했다(창 1:28이하; 2:17이하). 죄가 이 관계를 파괴하여, 우리의 생각이나 경험과 하나님의 존재 및 본성 사이에 틈이 벌어졌다(창 3:1-24). 일반 계시로는 이 틈을 메울 수 없다. 바울이 말했듯이, 이 세상은 가진 모든 지혜를 동원할지라도 혼자서는 "하나님을 알지 못하[기]"(고전 1:21) 때문이다.

따라서 일반 계시만으로는 충분하지 않기 때문에 그보다 더 온전한 계시가 필요하다. 만일 우리가 하나님을 알고자 한다면, "하나님이 하늘로부터 자신에 대한 증거를 주셔야 한다"(칼뱅).

요약하면, 성경은 하나님이 "자기를 증언하지 아니하신 것이 아니라"라고 분명히 가르친다. 우리는 하나님의 피조물로서 하나님의 세계 안에 살며, 매 순간 "하나님의 눈앞에"(루터) 존재한다. 죄 때문에 눈이 가려졌지만, 우리는 하나님에 대한 자신의 전적 무지를 변명할 수 없다. 하나님은 일반 계시를 통해 그분의 본성과 인간을 향한 목적을 드러내신다.

특별 계시

특별 계시는 하나님이 일반 계시를 훨씬 초월하여 명료하고 온전하게 자신을 알려 주시는 방법이다. 특별 계시의 핵심은 성육신의 기적이며, 이는 하나님의 영감으로 된 성경 말씀을 통해 전달된다. 따라서 특별 계시는 한 가지 이상의 형태를 띤다.

예수 그리스도

하나님이 자기를 드러내신 최고의 형태는 예수 그리스도라는 인격으로 나타나신 성육신이다(요 1:1이하, 14). 이 "장엄한 기적"(C. S. 루이스)을 통해, 하나님은 창조주와 그분이 만드신 피조물을 구분하던 심연에 다리를 놓으셨다. 그분은 "자기를 비워 종의 형체를 가지사…사람의 모양으로 나타나[셨다]"(빌 2:7, 8). 예수 그리스도 안에서 하나님이 직접 우리에게 오셨고, 그분의 인격과 본질적 성품이 우리에게 계시된다. 예수 그리스도께서도 친히 그렇게 주장하셨다. "나를 본 자는 아버지를 보았[다]"(요 14:9). 그분은 십자가를 지기 직전에 드린 기도에서도 동일한 내용을 표현하셨다. "내가 아버지의 이름을 그들에게 알게 하였[습니다]"(요 17:26). 아버지와 아들의 이러한 동일성은 하나님에 관한 지식에서 매우 중요한 요소다. 예수님은 다른 장소나 시대의 다른 이미지나 그림으로 보완할 필요가 있는 일시적이거나 부분적인 하나님의 형상이 아니다. 그분은 "하나님의 존재를 정확하게 나타내신 분"(히 1:3, NIV)이다. 우리는 예수 그리스도 안에서 하나님의 영원한 마음을 대면한다. 그러므로 예수 그리스도는 하나님의 모든 신적 계시의 중심이자 정점이다.

성경

성경에 대해서는 3장에서 자세히 다룰 것이며, 여기서는 다만 성경이 피조물에게 주시는 하나님의 말씀을 기록한 책이라는 사실을 분명히 하고자 한다(요 10:35; 롬 3:2; 딤후 3:16). 이 말씀은 본래 특정한 세대들을 위해 쓰이고 이야기된 것이었지만, 하나님의 섭리로 모든 세대에게 주어진다(행 7:38; 롬 15:4; 고전 10:11).

특별 계시들의 관계

앞에서 언급한 특별 계시의 두 형태는 서로 분리될 수 없다. 성육신한 말씀인 그리스도는 하나님의 기록된 말씀인 성경을 통해 알려진다. 물론 그리스도를 안다는 것은 성경이 그분에 대해 가르치는 바를 아는 것보다 더 풍성한 실재다. 그러나 우리가 개인적 경험을 통해 아는 그리스도는 성경이 증언하는 그리스도다. 그 외에 다른 그리스도는 없다. 그리스도께 응답한다는 것은 그리스도에 대한 성경의 증언에 기초하여 그분께 헌신한다는 뜻이다.

반대로, 기록된 말씀은 성육신한 말씀과 분리할 수 없다. 성경은 하나님의 인격과 목적을 보여 주는 전체 성경 계시의 중심 주제이자 정점인 그리스도에 대한 살아 있는 신앙의 관점에서만 적절히 해석될 수 있다.

제3의 특별 계시?

일부 저자들은 그리스도인의 복음 증거를 특별 계시의 제3형태라고 말한다. 공식적 설교와 그리스도인이 전한 모든 형태의 비공식적 증언이나 가르침이 여기에 포함된다. 이것들은 예수 그리스도나 성경과 같은 차원으로 볼 수 없지만, 그리스도인의 증언은 사도 시대에 그랬던 것처럼(행 2:37이하; 8:4이하, 26 이하; 11:20) 특별 계시의 주된 형태와 오늘날 우리의 경험을 이어 준다. 단, 그리스도인의 설교와 증언은 성육신하고 기록된 하나님의 말씀을 충실히 표현할 때만 하나님 계시의 역할을 할 수 있다.

구속적 계시

특별 계시는 일반 계시에 비해 엄청나게 진전된 형태다. 예수 그리스도의 십자가는 별빛 가득한 하늘과 비교할 때 하나님에 대해 얼마나 많은 것을 보여 주는가! 그러나 인간의 도덕적 한계 때문에, 그리스도와 성경에 나타난 특별 계시조차도 하나님에 대한 온전하고 만족스러운 지식을 제공하기에 불충분하다. 아담이 계속 '올바르게' 살았다면, 특별 계시는 타락 이전에 그랬듯이 전적으로 충분했을 것이다(창 2:16). 그러나 타락한 피조물에게는 하나님의 모든 형태의 계시에 저항하고 하나님 알기를 회피하려는 본성이 있다. 예수님 시대의 많은 유대인들은 성경의 가르침(마 15:6; 22:29)과 그리스도(요 19:15; 행 7장)를 거부했으며, 모든 그리스도인 증인들은 자연과 인간 양심에 나타난 하나님의 일반 계시뿐 아니라 기록되고, 성육신하고, 선포되는 하나님의 말씀에도 저항할 수 있는 사람들의 놀라운 능력을 보고 한탄했다. 우리는 하나님의 진리를 '억압하거나' 질식시킨다(롬 1:18; 고후 4:4). 만일 인간이 진실로 하나님을 알고자 한다면, 계시는 진리를 알려 줄 뿐 아니라 인간을 구속해야 하고, 진리를 가르칠 뿐 아니라 인간을 변화시켜야 한다.

하나님 은혜의 기적 속에서 일어나는 이와 같은 일들은, 그리스도와 성경이라는 특별 계시가 지닌 정확한 특징이다. 특별 계시는 하나님의 점진적 자기 계시이자, 우리를 위한 하나님의 구원 계획을 보여 주는 계시다. 그것의 핵심은 하나님에 대한 진정한 앎을 가로막는 장벽을 무너뜨리고자 그리스도께서 우리 죄를 위해 죽으신 십자가(고전 15:3)에 있다. 우리 삶과 운명의 주인이요 구원자이신 예수 그리스도께 헌신할 때, 성령은 그리스도의 구속의 효력이 나타나게 하시고, 우리의 반역하는 의지를 가라앉히고 닫힌 눈을 열어 복음을 믿게 하신다. 그 결과 우리는 하나님 나라에 들어가 그분을 진정으로 알 수 있게 된다(요 3:1이하; 살전 1:5; 딛 3:5).

요약하면, 하나님의 계시에는 두 가지 주요한 부분이 있다. 주로 자연과 인간 양심을 통해 모든 사람에게 주어지는 일반 계시와, 예수 그리스도와 성경을 통한 특별 계시다. 그런데 특별 계시는 다시금 두 부분으로 구분된다. 어떤 이들은 배척하지만, 어떤 이들은 그리스도를 믿게 하시는 성령의 사역을 통해 받아들이는 것이다. 이 마지막 경우에, 우리는 하나님에 대한 참된 지식에 이르는 참된 계시를 확신 있게 말할 수 있을 것이다.

■ 성경 구절

계시   신 29:29; 사 55:8이하; 단 2:22; 롬 1:18; 고전 1:21; 2:6-14.

계시의 필요성   (1) **피조물로서**: 창 2:7; 욥 12:13-25; 42:1-6; 시 103:14; (2) **죄인으로서**: 욥 37:19; 시 73:22; 82:5; 렘 17:9; 행 17:23, 30; 롬 1:18-32; 고전 1:21; 고후 4:4; 엡 2:1이하; 4:18.

일반 계시   시 19:1이하; 요 1:9; 렘 46-51장; 암 1:2-2:5; 롬 1:19-32; 2:14이하; 행 14:17; 17:26이하; 고후 4:2.

특별 계시   출 31:18; 왕하 22장; 시 19:7-11; 사 55:11; 렘 20:9; 막 7:13; 요 1:1-18; 10:35; 14:6; 고전 1:21, 30; 고후 4:6; 갈 1:12; 골 2:2이하; 딤후 3:16; 히 4:12; 벧후 1:21.

성령의 사역   요 3:1-16; 14:25; 15:26; 16:13이하; 고전 2:4-16; 엡 1:17; 살전 1:5; 요일 2:20, 27; 3:24; 5:7이하.

■ 토론 질문

1. "오직 하나님만이 자신을 가장 온전하게 증언하실 수 있다." "우리는 하나님이 우리 인식 범위 안으로 들어오실 때만 그분을 알 수 있다." 성경에서 이런 공리적 진술들의 근거를 찾을 수 있는가? 하나님을 알 수 있는 방법을 암시해 주는 성경 구절을 찾아보라.
2. 일반 계시와 특별 계시의 차이를 말해 보라. 이런 구분이 꼭 필요한가? 대안적 용어를 제시할 수 있는가?
3. 일반 계시는 (1) 복음전도, (2) 문화에 대한 기독교적 관점, (3) 기독교 변증, (4) 국가에 대한 기독교적 관점에서 각각 어떤 함의를 가지는가?
4. 다른 세계 종교를 통해서도 하나님을 알 수 있다는 말은 어떻게 이해해야 하는가?
5. 양심이 하나님을 아는 안내자가 될 수 있다는 말은 어떤 의미에서인가?
6. 기독교의 계시에서 그리스도와 성경의 관계를 탐구해 보라.
7. 우리가 하나님을 진정으로 아는 과정에서 성령은 어떤 역할을 하는가?

■ 참고 자료

Arts. 'Revelation' in *NBD* and *NDT*.

G. C. Berkouwer, *General Revelation* (Eerdmans, 1955).

J. Calvin, *Institutes of the Christian Religion*, 1-3.

C. F. H. Henry (ed.), *Revelation and the Bible* (Tyndale Press, 1959).

_____, *God, Revelation and Authority* 1 and 2 (Word Books, 1976).

P. F. Jensen, *The Revelation of God* (IVP, 2002). 『하나님의 계시』(IVP).

L. Morris, *I Believe in Revelation* (Hodder, 1976). 『나는 계시를 믿는다』(생명의말씀사).

J. I. Packer, *God Has Spoken* (Hodder, 2nd edn, 1979).

B. Ramm, *Special Revelation and the Word of God* (Eerdmans, 1961).

3 성경

특별 계시의 물리적 형태

하나님의 특별 계시는 성경 안에서, 성경을 통해서 주어진다. 우리는 성경을 통해 예수 그리스도에 대해 배우고 그분을 만난다. 성경은 기독교의 모든 설교와 가르침의 기초이자 기준이다. 따라서 성경은 특별한 신적 계시의 물리적 형태라고도 표현할 수 있으며, 여기에는 몇 가지 함의가 있다.

하나님의 낮추심

하나님에 관한 우리의 지식은 우리와 소통하기 위해 하나님이 낮아지신 일에서 비롯된다. 어른이 어린아이와 이야기를 나눌 때처럼, 하나님은 자신의 언어와 표현을 우리의 능력에 맞게 조절하신다. "유모가 아기에게 하듯이, 하나님은 우리에게 말씀하실 때 '혀 짧은 소리를 내는' 습관이 있으시다"(칼뱅, 참고. 살전 2:7). 따라서 성경이 소박한 언어를 사용하고 평범한 내용이 자주 나온다고 해서 불쾌하게 여길 필요가 전혀 없다. "이와 같이 은혜로운 자기 제한은, 베들레헴 마구간에서 태어나고 갈보리 십자가에서 돌아가신 하나님의 매우 전형적인 모습이다"(J. I. 패커). 만일 우리가 예수님의 인간적인 실제 생애와 사역, 곧 처녀의 자궁 속 태아의 모습으로 이 세상에 오신 것, 베들레헴의 마구간이라는 불결한 출생 환경, 그토록 냉혹하고 끔찍했던 마지막 시간 등을 받아들일 수 있다면, 인간적 사건을 묘사하는 인간의 언어를 통해 예수님을 알아 가는 일에서 결코 결정적 어려움은 발견할 수 없을 것이다.

언어를 통한 계시의 가능성

하나님이 성경의 단어들을 통해 말씀하신다는 주장은 창조되지 않은 인격적 하나님이라는 기독교의 전제에 부합한다. 그런 하나님은 자신이 만든 이성적이고 언어를 사용하는 피조물들과 그들의 수준에 맞추어, 즉 언어로 소통할 수 있는 분이다. 어떤 사람들처럼 언어적 계시를 원칙적으로 부정하는 것은 사실상 창조주 하나님의 실재를 부인하는 것과 같다. 시편 기자가 말하듯이, 하나님이 귀를 만드신 것은 그분이 들을 수 있다는 뜻이며, 눈을 만드신 것은 그분이 볼 수 있음을 암시한다는 데는 의심의 여지가 없다(시 94:9). 아울러 하나님이 입을 창조하신 것은, 원한다면 언제든 말씀하실 수 있는 그분의 능력을 확실히 보여 준다.

유비적 진리

하나님은 자신을 인간에게 알리고자 할 때 **유비**의 원리를 사용하신다. 유비란 한 영역에서의 경험이나 언어를 가지고 다른 영역에서의 그 무엇을 설명하는 것이다. 특별 계시가 주어질 때, 우리는 한편으로는 하나님의 자기 경험과 그에 대한 영원한 자기표현의 영역과 관계를 맺고, 다른 한편으로는 인간적 경험과 그에 대한 우리의 표현 영역과 관계를 맺는다. 이때 하나님은 우리의 경험과 언어 속에서 몇몇 요소를 선택하여, 그분의 경험과 자기표현에 담긴 진리에 대한 적절한 유비로 사용하신다. 하나님을 아는 이는 오직 하나님 자신뿐이지만, 창조주이자 구속주 하나님은 우리에 대해서도 알고 계신다. 따라서 하나님은 주권적으로 접촉점을 설정하시고, 그것을 통해 그분의 경험 영역이 우리 영역 안으로 정확하게 비쳐 들어온다. 성경은 이와 같은 하나님의 유비적 자기 공개가 물리적으로 표현된 것이다.

분명히, 유비는 설명하고자 하는 진리를 **완전하게** 반영하지는 못한다. 우리에게는 인간적 한계가 있으며, 성경의 언어는 인간의 언어다. 하나님의 진리가 인간의 언어로 모두 전달될 수는 없다. 성경은 하나님께 속한 '비밀'과 '영원히 우리와 우리의 자손에게 속한 계시된 것'을 구분한다(신 29:29; 사 55:8-11). 그렇다고 하여 성경이 처음부터 끝까지 진리에 대한 완전한 진술이라는 사실이 제약을 받는 것은 결코 아니다. "창조되지 않은 인격(하나님)이, 비록 완벽하게가 아니라 하더라도 자신에 대한 진리를 말하지 못할 이유가 있겠는가?"(프랜시스 쉐퍼) 인간의 언어는 하나님이 우리에게 진리를 전달하시기에 충분히 적절한 수단이다. 성경에 나타난 특별 계시의 내용은, 그것을 하나님이 주시는 신뢰할 만한 말씀으로 받아들일 때 하나님과 그분의 목적에 대한 참되고 신뢰할 만한 내용을 전해 준다.

하나님의 목적

하나님은 탁월한 지혜로 자신의 계시를 기록해 주셨다. 네덜란드 신학자 아브라함 카이퍼(Abraham Kuyper, 1837-1920)는 기록의 네 가지 장점을 언급한다. (1) 지속성이 있으므로, 기억의 오류나 오랜 세월에 걸친 의도적 혹은 비의도적 변질이 최소화된다. (2) 번역과 재생산을 통해 널리 배포될 수 있다. (3) 고정적이고 순수한 속성을 지닌다. (4) 다른 형태의 소통 수단이 갖지 못하는 최종적 성격과 규범성을 획득한다.

성경을 하나님의 기록된 말씀으로 받아들이는 근거

하나님이 성경을 통해 직접 말씀하신다는 확신을 표현하는 한 가지 방법은 성경을 '하나님의 말씀'이라고 부르는 것이다. 이것은 성경적 개념인데, 구약에서는 하나님의 창조하시는 말씀(창 1:11; 시 33:6), 하나님의 인격화된 '지혜'(잠 8장), 하나님이 활동하시는 도구(사 55:11) 등의 개념으로 나타난다. 예수님(막 7:13; 요 10:35)과 사도들(예를 들어, 행 6:4; 롬 9:6; 히 4:12)은 구약성경을 하나님의 말씀이라 표현한다. 이 표현은 때로 복음을 가리키고(예를 들어, 행 11:1; 13:46), 예수님을 지칭하는 표현으로도 사용된다(요 1:1, 14; 요일 1:1; 계 19:13).

'말씀'으로 번역된 헬라어 '로고스'(logos)는 고전 시대의 문화에서 우주의 일관성을 설명하는 이성적 원리를 의미했다. 근본적으로, 로고스는 자신을 알리시는 하나님의 행동이라는 개념을 담고 있다. 단순하게 말하면, 우리가 이 용어를 성경 전체에 적용하는 것은 구약성경에 대한 예수님의 태도를 반영하려는 시도다.

구약에 대한 예수님의 관점

예수님은 구약성경에 신적 권위를 부여하셨다. 그분은 구약의 신적 지위에 대한 존중을 표현하며 그것을 인용하셨고(마 4:4; 막 14:27), '하나님의 말씀'이라고 부르셨으며(마 19:4이하; 막 7:11-13; 요 10:34이하), 신적 영감을 받은 것이라고 하셨다(막 12:36). 누가복음 24:25-27, 44에서는 정경에 속하는 구약 전체에 나오는 이야기들과 자신의 이야기가 서로 부합한다는 것을 보여 주시며, 다른 곳에서는 율법서(마 4:10), 시가서 또는 '지혜'서(막 12:10이하), 예언서(막 7:6) 등 구약의 각 책을 인용하신다.

예수님은 구약의 역사를 사실로 받아들이셨다(마 22:29, 32; 요 8:56; 막 12:26; 눅 11:30-31; 마 25:35; 마 12:3; 눅 17:26-28; 요 3:14). 그분은 구약의 예언을

인정하셨고(마 11:10; 막 7:6), 구약 윤리의 규범성을 강하게 주장하셨다(마 5:27 이하; 19:3-6; 막 10:9). 결정적으로, 예수님은 구약성경을 자신의 특별한 사명을 예언하는 책으로 이해하셨다(눅 24:46이하; 요 5:30, 45이하). 그분은 구약을 믿지 않거나(마 22:29이하; 눅 24:25), 그 신적 권위를 부정하는(마 15:3) 사람들을 언제든 꾸짖을 준비가 되어 있으셨다.

의미심장하게도, 성육신하신 하나님으로서 하나님의 권위를 행사하셨던 바로 그 예수님은 단 한 번도 성경의 권위에 맞서 자기 개인의 권위를 내세우지 않으셨다.[6] 특히 결정적이고 중심적인 두 가지 사안, 즉 자신의 가르침과 행동(마 12:3-5; 19:4이하; 요 10:35) 및 메시아적 사명(마 26:24, 31, 53이하; 눅 22:37; 24:46)을 수행하는 데 있어 구약의 권위에 철저히 의존하셨다.

이 두 번째 사안은 특히 의미심장하다. 예수님은 사람들이 오랫동안 기다리던 하나님 나라를 가져올 메시아가 자신임을 받아들이고, 메시아에 관한 구약의 가르침을 기준으로 자신이 감당할 메시아의 역할을 설정하셨다. 그분이 필연적으로 백성들에게 거부당하고, 고난받으며, 최후에는 예루살렘에서 끔찍한 십자가에 달릴 것임을 스스로 받아들이게 만든 것은 바로 구약성경이었다(마 26:24, 31, 34, 54; 막 8:31; 눅 22:37; 24:46).

분명 예수님은 성부 하나님과의 특별한 교제를 통해 매 단계에서 지침을 얻었지만, 이러한 직관적 지침은 성경이 제공하는 메시아 사역에 대한 신적 청사진으로 뒷받침을 받아 더 풍성해졌다.

이는 성경을 대하는 예수님의 태도에 대한 우리 주장을 반대하는 사람들을 만날 때 중요한 역할을 한다. 어떤 이들은 예수님이 구약성경을 내세운 이유가, 그것이 당시 사람들이 중요하게 여겼던 당대의 종교적 권위였기 때문이라고 주장한다. 그러나 기록된 말씀에 따라 자신의 사역을 수행하고, 광야에서 사탄에게 대항하며 구약성경을 사용하고(마 4:1-11; 눅 4:1-13), 십자가의 마지막 고통 중에도 성경을 인용하신(마 27:46; 눅 23:46) 예수님의 모습은 이런 주장을 반박한다. 예수님은 결코 환경에 타협하고 순응하는 분이 아니었다. 그분이 구약성경에 완전히 순종하신 것은, 당대의 전통주의나 급진적 신학들(혹은 우리 시대의 신학)의 내용에 어긋나는지 여부와 상관없이, 그것이 구약성경을 받아들이는 적절한 태도라고 생각하셨기 때문이다.

어떤 이들은 이 문제에 대한 예수님의 확신이 당시 사회와 문화의 사고 패턴에 의해 규정되어 있었다고 주장한다. 즉 예수님이 성육신이라는 조건에 너무 깊이 함몰되어 있었기 때문에, 그분이 지녔던 태도가 오늘날에는 특별한 권위를 갖지 못한다는 것이다. 이런 입장은 전혀 쓸데없는 가정, 즉 인간은 사회의 공리와 표준에 의해 규정되기 때문에 예수님 역시 그러해야 한다는 가정을 만들어 낸다. 하지만 위대한 역사적 인물들에게도 무조건적으로 이런 가정을 할 수 있는지는 매우 의심스럽다. 위대한 인물의 천재성이란 바로 당대의 공리와 표준에 도전하는 능력에 있기 때문이다. 예수님은 과연 종교적 권위라는 근본적 문제와 관련해서 당시 사회의 관점에 순응했던 사람들보다 열등했을까?

또한 이런 관점은 예수님의 참 모습에 대한 성경의 증언을 제대로 다루지 못한다. 그러니까 예수님이 우리처럼 시간에 매인 인간의 의식을 지닌 분이 아니라, 하나님의 영원한 말씀이자 지혜이신 분으로서 인간의 본성을 취하셨다는 점(요 1:1-14; 8:58; 17:5; 빌 2:5-11; 골 1:15-20)을 간과한 것이다. 또한 이런 관점은 그분의 인성이 타락하지 않았다는 것도 무시한다(요 8:46; 히 4:15; 벧전 1:19). 따라서 인간에 대한 우리의 경험을 가지고 예수님을 평가하는 것은 근본적으로 잘못된 방법이다. 타락한 단편적 이해의 기준을 내려놓고 복음서에 나타난 예수님에 대한 하나님의 증언으로 관점을 새롭게 할 때에만, 우리는 비로소 예수님을 제대로 이해할 수 있을 것이다. 따라서 예수님의 태도, 특히 그분의 생각과 활동의 중심과 긴밀하게 연관된 어떤 것에 대해 지녔던 태도를 무시할 수 있는 근거는 전혀 없다.

더 나아가, 이런 입장에는 권위를 이해할 때 예수님이 주변적 문제가 아니라 핵심적 문제에 대해 오류를 범했다고 말해야 하는 난점이 있다. 권위에 대한 이해는 사실 예수님이 자신과 자신의 모든 사역을 이해하는 기초다. 카이퍼는 이 문제에 대해 이렇게 말했다.

예수님이 가장 거룩한 것들, 곧 우리 신앙의 근거와 원천이 되어야 하는 내용에 대해서 오류를 범하실 수 있을까! 또한 그에 따른 결과로, 성경을 근거로 고귀한 메시아의 특성을 자신에게 부여하는 데 실수를 범하실 수 있었을까! 이런 생각은 예수님의 신성에 대한 고백과 결코 양립할 수 없다. 거룩한 것에 대한 오류는 단순히 지적 실패가 아니라 그분의 내적 전 존재의 파멸 상태를 드러낸다. 따라서 실수는 죄인에게는 당연하지만 거룩한 분께는 그렇지 않다.…거룩한 말씀으로서의 성경을 우리에게서 빼앗기 위해 시작된 전투는, 자연히 우리에게서 그리스도를 빼앗기 위한 전투의 성격을 띨 수밖에 없다.[7]

마지막 분석 지점에서 맞닥뜨린 문제는 학문적이라기보다 도덕적이다. 만일 우리가 구약의 신적 특성을 예수님이 견지하신 정도보다 더 낮추어 본다면, 우리는 과연 무슨 의미에서 — 그리고 어떤 이유로 — 그분을 선생이요 주님으로 인정한다는 것(요 13:13)인가?

구약에 대한 사도들의 관점
사도들 역시 그들의 가르침에 권위를 부여하기 위해 구약을 직접 언급했으며, 기독교 신앙이 곧 구약성경의 성취임을 일관되게 설명했다(행 2:16-35; 3:22-25; 4:11; 7:2-53; 13:29-37; 롬 1:2; 갈 3:16-18 등). 실제로, 구약성경이 기록된 것은 바로 이러한 성취를 위한 것이었다(롬 15:4; 벧전 1:12). 사도들은 구약에 나타난 구원의 희망이 예수님의 삶과 사역을 통해 성취되는 방식을 보여 주고자 특별히 관심을 기울였다. 즉 예수님의 탄생(갈 4:4; 딤후 2:8), 사역 환경과 방식(행 3:22-26; 히 7:1-22), 가장 중요한 죽음과 부활과 승귀(벧전 2:6-8, 22; 히 8:8-13; 10:5-22; 행 2:25-36; 4:11, 25-27; 10:37-43; 13:26-37) 등은 모두 예언서를 통해 미리 예언된 것이었다.

사도들은 자신들이 새로운 운동의 창시자로 임명되었다는 특별한 권위(참고. 고후 10:8; 갈 1:1)에 대한 인식과, 하나님의 자기 계시를 직접 받은 특별한 존재(고전 2:13; 살전 2:13; 요일 1:1-3)라는 인식이 있었지만, 그럼에도 불구하고 지속적으로 그들의 가르침을 구약과 관련지었다. 예를 들어, 바울은 칭의에 대한 그의 가르침이 구약성경에 뿌리를 두고 있음을 보이는 데 깊이 관심을 두었다(참고. 롬 4장). 이처럼 사도들의 교사 역할을 했던 구약은 바로 하나님의 기록된 말씀이었다(행 4:25; 딤후 3:16이하; 히 4:3; 10:15-17; 벧후 1:21). 사도들은 개종자들에게 "기록된 말씀 밖으로 넘어가지 말라"(고전 4:6)라고 가르쳤다. 구약에 대한 그들의 일관된 태도는 "하나님이 전하신 말씀"(the oracles of God, 롬 3:2, RSV)이라는 바울의 표현으로 적절하게 요약할 수 있을 것이다.

예수님의 말씀과 가르침

예수님은 자신의 말씀이 지닌 독특한 능력과 권위를 분명하게 믿으셨다(요 6:63; 15:3). 그분의 말씀은 결코 사라지지 않고(막 13:31), 사람들이 반드시 듣고 순종해야 하는 말씀이었다(마 5:21이하; 7:24; 요 8:31이하).

사도들은 예수님 말씀의 신적 권위를 인정했다(행 20:35; 고전 7:10; 11:23이하). 디모데전서 5:18은 구약의 말씀(신 25:4)과 신약에 나타난 예수님의 가르침(눅 10:7)이 결합되어 있다는 점에서 특히 중요한 의미가 있다. 권위 있는 성경으로 나란히 배치된 이 두 말씀은, 신적 권위를 동등하게 부여받고 하나님의 생각과 뜻을 동등하게 표현한다. 또한 사복음서의 존재는 예수님의 말씀을 존중하는 사도들의 태도를 입증한다.

사도들의 특별한 권위

예수님은 의도적으로 특정 인물들을 선택하여 직속 제자로 삼고(눅 5:27; 6:12-16; 요 17:6), 특별히 성령을 부어 주셨다(요 20:22; 참고. 행 1:5). 그리고 그분의 이름으로 사람들을 가르치라고 명령하시고(마 28:18-20; 요 20:21; 행 1:8), 성령이 그들의 가르침과 증언을 지도하실 것이라고 약속해 주셨다(요 14:26; 15:26 이하; 16:13이하).

사도들은 이러한 특별한 권위와 이해력을 예수님께 직접 받았다고 주장했다(고전 2:9이하). 그들은 동료 설교자들과 함께 복음을 선포할 때 "성령을 힘입어"(벧전 1:12) 말했으며, 성령이 그들에게 그 메시지와 형식을 주셨음을 확신했다(고전 2:13). 사도행전을 보면, 사도들이 예수 그리스도의 복음을 전하기 위해 특별히 임명된 증언자이며(행 1:21-26; 2:32; 4:26, 33; 5:32; 10:41-42; 13:31), 따라서 권위 있는 선포자(성령과 동역하는 증언자, 행 5:32)라는 점이 특히 강조된다. 그들은 완전한 확신으로 말했으며(갈 1:7이하), 권위를 가지고 명령을 내렸다(살후 3:6, 12). 실제로, 어떤 사람이 성령을 받았다는 주장은 그 사람이 사도들 가르침의 신적 권위를 인정했는지 여부에 따라 평가되었다(고전 14:37).

사도들의 가르침과 설교를 높이 평가하는 이런 관점은, 그들의 구두 진술 못지않게 그들이 기록한 글에도 적용된다. 사도들은 "내가 너희에게 편지하는 이 글"(고전 14:37) 또는 "이 편지에 한 우리 말"(살후 3:14) 등을 진리의 판단 기준으로 여겼다. 실제로 베드로는 바울의 서신을 '성경'으로 분류하고(벧후 3:16), 바울은 골로새 교인들에게 서신을 보내며 "교회에서도 읽게 하라"라고 명령한다(골 4:16).

때로, 이와 같은 논증이 성경의 권위를 성경 본문에 근거해서 확립하려는 위험한 순환론에 빠져 있다는 주장이 제기된다. 다음에 제시할 성경의 권위에 대한 최종적 근거에서 이런 도전에 대한 응답의 일부를 찾아볼 수 있을 것이다. 어떤 실재의 궁극적 권위를 확립하려 할 때, 스스로의 주장을 제외한

다른 근거를 찾기란 매우 어렵다. 그 실재의 최종적 권위를 확립하기 위해 끌어온 다른 권위 역시도 곧 스스로 궁극적 권위가 되어 버리고 만다. 이런 원리는 인간이 연구하는 다른 분야에도 동일하게 적용된다. 우리가 **보여 줄 수 있는 것은**, 한결같이 성경에 의존하는 성경 저자들의 모습을 보면 권위에 대한 기독교 교리에 일관성이 있다는 점이다. 이처럼 성경을 통해 말씀하시는 하나님이야말로 일관된 최종적 권위다.

하나님이 직접 성경을 통해 우리에게 말씀하신다

많은 그리스도인이 성경을 하나님의 기록된 말씀의 지위에 놓는 최고의 이유는, **하나님이 직접** 성경을 통해 우리에게 말씀하신다는 사실에 있다. 하나님은 성경의 신적 기원, 특성, 권위에 관한 모든 의심을 없애는 방식으로 성경을 통해 말씀하신다. 최종적으로, 오직 하나님만이 자신에 대한 적절한 증언자가 되실 수 있다. 역사적 증거나 철학적 추론 같은 다른 모든 증언은 기껏해야 이차적 가치만 지닐 뿐이다.

모든 세대의 수많은 그리스도인이, 성경을 읽고 그에 대한 자세한 설명을 들을 때 감동을 받아 성경의 내재적 권위를 깨닫게 되었다고 증언해 왔다. 아우구스티누스(Augustine, 354-430)는 말씀을 하나님의 입에 두면서 이 사실을 강조했다. "오 인간이여, 나의 성경이 말하는 바를 곧 내가 말한다." 칼뱅은 이것을 성경에 대해 신적 증언을 하시는 성령 하나님의 사역이라고 보았다. 그는 이것이 "모든 증거보다 더 강력한 성령의 내적 증거"라고 말했다.

이런 '내적 증거'의 실재를 아는 그리스도인들은 그것을 최종적 증거로 삼아 그것이 사실이라 단순하게 증언할 수 있다. 성경은 그들을 깊이 통찰하시는 하나님 말씀이라는 권위와 확신을 가지고 그들에게 다가온다. 그곳에서 그들은 지극히 높으신 분을 만나고, 자신들의 창조주요 구속주이신 하나님의 음성과 말씀이라 묘사할 수밖에 없는 궁극적이고 무조건적인 부르심을 발견하게 된다. 이것이 위험한 주관주의라는 비난에는 이렇게 대답할 수 있다.

1. 만일 문제 되는 권위가 전적으로 개인적인 것이라면(하나님이 나에게 말씀하신다) 주관적 요소가 불가피하지만, 성령의 증거는 우리를 기록된 성경의 객관적 권위로 인도하신다. 따라서 그리스도인들은 내적 증거의 실재를 입증할 때 자신의 내적 체험이 아니라 성경을 인용한다.

2. 내적 증거는 개인적인 것이 아니라 하나님의 백성에게 공통적으로 나타난다. 기독교 공동체는 성령의 증거에 대한 경험에서 비롯된 지나치게 주관적인 요소를 점검하는 역할을 한다.

3. 내적 증거는 시대와 문화, 이해 수준을 달리하는 모든 그리스도인에게 공통적이었다. 하나님은 자기 말씀의 권위를 학자들의 연구 결과에만 제한하지 않으셨다. 오히려 예수 그리스도를 통해 드러난 하나님의 모습처럼, 그 권위는 보편적이고 동정적이며 은혜롭다.

4. 이러한 권위의 교리는 단적으로 정통 기독교의 입장이라고 말할 수 있다. 이 교리는 거의 모든 시대의 지도적 신학자들이 암시적으로든 분명하게든 자신의 저작을 통해 지지해 왔다.

5. 이런 주장에 대한 객관적 반대가 역사적 증거 혹은 다른 형태의 증거로 존재한다. 어떤 사람들은 성령의 증거에 대한 권위를 확인하기 위해 제시된 증거가 일관성이 없으며, 심지어 타당하지 않다고 주장한다. 그러나 신약은 기독교의 주장을 뒷받침하기 위해 합리적이고 역사적인 증거를 제시한다(행 1:3; 2:32; 4:20; 고전 15:3-11; 참고. 벧전 3:15). 이런 증거는 성령의 증거가 결국 주관적이기 때문에 가치가 없다는 반론을 반박한다. 물론 이런 종류의 증거를 충분히 이해할 수 없는 그리스도인이라 해도 결코 자기 신앙의 타당한 기초가 박탈되지는 않을 것이다. 하지만 이런 증거를 잘 활용할 수 있는 그리스도인들은 자신의 신앙이 인간의 역사적 과정과 어떻게 관련되어 있는지, 그래서 보편적으로 자기를 증거하시는 하나님(행 17:31) 안에 어떻게 뿌리박고 있

는지를 보여 줄 수 있다.

6. 주관주의라는 비난은 성령이 보여 주시는 증거의 심오함과 설득력 앞에서 힘을 잃는다. 하나님은 성경을 통해 말씀하셨고 지금도 말씀하신다. 복음 전도나 새신자 양육을 직접 해 본 사람은 성경을 배우고 순종하려는 그들의 본능적 열망을 모를 리가 없을 것이다. 갓난아이의 젖에 대한 베드로의 의미 있는 유비를 참고하라(벧전 2:2).

성경의 권위를 비판하는 사람들은 결코 이런 것을 이해할 수 없을 것이다. 그들의 주장이 아무리 설득력 있고 추론이 아무리 정교하다 해도, 성령이 새로운 기독교 세대에 생명을 가져다주고 그들 마음에 성경의 신적 권위에 대한 의식을 심는 주권적 사역을 펼치시는 순간, 그 모든 것이 단번에 뒤집어지고 말 것이다.

최종적으로, 우리는 다른 선택의 여지가 없기 때문에 하나님의 기록된 말씀인 성경의 권위를 인정한다. 이런 제한은 우리 자신을 초월한 곳으로부터 온다. 이를 기꺼이 따를 때, 우리는 하나님을 하나님 되시게 하는 것이다.

영감

'영감'(inspiration)은 하나님이 자기 계시를 성경의 말씀으로 표현하기 위해 사용하신 방법을 일컫는다. 성령의 활동인 영감을 통해, 하나님은 인간 저자를 감독하여 인간에게 주시는 하나님의 말씀을 인간의 언어로 기록하게 하고, 그것이 하나님 말씀의 규범적 표현이 되게 하셨다. 성경을 '영감 된 것'이라고 부르는 것은, 성경이 하나님의 권위 있는 자기 계시라는 말을 달리 표현한 것이다. 사실, 성경의 신적 영감은 성령이 확증하는 권위를 성경에 부여해 준다. 따라서 하나님 말씀으로서 성경의 유일한 권위를 규명하기 위해 앞서 사용한 모든 논증은 곧 성경의 영감을 뒷받침하는 논증이기도 하다.

진정한 그리스도인들은 모두 어떤 의미에서건 성경의 영감을 인정한다. 이 문제와 관련한 주요 논쟁점은 영감이 실제로 어떻게 이루어졌는지, 그리고 그것이 지금 우리가 실제 소유한 성경 말씀의 권위와 신뢰성에 어떤 의미를 지니는지에 있다.

영감의 방법

영감은 저자들이 성경을 기록할 때 하나님이 직접 관여하셨다는 뜻이다. 그렇다면 이러한 신적 영향의 범위는 어디까지로 보아야 하는가?

신약의 세 가지 주요 구절 | **디모데후서 3:16**은 '영감'이라는 용어를 사용한다. "모든 성경은 하나님의 영감으로 주어졌다"(All Scripture is given by inspiration of God, AV), 좀더 문자적으로는, "모든 성경에는 하나님의 숨이 들어 있다"(All Scripture is God-breathed, NIV). 혹은, 모든 성경은 "하나님이 숨을 불어넣으신 것이다"(breathed out by God, ESV).[8] 하나님의 '숨'은 구약에서 특별히 자신의 영을 통해 행동하시는 하나님의 모습을 상징하는 익숙하고 구체적인 은유다(창 2:7; 욥 33:4; 시 33:6). 성경이 영감 된 것이라는 주장은 성경의 신적 기원과 성격을 확인해 주고, 내부에서 이루어진다는 의미를 내포한 일반적 '영감'(*inspiration*)보다 훨씬 강력한 의미를 시사한다. 더 정확히 말하면, 성경의 영감은 바깥을 향해 이루어진다(expired, 이 단어가 장례를 연상시킨다는 점은 용서하기 바란다!). 즉 그것은 하나님이 **숨을 밖으로 내쉰** 결과다. 여기서 하나님의 행동 대상은 기록되는 성경 자체이며, 실제 인간 저자는 언급되지 않는다는 사실을 유의해야 한다. 물론 성경은 인간의 손으로 기록되었지만, 여기서는 전적으로 **하나님**의 활동으로 기록된다고 언급될 뿐이다. 또한 영감의 범위도 유의해야 한다. '모든' 성경은 하나님이 '내쉬는 숨'의 산물인데, 이 맥락에서는 구약 전체를 의미한다.

베드로후서 1:19-21은 이런 주장을 확증하고 확대해 나간다. 목격자들의 증언은 구약 전체를 가리키는 '예언자들의 말씀'을 확증해 준다. 구약의 저자들은 개인적 성찰을 통해 성경을 기록한 것이 아니다. "그들은 성령에 이끌려 하나님께 받은 말씀을 전한 것이다"(Men spoke from God as they were carried along by the Holy Spirit, NIV). 이 구절의 '이끌리다'라는 표현은 사도행전 27:15에서 배가 태풍에 **밀려다니는** 모습을 묘사할 때 사용된다. 이 표현을 지나치게 상상하여 읽을 필요는 없지만, 이것은 분명히 여기에서 언급된 전체 성경을 기록할 때 하나님의 행동이 있었음을 강하게 확증한다.

요한복음 10:34-36에는 시편 82편의 사례를 가지고 율법에 나타나는 '신'이라는 단어의 용법에 관해 논의하는 내용이 등장한다. 예수님은 "성경은 폐하지 못하기" 때문에 율법의 권위도 취소될 수 없다고 주장하신다. "[그가] 말씀하시기를"(마 19:5)이라고 언급한 예에서 보듯이, 그분은 구약의 말씀을 하나님의 말씀으로 간주함으로써 동일한 확신을 보여 주신다.

예수님이 구약 전체의 신적 권위와 영감을 인정하시고 아울러 신약의 신적 영감까지 주장하셨다는 사실은 앞서 밝힌 바 있다. 예수님의 주권적 권위에 대한 자기 인식, 자신이 하나님의 말씀을 전한다는 주장, 성령이 사도들을 깨우쳐 주실 것이라는 약속, 성령이 사도들에게 임한 사건, 자신들이 가르칠 때 성령이 특별히 조명해 주셨다는 사도들의 주장, 사도들이 자신의 저작에 특별한 신적 권위가 있음을 인정한 것 등, 모든 증거가 신약이 하나님의 동일한 영감으로 이루어졌음을 입증한다. 따라서 성경 전체는 신적 영감을 주장하며, 하나님이 숨을 불어넣으신 문서로 우리에게 다가온다.

구약의 예언자 | 이러한 신적 영감이 성경 저자들에게 어떻게 영향을 미쳤는지는 구약의 예언자들에 대한 연구를 통해 살펴볼 수 있다.

예언자들이 받은 영감의 본질은 예레미야 1:5-9에 표현되어 있다. "내가 너를 여러 나라의 선지자로 세웠노라…내가 내 말을 네 입에 두었노라"(참고, 사 6:8이하; 겔 2장). 예언자들은 메시지 서두에 습관적으로 "주께서 말씀하시니라" 같은 표현을 사용한다. 끊임없이 "주의 말씀이 그들에게 임했고", 그들이 받은 말씀은 일반적으로 백성들에게 하나님이 직접 말씀하시는 형태로 전달된다. 예언자들(눅 24:25-27에 따르면, 율법을 제공한 모세와 시편 기자가 포함된다)은 하나님과 그분의 말씀에 아주 깊이 사로잡히고 고양되었으므로, 그들의 메시지는 성령의 영감을 통해 하나님의 말씀과 효과적으로 동일시되었다.

예언서들을 살펴보면, 하나님이 성경을 기록할 때 자신을 낮추셨다는 사실을 잘 알 수 있다. 하나님의 진리는 하나님이 자신을 낮추심을 통해 인간의 언어로 우리에게 다가온다(살전 2:7). 우리는 이것을 인간의 **여러** 언어들로 확장하여 고찰할 필요가 있다. 일차적으로 성경은 히브리어와 헬라어뿐 아니라 아람어처럼 타 언어에서 온 일시적 차용어도 인정한다(참고. 막 5:41; 마 27:46; 고전 16:22). 한편, 더 심화된 차원에서 다양한 문학적 장르도 인정한다. 예를 들어, 역사적 내러티브, 시, 예언적 신탁, 비유 등이 있다. 성경 본문이 하나님의 영감을 받았다는 것은, 이러한 문학 형태의 다양성이 성경 구성 과정에서 무시되지 않았음을 의미한다. 따라서 모든 성경이 동일하게 성령의 영감으로 말미암은 결과물이지만, 각 문장과 단락, 구절, 단어가 우리에게 말씀을 전하고 우리 지각과 행동에 주는 의미를 전달하는 방법은 성경의 문학적 형태와 밀접한 관련을 맺는다. 이것은 이후에 다룰 해석학 문제를 제기한다.

영감에 관한 학설

하나님이 성경 기록 과정에서 일하신 방법을 설명하기 위해 수많은 학설이 만들어졌다.

구술설 | 이 학설의 가장 강력한 형태는, 성경을 기록할 때 인간 저자들이 사실상 아무런 역할을 하지 않았다는 주장이다. 그들은 단지 하나님 말씀을 최종적으로 거룩한 정경으로 통합하는 수단으로 사용된 인간 키보드에 지

나지 않았다는 것이다.

앞에서 언급한 예언자 '모델'은 하나님의 행동(예언자들은 그분께 "사로잡히고 고양되었다")을 강조한다는 측면에서 구술설을 지지하는지도 모른다. 대체로 하늘로 올라가신 그리스도가 구술해 준 것처럼 보이는 소아시아의 '일곱 교회에 보내는 편지'(계 2-3장)의 예처럼, 하나님이 택하셨다면 자신의 말씀을 표현하는 수단으로 그 방법을 능히 사용하실 수 있다. 그러나 이 방법은 "사람이 말했다"(벧후 1:21; 참고. 막 7:6; 12:19 등) 같은 형식처럼 인간적 요인을 분명히 보여 주는 신적 영감의 다른 예들을 설명하기에는 적절하지 않다. 즉 환상이나 황홀경, 하늘에서 온 음성 같은 현상들이 분명히 일어나긴 했지만, 그것들이 성경의 영감에 반드시 필요하지는 않았다. 적절한 이론을 갖추기 위해서는 이런 점도 고려할 필요가 있다.

보다 덜 직접적인 방식의 영감은 누가복음에서 볼 수 있다. 누가복음은 그것을 기록하는 일이 '저자 자신에게 좋은 일로 여겨졌기 때문에'(눅 1:3) 쓰인 책이다. 누가가 확실히 그랬듯이, 경건한 그리스도인이었던 복음서 및 사도행전 저자들이 성경을 기록할 당시 하나님의 도움을 구하기 위해 많은 기도를 드렸을 것이라는 점은 의심의 여지가 없다. 그러나 저술 자체가 의식적으로 하나님에게서 촉발되거나 동기부여 된 경우는 드물다. 또한 솔로몬의 아가나 바울의 빌레몬서, 아굴의 잠언(잠언 30장)과 같은 성경 구절들의 배후에는 명확한 초자연적 자극의 흔적을 찾아볼 수 없다. 더 나아가, 많은 경우 성경 문서가 최종적인 문학적 형태로 이루어지는 과정은 비교적 '인간적'이다. 예를 들어, 역사를 직접 연구하거나(눅 1:3), 이전 자료에 직접적으로 의존하거나(역대상·하), 다른 책에서 내용을 차용하거나(베드로후서와 유다서), 여러 차례의 편집을 거친다(잠 10:1; 24:23; 25:1). 또한, 책에 따라서는 사용되는 언어들이 저자의 문체를 분명하게 보여 주고, 심지어 저자의 문체가 지닌 빈약함을 드러내기도 한다.

이렇듯 영감의 일반적 방식은 인간 저자의 의도나 개성을 무시하지 않는다. 인간 저자들은 단순히 인간 키보드가 아니다. 복음주의 그리스도인들이 구술설을 고집한다는 불공정한 비난을 자주 받음을 감안하면, 이 점을 자세히 설명할 필요가 있다. 사실 종교개혁 시대부터 오늘날에 이르기까지, 책임 있는 개신교 신학자들은 어느 누구도 구술설을 주장하지 않았다.

적응설 | 이 관점은 영감 과정에서 하나님이 자신을 인간 저자의 한계에 맞추셨다고 본다. 성경이 여러 차원에서 오류가 있다고 주장하는 학자들은 자주 이 학설을 지지한다. 그들은 하나님이 스스로 인간 저자의 한계에 적응하기로 선택하셨으므로 성경에 인간의 결점이 포함되는 것이 불가피하다고 주장한다. 마치 빛이 스테인드글라스를 통과하면서 색깔을 띠듯이, 하나님의 계시가 성경으로 기록될 때 인간 저자의 결함도 함께 나타난다. 앞서 언급했듯이, 이 주장은 성경의 신적 기원과 신뢰성에 대해 성령이 주신 그리스도인의 확신뿐 아니라 성경 자체의 관점과도 정면으로 배치된다.

감독설 | 이 학설은 적응설의 변형으로, 앞에서 언급한 두 학설의 문제점을 제거하고 타당한 통찰만을 통합한 것이다. 혼란을 피하기 위해, 보통 강한 '통제력 행사'라는 의미에서의 **감독**(supervision)이라는 특징적 용어를 선호한다. 이 학설은 영감 과정에서 하나님이 개인 저자의 배경과 유전, 환경을 주권적으로 감독하시고 개입하셨으며, 그 결과 저자들이 사건이나 묵상, 설교 등을 글로 기록할 때 사용한 언어가 의식적으로는 저자의 자유로운 작품이면서도 동시에 정확한 하나님의 말씀이라고 주장한다.

그러므로 그들이 영감에 따라 쓴 말들은 분명히 '그들의 것'이며 그들의 직접적 상황을 다루지만, 또한 하나님의 섭리 가운데 모든 시대의 백성에게 주시는 영원한 말씀의 일부이기도 하다. 따라서 스테인드글라스의 비유는 다른 방식으로 적용된다. "설계자가 스테인드글라스 창문의 색을 디자인할 때, 예배당 안으로 비치는 빛이 정확히 그 색을 통해 만들어지는 색조와 색감을 띠도록 의도했다고 볼 수는 없을까? 하나님이 자기 백성에게 주고자 하시는 말씀을, 그 같은 목적을 위해 지으신 사람들의 자질을 수단으로 삼아 정확히 현재 형태의 말씀으로 빚으셨다고 볼 수는 없을까?"(워필드)

이 관점은 인간이 죄인이라는 사실을 적절하게 고려하지 못한다는 반론이 제기된다. 하나님의 말씀을 정확하게 말할 수 있을 정도로 인간 존재와 하나님 사이의 엄청난 장벽을 극복하는 것이 어떻게 가능하다는 말인가?

이에 대해 다음과 같이 대답할 수 있을 것이다. (1) 우리는 여기서 '자연인'을 말하고 있는 것이 아니다. 하나님이 자신의 진리를 전달하기 위해 사용한 사람들은 성령으로 새롭게 되고 하나님과 관계를 맺었다. (2) 평범한 인간이 하나님의 진리를 정확히 말할 수 있음을 부정하는 것은, 결국 인간의 언어가 원칙적으로 하나님 진리의 도구가 될 수 있음을 부정하는 결과를 낳는다. (3) 물론 인간 저자들이 죽는 날까지 여전히 죄인이었지만, 그 때문에 하나님 진리의 대변자가 될 수 없는 것은 아니다. 성경 저자들은 그들의 메시지에 영향을 미치는 모든 요소에 있어서 전능하신 하나님의 행동에 의해, 그리고 성령을 통해 특별한 감독을 받았다.

두 개의 관련 용어

축자 영감 ǀ 이 용어는 성경 저자들이 일반적 사상뿐 아니라 그들이 사용한 각 단어까지도 영감 받았다는 뜻을 나타낸다. 이것은 '구술설'과는 조심스럽게 구분되어야 한다. 엄밀하게 말하자면, 이 주장은 현재의 구약과 신약이 아니라 전달 과정을 거쳐 현재 형태의 성경이 되기 전의 최초 원본에 적용된다. 그러나 실제로 보면, 원본과 오늘날 사본의 차이를 다루는 것은 매우 학문적 수준의 문제다.("'원래 주어진 대로'"를 보라. p. 70-71).

완전 영감 ǀ 이 용어는 영감의 범위가 성경 **전체**에 미친다는 뜻을 나타낸다. 하나님은 영감의 흔적이 가장 분명하게 드러난 단락만이 아닌 **모든** 성경이 기록되게 하셨다. 물론 이는 모든 부분이 성경 메시지의 전개에 동일하게 **중요하다**는 주장은 **아니다**. 초상화에서 '배경'이 되는 작은 구석은 중앙의 인물보다는 덜 중요하다. 그러나 그것 역시 분명히 예술가의 붓으로 그린 결과물로서 전체 그림에 기여한다.

세 가지 결론

1. 성경은 그것이 하나님의 직접적이고 주권적인 영감으로 기록되었으며, 따라서 우리에게 직접 계시하신 하나님의 살아 있는 말씀으로 복종해야 한다고 가르친다. 만일 성경의 권위를 인정한다면, 성경이 하나님의 영감을 받은 말씀이며, 존중과 복종으로 대해야 한다는 두 가지 주장 역시 인정해야 한다. 다른 관점을 취하는 것은 성경의 명확한 가르침과 모순된다.

2. 분명한 것은, 성경이 기록된 정확한 방법과 관련해 신비의 요소가 항상 남아 있을 것이라는 점이다. 이것을 이상하게 생각해서는 안 된다. 하나님이 모든 피조물과 관계 맺으실 때 신비는 불가피하게 수반되기 때문이다. 성육신 역시 우리에게는 '신비'인데, 신성과 인성이 예수 그리스도의 한 인격 속에서 통일되는 방법을 결코 완벽하게 설명할 수 없기 때문이다. 그러나 어떤 경우에도, 하나님 활동의 '신비'는 우리가 그것을 믿고 진리 안에서 기뻐하는 것을 막지 못한다.

3. 마지막으로, 영감의 문제는 우리가 받아들이는 신론과 다시 연결된다. 만일 하나님을 "모든 일을 그의 뜻의 결정대로 일하시는 이"(엡 1:11)이자 "그가 기뻐하시는 모든 일을…다 행하시는"(시 135:6) 분으로 인정한다면, 우리는 본질적으로 어떤 어려움에도 봉착하지 않을 것이다. 하나님이 인간의 경험을 통해 만드신 책이, 그분의 주권적 역사를 통해서 인간에게 주신 정확한 말씀이 되었다는 데는 어떤 모순도 존재하지 않는다.

정경

'정경의 자격'이라는 뜻의 영어 단어 'canonicity'는 규칙이나 측정 기준을 의미하는 헬라어 '카논'(*kanōn*)에서 유래하며, 신약에도 등장한다. 예를 들어, 갈라디아서 6:16은 "무릇 이 규례(rule)를 행하는 자에게…평강과 긍휼이 있을지어다"라고 말하는데, 이는 사도의 복음을 따라 사는 자를 일컫는다. 이 용어는 성경과 관련해서는 일반적으로 성경의 문헌적 경계를 가리키며, 왜 우리가 어떤 책들만을 '영감 된' 것으로 간주하고 왜 그 책들이 **모두** '영감 된 성경'에 포함되어야 하는가의 문제들을 다룬다.

개괄적 설명을 몇 가지 덧붙이자면, 원칙적으로 성경(Scripture)이라는 개념 자체가 정확한 문헌적 경계를 가진 권위 있는 저작집, 즉 정경 개념을 상기시킨다. 실제로 성경은 이런 생각을 여러 곳에서 언급한다(눅 11:51; 골 4:16; 계 22:18). 어떤 책의 경우는 정경으로서 자격 여부를 결정할 때 사도의 저술 또는 감독과 같은 외부 역사적 요소들이 중요한 위치를 차지했다. 한편 그 자체로 내재적 권위와 진정성을 가진 책들도 있었는데, 하나님의 백성이 이 책들을 통해 그들에게 말씀하시는 하나님의 음성을 인식하게 된 경우다.

구약 정경

구약 안에는 첫 다섯 권인 모세오경이 초기에 공식적으로 인정받았다는 내용이 확실하게 언급되어 있다(예를 들어, 신 31:11; 수 1:7이하; 대하 23:18). 유대교에서 어떤 책을 정경으로 수용하는 근거가 무엇인지는 알려져 있지 않기 때문에, 우리는 주님과 사도들이 구약을 정경으로 인정했다는 점에 일차적으로 주목해야 한다. 예수님은 다양한 문제에 대해 당시의 종교 권위자들과 논쟁하셨지만, 정경에 대해 불일치가 있었다는 기록은 존재하지 않는다. 누가복음 11:51에는 예수님 시대의 회당에서 사용된 정경이 오늘날 우리가 사용하는 구약과 같다는 사실이 암시되어 있다.

유대인들이 정경의 내용을 놓고 논쟁을 벌였던 시대는 거의 없었던 것 같다. 구약 헬라어판에는 몇 가지 외경이 포함되어 있었지만, 그 어떤 것도 팔레스타인에서 명확하게 인정받지 못했다. 시대를 통틀어 외경이 팔레스타인이나 알렉산드리아에서 공식적 유대교에 의해 인정받고 수용되었다는 증거는 없으며, 오늘날에도 여전히 유대인들은 현재 구약으로 묶인 책들만 성경으로 받아들이고 있다.

신약 정경

사도 시대에는 신약까지 정경으로 승인해야 할 긴급한 필요는 없었다. 거기에는 적어도 두 가지 이유가 있다. 첫째, 교회는 예수님의 사역과 관련한 사건 및 가르침에 대해 상당한 분량의 구전을 보유하고 있었다. 둘째, 사도들과 그들의 직계 제자들이 살아 있었기 때문에 사도들의 가르침을 좀더 내구성 있는 형태로 보유할 필요성이 상대적으로 적었다. 부분적 이유로는, 교회가 지리적으로 넓게 흩어져 있었기 때문에 신약의 책들을 수집하고 승인하는 데 상당한 시간이 걸렸다.

그러나 사도 시대에도 권위 있는 저작집이 궁극적으로 등장할 것임을 시사하는 요소들은 있었다. 예수님에 관한 전통을 보존하려는 교회의 관심은, 그들이 예수님의 사역과 그것을 기록으로 보존하는 일의 규범적 본질을 인식했음을 보여 준다. 정확히 바로 이것이 사복음서의 기록 배경이었다. 또한, 교회는 사도들의 서신을 특별히 존중했다. 예를 들어, 바울은 서신들의 사도적 권위를 확증하기 위해 자신의 서명을 덧붙였고(고전 16:21; 골 4:18; 살후 3:17), 그의 서신을 교회에서 읽도록 지시했다. 베드로후서 3:16은 바울의 서신들이 베드로와 바울 생전에 '성경'으로 인정받았음을 보여 준다. 아울러 요한계시록 22:18이하의 내용은 교회가 초기부터 공인된 저작과 비공인된 저작을 구분했다는 증거가 된다.

정경으로 간주되는 신약성경이 나타났음을 알리는 또 다른 중요한 표지는 (속사도 시대로 알려진) 사도 시대 직후의 기독교 저자들에게서 찾을 수 있다. 그들은 사도들의 저작이 보유한 일차적 권위와 자신들의 저작이 보유한 권위를 구분했다.

교회가 받아들인 책의 목록을 작성한 최초의 시도는 175년경의 무라토리 정경(Muratorian Canon)이었고, 최초의 완전한 정경 목록은 카이사레아의 에우세비우스(Eusebius of Caesarea, 260-340)가 만든 목록이다. 이때 에우세비우스는 보편적으로 받아들여진 책들과 대다수 교회가 받아들인 책들(여섯 권)을 구분했다. 그가 이 여섯 권의 책을 의심한 중요한 근거는, 이 책들이 사도들에게서 직접 유래했다는 사실을 밝힐 수 없었기 때문이다. 이것은 정경에 속하는 책들이 특별한 영감을 받은 사도들 혹은 가까운 동역자들이 분명하게 전한 신앙의 위대한 핵심적 실재를 직접적이고 정확하게 증언해야 한다는 것에 교회가 지대한 관심을 두고 있었음을 보여 준다. 그래서 요한계시록을 정경으로 인정하는 데 긴 시간이 걸린 것도 이해할 만하다. 이 책의 메시지는 상당히 모호하고, 심지어 당시의 극단주의자들이 이 책 속의 상징을 이용하기도 했다. 교회가 이 책을 받아들이는 데 일치를 이룬 것은 4세기 말이었다.

구약과 마찬가지로 신약 정경이 확립될 무렵에도 수많은 외경 문서가 등장했다. 20세기에 일부 학자들과 종교 언론인들은 그 외경들 중 일부를 두고 예수님의 삶과 가르침에 대한 진정한 초기 증언이라고 말했다. 그러나 그것들을 대략만 읽어 보아도 대부분 신약 자체의 내용과 매우 다름을 알 수 있다. 한 예로, 베스트셀러 소설 『다빈치 코드』(The Da Vinci Code, 문학수첩) 덕분에 널리 알려진 『(막달라) 마리아 복음』을 살펴보자. 흔히 볼 수 있듯이, 이 책은 진짜라는 느낌을 주려고 1세기 인물의 이름을 붙였다. 이 책은 '마리아'가 예수님께 어떤 계시, 특히 선교 사역의 경계를 설정하는 것에 반대하는 계시를 받았다고 주장한다. 또한 사람들은 『마리아 복음』이, 실제로 책에 기록되지는 않았지만 예수님이 마리아와 결혼했음을 암시한다고 주장했다. 하지만 예수님께 아내나 자녀가 있었다는 신뢰할 만한 증거는 결코 존재하지 않는다. 마리아 복음은 2세기 후반에 유행했던 영지주의 사상⁹을 반영하며, 비정통적 관점을 가진 비공식적 교사들이 손쉽게 발판을 마련하기 위해 쓴 것으로 보인다. 또 다른 예를 들자면, 같은 시기 같은 배경에서 나온 『유다 복음』은 예수님을 배반한 자를 유명 인사처럼 대우한다. 이런 저작들 중 가장 유명한 것은 이른바 『도마 복음』으로, 2세기 말 즈음에 와서야 시리아에서 기록된 것으로 보인다. 대부분 예수님이 언급한 것으로 간주되는 말씀들을 느슨하게 모아 놓은 책인데, 여기에 등장하는 예수님은 영지주의적 관점과, 몇몇 지점에서 정치적으로 결코 정당하지 않은 관점을 고수한다. 2-3세기의 교부들은 이런 다양한 저작들을 알고 있었으며, 그 신뢰성을 의심하고 이단적 와전에 주의를 기울였다. 예를 들어, 교회사가 에우세비우스는 "이단들이 베드로, 도마, 맛디아 등과 같은 사도들의 이름으로 발표하는 저술"에 대해 언급한다.

대중매체에서 이런 문서 일부를 가지고 대중적 관심을 불러일으키려 하지만, 사실 그런 문서들은 정경에 포함된 네 개의 복음서보다 훨씬 늦게 쓰인 것임을 기억해야 한다. "신약의 복음서—마태복음, 마가복음, 누가복음, 요한복음—가 역사적 예수를 이해하는 최고의 원천이라는 증거는 매우 강력하다. 신약의 복음서들은 직접 목격한 증언자들의 증언에 기초하며, 예수님의 가르침과 삶, 죽음, 부활을 참되고 정확하게 말해 준다"(크레이그 에반스).

정경화 과정에서 교회는 기독교 집단 사이에 회람되는 문서들 중 특정 문서에 자신의 권위를 부여하려 노력하지 않았다. 오히려 교회는 성령의 인도를 따라 정경화된 저작들을 통해, 그리고 오직 그 경계 내에서만 선한 목자의 진실한 음성을 명확히 들었고, 계속해서 듣고 있다(요 10:4이하).

다른 문제들

지금까지 대략 살펴본 성경의 권위 문제를 더 완전하게 다루기 위해서는 몇 가지 다른 문제를 언급할 필요가 있다. 만일 성경이 하나님께 영감을 받은 원저자의 언어로 기록된 말씀으로서 우리가 가진 최고의 권위라면, 우리는 그것에 어느 정도의 진실성과 신뢰성을 부여해야 할까?

무류성

이 용어를 성경에 적용하면, 성경이 우리를 그릇된 내용으로 오도하지 않는다는 뜻이다. 성경이 무류성(infallibility)을 갖는다는 주장은, 모든 성경의 주장들이 진실하고 전적으로 신뢰할 만하며, '오류 가능성이 있는' 인간의 말이나 진술과는 다르다는 뜻이다. 성경이 곧 하나님의 자기 증언이기 때문에 오류가 없다는 것이다. 성경에 적용되는 '무류성'이라는 용어는 성경 각 저작들의 실제 현상을 고려하여 정확하게 정의되어야 한다.

성경의 무류성을 다룰 때, 우리는 **하나의 전체**로서 성경의 메시지를 말하는 것이다. 이것은 구체적 구절이나 본문에는 오류가 있다는 의미가 아니라, 특정 진술이나 각 단락이 성경 전체의 맥락 안에서 오류가 없음을 뜻한다. 예를 들어 야고보의 질문, 곧 '아니요'라는 대답이 암시된 "그 믿음이 능히 자기를 구원하겠느냐?"(약 2:14)라는 구절을 맥락에서 따로 떼어 인용할 경우, 우리는 야고보서에서 하나님의 무류적 진리를 놓칠 수 있다. 이 진리를 붙잡기 위해서는 해당 진술을 야고보서의 전체 틀 안에서 읽어야 하며, 성경의 다른 부분, 특히 로마서와 갈라디아서에 기록된 보완적 가르침과 함께 이해해야 한다.[10]

성경의 무류성은 **저자의 마음속 의도**와 밀접한 관계가 있다. 예를 들어, 창세기의 첫 장이 24시간으로 이루어진 하루를 기준으로 6일 동안 물리적 우주가 만들어졌음을 가르치는 데 있어 오류가 없다고 하려면, 저자가 의도한 것이 정확한 우주적·과학적 의미에 관한 것이어야 한다. 그러나 만일 그런 의도가 아니었다면, 그 이야기의 무류성을 우주론적 세부 내용에까지 적용해서는 안 된다(제2부 "기원의 문제"를 보라). 또한 어떤 내러티브는 단지 신학적 진리를 전달하는 문학적 수단에 불과할 수도 있다. 예수님의 비유가 그 분명한 사례다. 선한 사마리아인 비유의 무류성을 주장하기 위해 이 이야기가 역사적 사실이라고 주장할 필요는 없다. 따라서 성경 본문의 문학적 형태는 무류성을 주장하는 방식에 영향을 미칠 것이다.

이렇듯 무류성은 성경을 해석하는 모든 인간적 활동에 적용되지는 않는다. 성경의 한 구절 또는 성경 전체에 대한 인간의 모든 해석에는 오류 가능성이 있다. 만일 적절한 해석 원리를 적용하지 않는다면, 하나님 말씀인 성경에 부여된 무류성은 불분명해지거나 사라질 것이다. 따라서 성경의 무류성에 대한 주장은 결코 해석의 문제를 배제하지 않는다. 사실, "어떤 성경 구절에 대해 더 이상의 해석이 필요 없는 완전한 주해는 존재하지 않는다. 성령은 이전에 드러나지 않은, 계시된 진리의 여러 모습을 그리스도인들에게 끊임없이 보여 주신다"(J. I. 패커). 이후 "해석학" 단락에서 해석의 적절한 원리를 더 자세히 검토할 것이다. 성경 구절을 올바르게 해석할 때 적용할 수 있는 유용하고 실제적인 기준은 다음과 같은 질문이다. '저자가 말했다고 우리가 생각하는 내용을 저자가 정말로 의도했다면, 그는 정말로 그것을 그런 식으로 말했을까?'

'무류성'이라는 용어를 이런 방식으로 규정할 필요가 있다는 사실은, 성경의 신뢰성을 높이 평가하는 이들로 하여금 이 용어의 사용이 과연 지혜로운지 의심하게 했다. 그러나 이 용어를 사용함으로써 우리는 오랜 역사를 가진 정통 기독교와 기독교 진리에 대한 위대한 역사적 진술들과 하나가 된다. 게다가 이를 더 효과적으로 표현할 만한 다른 용어를 찾기란 매우 어렵다.

무류성은 앞에서 자세히 다룬 신적 권위와 영감에 필연적으로 수반된다.

이것은 그야말로 살아 있는 하나님 자신의 무류성이자, 성경의 영감 된 말씀 안에서 그리고 그것을 통해서 말씀하시는 무한하시고 영원히 진실하신 분의 자기 계시가 지닌 무류성이다. 따라서 실제로 성경 자체가 오류 없는 심판자다. 웨스트민스터 신앙고백은 이를 다음과 같은 적절한 문장으로 표현한다. "모든 종교적 논쟁을 판단하시고…우리가 의지해야 하는 판결을 내리는 최고의 심판자는 오직 성경 안에서 말씀하시는 성령이시다"(1:10). 따라서 성경은 "하나님의 홀(笏)"(칼뱅)로 간주할 수 있다.

요약하자면, 예수님처럼 '성경은 폐할 수 없으며 당신의 말씀은 진리'라고 주장하고, 예수님이 일관되게 그러하셨듯이 성경의 일점일획에 의지하는 것이, 우리가 '무류성'이라는 용어를 통해 나타내려고 하는 바의 본질이다.

무오성

흔히 '무류성'과 연관되어 사용되는 무오성(inerrancy)이라는 용어는 실수가 없다는 뜻이다. 무류성과 마찬가지로, 무오성은 신적 영감의 당연한 귀결이다. 만일 진리의 하나님이 성경 단어를 한 글자씩 감독했다면 우리는 성경에 실수가 없다고 확신할 수 있다. 따라서 성경이 우리 신앙의 내용(교리)이나 생활방식(윤리)을 제시하고 실제 사건(역사)을 기록할 때, 그것은 언제나 진실이다. 다시 한 번 분명히 할 점은, 특정한 경우에 주장되는 무오성의 정도는 해당 본문이 가르치고자 의도한 내용과 관련이 있다는 것이다. 또한 그것은 성경 본문이 표현된 문학적 형태와도 관련이 있다. 예를 들어, 탕자 비유의 무오성을 주장하기 위해 어떤 사회에 정확히 그런 가족이 존재했다고 말할 필요는 없다. 어떤 성경 구절이 저자의 의도에 부합하고 다른 구절들과 일치를 이룰 때, 우리는 그 구절의 무오한 진실을 명백하게 이해할 수 있을 것이다.

성경의 영감과 권위를 높이 평가하는 많은 이들은 '무오성'이라는 용어 사용을 꺼리고, 성경에 대해 '전적인 신뢰성' 혹은 '무류성'이라는 표현을 사용하고 싶어 한다. 이렇게 된 이유에는, 우선 '무오성'이라는 용어가 이를테면 성경 구절의 독특한 문학 장르의 문제처럼 중요한 해석적 문제를 배제하는 것으로 보이는 경향이 있다. 그리고 이 용어는 성경 구절에 대한 특정 해석이 최종적 해석이라는 부당한 주장에 동의하는 것처럼 보일 수도 있다. 그러나 성경의 무오성이 자신의 말씀을 성경으로 기록한 하나님의 진실성의 필연적 결과라면, 성경이 '무오하다'는 주장은 중요한 의미가 있다.

'원래 주어진 대로'

이 표현은 우리가 성경 **원본**을 갖고 있지 않다는 사실을 인정할 때 자주 사용된다. 인간에게 주시는 하나님의 정확한 말씀을 무오하고 무류하게 기록하도록 주권적으로 감독하고 영감을 주신 하나님의 섭리는, 오늘날 우리가 가진 성경 사본과 번역본을 만들 때 동일하게 역사하지 않았다.

물론 이 사실은 지금까지 체계화되어 온 전체 교리를 결코 약화시킬 수 없다. 지금까지 전해진 다량의 성경 사본을 연구하며 원본 형태를 복원하고자 노력해 온 본문비평의 시도들은, 원본과 그에 기초한 성경 사본들이 거의 차이가 없음을 확인해 주었다. 사본 제작은 원본의 신적 특성을 고려하면서 그에 합당한 책임 의식을 갖고 이루어졌다. 성경 사본과 번역본을 상당히 자세히 연구해 온 한 학자는 이렇게 확언한다. "성경은 하나님의 특별한 관심과 섭리를 통해 우리에게 매우 순수하게 전달되었기 때문에, 심지어 가장 무비판적인 히브리어와 헬라어 판본이나, 그런 판본의 가장 서투르거나 극단적인 번역본들조차도 성경의 실제 메시지를 모호하게 하거나 그것의 구원하는 능력을 무력화할 수 없다"(F. F. 브루스).

이 사실은 성령이 오늘날 교회에서 성경 사본들의 신적 권위를 증언하실 때 결코 우리를 오도하지 않으심을 더 객관적으로 입증해 준다. 그러나 우리는 '원래 주어진 대로'라는 표현을 사용함으로써 현재의 특정 사본을 지나치게 확신하는 것을 피하고, 앞으로 더 순수하고 신뢰할 만한 본문을 계속 추구해 가도록 장려해야 한다. 또한 그렇게 함으로써 우리는 원본의 지위를 가진 '신성한 유물'을 소유할 때 발생할 가능성이 매우 높은 위험, 즉 그것을 우상숭배 하듯 높이는 위험을 피할 수 있다. 하나님의 기록된 말씀을 사랑하는 법을 바르게 배우고 "내가 주의 법을 어찌 그리 사랑하는지요"(시 119:97)라는 시편 기자의 말을 반복해서 읊조릴 때, 그 사랑은 최종적으로 말씀 자체가 아니라 말씀을 통해 우리를 만나고 우리에게 말씀하시며 우리를 항상 축복하고 사랑하시는 하나님을 향한 것이다.

어려운 문제들

지금까지 간략히 소개한 성경에 대한 관점은, 수 세기 동안 절대다수의 하나님 백성이 은연중에 실천을 통해서든 명확한 신앙고백과 신학 저작을 통해서든 강하게 확증해 온 성경의 권위에 관한 정통 교리를 큰 어려움 없이 잘 보여 준다.

그러나 지난 3세기 동안 이런 관점은 자주 도전을 받았고, 다음의 여섯 개 분야에서 계속 논의가 진행 중이다. 바로 역사적 신뢰성, 신약 저자들의 구약 구절 인용 방법, 물리적 현상에 대한 언급 내용, 도덕적 문제들, 저작자 및 문학적 문제, 이적 현상의 작용 등이다. 이 문제들 각각과 그에 관련된 문제들을 충분히 논의하려면 주제마다 책 한 권이 필요할 것이다. 책 뒷부분의 "주"에 제시된 자료를 참고하기 바란다.[11] 주지해야 할 몇 가지 내용을 정리하면 다음과 같다.

1. 성경의 무류성과 무오성이 적용되는 한계를 명확히 하기만 해도 많은 문제들이 해결된다.

2. 관련 문헌을 연구해 보면, 성경의 무류성을 비판하는 사람들이라 해도, 그들이 어떤 문제를 제기한 후 성경의 무류성과 충분히 양립할 수 있는 대답

을 받아들일 수 없거나 받아들이지 않은 경우는 단 하나도 없다.

3. 이런 문제들이 모두 현대 신학자들에 의해 제기되었다고 생각하는 것은 옳지 않다. 오래전 초기 교부들과 위대한 종교개혁자들과 청교도 성경 해석자들이 이 문제에 직면했으며, 대체로 만족스러운 대답을 제시했다.

4. 학자들의 주장에 대해서는, 차후 그것이 틀렸음이 '입증'될 것에 대비해 적절히 판단을 유보해야 한다. 성경비평의 역사에는 학자들이 주장하는 '증거'들이 더 충분한 연구에 의해 뒤집어지는 경우가 많다. 예를 들어, 구약의 족장 이야기를 꾸며 낸 옛날이야기로 치부해야 한다는 오만한 주장은 오늘날의 명확한 증거들 앞에서 철회되고 있다. 창세기는 주전 2천 년대의 고대 근동 문명에 관한 역사적 암시와 유사성을 풍부하게 보여 준다.

5. 경우에 따라 어떤 문제는 아직도 해결되지 않았다. 드물게는 명확한 해결책이 없거나, 제안된 해결책이 확신을 주지 못할 수도 있다. 그런 경우, 우리는 과거에 종종 그랬듯이 (보다) 만족할 만한 해결책이 나올 때까지 문제를 안고 살 수밖에 없다. 그러면서 해결되지 않은 특정한 문제(개의 꼬리)가 성경에 관한 교리(개의 몸뚱이)를 흔들지 못하게 하고, 하나님이 성령을 통해 말씀 증언하시는 일을 가로막지 않는 것이 중요하다.

6. 성경의 권위에 대한 이 교리가 기독교 신앙의 가르침 중 하나임을 기억할 필요가 있다. 따라서 이 교리는 믿음, 즉 우리 편에서의 신앙적 헌신을 요구한다. 이는 예수님과 그분의 사도들이 지녔던 태도와 성경에 대한 교회의 역사적 관점과 일치한다. 이런 태도는 성경에 관한 교리를 거시적 시각으로 바라보도록 도와준다. 우리는 예수님의 생각과 말씀, 행동에 대한 매 순간의 기록을 확인해야 그분이 무죄하시며 우리 구주로서 합당한 분이심을 신뢰하는 것이 아니며, 공정한 증인들의 서명된 문서를 보고 나서야 주님의 부활을 믿고 기뻐하는 것도 아니다. 따라서 성경의 무류한 진리를 신뢰하고 그 권위에 따르기 위해 모든 가능한 문제에 대한 해결책을 요구할 필요가 없다.

해석학: 성경을 해석하는 학문이자 기술

앞에서 무류성의 문제가 성경 해석의 문제와 분리될 수 없음을 살펴보았다. 성경의 무류성을 주장하면서도 성경을 의심스러운 방식으로, 심지어 너무나 괴상하게 해석하는 사람들이 오랜 시간 많은 피해를 끼쳐 왔다.

성경을 적절하게 해석하려고 할 때, 혹은 좀더 전문적 용어로 올바른 해석학을 적용하려고 할 때, 우리는 어떤 원리를 따라야 할까? 다음 네 가지 주요 원리에 주목해야 한다.

그 원리들을 제시하기 전에, 우선 해석학이라는 전 영역을 현대의 맥락에서 이해할 필요가 있다. 왜냐하면 최근 '해석학'은 인간인 우리가 자신이 아는 내용을 어떻게 알며, 실제로 인간이 어느 수준까지 알 수 있는지에 대한 논의에서 중심 용어가 되었기 때문이다. 이런 논쟁이 촉발된 핵심적 이유는, 인간이 어떤 대상을 이해하려 할 때 그 대상에 대해 이미 가지고 있던 선이해(pre-understanding)의 영향을 받는다는 인식이 점차 대중화되었기 때문이다. 대상에 대한 이해를 시도할 때마다 '두 지평', 곧 마주한 대상 혹은 읽고 있는 본문이 제공하는 '지평'과, 이해하려는 사람의 경험과 인격의 모든 측면이 제공하는 '지평'이 만난다. 따라서 본문과 독자 사이의 만남은 '해석학적 순환'(hermeneutical circle)이라는 형태를 띤다. 이 과정에서 해석자는 끊임없이 본문을 만나고, 그 당시 자신이 지닌 특정한 자기이해에 의존하며, 본문 안에서 새롭고 전혀 다른 내용을 발견한다. 가장 부정적 혹은 '해체주의적' 형태의 해석학에서, 본문 읽기는 본질적으로 자신과의 만남이며 따라서 그것을 통해 객관적 지식을 획득할 가능성은 전무하다.

이와 같은 해석학의 암울한 결론에도 불구하고, 이런 접근법의 모든 요소가 성경의 통찰과 상충되지는 않는다. 앞서 언급했듯이, 창세기부터 요한계시록에 이르기까지 성경은 인간이 타락했으며 그 결과 죄 된 성향이 인간의 모든 경험, 특히 알고자 하는 열망, 그중에서도 하나님과 그분의 진리를 알고자 하는 열망에 깊이 스며들어 있다고 말한다. 그러나 인간이 객관적 지식에 결코 도달할 수 없다는 절망은 타당하지 않아 보인다. 특히 삶 속에서 성령의 새롭게 하심을 경험하고 하나님의 영감을 받은 성경을 손에 쥔 그리스도인 해석자들에게는 말이다. 그래서 일부 사람들은 이와 관련해 '해석학적 나선'(hermeneutical spiral) 이론을 제시했다. 이 관점은 우리가 지식을 습득할 때 불가피한 한계가 있음을 인정하는 한편, 성경 본문과의 상호작용도 가능하다고 본다. 이때 해석자는 성령의 도움을 받고, 교정하는 역할을 해 주는 신앙 공동체의 영향력 안에 존재하며, 의식적으로 최선을 다해 개인적 편견을 제거함으로써, 자신이 듣고 연구하는 그 말씀이 지닌 진리를 향해 '나선형'으로 점점 더 근접해 갈 수 있다.

성경은 문학적으로 해석해야 한다

전문용어로는 역사적-문법적 방법(historico-grammatical method)이라 알려진 이 원칙은 본문이나 구절의 자연스럽고 직접적인 의미를 기본 뜻으로 받아들인다. 이러한 '문학적'(literal) 접근법은 '문자적'(literalistic) 접근법과는 신중하게 구별해야 한다. 후자는 성경의 단어를 경직된 방식으로 해석하고, 상징, 은유, 문학 형식 등을 고려하지 않는다. 극단적 예를 들면, "여호와의 눈은 온 땅을 두루 감찰하사"(대하 16:9)라는 구절이 가르치는 것은 하나님의 전능이지, 천상의 눈 두 개가 정기적으로 지구를 들여다본다는 내용이 아니다. '문학적' 접근법은 성경을 다음과 같이 해석할 것을 요구한다.

  1. 원래 의미를 찾아야 한다. 하나님의 말씀은 거의 대부분 그것이 주어진 상황과 직접적으로 관련된 것이다. 따라서 말씀을 우리 자신에게 적용하기 전에, 원래의 배경과 의미를 최대한 밝혀내야 한다.

  2. 문학적 형태에 따라 해석해야 한다. 성경은 시, 산문, 비유, 풍유(겔 16장),

묵시(요한계시록), 우화(삿 9:8-15) 등 거의 모든 종류의 문학 형태로 이루어져 있으므로, 이 점을 항상 신중하게 고려해야 한다. 이는 시가 사실적 내용을 전달할 수 없다는 뜻이 아니라, 시나 환상으로 표현된 내용을 역사 내러티브나 교리적 구절처럼 해석해서는 안 된다는 뜻이다. 우리는 또한 은유와 그 외 다른 비유적 표현에 섬세한 주의를 기울여야 한다.

최근, 성경 안에 중요한 내러티브 요소가 존재한다는 점에 특별히 관심이 모아지고 있다. 실제로 구약에서 이런 점이 특히 두드러진다. 달리 말하면, 성경은 이야기로 가득 차 있다. 따라서 성경을 해석할 때 이런 점을 고려하여 상상력의 역할을 충분히 인정하고, 이야기를 해석하는 일반적 규칙을 사용하여 내러티브를 다룰 필요가 있다. 이러한 관심은 '내러티브 신학'으로 알려진 온전한 개념적 해석 틀을 탄생시켰다. 이 운동은 성경의 내러티브를 다룰 때, 올바른 교리에 대한 관심이라는 렌즈를 통해 내러티브를 대하는 전통적 혹은 고전적 신학과 의식적으로 거리를 둔다. 전통적 신학의 이런 '교리' 우선주의를 보여 주는 사례로, 중세 신학이 성경 이야기를 해석할 때 풍유화(allegorization)에 의존한 것을 들 수 있다. 예를 들어, 누가복음 10:30-35의 예수님의 비유/이야기에서 선한 사마리아인이 남긴 두 데나리온은 두 가지 성례인 세례와 성찬으로 간주되었다. 달리 말하면, 성경에 등장하는 모든 내용을 교리적 가르침의 도구로 간주하고, 본문에 그런 가르침이 표면적으로 분명히 나타나지 않을 경우에는 장차 '드러내야' 한다고 보는 것이다. 이 책은 성경이 교리를 **가르친다**는 것을 자명한 진리로 전제하고 있기 때문에 여기서 그 진리를 다시 강조하는 것이 이상해 보이지는 않을 것이다. 하지만 이야기를 신학적 진리를 캐낼 수 있는 원천이라기보다는 그저 이야기로 바라봄으로써 배울 수 있는 것도 있지 않을까?

그러나 위험 역시 존재한다. 이런 타당한 통찰을 통해서도 성경에서 교훈을 제시하는 부분과 상충하는 해석을 할 수 있으며, 따라서 내러티브 내용을 해석·적용할 때는 신중한 주의가 필요하다. 그럼에도 불구하고, 원칙적으로는 두 접근법을 상보적으로 사용하지 못할 본질적 이유는 없는 것 같다.

3. 문맥에 따라 해석해야 한다. 어떤 본문이나 말씀이 성경의 어느 책, 어느 부분에 있는지를 파악하는 것은 올바른 해석을 위한 기본 태도다. 이와 관련해 유념할 점은, 성경의 장절 구분이 본래부터 있지 않았다는 것이다.

성경은 성경으로 해석해야 한다

"성경 해석의 무오한 기준은 성경 자체다. 따라서 어떤 내용의 참되고 완전한 의미에 대해 의문이 생긴다면, 더 명확하게 말씀해 주는 다른 부분을 통해 조명하고 이해해야 한다"(웨스트민스터 신앙고백). 이 원칙은 전문용어로 조화의 원리(principle of harmonization)라고 하며, 한 분의 신적 저자에게서 유래한 성경의 통일성과 자기 일관성을 인정한다. 다음의 하위 원리들을 통해 더 자세히 설명할 수 있다.

1. 성경의 목적에 따라 해석해야 한다. 이는 성경 전체에 적용되는 원리다(요 20:31; 딤후 3:15). 성경은 우리에게 "구원에 이르는 지혜가 있게" 하도록 주어진 것이다. 칼뱅은 이렇게 말했다. "만일 당신이 천문학이나 다른 심오한 기술을 배우고자 한다면 다른 곳에 가 보시오."[12] 이 원리는 성경의 각 부분에도 적용되며, 우리는 말씀이 어떤 상황에서 주어졌는지를 늘 파악해야 한다. 예를 들어, 야고보는 신앙의 도덕적·사회적 표현에 부주의한 사람들을 대상으로 야고보서를 썼다. 반면 바울은 정반대 상황에 놓인 사람들, 즉 자신의 도덕적·종교적 성취에 의지해 하나님의 호의를 얻고자 하는 사람들을 대상으로 갈라디아서를 쓴다. 두 저자가 다른 내용을 쓰는 것은 전혀 이상하지 않으며, 오히려 이 두 내용은 서로를 보완해 준다.

2. 동일한 주제를 다루는 다른 구절에 비추어 해석해야 한다. 이 원리는 어떤 교재를 읽을 때든 적용된다. 우리는 어려운 내용과 마주치면 저자가 다

른 곳에서도 그것을 다루는지 찾아본다. 따라서 한 예로, 요한계시록의 모호한 부분은 성경의 다른 예언서와 관련지어 이해할 때 뜻이 분명해진다.

3. 이전의 성경은 이후에 쓰인 더 완전한 성경에 비추어 해석해야 한다. 성경의 계시는 하나님이 백성에게 자신과 자신의 목적에 대해 더 많은 계시를 주시면서 발전되어 간다. 특별히 신약은 구약을 해석한다. '그리스도는 율법을 완성한다.' 따라서 구약은 이러한 완성에 비추어 해석해야 한다. 또한 신약의 서신서들은 복음을 해석한다. 왜냐하면 하나님의 전체 목적과 그리스도의 죽음과 부활을 통해 성취된 내용들은 바로 사도적 가르침의 관점에서 이해할 수 있기 때문이다. 칼뱅은 로마서 주석에서 다음과 같은 건전한 조언을 주었다. "만일 사람이 로마서를 이해한다면, 성경 전체를 이해할 수 있는 확실한 대로가 그 앞에 열린 것이다."

4. 전체 성경 이야기의 관점에서 해석해야 한다. 이것은 어떤 의미에서 첫 번째 원리와 두 번째 원리를 더 완전하게 적용한 것이다. 성경의 모든 본문이나 구절의 최종 맥락은 다름 아닌 창세기에서 요한계시록에 이르는 전체적 성경 내러티브다. 성경 해석에 대한 이런 접근법은 성경이 아주 독특한 전체 줄거리를 갖고 있음을 진지하게 받아들이도록 요청한다. 그것은 한편으로는 하나님의 은혜로운 행위에 관한 이야기이자, 다른 한편으로는 인간 구속에 관한 이야기다.

창세기의 기록을 보면, 성경 이야기 혹은 메타내러티브의 시작은 하나님과 그분의 자유로운 결정에서 비롯된다. 하나님은 '무로부터' 우주를 '불러내고' 최종적으로 인간을 창조하여, 그들이 예배를 통해 하나님과 교제를 나누고 그분 안에서 서로 관계 맺도록 하시고, 그들에게 창조 세계의 관리를 맡기기로 결정하셨다. 하지만 비극적이게도, 창세기에서 분명히 드러나듯이 인간은 주님이자 창조주이신 분께 반역하고 그분의 분명한 명령을 따르지 않았으며, 그 결과 극단적 상실 – 하나님과의 교제 상실, 인간 사이의 갈등, 하나님이 계신 동산에서의 추방ㅡ을 경험했다. 이런 심판에도 불구하고, 하나님은 교제를 회복하기를 간절히 원하셨기 때문에 위대한 구속 이야기를 시작하신다. 하나님은 아브라함을 부르시고 그와 그의 자손들과 언약을 체결하셨다. 그 언약에는 그의 후손을 통해 인류 전체에 복 주시겠다는 약속이 포함되어 있었다. 하지만 수 세기 후 선택받은 민족은 이집트에서 노예로 살게 되었고, 하나님은 모세를 구원자로 보내어 이스라엘을 자유로 이끄는 '출애굽'을 하게 하셨다. 이 이야기를 생생하게 묘사한 책이 바로 이 사건의 이름을 딴 출애굽기인데, 모세에게 계시된 율법 목록도 여기 포함되어 있다. 그리고 이 율법에 관한 보완적 내용들이 레위기, 민수기, 신명기에 기록되어 있다.

신명기와 민수기와 여호수아서는, 40년 동안 이스라엘 백성이 광야에서 방랑하는 가운데 자신들을 한결같이 돌보시는 하나님을 체험하고 마침내 가나안 땅을 정복하는 이야기를 들려준다. 그들은 마침내 아브라함의 손자 야곱의 시대에 떠나왔던 그 땅에 다시 돌아온 것이다. 지도자 여호수아가 죽은 후, 기드온, 드보라, 삼손, 사무엘과 같은 사사들이 주기적으로 등장하여 열두 지파 연합체를 이끌었다. 사사 시대의 이스라엘은 하나님을 찾고 순종하여 주변의 적들에게서 구원되는 시기와, 하나님께 불순종하여 패배하고 노예 상태로 전락하는 시기를 반복한다. 이 시기의 이야기는 사사기와 사무엘상 초반부에 기록되어 있다. 사무엘 시대에 이르러 이스라엘 백성은 왕을 세워 달라고 요구했고, 그 결과 군주제가 확립되어 사울이 초대 왕이 되었다.

부정적 측면에서 보면 군주제가 하나님의 인도하심에 대한 의존을 약화시킨 부분이 있지만, 한편으로 그것은 오래전 약속된 구원자 혹은 '메시아'의 중요한 모델이기도 했다. 군주제는 다윗과 그의 아들 솔로몬 때 정점에 이르렀다가, 이후 열두 개 지파 중 열 개 지파가 연합한 북이스라엘과, 유다 지파와 베냐민 지파를 통합한 남유다로 갈라졌다. 사무엘하, 열왕기상·하, 역대기상·하는 350년의 군주제 기간 동안 일어났던 이야기를 다루며, 룻기에는 사랑과 충성에 관한 매력적인 이야기가 담겨 있다. 이 시기에 잠언, 욥기, 전도서, 솔로몬의 아가 등 많은 지혜 문학이 기록되었다. 예배 역시 한층 새로워지고 조직화되었는데, 상당 부분 다윗에 의해 기록된 시편이 보여 주듯 예배를 위한 깊이 있는 표현들이 창조되었다.

수 세기가 흐르면서 북이스라엘과 남유다의 부족 연합체들은 주님과 그분의 언약에 충실하지 못했으며, 엘리야와 엘리사 같은 예언자들과 아사, 여호사밧, 웃시야, 히스기야, 요시야 같은 선한 왕들이 주기적으로 등장해 개혁을 시도했음에도 불구하고 반복적으로 주변 국가의 우상을 숭배했다. 호세아, 아모스, 이사야, 예레미야, 에스겔, 스가랴, 말라기와 같은 위대한 이스라엘 예언자들 — 각자의 이름을 딴 책들에는 그들의 탁월하고 용기 있는 메시지가 여전히 울려 퍼지고 있다 — 의 충성스러운 사역에도 불구하고, 주전 722년 앗시리아가 침공하여 예언대로 하나님의 심판이 북이스라엘 왕국에 임했다. 북이스라엘의 곤경에서 아무런 교훈도 배우지 못한 남유다 왕국도 주전 586년 바빌론에 패배하여 포로로 끌려갔다. 이런 재난들은 열왕기하에 기록되어 있다.

그러나 하나님은 그분의 언약 백성을 결코 포기하지 않으셨다. 예언자들은 하나님의 특별한 구원자 곧 메시아에 대한 약속을 다시 상기시키고 더욱 명료하게 전해 주었다. 메시아는 믿기 힘든 엄청난 고난을 통해 하나님의 구원을 이스라엘뿐 아니라 세상의 이방 국가들에도 가져다주실 것이다. 또한 예언자들은 하나님과 그분의 백성의 관계가 회복되고, 죄를 용서하고 잊어버리는 '새로운 언약'이 체결되며, 하나님의 모든 백성이 하나님을 인격적으로 알게 되는 새로운 날에 대해서도 이야기했다. 하나님은 그분의 백성이 포로로 잡혀 있을 때도 그들을 지속적으로 돌보아 주셨는데, 그 내용은 용감한 여성 에스더의 이야기를 기록하고 그 이름을 제목으로 붙인 에스더서와, 바빌론에 끌려간 백성을 돌보시는 하나님의 감동적 이야기를 기록한 다니엘서에 자세히 서술되었다.

하나님은 놀라운 개입을 통해, 바빌론에 끌려간 유대인들 가운데 남은 자들이 주전 539년 페르시아 왕 고레스의 칙령을 시작으로 몇 차례에 걸쳐 예루살렘으로 돌아오게 하셨다. 처음으로 귀환한 유대인 포로들이 스룹바벨의 인도로 성전의 기초를 놓았으며, 성전은 주전 515년에 완공되었다. 서기관 에스라가 주전 458년에 추가로 유대인 포로들을 이끌고 돌아왔으며, 이 내용은 그의 이름을 딴 에스라서와 느헤미야서에 기록되어 있다. 예루살렘 성벽이 느헤미야의 지도로 보수되었고, 이를 통해 백성들은 자신들의 정체성을 다시 확립하고 하나님과 언약을 갱신했다.

하나님이 개입하셔서 새롭게 하실 것이라는 깊은 소망으로 점철된 약 4세기의 기다림 끝에, 마침내 "때가 차매 하나님이 그 아들을 보내사 여자에게서 나게 하셨다"(갈 4:4). 예수님이 베들레헴에서 탄생하심으로써 오래전에 약속된 구속주가 나타나셨다.

30년 후 예수님은 약 3년간 지속될 사역을 시작하셨으며, 복음서 저자인 마태, 마가, 누가, 요한이 이에 대한 내용을 탁월하게 기록했다. 예수님의 사역은 마지막 예루살렘 여행에서 예정된 절정에 이르렀다. 그분이 예루살렘에서 로마 권력자의 협조하에 체포되고 재판받고 십자가에서 처형된 것이다. 복음서들은 그 절정의 사건을, 예수님이 세상 모든 죄인을 대신해 사랑의 마음으로 의도적으로 자기를 희생하고, 하나님의 영원한 구원의 목적을 성취하신 행동으로 분명하게 묘사한다. 십자가에서 처형된 지 3일째 되는 날, 예수님은 죽은 자 가운데서 다시 살아나셔서 40일 동안 제자들과 그전에는 그분을 믿지 않았던 일부 사람들에게 여러 번 나타나셨다. 이 내용은 각 복음서와 누가가 쓴 사도행전 첫 부분에 기록되어 있다.

사도행전의 이어지는 장에서부터, 누가는 예수 그리스도를 통한 구원의 복음을 증거하는 초대교회의 놀랍고 도전적인 이야기를 들려준다. 초대교회는 처음에는 예루살렘과 유대, 사마리아에서 복음을 전했고, 나중에는 이방 세계로 나아갔으며, 마지막으로 이방 세계의 중심인 로마에까지 이르렀다. 바울은 극적으로 회심한 후 로마 제국의 이방 지역에 대한 선교 운동을 이끌었고, 자신이 세운 로마, 고린도, 갈라디아, 에베소, 빌립보, 골로새, 데살로니가의 많은 교회들뿐 아니라 빌레몬, 디모데, 디도와 같은 개인들에게도 교훈과 격려를 보내는 서신을 여럿 썼다. 다른 사도들도 야고보서, 유다서, 히브리서를 기록했으며, 여기에 베드로와 요한의 서신들, 요한계시록이 첨가되어 신약이 최종적으로 완결되었다.

이렇게 성경의 여러 책들이 기록되고 마침내 주권적이고 은혜로운 하나님과 그분의 영광스럽고 비할 데 없는 구원에 대한 이야기라는 최종적 형태가 갖추어진 후, 성경은 수천 년간 널리 전파되었다. 하나님의 계시된 말씀이 모든 시대에 전파되다가 마침내 우리 시대에까지 이른 것이다.

하나님의 무한한 신실하심으로 그분의 약속들은 문자로 기록되었다. 구원의 축복이 이스라엘을 넘어 전 세계로 전파되었고, 하나님의 새로운 백성이 수 세기에 걸쳐 마침내 전 세계에서 나타났다. 이 백성은 오늘날 예수 그리스도의 이름으로 불리는 거대한 전 지구적 가족이며, 예수님이 재림하실 날과, 모든 세대와 국가, 문화, 언어, 민족에 속한 하나님의 모든 자녀들이 공의로운 새 하늘과 새 땅의 새 예루살렘에서 함께 모일 때를 고대한다. 창조와 구속의 삼위일체 하나님의 영광이 나타나는 가운데, 새로운 질서는 에덴동산의 신적 교제를 회복시켜 줄 것이다.

이 거대한 이야기, 즉 성경의 메타내러티브는 성경의 모든 구절에 내포된 암묵적 맥락이다. 따라서 이것은 곧 하나님의 계시된 말씀의 모든 문장과 단어의 의미를 궁극적으로 규정하는 맥락이다.

성경은 오직 성령에 의해서만 해석된다

진정한 이해는 자연스러운 일이 아니라 성령을 통한(요 16:13이하) 하나님의 선물(마 11:25; 16:17)이다. 이는 성경을 이해하기 위해 열심히 노력할 필요가 없다는 뜻이 아니며, 다른 그리스도인들과 단절된 채 성경을 이해할 수 있다는 의미도 아니다. 성령은 공동체적 영으로서 하나님의 모든 백성 안에 내주하신다(고전 12:12이하). 우리에게 자신의 진리를 전해 주기 위해 하나님이 정하신 수단이자 하나님의 선택받은 교사들도 사용했던 그 은사를 무시한 채, 하나님이 말씀을 통해 우리를 가르치실 것이라 기대하는 것은 어리석은 일이다.

이 세 번째 해석 원리는 심오한 영적 도전을 내포한다. 하나님의 영은 **거룩하시다**. 따라서 그분의 진리를 이해하는 일은 두뇌의 용량보다는 순종의 정도와 관련되어 있다. 사람이 얼마나 멀리 보느냐는 그가 얼마나 좋은 장비를 갖추었느냐보다 얼마나 높이 올라갔느냐에 달려 있다. "마음이 청결한 자는 복이 있나니 그들이 하나님을 볼 것임이요"(마 5:8).

이런 점에서, 기도하는 태도로 성경에 접근하는 습관은 전적으로 올바르다. "내 눈을 열어서 주의 율법에서 놀라운 것을 보게 하소서"(시 119:18)라는 구절은 우리가 성경을 대하거나 말씀을 들을 때마다 기억해야 할 매우 적절한 말씀이다. 결국 우리가 다루는 대상은 한 권의 책이 아니라, 영감 된 말씀을 통해 우리를 만나 주시는 살아 계신 하나님이다. 우리의 관심사는 하나님이 마치 우리의 대화나 탐색 범위 바깥에서 제삼자로 계신 분이라는 전제하에 '그분이 현재(또는 과거나 미래에) 어떤 분인가'를 아는 데 있지 않다. 우리의 관심사는 바로 이것이다. '오 하나님, 당신은 어떤 분이십니까?' 우리가 관심을 두는 그 하나님은 지금 여기 계시며, 우리는 그분 앞에 머리 숙여 예배하고 삶의 매 순간 그 능력과 은혜에 온전히 의지한다. '오소서, 성령이여!'

성경은 역동적으로 해석해야 한다

마지막 성경 해석 원리는 사실상 세 번째 원리의 연장이다. 하나님의 영은 살아 계신 영이다. 그분은 중생과 성화라는, 자기 백성을 향한 위대한 목적을 위해 말씀을 사용하신다. 성경 해석은 성경의 진정한 문맥적 의미를 밝히는 작업으로 제한될 수 없으며, 우리는 하나님의 영원한 진리의 광맥에서 캐낸 말씀을 지상으로 끌어올려 현재에 적용해야 한다. 우리는 '이 말씀은 본래 그 시대와 상황에서 무엇을 의미했을까? 그것은 성경 전체에 비추어 볼 때 무슨 뜻일까?'라고 질문한 다음, '이 말씀이 오늘날 지금 이곳의 회중과, 저 사람과 내 인생에 무슨 의미가 있는가?'라고 질문해야 한다.

■ **성경 구절**

성경　창 15:1, 4; 출 20:1; 민 22:38; 신 5:22; 수 3:9; 삼하 7:28; 느 9:13이하; 시 12:6; 19:7-14; 119편; 렘 1:9; 30:2; 단 7:1이하; 8:15-18; 10:1이하; 마 4:1-11; 5:17-19; 19:4이하; 22:31이하, 43; 26:53이하; 막 7:6-13; 눅 16:17; 11:49; 요 3:33이하; 10:34이하; 17:17; 19:35; 21:24; 롬 3:2; 15:4; 고전 10:11; 고후 6:16이하; 딤후 3:15이하; 딛 1:9; 히 4:12이하; 10:15-17; 벧전 1:12; 벧후 1:12; 계 21:5; 22:6-8.

예수님의 말씀　마 5:21-24; 7:24; 막 13:31; 요 15:26; 행 20:35; 고전 7:10, 25; 11:23이하; 딤전 5:18.

사도들의 권위　마 28:18-20; 요 14:26; 15:26이하; 16:13이하; 17:6, 8, 26; 20:21; 행 1:8; 고전 2:9-13; 갈 1:7이하; 골 4:16; 살후 3:6, 12.

성령의 내적 증거　요 14:25; 15:26; 16:13이하; 롬 8:15이하; 고후 1:22; 갈 4:6이하; 엡 1:13이하; 딤후 1:14; 살전 1:5; 요일 2:20, 27; 3:24; 5:7이하, 20.

정경　출 24:4-7; 31:18; 신 31:9-26; 수 1:7이하; 24:26; 스 7:6, 14; 느 8:1-3; 사 8:16; 렘 36:32; 단 9:2; 마 21:42; 눅 24:27, 44; 요 5:39-47; 고전 14:37이하; 고후 10:8이하; 골 4:16; 살후 2:15; 3:17; 딤전 5:18; 벧후 3:16; 계 1:1-3; 22:8이하.

해석학　창 40:8; 느 8:8; 단 4:18; 마 5:17-48; 15:3-9; 22:29-32; 눅 24:27-44; 요

1:45; 5:39, 46; 16:5-15; 행 2:16-21; 17:2이하; 롬 1:2이하; 3:21이하; 4:24; 10:4; 16:25; 고전 10:11; 고후 1:20; 딤후 2:15; 벧전 1:10-12; 벧후 1:20.

■ 토론 질문

1. '하나님 말씀'이라는 말의 다양한 의미를 구분하라. 성경을 하나님 말씀으로 보는 견해를 간단히 서술하라.
2. 구약에 대한 예수님의 관점은 무엇이며, 그것은 오늘날 우리가 성경을 대하는 태도에 어떤 의미가 있는가? 예수님의 관점이 문화적 산물이므로 우리에게는 적절하지 않다는 반론에는 어떻게 답하겠는가?
3. '성령의 내적 증거'란 무엇이며, 성경의 권위를 이해하는 데 어떤 의미가 있는가?
4. '성경의 영감'이란 무슨 의미이며 이에 대한 다양한 접근법이 무엇인지 간략히 설명하고, 각각의 장단점을 평가하라.
5. 왜 우리는 (1) **축자** 영감과 (2) **완전** 영감을 거론하는가?
6. 성경의 권위와 성경의 영감의 관계를 탐구해 보라.
7. '정경'이란 무슨 뜻인가? (1) 구약의 정경과 (2) 신약의 정경이 확정된 과정을 간단히 설명하라.
8. 성경이 무류하고 무오하다는 주장의 근거를 조사해 보라. 성경의 무류성과 무오성을 어느 범위까지 확대할 수 있는가?
9. 성경의 명백한 모순이나 부정확성을 발견할 때 중요하게 고려할 사항을 나열해 보라. '성경은 오류투성이다' 또는 '지성인들은 성경이 진리라는 말을 더 이상 믿지 않는다'는 비난에 어떻게 답하겠는가?
10. 중요한 성경 해석의 원리들은 무엇인가? 각각을 무시할 때 발생하는 오류의 예를 제시하면서 그 중요성을 설명하라.
11. '우리가 성경을 이해할 때 필요한 것은 오직 성령뿐이다'라는 말에 대해 논하라.
12. 성경을 이해할 때 성경공부 주석이나 주해서 같은 '이차적 도구'의 역할은 무엇인가? 성경 이해를 증진하는 데 있어 설교가 차지하는 위치는 무엇이며, 성경 해석 원리는 설교에 어떤 영향을 미치는가?

■ 참고 자료

Arts. 'Canon', 'Inspiration', 'Interpretation' in *NBD* and *NDT*.

F. F. Bruce, *The New Testament Documents* (IVP, rev. edn, 1960). 『신약성경은 신뢰할 만한가?』(생명의말씀사).

D. A. Carson, *The Gagging of God* (Zondervan, 1996).

D. A. Carson and J. D. Woodbridge (eds.), *Hermeneutics, Authority and Canon* (Zondervan, 1986).

_____ (eds.), *Scripture and Truth* (IVP, 1983).

C. Evans, *Fabricating Jesus: How Modern Scholars Distort the Gospel* (IVP, 2006). 『만들어진 예수』(새물결플러스).

G. D. Fee and D. Stuart, *How to Read the Bible for all its Worth* (Scripture Union, 3rd edn, 2003). 『성경을 어떻게 읽을 것인가』(성서유니온선교회).

N. L. Geisler (ed.), *Inerrancy* (Zondervan, 1979). 『성경무오』(엠마오).

G. Goldsworthy, *Gospel-Centred Hermeneutics* (Apollos, 2006). 『복음 중심 해석학』(CLC).

C. F. H. Henry, *God, Revelation and Authority* 1 and 2 (Word Books, 1976).

_____ (ed.), *Revelation and the Bible* (Tyndale Press, 1959).

J. I. Packer, *God Has Spoken* (Hodder, 2nd edn, 1979).

M. Silva (ed.), *Foundations of Contemporary Interpretation* (Apollos, 1997).

J. R. W. Stott, *Understanding the Bible* (Scripture Union, 1984). 『성경연구입문』(성서유니온선교회).

T. Ward, *Words of Life* (IVP, 2009).

B. B. Warfield, *The Inspiration and Authority of the Bible* (PRPC, 1951).

▶▶ 적용

거듭날 필요성

우리는 피조물이자 죄인이기 때문에, 하나님의 진리는 오직 하나님의 겸손을 통해 선물로서만 주어진다. 이 선물은 하나님에 대한 우리의 본능적 저항을 압도하고 우리의 어두워진 마음을 조명해 준다. 성경의 표현에 따르면, 우리는 거듭나야만 비로소 하나님과 그분의 진리를 알 수 있다(요 3:3).

거듭남과 조명의 기적은 기독교 신앙의 핵심이 되는 복음('좋은 소식')에 대한 응답과 항상 관련이 있다. 처음에는 이 놀라운 메시지가 전혀 '좋은' 소식처럼 들리지 않는데, 왜냐하면 복음은 우리의 죄와 도덕적 무능, 지적 우매함, 하나님의 진노와 같은 우울한 사실에 직면하도록 하기 때문이다. 그러나 동시에, 복음은 십자가에서 죄인들을 위해 죽으신 하나님의 아들 예수 그리스도의 선물로 드러난, 죄인을 향한 전능한 사랑을 확신시켜 준다. 복음은 우리에게 죄에서 돌이켜, 그리스도 안에서 우리를 위해 베푸신 하나님의 자비에 자신을 맡기도록 요청한다.

단순한 믿음으로 그런 요청에 응답하면 우리는 새로운 삶의 시작 곧 중생을 경험하고, 하나님의 계시를 이해하고 응답할 수 있는 새로운 능력을 얻는다. 만일 우리가 진정한 그리스도인이라면 이러한 일들이 이미 우리 안에서 일어났겠지만, '거듭나지 않으면 어떤 사람도 하나님 나라를 볼 수 없다'는 성경의 공리를 명확하게 이해하기란 결코 쉽지 않다. 이 원리는 그리스도인의 삶 전체를 통해 작용하며, 하나님은 오직 겸손한 사람들에게만 진리를 깨달을 기회를 주신다. 하나님을 전적으로 의지하며 죄로 인한 자신의 무지와 우매함을 인정하고 하나님의 신적 조명을 끊임없이 요청할 때, 하나님은 우리에게 은혜로 다가오셔서 그분의 진리를 선물로 거듭 베풀어 주신다.

성경을 열심히 연구해야 할 필요성

성경은 수천 년이 넘는 긴 세월에 걸쳐, 생경한 문화에 속한 사람들의 경험을 통해 기록되고 주어진 것이다. 성경의 언어는 지금 우리가 사용하는 언어와 전혀 다르다. 그러므로 성경을 올바르게 이해하고 해석하려면, 성경이 기록된 시대 및 세계와 우리 사이에 놓인 문화적·언어적 간격을 좁히려는 고된 노력이 반드시 필요하다.

성령은 꼭 필요한 안내자이시다. 따라서 우리는 전문 교육을 받지 않은 그리스도인들은 아무리 성령의 도움을 받더라도 성경의 메시지를 이해할 수 없다거나, 깊은 영적 유익을 위해 성경을 사용할 수 없다는 견해에 반대해야 한다. 이런 견해를 고수하는 것은 역사의 분명한 증거를 부정하는 것이다. 또한 이것은 하나님과 개인 영혼 사이에 중재자(중세에는 교황과 주교, 현대에는 성서학자)를 도입한 종교개혁 이전 가톨릭교회의 실수와 유사할 정도로 위험하다. 하나님은 성령을 통해, 사람들이 특정 상황에서 그분의 말씀을 직접적이고 구체적이고 적절하게 적용하도록 하신다. 비록 그 적용이 규범이 될 수 없고 '성경대로 사는 삶'이 의미하는 전부가 아니라 해도, 우리는 결코 그 사실을 부정할 수 없다.

성경의 진리는 오직 고된 연구를 통해서만 밝혀지는 경우가 많다. 성경이 기록된 당시 문화의 새롭고 중요한 측면들이 끊임없이 발견되면서 우리에게 익숙한 성경 구절에도 새로운 빛을 던져 주고 있다. 그러므로 성경 연구나 신학 연구를 직업적으로 수행하는 일은 매우 중요하다. 이와 같은 전문적 연구로의 부르심은 비교적 소수에게 주어지지만, 사실 모든 그리스도인이 자신의 지성을 충분히 이용하고 모든 능력과 기회를 최대한 활용해 성경을 연구하도록 부름받는다.

성경을 설교하고 강해할 필요성

하나님이 백성들에게 자신의 진리를 드러내고 널리 전하기 위해 교회 안에 마련하신 최고의 수단은 설교다. 3장에서 다룬 내용들을 보면, 그 주장과 성격에 있어 성경적 설교를 하는 것이 얼마나 중요한지를 알 수 있을 것이다.

물론 이것은 단순히 몇 개의 성경 구절을 나열하는 문제가 아니다. 그리스도인 회중이 예배하기 위해 모인 상황에서, 설교는 성경을 깊이 있게 설명하고 그것을 청중의 삶과 상황에 직접적으로 민감하게 적용하기 위해 노력해야 한다. 성경을 열심히 연구해야 할 필요성에 대해 언급한 앞의 모든 내용은, 특히 이런 설교를 준비할 때 그대로 적용할 수 있다.

만일 우리가 설교자로 부름받지 않았다면, 우리는 성경적 설교를 위해 기도하고 격려하는 매우 중요한 역할을 감당할 수 있다. 모든 시대를 통틀어, 성령의 기름부음을 받은 강해자-설교자의 사역을 통해 백성 가운데 하나님의 영원한 말씀을 선포하는 것보다 삶을 새롭게 하고 교회에 활력과 믿음을 불러일으키는 것은 없다.

성경에 순종할 필요성

만일 하나님이 그리스도를 통해 자신과 자신의 목적을 우리에게 계시하셨고, 그리스도에 관한 진리가 성경 전체에 드러나 있다면, 분명 우리는 성경의 가르침에 전적으로 복종할 의무가 있다. 학생 시절에 특별히 경험하게 되는 유혹이 있는데, 바로 진리가 오로지 지성 세계에만 해당된다고 믿는 것이다.

그러나 성경에서 '진리를 안다는 것'은 구체적 상황에서 그것을 살아 내는 것이다. 구약에서 진리는 일차적으로 도덕적 성격, 즉 행동 측면에서 의지하고 신뢰할 만한 특성(예를 들어, 시 51:6)을 지닌 것이다. 이런 인식은 '진리를 행하는 것'(요 3:21; 요일 1:6)에 대한 요한의 관심에도 잘 나타난다. 따라서 이 마지막 내용은 권위에 대한 기독교 교리를 설명할 때 필수 요소다. 왜냐하면 가장 심오한 의미에서 기독교 진리는 오로지 그것을 이해하고 또한 그것에 **순종**하기로 작정한 사람의 마음속에만 존재하기 때문이다. 진리를 향한 우리의 열정이 진리에 순종하려는 열정을 포함하지 않는다면, 이는 우리가 진리에 대해 별로 진지하지 않다는 뜻이다.

결국, 권위에 대한 교리는 아주 실제적이다. 이것은 우리로 하여금 성경이 가르치는 모든 것에 항상 순종하라는 도전을 던진다. 이보다 더 엄중하고 실제적인 도전은 없다.

2부

신론

구별되지만 떨어져 있지 않은 세 마리 물고기는 삼위일체 하나님을 나타낸다.

4 　　　　　　　　　　　　　　　　하나님의 존재

기독교 유신론의 근거

제1부에서는 하나님에 대한 우리 신앙의 기초를 대략 제시했다. 성경은 하나님 존재에 대해 합리적 증명을 제시하기보다는 의심할 수 없는 하나님의 실재에 대해 언급한다. "태초에 하나님이 천지를 창조하시니라"(창 1:1). "나는 여호와라. 나 외에는 다른 이가 없나니 나밖에 신이 없느니라"(사 45:5; 참고. 롬 11:36). 하나님의 존재와 자기 계시는 성경적 종교의 궁극적 전제다.

하나님을 알 수 있는 인간의 직관은 사회인류학에서 널리 인정받는다. 사회인류학은 사실상 보편적으로 퍼져 있는 종교심을 인정한다. 칼뱅은 하나님에 대한 이런 기본 인식을 '신성에 대한 감각'이라고 말했다. 미국의 신학자 찰스 하지(Charles Hodge, 1797-1878)는, 인간에게는 '자신이 의지하고 책임감을 느끼는 존재가 있다'는 보편적 확신이 있다고 말했다.

무신론의 근거를 제시하는 몇 권의 '베스트셀러'가 근래에 등장했음에도 불구하고, 전 세계적으로 무신론자는 극소수에 불과하다. "미국이나 유럽 상위 대학교의 교수 주차장에 돌을 던지면 무신론자를 맞힐 확률이 아주 높을 것이다. 그러나 그 외의 다른 곳에 돌을 던져 보라. 무신론자를 맞히려면 정조준을 해야 할 것이다"(디네시 더수자). 나아가 사회학자들이 주목하는 것처럼, 전 세계의 세속주의자들은 성인 인구를 대체하는 데 필요한 아이 수의 약 절반 정도를 출산하는 반면, 종교가 있는 사람들은 필요한 수보다 두세 배 더 많은 아이를 낳는다. 단순히 인구통계학적 자료만 보더라도, 앞으로 전 세계적으로 신에 대한 의식을 가진 인구가 증가할 가능성이 높다. 하지만 이러한 본능적 신 인식을 과대평가해서는 안 되는데, 다음과 같은 이유 때문이다.

1. 성경은 이것이 하나님과 구원의 관계를 맺기 위한 적절한 기초라고 보지 않는다.

2. 비그리스도인이 신앙을 갖는 과정에서 마주치는 어려움들을 무심하게 간과할 수 있다.

3. 성경은 '믿음'을 통해 하나님께 나아가야 한다고 말한다. "믿음이 없이는 하나님을 기쁘시게 하지 못하나니, 하나님께 나아가는 자는 반드시 그가 계신 것과 또한 그가 자기를 찾는 자들에게 상 주시는 이심을 믿어야 할지니라"(히 11:6). 하나님에 대한 본능적 인식은 믿음의 영역에서 하나님께 나아가는 것을 배제하지 않는다. 물론 믿음은 나름의 확실한 내용들을 갖고 있지만 말이다. 따라서 역사적으로 중요한 신조들은 이렇게 시작한다. "내가 하나님을 **믿사오며**…."

하나님 존재에 대한 합리적 '증명'

수 세기 동안 많은 기독교 사상가들은 세상에 있는 요소로 하나님의 존재를 '증명'하려고 시도했는데, 이것을 '자연 신학'(natural theology)이라고 한다. 이들은 논리 법칙, 세상의 실재와 그 몇 가지 특징들, 당대의 철학 사상 등을 이용해 다음과 같은 것을 보이려 했다. (1) 강한 형태: 하나님의 존재는 논리적으로 필연적이다. (2) 약한 형태: 하나님이 존재할 가능성이 비교적 높다.

혹은 하나님이 부재하다는 논증은 설득력이 약하다. **혹은** 하나님의 존재를 믿는 것은 결코 지적 자살 행위가 아니다.

20세기 중반, 하나님에 대한 논의는 인간의 오감으로 검증될 수 없기 때문에 사실상 무의미하다는 주장이 득세함에 따라 유신론은 철학적으로 상당한 압박을 받았다. 그러나 이런 '검증주의'는 이후 몰락하고 말았는데, 특별히 검증주의 자체를 검증할 수 없음이 일반적으로 인정되었기 때문이다. 이런 전개 양상은 유신론적 주장을 포함해 많은 전통적인 철학적 문제를 다시 다룰 수 있는 정신적 지평을 열어 주었다. 오늘날 여러 지역에서 일어나는 기독교 철학 및 '자연 신학'에 대한 관심은 하나님 존재를 '증명'하는 고전적 주요 논증들을 고무적으로 검토하고 새롭게 표현하려는 움직임을 촉발한다. 다음과 같은 논증들이 그 예다.

우주론적 논증

이것은 중세의 이슬람교, 유대교, 기독교 사상가들이 발전시키고 토마스 아퀴나스(Thomas Aquinas, 1225-1274)가 고전적 형태로 체계화한 논증이다. 존재하는 모든 것에는 그 존재를 설명하는 작용인(efficient cause)이 있다는 사실에 주목하고, 따라서 세상의 존재를 설명하기 위해서는 적절한 원인, 즉 무한하고 초월적인 신이 존재해야 한다고 주장한다.

이 논증은 '우연성'으로부터 하나님을 입증하는 방식으로 흔히 전개된다. 사물은 '우연'(지금 존재하지만 존재하지 않을 수도 있었다)으로 존재하거나 '필연'(반드시 존재해야 한다)으로 존재한다. 우연히 생겨난 실재의 존재는 이전의 우연한 원인들로 어느 정도 설명할 수 있을 것이다. 그러나 우주가 반드시 여기 존재할 필요는 없고, 비록 우주가 항상 여기 존재했다 해도 반드시 현재의 방식으로 존재할 필요는 없다는 점에서, 우주 자체는 오로지 필연적 존재인 하나님을 통해서만 설명 가능한 우연한 존재다. 비평가들은 이 논증이 아무런 '원천'이나 궁극적 기원도 없을 수 있다는 대안을 고려하지 않는다고 주장한다. "우주는 그저 존재할 뿐이며, 그것으로 끝이다"(러셀). 그러나 이런 주장을 하는 사람들도 우주론적 논증을 쉽사리 무시해 버릴 수만은 없다고 생각한다.[1]

우주론 영역에서 중요한 유신론적 논증으로 칼람 우주론적 논증이 있다. '칼람'(kalam)이라는 명칭은 아랍 철학을 뜻하며, 중세 후기 아랍 철학자들이 처음 발전시킨 것이다. 이 논증은 세 단계로 이루어진다. (1) 존재의 시작에는 모두 원인이 있다. (2) 우주의 존재에는 시작이 있다. (3) 따라서 우주에는 원인이 있다. 첫 번째 전제는 이를 진지하게 숙고하는 절대다수의 사람에게 직관적으로 명확하다. 두 번째 전제는 무한히 많은 사물이 실제로 존재하기란 불가능하다는 것을 보여 줌으로써 철학적으로 옹호될 수 있다. 아울러, 우리 시대에 와서 많은 이들이 '빅뱅' 모델을 우주 생성 이론으로 인정함에 따라 이 논증은 중요한 과학적 지지를 얻었다. "그 어떤 우주 생성 모델도 표준적 빅뱅 모델만큼 예측력이 반복적으로 입증되고, 반증 시도에 효과적으로 대응하고, 경험적 관찰 결과와 일치하고, 철학적 일관성을 갖추지는 못했다고 자신 있게 말할 수 있다"(윌리엄 레인 크레이그). 우주에 시작이 있었다는 동일한 결론에 대한 아마도 훨씬 더 강력한 과학적 근거는 열역학 제2법칙이다. 이는 모든 폐쇄된 체계는 에너지가 내부로 끊임없이 공급되지 않는다면 점점 쇠퇴하다가 마침내 정지하는 경향이 있다는 법칙이다. 그런데 무신론적 관점에서 보면 바로 우주 전체가 정확히 폐쇄된 체계이고 또한 '태초의' 창조 행위가 없었기 때문에, 우리는 이미 무한한 시간 속에 있는 셈이다. 그럼에도 왜 우주는 평형 상태에 도달하여 열역학적 사망(heat death)에 이르지 않는가? "우주학자들은 과거에 영원했던 우주(past-eternal universe)라는 가능성 뒤로 더 이상 숨을 수 없다. 더 이상 회피할 방법은 없으며, 그들은 우주의 시작이라는 문제에 직면해야만 한다"(알렉산더 빌렌킨). 심지어 저명한 무신론자인 J. L. 매키(Mackie)는 우주가 '무로부터' 생겨났다는 개념 – 하나님을 부정하는 입장의 필연적 함의 – 을 '받아들이기 어렵다'고 인정한다. 앞서 간단히 소개한 강력한 칼람 우주론적 논증과 그 세 번째 전제의 명확한 유신론적 함의에 제기되는 반론은 무한한 수의 우주, 곧 '다중우주'를 상정하는 것이다. 이는 다소 억지스러운 의지의 표현으로, 한때 무신론자였던 앤서니 플루(Anthony Flew)가 '정말 필사적 대안'이라고 지적할 정도였다.²

목적론적 논증

오랜 역사를 지닌 이 논증은 플라톤의 대화록 『티마이오스』(*Timaeus*)를 통해 서구 세계에 등장했다. 이 논증은, 우주가 설계되었으며 목적이 있다는 증거가 도처에 있으므로 우주의 설계자가 반드시 있어야 한다고 주장한다. 이 논증의 고전적 형태를 정립한 사람은 윌리엄 페일리(William Paley, 1743-1805)였다. 그는 『자연 신학』(*Natural Theology*, 1802)이라는 책에서, 우연히 땅바닥에 놓여 째깍거리며 작동하는 시계를 비유로 든다. 시계가 바람과 비, 열, 화산작용 등의 자연력이 우연히 결합되어 이루어졌다고 설명할 수도 있겠지만, 그보다는 지성을 가진 시계공이 만들었다고 보는 편이 훨씬 믿기 쉬울 것이다. 마찬가지로, 체계적 설계를 보여 주는 우주 역시 그것을 만든 설계자가 있음을 암시한다.

이 논증에 대한 주요한 비판은 스코틀랜드 철학자 데이비드 흄(David Hume, 1711-1776)이 저서 『자연 종교에 관한 대화』(*Dialogues Concerning Natural Religion*)에서 제기한 것이다. 그에 따르면, 우주의 광대함과 영원한 시간을 감안하면 개연성만으로도 우리가 사는 우주가 만들어질 수 있다. 이 과정은 필연적으로 우주의 설계에 대한 증거를 드러내는데, 우주가 탄생하고 계속 유지되려면 여러 요소들 간에 어느 정도의 상호 적응이 꼭 필요하기 때문이다. 게다가 그는, 목적론적 논증이 옳다 하더라도 우주의 설계자는 기독교의 인격적 하나님과는 아주 거리가 멀다고 언급한다. 또한 이 논증은 무목적론이 보여 주는 사실들, 이를테면 현재 지식으로 볼 때 상대적으로 목적이 없어 보이는 우주의 여러 과정을 설명해야 한다. 아울러 비판가들은 이 논증이 '원천' 또는 궁극적 기원이 없을 수도 있다는 대안을 고려하지 않는다고 주장한다.

그러나 수많은 옹호자들은 이 논증을 그렇게 쉽게 무시할 수는 없다고 생각하며, 틀림없이 많은 사람들은 놀랍고 경이로운 것(예를 들어, 경이로운 신생아의 모습, 인간 눈 속의 아찔할 정도로 복잡한 간상세포와 원추세포)을 관찰할 때 흄의 반론이 학문적 차원에 불과한 문제 제기임을 알게 된다. 이와 유사하게, 최근의 DNA 연구 분야와 관련해 앤서니 플루의 말을 인용해 보자. "(생명을 만드는 데) 필요한 거의 믿기 힘들 정도로 복잡한 배열은 틀림없이 지성이 관련되어 있음을 보여 준다." 흄의 비판에 많은 저자들이 응답했는데, 이들의 주장은 최근 '인간 중심 원리' 또는 '미세조정 논증'으로 표현되는 개념으로 상당히 힘을 얻고 있다. 이 개념은 지구에서 지적 생명체의 기원과 진화가 가능하도록 우주의 '빅뱅' 당시 초기 조건의 균형이 얼마나 복잡하고 민감하게 이루어졌는지를 발견한 현대 과학계의 충격을 잘 나타낸다. 스티븐 호킹(Stephen Hawking)은 빅뱅 발생 1초 후 우주의 팽창 속도가 10^{17}분의 1만큼이라도 작았다면 우주는 다시 붕괴되어 뜨거운 불덩어리가 되었을 것이라고 추정했다. 영국의 물리학자 P. C. W. 데이비스(Davies)는, 빅뱅 당시 초기 조건이 이후의 별 형성(이를 통해 지구를 비롯한 행성이 존재할 수 있다)에 적합하게 이루어질 확률이 10^{21}분의 1 정도라고 계산했다. 이와 같이 생명이 탄생하기 위해 미세하게 조정되어야 하는 물리량과 상수가 약 50개 정도 존재한다.

현대의 이론가들은 우리 우주가 무작위로 형성된 무한한 수의 우주들 중 하나일 뿐이라는 관점을 기꺼이 받아들이지 않는 이상, 우주의 우연한 미세조정 가능성이라는 문제를 극복하기가 사실상 불가능함을 점차 인정하고 있다. 옥스퍼드 대학교의 로저 펜로즈(Roger Penrose) 같은 물리학자들은 이러한 다중우주 개념을 반박하는 강력한 논증을 제시했으며, 앞서 언급한 A. N. 플루도 마찬가지다. 이 시점에서 유명한 오컴의 면도날(Occam's razor), 즉 여러 설명 방식이 있을 경우 가장 단순한 설명을 받아들여야 한다는 원리를 적용하는 것이 매우 적절할 것이다. 가장 단순한 해결책은 전지전능한 신적 설계자의 존재를 상정하는 것이다. 리처드 스윈번(Richard Swinburne)은 이렇게 말했다. "하나의 존재(하나님)를 상정하면 우주의 특징을 잘 설명할 수 있는데도, 굳이 1조 개의 우주를 상정하여 설명하려는 것은 미친 짓이다."[3]

존재론적 논증

이것은 철학적으로 가장 중요한 논증이다. 안셀무스(Anselm, 1033-1109)가 제시한 이 고전적 진술은 두 단계로 이루어진다. 첫째, 하나님은 그 이상 더 큰 존재를 생각할 수 없는 존재다('더 큰'='더 완전한'). 둘째, 오직 마음속에만 존재하는 것과, 마음과 **동시에** 현실 내에도 존재하는 것은 뚜렷이 구분된다. 두 단계를 결합하면 이렇게 된다. 만일 하나님이 존재하지 않는다면(즉 오직 마음에만 존재하고 현실에 존재하지 않는다면), 가장 완전한 존재보다 더 완전한 존재를 생각하는 것이 가능하다. 이 말은 불가능한 모순이다. 따라서 우리는 가장 완전한 존재가 우리 마음속에서뿐 아니라 실제로도 존재한다는 다른 가설을 받아들여야 한다.

존재론적 논증은 독일 철학자 칸트(Kant, 1724-1804)에 의해 혹독한 비판을 받았다. 그는 이 논증이, 만약 최고의 존재라는 것이 있다면 그가 존재한다는 것을 '입증'했을 뿐이라고 주장했다. 존재한다는 것 자체는 개념에 아무것도 추가하지 못한다. 칸트는 실례를 들어, 실제 1백 파운드 지폐의 통화 가치가 가상의 1백 파운드 지폐보다 크지 않다고 말했다(하지만 내 스코틀랜드 친구 몇 명은 현실에서 가치가 엄청나게 다르다고 주장할지도 모른다!). 좀더 최근에 버트런드 러셀(Bertrand Russell, 1872-1970)은 한때 이 논증에 매력을 느꼈지만, '존재한다'라는 단어의 기능을 분석한 후 칸트와 비슷한 결론에 이르렀다.

그러나 최근 이 논증이 조금씩 인기를 되찾고 있다. 오늘날 활발하게 활동하는 몇몇 종교철학자들은, 생각할 수 있는 최고의 존재가 있을 수 있다는 사실이 일단 인정되면 그는 실제로도 반드시 존재해야 한다고 믿는다.⁴

도덕적 논증

이 논증은 도덕적 의무나 '당위'에 대한 의식과 관련된 보편적 경험, 도덕적 양심이 지시하는 바를 이행하지 못하는 무능력, 객관적인 도덕적 가치와 의무의 존재 등은 위장된 이기심이나 사회적 조건화로는 충분히 설명될 수 없다는 주장이다. 이런 객관적인 도덕적 가치의 존재는 가치의 초월적 근거가 되는 존재를 암시한다. 여기서 '객관적'이라는 말은 인간의 견해와는 상관없이 개인에게 도덕적 압력을 가하는 타당한 가치와 의무라는 뜻이다. 사실 그와 같은 가치의 존재는 널리 받아들여지는데, 지금까지 알려진 어떤 사회에서도 성적 학대(특히 유아를 상대로 하는), 고문, 대학살 같은 비도덕적 악행을 정당화하지 않는다.

칸트는 이 논증과 특별히 관련이 있다. 그는 하나님(그리고 자유와 불멸성)은 도덕적 삶의 '전제조건'이며, 우리의 무조건적인 도덕적 의무감을 설명하는 데 필요한 가정적 믿음이라고 주장했다.

하지만 이 논증은 도덕법이 매우 다양하고(사람들은 '선'의 의미에 대해 저마다 다른 개념을 갖고 있다) 도덕적 딜레마가 존재한다는 문제를 해결해야 한다. 또한 이 논증을 유지하려면 도덕적 감정의 발생과 지속에 관한 다른 설명들(사회학적, 심리학적 설명)이 충분하지 못함을 보여야 한다. 그리고 이 논증은 플라톤이 대화록 『에우튀프론』(*Euthyphro*)에서 제시한 딜레마에 직면하게 된다. 하나님이 어떤 것을 원하시기 때문에 그것이 선한가? 아니면, 어떤 것이 선하기 때문에 하나님이 그것을 원하시는가? 첫 번째 질문은 선과 악을 임의적인 것으로 만들고, 두 번째 질문은 선을 하나님과 관계없는 것으로 만든다. 기독교 변증가들은 하나님이 **선하기** 때문에 어떤 것을 원하신다는 제3의 대안을 옹호한다. 플라톤이 언급한 '선한 것'은 하나님의 도덕적 속성이며 따라서 선은 하나님과 무관하지 않다. C. S. 루이스(Lewis)가 자신의 여러 글에서 이 논증을 옹호했으며, 앞서 언급한 여러 난제들이 모두 극복 가능하고 우리의 내적 도덕의식은 '하나님의 언어'라고 주장하는 여러 도덕철학자와 기독교 변증가들이 있다.[5]

정신적 논증

이 논증은 순수한 유물론으로는 어떤 전제에서 출발해 논리적으로 결론을 추론하는 정신의 능력을 설명할 수 없다는 주장이다. 오로지 초월적 정신의 존재만이 인간 지성의 작용을 효과적으로 설명할 수 있다. 보다 일반적으로 말해서, 오직 물질/에너지만이 존재한다고 보는 물리주의는 숫자, 가치, 명제, 논리 법칙 등과 같은 비물리적 실체의 존재에 직면해야 한다. 또한 물리주의는 물리적 세계에서 일어나는 모든 경험에 내포된 합리성, 생명과 그것의 자율적 행동 능력, 의식과 인지 능력, 개념적 사고, 언어 속의 의미 있는 상징을 분명하게 표현하고 이해하는 능력 등을 설명하는 데 어려움이 있다. 또한 두뇌 자극을 조사하는 어떤 뇌 외과의사도 파악하지 못하는 자기 생각을 직접적이고 확실하게 알 수 있는 능력인 사적 접근의 현상, 곧 두뇌와 정신 현상의 불일치를 설명하지 못한다. 그리고 여러 철학자들이 설득력 있게 주장하듯이, 물리주의는 모든 경험 내용을 조직하고 의식하는 중심인 '나'에 대한 의식을 설명할 수 없다. 그러나 이 모든 현상은 무한하고 영원한 정신이 존재한다면 설명 가능하다. 로이 에이브러햄 바기즈(Roy Abraham Varghese)는 대리석 탁자를 생각해 보라고 말한다. "당신은 1조 년 혹은 영원한 시간이 흐른다고 해서 이 탁자가 갑자기 혹은 점진적으로 주변 환경을 의식하고 인지하며, 당신과 같은 방식으로 자신의 정체성을 인식할 수 있을 것이라고 생각하는가?" 그는 이렇게 답을 내린다. "그런 일은 도저히 상상할 수 없다.…그리고 탁자가 그렇다면 우주의 다른 모든 물질도 그럴 것이다." 칼뱅은 이렇게 말했다. "어떤 사람이 자신을 살펴보려면 자신이 그 안에서 살고 움직이는 하나님께로 곧장 생각을 돌리지 않을 수 없다. 왜냐하면 우리가 소유한 재능이 자신에게서 비롯될 수 없음이 명백하기 때문이다." 사실상, 물리주의는 모든 생각을 물리적 상태로 환원하기 때문에 자기모순에 빠진다. 물리적 상태는 단순히 그런 상태일 뿐이며, 참도 거짓도 아니다. 만일 그것이 참도 거짓도 아니라면 그것을 반드시 참이라고 믿을 이유가 없다. 따라서 물리주의 자체가 참이라고 믿을 이유가 없다.[6]

예언적 논증

이 논증은 예수 그리스도가 세상에 오기 수 세기 전에 기록된 구약 예언들이, 그분 삶과 사역의 여러 정황들을 통해 성취된 다양한 방식에 주목한다. 이러한 성취를 이룬 완전한 방법과 횟수는, 메시아에 대한 기대와 성취라는 성경 전체 과정에 나타난 하나님의 행위로밖에 달리 설명할 수 없다. 명성 높은 유대인 학자 루이스 라피데(Louis Lapide)는 예수님이 성취하신 메시아 예언 48가지를 제시한다. 라피데는 이러한 '예언적 논증'에 깊은 인상을 받아 예수님을 자신의 메시아로 인정하게 되었고, 현재 한 교회의 목사로 일하고 있다. 이런 모든 예언이 수백 년 후 한 인간에 의해, 많은 경우 문자 그대로 정확히 성취될 확률은 '지극히 희박하다.'[7]

기독론적 논증

이 접근법은 역사적 개연성이라는 근본 원리에 의거해, 예수 그리스도와 관련된 사실은 그분 안에 하나님이 임재하고 역사하셨다고 가정할 때만 만족스럽게 설명될 수 있음을 보여 준다. 이 논증의 옹호자들은 예수님의 의심할 수 없는 인격적 특질, 자기 자신과 사명에 대한 깜짝 놀랄 만한 주장, 기적들, 특히 부활의 증거를 언급한다. 예수님의 부활은 그리스도의 교회가 그분의 불명예스러운 죽음 직후에 등장했다는 납득하기 어려운 사실에 가장 적절한 설명을 제공해 준다.

이 논증은 신약 본문의 역사적 신뢰성에 관한 비판적 질문이나 기적에 관한 철학적 난제들에 부딪힌다. 그러나 최근 많은 이들이 이런 질문들에 지속적으로 답하고 있다. 오늘날 많은 성서학자들과 대중적 변증가들은, 이런 모든 반론에 대한 만족스러운 대답이 가능하며, 순수한 역사적 고찰을 통해서도 신앙에 접근할 수 있다고 주장한다.[8]

전제론적 변증

최근의 흐름을 보면, 복음주의 사상가들은 비그리스도인 사상가나 진리 체계를 상대로 논쟁할 때 기독교적 주장의 타당성보다는 비기독교적 주장의 존속 불가능성과 비일관성으로 초점을 옮기고 있다. 코넬리우스 반틸(Cornelius Van Til)은 일련의 저서를 통해, 비기독교적 사상은 삶과 철학의 근본 문제에 어떤 해답도 제공하지 못하며 모든 비기독교적 철학은 기본적으로 살아 계신 하나님, 곧 모든 사람에게 자신을 계시하시는 존재론적 삼위일체 하나님에게서 달아나려는 은밀한 시도라고 주장했다.

보다 최근에 프랜시스 쉐퍼(Francis Schaeffer)는 성경에 계시된 하나님 존재와 실재에 대한 기독교적 전제가 필요하다는 사실을 증명하려고 노력했다. 왜냐하면 하나님 존재의 부정은 모든 사실성과 의미에 대한 부정을 뜻하기 때문이다. 또한 그는 비그리스도인들이 하나님을 부정하는 자신의 전제에 온 전히 부합하는 방식으로 살지 않고, 살 수도 없다고 주장했다. 사실 그런 전제들은 인간 존재를 정당화하기에 결코 적절하지 않다. 윌리엄 레인 크레이그(William Lane Craig)는 『이성적 신앙』(Reasonable Faith, 2008) 제3판 제2부에서 이 문제에 대한 좀더 발전된 입장을 제시했다.

합리적 접근법에 대한 평가

합리적 증거에 대한 반론들

성경과 예수 그리스도를 통해 나타난 하나님의 특별 계시와 별도로, 합리적 논증을 통해 하나님을 알 수 있다는 주장을 어떻게 생각해야 할까? 수 세기 동안, 일부 기독교 사상가들은 이런 모든 '자연 신학'의 접근법에 불만을 표시해 왔다. 합리적 논증의 '증거'가 부족하다는 일부의 인식은 논외로 하더라도, 다음과 같은 질문들이 남아 있다.

1. 이런 하나님은 누구인가? 전통적 논증들은 기껏해야 전능한 힘 혹은 제1원인, 도덕의 보증자 등을 제시할 뿐이다. 그런 하나님은 그리스도인의 믿음과 예배의 대상인 성경의 하나님과 동일하다고 인정할 수 없다. 단, 역사적·예언적 논증은 이런 종류의 문제가 덜 제기된다.

2. 하나님을 어떻게 알 수 있는가? 성경은 믿음을 통해 하나님을 참되게 알 수 있다고 가르친다. 하지만 합리적 변증은 특별 계시 없이도 하나님을 알 수 있다고 가정한다. 더 나아가, 역사가 명백하게 보여 주듯 이성이 그 정도의 자율성을 부여받는다면 조만간 자기 한계를 뛰어넘어 믿음의 역할까지 빼앗고 말 것이다. 이것은 구속적 은혜의 개념을 위협하고 하나님의 영광을 손상하는 일이다.[9]

3. 인간과 하나님은 어떤 관계인가? 합리적 접근은 하나님과 인간 사이의 연속성을 가정하는데, 성경은 이런 내용을 부정한다. 이는 불신앙이 하나님에 대한 적대감의 한 형태라는 사실을 모호하게 하며, 결국 불신자들에게 큰 피해를 끼친다. 나아가 합리적 논증이 비그리스도인들을 설득하는 데 실패한다면, 그들은 자신의 불신앙에 대해 확신을 갖게 되어 이후 제시되는 복음의 도덕적 도전에도 마음을 닫을 것이다.

4. 성경은 무엇을 가르치는가? 성경에 따르면, 인간은 이미 하나님에 대해 알고 있지만 그 증거를 거부해 왔다. 그리스도인의 임무는 하나님이 존재하지 않을 수 있다는 비그리스도인들의 (죄악 된) 전제를 숙고하는 것이 아니라, 그들이 이미 알고 있는 하나님을 대면하게 해 주는 것이다. 타락한 인간은 복음에 응답하고 성령으로 거듭남을 통해서만 하나님에 관한 참된 지식을 얻을 수 있다.

이제 다음과 같이 몇 가지로 결론을 내릴 수 있다.

1. 기독교 유신론을 합리적으로 변증하는 입장을 평가할 때, 타락과 죄가 하나님을 인식하고 이해하는 원초적 능력에 얼마나 심각한 영향을 끼쳤는지에 대한 우리의 평가를 고려해야 한다. 다른 곳에서처럼 여기서도 기독교 교리가 중첩된다.

2. 기독교에 대한 극단적으로 비합리적인 편견에 맞닥뜨릴 때, 변증적 논증들이 기독교를 옹호하는 역할을 할 수 있을 것이다. 설득력 있는 하나의 논증을 제시하는 것도 가능하겠지만, 실존에 대한 해석으로서 기독교적 관점의 전반적 일관성과 우월성을 제시한다면 더 나은 결과를 얻을 것이다.

3. 합리적 접근법, 특히 그리스도의 신성에 대한 증거와 그분에 대한 성경의 증언에 기반을 두는 그러한 접근법은, 기독교 신앙이 주관적 요소에 의존한다는 비난을 반박하는 데 도움이 된다.[10] 이와 관련해 예수님과 바울이 그들의 청중과 자주 논쟁했음에 주목할 필요가 있다. 헬라 문화의 중심부에서

이루어진 바울의 증언에는 합리적 비판에 맞서 복음을 옹호하는 일도 포함되었다(행 19:9). 바울은 아테네에서 청중들의 직접 경험에 기초하여 그들과 논쟁을 벌였고(행 17:28), 자기 입장을 옹호하기 위해 그들이 권위를 부여하는 대상(행 17:28)과 최종적으로는 복음과 계시를 근거로 내세웠다(행 17:20이하). 나아가 초기 기독교 설교자들은 예수님, 특히 그분의 부활에 대한 주장을 뒷받침하기 위해 역사적 증거를 이용했다(행 3:15; 4:20; 5:31; 고전 15:3이하).

4. 아직 믿지 않거나 우리의 신앙적 확신에 반대하는 사람들과 개인적으로 대화할 때, 우리가 만나는 각 사람이 독특한 개성을 가진 존재이며, 앞으로의 인생에서 종교, 일반적으로는 기독교와 관련된 개인적 이력을 갖게 될 것이라는 사실을 기억해야 한다. 이런 초기의 접촉은 우리가 제시하는 증명보다 더 중요한 인상을 친구의 마음과 가슴에 남길 것이다. 그러므로 우리는 항상 인내심 있고 사랑이 넘치는 자세로 경청해야 하고, 그들이 신앙과 관련하여 이전에 어떤 접촉이 있었는지, 기독교 신앙의 내용을 어떻게 이해하고 있는지, 어떻게 그리스도인이 된다고 믿는지 등을 부드럽게 물어보아야 한다.

5. 도덕적 차원 역시 유념해야 한다. 그리스도께 와서 구원을 얻으려면 회개하는 과정이 필요한데, 회개란 누구에게도 쉽지 않다. 사실 모든 시대를 통틀어 불신앙의 거대하고 결정적인 뿌리는 비그리스도인의 잠재적 죄책감과 앞으로도 죄를 책임져야 한다는 불안, 원하는 대로 선택하고 살고 행동할 권리를 주장하고 싶은 깊은 본능에 근거한다.

6. 이런 내용들은, 자신에게 결핍이 있다는 확신과 회개할 수 있는 능력, 궁극적으로 예수 그리스도 안에 있는 하나님의 자비에 자신을 맡기려는 의지 등이 모두 성령이 인간의 마음에 역사하신 결과임을 일깨워 준다. 성령은 최고의 복음전도자이시며, 우리는 언제까지나 동역자로서 그분이 우리를 통해 일하시도록 해야 한다.

7. 끝으로, 하나님은 자신을 입증하는 최고의 옹호자이시다. 전체적으로

볼 때 성경의 하나님 개념은 자연 신학의 하나님보다 더 크고 풍성하다. 따라서 믿음으로 깨어서 보기 원하는 사람들을 가장 잘 섬기는 방법은 그들이 성부, 성자, 성령 하나님을, 그리고 그분의 위엄과 위대하심, 아름다움과 능력, 거룩함과 은혜를 잠깐이라도 들여다볼 수 있도록 돕는 것이다. 이런 일은 흔히 구도자들이 성경 중심의 설교를 통해 하나님에 대해 듣거나 성경을 읽으면서 그분을 만날 때, 하나님의 사랑과 우정이 그리스도인의 삶을 통해 감동적으로 표현되는 것을 볼 때, 진정한 그리스도인 공동체에서 그분을 경험할 때, 혹은 이 모든 것을 통해서 일어난다.

한 그리스도인 철학자의 글로 4장을 마무리하고자 한다.

궁극적으로 하나님의 존재에 대한 확신은 성령의 역사에 의존한다. 그러나 성령은 우리가 이용할 수 있는 자연적 증거와 (하나님의 존재에 대한) 논증을 숙고함으로써 확신을 갖게도 하신다. 이런 논증을 배움으로써 우리는 우리 안의 소망에 관한 이유를 묻는 자에게 대답할 것을 항상 준비할 수 있으며(벧전 3:15), 때로 우리를 공격하는 의심과 불신자의 의심에 대답할 수 있다. 어떤 사람도 논쟁을 통해 신앙에 이르지는 못하겠지만, 이와 같은 논증은 성령이 불신자의 마음을 부드럽게 하기 위해 사용하시는 일반적 도구다. 우리의 믿음은 논증에 의존하지 않지만, 성령은 이것을 통해 지금으로서는 유리를 통해 흐릿하게 보는 것으로 만족하며 주님의 얼굴을 직접 바라보는 그날을 고대할 수밖에 없는 우리에게 위안을 주신다.[11]

- **성경 구절**

창 1:1; 출 3:14이하; 욥 23:1-17; 37:19; 사 40:25-28; 42:8; 43:11-13; 행 14:14-18; 17:16-34; 롬 1:18-32; 11:33; 고후 4:4; 살전 1:9; 딤전 6:16; 히 11:6.

■ 토론 질문

1. 하나님의 존재에 대한 다양한 철학적 논증을 설명해 보라. 어느 것이 가장 설득력 있어 보이는가?
2. (1) 하나님의 본성에 관한 성경의 가르침, (2) 인간의 본성에 관한 성경의 가르침, (3) 사도들의 증언에 비추어 이런 논증들의 역할을 평가해 보라.
3. (1) 그리스도인의 믿음을 강화하고, (2) 비판자에 맞서 믿음을 옹호하고, (3) 복음을 비그리스도인에게 제시하려고 할 때, 변증의 기능과 한계는 무엇인가?
4. 성경은 믿음과 인간 이성의 관계를 어떻게 보는가?

■ 참고 자료

Art. 'God' in *NDT*.

G. Bray, *The Doctrine of God* (IVP, 1993).

C. Brown, *Philosophy and the Christian Faith* (Tyndale Press, 1969). 『철학과 기독교 신앙』(CLC).

J. Calvin, *Institutes of the Christian Religion*, 1.

D. D'Souza, *What's So Great About Christianity* (Regency, 2007).

C. S. Evans, *Philosophy of Religion* (IVP, 2nd edn, 2009). 『종교철학』(CLC).

C. F. H. Henry, *God, Revelation and Authority* 1 (Word Books, 1976).

C. S. Lewis, *Mere Christianity* (Fontana, 1952). 『순전한 기독교』(홍성사).

A. McGrath, *Bridge-Building* (IVP, 1992). 『생명으로 인도하는 다리』(서로사랑).

F. A. Schaeffer, *Francis A. Schaeffer Trilogy* (IVP, 1990). 『프란시스 쉐퍼 전집 1』(생명의말씀사).

J. Sire, *Why Should Anyone Believe Anything At All?* (IVP, 1994).

R. Swinburne, *The Existence of God* (Clarendon, 2004).

5 삼위일체 하나님

하나님은 어떤 분이신가? 일반적으로 대답하면 '하나님은 살아 계시고 인격적인 영이시다.' 성경의 하나님은 일을 행하시는 단연코 **살아 계신** 하나님이다(시 97:7; 115:3이하). 그분은 비인격적 힘이나 에너지가 아니라 뚜렷한 성품과 본성을 지닌 **인격적** 하나님이다. 세상 질서는 하나님께 전적으로 의존하지만, 하나님은 그 전체 질서를 초월해 계신 **영**이다.

성경적 근거

성경은 하나님을 세 분의 인격체(person, 위격)로 구분하여 제시하는데, 일반적으로 성부, 성자, 성령이라고 부른다. 이를 표현하는 전문용어인 '삼위일체'는 성경에 나오지 않지만, 명확한 성경적 가르침을 표현한다는 의미에서 성경적 용어의 부류에 포함된다.

구약

하나님이 근본적으로 한 분이심은 이스라엘 민족에게 자명한 이치다. "이스라엘아 들으라. 우리 하나님 여호와는 오직 유일한 여호와이시니"(신 6:4). 하나님이 한 분이시라는 이 주장은 주변 국가들의 우상숭배와 타락한 다신론 속에서 중요한 의미를 지니고 있었다. 그러나 구약에는 신약이 가르치는 삼위일체를 예고하는 신성의 '충만함'에 대한 암시가 담겨 있다.

첫째, 하나님이 자신을 복수 형태로 표현하시는 경우가 있다(창 1:26; 3:22; 11:7; 사 6:8). 복음서 기자 요한은 이사야서의 구절을 예수님에 관한 환상으로 간주한다(요 12:41). 한편 주의 천사가 하나님과 동등하게 여겨지면서도 엄연히 구별되는 존재로 나타나는 경우가 있다(출 3:2-6; 삿 13:2-22). 구약은 또한 하나님의 영을 하나님의 인격적 대리자(창 1:2; 느 9:20; 시 139:7; 사 63:10-14)로 언급한다. 특히 잠언 8장에서 하나님의 지혜는 세상으로 나오시는 하나님 행위의 인격화된 표현이며, 시편은 하나님의 말씀을 하나님의 창조의 발언이라고 언급한다(시 33:6, 9; 참고. 창 1:26). 또한 오랫동안 고대하던 메시아를 하나님과 동일시하는 예언들도 있다(시 2편; 110편; 사 9:6이하).

온전한 삼위일체 교리를 보여 주지는 못하지만, 유일하신 하나님 안에 복수성이 있음을 제시한다는 점에서 이런 구약 구절들은 신약의 더 완전한 가르침을 예고한다고 볼 수 있다.

신약

구약의 암시적 가르침은 신약에서 그 모습을 완전히 드러낸다. 첫째, 사도들은 예수님의 삶과 인격, 주장, 기적, 무엇보다도 그분의 부활과 승천을 받아들이는 과정에서 점차 그분을 하나님으로 받아들이고 예배하게 되었다. 둘째, 사도들 가운데 드러난 성령의 실재와 활동은 명확하게 하나님 그분의 임재였다. 이렇게 예수님이 그들에게 주신 삼위일체라는 틀(마 28:19)은 하나님에 대한 그들의 이해를 결정지었다. 주 하나님은 한 분이시지만 서로 구분할 수 있는 세 분, 곧 성부 하나님, 성자 하나님, 성령 하나님이시다.

신약의 일부 구절은 하나님의 삼위일체를 전제하거나 암시하거나 언급한다(마 3:13-17; 28:19; 요 14:15-23; 행 2:32이하; 고후 13:14; 엡 1:1-14; 3:16-19).

그리고 신성의 각 위격이 하나님이라고 주장하는 구절들이 있다. 성부는 하나님이시다(마 6:8이하; 7:21; 갈 1:1). 성자는 하나님이시다(요 1:1-18; 롬 9:5; 골 2:9; 딛 2:13; 히 1:8-10). 성령은 하나님이시다(막 3:29; 요 15:26; 고전 6:19이하; 고후 3:17이하).

성경은 이와 같이 성부, 성자, 성령이 한 분 하나님이시라는 독특하고도 신비한 실재를 제시한다.

성부, 성자, 성령의 차이를 이해하는 한 가지 방법은, 각 위격의 하나님이 서로 다른 직분을 수행하신다고 보는 것이다. 가장 널리 알려진 방식은 성부는 창조, 성자는 구속, 성령은 성화의 역할을 수행하신다고 본다. 바울은 에베소서 1:3-14에서 수정안을 제시한다. 그는 성부는 선택(4, 5, 11절), 성자는 구속(3, 7, 8절), 성령은 '인치심'(13, 14절)을 각각 수행하신다고 말한다. 로마서 11:36은 우주와 관련된 하나님의 활동을 언급하기 위해 사용된 전치사 용법에 기초하여 또 다른 이해를 제시한다. "만물이 주[성부]에게서 나오고 주[성자]로 말미암고 주[성령]에게로 돌아감이라." 그러나 이런 구분이 하나님의 유일성이라는 근본적 진리를 모호하게 만들어서는 안 된다. 세 위격의 하나님은 다른 위격의 활동에 모두 참여하시기 때문이다. 예를 들어, 창조는 특별히 성부의 사역으로 분류되지만(창 1:1; 계 4:11), 성자(요 1:3)와 성령(사 40:13)과도 동일하게 관련된다.

삼위일체 교리에 대한 이해

하나님이 세 분이면서도 한 분이라는 성경의 계시를 교회가 본격적으로 다루기 시작한 것은, 사도 시대 이후 그리스-로마 문화의 배경 속에서 자기 신앙을 자세히 설명할 필요가 생겨났기 때문이었다. 이런 초기 논의의 결론은 아타나시우스 신조(8세기경)에 나타나 있다. "우리는 삼위로 계신 한 분 하나님이시며 또한 일체로 계신 삼위를 예배하나니, 각 위격을 혼동하지도, 그 본질을 나누지도 않는다."

이와 관련한 논쟁의 전문적 세부 내용을 살펴보는 것은 이 책의 범위를 넘어서기에, 여기서는 네 가지 중요한 문제만 간단히 언급하고자 한다.

언어의 한계

하나님의 삼위일체적 삶은 우리의 경험을 완전히 초월한다. 우리가 이 신비에 대해 말할 수 있는 것은, 하나님이 직접 성경에서 말씀해 주셨기 때문이다. 여기서 언어는 긴장 상태에 놓일 수밖에 없다. 예를 들어, 아우구스티누스는 삼위일체와 관련해 '위격'(person)이라는 용어의 적절성을 논하면서 이렇게 말했다. "세 개의 **무엇**이냐는 질문이 제기될 때, 인간의 언어는 심각한 어휘 부족으로 곤란에 빠지게 된다. 그러나 우리는 그 질문에 '세 위격'이라고 답할 수밖에 없다. 그것이 적절해서가 아니라, 대답하지 않은 채 내버려 둘 수는 없기 때문이다." 그는 하나님 존재와 관련해 숫자 '3'을 사용하는 것에도 비슷한 지적을 했다. "삼위일체에서는 두 위격이나 세 위격이 한 위격보다 결코 더 크지 않다."

'하나님'이라는 단어의 용법

그리스도인 저자들은 '하나님'이라는 용어를 두 가지로 사용한다. 이를테면, 어떤 때는 특별히 성부를 가리키기도 하고 어떤 때는 삼위 전체를 가리키기도 한다. 만일 '하나님'이 오직 성부만 가리킨다고 생각한다면, 성자와 성령은 필연적으로 성부에 종속된다. 많은 교파들이 이런 중요한 차이를 놓침으로써 성자와 성령의 온전한 신성에 관한 성경의 가르침을 받아들이는 데 어려움을 겪는다. 예를 들어, 여호와의 증인은 구약의 주 하나님(야훼/여호와)이 삼위일체 하나님과 동일한 분임을 인정하지 않는다(참고. 14장 "예수 그리스도의 신성"). 성부가 성자나 성령과 구분되는 것은 '신성' 때문이 아니다. 신성은 삼위 모두 동일하게 소유하고 계시며, 오직 이것으로 인해 하나님이 삼위로서 일체를 이루실 수 있다.

세 개의 무엇?

하나님의 유일성을 손상하지 않으면서 신성 안에 있는 '셋'을 어떻게 지칭할 수 있을까? 고전적 용어인 세 '위격'(Person)은 점점 도전을 받고 있다. 오늘날에는 'person'과 'personality'를 거의 구별 없이 사용하며 후자의 경우는 독특성과 독립성의 의미를 함축하고 있어서, '세 위격'이 세 분의 독립된 하나님을 가리키는 것으로 이해되기 쉽다. 그러나 일반적으로 합의된 대안이 없어, 그 한계에도 불구하고 전통적 용어가 계속 사용되고 있다.

삼위일체에 대한 유비를 찾아서

하나님이 '하나로 계신 세 분'이라는 개념은 결코 쉽게 와닿지 않기 때문에, 수 세기에 걸쳐 기독교 사상가들은 삼위일체를 설명하기 위한 유비를 찾고자 노력했다. 아우구스티누스의 고전적 해설을 살펴보면, 삼위일체는 인간 영혼 속에서 기억, 이해, 의지가 이루는 일치 및 차이와 비교된다. 그러나 인간에 대한 그와 같은 삼분적 관점은 현대 심리학의 관점에서는 매우 자의적이다. 더 엄밀하게 말해서, 그런 유비는 삼위가 공존하면서 각 위격의 활동에 본질적으로 참여하는 신성의 독특한 일체성을 나타내지 못한다.

인격에 관한 현대적 관점의 영향을 받은 여러 신학자들은 세 사람으로 이루어진 한 그룹이라는 고대의 유비를 부활시켰다. 인간의 인격이 다른 인격들과 어우러져 일치를 이루듯이, 신성의 '위격들'도 서로 공존하면서 신적 일치를 나타낼 수 있다. 이런 접근법은 몇 가지 성경적 근거들을 제시한다. 예수님은 결혼 관계를 두고 "그 둘이 한 몸이 될지니라"(마 19:5이하)라고 말씀하셨다. 이러한 '사회적 유비'는 신성 안에 있는 위격의 복수성을 이해하는 데는 도움이 되지만, 신적 일체성을 심각하게 위협할 수 있다.

삼위일체 교리의 중요성

이런 복잡함 때문에, 과연 삼위일체 교리를 다룰 가치가 있는지 의구심이 들 수 있다. 특히 '1 더하기 1 더하기 1은 1이다'라는 난제를 대할 때는 더욱 그렇다. 그러나 사실상 기독교의 중요한 주제들 중 거의 대부분이, 하나님이 하나로 계신 세 분이라는 진리에 의존한다.

우리를 하나님과 분리해 그분의 진노 아래 들어가게 만드는 최고의 문제인 죄를 살펴보자. 죄는 결국 두 당사자, 곧 범죄를 저지르는 죄인과 그 범죄 때문에 진노하는 하나님과 관련된다. 따라서 만일 예수님이 하나님이 아니라면 나의 죄는 사실상 예수님과 아무런 관계도 없다. 한번은 예수님이 어떤 사람의 죄를 용서해 주시자, 오직 하나님만이 죄를 용서하실 수 있기 때문에 그분은 신성모독을 저질렀다는 비난을 받았다(막 2:5-7). 어떤 의미에서 그 비판은 전적으로 옳았지만, 그들의 잘못은 예수님이 누구신지를 알지 못하는 데 있었다. 오직 예수님이 인간의 모습으로 우리에게 오신 하나님일 경우에만 우리 죄를 해결하실 수 있다. 뒤집어 말해서, 만일 그분이 우리 죄를 해결하신다면 그분은 반드시 하나님이어야만 한다. 따라서 하나님은 구분 불가능한, 단순하게 일체적인 존재가 아니다.

성령의 경우도 이와 유사한 방식으로 살펴볼 수 있다. 그리스도인들은 중생하게 하시는 하나님의 능력이 자신의 삶 속으로 들어왔다고 주장한다. 그들은 그 능력을 통해 하나님을 알고, 그분의 임재를 경험하며, 말씀의 권위에 설복당하고, 그분을 위해 살아갈 힘과 그분을 섬길 수 있는 은사를 받았다고 말한다. 그런데 만약 그 능력이 우리 안에서 일하시는 하나님 자신의 것이 아니라면, 그리스도인들이 주장하는 성령의 활동은 초자연적 실재와 전혀 무관한 망상에 지나지 않는다. 오직 우리 안에서 활동하시는 성령이 하나님일 경우에만, 우리의 경험은 우리의 주장과 일치하는 진정으로 구속적인 경험이 될 수 있을 것이다. 이 같은 근거에서 볼 때도, 하나님은 결코 단순한 일체적 존재가 아니다.

이렇듯 기독교의 구속과 그것을 인간 경험에 적용하는 전체 구조는 하나님이 하나로 계신 세 분이라는 사실에 온전히 달려 있다. 그 정도로 삼위일체가 중요하다.

또한 하나님이 세 분이라는 교리는 하나님이 사랑이시라는 근본적 주장의 기초가 된다. 하나님은 사랑할 대상이 필요해서 창조 세계를 만든 외로운 분이 아니다. 삼위일체이신 하나님은 스스로 완전하시며, 창조하거나 구속하실 필요가 없다. 창조와 구속은 순전히 은혜의 행위이자, 자유롭고 영원한 사랑이신 하나님의 표현이다.

인간 경험에서 나온 조악한 재료로 구성한 단순한 용어 때문에 삼위일체 교리의 여러 난제가 발생한다는 사실은 어떤 의미에서 충분히 예상 가능한 일이다. 왜냐하면 하나님은 만물을 초월하는 주님이시기 때문이다. 사실, 우리가 하나님 본성 안에 있는 깊은 신비를 접하지 않았다면 성경의 주장들을 의심 없이 받아들이기 힘들었을 것이다. 이 교리의 여러 난제에도 불구하고, 삼위일체는 예배와 섬김을 받기에 합당한 위대하신 하나님을 알기 위해 치러야 할 소박한(!) 대가일 뿐이다.

마지막으로 한마디를 덧붙이고 싶다. 서로 구별할 수 있는 위격과 기능을 지니면서도 완벽한 일치와 상호 조화, 영원한 사랑 가운데 계신, 셋이면서 하나이신 성부, 성자, 성령 하나님을 묵상하는 것은 말할 수 없을 정도로 영광스럽고 아름답고 매혹적인 광경을 목도하는 일이다. 그 때문에 수 세기 동안 많은 사람들이 이를 보고 감동하여 최상의 예배와 사랑과 찬미를 하나님께 올려 드린 것이다.

> 거룩, 거룩, 거룩, 전능하신 주여!
> 성삼위일체 우리 주로다!

■ **성경 구절**

창 1:2, 26; 3:22; 11:7; 출 3:3-6; 수 5:13-6:2; 왕상 22:19이하; 느 9:20; 시 33:6, 9; 잠 8장; 사 6:2, 8; 9:6이하; 11:1이하; 겔 37:24이하; 슥 9:9; 마 3:13-17; 28:19; 요 14:15-23; 행 2:32이하; 고후 13:14; 엡 2:18; 4:4-6; 빌 3:3; 요일 5:1-12.

■ **토론 질문**

1. 삼위일체 교리의 내용은 무엇인가?
2. 이 기독교 진리의 근거가 (1) 구약성경과 (2) 신약성경에서 어떻게 제시되어 있는지 설명하라.
3. (1) (구약을 받아들이는) 유대인, (2) (성경의 권위를 부정하지만 유일신의 실재를 받아들이는) 이슬람교인과 대화한다고 상상해 보라. 하나님의 삼위일체를 그들에게 어떻게 설명하겠는가?
4. '삼위일체 교리는 상대적으로 덜 중요한 비실제적 교리다'라는 의견에 답해 보라.

■ **참고 자료**

Art. 'Trinity' in *NDT*.

Augustine, *On the Trinity*, Library of Christian Classics 8 (SCM, 1954). 『삼위일체론』(분도출판사).

G. Bray, *The Doctrine of God* (IVP, 1993).

B. Edgar, *The Message of the Trinity* (IVP, 2004).

G. A. F. Knight, *A Biblical Approach to the Doctrine of the Trinity* (Oliver and Boyd, 1953).

R. Letham, *The Holy Trinity* (PRPC, 2004).

S. Olyott, *Three Are One* (Evangelical Press, 1990).

A. W. Wainwright, *The Trinity in the New Testament* (SPCK, 1962).

6 하나님의 속성 또는 완전성

삼위일체 하나님이 자기를 계시하시므로 우리는 그분의 특징이나 성품 같은 속성(attribute)들을 알 수 있다. 이는 그다지 중요하지 않은 피상적 특징이 아니다. "그분의 속성은 그분의 존재와 일치한다"(바빙크). 이런 맥락에서, 일부 학자들은 하나님의 속성보다는 완전성(perfection)이라는 용어가 도움이 된다고 생각한다.

하나님의 속성들은 다양한 방식으로 구분된다. 역사적으로 가장 중요한 구분법은, 하나님의 **비공유적** 속성(가령, 인간에게서 유사성을 찾을 수 없는 하나님의 스스로 존재하심)과 **공유적** 속성(다른 도덕적 행위자에게서 나타날 수 있는 하나님의 사랑 혹은 정의 같은 것)을 나누는 것이다.

칼뱅은 하나님의 완전성을 설명하면서 "하나님은 우리가 깨어 있도록 하려고 자신의 본질에 대해 말을 아끼신다"라고 말한다. 따라서 우리는 하나님의 자기 계시의 모든 특징을 빠뜨리지 않으면서도, 지나치게 세부적인 서술이나 구분은 피하는 것이 현명할 것이다. 또한 이런 모든 완전성이 분리 불가능한 일체로 계신 하나님 안에 존재한다는 것을 기억하는 태도도 중요하다.

하나님의 영광

'영광'은 익숙한 성경의 용어로, 통상 하나님 존재의 가시적 현현을 가리킨다. 하나님의 영광은 하나님으로서 그분의 존재, 신적 위엄, 순전한 하나님 되심의 모든 본질적 중심으로 우리를 데려간다. 이와 비슷한 '초월성'은 모든 유한한 실재를 '넘어서는' 하나님에 관한 용어다.

성경에서 이 완전성은 하나님의 시내산 현현으로 표현되었다(출 19-24장). "산 위의 여호와의 영광이 이스라엘 자손의 눈에 맹렬한 불같이 보였고"(출 24:17; 참고. 출 19:16-22). 또한 그발강가에서 에스겔이 본 하나님에 대한 압도적 환상에서도 하나님의 영광이 나타난다(겔 1장). 승천하신 그리스도에 대한 묘사에서도 이와 비슷한 광경이 나타난다. "그의 눈은 불꽃같고…그의 얼굴은 해가 힘 있게 비치는 것 같더라"(계 1:14-16). 다마스쿠스 도상에서 그리스도를 만나 눈이 먼 후, 바울은 "그리스도의 얼굴에 있는 하나님의 영광"(고후 4:6; 참고. 요 1:14)을 보았다고 증언했다. 우리는 오직 하나님 앞에 엎드려 경외하며 찬미를 드릴 때만 이러한 하나님의 영광을 분명하게 볼 수 있다.

하나님의 영광은 신성의 세 위격 모두에게서 명백하게 드러난다.

- 성부의 영광: 바울은 "아버지의 영광으로 말미암아 그리스도를 죽은 자 가운데서 살리[셨다]"(롬 6:4)라고 쓴다.
- 성자의 영광: 요한은 "우리가 그의 영광을 보니 아버지의 독생자의 영광이요"(요 1:14)라고 쓴다.
- 성령의 영광: 베드로는 "영광의 영이…너희 위에 계심이라"(벧전 4:14)라고 쓴다.

그러나 하나님의 영광과 삼위일체의 연관성을 규명하면 이런 증거 본문을 단순 나열할 때보다 그 의미가 더 깊어진다. 앞서 보았듯, 하나님의 영광은 다른 모든 존재나 실재와 구분되는 하나님의 유일무이함을 표현하는 방식이다. 그분의 영광은 오직 그분만이 하나님 되시게 하는 어떤 속성을 가리킨다. 그런데 결국 그 속성이란 하나님의 삼위일체, 곧 성부, 성자, 성령으로서의 존재 방식을 가리킨다. 삼위일체로서의 존재를 통해 하나님의 영광이 가장 밝게 드러난다. 그래서 아주 오래전부터 그리스도인들의 예배에서는 "성부께 영광, 성자께 영광, 성령께 영광"이라는 외침이 울려 퍼졌던 것이다. 진실로, "그의 성전에서 그의 모든 것들이 말하기를 영광이라 하도다!"(시 29:9)

이 완전성은 다른 몇 가지 측면들을 요약해 주는 용어로 사용될 수 있다. 즉 하나님의 영광은 다음과 같은 내용을 함축한다.

1. 하나님의 **무한성**: 그분은 한계가 없으시다. 그분은 "가까이 가지 못할 빛에 거하[신다]"(딤전 6:16). "그의 판단은 헤아리지 못할 것이며 그의 길은 찾지 못[한다]"(롬 11:33).

2. 하나님의 **자존성**: 그분은 다른 어떤 것에도 의존하지 않으신다. "태초에 하나님이…"(창 1:1). 또한 그분은 "무엇이 부족한 것처럼 사람의 손으로 섬김을 받으시는 것이 아[니다]"(행 17:25; 참고. 사 40:13이하).

3. 하나님의 **불변성**: 그분은 항상 일관되시다. "나 여호와는 변하지 아니하나니"(말 3:6). "그는 변함도 없으시고 회전하는 그림자도 없으시니라"(약 1:17). "예수 그리스도는 어제나 오늘이나 영원토록 동일하시니라"(히 13:8). "오직 성령의 열매는…충성"(갈 5:22)인데, 이는 성령의 내적 본성을 나타내는 성품이다. 하나님의 불변성은 자기 백성과의 관계를 충실하고 신실하게 지키시는 데서 드러나며, 언약의 전체적 사상이 이 완전성에 기초한다.

하나님의 영광은 그분의 철저한 우위와 자족성을 선포한다. 우주와 인간 창조는 하나님 존재의 필요조건이 아니라 그분의 자유로운 은혜의 행위였다. 따라서 우리의 궁극적 가치와 의미는 그분의 영광 안에 놓여 있다(참고. 엡 1:12).

현대인들은 이런 하나님 개념을 금기시하며, 자기 영광을 위해 행동하는 자족적 하나님은 예배할 가치가 없다고 주장하는 일부 사람들 역시 이런 개념에 반대한다. 그러나 그들은 영광의 하나님이 곧 우리를 구원하기 위해 십자가 위에서 스스로 희생하신 은혜의 하나님이라는 사실을 잊고 있다. 이렇듯 하나님은 분명히 자기 영광을 목표로 삼고 그것을 성취하시지만, 동시에 그 목표는 인간의 영원한 행복에 관한 것이기도 하다. 칼뱅은 이 근본적 원리를 이렇게 표현했다. "우리는 우리 자신을 위해서가 아니라, 그 무엇보다 하나님을 위해 태어난 것이다." 이 말에 대한 동의 여부가 바로 하나님에 관한 인간의 모든 생각을 구분하는 경계이자 기준이 된다.

하나님의 주 되심

'주'(Lord)는 구약의 영어 번역본에서 가장 자주 사용되는 하나님의 칭호다. 이에 해당하는 히브리어 단어는 '야훼'(*Yahweh*)이며, 하나님과 이스라엘이 맺은 언약과 깊은 관계가 있다. 모세가 하나님께 이름을 여쭈었을 때, 그분은 스스로 지으신 이 이름을 알려 주셨다(출 3:13-15). 이 이름은 '나는 나다'(I am who I am)이며 '나는 나일 것이다'(I will be what I will be)라고도 번역될 수 있는데, 곧 이스라엘을 이집트에서 구출하여 약속의 땅에 세우겠다는 말씀을 반드시 이루리라는 하나님의 약속을 나타낸다. 따라서 이 이름은 자기 백성에 대한 하나님의 신실하심과 그분 약속의 확실함을 보여 준다.

이와 유사한 확신이 하나님의 통치권에 대한 언급에서 나타난다. 그분은 세상을 통치하시며 그분의 뜻은 모든 일, 특별히 창조와 보존(시 95:6; 계 4:11), 인간 정부(잠 21:1; 단 4:35), 하나님 백성의 구원(롬 8:29이하; 엡 1:4, 11), 그리스도의 고난(눅 22:42; 행 2:23)과 그리스도인의 고난(빌 1:29; 벧전 3:17), 우리의 삶

6. 하나님의 속성 또는 완전성   121

과 운명(행 18:21; 롬 15:32), 심지어 삶의 가장 사소한 일들(마 10:29)의 결정적 원인이 되신다. 하나님은 우주를 통치하시며, 스스로 권세와 권위를 주장하는 다른 어떤 통치자보다 더 우월하시다. 오직 그분만이 하나님이시다. "나는 여호와라. 다른 이가 없느니라"(사 45:6; 참고. 사 43:11; 44:8; 45:21).

여기서도 하나님의 주 되심이라는 완전성을 삼위일체적 관점에서 이해하는 것이 매우 중요하다.

- 성부는 주님이시다: 야고보는 "우리는 주 아버지를 찬송하고"(약 3:9)라고 쓴다.
- 성자는 주님이시다: 히브리서 기자는 "[하나님이] 우리 주 예수를 죽은 자 가운데서 이끌어 내[셨다]"(히 13:20)라고 쓴다.
- 성령은 주님이시다: 바울은 "주는 영이시니"(고후 3:17)라고 쓴다.

우리는 이렇게 삼위일체적 관점에서 하나님의 주 되심을 이해함으로써, 하나님의 이 완전성이 비인격적 의지, 곧 우리를 좀처럼 떠나지 않고 무정하게 가차 없이 굴러가는 운명 혹은 '카르마'(karma)의 작용으로 전락하는 것을 막을 수 있다. 우리 삶을 통제하고 규정하는 한편, 그에 맞서 싸우거나 적절한 종교 활동, 의식과 제사, 고행, 순전한 '행운' 등을 통해 어느 정도 피할 수도 있는 이 결정적 운명이라는 개념은, 복음이 첫 3세기 동안 약진을 이루었던 고대 '이방' 세계에 뚜렷이 존재했다. 오늘날에도 이 개념은 불교와 힌두교, 신도(神道) 사상이 혼합되고 약화된 형태로 다원주의 사회 내에 널리 퍼져 있다. 세상을 사랑하는 영원하신 성부, 인간성을 지니고 부활하신 성자, 비둘기와 바람과 불처럼 임하시는 살아 계신 성령은 주님이신 하나님이며, 그분 외에 다른 이는 없다.

하나님의 주 되심은 서로 관련된 세 가지 완전성으로 표현된다.

1. 하나님의 **전능**: 그분은 전능하시다(창 17:1). 이는 하나님이 나이가 아주 많은 아브라함과 사라에게 아들을 주실 것이라 약속하시고, "여호와께 능하지 못한 일이 있겠느냐?"(창 18:14)라고 물으시는 대목에 생생하게 표현되어 있다. 바빌론 군대에 의해 예루살렘의 파괴가 임박했을 때, 하나님은 예루살렘을 회복하고 구원하시겠다는 약속과 함께 이 질문을 다시 던지셨다(렘 32:27). 그리고 두 경우 모두 하나님의 약속은 정확하게 이루어졌다.

신약에도 하나님의 전능에 대한 유사한 증거가 있다. 그분은 자신이 동정녀 잉태(눅 1:37)에서든 타락한 인간의 중생(막 10:27)에서든 결코 '불가능이란 없는' 하나님임을 드러내신다.

이것이 바로 하나님의 주 되심의 핵심이며, 이는 인간 역사와 개인적 환경에서 경험하는 모든 '불가능' 한가운데서 하나님을 온전히 신뢰하는 태도를 요구한다. 그분은 주님이시다. "여호와께 능하지 못한 일이 있겠느냐?"

2. 하나님의 **편재**: 하나님은 어느 곳에나 계신다. 시편 139:7-12에서 이를 자세히 설명한다. 자신을 찾으시는 하나님의 충격적이고 압도적인 실재를 직면한 시편 기자는, 공간적으로나 시간적으로, 심지어 영원의 차원에서도 하나님을 피할 수 없음을 깨닫는다. 다윗이 밧세바와 간음하고 그 남편을 죽게 만든 '계략'이 예루살렘의 법정에서는 은폐될 수 있을지 몰라도, 하나님은 이 모든 것을 보시고 언제라도 그것을 폭로하실 수 있었다(삼하 12:11이하). 실제로 성경은 하나님의 이러한 폭로들로 가득 차 있다(창 3:11; 수 7:10-26; 왕하 5:26; 행 5:1-11).

또한 하나님의 편재는 사람에게 최고의 위안을 준다. 악이 승리하고 불의와 힘이 무제한의 권력을 행사할 때도, 하나님은 이를 아시며 모든 것을 보고 계신다(시 66:12; 사 43:2; 행 23:11). 그분은 조롱받지 않으시며(갈 6:7), 세상과 모든 사람을 심판하실 날을 정해 두셨다(행 17:31). 마찬가지로, 신앙 때문에 개인적으로 시험과 고난을 당할 때도 우리는 위로를 받는다. "나의 유리함을 주께서 계수하셨사오니, 나의 눈물을 주의 병에 담으소서. 이것이 주의 책에 기록되지 아니하였나이까?"(시 56:8; 참고. 계 6:9; 18:24)

하나님의 **영원성**은 편재와 관련된 속성이다. 공간적 편재는 시간적 영역에서 상응하는 속성을 갖는데, 그것이 바로 영원성이다. "영원부터 영원까지 주는 하나님이시니이다"(시 90:2). 하나님 '이전'도 없고 하나님 '이후'도 없다.

3. 하나님의 **전지**: 하나님은 모든 것을 아신다. 이 완전성은 그분의 편재와 밀접한 관계가 있다(시 139:1-12). 따라서 전지함의 실제 영향도 편재와 비슷하게 사람을 불안에 빠뜨리기도 하고 위로하기도 한다. 하나님은 모든 것을 보시므로 모든 것을 아신다. 이는 특히 심판이라는 주제와 관련이 있으며, 상징적으로는 '책을 편다'라는 말로 표현된다(계 20:12). 과거는 영원히 지나가 버린 것이 아니다. 하나님께는 모든 시간이 현재이기 때문이다. 마지막 심판 때는 인간 재판관이나 배심원들이 검토해 온 모든 증거보다 훨씬 많은 증거가 제시될 것이다. 즉 '피고'의 일생을 '재생'해 보면서 바깥으로 드러난 행동뿐 아니라 거의 무의식적 동기와 태도들까지 검토할 것이다. 하나님의 최후 심판은 **철저하게 공정**할 것이다. 이때는 삶의 '신비'와 부조리하고 무의미해 보이는 사건들이 전체적으로 눈앞에 드러날 것이다. 하나님은 모든 것을 아시고, 이런 것들도 하나님의 이해와 뜻 안에 있기 때문이다. 하나님께 신비는 있을 수 있지만 실수란 있을 수 없다('열린 유신론'에 관한 내용을 보라. p. 155).

최근 일부 학자들이 하듯이 인간의 자유를 보장하려고 하나님의 이 완전성을 '희생'시켜서는 안 된다. 그것은 너무 비싼 대가를 지불하는 것이다. 하나님의 전지하심은 그분의 자기 계시의 최종적 성격을 보장하는 토대다. 만일 하나님이 단지 부분적으로만 아신다면, 그분의 진리는 단지 잠정적인 것에 지나지 않으며, 그분의 유일하신 아들 예수 그리스도 역시 궁극적 계시, 곧 **진리**가 될 수 없다. 전지한 하나님의 주 되심이 뜻하는 바는, 우리가 예수 그리스도 안에 나타난 자기 계시를 넘어서는 또 다른 계시를 기다릴 필요가 없다는 것이다. 하나님의 영원한 아들이시며 영원한 하나님 자신의 실재인 예수님은 지혜와 지식의 모든 보화가 숨겨진 궁극적 계시, 곧 **진리**이시다(요 14:6; 골 2:3). 또한 하나님의 전지는 성경에 기록된 하나님의 마음과 진리를 드러내고, 이를 통해 성경의 신뢰성과 최종적 성격을 보증하시는 성령의 사역에 근거가 된다(요 16:13; 17:17).

하나님의 거룩

앞서 언급한 하나님의 완전성을 서로 분리할 때 발생하는 위험은, 하나님의 거룩과 사랑을 다룰 때 가장 많이 나타난다. 많은 사람들이 율법에 나타난 거룩한 하나님과 복음에 나타난 사랑의 하나님 사이에서 해소되지 않는 긴장을 느낀다. 어떤 사람들은 하나님의 거룩을 지나치게 강조함으로써 이 문제를 해결하는데, 이 하나님은 미래의 심판이라는 위협을 통해 쉼 없는 도덕적 노력을 요구하는 준엄하고 엄격한 존재다. 또 어떤 사람들은 사랑을 너무 강조한 나머지, 하나님을 도덕적 힘은 전혀 없이 너그럽기만 하고 감상적인 존재처럼 만든다. 하지만 삼위의 각 위격이 분리되지 않고 일체로 존재하시는 성경의 하나님은 거룩하면서도 사랑이 충만하시다.

하나님의 거룩은 그분 존재의 핵심이며, 특히 구약에서 두드러지게 나타난다(레 11:44; 19:2 외 여러 구절; 수 24:19; 삼상 6:20; 시 22:3; 사 57:15). 신약에는 하나님의 거룩이 상대적으로 적게 나타나는 것처럼 보이지만 실제로는 그렇지 않다. 신약이 **거룩한** 영(Holy Spirit, 성령)의 위격과 사역을 강조한다는 점을 생각해 보라. '거룩'으로 번역되는 히브리어 '카도쉬'($q\bar{a}d\hat{o}\check{s}$)의 본래 의미는 '분리'로 추정되며, 적극적으로는 '…의 소유권에 대한 헌신'이라는 함의를 지닌다. 하나님과 관련하여 사용될 때는 두 가지 함의를 지니는데, 둘 중 어느 것도 무시할 수 없으며 서로 긴밀하게 결합되어 있다.

1. 하나님은 다른 모든 존재와 구별된다. 그분만이 하나님이시다. 이런 의미에서 하나님의 거룩은 그분의 영광과 아주 비슷하다. 이사야의 환상에서 이런 측면이 잘 나타난다. "거룩하다, 거룩하다, 만군의 여호와여. 그의 영광이 온 땅에 충만하도다"(사 6:3). 그리고 거의 천 년이 흐른 후 요한의 환상에서도 반복된다. "거룩하다, 거룩하다, 거룩하다, 주 하나님 곧 전능하신 이여. 전에도 계셨고 이제도 계시고 장차 오실 이시라"(계 4:8; 참고. 딤전 6:16). 또한 하나님의 거룩은 성자(막 9:2이하; 눅 1:35; 행 9:3이하; 계 1:12이하)와 성령(눅 11:13; 행 2:4; 4:31; 엡 4:30; 히 9:8)께도 해당되는 것으로 언급된다.

2. 하나님의 거룩은, 하나님이 그분을 거부하고 반대하는 모든 것으로부터 스스로를 구별하심을 나타내는 윤리적 개념이다. "거룩이라는 성품을 통해 하나님은 스스로 절대적 표준이 되신다"(고데). 이것은 모든 도덕적 구분의 기초가 된다. 선이란 하나님의 본성이자 하나님이 뜻하시는 것이고, 악은 하나님의 성품과 의지와 본성을 거부하고 반대하고 부정하는 것이다. 하나님이 거룩하시다는 것은 그분이 지극히 순수하고 완전하며 어떤 죄나 악도 없으시다는 뜻이다. 그분의 존재 자체가 순수, 진리, 공의, 정의, 선, 그리고 모든 도덕적 완전함의 더할 나위 없는 표현이다.

이에 따르는 윤리적 도전은 신약과 구약 모두에서 분명하게 나타난다. 하나님의 거룩한 본성은 그분 뜻에 반영되며, 율법을 통해 우리에게 제시된다. 그러므로 하나님의 율법은 하나님 편에서 볼 때 결코 임의적 요구가 아니다. 그것은 그분의 거룩한 본성의 표현이며, 우리에게 강력한 영향을 미치는 하나님의 성품이다. 우리는 하나님의 율법을 통해, 그분의 피조물로서 그분을 닮고 그분과 같이 되며, 아울러 그분을 부정하는 것을 일절 거절하고 거부하라는 요구에 직면한다. 즉 선을 택하고 악을 거부하라는 요구 앞에 서는 것이다. 우리가 마음과 행동으로 하나님의 율법을 반복적으로 어긴다면, 하나님의 거룩은 항상 그분의 구속하시고 구원하시는 사랑과 긴밀하게 연결될 수밖에 없다. 그래서 이사야는 성전 환상(사 6:1-11)에서 하나님의 거룩을 압도적으로 의식하고("거룩하다, 거룩하다, 거룩하다, 만군의 여호와여") 곧 자신의 부정함을 깨닫는다. "화로다 나여! 망하게 되었도다! 나는 입술이 부정한 사람이요, 나는 입술이 부정한 백성 중에 거주하면서…." 그러나 그는 즉시 구원받는다. "제단에서 집은 바 핀 숯을 손에 가지고…'네 악이 제하여졌고 네 죄가 사하여졌느니라' 하더라"(6-7절). 거룩과 구원하시는 사랑이 이처럼 연결되는 모습은 요한계시록에서도 확인할 수 있다. "보좌 가운데와 보좌 주위에 네 생물이 있는데…밤낮 쉬지 않고 이르기를 '거룩하다, 거룩하다, 거룩하다, 주 하나님 곧 전능하신 이여'"(4:6-8). 그리고 바로 다음 장에 이런 내용이 나온다. "내가 또 보니 보좌와 네 생물과 장로들 사이에 한 어린 양이 서 있는데, 일찍이 죽임을 당한 것 같더라"(5:6). 즉 우리가 하나님의 거룩과 필연적 심판의 엄숙함을 대면할 수 있는 것은, 바로 희생 제물이 되사 죽임 당한 어린 양의 보좌를 통해서다. 십자가는 거룩한 분이신 하나님의 마음에 영원히 서 있다.

이와 같이 축소 불가능한 하나님의 윤리적/도덕적 성품은 이사야서에서 가장 자주 사용되는 하나님의 호칭인 '이스라엘의 거룩한 이'(the Holy One of Israel, 5:19; 30:12; 43:3; 55:5)를 통해서도 표현된다. 하나님은 이스라엘이 열국들 '한가운데서' 하나님의 성품에 합당하게 행동할 것을 요구하신다(12:6). 신약에서는 성령의 내주하심이 이와 비슷하게 엄중한 윤리적 의미를 갖는다. 성령이 내주하시는 그리스도인은 '부도덕을 피하고', '거룩한 삶'으로 부름받은 사람으로서 살아가야 한다(고전 6:18이하; 살전 4:3, 7이하).

거룩을 하나님의 주된 본성과 이질적인 것으로 여기는 태도는, 그것을 하나님의 사랑과 분리하는 잘못을 범하는 일차적 원인이 된다. 만일 거룩이 하나님의 뜻이라면, 그분의 사랑과 용서의 행위도 **거룩한** 행위여야 한다.

여기서도 다시 한 번, 이 완전성과 삼위일체 하나님의 온전함 사이의 관계를 강조할 필요가 있다.

- 성부는 거룩하시다: 예수님은 "거룩하신 아버지여…그들을 보전하사"(요 17:11)라고 기도하셨다.
- 성자는 거룩하시다: 베드로는 예수님에 대해 "주의 거룩한 자로 썩음을 당하지 않게 하실 것임이로다"(행 2:27; 시 16:10)라고 선포했다.
- 성령은 거룩하시다: 바울은 "너희에게 그의 성령(Holy Spirit)을 주신 하나님"(살전 4:8)이라고 쓴다.

따라서 하나님의 거룩은 우리가 그분에 대해 아는 모든 내용과 결코 분리될 수 없고, 아들과 성령이라는 선물과 임재를 통해 주시는 영원한 은혜와도 분리될 수 없다.

이와 관련된 네 가지 용어는 다음과 같다.

1. 하나님의 **공의**(righteousness): 이 용어는 그분 자신과의 '거룩한' 일치를 뜻한다. 구약에서 이 용어는 하나님이 창조 세계(시 145:17) 및 백성(시 31:1; 렘 11:20)과 맺는 관계로 해석된다. 여기에는 그분의 백성을 구원하고 신원하시는 행위도 포함되며(렘 23:6), 따라서 그분은 "공의를 행하며 구원을 베푸는 하나님"(사 45:21)으로 묘사된다. 하나님 앞에서 공의롭지 못해 도덕적 곤경에 빠진 인간에게 하나님은 그리스도 안에서 공의를 부여하셨으며, 이것이 바로 은혜의 복음의 핵심이다(롬 1:17; 3:21이하; 5:17-21).

2. 하나님의 **정의**(justice): 이것은 행위로 나타난 하나님의 거룩한 뜻이다(신 32:4; 요일 1:9; 계 15:3). 일부 신학자들은 세상 전체를 다스리는 하나님의 **통치적** 정의와, 상벌을 내리는 **분배적** 정의를 구분한다. 이 완전성은 하나님의 사랑과 자비와 관련되는데, 왜냐하면 그분의 정의는 때로 궁핍한 자와 회개

하는 자를 신원하시기 때문이다(시 76:9; 146:7; 사 30:18; 요일 1:9).

3. 하나님의 **진노**(wrath): 이것은 하나님의 영원한 자기 일관성에서 비롯된다. 하나님의 계시된 성품은 그분 본성이 확정적으로 표현된 것이다. 하나님은 자신을 반대하는 모든 것을 끝까지 철저하게 거부하신다. "진노는 자신의 거룩을 부정하는 것에 대한 하나님의 거룩한 혐오다"(J. 머리). 하나님의 진노는 본질적으로 그분의 거룩이며, 하나님과 그분의 선한 뜻을 부정하는 것을 대면할 때 나타난다. 여기서, 하나님의 진노가 흔히 주장하듯 신인동형론의 조잡한 일부분이 **아님**을 강조할 필요가 있다. 이것은 거룩이라는 그분의 인격적 특징 안에 있는 규범적 위격이 우주에 있는 죄와 악을 향해 반응하는 것이다. 진노 없이 하나님은 진실로 거룩할 수 없으며, 그분의 사랑은 감상주의로 전락하고 말 것이다. 그분의 진노는 인간처럼 제멋대로이거나, 충동적이거나, 감정에 좌우되지 않는다. 하나님이 역사 속에서 진노를 발하시는 경우는 사람이 하나님의 계시를 거부하고 도덕적·영적 타락을 일삼을 때다(롬 1:18이하). 하지만 이것은 말세에 나타날 것, 즉 '다가올 진노'(엡 5:6; 골 3:6)의 예비적 형태에 불과하며, 그리스도의 십자가는 그에 대한 가장 분명하고 심각한 모습을 보여 준다(시 78:31; 호 5:10; 요 3:36; 엡 2:3; 살전 1:10; 계 6:16).

4. 하나님의 **선함**(goodness): 이 완전함은 거룩과 사랑의 하위 항목으로 동일하게 분류될 수 있으며, 이는 두 속성이 결코 분리될 수 없음을 강조해 준다(출 33:19; 왕상 8:66; 시 34:8; 롬 2:4).

하나님의 사랑

"하나님은 사랑이시다"(요일 4:8)는 성경에서 가장 잘 알려진 하나님에 대한 정의다. 물론 이것이 유일한 정의는 아니며, 요한 자신도 "하나님은 빛이시다"

(요일 1:5)라고 씀으로써 이런 정의에 균형을 맞춘다. 이런 제약적 표현이 중요한 이유는, 인간 사회에서 사랑이라는 말이 매우 다양한 태도와 행동을 덮어 버리곤 하기 때문이다. 사도들은 하나님이 인간이 무슨 짓을 해도 받아 주는 신적 부모라는 생각을 차단한다. 하나님의 사랑은 도덕적 무분별과 아무 상관이 없다. 그분의 사랑은 결코 거룩을 제거하지 않는다.

하나님과 관련하여 사랑은 아주 구체적인 실재다. 요한은 사랑을 정의하면서 그 구체성을 이렇게 강조한다. "사랑은 여기 있으니…하나님이 우리를 사랑하사 우리 죄를 속하기 위하여 화목 제물로 그 아들을 보내셨음이라"(요일 4:10). "하나님의 사랑이 우리에게 이렇게 나타난 바 되었으니, 하나님이 자기의 독생자를 세상에 보내심은…"(4:9).

사랑은 하나님의 삼위일체적 삶의 중심에 놓여 있다. 따라서 성부는 성자와 성령을 사랑하신다. 성자는 성령과 성부를 사랑하신다. 성령은 성부와 성자를 사랑하신다(마 3:17; 막 9:7; 요 3:35; 10:17; 14:31; 17:26; 14:31; 롬 15:30; 갈 5:22; 요일 4:8, 16).

그러나 세 위격의 사랑은 단순히 내적 상호 관계에서만 표현되는 것이 아니라, 하나님의 피조물인 인간을 향한 삼위일체적 사랑으로 넘쳐흐른다.

- 성부는 사랑이시다: 요한은 "하나님이 세상을 이처럼 사랑하사 독생자를 주셨으니"(요 3:16)라고 쓴다.
- 성자는 사랑이시다: 바울은 "나를 위하여 자기 자신을 버리신 하나님의 아들"(갈 2:20)이라고 쓴다.
- 성령은 사랑이시다: 바울은 "성령의 사랑으로 말미암아 너희를 권하노니"(롬 15:30)라고 쓴다.

'아가페'(*agapē*)라는 단어는 신약성경 외에는 비교적 많이 사용되지 않는다.

일반적인 헬라어 단어 '에로스'(erōs)는 **가치 있는** 대상에 대한 사랑을 가리키는 반면, '아가페'는 **무가치한** 대상 즉 연인에게 사랑받을 권리를 모두 박탈당한 자를 향한 사랑을 일컫는다. 구약에서 이런 종류의 사랑은 이스라엘을 사랑하신 하나님(신 7:7이하)과 부정한 아내를 사랑한 호세아(호 3:1이하)의 경우에서 찾아볼 수 있다. 따라서 우리가 인식하고 경험하는 하나님의 사랑은 '은혜로운 사랑'으로 표현할 수 있을 것이다.

이것은 우리가 극복하려고 노력해 온 하나님의 거룩과 사랑 사이의 간격을 다시 넓히는 것처럼 보일지도 모른다. 겸손한 사랑으로 자유롭게 행동하시는 이 하나님이, 속죄를 요구하는 거룩한 하나님, 그리고 자신에게 영광 돌리기를 요구하시는 주권적 하나님과 어떻게 조화를 이룰 수 있을까? 하지만 하나님의 거룩이 옳고 그름 사이를, 그리고 하나님의 존재와 이를 반대하거나 부정하는 것 사이를 구분하는 기초가 됨을 반드시 기억해야 한다. 앞서 살펴보았듯이, 이런 모순에 직면할 때 하나님은 자신의 신성을 유지하고 확고히 하기를 원하신다. 따라서 죄는 반드시 심판받아야 하지만 하나님은 놀라운 사랑으로 그 심판을 우리가 아니라 자신에게 내리신다. '여기에 사랑이 있다.' 아울러 온전하고 자유롭게 하나님이 되시는 그분만이 온전하고도 자유롭게 아가페의 사랑으로 겸손히 자신을 내어 주실 수 있다. 거룩한 삼위일체의 세 위격이 서로 주고받는 영원한 사랑에 기초한 그 사랑으로 말이다.

거룩과 사랑은 예수 그리스도의 인격과 사역 안에 완전히 통합되어 있다. 하나님으로서 그분은 모든 죄와 악을 거부하고, 그것과 분리된 신적 거룩을 구현하신다. 무엇보다 그분이 우리에게 오신 사건 자체가, 인간의 죄와 무력함에 대한 하나님의 사랑과 은혜로 가득한 응답이다. 무한한 사랑과 신적 거룩의 제약 속에서, 그분은 인간의 죄에 대한 신성한 심판을 받고자 기꺼이 의도적으로 자신을 내어 주신다. 사랑과 거룩은 또한 성령 하나님의 사역 속에서도 통합된다. 성령의 주요 사역은 하나님의 사랑이라는 목적을 이루기 위해 하나님 백성을 새롭게 하고 성화시키는 일, 즉 거룩하게 하는 일이다.

그러므로 하나님의 사랑은 무가치한 것을 품기 위해 몸을 굽히는 것, 곧 **은혜**와 항상 결합되어 있다. 그분의 사랑은 예수 그리스도의 희생적 죽음을 통해 죄악에 빠진 사람들을 구하고, 성령 안에서 그들을 새롭게 하여 성화시키고자 하는 자유롭고 자발적인 결정이다. 그러므로 순전하고 무조건적이며, 무한히 찬미해야 하는 것이다.

이와 관련된 세 가지 내용을 살펴보자.

1. 하나님의 사랑, 곧 **아가페**는 원칙적으로 죄인의 구속 및 이와 관련된 모든 것으로 표현된다. 하지만 아가페는 창조 세계를 돌보시는 모습으로 표현되기도 한다. 특히 자연 세계에서 명백하게 나타나는 그분의 **선함**과 **친절**로도 자주 언급된다(행 14:17).

2. 하나님의 **자비**는 인간의 구체적 죄에 대해 베푸시는 사랑이다. 하나님은 자비로 자기 백성의 범죄를 용서하신다. 이런 하나님의 자비에는 항상 값비싼 대가가 따르는데, 자비는 인간이 지은 죄의 결과를 십자가에서 받아들이는 과정을 포함하기 때문이다(엡 2:4; 딛 3:5).

3. **언약**은 하나님의 사랑에 대한 성경의 많은 가르침들을 하나로 엮는 성경의 핵심 개념이다. 이것은 자기 백성과 관계를 맺는 것으로 나타나는 하나님의 사랑을 일컫는다. 구약의 중심적 언약은 아브라함과의 언약이며, 이것은 그리스도를 통한 새 언약(즉 '신약')에서 완전해진다. 이를 통해 하나님은 자기 백성을 구원하고 그들의 하나님이 되려고 기꺼이 자신을 내어 주신다. 은혜를 뜻하는 히브리어 단어 '헨'($ḥēn$), '헤세드'($ḥesed$)는 **충성된** 사랑 혹은 '변함없는 사랑'을 의미하는 계약 용어다.

하나님 사랑의 이와 같은 측면은 그리스도인에게 궁극적 안전을 보장해 준다. "우리는 미쁨이 없을지라도 주는 항상 미쁘시니"(딤후 2:13). 우리와 하나님의 관계는 우리가 그리스도를 얼마나 이해하느냐에 좌우되지 않으며, 우리의 불순종이나 미온적 응답에 의해 최종적으로 결정되는 것도 아니다. 전능하신 하나님의 심장은 항상 우리를 향해 고동치고 있으며, 바로 그 사실로 인해 우리는 궁극적으로 안전하고 평화를 누린다.

따라서 성경에 계시된 하나님은 이런 분이다.

- 가까이 접근할 수 없을 만큼 높은 위엄을 지닌 영광의 하나님이시다.
- 만물 위에 뛰어나며 만물을 자기 목적을 위해 사용하는 주님이시다.
- 죄와 악으로부터 구별되어 높이 계신 거룩한 분이다.
- 영원하고 은혜로우며 구속하시는 사랑의 하나님이시다.

■ 성경 구절

하나님의 영광   출 19-24장; 민 14:21; 16:19이하; 왕상 8:11; 시 19:1; 사 6:1-8; 겔 1:28; 눅 9:32; 요 1:14; 딤전 6:16; 계 1:8-17; 21:11.

하나님의 주 되심   창 12:8; 17:1; 출 3:14이하; 시 135:6; 139:1-12; 잠 21:1; 사 43:11; 45:6; 렘 32:27; 단 2:20이하; 마 10:29; 막 10:27; 행 17:31; 롬 8:29; 갈 6:7; 엡 1:11; 계 1:7; 4:11.

하나님의 거룩   출 3:5; 19:10-25; 28:36; 레 11:45; 삼상 2:2; 사 6:1-3; 57:15; 암 4:2; 슥 14:20; 마 3:7; 막 9:2; 눅 5:8; 요 3:36; 행 2:1이하; 4:27, 31이하; 롬 1:18; 3:21-31; 고전 1:30; 6:19; 골 3:6; 살전 4:8; 요일 1:5, 9; 계 4:8; 15:4.

하나님의 사랑   민 14:18; 신 7:8; 느 9:17하; 시 86:5; 103편; 118:29; 호 3:1; 눅 11:42; 요 3:16; 롬 5:8; 8:35이하; 갈 2:20.

■ 토론 질문

1. (1) 하나님의 영광, (2) 하나님의 주 되심, (3) 하나님의 거룩, (4) 하나님의 사랑은 각각 무슨 의미인가? 각각에 대한 성경적 근거를 제시하라.
2. 각 완전성을 삼위일체의 세 위격과 연결해 보라.

3. 이러한 완전성은 (1) 기독교의 복음전도, (2) 지역 교회의 우선 순위, (3) 그리스도인의 성품에 각각 어떤 영향을 미치는가?
4. 이러한 하나님의 완전성을 다음과 같은 상황에 처한 사람들에게 어떻게 설명할 수 있는가? (1) 심각한 질병, (2) 개인적인 도덕적 실패, (3) 사별, (4) 신앙의 일시적 상실, (5) 극심한 좌절, (6) 관계의 단절.

■ **참고 자료**

Art. 'God' in *NDT*.

L. Berkhof, *Systematic Theology*, Part I (Banner of Truth, 1958).

G. Bray, *The Doctrine of God* (IVP, 1993).

S. Charnock, *The Attributes of God* (1682) (Evangelical Press, 1980). 『하나님의 존재와 속성』(부흥과개혁사).

P. Lewis, *The Message of the Living God* (IVP, 2000).

S. J. Mikolaski, *The Grace of God* (Eerdmans, 1966).

J. I. Packer, *Knowing God* (Hodder, 1973). 『하나님을 아는 지식』(IVP).

R. C. Sproul, *The Holiness of God* (Tyndale, 1985). 『하나님의 거룩하심』(지평서원).

A. W. Tozer, *The Knowledge of the Holy* (STL Books, 1976). 『하나님을 바로 알자』(생명의말씀사).

7   창조 사역

창조는 삼위일체 하나님이 물질적이고 영적인 모든 것들을 존재하지 않는 상태에서 존재하는 상태로 불러내신 행위를 일컫는다.

    창세기의 첫 두 장을 제외하더라도 성경은 곳곳에서 창조를 분명하게 언급한다. 이를테면, 시편(90:2; 102:25이하), 예언서(사 40:26이하; 렘 10:12이하; 암 4:13), 복음서(마 19:4; 요 1:3), 서신서(롬 1:25; 고전 11:9; 골 1:16), 요한계시록(4:11; 10:6) 등이다. 느헤미야 9:6은 성경의 확실한 증언을 제시한다. "오직 주는 여호와시라. 하늘과 하늘들의 하늘과 일월성신과 땅과 땅 위의 만물과 바다와 그 가운데 모든 것을 지으시고 다 보존하시오니, 모든 천군이 주께 경배하나이다." 삼위일체의 각 위격, 곧 성부(고전 8:6), 성자(요 1:3), 성령(창 1:2; 사 40:12이하)이 창조 사역에서 적극적으로 활동하신다는 것은 주목할 만하다. 그러므로 창조는 하나님이 계시하신 진리이며, 따라서 믿음으로 받아들여야 하는 대상이다(히 11:3).

'무로부터의' 창조

하나님은 태초에 '무(無)로부터'(라. *ex nihilo*) 물리적·영적 우주를 창조하셨다.

사실 성경에는 '무로부터'라는 말이 나오지 않지만, 이 사상을 명백하게 가르치고 있다(창 1:1이하; 시 33:6; 요 1:3; 롬 4:17; 고전 1:28; 히 11:3). 이 사상은, 초대 교회가 물질을 열등한 신이 만든 악한 것이라고 생각하는 영지주의와 싸울 때 특별히 중요한 의미를 지녔다.

인간의 경험에서 창조란 기존의 물질을 재배열하여 새로운 형태와 패턴으로 만드는 것이다. 따라서 공간과 시간이 존재하도록 하는 '행위'는 우리의 이해를 확실히 초월한다. 그러나 이 진리의 근거가 하나님의 계시임을 생각하면, 비록 창조를 완전히 이해하지 못한다 해도 그것이 사실임을 확신 있게 말할 수 있다.

구속 사건에는 무로부터의 창조를 떠올리게 하는 중요한 유비가 있다(고후 4:6). 성령 안에서의 새로운 삶은 기존의 것을 수리한 것이 아니라, 근본적으로 새로운 존재를 창조한 것이다(고후 5:17).

적극적 차원에서 이 교리는 하나님이 자유롭고 주권적인 초월성을 지니고 계시며, 아울러 만물이 그분께 전적으로 의존하고 있음을 뜻한다. 한편, 소극적 차원에서는 다음과 같은 내용을 암시한다.

1. 하나님은 기존의 원재료를 이용해 우주를 만들지 않으셨다. 이를 반대하는 서구 사상은 플라톤의 『티마이오스』로 거슬러 올라간다. 플라톤의 관점은 세계의 기초를 이루는 두 가지 원리, 곧 신과 제일질료(primary matter)를 구분한다. 이런 모든 종류의 이원론과 달리, 성경의 창조 교리는 하나님이 세계의 유일한 원인임을 주장한다.

2. 하나님은 '무'라는 것을 가지고 세상을 만들지 않으셨다. 일부 학자들은 '무로부터의 창조'라는 문구를 해석할 때, '무'를 하나의 실체로 보아 하나님이 이 부정적인 원초적 실체를 '정복하여' 창조를 이루셨다고 주장한다. 이런 부적절한 설명은 창조에 관한 어떤 성경 본문으로도 뒷받침되지 못한다.

3. 하나님은 자신을 재료로 세상을 만들지 않으셨다. 세상은 하나님 존재

의 연장이 아니며, 하나님에 의해 진정 독립적으로 존재하도록 창조되었다. 따라서 무로부터의 창조는 모든 형태의 범신론과 상반되며, 악에 대한 해석에 중대한 영향을 미친다. 왜냐하면 세상이 하나님의 연장이라면 (1) 선과 악은 동일하게 궁극적이거나, (2) 선과 악 사이에 최종적 구분이 없으므로 존재하는 것은 무엇이나 선할 것이기 때문이다. 여기서 조로아스터교는 전자의 입장을, 힌두교는 후자의 입장을 취하는 종교다. 또한 이후에 살펴보겠지만, 이 내용은 세상에 대한 연구에도 영향을 미친다.

4. 일차적 창조라고도 부르는 '무로부터의 창조'는 모든 경우의 창조를 포함하지 않는다. 성경은 '창조'라는 용어를 하나님이 앞서 창조한 물질을 이용하여 추가적으로 행하시는 이차적 창조, 가령 인간(창 2:7)이나 짐승과 새(창 2:19)를 만드는 사역을 지칭할 때도 사용한다.

5. 오늘날 '무로부터의 창조'라는 사상은 천문학과 천체물리학, 열역학 분야에서 의미 있는 지지를 받고 있다. 1920년대 이전까지 우주는 움직일 수 없는 영원한 것으로 가정되었다. 하지만 1917년 아인슈타인(Einstein)이 일반상대성 이론(1916)을 우주론에 적용하자 처음으로 그 가정이 심각하게 흔들렸다. 그 이론을 따르자면 특정 시점에 등장한 정적이지 않은 우주를 상정해야 했기 때문이다. 다른 두 명의 과학자 프리드먼(Friedman)과 르메트르(Lemaitre)는, 각각 독립적으로 아인슈타인의 연구 결과를 기초로 우주의 팽창을 예측하는 방정식을 만들었다. "과학사의 진정한 전환점"(크레이그)이라 불리는 이 충격적 개념은, 1929년 에드윈 허블(Edwin Hubble)이 머나먼 은하들에서 온 빛을 통해 그 은하들의 궤도가 점차 멀어지고 있음을 설명하고, 따라서 우주를 구성하는 모든 물질과 공간이 외부를 향해 폭발한 초기 '사건'이 있었음을 명확하게 제시함으로써 엄청난 지지를 얻게 되었다. 하나의 특이한 사건, '창조'의 행위, '무로부터' 절대적 기원이 발생하는 하나의 시점이 있었다는 것이다. 열역학 제2법칙에서도 이와 동일한 결론이 도출된다. 이 법

칙에 따르면, 우주의 존속은 그것이 과거의 특정 시점에 존재하기 시작했다고 가정할 때만 가능하다("우주론적 논증"을 보라. pp. 95-97). 지난 세기 동안 여러 다른 우주 생성 모델들이 제안되었지만 학자들의 비판을 면치 못했으며, 일반적으로 '빅뱅' 모델이 우위를 점하고 있다. 많은 과학자들에게는 우주의 시작이라는 개념이 그다지 매력적이지 않은 요소임에도 불구하고 말이다. 분명 모든 과학적 증거는 원칙적으로 잠정적이기에, '빅뱅' 이론을 가지고 그 이상의 해석을 무리하게 시도해서는 안 될 것이다. 하지만 계속해서 이 이론은, 하나님이 성경에서 그렇게 말씀하시기 때문에 우리가 확신을 가지고 주장하는 창조 교리와 중요한 지점에서 겹쳐지고 있음을 보여 준다.

계속되는 창조

하나님을 창조주로 보는 성경의 관점에는 그분이 세상을 끊임없이 유지하고 새롭게 하신다는 의미가 포함되는데, 이것은 '붙드심'(upholding)이라는 개념으로 표현된다. 이 단어가 사용된 히브리서 1:3의 '페론'(*pherōn*)의 문자적 의미는 '데려가다'이며, 골로새서 1:17의 '쉬네스테켄'(*synestēken*)의 문자적 의미는 '함께 서다' 또는 '긴밀히 협력하다'이다(참고. 행 17:25). 이런 사상은 하나님의 창조 사역을 표현하는 데 사용된 히브리어 분사에 암시되어 있다(참고. 욥 9:8이하; 시 104:2이하; 사 42:5; 44:24; 45:18). "[히브리어의] 능동 분사는 계속 끊임없이 활동하고 있는 사람이나 사물을 지칭한다"(게제니우스-카우치, *Hebrew Grammar*). 하지만 영어 번역에서는 이런 의미가 뚜렷하게 나타나지 않는데, "이는 하나님의 지속적 창조 활동보다는 과거의 일회적 창조에 대해 말하기를 더 선호하는, 현대 서구 사상에 숨어 있는 이신론을 보여 준다"(R. T. 프랑스).

이런 지속적 창조 활동은 소위 '자연의' 질서에 대해 성경이 언급하는 방식을 통해 잘 이해할 수 있다. 별과 계절(욥 38:31-33; 사 40:26; 행 14:17), 일기의 변화(욥 38장; 마 5:45), 미미한 생물들의 생명 순환(욥 39장; 마 6:28-30), 인간의 전 생애의 순환(시 104:27-29, 36) 등이 모두 하나님의 사역이라 직접적으로 언급된다. 농사법(사 28:24이하), 금속 기술(사 54:16), 전쟁 기술(시 144:1)을 비롯한 여타 기술들(출 31:2-5)도 마찬가지다.

좀더 철학적으로 표현하자면, 하나님이 우주를 무에서 불러내셨기 때문에 우주는 매 순간 비존재의 심연 위에 '매달려' 있는 셈이다. 만일 하나님이 만물을 붙드는 그분의 말씀을 거두시면, 모든 영적·물질적 존재는 순식간에 무로 전락하여 존재하지 않게 될 것이다. 그러므로 우주가 한 순간에서 다음 순간으로 넘어가는 것은, 태초에 우주가 창조된 순간 못지않게 엄청난 기적이며 온전한 하나님의 사역이다. 이런 심오한 의미에서 우리는 하나님의 은혜로 매 순간을 산다. 우리의 모든 호흡은 그분의 선물이다.

언어의 문제

이와 같은 창조의 두 측면은 '자연'(내재하는 실체들이 직접적 인과관계에 따라 작용하는 영역)과 '초자연'(하나님이 '존재'하고 활동하시는 영역)을 구분할 때 생기는 오류를 뚜렷이 보여 준다.

과학과 종교 간의 많은 논쟁이 자연/초자연이라는 이런 틀 속에서 진행되어 왔는데, 그 결과는 양측 모두에 해로운 것일 수밖에 없었다. 종교인들의 이런 하나님은 과학적 설명의 '틈새', 곧 '자연'이 '초자연'에 자리를 내주어야 하는 곳에서 활동하신다. 이때 기적은 모든 사건에는 원인이 있다는 과학 법칙을 명백히 위반하는 것이며, 따라서 과학자와 신앙인은 충돌할 수밖에 없다. 과학자들이 점차 설명 방법을 찾고 인과관계를 발견함에 따라 초자연적 개입의 영역은 사실상 사라진다. 그 결과 신앙인들은 신앙을 유지하기 위해 과학적 결과를 부인해야 하고, 과학자들은 과학적 성실성을 유지하기 위해 참된 성경적 종교를 부인해야 한다.

"히브리어에는 우리말의 '자연'에 해당하는 단어가 없다. 이는 놀라운 일이 아닌데, 만일 우리가 '자연'이라는 말을 '물리적 세계에 작용하면서 모든 현상의 직접적 원인이 되는 창조적이고 규칙적인 **물리적 힘**'으로 생각한다면, 이런 사상을 히브리어로 표현할 유일한 방법은 단순히 '하나님'이라고 말하는 것이기 때문이다"(H. 휠러 로빈슨). 성경의 관점에서, 비가 오는 것 같은 '자연 현상'이나 '메추라기가 하늘에서 떨어지는 사건'(출 16장) 같은 '초자연적 현상'은 **모두** 하나님의 행위다. 성경은 세계의 존속이 전적으로 하나님께 달려 있다고 보기 때문에, 세계가 계속 존재하는 것 자체가 기적이다. 따라서 "하나님의 창조 행위를 자연 질서를 유지하는 행위보다 더 기적적인 것으로 간주하는 태도나, '창조 유지' 행위들에 대한 과학적 연구가 창조 행위 연구보다 더 훌륭하다고 생각하는 태도는 모두 불필요할 뿐 아니라 결코 바람직하지 않다"(R. 호이카스).

이런 성경의 관점은 신학의 역사를 통해 줄곧 유지되어 왔으며, 현대 과학 혁명의 선구자가 된 많은 위대한 그리스도인에게서도 찾아볼 수 있다.[12] 따라서 대부분의 경우 자연/초자연 모델 대신, 훨씬 긴 역사를 지니고 우주에서 일어나는 하나님의 **지속적** 창조 활동을 더 잘 반영하는 내재/초월 모델을 채택하는 것이 더 바람직하다.

이 성경적 사상은 하나님이 실제적으로 세계와 함께 발전하며 진화한다고 가르치는, '지속적 창조'(continuous creation)라는 비성경적인 철학적 관점과 구별해야 한다.

요약하면, 창조 교리는 두 가지 내용을 주장한다. 곧 하나님은 그분의 세계에 대해 자유롭고 주권적인 통치권을 지니고 계시고, 만물은 철저하고 무조건적으로 하나님께 의존한다.

과학적 노력

하나님의 무로부터의 창조는 우리가 세계를 탐구할 때 심오한 함의를 지닌다. 세계는 자체의 존속을 위해 하나님께 철저히 의존하지만, 하나님과는 구분된다. 하나님은 자신을 재료로 세계를 창조하시지 않았기 때문이다. 따라서 이 세계를 자체의 내재적 차원에서 탐구하는 것이 바람직할 것이다. 물론, 하나님이 그분 자녀들의 삶에서와, 무엇보다 예수 그리스도 안에서 가장 심혈을 기울여 만드신 작품들에 대한 합당한 존경과 경외심을 항상 가지고서 말이다.

과학적 기획에 대한 그리스도인의 관점은, 자연을 구성하는 요소들의 내재적 과정과 상호 연쇄를 해명하는 데 있어 과학적 '설명'이 명백히 불완전해 보이는 영역에만 제한되면 안 된다. 이런 태도는 '틈새의 하나님'에 대한 추구로 일컬어져 왔다. 사실상 하나님은 우주 운행의 다른 어떤 부분 못지않게 이처럼 설명이 불가능한 '간격'에도 똑같이 임재하신다. 물론 다음 "기적" 항목에서처럼, 이것은 기적의 가능성을 제거하지 않는다. 다만 하나님이 우주의 모든 작용 가운데서 일하신다고 보는 것이 적절하고 '경건한' 반응이라는 뜻이다.

우주와 그 속에서의 생명 출현이 이전 역사의 어느 순간만큼이나 오늘날도 분명하게 하나님의 존재를 드러내 준다는 점이, 과학 분야에서 일하는 많은 사람이 하나님 존재를 계속 부인하고 있다는 사실을 바꾸지는 않는다. 즉 신앙과 불신앙의 문제는 순수하게 증거의 문제가 아니라 상당 부분 도덕적이고 윤리적인 문제다. 많은 사람의 말을 들어 보면 하나님의 실재를 부인하는 일차적 이유가, 그분의 실재가 필연적으로 자신의 과거나 현재의 생활방식에 문제를 제기하고 자유를 제한할 것이라 생각하기 때문이다. 그러나 보다 객관적 근거에 기초하더라도 오늘날 불신앙의 근거는 그다지 확고하지 않다. 우주의 내재적 합리성과 우주가 '무로부터' 추정 가능한 어느 시점에 출현했다는 역사상의 강한 증거, 그리고 특히 인간 생명을 출현시킨 우주의 특별한 '질서' 등은 모두 만물에 초월적 근거가 있음을 암시한다.

실제로 과학 탐구와 자연의 기술적 활용은 우주의 기본 질서와 예측 가능성에 토대를 두는데, 이런 것들은 결국 신적 창조주의 고유한 질서와 합리성, 자기 일관성, 충실성을 반영한다. "자연법칙은 존재하지 않는다. 다만 하나님이 일하시는 양식이 있을 뿐이다"(킹슬리). 과학 실험이 의존하는 자연적 원인의 불변성은 성경의 계시를 직접적으로 암시한다. 과학 혁명이 중세 말기 서구 기독교 문화 속에서 일어났으며, 과학 혁명의 수많은 지도자들이 깊은 기독교적·성경적 신앙을 지닌 사람들이었음은 결코 우연이 아닐 것이다.[13]

창조주를 자연의 원천이자 지금도 그것을 지탱하고 계시는 분으로 인정하면, 과학은 우주의 원재료를 다루고 조작하는 데 있어 책임감을 부여받게 된다. 하나님의 작품을 다루고 조작한다는 점에서 과학은 청지기 의식을 가져야 하고, 아울러 하나님의 특별한 관심 대상이며 유일하게 '하나님 형상으로 만들어진' 인간의 유익을 늘 염두에 두어야 한다.

기적

그렇다면 기독교는 단지 자연을 바라보는 특별한 방법일 뿐인가? 기적은 무엇이며, 그것이 이 세상에서 하나님이 행동하는 방식이라는 전통적 주장은 또 무엇인가?

하나님과 세계에 대한 기독교의 이해에 따르면, 우주는 하나님 앞에 열려 있으며 그분은 통치자로서 언제든지 세계를 새로운 방식으로 조직하실 자유가 있다. 그런데 하나님이 과연 그렇게 하실까? 그에 대한 대답은 하나님이 왜 세계를 창조하셨는가 하는 질문에 달려 있고, 부분적으로는 하나님이 자신을 드러내고 관계 맺고 영광 받기 위해 인간을 창조하신 일과 관련이 있다.

따라서 역사의 중요한 특정 시점에 자신을 특별히 명확하게 드러내고 인간과 만족스러운 관계를 맺으시는 하나님의 행동은 가능할 뿐 아니라 압도적 개연성이 있다. 이런 특정 상황에서 하나님의 행동은 어떤 의미에서 일반적 상황과 다르다. 물론 이 순간에도 하나님은 내재적 과정을 이용하시지만 말이다(예를 들어, 출 14:21에서 홍해를 가르기 위해 바람을 이용하신 것). 이처럼 특별한 계시적 사건들은 하나님의 전반적 목적에 전적으로 부합한다. 따라서 그런 사건들은 임의적이지 않고 빈도가 지나치게 높지도 않으며, 하나님이 예수 그리스도 안에서 가장 확실하게 자기를 계시하신 사건에 중심을 둔다.

이런 기본 틀 안에서 신자들은, 과거에 하나님이 그리스도 안에서 기적적 구속을 행하셨고, 현재와 미래에는 우리를 인격적으로 돌보시며 자유로운 주권을 가지고 기도에 응답하고 구속의 목적을 성취하실 것이라는 확실한 믿음을 가지고 살아갈 수 있다. 동시에 그리스도인 과학자들은 물리적 우주의 규칙성으로 표현된 하나님의 일관성이 과거뿐 아니라 미래에도 동일할 것이라는 믿음을 가지고 연구를 수행해 나갈 수 있다.

뉴턴 역학이 우주와 그 작용에 대한 과학적 관점을 지배하면서, 과학적 근거에서 기적을 반대하는 주장들이 큰 힘을 받았다. 뉴턴(Newton, 1642-1727)과 그의 계승자들은 우주가 고정된 법칙에 따라 서로 맞물려 돌아가는 거대한 기계와 같다고 보았다. 이런 모델에서 기적이란 법칙에 따르는 사물의 규칙적 작용에 대한 외부의 침범으로 여겨졌다.

아인슈타인의 상대성 이론(1905)은 그런 기계적 우주관을 부수고 현대 물리학을 탄생시켰다. 우주는 분명히 질서를 보여 주지만, 그것은 원활하게 돌아가는 기계적 질서가 아니라 무한한 수의 복잡한 요인들과 힘들이 상호작용하는 질서다. 상대성 이론에 이어 등장한 양자 이론은 물질적 존재의 기본 구조가 드러내는 명백한 무작위성 혹은 불확실성에 주목했다. 이 모든 것은 우주에 대한 새로운 개방적 관점과, 어떤 사건의 발생 가능성에 대해 덜 독단적인 태도를 갖는 데 큰 도움이 되었다. 오늘날 많은 사람들은 세계와 그 작용의 어느 측면을 바라보든 질서와 함께 경이와 아름다움의 가치 또한 깊이 인식한다. 물론 이 말은 과학자들이 몇 발자국만 더 다가서면 곧 신자가 될 것이라는 뜻은 아니다. 사람들이 '세계관'을 구축하는 방법과 도출하는 결론에는 앞서 언급했듯 온갖 종류의 개인적 경험 요소들이 영향을 주는데, 그중에서 좁은 의미의 '과학적' 경험은 극히 일부다. 어쨌든 오늘날 과학적 요소가 기적을 논박하는 근거로 제시되는 경우는 점점 줄어들고 있다.

기적에 대한 철학적 반대와 관련된 논의들을 더 알고 싶다면 "참고 자료"를 살펴보기 바란다. 기적에 대한 철학적 반대 주장은 고전적으로는 스코틀랜드 철학자 데이비드 흄과 관련이 있다. 그의 주장은 최근 들어 A. N. 플루와 같은 회의주의적 사상가들에 의해 갱신되었는데, 기적에 대한 가장 분명한 비판자 중 하나였던 플루는 이후 회의주의를 버리고 하나님을 믿게 되다. "초월적 지성은 생명의 기원과 자연의 복잡성을 설명할 수 있는 유일한 방법이다." 특히 "DNA 연구를 통해 우리는 DNA가 생명을 탄생시키는 데 필요한 거의 믿기 힘들 정도의 복잡한 배열을 갖추고 있음을 알게 되었고, 이는 지성이 관여했음을 보여 준다." 기적을 부인하는 사람들이 제시하는 주장들은 어느 것도 확실하지 않다. 그런 시도는 원칙적으로 결론을 전제 중 하나로 가정할 때만 성공할 수 있기 때문이다. 결국, 기적의 발생은 각 주장을 사례별로 각각의 방법에 따라 조사하고 관련 증거를 평가해야 할 문제다. 성경적·유신론적 전제 아래에서는 기적의 가능성에 의문을 제기할 수 없다.

기원 문제

자연과학에서는 학자에 따라 우주의 '시작'을 부인하거나 무한한 과거의 한 시점으로 보기도 한다. 그렇다면 성경의 창조 기사(창 1-2장)와 자연과학이 제시하는 설명은 어떤 관계가 있는가?

창세기 기사

창세기의 첫 몇 장은 성경의 다른 장들과 마찬가지로 성령의 충만한 영감으로 기록된 글이다. 이것은 예수님과 사도들이 창세기를 인식한 방식인데, 얼마나 많은 신약 구절이 그 점을 암시하는지 살펴보는 것도 유익할 것이다(마 19:4이하; 막 10:6이하; 13:19; 요 1:1; 행 17:24; 고전 6:16; 11:7, 9; 15:45, 47; 고후 4:6; 엡 5:31; 골 3:10; 약 3:9; 벧후 3:5; 계 2:7; 22:2, 14, 19). 따라서 우주의 신적 기원은 의문의 여지가 없으며, 우리에게 주어진 실제 문제는 성경의 가르침을 바르게 해석하는 일이다.

한 가지 입장은 성경의 언어를 문자적으로 받아들이는 것이다. 이를테면, 하나님이 여섯 차례의 개별적 명령을 내리시고 24시간이 연속적으로 여섯 번 반복되는 기간 동안 우주를 무에서 창조했다는 입장이다. 이에 대한 수정적 입장은, '날들'(days)을 하나님이 우주를 만드신 시대(era) 혹은 연속적 '시기들'로 보는 것이다(참고. 시 90:4; 벧후 3:8). 또 '6일'을 창조가 성경 저자에게 **계시된** 기간, 혹은 이후에 이스라엘 백성에게 창조를 자세히 설명해 주신 6일의 기간으로 보는 입장도 있다. 어떤 사람들은 전체를 회화적 표현으로 보고, 하나님이 우주 만물을 창조하셨다는 중심 주장 외에 세부적 내용은 중요하지 않다고 간주하기도 한다.

제1부에서는 성경을 문학적 형태에 맞게(즉, 시는 시로, 역사는 역사로) 해석해야 하며, 저자의 의도를 반드시 고려해야 한다고 강조했다. 이는 창세기의

구절에 대해 다음과 같이 질문해야 한다는 뜻이다. 문학 장르는 무엇인가? 저자는 무엇을 전달하려 하는가? 이것은 시적-종교적 내용인가, 아니면 날의 이미지를 가지고 세계의 우주론적 기원을 묘사하려는 시도인가? 혹은 두 측면이 조금씩 섞인 형태로서, 시적-종교적 형태로 기록한 실제 사건에 대한 기사인가? 창세기의 창조 기사에서 '시적 특성'과 비슷한 부분이 존재함은 여러 학자들이 언급했다. 어떤 학자는 이 기사가 '시어에 가까운 고양된 언어'로 되어 있다고 말한다. 또 어떤 학자는 창세기 1장의 첫째 날과 넷째 날, 둘째 날과 다섯째 날, 셋째 날과 여섯째 날이 서로 리듬감 있게 대응한다고 지적하면서, 창조 기사는 '단순 진술이 아닌 이야기'라고 설명한다. 또한 많은 학자들은 이 기사를 '찬송'이라고 말한다. 그런데 이런 주장들은 이 기사가 사건에 대한 실제적 정보를 전달한다는 점을 배제하는가?

이런 의문들을 해결하려면 자연의 사물을 언급하는 다른 성경 구절을 조사해 보는 것이 좋으며, 최종적으로 다음과 같은 결론에 이르게 된다.

1. 성경 언어는 일반적으로 대중적 언어다. 성경은 모든 시대의 모든 사람에게 구원의 메시지를 전하는 것이 목적이기 때문에 대중적이고 비전문적인 언어를 사용한다. 1968년 아폴로 8호의 승무원들이 달 궤도를 운행하며 창세기 1장을 읽었을 때 전혀 어색하지 않았다는 사실은 주목할 만하다.

2. 성경 언어는 '현상적'이다. 즉 성경의 언어는 직접 보이는 것에 대해 말하며, 관찰자의 관점에서 사물을 묘사한다. 따라서 태양은 '뜨고 진다.' 우리는 소행성이나 성운이 아니라 '별들'을 본다.

3. 성경 언어는 비이론적이다. 성경은 사물의 실제 속성을 체계적으로 이론화하지 않는다. 성경은 뉴턴을 반대하고 아인슈타인을 지지하거나, 프톨레마이오스를 반대하고 코페르니쿠스를 지지하지 않는다. 성경은 이원론과 범신론을 확실히 배제하지만 특정한 우주론을 가르치지도 않는다.

4. 성경 언어는 문화적이다. 즉 성경은 주로 당대 문화를 통해 하나님의 계

시를 전달한다. 우리는 이런 요소들을, 창세기 1-2장의 바른 해석 원칙을 제시하기에 앞서 신중하게 평가해야 한다.

추가 문제들

1. 시간의 창조는 특별히 어려운 문제를 제기한다. 수 세기 전 아우구스티누스는 하나님이 시간 **안에서**가 아니라 시간과 **함께** 세계를 창조하셨음을 발견하고 그 어려움을 간파했다. 우리는 엄밀히 말해 그런 '사건'을 상상하기 힘들다. 우리의 모든 사고는 과거/현재/미래라는 시간 구분 위에서 이루어진다. 따라서 우리는 모든 사건에 과거가 있다고 추론하며, 과거는 인간의 마음이 떠올릴 수 있는 모든 체계의 일부로 늘 존재한다고 생각한다. 이런 의미에서 창조 행위는 원칙적으로 과학적 탐구의 적절한 대상이 아니다. 왜냐하면 우리가 추론할 수 있는 과거는 하나님이 공간과 시간을 창조하실 때 존재하게 된 것들 중 일부이기 때문이다.

2. 공간과 시간의 창조는 특별한 성격을 가진 '사건'을 의미한다. 이것은 어떤 경계 범주로서, 우리의 시간과 공간 내 경험에 의해 형성된 개념 장치가 그 자체를 이해하는 데는 한계가 있다. 단지 이런 이유만으로도, 우리는 우주의 기원에 관한 물리학자의 기술에 대해 창세기 구절이 정확히 어떤 함의를 지니는지 판단하기 전에 매우 신중을 기울여야 한다.[14]

이 문제를 더 깊이 다루는 다양한 논의를 참고하는 것도 도움이 될 것이다. 어쨌든 결국 우리는 성경이 그렇게 말하고 있기 때문에 태초에 이루어진 창조에 대해 이야기한다. 우리는 우주의 기원에 대한 성경 기사를 해석할 때 어느 정도의 자유를 허용할 필요가 있지만, 시간의 '시작점'에서 하나님이 하신 진정한 행위, 무에서 우주를 창조하신 그 행위에 대해서는 주저 없이 말해야 한다.

영적 세계의 창조

하나님의 창조 사역은 관찰 가능한 물리적 우주에만 제한되지 않고 영적 세상으로 확장된다(시 148:2, 5; 골 1:16). 영적 세계를 창조한 시기는 성경에 언급되지 않지만, 창세기 1-2장은 그것이 물리적 우주와 동시에 창조되었음을 암시하는 것 같다(창 1:1; 2:1; 그러나 욥 38:4-7과 같은 부분도 참고하라).

영적 세계에 사는 존재는 다양하게 묘사되는데, 천사와 영, 귀신, 그룹, 스랍, 하나님의 아들들, 정사, 권세, 보좌, 세상 주관자(사 6:2이하; 롬 8:38; 엡 6:12) 등이 있다. 이 중에서 가브리엘과 미가엘(단 12:1; 계 12:7)은 이름이 구체적으로 명시된 경우다. 이런 존재들은 물리적 몸이 없고(히 1:7), 보통 수효가 매우 많다고 언급된다(신 33:2; 시 68:17; 마 26:53; 막 5:13; 계 5:11).

그들의 역할은 하나님을 예배하고(사 6장; 계 4장), 하나님의 뜻을 실행하고(시 103:20), "구원받을 상속자들"(히 1:14)을 섬기는 것이다. 그들은 특히 예수님의 사역 및 사명과 관련이 있다(마 1:20; 4:11; 28:2; 요 20:12; 행 1:10이하).

이 주제와 관련해 발생 가능한 두 가지 위험이 있다. 하나는 현대의 많은 신학 저술에 나타나듯 이런 가르침을 사실상 무시하는 것이고, 다른 하나는 특히 마귀와 관련해 이런 가르침을 지나치게 강조하는 것이다. 성경적 그리스도인이 되려면, 단지 성경이 가르치는 바를 모두 믿을 뿐 아니라 성경의 다양한 가르침을 균형 있게 받아들여야 한다. 따라서 우리도 주님과 사도들이 그랬듯이 악한 권세와의 싸움을 진지하게 받아들여야 하는 한편, 신약이 **온통** 그런 내용으로만 이루어져 있지 않으므로 우리의 생각 역시 그것으로만 채워서는 안 된다.

성경적 균형은 악한 천사를 생각할 때도 매우 중요하다. 악한 천사들 역시 하나님의 피조물이며 그분께 붙들린 존재로서 결국 그분의 목적에 봉사하는 종들이다. 그들이 처음부터 악하게 창조되지 않았음은 분명해 보이는데(창

1:31; 참고. 벧후 2:4), 인간과 마찬가지로 그들의 타락 역시 교만 때문인 것 같다(유 6절). 우리는 그들의 타락이 정욕 때문이라는 (창 2장에 대한 오해에서 비롯된) 과거의 관점을 분명히 거부해야 하며, 이 분야 전체에 대한 추측은 피하는 것이 좋다. 사탄('대적자')은 종종 악한 세력의 우두머리로 언급되는데(마 25:41; 요 8:44; 고후 11:14이하; 요일 3:8; 계 12:9), 주로 성경에서 하나님과 그분의 통치를 적극적으로 거부하는 "이 세상의 신"(고후 4:4)으로 간주된다. 그리스도는 속죄 사역을 통해 사탄과 마귀의 질서를 정복했으며(요 12:31; 골 2:15; 히 2:14), 그분의 승리는 그분이 재림하실 때 최종적으로 실현될 것이다(살후 2:8 이하; 계 20:10).

최근 기독교뿐 아니라 더 폭넓은 문화권 내에서도 영적 존재에 대해 상당히 큰 관심이 일어나고 있다. 이런 현상에는 몇 가지 요인이 있는데, 하나는 인격의 심리적-영적 차원을 탐구하여 영과 물질 사이의 간극을 초월하는 온전함을 이루고자 하는 뉴에이지 사상의 등장이다(참고. 제3부 "영성/뉴에이지", pp. 215-217). 또 다른 요인은 외계 생명체나 외계인의 지구 침략에 대한 대중의 추측을 부추기는 우주 시대의 도래다. 이런 현상에 반발하여 일부 신약 해석에서는 초자연적 존재에 대한 언급을 줄이고, 성경에 언급된 '정사와 권세'를 단순 정치 세력으로 이해하려는 경향이 나타났다. 이 모두는 앞서 언급한 대로 이런 분야에서 적절한 성경적 균형을 잡기 위해 노력할 필요성을 강조해 준다.

성경을 보면, 이른바 '자연적' 생명과는 다르면서도 의식이 있는 피조물이 확실히 존재한다. 그들에게 긍정적이면서도 부정적인 측면이 있다는 점 또한 확실하다. 따라서 그들의 실재를 부정하려는 시도는 잘못이다. 복음서에는 예수님이 실제로 존재하고 강한 인상을 남긴 적과 투쟁하셨으며(참고. 마 4:1-11; 막 1:21-27; 눅 11:14-28; 요 12:31; 14:30), 그들에 필적하는 우호 세력의 도움을 받았다는 내용(마 4:11; 눅 22:4; 요 20:12)이 분명히 표현되어 있다. 바울은 신약의 다른 저자들처럼(약 4:7; 벧전 5:8이하; 요일 5:19) 자신의 저작에서 '사탄'과 영적 전쟁을 아주 많이 언급한다(예를 들어, 고후 12:7; 행 29:18; 롬 16:20; 고전 5:7; 7:5; 엡 6:10-20; 고후 10:3-5). 다니엘서와 요한계시록은 악한 세력이 정치 기구나 조직에 침투하는 방법을 보여 주지만, 그렇다고 해서 그것이 이런 정치적 세력 자체로 환원될 수 있다는 뜻은 아니다(계 13:1-18; 20:7-10). 예수님과 같이, 우리는 단순히 "혈과 육을 상대하는 것"이 아니라 "하늘에 있는 악의 영들을 상대하는"(엡 6:12) 싸움으로 부름받았다.

한편으로는 이런 영적 세력을 너무 강조한 나머지 이 세상의 현실적 삶에 참여하지 않는 위험에 빠질 수 있다. 이런 경우 '실제' 세계는 숨어 있는 영적 질서가 되고, '실제적' 문제 역시 그런 차원에서 결정된다. 이런 관점이 극단화되면 사람들은 일상의 삶에서 주어지는 관계와 책임에서 벗어나, 영적 실체와 영적 만남만이 존재하는 유사-세계에 살게 된다. 우리는 예수님이 살과 피를 취해 성육신하여 일생 동안 목수와 설교자로 사셨으며, 구체적이고 일상적인 필요를 가진 실제 세계에서 실제 사람들에게 봉사하는 것을 자신의 주된 목적으로 삼으셨다는 사실을 항상 명심해야 한다. 영적 질서가 '배후에' 존재한다는 것이 물론 사실이라 해도, 신약은 이를 이야기할 때 현실 세계에 대한 초점을 결코 잃지 않는다. 심지어 이 세상 삶의 한계를 초월한 영광스러운 미래의 소망도 '새 땅'과 '부활한 몸'의 개념 위에서 이야기된다(제7부를 보라).

■ 성경 구절

창 1:1이하; 욥 26:13; 33:4; 시 90:2; 102:26이하; 148:2, 5; 사 40:26이하; 렘 10:12이하; 암 4:13; 마 19:4; 요 1:3; 롬 1:25; 고전 8:6; 골 1:16; 히 11:3; 계 4:11; 10:6.

'무로부터의' 창조   창 1:1; 2:4; 시 33:6; 요 1:3; 롬 4:17; 고전 1:28; 고후 5:17; 히 11:3.

붙드심   시 104:27-30; 사 42:5; 행 17:26-28; 골 1:17; 히 1:3.

■ 토론 질문

1. 기독교의 창조 교리를 설명하고 그 근거를 제시하라.
2. 오랫동안 그리스도인들이 창조가 '무로부터' 이루어졌다고 이해한 이유를 설명하라. 이런 입장이 내포하는 (1) 소극적 차원의 의미, 즉 그것이 부정하는 내용과 (2) 적극적 차원의 의미, 즉 그것이 확언하는 내용을 제시하라.
3. 하나님이 우주를 '붙드신다'는 말씀은 하나님과 세계의 관계를 생각하는 방식에 어떤 의미를 갖는가?
4. 창조에 관한 성경의 가르침이 어떤 면에서 과학적 탐구에 기여할 수 있는가?
5. 창세기 1-2장의 창조 기사를 해석할 때 유념해야 할 사항을 열거하라.
6. "기적은 일어나지 않는다"(매슈 아널드), "기적을 체험해야만 그것을 믿을 수 있다"라는 두 주장에 대해 논하라.
7. 성경은 하나님의 천사에 대해 무엇이라고 말하는가? 그리스도인들은 이런 가르침에서 어떤 유익을 얻을 수 있는가?

■ 참고 자료

Arts. 'Miracles' in *NBD* and 'Miracle', 'Creation' in *NDT*.

R. J. Berry, *God and the Biologist* (Apollos, 1996).

_____ (ed.), *The Care of Creation* (IVP, 2000).

H. Blocher, *In the Beginning* (IVP, 1984).

P. Harrison, *The Bible, Protestantism and the Rise of Science* (Cambridge University Press, 1998, 2009).

R. Hooykaas, *Religion and the Rise of Modern Science* (Scottish Academic Press, 1972). 『근대 과학의 출현과 종교』(정음사).

_____, *Natural Law and Divine Miracle* (Brill, Leiden, 1959).

M. A. Jeeves and R. J. Berry, *Science, Life and Christian Belief* (Apollos, 1998).

C. S. Lewis, *Miracles* (Fontana, 1960). 『기적』(홍성사).

D. M. MacKay, *The Clockwork Image* (IVP, 1974). 『현대과학의 기독교적 이해』(전파과학사).

V. S. Poythress, *Philosophy, Science, and the Sovereignty of God* (PRPC, 1976).

F. A. Schaeffer, *Genesis in Space and Time* (Hodder, 1972). 『창세기의 시공간성』(생명의말씀사).

D. Wilkinson, *The Message of Creation* (IVP, 2006).

8 | 섭리

섭리(providence)란 "창조주께서 그분의 모든 피조물을 보존하고, 세상에 왔다가 사라지는 모든 일 안에서 활동하고, 만물을 정해진 목표까지 인도하기 위해 지속적으로 힘을 행사하시는 것"(베르코프)이다. 이 성경 교리의 명칭은 "하나님이 친히 준비하시리라"(창 22:8)라는 구절에서 온 것이며, 전통적으로 요셉 이야기에 그 의미가 잘 표현되어 있다. 요셉이 납치되어 이집트로 끌려간 일은, 이후 기아의 위험에 빠진 가족을 살리기 위해 하나님이 섭리하신 것으로 이해되었다(창 45장; 50장). 앞의 정의는 섭리를 창조주의 사역으로 분명히 언급하는데, 칼뱅은 이 두 교리가 "단단히 결합해 분리될 수 없다"라고 말했다. 섭리의 확고한 의미는 세계를 창조한 하나님이 그것을 지속적으로 유지하고, 새롭게 하며, 질서를 부여하신다는 것이다.

섭리의 범위

성경은 하나님 섭리의 보편적 범위에 대해 증언한다. 하나님은 **만물 안에서 행동하신다**(시 115:3; 마 10:30; 엡 1:11). 바람, 비와 같은 자연 현상 및 심지어 재난처럼 보이는 것들(눅 13:1-5)도 그분 명령의 일부분이다. 심지어 악도 하나님의 손안에 있어서, 그분은 자신의 목적을 위해 악을 사용하신다(창 50:20; 행 2:23; 빌 1:17이하).

이 교리가 야기하는 도덕적 문제들을 약화시키기 위해, 일부 신학자들은 하나님이 일반적으로 '배경'의 차원에서만 활동하신다고 주장한다. 즉 하나님이 삶에 필요한 기본적 요소들만 '투입'하시고 이후에는 그것들이 상대적으로 독자적인 원리에 따라 작용하게 하신다는 것이다. 칼뱅은 이러한 이해에 반대하며 다음과 같이 주장한다. "하나님을 전능하다고 여기는 이유는, 그분이 행동할 수 있음에도 중단하고 방관하다가 일반적 충동을 따라 이전에 정해 놓은 자연 질서를 운행하는 그런 분이 아니라, 섭리에 따라 하늘과 땅을 통치하고 만물을 규제하여 자신의 신중한 계획 없이는 어떤 일도 발생하지 않게 하시는 분이기 때문이다."

자신의 섭리에 따라 만물을 '보존하고', '운영하고', '지시하는' 하나님은 삼위일체 하나님이시다. 이것은 스토아주의나 이슬람교가 사실상 가르치는 맹목적이고 비인격적인 인과론 또는 운명과 기독교적 관점을 구분 짓는 중요한 내용이다. 하나님이 세상 안에서 행동할 때 견지하시는 '정해진 목표'란, 예수 그리스도를 중심으로 하는 구속과 성화의 목표라 할 수 있다. 따라서 하나님이 그분의 백성을 위해 "모든 것이 합력하여 선을 이루게"(롬 8:28) 하신다는 확신은 **이러한** 선의 관점에서, 즉 하나님 백성을 구별하여 그분의 형상으로 변화시키시는 것으로 이해해야 한다(29절).

필요한 구분들

때로 하나님으로부터 비롯되는 인과관계를 일차적인 것과 이차적인 것으로 구분하기도 한다. 전자는 예수님의 부활에서처럼 인간을 통하지 않고 직접

행하시는 사건이며, 후자는 하나님이 피조물 가운데 있는 요소를 통해 행하시는 사건이다. 예를 들어, 하나님은 국가의 흥망이나 자기 백성의 여러 일상의 요소들을 결정하신다.

이와 유사하게, 때로 하나님의 지시적 의지와 허용적 의지를 구분하기도 한다. 전자는 하나님이 은혜와 심판이라는 그분의 목적 안에서 주권적으로 지시하시는 사건을 말하며, 후자는 하나님이 주권적으로 허용하는 사건을 가리킨다. 이런 구분을 실제로 적용하기가 항상 쉬운 것은 아니지만, 하나님이 악의 원인이라는 주장을 반박하려면 필수적이다. 하지만 십자가와 같은 끔찍한 사건을 하나님의 지시적 의지에 따른 것으로 보아야 한다면(행 2:23), 현재로서는 하나님 뜻에 반대되는 것처럼 보이는 많은 사건도 영원의 관점에서는 하나님이 직접 지시하신 일로 볼 수 있을 것이다.

최근 하나님이 세상과 관계 맺는 방법 및 세상 안에 있는 그분 백성의 삶에 간섭하시는 방법이 새로운 논의 주제로 등장했다. 특히 일부 저자들은 만물을 실제로 미리 결정하는 정도나 백성의 삶에서 일어나는 사건 및 세부 사항에 대한 지식의 측면에서, 하나님이 만물에 대해 주권적 위치에 있지 않을 가능성을 제기했다. 이런 접근법을 '열린 유신론'(Open Theism, 개방신론)이라고 부른다. 하나님에 대한 이런 관점을 뒷받침하기 위해 학자들은 하나님의 감정(호 11:1-11)이나 그분이 의도를 바꾸시는 모습(출 32:14; 창 18:23-32), 자기 뜻을 이루기 위해 인간 대리자를 통해 행하시는 것(신 26:5-10), 예수님의 인성을 통한 성육신의 경험(눅 4:1-13; 히 5:7-9), 특히 그분의 최후 고난과 죽음을 언급하는 성경 구절들을 제시한다. 열린 유신론은 교회가 그리스 철학 사상의 영향을 받아 하나님의 불변성 개념(하나님은 변하지 않으신다)과 직접적 통치(세상에 일어나는 모든 것을 직접적이고 계획적으로 의도하신다)와 초월성('초월'해 계시기 때문에 진정한 인간적 경험을 하실 수 없다)을 받아들임으로써, 성경에 나타나는 하나님 본성의 이런 측면을 오랫동안 간과해 왔다고 주장한다. 하나님은 사랑이시기에, 우리가 그분의 영향을 받는 것처럼 하나님도 우리에게 영향받으실 수 있다. 그분은 역사가 전개되고 특정한 사건이 일어남에 따라 변하실 수 있다. 하나님은 진행되고 있는 세상을 경험하신다. 하나님은 자기 목적을 성취하는 데 필요한 모든 지식을 갖고 계시지만, 미래에 대한 지식은 완전하지 않다. 왜냐하면 완전한 예지는 모든 사건이 이미 고정되어 있음을 의미하며, 우리의 자유를 제거하고, 우리가 인간으로서 하나님과 맺는 관계의 진정성을 훼손하기 때문이다. 하나님은 세계가 발전하는 과정을 통해 세계를 계속 배우고 계신다. 하나님은 힘과 통제를 좋아하기보다는 관대하고 민감하며 상처받기 쉬운 분이다. 하나님은 '열린' 존재다.

하나님과 인간의 전체적 유사성을 확인하는 방식으로 하나님을 이해하려는 시도 자체에 문제를 제기하기는 어렵다. 하지만 열린 유신론이 이를 위해 사용하는 특정한 방법은, 지금까지 널리 지적되어 왔듯이 여전히 해결되지 않는 심각한 문제를 남긴다.

성경적 측면에서 보면, 열린 유신론은 앞서 언급한 본문들을 사용할 때 오랜 세월 각고의 노력으로 정리되어 온 신학적 주장, 곧 인간의 언어가 하나님께 적용될 때 일의적 의미(두 언어가 동일한 차원의 의미를 갖는다)가 아니라 유비적 의미(두 언어가 비슷한 차원과 다른 차원의 의미를 동시에 갖는다)를 지닌다는 점을 인정하지 않는다. 인간의 마음은 "한계를 지닌 자신의 척도로 하나님의 본성을 평가해서는 안 되며, 오직 하나님 자신의 영광스러운 자기 계시의 척도를 가지고 하나님의 자신에 대한 주장을 평가해야 한다"(푸아티에의 힐라리우스, 예를 들어, 엡 3:14-15에 나오는 '부성'의 의미에 대한 바울의 언급을 보라).

사상사적 측면에서 볼 때, 초기 기독교 신학이 그리스 철학의 영향을 받았으며 21세기에는 그 영향에서 벗어나야 한다는 관점은 다소 과장된 듯하다. "진정한 신앙을 어디에서 찾아야 하느냐는 질문을 받을 때, 그들[모든 초기 신학자]의 대답은 명확했다. 그들은 일반적으로 교회의 지속적 가르침의 전통, 더 구체적으로는 성경이라고 대답했다"(J. N. D. 켈리). 당시의 철학 용어를 사용할 때도(더욱이 그들은 이교도 시민들 앞에서 신앙을 변호하고 권하는 데 관심을 두었기 때문에 그럴 수밖에 없었을 것이다), 그들은 복음을 충실하게 반영할 수 있는 용어로 재정의하기 위해 심혈을 기울였다. 예를 들어 "말씀이 육신이 되어 우리 가운데 거하셨다"라는 기독교 신앙의 근본 주장은, 그리스 철학의 가장 깊고 본질적인 생각인 신성과 물질(인간을 이루는 물질인 육체를 포함하여)은 원칙적으로 화해 불가능하다는 사상과 정면충돌했다. 따라서 초기 신앙고백자들은 1세기에 교육받고 종교를 가진 모든 사상가들의 가장 깊은 전제 중 하나를 부정하는 사람들이 되었다. 때에 따라 긴 논쟁에 직면해야 했지만, 그들은 결국 명확하고 굳은 결의로 자신의 신앙을 설명할 수 있게 되었다. 그리고 그들의 신중한 눈을 피해 잔존했던 그리스 정신의 긴 자취들도, 종교개혁을 일으킨 루터와 칼뱅과 그 계승자들의 위대한 성경적 신학을 통해 결국 사라지고 말았다.

또한 과학적 차원에서 볼 때, 열린 유신론은 특수 상대성 이론의 등장으로 큰 난제에 봉착한 것 같다. 거의 보편적으로 인정받은 이 이론에 따르면, 하나님이 아직 알지 못하는 것이 있다는 개념은 하나님이 아직 존재하지 않은 장소가 남아 있다는 개념만큼이나 불가능하기 때문이다. 하나님이 인격적이라는 사실은 하나님에 관한 영광스러운 진리이며, 최초의 세대가 출현한 이후 모든 세대의 고통스러운 마음에 놀라운 위안을 주었다. 이 지점에서 정통 기독교는 이슬람교의 '위대하고 자비로운 신'인 알라, 힌두교의 운명의 신들, 불교의 무신론과 극명하게 대조된다. 그러나 성경을 배운 그리스도인들은 하나님의 영광스러운 성육신으로 인해, 곤경에 빠진 우리를 불쌍히 여기시는 인격적 하나님과 무한한 만물의 주님이자 통치자이신 비인격적 하나님 사이에서 선택을 해야 한다고 결코 생각하지 않는다.

이와 같은 하나님의 두 측면, 곧 성경적 정통주의가 항상 옹호해 온 하나님의 무한한 위엄과 우리에 대한 완전한 이해와 연민은, 모든 기독교 목회자가 일상적으로 맞이하는 현실이다. 일요일에 목회자가 예배를 인도할 때, 회중은 하나님의 무한하고 초월적이고 삼위일체적인 위엄을 만나고 확신하면서, 압도적이고 고요한 경외감에 사로잡히거나 때로는 역동적 춤을 추며 기뻐한다. 그러나 이어지는 한 주 동안 목회자는, 우는 자들과 함께 우시고 교인들의 삶에 놓인 어둠과 고통, 혼란, 풀리지 않는 의문에 깊이 공감하시는 하나님과 함께 걸어갈 것이다.

끝으로, 하나님이 예레미야에게 던지신 질문을 깊이 생각할 필요가 있다. "내게 할 수 없는 일이 있겠느냐?"(렘 32:27) 구체적으로 말하면, 복된 삼위일체로 계신 하나님이 주권과 무한한 능력과 위엄의 하나님인 **동시에** 깊이 공감하는 연민의 하나님이 되시는 것이 과연 어렵겠는가?

하나님의 섭리와 악

그렇다면 이 같은 하나님의 섭리적 통치와 세상의 악과 죄를 어떻게 조화시킬 수 있을까? 이 문제에 답하려는 시도를 전문용어로 '신정론'(theodicy)이라고 하는데, 철학적·변증적 작업들을 통해 합리적 근거 위에서 선하고 전능한 하나님에 관한 기독교적 확신과 악의 존재를 조화시키고자 하는 시도다.

성경은 악과 죄의 문제가 궁극적으로 신비임을 인정한다(살후 2:7). 악의 문제에 대한 이런 접근은 본질적으로 현실적이며, 악의 존재를 설명하기보다는 그리스도께서 악을 정복하셨음을 증언하고 고난받는 신자들에게 하나님의 위로와 확신을 전달하는 데 관심을 둔다. 성경적 기독교는 믿음의 삶이 당혹과 비통, 극심한 고난에서 자유롭다고 주장하는 비현실적 이상주의가 아니다. 성경적 기독교는 **인간의 본성과 운명, 그리스도의 인격과 사역**에 관한 성경의 계시라는 맥락 속에서 엄연히 존재하는 악과 고난을 바라본다.

인간 본성에 관해, 성경은 인간이 **타락**하여 죄에 **빠졌음**을 분명히 단언한다(창 3장; 롬 5:12이하). 악과 고난을 포함하여 지금 우리가 경험하는 세상은 하나님이 의도하셨거나 처음에 만드신 모습이 아니다. 성경은 악의 궁극적 기원을 계시하지 않지만, 인간이 악에 저항하고 오직 하나님만을 주님으로 인정할 수 있는 능력을 부여받았다고 강조한다. 아담의 고의적 불순종은 인간의 삶에 악과 고난이 '들어오는 통로'를 만들었다(창 3:14-19; 롬 5:12-21). 창조주에 대한 거역 행위인 죄는 창조주의 거룩한 성품을 반영하는 도덕적 우주 안에서 지극히 심각하고 포괄적인 영향을 미칠 수밖에 없다. 이는 개인의 고난과 죄 사이에 필연적이고 직접적인 상관관계가 있음을 반드시 의미하지는 않지만, 가장 깊은 의미에서 이 둘은 연결되어 있다. 아담이 원초적으로 저지른 어리석은 행위는 온 우주를 부패와 우주적 악의 세력에 종속시키고 고난과 비극의 가능성을 발생시키고 말았는데, 바로 그 행위에서 우리의 죄가 흘러나오고 있기 때문이다.

인간의 운명에 관해, 성경은 인간을 향한 하나님의 목적이 미래에 성취된다는 사실과 함께 악과 고난을 다룬다. 죄와 악과 고난은 하나님이 본래 우리에 대해 의도하신 바가 결코 아니며, 따라서 인간은 이것을 영원히 경험하지 않는다. 이것들은 하나님의 목적이 최종적으로 실현되면 사라지고 말 일시적 방해물일 뿐이다. 그때 "하나님은 친히 그들과 함께 계셔서 모든 눈물을 그 눈에서 닦아 주시니, 다시는 사망이 없고 애통하는 것이나 곡하는 것이나 아픈 것이 다시 있지 아니하리니"(계 21:3-4).

하나님은 **그리스도의 위격** 안에서 상처받기 쉽고 연약한 인간의 몸을 입으셨다. 이는 죄와 악에 대한 성경의 매우 중요한 응답 중 하나다. 하나님이 우리와 같은 사람이 되셨다는 최종적이고 궁극적인 표현이 바로 십자가다. 그분은 십자가를 통해 우리의 고난을 자신의 고난으로 삼으셨고, 인간의 고통과 회의의 궁극적 깊이를 파헤치셨으며, 갈보리의 고뇌를 모든 믿는 자를 위한 용서와 기쁨의 도구로 바꾸셨다. 말할 것도 없이, 이 단락과 다음 단락에 내포된 악의 수수께끼를 어느 정도 풀 수 있는 가능성은 성육신을 핵심으로 하는 기독교 신앙에만 존재하며, 다른 세계 종교에서는 이와 비슷한 내용을 찾아볼 수 없다. 우리를 위해 육신이 되신 말씀 안에서, 우리는 우리 죄를 해결하실 뿐 아니라 우리가 겪는 고난을 몸소 당하시는, 누구와도 비교할 수 없는 하나님을 발견한다.

부활의 빛 속에서 모든 악과 어둠의 세력을 이기는 하나님의 승리가 드러난다. 나아가 우리는 성령을 통해 그리스도 안에서 얻은 새로운 생명으로 하나님 나라에 들어가서, 모든 파괴적 세력이 더 이상 존재하지 않는 다가올 시대의 능력을 경험한다. 이 지점에서 예수님이 몸으로 부활하셨다는 사실이 중요한 이유는, 그래야만 오늘날에도 하나님이 연약하고 고난받는 인간과 스스로를 동일시하시는 일이 가능하기 때문이다. 압도적 슬픔과 망연한 비극을 마주할 때도 그분은 우리와 **함께** 고난당하신다. 그분은 그곳에 계신다. 그분의 눈물과 우리의 눈물이 한데 섞인다. 고통에서 어떤 의미도 찾을 수 없을 때조차, 우리는 그 고통 한가운데 계시며 우리에게 공감하시는 인간적 하나님을 만날 수 있다.

그리스도의 재림에 비추어 보면, 현존하는 죄와 고난의 질서가 최종적 현실이 아님을 인식할 수 있다. 그러므로 우리가 당면한 이 세상은 그 본질을 판단할 만한 적절한 관점을 제공하지 못한다. 기독교 신앙을 가진 사람은, 현재의 불의와 고난이 사라지고 만물이 하나님의 계시의 빛 속에서 나타나며 그분의 목적이 완전히 실현되는 그리스도의 재림의 날을 확고하게 고대하며 살아간다. G. C. 베르카우어(Berkouwer)는 신정론에 대해 논의하면서, 궁극적인 기독교적 관점은 모든 대적을 부수고 승리하실 하나님에 대한 영광의 찬가라고 말한다.

■ 성경 구절

창 22:8; 45장; 신 8:18; 왕하 19:28; 느 9:6; 시 76:10; 104:20이하, 30; 115:3; 136:25; 145:15; 단 4:3; 암 3:6; 마 5:45; 10:29이하; 눅 13:1-5; 행 14:17; 17:28; 롬 8:28; 빌 2:13; 골 1:17; 딤전 6:15.

■ 토론 질문

1. 하나님의 섭리란 무슨 의미이며, 이 개념에 대한 성경적 근거는 무엇인가? 섭리에 대한 믿음이 일상생활에 미치는 영향을 탐구해 보라.
2. 하나님의 지시적 의지와 허용적 의지를 구분하는 것이 적절한지 논하라.
3. '악의 문제'란 무엇이며, (1) 인간의 타락, (2) 성육신, (3) 십자가, (4) 그리스도의 재림 등의 관점에서 제시한 대답은 어떤 통찰을 담고 있는가?
4. '암이 낫게 해 달라는 내 기도는 왜 응답받지 못하나요?' 또는 '하나님은 왜 어머니를 길에서 사고로 죽게 하셨나요?'와 같은 질문에 어떻게 대답하겠는가?

■ 참고 자료

Arts. 'Suffering', 'Evil' in *NDT*.

G. C. Berkouwer, *The Providence of God* (Eerdmans, 1952).

H. Blocher, *Evil and the Cross* (Apollos, 1994).

J. Calvin, *Institutes of the Christian Religion*, 1.

D. A. Carson, *How Long, O Lord?* (IVP, 2nd edn, 2006).

P. Helm, *The Providence of God* (IVP, 1993).『하나님의 섭리』(IVP).

P. Hicks, *The Message of Evil and Suffering* (IVP, 2006).

C. S. Lewis, *The Problem of Pain* (Fontana, 1957).『고통의 문제』(홍성사).

J. S. Whale, *The Problem of Evil* (SCM, 1936).

▶▶ 　　　　　　　　　　　　　　　　　　　　　　　　적용

하나님의 존재와 본성

"하나님을 생각할 때 마음에 떠오르는 것이 우리에게 가장 중요한 것이다." A. W. 토저(Tozer)는 신론의 엄청난 중요성을 이렇게 표현한다. 어떤 의미에서 신론의 적용은 직접적이면서도 포괄적이다. 우리가 성부, 성자, 성령의 신적 충만함 속에서 완전한 영광과 주 되심과 거룩과 사랑을 지니신 하나님을 바라볼 수 있다면, 하나님에 대한 확신은 우리의 모든 측면에 영향을 미칠 것이다.

하나님은 예배를 받으셔야 한다 | 하나님의 존재를 믿는다는 것은, 예배와 감사와 찬양을 통해 우리 존재를 그분 앞에 쏟아붓고, 그분을 기뻐하고 송축하며 그 진리와 아름다움과 순결함과 신실하심을 즐거워하는 존재로 부름받는다는 뜻이다. 또한 그 은혜와 자비와 친절과 한결같은 사랑으로 인해 그분께 영광 돌리며, 그분의 주권적 자유와 무한한 능력을 크게 기뻐하며, 그분의 위엄과 영광을 높이며, 그분이 곧 궁극적 실재이자 모든 진리 중의 진리, 모든 기쁨 중의 기쁨, 모든 사랑 중의 사랑, 성부와 성자와 성령으로 영원히 찬양받으실 삼위일체 하나님이심을 인정하는 것이다.

그런 하나님을 믿는다는 것은, 그분이 영원히 불가분리적으로 연합되어 있고 완전하게 관계하며 각 위격이 다른 위격과 완전한 일치를 이루어 존재하고 활동하시는 성부, 성자, 성령 삼위일체 하나님이심을, 곧 영원히 한 분이면서 동시에 영원히 세 분인 하나님이심을 인정하고 예배한다는 뜻이다. 이는 그분 신성의 형용할 수 없는 부요함과 영원한 아름다움을, 그리고 그 신성 이외의 모든 진리 체계는 단지 희미하고 덧없는 그림자요 불쌍한 우상들로서 유일한 하나님이자 전능한 구원자이신 주님 앞에 결코 설 수 없다는 것을 인정하는 것이다.

우리는 하나님의 각 완전성을 묵상하고, 그것들을 가지고 하나님을 예배할 필요가 있다.

우리는 하나님의 **영광**이라는 완전성으로 인해 성부, 성자, 성령 하나님을 예배한다. 그분은 만물 위에 지극히 높으시며, 다가갈 수 없는 위엄 가운데 오직 홀로 하나님이시다. 그분의 이름에 영광을 돌릴지어다.

우리는 하나님의 **주 되심**이라는 완전성으로 인해 성부, 성자, 성령 하나님을 예배한다. 하나님은 그 어떤 신이나 주인들과도 구별되시며 그들을 통치하는 높은 분이다. 그분 이름에 영광을 돌릴지어다.

우리는 하나님의 **거룩**이라는 완전성으로 인해 성부, 성자, 성령 하나님을 예배한다. 그분은 두려운 위엄을 지니고 만물보다 높으시며, 자신에게 도전하고 반대하는 모든 것과 자신을 구분하는 하나님이시다. 그분 이름에 영광을 돌릴지어다.

우리는 **사랑**이라는 완전성으로 인해 성부, 성자, 성령 하나님을 예배한다. 세계의 기초가 생기기 전부터 사랑을 품으신 하나님은 은혜로 자신을 낮추어, 자신을 부인하고 반대하는 죄악 된 피조물을 품고 마음에 받아들여 그들을 구속하신다. 그분 이름에 영광을 돌릴지어다.

성경은 하나님 백성들이 함께 드리는 공동의 예배(출 4:31; 대하 29:28; 고전 14:25; 계 7:11)와 개인이 하나님과 교제하며 드리는 사적 예배(창 24:26이하; 출 34:8; 욥 1:20)를 모두 언급하며, 백성들이 예배를 드릴 수 있도록 마음을 북돋워 주시는 성령 하나님의 은혜로운 사역에 대해서 이야기한다(롬 8:26이하; 엡 5:18이하; 빌 3:3).

하나님은 섬김을 받으셔야 한다 | 이와 같은 하나님께 응답하는 적절하고 유일한 방법은 그분을 섬기는 것이다. 예배는 이런 섬김의 일부이며, 섬김은 생활의 모든 영역으로 확장된다.

소극적 의미로, 하나님을 섬기는 것은 자신의 모든 권리를 부인하고 자기 의지를 전적으로 그분의 의지에 복종시키는 것이다(고전 6:19; 고후 5:15; 빌 3:7 이하; 약 4:8; 벧전 2:1이하). 적극적으로는, 우리가 하나님을 위해 하나님 뜻에 따라 존재함을 인정하고, 삶의 모든 영역에서 그분께 영광과 존귀를 올려 드리기 위해 노력하는 것이다. "위대한 일이란, 하나님께 거룩하게 구별되어서 오직 하나님의 영광만을 위해 생각하고, 말하고, 묵상하고, 행동하는 것이다" (칼뱅).

하나님은 선포되셔야 한다 | 하나님이 우리에게 자신의 존재와 본성을 계시하실 때 그에 응답하는 방식 중 하나는, 하나님을 무시하고 거부하는 세상에 그분을 알리는 것이다. 세상은 결코 중립적이지 않으며 그 안에는 우상, 즉 예배를 받는 거짓된 대상이 가득하다. 이 우상들은 인간 지도자나 정치 이데올로기, 사회적 계급 혹은 집단, 인간의 사상 체계일 수도 있고 심지어 마귀의 대리자일 수도 있다. 우리는 참되고 살아 계신 하나님의 이름으로 이런 찬탈자들에게 도전하고 거짓 신들을 대적하도록 부름받는다. 이를 위해 기도하고, 가진 자원들을 활용하며, 개인적으로 증언하여 지리적이고 문화적인 세상 곳곳에 하나님을 아는 지식을 전파할 수 있다.

하나님을 선포하는 일은 직접적이고 언어적으로만이 아니라 간접적이고 신체적인 방식으로도 가능하다. 여기에는 우리가 말로 선포하는 하나님이 삶의 모든 영역에 분명하게 나타나시는 방식으로 살아가는 것도 포함된다. 여기서 다시, 성자와 성령을 통해 인간적으로 불가능한 것을 가능케 하시는 하나님의 섭리를 언급할 필요가 있겠다(마 28:19이하; 요 14:15이하; 행 1:8).

이처럼 하나님의 존재와 본성을 적용하는 세 가지 방식은 각각 분리될 수 없다. 하나님을 예배하는 것은 그분을 섬기고 선포하는 것이다. 하나님을 섬기는 것은 그분을 선포하고 예배하는 것이다. 하나님을 선포하는 것은 그분을 예배하고 섬기는 것이다.

창조

하나님이 창조주라는 사실은 여러 실제적 의미를 내포한다.

1. 세상은 부정될 수 없다. 그것은 하나님에게서 비롯된 하나님의 것이다. 세상은 분명 죄로 인해 깊이 손상되었지만, 하나님의 손을 떠난 것도 아니고 그분과 완전히 이질적인 것이 된 것도 아니다. 따라서 우리는 시간-공간의 존재가 무가치하다거나 기독교적 관점에서 인간의 노력이나 문화적 관심, 예술적 창조성, 사회적·정치적 활동, 스포츠 분야의 성취 등이 무의미하다는 생각, 혹은 성생활이 본질적으로 무가치하다는 생각 등을 거부해야 한다. 세상을 부정하는 태도는 하나님이 창조주이심을 알지 못하거나 창조의 하나님과 구속의 하나님을 분리하는 잘못된 생각에서 온 것이다. "하나님은 물질을 좋아하신다. 그분이 만드신 것이기 때문이다"(C. S. 루이스).

2. 세상을 우상화해서는 안 된다. 하나님에게서 비롯되었지만 세상 자체는 하나님이 아니다. 또한 세상은 타락의 영향하에 있으므로 과대평가해서도 안 된다. 우리는 궁극적 충성을 하나님께 바쳐야 하며, 피조물 가운데서 그분을 만날 수 있다 해도 최종적으로는 창조된 실재를 초월한 곳에서 그분을 찾아야 한다. 바로 이런 이유 때문에, 세상은 결코 우리를 궁극적으로 만족시킬 수 없다. 우리는 하나님을 위해, 그리고 하나님에 의해 만들어졌다. 그러므로 자주 인용되는 아우구스티누스의 말에 따르면, "우리의 마음은 그분 안에서 안식을 얻을 때까지 평화를 누릴 수 없다." 이 세상에서의 삶이 궁극

적으로 만족스럽지 못하다 해도, 세상에서 성공을 거두지 못한다 해도, 비극적 환경 때문에 세상을 제대로 누릴 수 없다 해도, 혹은 이곳에서의 삶의 끝이 임박했다 해도, 우리는 완전히 쓰러지지 않는다. 바로 하나님 그분이 우리의 목표요 완성이기 때문이다. 이 세상과 이후의 세상에서 그분을 아는 것이 우리 존재의 궁극적 실현이다.

3. 세상은 사용되어야 한다. 하나님은 자신의 목적을 위해 세상을 창조하셨다. 그분은 이 시공간적 세계 가운데 성육신하셔서 자신의 영광을 분명히 드러내셨다. 이처럼 우리도 이 땅에서 살아가는 삶을 통해 하나님을 예배하고 섬기고 선포해야 하며, 그분이 창조하시고 '그분의 영광의 무대'로 세우신 이 세상을 돌보고 보존함으로써 세상을 사용해야 한다.

일반적으로 이러한 기독교적 관점은, 세상을 올바르게 이해하고 세상의 자원을 존중하는 마음으로 관리하고 세상의 한계에 대한 현명한 인식을 가지며, 그 안에서 기뻐하고 감사하고 자유로운 생활을 함으로써 창조주 하나님께 영광을 돌리는 근거가 된다.

특히 세 번째 적용 항목은 지난 수십 년간 이 세계에 던져진 도덕적 과제 중 거의 최우선 순위를 점해 왔다.[15] 오늘날 책임감 있게 지구를 잘 관리한다는 것은, 지구 온난화의 위기를 인식하고 문제 해결에 집중한다는 뜻이다. 지구 온난화는 전 세계에서 화석연료를 사용할 때 발생하는 폐기물인 이산화탄소 ─ 매일 7천만 톤이 발생한다 ─ 가 지구에서 방출되는 적외선 에너지의 일부를 흡수하여 대기 온도가 올라가는 현상이다. 이로 인해 세계 기후 패턴이 매우 심각하게 바뀐다는 사실이 반복적으로 예측되었고, 이미 엄청난 양의 문서를 통해 입증되었다. 이로 인해 극지역의 만년설이 녹아 세계 해수면이 상승하고, 많은 지역에서 극도로 파괴적인 태풍이 발생하며, 전 지구적으로 수분량이 감소하여 거대한 신생 사막 지역이 생기고, 이 모든 과정을 통해 엄청난 수의 생물종이 사라지고, 수많은 사람들, 특히 가장 가난하고 취약한 사람들의 삶의 질과 기대 수명이 위협받는 등 중대한 결과가 발생할 것이다. 예를 들어, 지구 온난화 과정을 막지 못할 경우 깨끗한 물을 충분히 공급받지 못하게 될 사람들이 40억 명에 이른다(2025년 세계 인구 추정치는 78억 명이다). 이 절박하고 암울한 시나리오의 주된 원인은, 현대 문명이 탄소 연료, 특히 엄청난 양의 석탄과 석유에 과도하게 의존해 왔다는 데 있다. 일부 학자들은 지구 온난화의 과학적 근거에 여전히 의문을 제기하면서, 알려진 오랜 지구 역사에 발생했던 기후 변화 주기가 반복되는 것이라 지적한다. 그러나 지구 온난화에 대해 축적된 많은 증거와 기후 예측과 관련한 전 세계 과학자들의 일치된 의견 폭과 크기를 감안할 때, 지구 온난화에 동의하지 않는 사람들은 인간의 삶과 지구 생태계를 두고 매우 위험한 게임을 하고 있는 셈이다.

이 위기의 규모를 고려한다면 국제 사회, 특히 국제기구의 차원에서 전력을 다해 대응할 필요가 있다. 현재까지 일부 국가들 사이에서 탄소 배출량 감소를 위한 상호 협약을 발전시켜 왔으나, 바람직한 수준으로 강제성을 갖춘 협약은 아직 체결되지 않았다.

하지만 개인적 측면도 간과해서는 안 된다. 지구인들 모두가 자기 시대의 모래 위에 매일 탄소 발자국을 남기고 있기에, 저마다 자신에게 가능한 분야에서 탄소 배출을 줄이는 방법을 찾아야 한다는 도덕적 의무가 분명히 있다. 성경을 읽는 신자들이라면, 자신의 자녀와 후손들과 그다음 세대는 말할 것도 없고 세계의 많은 약자들에게 그처럼 엄청난 영향을 미칠 상황이 전개되는 것을 가만히 지켜볼 수 없다. 예수 그리스도와 그분의 "이웃을 사랑하라"라는 계명에 충성한다는 사람이, 어떻게 지구 온난화를 완화하는 데 자기 역할을 다하라는 요청에 무관심할 수 있겠는가?

섭리

1. 하나님의 섭리란, 그분이 우리의 모든 일에 관여하심을 뜻한다. 우리는 임

의적이고 비인격적인 힘에 좌우되는 것이 아니라 모든 삶 속에서 성부, 성자, 성령 하나님을 대면한다. 따라서 우리는 하나님이 베풀어 주시는 수많은 구체적 은혜와 축복을 명확하게 인식하고 그분께 감사해야 한다.

창조 행위나 구속 행위 같은 하나님의 섭리 행위의 전체적 목표는 그분의 영광과 우리의 유익이다. 더 구체적으로 말하자면, 하나님의 목적은 가족, 사회, 교회 등에 소속된 신자들을 개인적이고 집단적인 방식으로 성화시키는 것이고, 또한 복음을 전파하고 하나님 나라를 확장하는 것이다. 이와 같은 목적은 그분이 우리를 다루시는 법과 연결되어 있다. 하나님은 이런 목적을 가지고 직접 개입하실 뿐 아니라, 유전적 특성이나 타고난 성격, 성장 환경, 가족 구성원이나 이웃 또는 직장 동료의 활동과 관심사, 삶의 물리적·사회적·경제적 구조 등 이차적 요인을 이용하기도 하신다.

하나님의 섭리 사역은 이런 모든 요소를 통해 이루어지기 때문에, 우리는 그분이 매우 결정적인 판단의 순간에만 활동하신다고 생각해서는 안 된다. 또한 반대로, 이런 이차적 요소들을 항상 하나님의 **직접적** 개입으로 여겨서는 안 된다. 다만 삶을 하나님이 주신 것으로 받아들이고, 조용한 확신 속에서 삶을 통해 그분께 영광을 돌리고, 우리의 모든 일이 그분 손에 달려 있으며 우리를 창조하고 구속하신 그분이 매일의 삶에 질서를 부여하심으로써 자신의 목적을 이루어 나가고 계심을 믿을 뿐이다.

2. 하나님의 섭리는 우리 삶이 전적으로 그분께 의존하고 있음을 가르치기 때문에 우리를 겸손하게 한다. 따라서 삶이 그분의 섭리적 붙드심과 통치에 전적으로 의존하고 있음을 아는 우리는, 자기 능력이나 성취를 결코 자랑할 수 없다.

3. 하나님의 섭리는 결코 자신의 어리석음이나 악함에 원인을 돌릴 수 없는 곤경과 슬픔에 직면할 때 깊은 위로가 된다. 그 어떤 고통스럽고 처참한 상황도 결국은 하나님이 주권적으로 허락하신 것이기 때문이다. 참새의 일생

에도 관여하시는 하나님은 특별한 사랑의 대상으로 지으신 인간의 삶과 상황에 깊이 관여하신다. 따라서 하나님 아버지의 섭리가 우리의 유익과 그분의 영광을 위해 이런 것들을 허용하셨으며, 그분이 어떤 상황에서도 우리를 지지하고 돌보아 주실 것이라는 신뢰를 가지고 살아갈 수 있다. 특히 극심한 고난을 겪고 있는 사람들에게 이런 말은 틀림없이 진부하게 들리겠지만, 분명 성경의 증언에 기초하고 오랜 세월 하나님 백성들의 경험을 통해 끊임없이 입증되고 있는 진실이다.

4. 하나님의 섭리에 대한 믿음은, 우리의 성취와 성공을 단순히 자기 능력이나 지혜의 결과물이 아닌 하나님의 선물이라는 관점에서 바라볼 수 있게 해 준다. 또한 이런 관점은, 하나님이 사랑의 지혜를 통해 적절하다고 여기실 경우 이후에 그 선물을 거두어 가실 수도 있다는 사실에 우리 마음을 준비시켜 준다.

5. 하나님의 섭리는 불안하고 폭력적인 이 세상에서 안전감을 느끼게 한다. 주님은 우리 세대의 모든 군사적·정치적·사회적·경제적 힘 위에 군림하고 계시며, 이 모든 것을 통해 영원 전에 예정하신 그분의 목적이 이루어져 간다. 어떤 것도 그분의 손을 벗어날 수 없으며 앞으로도 그럴 것이다. 우리는 우리 삶을 붙드시는 그 손이 만물을 붙드시는 바로 그 손임을 알고 하루하루 평안하게 살아갈 수 있다.

6. 하나님이 섭리하신다는 말은, 그분의 목적이 궁극적으로 확실하게 성취될 것임을 뜻한다. 하나님을 거역하는 모든 세력들, 곧 죄와 악, 부패, 불의, 탐욕, 착취 등은 하나님께 장악되어 있고, 그분의 섭리적 통치의 견제를 받으며, 지금은 아무리 대단해 보여도 결국에는 단지 일시적인 것에 불과했음이 드러날 것이다. 하나님은 자신의 영광스러운 통치가 전 우주에서 명백하게 이루어지고 자신을 거역하는 모든 것이 심판받으며 그분 앞에서 영원히 추방될 날을 정해 두셨다.

7. 하나님의 섭리를 인정한다고 해서 삶에 대한 개인적 책임을 소홀히 해서는 안 된다. 성경은 하나님이 모든 일의 주님이시지만, 우리 역시 자신의 모든 존재와 행위에 대해 하나님 앞에서 책임을 져야 한다고 분명하게 가르친다. 따라서 결정을 내릴 때는 신중해야 하며, 우리를 향한 하나님의 뜻을 분별하고 그에 맞추어 최선을 다하도록 의식적으로 노력해야 한다.

그러므로 그리스도인은 하나님의 섭리 앞에서 인간의 책임을 거부하거나 세계와 자신이 속한 사회가 직면한 문제를 외면하는 정적주의적 태도로 반응해서는 안 된다. 이런 책임을 받아들이는 그리스도인들은, 자신이 일상에서 추구하는 정의롭고 순수하며 경건한 가치들이 만물을 통치하고 주관하시는 주님의 본질을 반영하는 것이라는 큰 확신을 갖는다. 더 나아가 우리가 직면한 수많은 문제들이 아무리 방대할지라도, 하나님이 통치하시는 새 시대에는 이와 같은 가치들이 아무런 반대 없이 온 세상에 실현될 것이다.

3부

인간과 죄

비둘기가 마시는 항아리 속 액체는 포도주 곧 그리스도의 구속의 피,
혹은 그리스도가 약속하신 생명수를 나타낸다.

9 　인간의 본성

영속적 질문

"인간이란 무엇인가?" 오래전 시편 기자가 던진 이와 같은 질문은(참고. 시 8:4) 오늘날에도 여전히 해결되지 않은 채 우리를 괴롭히고 있다. 이 시대에 엄청나게 발달한 과학기술과, 인간에 대한 생물학적·화학적·사회학적·심리학적 차원의 막대한 지식에도 불구하고 우리는 여전히 확실한 대답을 얻지 못하고 있는 듯하다.

　그러나 한 가지 확실하게 주장할 수 있는 바는, 현재 인류가 역사상 유례 없을 정도의 위험에 처해 있다는 것이다. 핵전쟁의 직접적 위협이 매우 컸던 냉전 시대를 벗어났음에도 불구하고, 인류의 장기적 생존은 여전히 문제에 봉착해 있다. 예전의 초강대국들 사이에서 상당한 수준의 핵무기 감축이 있었지만, 그럼에도 핵전쟁으로 인한 자멸 가능성은 사라지지 않았다. 냉전 시대의 양극성은 일반적으로 추정되는 바와 달리 사실상 사라지지 않았는지도 모른다. 게다가 오늘날에는 세계의 문명들을 거점으로 새로운 권력 진영들이 등장했는데, 그들은 민족과 종교에 기초한 열광적 결속과 충성을 나타내며 세계 곳곳에서 테러 행위를 일으키고 있다. 핵무기가 이런 진영의 수중에 들어갈 가능성은 단지 시간문제인 것 같다. 국제회의가 위협적 오염 물질의 제한 수위를 더 높이는 데 동의했음에도 불구하고 생태학적 위기는 계속 심화되고 있다. 세계 인구는 계속 증가하여, 제한된 식량 자원의 문제가 더 심각해지고 있다. 새로 출현한 치명적 바이러스가 세계 여러 지역에서 수많은 인간의 생명을 앗아 가고 있다. 세계 평화와 세계 공동체에 대한 위협을 내포하는 거대한 빈부 격차는 줄어들 기미가 전혀 보이지 않고, 오히려 더 증가하는 상황이다. 많은 천문학자들은 지구와 '우주의 쓰레기' 일부가 충돌하여 지구 생명체에 막대한 피해를 끼칠 가능성을 우려한다. '멋진 신세계'는, 인간을 계속 따라다니지만 결코 실현되지는 않을 불가능한 희망일 뿐이다.

이런 불확실성의 시대에, 궁극적인 인간학적 질문들은 여전히 해답을 기다리고 있다. 우리는 무엇인가? 우리는 어디서 왔는가? 우리 삶의 의미는 무엇인가? 오래전부터 이어진 인간의 투쟁에 최종적 의미란 존재하는가? 미래는 어떻게 될 것인가? 우리는 어디로 가고 있는가? 세속 인간학이 이런 질문에 뚜렷한 대답을 제시하지 못하는 상황에서 기독교적 대답의 타당성은 돋보인다. "인간은 먼저 하나님의 얼굴을 응시하고 다시 그곳에서 내려와 자신을 면밀히 살펴보아야만 비로소 자신에 대한 명확한 지식을 얻을 수 있다"(칼뱅). 우리는 오직 하나님과 인간을 향한 그분의 목적, 즉 하나님의 계시의 빛 안에서만 자신을 이해할 수 있다.

성경에 따르면 인간은 필연적으로 하나님의 피조물이다(참고. 창 1:26; 2:7이하, 21이하; 시 8:2; 행 17:26, 28 등). 우리는 스스로를 만들지 않았으며, 믿을 수 없는 우연한 우주적 과정의 산물도 아니다. 우리에 관한 다른 어떤 종류의 진실이 존재하든, 하나님의 창조 행위와 인간 탄생의 인과적 과정 사이의 관계를 어떻게 설명하든, 성경의 기본 주장은 모든 남자와 여자와 아이는 하나님이 만드셨기 때문에 존재한다는 것이다. 이 주장은 성경 전체에서 나타난다(창 5:1이하; 시 139:13이하; 전 12:1; 말 2:10; 마 19:4; 롬 1:25; 약 3:9; 벧전 4:19).

하나님이 아담을 만드신 과정은 다음의 두 가지 측면이 있는 특별한 창조 행위였다. "여호와 하나님이 땅의 흙으로 사람을 지으시고 생기를 그 코에 불어넣으시니, 사람이 생령이 되니라"(창 2:7). 하나님의 이 이중적 행위는 인간 본성의 두 측면, 곧 육체적 측면과 영적 측면에 각각 상응한다. 그러나 이 둘을 지나치게 구분하는 것은 현명하지 않다. 우리는 몸과 영의 통일체이며, 두 측면은 심오한 방식으로 서로 결합되어 있다("인격의 단일성"을 보라. pp. 184-188). 하와는 더 특별한 창조 행위에 의해 아담으로부터 만들어졌는데(창 2:21), 이는 남자와 여자의 본질적 상보성을 분명히 보여 준다. 이후 세대들은 분명히 아담과 다른 방식으로 생명을 받았지만, 전적으로 하나님에 의해 태어났다는 점에서 궁극적으로 아담과 다를 바 없는 존재다(참고. 제2부 "계속되는 창조", pp. 138-139). 성경에는 인간의 창조 과정을 깊이 성찰할 때 느끼는 경이와 신비감이 잘 드러나 있다(시 139:13이하; 참고. 욥 10:8-12).

창조될 때부터 인간은 하나님께 특별한 위엄을 부여받았으며, 하나님 아래서 세계를 통치하는 자로 임명되었고, 세계를 소유하고 주관하며 다른 피조물을 다스리라는 부름을 받았다(창 1:27-2:3; 참고. 시 8:5이하). 비록 우리는 타락한 처지이지만, 그럼에도 인간 본래의 고귀함과 위엄을 결코 부인할 수 없다.

하나님과의 관계

생명의 기원

창조주를 거부하는 사람들은 생명의 출현을 우연이라는 관점으로 설명한다. 장구한 세월이 흐르는 동안 어떤 태고의 물웅덩이에서, 아주 특별하고 복잡한 일련의 반응과 결합을 통해 '생명체'로 정의할 수 있는 특성을 지닌 원형질이 마침내 만들어졌다는 것이다. 이런 조건의 재현을 시도하는 여러 실험들을 둘러싸고, 시험관에서 과연 생명을 '창조할' 수 있는지, 이것이 기독교의 창조 교리에 어떤 의미인지 등 많은 질문이 제기되었다. 이에 대한 답변은 다음과 같다.

1. 시험관에서 생명을 만들어 낼 가능성에 대해 과학자들 간에 의견이 일치하지 않는다.

2. 비록 그런 창조가 이루어진다 해도, 성경의 가르침과 본질적으로 모순되는 내용은 나타나지 않을 것이다. 하나님은 명백히 자기 계시를 통해, 우리가 하나님을 따라 그분의 생각을 고찰하고 그분의 창조적 작품을 다른 측면에서 모방하도록(예를 들면 식물이나 동물의 새로운 품종을 만드는 방식으로) 허락하셨다.

3. 실험의 많은 부분이 이미 여기 존재하는 '생명'에 의존한다.

4. '우연히' 지구에 생명이 만들어질 가능성은 거의 희박하다. 선도적 생화학자이자 영국왕립협회 전 회장인 M. 딕슨(Dixon)은 이러한 불가능성을 두고, "지구상에 생명의 기원이 생겨나는 것은 우주 역사에서 가장 가능성이 낮은 사건"이라고 표현했다. 앞에서 우주가 인간이 등장할 수 있는 환경이 되도록 미세하게 조정되었다는 매우 인상적인 증거를 언급했다. 선도적 물리학자 F. J. 다이슨(Dyson)은 이렇게 말한다. "우주를 탐구하고 그 세부 구조를 연구할수록, 어떤 의미에서 우주는 우리가 등장할 것을 미리 알고 있었다는 증거를 더 많이 발견하게 된다"(제2부 '인간 중심 원리'에 관한 내용을 보라. p. 98).[1] 이런 사실을 고려한다면, 최고의 지성을 가진 창조주의 뜻에 따라 우주가 합목적적으로 창조되었다고 믿는 그리스도인을 결코 너무 쉽게 믿는 사람들이라거나 지적으로 순진한 사람들로 치부할 수 없다.

인간의 기원

인간 기원의 문제는 지난 2백 년간 활발하고 때로는 격렬하기까지 한 논쟁을 일으켰다. 특히 다윈(Darwin)의 『종의 기원』(Origin of Species, 1859)이 출판되면서, 생물학적 설명과 종교적 설명 사이의 충돌이 극심한 지경에 이르렀다. 우리는 먼저 관련 성경 구절(창 1:20-2:9)이 완전한 영감을 받아 신적 권위를 지닌다는 점을 확고히 한 후, 이 구절을 해석하기 위해 두 가지 질문을 던질 필요가 있다. 이 구절의 문학적 형태는 무엇인가? 인간 저자의 의도는 무엇인가?

논쟁점은 이 성경 구절과 진화론이 어떤 관계가 있는가 하는 것이다. 유기적 진화론은 일반적으로 '기존의 다른 생물종으로부터 변이가 수반된 유전 과정을 거쳐 다른 종이 분화되어 나오는 것'으로 정의된다. 진화론에 대한 접근은 크게 네 가지로 구분할 수 있다.

1. **진화론**은 진화 이론을 통해 인간 기원에 관한 포괄적 설명을 시도하며, 창조주의 활동에 관한 어떤 언급도 일체 배제한다. 이런 확장된 다윈주의 앞에서 우리는 한 걸음도 양보해서는 안 된다. 사실, 이것은 결코 다윈 자신이 내세운 견해가 아니었다.

> [이성은 나에게] 과거와 먼 미래를 내다볼 능력을 가진 인간을 포함하여 이런 거대하고 놀라운 우주를 맹목적 우연 혹은 필연의 결과로 받아들이기란 극히 어려운 일이거나 불가능한 일이라고 말한다. 이 점을 깊이 생각할 때, 나는 어느 정도 인간과 유사한 지적 정신을 가진 제일원인을 상정하지 않을 수 없다고 본다. 그런 의미에서 나를 유신론자로 불러도 좋을 것이다.[2]

2. **직접적 창조론**은 창세기 2:7이하에 묘사된 대로, 하나님의 특별한 창조 행위에 의해 아담은 흙으로, 하와는 아담의 갈비뼈로 만들어졌다고 믿는다. 생물종 내의 발전 과정을 보여 주는 고생물학적 증거나, 인간이 이 과정에 연루되는 방식 등은 다양한 근거를 통해 설명된다. 예를 들어, '홍수 이론'은 노아의 홍수로 인한 천재지변이 화석 물질의 존재를 설명해 준다고 주장한다.

또한 '간격 이론'은 창세기 1:2을 근거로, 최초의 창조 행위 이후 전 지구적 천재지변이 일어나 현재 관찰되는 것과 같은 지질 형태가 생성되었으며, 그 후에 다시 재창조 행위가 이루어져 오늘날 우리가 아는 지구의 모습이 되었다고 주장한다.

3. **점진적 창조론**은 창세기 1장이 하나님의 연속적 창조 행위를 매우 개략적으로 기록한다고 주장한다. 우주는 태초의 무로부터의 창조(창 1:1) 이후 인간이 출현하는 특별하고 새로운 창조 단계(창 1:27)에 이르기까지 다양한 단계를 거쳐 생성되었다는 것이다. 이 견해는 각각의 주요 생물종들 속에서 일어나는 특정한 진화적 발전을 인정하며, 종들 사이에는 연속적 창조 행위를 나타내는 간격이 존재한다고 본다. 이 연속적 창조 행위가 창세기 1장에 기술된 정확한 순서에 따라 이루어지지는 않았을 것이다. 어쨌든 우리는 창세기 1장과 2장에 나타나는 순서가 다름을 확인할 수 있다.

4. **유신론적 진화론**은 하나님이 세상을 창조하고 그 안의 생명을 만드신 방법에 관한 일반적 설명으로서 진화론을 받아들인다. 그러나 인간의 등장에 대해서는 추가 요소를 상정해서, 어떤 특정한 유인원이 분화되어 새로운 의식 수준에 이르렀고 마침내 하나님과 관계를 맺게 되었다고 본다.

이 입장들을 평가할 때는 다음과 같은 내용들을 고려해야 한다.

1. 그 어떤 입장이라도 '무로부터의' 창조에 의문을 제기해서는 안 된다. 세 번째나 네 번째 견해, 그리고 심지어 두 번째 견해를 어느 정도까지 취한다고 할 때, 우리는 최초의 무로부터의 창조 행위를 통해 우주의 기본 물질이 생성되었다고 생각할 필요가 있다. 그 이후 하나님의 주권적 과정을 통해 추가적 창조 행위가 조금씩 이루어져 오늘날 우리가 아는 우주가 형성된 것이다. 이 전체 과정의 정점을 이루는 특별한 사건은 바로 인간의 창조이며, 인간을 전혀 새로운 피조물로 보거나 기존 피조물을 근본적으로 새롭게 만든 것으로 보는 서로 다른 견해가 있을 수 있다.

2. 성경이 반드시 어느 특정한 해석을 지지한다는 점을 증명할 수 없다면, 교조주의는 적절하지 않다. 정직성과 지성과 신앙을 갖춘 성경 해석자들은 두 번째와 세 번째, 그리고 네 번째 견해를 지지하는데, 이는 의견이 서로 다른 그리스도인들 사이에 적절한 관용이 필요함을 보여 준다. 또한 교조주의는 학문적 측면에서도 적절하지 않다. 왜냐하면 진화론은 아직 이론일 뿐이고, 원칙적으로 더 적절한 이론에 의해 대체될 수 있기 때문이다.

3. 인간은 초월적 본성에 의해 다른 모든 동물과 구별된다. 이성적 능력, 도덕의식, 아름다움의 추구, 언어 사용, 사멸에 대한 두려움, 영적 인식 능력 등은 창조 세계 안에서 인간이 독특한 존재라는 성경의 주장을 지지한다. 일부 젊은 그리스도인 과학자들은 진화의 과학적 기초가 여러 측면에서 의심스러우며, 직접적 창조론이 성경에 부합할 뿐 아니라 인간 기원에 관한 가장 엄격한 과학적 연구와도 갈등을 빚지 않는다고 믿는다.

4. 진화론적 해석의 영향으로 창조 세계를 향한 하나님의 목적이 있다는 인식이 점점 사라졌고, 대신 많은 사람들은 환경의 도전에 적응하고 극복하려는 특정 생물종의 내재적 능력에 의한 임의적 진화 과정이라는 개념을 갖게 되었다. 그러나 기독교 사상가들은 '전면적' 진화론을 거부하고, 원칙적으로 하나님의 목적이라는 개념에 적대적인 진화론의 수정된 형태 또한 받아들이지 않는다. 예를 들어, 이른바 '인간 중심 원리'는 순수한 무작위성을 기초로 인간 생명이 이 지구에 출현할 가능성이 엄청나게 낮음을 인정한다. 이 이론에 따르면, 생명이 출현하고 인간이 등장한 것은 그런 발전을 가능하게 만든 목적 지향적인 일련의 물리화학적 사건이 있었기 때문이다.

5. 이 주제와 관련해 제기된 문제 중 하나는 인간의 연대 문제다. 바로 아담에서 아브라함, 이스라엘에 이르는 창세기 족보(창 5:1-32; 11:10-27)로 인해 제기된 것으로, 17세기의 대주교 어셔(Ussher)는 이 족보를 바탕으로 창조 시기를 주전 4004년으로 계산했다. 그러나 창세기 족보는 엄격한 부자관계에

기반한 연대기가 아닌 것으로 밝혀졌다. 사실상 그 족보는 여러 세대를 압축한 것으로, 심지어 지배자층을 가리키는 부분도 있다. 따라서 결과적으로 이 점은 홍수 이전 인물들의 긴 연령을 추정하는 열쇠가 될 수 있다. 이는 아담과 하와의 연대를, 성경적 증거와 고생물학적 증거에 상응하는 정도에 따라 매우 이른 시기 혹은 그보다 비교적 늦은 시기로 볼 수 있다는 뜻이다.

물론 일부 과학자들이 판단하듯이, 전반적인 고생물학적 증거 자체에도 문제를 제기할 수 있다. 그럴 경우 성경적 견해와 과학적 견해 사이에 본질적 긴장은 존재하지 않을 것이다.

6. 결국은 많은 부분이 창세기 1-3장을 어떻게 해석하느냐에 달려 있다. 이 말씀은 종교적 신화인가? 아니면 역사적 혹은 '과학적' 서술인가? '종교적인' 비역사적 해석이 기존에 수용된 진화 이론들과의 갈등을 완화한다는 점은 분명해 보이고, 진실한 그리스도인들이 이를 지지하기도 한다. 하지만 이런 해석 자체에는 문제점이 있는데, 바로 창세기 1-3장에 언급된 공간과 시간을 과소평가하게 만든다는 것이다. 예를 들어, 성경에는 에덴동산의 상당히 정확한 위치(창 2:8-14)가 언급되어 있고, 아담과 아브라함과 그리스도는 역사적 관계성을 지닌다(창 10:1-11, 32; 눅 3:23-38; 행 17:26). 한마디로, 창세기 1-3장과 4장 사이 또는 창세기 1-11장과 12장 사이에는 내러티브 형태상 눈에 띄는 단절이 존재하지 않는다. 나아가, 창세기 1-2장은 아담이 불순종한 결과 완전했던 세계에 고통과 죽음, 악이 들어오는 과정을 묘사한다. 그러나 한편으로, 성경 첫 세 장의 언어가 앞서 언급한 대로 '시어에 가까운' 요소를 지닌다는 점을 주목할 필요가 있다. 어떤 사람들은 창세기 2:10-4에 나오는 네 강이 생명을 주는 물의 충만함을 상징하며, 창세기 3:24에서 인간이 에덴동산에서 추방된 것은 타락 때문에 인간이 하나님과 분리된 영적 현실을 보여 주는 비유라고 본다.

이 모든 문제에서 우리는 역사의 주변을 배회하는 이런 사건들의 특별한 순서를 기억해야 한다. 우리의 경험은 죄와 타락 때문에 분명한 제약 안에 있지만 이런 사건들은 그런 제약 바깥에 있다. 물론 어느 정도의 분명한 연속성은 있는데, 예컨대 아담과 하와는 타락 후에도 여전히 동일한 사람이었다. 그러나 창세기 1-3장이 무엇을 의미하는지 혹은 의미하지 않는지를 주장할 때는 신중한 태도를 유지해야 한다.

7. 마지막으로 분명히 해야 할 점은, 이런 문제를 논의할 때 성경의 위대한 핵심 내용들, 예를 들어 인간이 하나님의 피조물로서 하나님의 세계에 살게 되었고, 하나님과 특별한 관계를 맺으며 창조 질서에 대해 특별한 책임을 지닌다는 점을 기억해야 한다는 것이다.

하나님의 형상

성경은 인간이 '하나님의 형상'대로 창조되었다고 말한다(창 1:26). 신약은 예수 그리스도를 하나님의 형상이라고 언급하는데(고후 4:4; 골 1:15; 참고. 히 1:3), 기독교 신자는 그리스도와의 연합을 통해 하나님의 형상을 공유하게 된 존재다(롬 8:29; 고전 15:49하; 골 3:10).

하나님 형상으로 창조되었다는 사실은 인간을 다른 모든 생명체들과 구별해 준다. 전통적 해석에 따르면 '형상'은 인간의 지식, 도덕의식, 본래 지녔던 도덕적 완전성 및 불멸성 등의 특징을 가리킨다. 일부 학자들은 형상에 물리적 의미가 있음을 주장하지만(이런 용례로 사용된 창 5:3을 참고하라), 하나님이 영이시라는 사실에 비추어 보면 이런 해석은 결코 지지를 받을 수 없다. 형상이 인간 존재의 삼위일체적 구성(그래서 아우구스티누스는 인간의 기억, 이해, 의지에서 삼위일체 하나님의 흔적을 찾는다)을 뜻한다는 주장도 있고, 인간의 다스림(창 1:26-28)을 나타낸다고 보는 입장도 있다. 이러한 인간의 다스림은 형상의 구현자인 그리스도(참고. 히 2:5-9)를 통해 하나님 나라에서 완전히 새로워질 것이다. 보다 최근의 해석은 형상의 사회적 성격, 곧 신성의 공동체성을 반영하여 공동체로 존재하는 인간의 경험을 지적하며, 바르트(Barth)는 이를 특별히 남자-여자의 관계로 확대했다. 참고로 성경은 이렇게 언급한다. "하나님이 자기 형상 곧 하나님의 형상대로 사람을 창조하시되 남자와 여자를 창조하시고"(창 1:27).

하나님의 형상이 타락으로 어떤 영향을 받았는지에 대해서는 다양한 견해가 있다. 이레나이우스(Irenaeus, 130-200)는 인간의 이성과 도덕적 자유를 가리키는 '형상'(히. ṣelem)과, 본래적 의를 가리키는 '모양'(히. dĕmût)을 구분하여, 인간이 타락으로 오직 '모양'만 상실했다고 가르쳤다. 이런 해석은 중세시대에 줄곧 받아들여졌고 인간 본성에 대한 본질적 낙관론에도 기여했다.

그러나 루터는 창세기 1:26이 히브리어의 평행법임을, 즉 '형상'과 '모양'이 동의어로서 같은 의미를 다른 용어로 반복하여 표현한 사례임을 적절히 지적했다. 따라서 하나님의 형상은 완전히 사라졌고, 오로지 성령에 의한 중생을 통해서만 회복될 수 있다는 것이다.

그러나 성경은 실제로 하나님의 형상이 **완전히** 상실되었다고 말하지 않으며, 몇몇 구절에서는 타락한 인간에 대해서 일반적 방식으로 하나님의 형상이라는 표현을 사용한다(참고. 창 9:6; 고전 11:7; 약 3:9). 따라서 칼뱅은 타락한 인간에게 남아 있는 하나님 형상의 '흔적'을 언급하면서, 이것이 인간의 칭의를 위한 기초로서는 결코 충분하지 않지만 인간과 여타 짐승들을 구분해 주고 비그리스도인의 의심할 여지 없는 재능과 성취를 설명해 준다고 말했다. 카이퍼나 헤르만 바빙크(Herman Bavinck, 1854-1921) 같은 개혁 교회 전통의 네덜란드 학자들은 이런 맥락에서 '일반(보편) 은총'을 언급하면서, 이것을 통해 자비로운 하나님이 타락의 악영향을 제한하고 인간의 사회생활을 견딜 수 있을 만큼 유지해 주신다고 말했다.

그러나 온전한 성경적 관점은, 그리스도를 통해 모든 믿는 자 안에 하나님 형상을 온전히 회복해 주시는 하나님의 은혜를 또한 기쁘게 인정한다.

자신과의 관계: 인간의 본성

성경은 인간의 본성을 몇 부분으로 구분하여, 영(히. *rûaḥ*; 헬. *pneuma*), 혼(히. *nepeš*; 헬. *psychē*), 몸(신약에만 등장, 헬. *sōma*), 육(히. *bāśar*; 헬. *sarx*)으로 나눈다. 또한 구약은 간(히. *kābēd*), 창자(히. *mēʿim*) 같은 신체 기관을 언급하는데, 이는 특별히 인간의 특정 감정과 관련되어 있다. 성경에서 '마음'(히. *lēb*; 헬. *kardia*)은 감정적 본성을 뜻하는 오늘날의 영어식 용례와 달리, 인간을 통제하는 중심점으로부터 바라보는 인간 전체, 곧 본질적 인격을 일컫는다. 이에 관해 주목해야 할 몇 가지 신학적 문제가 있다.

이분설, 삼분설, 단일설

인간은 구분 가능한 '부분들', 즉 구체적으로 몸과 영, 혹은 몸과 혼과 영으로 이루어져 있는가? 아니면 본질적으로 영-육 단일체인데, 상황에 따라 인간의 다른 측면을 지칭하기 위해 구체적 측면을 '몸'으로, 내적으로 일어나는 자각적·정신적 과정과 의식을 '혼' 또는 '영'으로 부를 뿐인가?

전통적 접근 방식을 따라 인간이 구분 가능한 '부분들'로 이루어진다고 생각할 때, 몸과 혼(이분설)의 관점과 몸과 혼과 영(삼분설)의 관점이 나뉜다. 이분론자들은 성경에서 '혼'과 '영'이 서로 호환하여 사용될 수 있다는 점을 주장한다(마 6:25; 10:28; 눅 1:46과, 전 12:7; 고전 5:3, 5을 비교해 보라). 죽음은 '혼이 떠나는 것'(창 35:18), '영이 떠나는 것'(시 31:5; 눅 23:46)이며, 죽은 자들은 '영들'(히 12:23)과 '혼들'(계 6:9)로 지칭된다. 삼분론자들은 특별히 히브리서 4:12과 데살로니가전서 5:23을 근거로 내세우지만 어느 것도 결정적이지 않다. 히브리서 4:12은 "하나님의 말씀은…혼과 영을 찔러 쪼개기까지 하나니"라고 번역되지만, 이는 하나님 말씀이 모든 각도에서 바라본 인간 존재를 드러낸다는 뜻이다(참고. 히 4:13). 또한 데살로니가전서 5:23은 **전** 인격을 거룩하게 하시는 하나님의 능력을 주장하는 본문이다.

존 웨슬리(John Wesley)를 포함한 일부 사람들과 근래에는 중국계 그리스도인 교사 워치만 니(Watchman Nee) 같은 이들이, 인격이 중생 이전에는 이분적이었다가 이후에 삼분적 형태로 바뀐다고 주장했다. 그러나 거듭남이 인격에 새로운 요소를 추가하는지에 대해서는 의심을 품어야 한다. 이런 입장을 신중하게 다루지 않을 경우, 성도의 본성 내 '제3의 요소'가 바로 성령 하나님이라는 추론을 조장하는 것처럼 비칠 수 있다. 이는 모든 성도의 마음에 성령이 내주하신다는 의미에서(예를 들어, 고전 6:19) 어느 정도 성경적 진리를 내포하지만, 성령이 우리 안에 지속적으로 내주하시는 것과 진정한 의미에서 우리와 하나가 되시는 것 사이에는 중대한 차이가 있다. 신학적으로 볼 때 이것은 매우 위태로운 주장이다. 우리가 우리의 일부로서 '하나님을 소유한다'는, 거의 신성모독적 주장을 포함하기 때문이다. 목회적으로 볼 때도, 개인이 이를 기초로 자기 정신에서 나온 것을 하나님의 영에서 온 것으로 주장하면서 성경과 교회의 필수적 가르침을 무시할 수 있기 때문에 위험하다. 이 주장은 자신을 하나님의 직접적 대변자나 다른 사람을 향한 하나님의 뜻을 판단하는 권위자로 여길 수 있는, 불건전하고 위험한 시각의 단초를 제공할 수 있다.

인격의 단일성

오늘날 이분설/삼분설 논의는 대체로 인격의 **단일성**(unity)을 강조하는 방향으로 바뀌고 있다. 이 견해에 따르면, 사람은 둘이든 셋이든 여러 '부분들'로 구성된 것이 아니라 영-육 단일체다. 이렇게 해서, 논의되어 온 견해들은 일원론의 **기독교적** 형태와 상반된 이원론적 주장이 된다. 이 일원론적 형태를 지지하는 견해들은 흔히 '이중 양상적 일원론'(dual-aspect monism)이라 불리는데, 물리주의로 알려진 물질주의적이고 본질적으로 무신론적인 이해와 분명한 거리를 두려고 노력한다. 물리주의는, 존재하는 것은 오직 물질이며 따라서 인간 존재 역시 단지 물질적 시스템에 불과하다고 주장한다. 정신이나 혼 같은 것은 없고, 오로지 뇌와 중추신경계만 존재한다. 그러나 물리주의는 제2부에서 언급했듯이 그 자체에 심각한 문제가 있다.[3]

'이중 양상적 일원론'을 지지하는 사람들은, 성경이 인간의 특정 부분만 하나님과 특별히 관련된다고 보지 않는다고 주장한다. 그들은 인간이 멋진 다양성을 지닌 하나님의 피조물이면서 영과 육의 단일함을 이루어 하나님 앞에 존재한다고 말한다.

그리고 성경의 핵심 용어인 '혼'과 '영'이 성경에서 폭넓게 사용된다는 점도 근거로 제시된다. 이 두 용어는 구별되면서도 그 의미가 여러 지점에서 중복되는 것을 볼 수 있다. 참고로, 창세기 2:7은 하나님이 아담의 코에 '생기'(něšāmâ, rûaḥ의 동의어)를 불어넣어 그가 '생령'(nepeš)이 되었다고 하며, 욥기 12:10은 "모든 사람의…목숨[rûaḥ]이 다 그의 손에 있느니라"라고 말한다. 나아가 이 두 용어는 구약에서 인간의 생명뿐 아니라 동물의 생명에 대해서도 사용된다. 예를 들어, 레위기 24:17-18에서는 '네페쉬'(nepeš), 창세기 6:17과 7:15에서는 '루아흐'(rûaḥ)가 각각 사용되었다. 이런 히브리어/헬라어 단어들이 갖는 의미의 폭 또한 꽤 넓은데, 예를 들어 '혼'으로 번역된 단어들은 여러 곳에서 몸과 분명히 구별되어 언급되긴 하지만(왕상 17:22이하; 눅 16:22이하), 종종 인간 전체를 가리킨다(수 10:28이하; 왕상 19:14; 마 6:26; 행 27:37). 따라서 성경이 사용하는 '몸', '혼', '영', '마음', '정신' 등의 용어는 한 인간을 바라보는 다양한 방식으로 간주되어야 한다.

일원론자들은 영-육 구분의 관행이 헬라 철학, 특히 플라톤주의가 교회 전통에 미친 영향이라고 주장한다. 플라톤은 인간을 육체와 영혼의 두 부분으로 분리할 수 있다고 보았다. 그는 인간이 죽으면 영혼이 해방되고, 어두운 육체의 감옥에 갇혀 있던 인간 속의 신적 불꽃이 육체의 붕괴와 함께 진정한 세계로 넘어간다고 생각했다. 아울러 일원론자들은 인간에 대한 전통적 구분 방식인 두 '부분', 곧 육체와 영혼 사이의 정확한 관계를 밝히기는 매우 어렵고, 이원론은 신경외과학이 밝힌 뇌와 의식 사이의 긴밀한 관계를 간과한다는 점에서 비과학적이라고 주장한다. 이런 '이중 양상적 일원론'은, 성경적으로 볼 때 몸의 부활이라는 성경 교리가 분리할 수 없는 인격의 단일성을 분명하게 증거해 주며, 그리스도 안에 있는 인간은 장래에도 지속적으로 단일한 정체성을 지닌다는 점에 주목한다.

때로 '통합적 이원론자'(holistic dualist) 또는 '이원론적 실재론자'(dualistic realist)라는 이름으로 불리는 이원론자들은 인격의 최고 모범인 하나님을 언급한다. 그들은 바울이 고린도전서 2:11에서 제시한 하나님과 인간 사이의 유비적 속성, 즉 인간이 '하나님 형상으로'(창 1:26-27) 창조되었다는 것이 함의하는 바를 부분적으로 드러내는 말씀에 주목한다. 그런데 하나님, 곧 규범적 인격은 육체 없이 존재하신다. 그분은 비물질적 영이시다(요 1:18; 4:24). 천사들은 완전한 기능을 수행하는 '비육체적' 존재의 또 다른 예로 볼 수 있다(히 1:7, 14; 막 12:25). 따라서 분명히 육체를 갖고 있지만 육체적 존재를 초월하는 본질적 자아의 존재 가능성은 분명하다. 진정한 인간인 **동시에** 비물질적 영이 되는 것은 서로 모순되지 않는다.

주해의 차원에서 보면, 이원론자들은 "여호와 하나님이 땅의 흙으로 사람을 지으시고 생기를 그 코에 불어넣으시니"(창 2:7)라는 말씀과 "흙은 여전히 땅으로 돌아가고 영은 그것을 주신 하나님께로 돌아[간다]"(전 12:7; 참고. 욥 27:3; 32:8; 33:40)라는 말씀을 이원론적 의미가 담긴 본문으로 제시한다. 에스겔 37:6이하를 보면 하나님이 마른 뼈에 생기를 불어넣어 군대로 만드는 생생한 장면이 등장한다. 또 구약에는 죽어서 몸이 무너진 후에도 생명이 지속된다는 증거가, 때에 따라 다소 약하긴 하지만 엄연히 존재한다. 성경에는 '열조에게 돌아간'(창 25:8; 신 32:50; 왕상 2:10; 고후 17:11) 사람들이 언급되며, 지속되는 생명에 대해 더 일반적으로 증언하는 본문도 있다(왕상 17:21-22; 시 16:10; 30:3; 49:15; 86:18; 139:8). 신약에는 그리스도의 재림 이전에도 죽음 이후의 생명이 있다는 증거가 제시된다(눅 9:28-33; 행 7:55-56; 고후 5:4; 빌 1:23; 눅 16:19-31; 23:43; 고전 15장; 살전 4:13-18; 약 2:26; 계 5:13; 6:9-11; 15:2이하; 19:1이하).[4] 또한 예수님이 사두개인들과 논쟁하실 때 족장들이 살아 있음을 날카롭게 해명하신 일에 주목할 필요가 있다. "하나님에게는 모든 사람이 살았느니라"(눅 20:38). 아울러 예수님은 마태복음 10:28에서 '육체의' 생명과 '영혼의' 생명을 분명하게 대조하셨다.

'이중 양상적 일원론' 입장에서 제기된 헬라 철학의 영향 문제에 대해, 이원론자들은 그 점을 어느 정도 인정할 필요는 있지만 그 때문에 성경 증언의 권위가 약화될 수는 없다고 주장한다. 신구약 중간기에 헬라 철학의 영향을 받았다는 주장에 대해, 존 쿠퍼(John W. Cooper)는 중간기에 유대교가 육체를 떠난 비물질적 망자들을 지칭하기 위해 네페쉬와 루아흐를 사용했는데, 이 원인을 이방 철학의 영향보다는 구약의 가르침에 이미 포함된 사상의 확장과 명료화로 보는 것이 최선의 설명 방법이라고 말했다.

인간 인격 속의 다양한 요소들, 곧 몸, 정신, 뇌, 유전, 의식, 혼 사이의 정확한 관계를 이해하기가 매우 어렵다는 점은 충분히 인정해야겠지만, 이원론자들은 이것이 하나님과 인간이 만나는 지점에서 특징적으로 드러나는 일련의 '신비', 곧 본질적으로 초월적 존재인 창조주에 의해 야기되는 신비 중 하나일 뿐이라고 지적한다. 사실 삼위일체 안에서 성자와 성부의 관계, 예수님의 인격 안에서 신성과 인성의 관계, 구원과 성화에 있어서 하나님의 주권과 인간의 책임의 관계, 교회 안에서 개인과 공동체의 관계, 성경의 기록에서 신적 요소와 인간적 요소의 관계, 현재의 우리 몸과 미래의 부활체의 관계 등은 모두 신비의 벽에 가로막힌다. 따라서 인간의 본질적 구성을 이해하려고 할 때 만나는 신비는 그다지 놀랄 일이 아니다. 그래서 이원론자들은, 만일 신비가 그처럼 놀라운 일이 아니라면 그 신비로 인해 성경이 가르치는 바를 부정해서는 안 된다고 주장한다. 물론 여기에는 그들의 설명이 이러한 타당한 수준에서 전개된다는 가정이 필요할 것이다.

또한 인간을 물질주의적이거나 순수하게 내재적 측면으로 환원할 수 없다는 철학적 근거를 주장하는 전통[5]이 매우 좋은 평가를 받음을 주목할 필요가 있다. 이 철학은 본질적으로 이원론적 이해에서 가장 진실하고 설득력 있는 인간 정체성 모델을 찾는다.

마지막으로, '통합적 이원론' 모델은 전통적으로 이런 관점에 내재해 있는 위험, 즉 존재의 물질적·신체적 가치를 축소하는 경향에 무감각해서는 안 된다는 점을 실천적 차원에서 유의할 필요가 있다. 성경의 전체성이 희석될 때 '영적' 관심사가 '물질적' 관심사를 짓누르는 경향이 있는데, 이것은 생산적 활동을 대하는 태도에서 쉽게 나타난다. 예를 들어, 은행가나 정비사 같은 직업보다 목회 또는 해외 선교를 본질적으로 우월하게 보고, 인간의 성에 대해 부정적 관점을 취하기가 쉽다. 또한 하나님이 지구와 그 안의 생물들을 돌보라고 맡겨 주신 청지기직을 진지하게 받아들이지 않고, 우리의 영적 관심사와 운명을 내세워 지구의 모든 인간 거주자들을 깊이 돌보거나 위험에 처한 수많은 생물종과 미래 세대를 위해 지구를 생산적이고 안전한 터전으로 보존해야 할 분명한 책임을 회피하기도 한다.

영혼의 기원

전통적으로 영혼이 출생 과정의 어느 시점에, 어떤 방식으로 존재 안으로 들어오는지에 관해 여러 방식으로 논의되어 왔는데, 특히 낙태 논쟁에서 이 문제가 다시 제기되었다.[6]

다음과 같은 세 가지 주장이 있다.

1. **영혼선재설**: 일부 저자들은 영혼이 물리적 잉태 이전에 존재한다고 주

장했다. 오리게네스(Origen, 185-254)가 이렇게 가르쳤고, 워즈워스(Wordsworth)의 '불멸에 관한 송시'에도 이런 견해가 나타난다. 성경은 매우 공상적인 이 이론에 대한 근거를 전혀 제공하지 않는다.

2. **영혼창조설**: 출생 과정의 어떤 단계에서 하나님이 각 개인의 영혼을 직접 창조하신다는 주장이다. 이를 지지한다고 제시된 성경 본문들이 명확한 근거가 된다고 말하기는 어렵다(전 12:7; 슥 12:1; 히 12:9; 또한 창 2:7).

3. **영혼유전설**: 이 세 번째 견해는 영혼이 육체와 함께 부모로부터 유전되며, 하나님의 추가적 창조는 없다고 가르친다. 창세기 2:21; 사도행전 17:26; 히브리서 7:9-18, 그리고 인류가 죄에 대해 연대 책임이 있다는 성경의 가르침(참고. 롬 5:12이하)은 모두 이 견해를 지지한다.

이 세 가지 견해는 영혼과 육체의 근본적 구별에 기초한 것이다. 하지만 오늘날은 성경에 나타난 인간의 단일성에 대한 이해가 더 커지면서 이 문제에 관한 논쟁의 수위가 낮아지고 있다. 이제 영혼과 육체는 본질적 인격을 가리키는 서로 다른 방법으로 간주된다. 그러나 앞서 논의한 내용들에서 보듯이, 육체와 영혼 간 어느 정도의 구분은 여전히 적절할 것이다. 예를 들어, 예수님이 영혼의 죽음과 육체의 죽음 사이의 차이를 언급하신 것처럼 말이다(마 10:28). 또한 이런 구분은, 주님이 재림하실 때 육체의 부활을 선물로 받기 전까지 중간 상태(제7부를 보라)를 살아가는 삶에 대한 그리스도인의 소망에 의미를 제공한다는 점에서 중요하다.

이웃과의 관계

사회적 동물

타락 이전에 하나님은 아담이 홀로 있는 것이 '좋지 않다'고 말씀하셨고(창

2:18), 보완적 존재이자 동반자로서 하와를 보내셨다. 그러므로 태초부터 "인간은 사회적 동물로 지어졌다"(칼뱅). 이는 하나님 자신의 본성, 곧 삼위일체의 영원한 신적 교제를 잘 반영한다. 이런 관점은 성경 전반에 드러나 있는데, 실제로 성경의 전체 이야기는 국가(이스라엘)와 공동체(교회)를 중심으로 전개된다. 그 과정에서 개인적 차원이 줄곧 중요한 부분을 차지하기는 하지만, 창세기 2:18의 기본적 통찰이 계속 이어지다가 그리스도가 재림하시는 거룩한 도성인 새 예루살렘에서 이야기는 절정에 이른다(계 21장). "내가 내 아우를 지키는 자이니까?"(창 4:9)라는 가인의 질문에 성경은 '그렇다'고 강력하게 대답한다. 우리는 혼자가 아니며, 그렇게 의도된 존재도 아니다. 우리는 인간 이웃을 통해, 이웃과 함께, 이웃을 위해 지음 받았다.

남자와 여자

아담과 하와의 관계는 하나님 통치 아래 있는 인간의 삶이 본질적으로 공동의 삶이라는 사실과 더불어 성적 구별이 적절한 것임을 보여 준다. 즉 하나님의 피조물로서, 인간은 남자와 여자로 구별되며 동반자로 존재한다. 이 점을 인정하고 그 의미를 탐구하다 보면, 일부 관찰자들이 우리 시대의 **가장 중요한** 인간학적 과제라 여기는 문제에 도달하게 된다. 아주 오랜 세월 동안 남성 우월주의는 거의 도전받지 않았고, 남성의 지배와 여성에 대한 착취가 알려진 거의 모든 사회에서 표준이었다. 그러나 오늘날 우리는 역사상 유례가 없을 정도로 여성들의 자의식이 깨어나, 오랫동안 지속된 불평등과 착취를 스스로 거부하고자 하는 정신적 흐름을 목격하고 있다. 역사적으로 페미니즘의 발전을 위한 수많은 자극과 동기들이 있었지만, 이 운동이 극적으로 발전한 것은 제2차 세계대전 이후였다. 페미니즘의 영향은 다수 세계(Majority World)에서는 여전히 미미하지만 서구 사회에서는 가히 혁명적이다. 오늘날 여성들은 오랜 인류 역사의 경험을 뒤로하고, 인간 사회에서 남성과 완전하고 동등한(급진적 페미니즘의 경우 어떤 의미에서 '더 우월한') 동반자로서 적절한 자리를 마련해 줄 것을 요구하고 있다. 이런 목표가 성취된 정도는 매우 다양하지만, 어쨌든 페미니즘은 교회를 비롯하여 삶의 모든 영역에 영향을 미치고 있다.

그리스도인들은 이처럼 여성의 진정한 존엄과 평등을 선언하고 위계적·착취적 태도와 관행에 반성을 촉구해 온 여성 운동에 감사를 표하지 않을 수 없다. 그러나 일부 급진적 주장들은 그다지 낙관적이지 못한 결과를 낳기도 했는데, 가령 결혼과 가족에 대한 헌신을 약화시키거나, 낙태 찬성 입장을 강화하고 고대의 이교적 여신 숭배를 지지하는 경우도 있었다.

성경을 사랑하는 그리스도인들은 이 운동이 제기하는 많은 문제에 대해 계속 논의 중이며, 여전히 중요한 질문은 '성경은 이에 대해 무엇이라고 말하는가'이다. 그다지 놀라운 일은 아니지만, 성경의 자료들을 다 종합해도 이런 문제들에 대한 간단명료한 결론이 도출되지는 않는다. 그러나 여기에서 출발해야 한다는 점은 분명하다.

남자와 여자의 관계에 관한 성경 말씀은 대략 두 가지 초점으로 구분할 수 있다.

1. **여자와 남자는 존엄과 가치와 지위에서 본질적으로 동등하다.** 하와는 아담에게 "내 뼈 중의 뼈요 살 중의 살"(창 2:23)이다. 이런 동등함은 단순히 생물학적인 것만이 아니다. 왜냐하면 창조주 하나님이 하와를 아담과 동등하며 충분한 능력을 가진 "돕는 배필"(창 2:18)로 묘사하기 때문이다. "하와는 돕는 존재이며, 아담은 그녀를 보는 순간 그녀 안에서 자신을 발견한다"(델리치). 여자가 열등하다는 암시는 전혀 없다. 여자는 남자의 노예 혹은 그에게 종속된 존재가 아니라 온전한 모습으로 하나님 앞에, 남자 옆에 서 있다. 또한 여성의 고유한 존엄성은 복음서에 가장 분명하게 나타나 있다. 예수님은 자신이 만나고 사역했던 여성들을 본능적으로 동등하게 대우하셨는데, 이것은 그분 사역의 가장 두드러지고 혁명적인 특징들 중 하나였다(눅 7:36-50;

8:1-3; 요 4:1-30; 8:1-11; 12:1-8). 이 동등함을 가장 명확하게 드러낸 말씀이 갈라디아서 3:28이다. "남자나 여자나 다 그리스도 안에서 하나이니라."

2. **남자와 여자는 여러 측면에서 상호 보완적이다.** 이 점은 자녀를 출산할 때 남자와 여자가 서로 다르면서도 보완적 역할을 수행하는 것에서 두드러지게 표현되며, 여기서 자녀는 남녀의 연합을 구현하는 존재다. 바울은 에베소서에서, 두 동반자가 각각 복종과 사랑 안에서 리더십을 행사하도록 부름받는 그리스도인의 결혼에 나타나는 상보성에 주목한다. 하지만 이 복종과 사랑의 기준은 두 사람이 그리스도의 몸의 지체로서 맺은 영원한 관계에 기본이 되는 상호적 복종과 상호적 사랑이다(엡 5:22-33; 참고. 엡 5:21; 4:2; 4:32-5:2). 성경은 여러 곳에서 남자의 '머리 됨'을 언급하는데(고전 11:3-16; 엡 5:23; 참고. 딤전 2:11-14; 벧전 3:1-7), 이 '머리'의 정확한 의미는 논란이 되는 사안이다. 이 것이 '지배적 권위'를 의미한다는 오래된 해석에는 몇 가지 근거로 반론이 제기되며, 일각에서는 존경받을 자격이 있는 존재라는 의미로서 '시작', '근원', '탁월' 등의 대안적 번역을 제시하고 있다.

이런 구절들을 교회 생활에 적용하는 문제를 두고 지속적으로 많은 토론이 벌어졌고, 신약의 다른 구절들이 함께 거론되기도 했다(제7부를 보라). 이 지점에서 우리는 바울이 남편과 아내의 사랑에 기반한 상보성을 그리스도와 교회의 상보성과 연결함으로써(엡 5:23이하), 그리스도 안에서의 남녀 관계를 놀라운 수준으로 끌어올린다는 점을 확인할 수 있다.

일부 사람들은 남자-여자 관계가 인간 생활의 규범적 형태라고 주장한다. 즉, 인류=남자+여자라는 것이다. 여기에는 이성 간 결혼의 근본적 타당성과, 사회적 삶의 실현을 위한 중요한 진리(창 2:20-25)가 암시되어 있다. 그렇다고 미혼자들이 진정하고 온전한 인간성을 구현할 수 없다고 추론할 수는 없다. 가장 규범적 인간이신 예수님은 결혼하지 않으셨으며, 신약은 어느 곳에서도 결혼이 완전한 기독교적 삶의 본질적 요소라고 주장하지 않는다. 또한 바울은 주저 없이 독신 상태가 '하나님의 은사'(고전 7:7)이며, 실제로 독신이 더 낫다고 말한다. 그 자신의 경우, 독신 상태로 인해 전심으로 자유롭게 주의 일을 염려하면서 주를 기쁘시게 할 수 있었기 때문이다(고전 7:32).

인간의 성

남자-여자 관계의 중요한 또 다른 특징은 성적 결합이다. 남녀의 가장 심오한 사랑의 행위이자 상호 간에 자기를 내어 주는 행위인 이 성적 결합을 통해, 남자의 정자와 여자의 난자가 자궁 안에서 결합하고 살아 있는 인간 배아가 형성된다. 그리고 자궁 속 태아는 약 9개월 후 독특하고 새로운 인간으로 태어난다. 성경은 성관계를 선하신 창조주 하나님의 최고의 선물로 보고, 또한 상호 간에 사랑과 즐거움을 주고받는 심오한 수단이자 인간의 생식 수단이라고 말한다(엡 5:25-33; 고전 7:3-4; 아가서의 여러 구절).

성경은 성적 결합을 이룰 수 있는 독특한 특권이 결혼 언약의 테두리 안에서만 배타적으로 행사되어야 한다고 말한다. 성경의 근본적 관점은 창세기 2:24에 분명하게 언급되어 있다. "이러므로 남자가 부모를 떠나 그의 아내와 합하여 둘이 한 몸을 이룰지로다." 예수님이 이 말씀에 주님의 권위를 더하셨고(참고. 마 19:5), 바울 역시 이 말씀을 확언한다(고전 6:16; 엡 5:31)는 사실 또한 매우 중요하다.

두 동반자의 정체성은 구체적이다. 곧 부모(결혼을 통해 새로운 가족 단위를 형성한 이들)를 떠난 '남자'와 '그의 아내'다. 이 조건은 성관계가 지녀야 할 극도의 진지함과 신성함과 경이를 보호해 준다. 성관계는 항상 몸의 연합 이상을 의미한다. 이것은 몸과 영혼을 지닌 두 사람의 상호 침투이며, 육체적인 것을 초월하는 일치를 내포하며, 고린도전서 6:16-17이 묘사하는 성도와 내주하시는 주님의 연합과도 유사하다. 따라서 결혼 언약('부모를 떠날 것'을 공식적으로 표현하고 인정받는 것)에 대한 어떤 언급도 없이 이루어지거나 결혼 언약

이전에 이루어지는, 또는 기혼자가 혼인 관계 밖에서 행하는 성적 결합은 성경의 인정을 받지 못한다. 그것은 하나님의 뜻과 상반되며, 예수님이 해석하신 '간음'이라는 금지 규정에 해당된다(출 20:14; 마 5:28). 예수님은 이런 금지 규정을 재차 확인하시면서 제자들에게 성적 충실성을 요청하시고(마 5:27이하), 신체적 차원뿐 아니라 정신적 차원에서도 '음욕'을 품지 말라고 말씀하신다(마 5:28).

최근에는 배우자가 반드시 이성이어야 하는지를 두고 많은 논의가 촉발되었다. 성경은 동성애 관계, 특히 성적 충실성을 약속한 동성애 관계를 지지하는가? 많은 성경 해석자들이 그 성경적 근거를 찾고자 시도해 왔지만, 그 시도는 결국 실패했다고 말해야 할 것 같다. 성경은 결혼 관계 밖의 이성 간 성관계를 금지하는 것과 마찬가지로 동성애 관계를 일관되게 금지한다(창 19:4-11; 레 18:22; 20:13; 삿 19장; 왕상 14:24; 15:12; 22:46; 롬 1:26-27; 고전 6:9; 딤전 1:10; 이 구절들에 관한 논의를 알기 원한다면 장 말미의 "참고 자료"를 보라). 그러나 적극적 차원에서 보면, 이 같은 성경적 금지는 동성애와 이성애 영역 모두에 있어서, 언약에 기초한 지속적이고 충실한 관계인 하나님이 정하신 결혼을 가능하게 해 주는 효과적 안전망이다. 수많은 성경적 배경을 살펴볼 때, 하나님이 정하신 이 결혼은 놀랍게도 인간이 역사와 영원의 시간 속에서 맺을 수 있는 가장 궁극적 관계, 주 예수 그리스도와 그분이 사랑하여 피로 사신 공동체인 교회 사이의 관계로 묘사된다(막 2:18-20; 롬 7:1-4; 고전 6:16-17; 엡 5:22-33; 계 19:6-8; 21:1-4).

창조 질서와의 관계

우리 시대의 또 다른 사회적·정치적 주요 관심사를 다루고자 한다. 오늘날 인류는 자연환경에 관심을 갖고, 이를 보호하고 보존하기 위해 유례없는 노력을 기울인다. 그 이유는 간단한데, 바로 생물종으로서 우리의 지속적 삶에 문제가 생겼기 때문이다. 만일 과거 수 세기 동안 지속되어 온 환경 파괴의 흐름을 되돌리지 못한다면, 지구는 곧 인류가 생존할 수 없는 공간이 되고 말 것이다. 현재의 위기를 초래한 세 가지 기본 요인은 바로 인구 성장, 자원 고갈, 기술의 제어 불가능성이다.

인간의 삶이 시작되는 이야기의 서두에서 성경은 우리와 자연 질서의 관계에 주목한다(참고. 창 1:29; 2:19). 하나님은 인간을 에덴동산에 두셨고, 주변에는 다른 생물종들이 있었다(창 2:7-20). 그러나 하나님은 주님이시므로 인간이 일차적으로 책임을 다해야 하는 분이다. 달리 말하자면, 환경과 다른 생물종들은 비록 중요하긴 하지만 하나님과 같은 수준은 아니다. 근동 민족들이 만든 창조 이야기나 자연과의 관계에 대한 이질적 사고방식과 달리, 구약의 예배자들은 하나님이 아닌 다른 대상을 예배하는 것이 잘못이며 죄임을 알고 경계한다. "위로 하늘에 있는 것이나 아래로 땅에 있는 것이나 땅 아래 물속에 있는 것의 어떤 형상도 만들지 말라"(출 20:4; 참고. 왕하 23:5)라는 말씀은 "너는 나 외에는 다른 신들을 네게 두지 말라"(출 20:3)라는 말씀의 해설로 볼 수 있다.

따라서 성경은 모든 범신론(하나님이 만물 안에 계시며, 따라서 만물을 예배의 대상으로 숭배해야 한다는 관점)을 배제한다. 또한 자연주의의 형태로 나타나지만 사실상 자연을 신격화하는 태도나, 예수 그리스도 안에서 계시되고 만날 수 있는 하나님을 추구하는 기독교 공동체에 기초한 예배 대신 간혹 제시되는 '야외에 속해 계신 하나님께 드리는 예배'를 배제한다. 그러나 자연이 예배 대상은 아닐지라도 그것을 존중할 필요는 있다. 창세기의 단순하면서도 명확한 요점은, 우리와 자연은 같은 창조주를 갖는다는 것이다! 자연 세계는 인간 세계와 마찬가지로 하나님의 창조하시는 손이 만든 작품이다. 이런 진리를 깨닫는 그리스도인은 자연에 진정한 경이감을 느끼게 되는데, 성경은 이에 관한 많은 예를 제시한다(욥 38-41장; 시 19:1-6; 104:1-35; 마 6:25-30; 계 4:11).

하나님이 우리에게 허락하신 자연 세계와의 관계는 두 개의 단어로 표현된다. 첫째는 바로 **통치**다. 하나님은 자연 세계와 여러 종의 생명체 위에 우리를 세우셨다(창 1:28; 9:2이하; 히 2:8). 인간은 창조의 정점이자 우주 전체의 목적에 본질적 요소이며, 이것은 우주의 광대함도 결코 무효화할 수 없는 확신이다(이는 최근에 만들어진 개념이 아니다. 창 15:5; 욥 22:12). 하지만 비극적이게도 인간의 타락 이후 하나님이 위임하신 통치는 오늘날 많은 환경론자들이 주장하듯이 완전히 오용되어 왔다. 자연은 오랜 세월 인간의 약탈을 감내해 왔다. 식량과 거주지에 대한 정당한 필요보다는 지구에 대한 이기적 착취가 득세했고, 슬프게도 성경의 명령이 그런 일을 분명히 지지하는 것처럼 인용되곤 했다.

따라서 통치는 또 다른 성경적 용어인 **청지기직**과 결코 분리되어서는 안 된다. 하나님은 우리가 사는 지구와 그 속의 모든 생명체와 동식물을 포함한 만물의 소유자이시다. "땅과 거기에 충만한 것과 세계와 그 가운데에 사는 자들은 다 여호와의 것이로다"(시 24:1; 참고. 대상 29:11). "따라서 우리의 소유권은 소유주로서의 권한이 아니라 임차인으로서의 권한이다"(D. 필드). 우리의 통치는 책임을 수반하는데, 전적으로 하나님 앞에서 책임을 져야 한다. 언젠가 우리는 하나님 앞에서 그분이 맡기신 것을 두고 회계하는 날을 맞게 될 것이다(마 25:26이하; 눅 12:42). 그리고 이 모든 것은 지구 온난화로 발생한 현재의 환경 위기와 관련해 숙고해 볼 필요가 있다.[7]

시간과의 관계

우리가 살아가고 그 안에서 통치와 청지기직을 수행하는 이 세상은 공간적인 동시에 시간적이다. 우리는 하나님께 '시간을 부여받았고', 이 시간 속에서 청지기직을 수행하며, 창조주와 친교를 누린다(창 3:8이하). 아담에게 영원한 시간이 주어졌는가 하는 것은 논란이 되는 문제다. 인간은 본래 불멸의 존재였는데 죄의 결과로 죽음에 이르게 된 것일까? 아니면 제한된 수명이 본래 하나님의 의도였을까?

성경은 죽음과 죄의 관계를 분명하게 보여 준다(창 2:17; 3:19; 롬 5:12이하). "아담이 죄를 범하지 않았다면 육체적 삶을 계속 영위했을 것이고 고기와 음료, 휴식이 필요했을 것이다. 이렇게 표현해도 좋을지 모르겠지만, 그는 육체적 삶을 살아가며 계속 성장하고 번성하다가 하나님이 영적 생명으로 변화시켜 주시는 어떤 시점 이후로는 타고난 동물성을 벗어 버리고 살았을 것이다.…하지만 그때도 천사와 같은 순수한 영이 아니라 살과 뼈를 가진 인간이었을 것이다"(루터).

■ 성경 구절

하나님이 지으신 인간　창 1:26이하; 2:7, 21-23; 5:1; 욥 33:4; 시 139:13이하; 마 19:4; 막 10:6; 롬 1:25; 약 3:9.

하나님의 형상인 인간　창 1:26; 5:3; 9:5이하; 고전 11:7; 15:49; 고후 4:4; 골 3:10.

인간의 본성　전 7:29; 12:7; 마 10:28; 22:37; 막 8:35이하; 눅 16:19-31; 고전 2:14; 5:5; 15:35-37; 고후 5:1-10; 12:2; 빌 3:20이하; 살전 5:23; 히 4:12.

■ 토론 질문

1. (1) 현대 인류의 생존을 위협하는 요소들, (2) 현대 인간학의 혼란 등의 문제와 관

련하여 기독교적 인간관의 타당성을 논해 보라.
2. 인간의 기원에 대한 성경의 가르침과 과학적 설명은 조화될 수 있는가? 제시되는 다양한 해결책의 강점과 약점을 평가해 보라.
3. '하나님의 형상'이라는 말을 당신은 어떻게 이해하는가? 이런 인간관이 (1) 기독교 복음전도, (2) 그리스도인의 삶, (3) 그리스도인의 소망에 어떤 의미를 갖는지 살펴보라.
4. 당신은 인간을 이분적 혹은 삼분적 존재로 보는가? 혹은 그 외의 다른 존재로 보는가? 그렇게 보는 성경적 근거는 무엇인가?
5. '인간은 공동체 속의 존재다.' 이 주장과 적절하게 관련되는 성경의 가르침을 조사해 보고, 그것이 (1) 사회, (2) 결혼과 가족, (3) 교회에 어떤 의미가 있는지 살펴보라.
6. 창세기 2:18-25이 (1) 기독교적 결혼, (2) 인간의 성, (3) 결혼과 관련된 오늘날의 혼란 등과 어떤 관련이 있는지 살펴보라.
7. 자연환경에 대한 기독교적 반응과 관련하여 '통치'와 '청지기직'이라는 용어는 어떤 의미가 있는가? 성경을 존중하는 그리스도인들은 왜, 그리고 어느 정도까지 '환경보호론자'가 되어야 하는가?

■ 참고 자료

M. J. Behe, *The Edge of Evolution* (Free Press, 2007).

G. C. Berkouwer, *Man: the Image of God* (Eerdmans, 1962).

R. J. Berry, *God and the Biologist* (Apollos, 1996).

_____ (ed.), *When Enough is Enough* (Apollos, 2007).

H. Blocher, *In the Beginning* (IVP, 1984).

T. Boston, *Human Nature in its Four-fold State* (Banner of Truth, 1964). 『인간 본성의 4중 상태』(부흥과개혁사).

D. Cairns, *The Image of God in Man* (Fontana, 1973).

J. W. Cooper, *Body, Soul and Life Everlasting* (Eerdmans, 2000).

R. A. J. Gagnon, *The Bible and Homosexual Practice: Texts and Hermeneutics* (Abingdon, 2001).

S. J. Grenz, *Welcoming but Not Affirming: An Evangelical Response to Homosexuality* (Westminster, 1998). 『환영과 거절 사이에서』(새물결플러스).

J. M. Houston, *I Believe in God the Creator* (Hodder, 1979).

P. E. Hughes, *The True Image* (IVP, 1989).

P. Johnson, *Darwin on Trial* (IVP USA, 1991). 『심판대의 다윈』(까치).

D. Kidner, *Genesis* (IVP, 1967). 『창세기』(CLC).

J. G. Machen, *The Christian View of Man* (Banner of Truth, 1965). 『기독교 인간관』(나침반).

J. Orr, *God's Image in Man* (Eerdmans, 1948).

L. Osborn, *Guardians of Creation* (Apollos, 1993).

E. K. V. Pearce, *Who was Adam?* (Paternoster, 1976).

C. Sherlock, *The Doctrine of Humanity* (IVP, 1996).

L. Strobel, *The Case for a Creator* (Zondervan, 2004). 『창조설계의 비밀』(두란노).

B. K. Waltke, *Genesis* (Zondervan, 2001).

10. 죄 가운데 있는 인간

9장에서는 죄를 범하지 않은 상태의 아담이 어떤 모습이었을지 살펴보았다. 그러나 그는 결국 타락하고 말았으므로, 우리는 죄 가운데 있는 인간의 상태를 다루지 않을 수 없다.

인간의 타락

창세기 3:1-7은 인간이 범한 최초의 범죄를 언급하고 있지만, 이것이 타락에 대한 성경적 견해를 철저하게 다루었다고 보기는 힘들다("성경 구절" 항목을 보라. p. 234). 성경에 명백하게 언급된 수많은 내용들 가운데서, 타락은 단연코 성경 전체 메시지의 핵심을 차지한다. "타락은 죄와 구원에 관한 전체 성경 교리의 암묵적 전제다"(바빙크). 그렇다면 이 창세기 기사를 어떻게 해석해야 할까?

1. **문자적** 관점은, 이 창세기 기록을 직접적 역사 기록으로 본다. 이는 수세기 동안 교회에서 가장 널리 받아들여진 관점이며, 지금도 이를 성실하게 옹호하는 이들이 많다. 하지만 오늘날에는 심지어 성경의 완전 영감을 의심 없이 인정하는 사람들 가운데서도 이 견해를 받아들이는 이들이 드물다.

2. **신화적** 관점은, **모든** 역사적 요소를 거부하고 이 창세기 이야기를 인간과 그의 도덕적 상태에 관한 중요한 진리를 전달하는 종교적 표현으로 간주한다. 이것이 죄의 기원이 아니라 죄의 본질에 관한 이야기라고 보는 것이다. 이 관점을 타락 기사를 다루는 **보충적 방식**으로만 치부하는 것은 적절하지 않다. 사실 바울이 로마서 1장에서 당대 이방 세계의 죄와 반역을 묘사할 때도 이런 관점을 어느 정도 적용했다고 볼 수 있다. 그러나 그것이 창세기 3장의 **일차적** 의미는 결코 아닐 것이다. 왜냐하면 역사적 요소를 거부하는 것은 이후 등장하는 성경 저자들의 입장과 완전히 다르기 때문이다. 또한 이 관점은 구속에 관한 성경적 개념을 약화시키고, 인간의 죄를 어떤 식으로도 설명하지 못한다.

3. '**역사적**' 관점은, 창세기 2-3장을 모든 측면에서 문자적 의미로 해석할 필요는 없지만, 이 본문이 분명히 시공간적인 사건을 전하고 있다고 주장한다. 성경은 타락을 하나의 사건으로 언급하며(롬 5:12이하), 에덴동산의 위치를 매우 정확하게 지적하고(창 2:10-14), 아담을 아브라함과 이스라엘과 연결된 역사적 연속성 위에 놓는다(창 4:1; 5:4; 11:27; 눅 3:38). 타락은 인간 도덕의 역사에서 일어난 실제적 사건이었다.

다음은 이 중요한 본문의 해석에 관한 고려 사항이다.

1. 일상적 언어로 타락 전의 상황을 이해하는 데는 문제가 있다. 왜냐하면 **우리의 모든 언어는 타락 이후의 경험으로 형성되었기 때문이다.** 마찬가지로, 성경은 타락의 영향이 그리스도의 재림으로 사라지는 미래 상황을 표현하기 위해 어느 정도의 상징을 사용해야 할 것이다(계 21-22장).

2. G. C. 베르카우어는 우리가 저 유감스러운 타락 사건에 **개인적으로 연루되어 있음**을 고백하기 전까지는 결코 타락을 적절하게 이해할 수 없다고 주장했다. 이 원리로 인해 타락의 본질에 대한 일체의 논의가 불가능해질 이유는 없으며, 한편으로 이 원리는 타락에 대한 부적절한 이론적 접근 방식을

수정할 수 있는 유익한 관점을 제공한다.

3. 철저한 진화론자들은 종종 죄의 개념과 그와 관련된 기독교적 주장을 거부한다. 그러나 신앙인들은 일단 인간의 도덕적 실패를 인정한다면(그리고 그에 대한 양심의 증거가 경험적으로 명확하다면), 적어도 죄의 존재를 확인할 수 있고, 나아가 인간의 그런 경향이 틀림없이 시간적으로 최초의 시작점을 가졌을 것임을 이해할 수 있다. 이미 알려진 도덕 규범(이 경우는 하나님의 뜻)을 거역하는 **최초의 명백한 반역 행위**가 일어났다. 그러므로 죄의 기원은 인류 사건의 전체 순서에 비추어 시기를 추정할 수 있다.

4. 로마서 5:12이하에서(참고. 고전 15:22), 바울은 타락을 그리스도의 구속 사역을 설명하기 위한 대조적 개념으로 사용한다. 아담이 저지른 '하나의'('처음의') 죄의 결과(16, 18절)는, 죄인을 위해 죽으신 그리스도(참고. 롬 3:25; 4:25; 5:8이하)의 '하나의 의로운 행동'(18절)으로 해소된다. 타락이 시공간적 사건임을 부정할 경우, **아담의 행위와 그리스도의 행위 간의 평행 관계를** 언급하기란 불가능하다.

죄의 본질과 범위

죄의 본질

성경은 죄를 언급할 때 매우 다양한 용어를 사용하는데, 이는 별로 놀라운 일이 아니다. 왜냐하면 하나님을 반역한 인간에 대한 하나님의 은혜로운 응답, 곧 구속이 성경의 핵심 주제이기 때문이다. 성경에 나타나는 전반적 용어들과 각 의미의 미묘한 차이는 성경 사전에서 확인할 수 있으며, 여기서는 영어 성경에서 죄(sin)로 번역된 신구약의 주요 단어들만 언급하고자 한다.

구약에서 가장 일반적으로 사용되는 용어는 '하타트'(*ḥaṭṭā't*, 예를 들어, 출

32:30)와, 같은 어원을 지닌 '헤트'(ḥēṭ', 시 51:9)다. 구약에 수백 회 이상 등장하는 이 단어는 '표적을 벗어나다', '실수하다'라는 뜻을 지닌다. '페샤'(pešaʻ, 잠 28:13)는 적극적 반역, 곧 하나님의 뜻을 어기는 것을 뜻하며, '샤가'(šāgâ, 레 4:13)는 길을 잃는다는 뜻이다. '아원'(āwôn, 왕상 17:18)은 '비틀다'라는 뜻을 지닌 동사형과 관련이 있으며 죄가 만들어 낸 죄책을 일컫는다. 헬라어 신약 성경에서 죄를 나타내는 주요 단어인 '하마르티아'(hamartia, 마 1:21) 역시 표적을 벗어난다는 뜻이 있으며, 실패, 과오, 구체적 잘못 등을 의미하기도 한다. '아디키아'(adikia, 고전 6:8)는 불의 또는 부정을, '파라바시스'(parabasis, 롬 4:15)는 법률 위반을 의미한다. '아노미아'(anomia, 요일 3:4) 역시 불법을 뜻한다. '아세베이아'(asebeia, 딛 2:12)는 극심한 불경건을 의미하는 반면, '프타이오'(ptaiō, 약 2:10)는 도덕적 실수를 뜻한다.

죄의 가장 두드러진 특징은 **하나님을 거역**하는 것이다(참고. 시 51:4; 롬 8:7; 약 4:4). 죄라는 개념의 의미를 이기심 정도로 축소하는 것은 죄의 심각성을 과소평가하는 것이다. 죄에 대한 분명한 표현이 나타나는 곳은 사탄이 아담과 하와에게 그들 창조주의 자리를 찬탈할 수 있다고 제안하는 대목이다. "너희가…하나님과 같이 되어"(창 3:5). 인간은 타락하면서 하나님과 동등해지려고 했고(참고. 빌 2:6이하), 하나님으로부터 독립성을 주장하려 했으며, 창조주가 진실한 분이고 인간에게 자비롭게 공급하는 분임을 의심했다. 또한 사람들은 하나님에 대한 인간의 마땅한 응답으로서 하나님을 예배하는 일과 그분을 사랑하는 일을 거부하고, 자신의 악한 야심과 하나님의 원수를 따름으로써 하나님을 모독했다. 여기서 '하나님을 모독했다'라는 표현은 매우 중요하다. 죄란 하나님이 아닌 것에 궁극적 우월성을 부여하고 그것을 예배하는 것이다. 이것은 성경이 우상숭배 문제를 그토록 중요하게 다루는 이유를 설명해 준다. 구약에서 하나님의 진노를 가장 확실하게 불러일으키는 것은 이스라엘의 우상숭배이며(출 20:3-4; 32:10; 신 9:8; 29:18-28; 대하 36:14-

16; 시 78:56-59; 렘 7:1-29; 32:29; 겔 6:9-13), 신약에서도 마찬가지다(마 4:10; 6:9; 22:37; 막 9:5-7; 요 4:23-24; 행 14:15; 17:16, 23-31; 롬 1:18-32; 11:33-36; 고전 1:27-31; 6:19-20; 7:5-6; 고후 6:14-18; 빌 3:3; 살전 1:9; 요일 5:21). 죄의 핵심은 하나님을 하나님 되지 못하게 하는 것이다. 죄는 하나님을 하나님 되지 못하게 하려는 우리의 반역적 거부다.

죄의 범위

죄는 **보편적**이다. "의인은 없나니 하나도 없으며"(롬 3:10; 참고. 롬 3:1-10, 23; 시 14:1이하), 오직 예수 그리스도만이 '죄 없는'(히 4:15) 인간으로 사셨다. 이와 같은 성경의 평가는 사회인류학과 일반적 경험만으로도 충분히 입증 가능하다.

죄의 범위가 총체적이라는 말은 지리적 의미에서뿐 아니라 개인 생활에도 적용된다. 죄는 인간의 **모든 부분**에 영향을 미친다. 예를 들어, 그것은 의지 (요 8:34; 롬 7:14-24; 엡 2:1-3; 벧후 2:19), 마음과 이해력(창 6:5; 고전 1:21; 엡 4:17), 사랑과 감정(롬 1:24-27; 딤전 6:10; 딤후 3:4), 밖으로 드러나는 언어와 행동(막 7:21이하; 갈 5:19-21; 약 3:5-9)에 영향을 미친다. 또한 '구조적 악'으로서 억압적인 정치 사회 체제 등 사회 조건에도 영향을 미친다. 인간관계에도 영향을 준다. 죄는 개인의 마음에 침투할 뿐만 아니라 국가나 공동체의 사회적·정치적 구조에도 스며든다(암 2:4-8; 5:7-15; 계 13:1-17). 신학자들은 죄가 미치는 영향의 이 같은 광범위함을 두고 **전적 타락**이라고 표현했다. 이 표현은 우리가 철저한 악의 가능성을 지닌 존재로서 사탄과 별 차이가 없다는 뜻이 아니라, 우리 본성의 모든 영역이 죄에 물들어 버렸기 때문에 인격의 어느 구석에서도 도덕적 자기 의를 주장할 만한 곳을 찾을 수 없다는 뜻이다.

때로 우리가 상대적으로 '선한' 생각과 말과 행동을 한다는 사실(눅 11:13; 롬 2:14이하)만으로 전적 타락을 부정할 수는 없다. 우리가 하나님 앞에 서기 위해서는 온전하고 평생에 걸친 의가 필요한데, 이 정도의 '선'을 가지고는 결코 그런 의에 이를 수 없기 때문이다. 인간의 인격 속에는 우리의 '원상태'가 그대로 남아 있는 '보존 영역'이 존재하지 않는다. 우리는 전적으로 타락했기 때문에 전적으로 구속이 필요한 존재다.

또한 성경은 죄가 인격의 핵심부에 영향을 미쳤다는 사실을 통해 인간의 전적 타락을 이야기한다. 인격의 본질인 **마음**(히. *lēb*)이 죄로 인해 왜곡되었다. 예수님의 가르침을 상기해 보자. "속에서 곧 사람의 마음에서 나오는 것은 악한 생각 곧 음란과 도둑질과 살인과…이 모든 악한 것이 다 속에서 나와서 사람을 **더럽게** 하느니라"(막 7:21이하, 저자 강조; 참고. 창 6:5; 렘 17:9; 롬 3:10-18; 7:23).

더 나아가, 이러한 성경적 의미에서 우리가 '전적으로 타락했다'는 바로 그 이유 때문에 우리는 결코 자신을 구원할 수 없다. 전적 타락은 '전적 무능력'을 의미한다.

죄의 전달: 원죄

아담의 불순종 행위와 그 이후 인간의 범죄 행위 사이의 관계는 원죄와 관련된 문제다. 이 말에는 두 가지 의미가 내포되어 있다. 첫째, 원죄라는 말은 단순히 에덴에서 아담이 저지른 죄, 곧 **처음의** 죄를 가리킨다. 둘째, 성경은 전 인류가 아담의 죄에 연루되어 있다고 가르친다. 로마서 5:12에서 바울은 아담의 불순종을 통해 죄와 사망이 모든 사람에게 현실화되었다고 주장한다. 왜냐하면 '모든 사람이 죄를 범했기 때문'인데, 이는 그들이 모두 아담의 죄 안에서 죄를 범했다는 뜻이다(롬 5:14-19; 고전 15:22). 전통적으로 이에 대한 두 가지 설명이 있다.

실재론(realism)은 바울이 로마서 5:12에서 말한 내용을 문자 그대로 해석한다. '모든 사람이 아담 안에서 죄를 범했다'는 말은, 아담이 죄를 범할 때 모든 사람이 그곳에 있었고 범죄 행위에 참여했다는 뜻이다. 모든 사람의 개인적·인격적 본성을 포괄하는 보편적이고 일반적인 본성이 '아담 안에' 어떤 방식으로든 존재했기 때문에, 아담이 죄를 범할 때 모든 남자와 여자가 그와 함께 죄를 지었다고 보는 것이다(참고. 히 7:4-10에서 레위는 자기 조상 아브라함의 '몸속'에 있었다). 이 견해는 원죄에 대한 자의적 해석의 위험성을 피하고자 하는 시도로 볼 수 있다. 그러나 이러한 보편적 인간성에 실제적 가치를 부여하는 문제를 차치한다 해도, 그것이 그리스도의 인간성에 어떤 의미를 갖는가 하는 어려운 문제에 직면하게 된다. 만일 그리스도의 인간성이 아담의 보편적이고 일반적인 인간성과 다르다면, 그리스도가 본질적으로 우리와 같은 인간이라는 주장이 위협받는다. 반대로, 그리스도의 인간성이 아담의 인간성과 같다면 그분은 타락의 영향을 피할 수 없었을 것이다.

언약론(federalism)은 아담과 그리스도의 유사성을 고려할 때(롬 5:12-19; 고전 15:22, 45-49), 아담과 우리의 보편적 연대성이 그리스도와 그분이 구속하시는 사람들의 연대성과 같다고 본다. 여기서 아담과 그리스도는 대표 혹은 연합체의 머리가 되는 것이다. 오늘날 일반적으로 'federalism'이라는 용어는 연방제라는 특정 정치 체제를 의미하는데, 신학적으로는 하나님이 아담 안에서 인류와 맺은 **언약**(라. *foedus*)에서 파생한 말이다. 아담은 이 언약(종종 '행위 언약'으로 부른다)을 범죄로 말미암아 깨뜨렸고, 결국 그가 대표하는 사람들에게 비참한 결과를 초래했다(창 2:15-17; 렘 31:31이하; 롬 3:21-31; 5:12-21; 고전 11:25). 이것을 적용하는 원리는 두 경우 모두 동일한데, 우리는 아담과 연합되었고 그가 우리를 대표하는 머리가 되었으므로 우리는 죄인이다. 또한 우리는 믿음으로 그리스도와 연합됨으로써 의로운 자가 된다. 아담의 범죄로 인해 우리가 저주 상태에 빠졌다는 내용을 자의적 해석으로 볼 수 없는 것은, 성경이 '아담' 안에 있는 원죄(롬 5:12이하)를 언급하기 이전에, 온 세상이 하나님 앞에서 유죄임을 선언하는 하나님의 정의(롬 3:19)를 이미 유대인과 이방인의 구체적이고 명백한 죄들(롬 1:18-3:8)을 통해 충분히 입증하고 있기 때문이다. 성경은 일반적으로 인간의 궁극적 심판을 우리의 도덕적 '행위'와 관련시킨다. 즉 성경은 인간에 대한 궁극적 심판이 아담과의 연합에 우선적으로 근거하는 것이 아니라, 하나님의 기준에 미치지 못하는 우리의 행위에 근거한다고 말한다(예를 들어, 마 7:21-27; 13:41; 25:31-46; 눅 3:9; 롬 2:5-10; 계 20:11-14).

죄의 결과

앞서 자세히 언급했듯이, 범죄로 인한 타락은 인간 존재의 모든 영역에 심각한 결과를 가져왔다.

하나님과의 관계

이제 죄로 인해 발생한 모든 결과들 중 핵심적인 내용을 설명할 차례다. 먼저, 죄는 하나님과의 관계에서 다음과 같은 의미가 있다.

1. **우리는 하나님 앞에 서기에 부적절하다.** 아담이 에덴동산에서 추방된 것은, 우리가 영적으로 하나님으로부터 분리되어 그분 앞에 서거나 친밀함을 누리기에 부적절하다는 사실을 지리적으로 표현한 것이다(창 3:23). 하나님이 임재하시는 장소는 사실상 두려움의 장소가 되었고, 에덴동산으로 돌아가는 길을 막아 버린 불 칼은 죄 가운데 있는 인간이 하나님의 거부와 반대, 즉 그분의 거룩한 분노 앞에 놓여 있다는 끔찍한 진리를 나타낸다(5번 항목을 보라; 창 3:24; 마 3:7; 롬 1:18; 살전 1:10). 더 일반화시켜 말하자면, 죄는 인간이 하나님을 모르는 상태 혹은 그분과 관계가 없는 상태에 있음을 뜻한다. 따라서 우리는 하나님과 분리되어 그분을 알지 못한 채 살아가고 있다. 설령 그분이 존재한다 해도, 그분은 멀리 떨어진 존재나 '고차원적 힘', '생명의 원천', '위대

한 창시자', 미지의 위대한 존재, 심지어 알 수 없는 존재이며, 일부 사람들에게는 단순한 비존재일 뿐이다.

2. **우리는 하나님의 뜻을 행할 수 없다.** 하나님이 여전히 우리의 주님으로서 우리를 부르고 명령하시며 우리 앞에 생명과 자유의 길을 열어 주신다 해도, 우리는 더 이상 그런 부르심에 참되게 응답할 수 없다. 우리 의지는 하나님의 목적에 순응할 자유를 잃어버리고 죄의 노예가 되었기 때문이다(요 8:34; 롬 7:21이하).

3. **우리는 하나님의 법 앞에 불의하다.** 우리가 하나님의 뜻이나 율법에 순종할 수 없다는 사실은, 우리가 율법을 어기는 자에게 떨어지는 저주와 죄책과 처벌을 받게 되었다는 한층 심각한 의미를 갖는다(신 27:26; 롬 3:19이하; 5:16이하; 갈 3:10).

4. **우리는 하나님의 말씀에 무감각하다.** 하나님은 창조 세계, 내면의 도덕률, 구약의 이스라엘과 신약의 교회, 무엇보다 성육하신 말씀과 기록된 말씀을 통해 우리에게 말씀하시는 분이다. 죄 가운데 있는 우리는 우리의 불신앙에 대해 변명할 수 없을 정도로 그 말씀을 충분히 듣지만, 결코 하나님의 길과 뜻을 진정으로 이해할 수 있을 만큼은 듣지 못한다. 죄는 결국 우리를 하나님에 대한 무지 상태로 이끌어 성령의 일을 이해할 수 없게 만든다.

5. **우리는 하나님의 진노 아래 있다.** 앞선 항목에서 언급했듯이, 죄가 불러일으킨 이 같은 결과는 죄인으로서 인간이 처한 최악의 곤경을 보여 준다. 하나님에 대해서는 우리가 이해할 수 없는 내용들이 많지만, 죄와 도덕적 잘못에 대한 하나님의 태도는 결코 그런 내용에 포함되지 않는다. 십자가는 하나님이 죄를 얼마나 진지하게 보시는지를 명확하게 보여 준다. 하나님이 아들의 인격 속에서 죄와 그에 따른 모든 결과를 해결하기 위해 의도적으로 갈보리의 지옥으로 가셨다는 사실은, 죄를 대하는 그분의 태도를 영구적으로 보여 준다. 죄는 하나님의 진노를 일으킨다(롬 1:18; 엡 2:3; 골 3:6). 하나님의 진

노는 "악에 대한 하나님의 거룩한 적대감, 악을 용납하거나 타협하지 않겠다는 의지, 악에 대한 정의로운 심판"(존 스토트)으로 정의할 수 있다. 이러한 하나님의 진노는 이 땅의 지속적인 삶 속에서 죄가 일반적으로 지불해야 하는 '대가'로서 잠정적 형태를 띤다(참고. 롬 1:1-18; 24, 26, 28절의 "그들을…내버려 두사"라는 엄숙한 구절들; 살전 2:16). 다가올 하나님의 진노에 대한 이와 같은 '전조'는, 죄와 명백하게 연결되는 사건인 '죽음'이라는 최종적 대가를 통해 그 모습이 마침내 드러난다(롬 6:21, 23, 26; 고전 15:56; 약 1:15). 성경에 따르면, 우리가 죄인으로서 경험하는 죽음은 단순히 자연적 현상이 아니다. 죽음은 "죄책이 가시적으로 드러난 것"(라너)이다. 죽음은 장래에 그리스도의 재림으로 이루어질 하나님의 최종 심판 때 '다가올 진노'(요 3:36; 롬 1:5; 2:5, 8; 엡 5:6; 골 3:6; 살전 1:10; 살후 1:7-9), 곧 '둘째 사망'(계 20:14; 21:8)의 전조다.

이러한 죄의 결과는 인간의 **교만**에서 분명하게 나타난다. 우리는 하나님의 통치를 거부하고 자신을 주인으로 내세운다. 우리는 자신을 실재의 표준으로, 자신의 이성과 경험을 진리의 척도로 삼는다. 우리는 세상의 지배권을 주장하며 자신이 인류의 운명을 책임질 수 있다고 생각한다. 교만의 궁극적 표현은 반역의 형태로 나타나는데, 교만한 인간은 바벨탑을 쌓듯 하늘로 올라가 하나님을 밀어내고자 한다(참고. 창 11:1-9; 살후 2:4).

종교적 영역에서 교만은 **자기 의**로 표현된다. 우리는 스스로 선의 기준을 선택하고 그것에 비추어 자신을 정당화하며, 죄에 대해 변명거리를 찾고, 자신의 도덕적·종교적 성취를 기초로 하나님 앞에 자신 있게 서고자 한다.

그러나 우리는 하나님에게서 도망갈 수 없다. 깨어진 관계는 하나님에 대한 **두려움**으로 나타나는데, 이는 신앙을 가진 자의 경건한 자기 낮춤이 아니라(참고. 신 10:12) 하나님께 불순종한 후 그분을 피해 도망하는 탈주자의 공포다. 이 두려움 때문에, 우리는 자기 죄를 들추어내지 않을 하나님의 대체물(다른 신)을 찾는다. 어떤 사람은 무신론을 통해 이론적으로 하나님을 부정하고 인간 삶에서 겪는 불의를 맹렬하게 비난한다. 또 어떤 사람은 '정의로운' 대의에 투신하거나 끊임없는 활동에 참여한다. 이 모든 것은 (에덴동산의 아담과 하와처럼) 하나님으로부터 몸을 숨겨, 그분 앞에 자신의 죄책을 드러내며 서 있어야 하는 공포를 회피하기 위한 것이다.

이웃과의 관계

하나님과의 관계 단절은 동료 인간과의 관계에 직접적으로 영향을 미친다. 아담은 하와를 적대적으로 바라보며 자신의 어리석은 행동의 이유를 두고 그녀를 비난했다(창 3:12). 그리고 타락 이야기에 이어 아벨이 살해당하는 이야기가 등장한다(창 4:1-16). 하나님을 적대하는 인간은 동료와 이방인, 원수도 적대한다. 그는 인간의 친구가 아니라 인간을 위협하는 자가 되고 만다.

죄는 **갈등**을 불러일으키며 인간 사이에 엄청난 분열을 조장한다. 죄는 인종적 편견과 적대감을 유발하며 악마적 형태의 국가주의에 기여한다. 또한 우리는 정의와 평화 및 인류의 복지에 대한 관심을 끊어 버린 거대한 국제적 권력 진영들 내부에서 죄를 발견할 수 있다. 죄는 사회 분열을 일으켜 집단 및 계급 갈등을 심화하고, '가진 자'와 '못 가진 자'를 분리한다. 또한 죄는 교육, 지역사회, 사교, 여가, 종교 등과 관련된 모든 종류의 인간 집단 내에서 갈등을 일으킨다. 죄는 가정과 교회를 분열시킨다. 역설적이게도, 우리는 이웃으로부터 오는 위협에 대처하고 안전을 확보하기 위해 불가능한, 혹은 불건전한 동맹을 맺으려 노력한다.

또한 죄는 **착취**를 낳는다. 우리는 이웃을 '이용'한다. 우리는 자신의 자존심을 높이고 악한 계획을 정당화하고 약점을 보완하기 위해 이웃을 착취한다. 우리는 자신의 좌절과 죄책감을 떨쳐 버리기 위해 이웃을 희생양으로 삼는다. 이러한 착취는 공공연한 육체적·심리적 폭력으로 나타날 수도 있으며, 남녀 관계에서는 역사적으로 남성 지배의 형태로 나타났다. 남자는 이기적 목적을 위해 여자를 이용했고, 남녀의 본질적 평등성과 양성 모두의 존엄성은 인정받지 못했다. 심지어 이웃을 사랑할 때조차도 우리는 사랑에 대한 응답으로 주어질 이익을 바란다. 우리에게, 주는 것은 곧 받는 것이다.

또한 이웃과의 관계 단절은, 연약함과 죄책, 자기 경멸 등으로 점철된 있는 그대로의 자기 모습이 노출될 것에 대한 **두려움**의 형태로도 드러난다. 그래서 우리는 이웃에게 자신을 숨기기 위해 거짓된 이미지를 만들기도 하고, 때로는 상대방에게 '환자', '학생', '교사', '책임자', '직원' 등의 호칭을 붙여 하찮은 사람으로 만들어 그들의 위협을 제거하려고 노력한다.

이 같은 이웃과의 분리가 초래하는 가장 나쁜 열매 중 하나는 **오해**인데, 심지어 서로를 정말로 알고 싶을 때조차도 우리는 서로를 오해한다.

자기와의 관계

죄는 우리를 자신과의 싸움에 빠뜨린다. 우리 내면은 항상 갈등과 분열 속에서 이렇게 절규한다. "내 지체 속에서 한 다른 법이 내 마음의 법과 싸워 내 지체 속에 있는 죄의 법으로 나를 사로잡는 것을 보는도다. 오호라, 나는 곤고한 사람이로다. 이 사망의 몸에서 누가 나를 건져 내랴"(롬 7:23-24). 명확한 내적 방향성을 상실한 우리는 자신에 대한 태도마저 모호해졌고, 온갖 모순된 충동들에 사로잡혀 있다. 이러한 죄의 결과가 가장 명확하게 드러난 것이 **자기기만**이다. 진정한 자신을 알지 못하면 자아도취적 자기 이상화의 오류에 빠지거나, 비현실적 기준으로 병적인 자기 비하에 빠지는 잘못을 저지르게 된다. 우리는 자신을 올바르게 판단할 수 없기 때문에 모든 것을 하나님께 맡기지 못하고, 하나님이 우리의 재판관이 되시게 하지 않는다(고전 4:3이하).

이러한 내적 갈등은 스스로에 대해 불안을 느끼는 **수치심**으로 표현되기도 한다(참고. 창 3:7-8). 죄는 하나님의 피조물로서의 자신에 대한 신뢰와 자기 수용을 가로막는다. 우리는 자신을 부끄러워한다.

그리고 이 모든 것들은 우리 내부에 치유할 수 없는 **불안**을 낳는다. "악인은 평온함을 얻지 못하고…요동하는 바다와 같으니라. 내 하나님의 말씀에 '악인에게는 평강이 없다' 하셨느니라"(사 57:20-21).

창조 세계와의 관계

인간은 자연 질서와의 조화를 상실했으며, 하나님이 주신 세상에 대한 청지기직은 약탈로 바뀌었다. 이것은 자연에 대한 **착취**, 곧 창조의 아름다움이나 고유한 가치를 생각하지 않은 채 세계를 불필요하게 파괴하는 태도로 나타난다. 또한 이것은 **환경오염**으로 나타난다. 경제적 이익과 사치와 탐욕 때문에 자연의 원료를 이기적이고 탐욕스럽게 이용하고, 그로 인해 해양과 대기가 오염되는 일이 너무나 자주 일어나고 있다. 죄에 뿌리박은 이와 같은 부조화는 오늘날 지구 생명체의 생존 자체를 위협한다.

시간과의 관계

우리는 매일 시간을 상실하고 그 안에서 우리 생명도 상실해 간다. 우리는 죄 때문에 불멸성을 박탈당했고(창 2:17; 3:19), 우리의 날들은 계수되고 있다. 장래에 닥칠 하나님의 심판은 죽음이라는 심판을 통해 미리 드러난다. 우리는 하나님께 시간을 부여받았지만, 시간은 냉혹하게 마지막을 향해 달려가고 있다. 우리의 모든 계획과 목적, 꿈들은 결국 죽음과 함께 끝날 것이다. "한 번 죽는 것은 사람에게 정해진 것이요"(히 9:27).

이러한 죄의 결과는 **물질주의**와 그것이 현실에 적용된 형태인 쾌락주의로 나타난다. 우리는 가차 없이 흘러가는 삶을 어떻게든 붙잡기 위해, 성공을 상징하는 해외여행이나 호화로운 물건들, 갖가지 소비재 등으로 이루어진 감각적 세계에 집착하고, 끊임없이 감각적 만족을 추구한다. 또한 이것은 자신의 기념비, 즉 죽은 후에도 자신에 대한 기억을 연장시키기 위한 물질적 수단을 남기고자 하는 열망으로 나타난다.

또 이러한 시간의 한계는 **불안**을 낳는다. 죽음은 우리로 하여금 자신의 무의미함과 연약함을 대면하게 하고 스스로 위대한 체하는 어리석음을 폭로하는데, 이것은 오직 죽음만이 가진 능력이라 할 수 있다. 우리는 용기 있게 죽음을 직면하려 노력할 때조차도 결코 죽음을 극복하지 못하며, 죽음은 다른 모든 이들처럼 우리 역시 마침내 죄의 대가를 치르게 되는 순간까지 우리를 지배한다.

추가적 문제들

용서받을 수 없는 죄

신약에는 용서받을 수 없는 죄, 곧 성령 모독죄를 언급하는 몇 개의 구절이 등장하며 예수님도 이 죄를 언급하신다(마 12:31-32; 참고. 히 6:4-6; 10:26-29; 요일 5:16). 그리고 일부 사람들은 이 죄를, 그리스도를 증언하시는 성령을 모독하는 노골적 행위라고 보았다.

최근에는 이 죄가 본질적으로 기독론적인 것으로 해석된다. 예수님은 자신의 죽음과 부활과 오순절 성령 강림 **이전**에는 성령을 거스르는 죄와 '인자를 거스르는' 죄를 구분하셨다(마 12:32). 첫 부활절 이전까지 '인자'는 수수께끼, 하나님의 숨겨진 계시였다. 예수님의 초기 사역 당시 그분을 알아보지 못한 것은(막 3:21에서 가족들이 그랬던 것처럼), 바리새인들처럼 그분의 전체 사역을 의도적으로 사탄의 행위로 간주하는 것보다 덜 심각하며, 여기서 바리새인들은 명백히 유죄다. 하지만 오순절 이후 이런 구분은 사라졌다. 예수님은 부활의 능력으로 하나님의 아들이라 입증되었고, 십자가의 복음이 성령의 능력으로 전파되었다. 이 메시지와 그것의 핵심인 그리스도를 거부하는 것은 그리스도의 진리를 증언하는 성령을 거부하는 것이며(히 10:29), 이런 죄가 지속될 경우 용서받을 수 없다. 왜냐하면 이 죄는 구속의 유일한 희망을 앗아가기 때문이다. 요한은 이것을 "사망에 이르는 죄"(요일 5:16)라고 불렀다.

인간의 자유

타락 이후 인간에게 부여된 자유의 의미와 한계에 관한 질문은 수 세기에 걸쳐 열띤 논쟁의 주제였다. 또한 이 같은 신학적 문제가 결정론과 비결정론이라는 유사하면서도 엄밀히 다른 철학적 질문과 결합되면서 논쟁이 지나치게 과열되기도 했다. 우리는 자유와 관련해 적어도 다음 세 가지를 언급할 수 있다.

1. 우리는 일상생활을 하면서 심리적 차원의 자유를 경험한다. 우리는 여러 대안들을 맞닥뜨리고 그 가운데서 선택하는데, 비교적 사소한 일('오늘 아침에 어느 신문을 살까?')에서부터 매우 심각한 것('나와 결혼해 주시겠습니까?')까지 다양하다. 이런 자유는 도덕적 책임의 기초가 되며, 성경은 자발적이고 책임 있게 선택하는 능력이 그리스도인과 비그리스도인의 구분 없이 모든 사람에게 주어졌다고 본다.

2. 자유의 의미의 두 번째 차원은, 우리의 미래 행위가 현재 요인에 의해 결정되어 원칙적으로 예측 가능한 것인지에 대한 질문에서 비롯된다. 성경은 이런 차원에서 자유를 인정하지도 부정하지도 않는 것 같다. 성경은 분명 인격의 결정론을 진지하게 받아들인다. 과거의 결정과 행동이 미래의 우리를 만든다. "사람이 무엇으로 심든지 그대로 거두리라"(갈 6:7). 그러나 성경은 이런 이유를 근거로 인간의 책임이 사라진다고 가르치지는 않는다.

3. 자유와 관련해 엄밀하게 신학적인 차원은 비그리스도인이 하나님의 뜻을 성취할 자유가 있는지, 특히 죄를 회개하고 그리스도를 구주요 주님으로 믿을 자유가 있는지에 관한 문제에서 비롯된다. 타락으로 인해 노예화된 인

간 의지는 우리가 진정으로 자유롭게 하나님께 복종할 수 있다는 그 어떤 주장도 배제하는 듯 보인다. 하나님의 도움 없이는 결코 그분께로 향할 수 없는 이런 무능력은, 우리가 오직 중생을 통해서만 하나님 나라에 들어갈 수 있다는 사실을 통해 드러난다.[8]

현대의 논쟁들

오늘날 그리스도인과 비그리스도인 사이에 일어나는 논쟁의 중심에는 인간학적 문제들이 놓여 있다. 기독교적 인간관과 현대의 과학적·심리학적·사회학적 해석 사이의 정확한 관계가 결국 어떻게 드러날지는 예측할 수 없지만, 여기서는 최근에 대두된 몇 가지 접근들을 간략히 살펴보고자 한다. 더 많은 논의를 알고 싶다면 장 말미의 "참고 자료"를 살펴보기 바란다.

영성/뉴에이지

뉴에이지 운동은 1980년대에 대중적으로 알려졌지만, 그 뿌리는 1960년대 반문화 운동까지 거슬러 올라간다. 게다가 이 운동의 종교적 유산은 동양 사상, 특히 힌두교와 선불교에서 왔기 때문에 역사적 근원은 훨씬 더 먼 과거에 있다고 볼 수 있다. 심지어 어떤 사람들은 뉴에이지를 힌두교가 서구 문화의 옷을 입고 등장한 형태로 이해해야 한다고 주장한다. 궁극적 실재에 대한 이 운동의 근본적 확신은 '만물은 하나'라는 것이다. 우주는 순수하고 미분화된 에너지, 곧 의식 또는 생명력이며, 방대하고 모든 것이 연결되어 있고 궁극적으로 비인격적이다. 인간은 단순히 뭉쳐진 에너지이며, 만물이 자기 속성을 드러내는 방식으로 나타난 것이다. 따라서 '인간은 자기 실재를 창조한다.' 그 실재의 잠재력은 무한한데, 바로 우리가 무한한 전체의 일부이기 때문이다. 따라서 '우리는 신이다.' 죽음은 환상이다. 왜냐하면 존재의 비인격적 토대는 죽거나 변하지 않기 때문이다. 모든 도덕적 구별이 상대적이고 결국 '비현실적'이라는 점에서, 도덕 역시 환상이다. 하지만 인간은 의식의 한계로 인해 딜레마에 빠져 있다. 우리는 사회적 조건 때문에 실재를 부분적으로 인식한다. 특히 이성과 신앙은 일자(一者)를 참되게 인식하는 데 장애가 된다. 하지만 뉴에이지를 따르는 이들은 만물의 새로운 질서, 곧 물병자리 시대가 마침내 신비적 인식 방법과 함께 등장할 것이라고 확신한다. 인간은 실재를 인식하는 관점의 패러다임을 전환함으로써, 곧 일자에 대한 각성을 통해, 즉각적으로 이러한 새로운 질서 안에 들어갈 수 있다. 일자에 대한 각성이란, 모든 이분법과 구별을 초월하여 만물이 통일되고 조화된 상태인 신성함을 발견하는 시각을 갖추는 것이다.

이 책의 독자들에게는 세계와 인간의 경험을 해석하는 이런 관점의 한계가 즉각 드러날 것이다. 창조 교리가 없는 뉴에이지 사상은 성경의 창조 계시에 나타나는 세 가지 기본적 실재, 즉 하나님, 창조 세계, 인간을 혼동한다. 특히 비극적인 부분은 영광스럽고 무한하며 인격적인 삼위일체 하나님이 없다는 것이다. 하나님이 없다는 것은 필연적으로 인간의 조건, 특히 하나님 앞에 드러나는 죄의 심각성을 알지 못함을 뜻한다. 뉴에이지 운동은 인간의 곤경을 잘못 표현할 뿐 아니라 그에 대한 해결책도 제시하지 못한다. 우리의 죄악 된 마음을 깨끗하게 할 구원자도 없고, 우리와 함께 우시는 인격적이고 사랑 가득한 하나님도 없다. 아울러 우리 마음속의 의를 향한 갈망을 조금이라도 성취할 수 있게 하시는 부활하신 주님과 내주하시는 성령의 능력도 없고, 죽음 앞에서의 영광스러운 소망도 없다. 모든 것을 포괄하는 관점을 가진 뉴에이지의 사고에서 예수님은 진정한 존경을 받을 만한 분이지만, 그것은 기껏해야 최고의 영적 스승에 대한 존경일 뿐이다. 본질적으로는 우리 자신이 신이기 때문에 다른 것에 신성을 부여할 필요가 없다. "구원자가 '저기 바깥에' 있다는 신화는 '여기 내 안에' 있는 영웅 신화로 대체된다"(M. 퍼거슨). 결국 뉴에이지는 하나님의 임재로부터 인간을 쫓아낸, 오래전 에덴동산에서 나타난 우상숭배의 현대판이다(창 3:5, "너희가…하나님과 같이 되어"). 오로지 예수 그리스도만이 우리를 다시 에덴으로 인도할 수 있다. 그런데 그분은 이미 그 일을 이루셨다!(계 2:7; 22:1-5)

뉴에이지 사상은 20세기의 마지막 몇십 년간 상당히 큰 영향력을 발휘했고, 아직도 여러 지역에 옹호자들이 존재한다. 오늘날 이 사상의 인간학적 특징은 종종 '영성'에 대한 일반적 관심을 통해 드러나며, 요가의 광범위한 대중화, 기도나 명상 기법, '전체성' 혹은 향상된 의식이나 치유의 추구, 자연 생물과 같은 만물 숭배 등의 형태로 표현된다. 종교적 배경이 없는 많은 사람들이 지구 온난화의 끔찍한 영향으로부터 지구를 구하기 위한 운동에 열정적으로 헌신하는 것 역시 뉴에이지의 중요한 특징이다.

이러한 '영적' 확장이 모두 도덕적으로 의심스럽거나 무가치한 것은 아니다. 그러나 종교적 진리나 그리스도에 대한 헌신과 분리되거나 일부 경우처럼 의식적으로 그것을 거부할 때 이것들은 최종적 의미를 상실하며, 결국 뉴에이지 운동과 관련해 앞서 언급한 우상숭배에 빠질 위험이 있다. 총체적 세계관으로서의 '영성'은 적절하지 않다. 이것은 종교 도그마에 반대하기 때문에 하나님의 실재와 본성에 주목할 수 없다. 또한 도덕적 상대주의는 죄라는 객관적 사실과 그 심각성을 보지 못하게 만든다. 이런 영성은 종교적 권위를 거부하기 때문에, 하나님의 거룩한 아들로서의 예수님이나 그분의 대속적 희생이 설 자리가 없다. 또한 역사에 무관심하므로 예수님의 삶과 사역, 기적, 죽음, 부활을 다룰 수 없다. 아울러 사후에 다가올 하나님 나라에서의 삶에 대한 전망도 분명하지 않다. 본질적으로 이 사상에는 구원의 메시지가 없다.

세속적 인본주의

이것은 현대 서구 세계 대다수 사람들 사이에서 지배적 위치를 차지하는 인간학의 일반적 명칭으로, 17세기에서 18세기 초에 일어난 계몽주의에 역사적 뿌리를 둔다. 이 시기는 다양한 측면에서 인간 이해의 발전에 거대한 영향을 미쳐 근대적 자의식을 구성하는 지배적 인식 내용의 많은 부분이 형성되었는데, 그중 특히 자율성, 즉 종교나 전통 등 모든 제약으로부터 인간 정신이 독립해야 한다는 주장을 언급할 수 있다. 이 특징은 베스트팔렌 조약(1648)이라는 정치적 형태로 나타났는데, 이를 계기로 종교 전쟁이 사실상 막을 내리고 영적 영역과 세속적 영역이 분리되었다. 계몽주의적 경험의 중요한 특징은 우주 해석에 물리적 법칙을 적용한 것으로, 이것이 근대 과학 탄생의 계기가 되었다. 또 다른 특징은 역사 비평, 곧 인간 정신이 현재와 과거를 구별하고 각 시대를 각자의 내재된 원리에 따라 평가하는 지적 도구가 등장한 것이다. 데카르트(Descartes), 뉴턴, 흄, 볼테르(Voltaire), 루소(Rousseau), 기번(Gibbon), 레싱(Lessing), 제퍼슨(Jefferson) 같은 사람들은 다양한 분야에서 인간 사상의 놀라운 변화를 표현했다. 이로부터 등장한 후기 계몽주의 시대의 '근대적' 개인은, 세계에 호기심을 품고 자신의 판단을 신뢰하고 정통적인 것에 회의를 품었으며, 일반적으로 권위에 반항하고 인간성을 자랑스러워하고, 인간과 자연의 차별성을 인식하고, 자연을 이해하고 이용할 수 있는 인간의 지적 능력을 확신했으며, 전능한 신에 대한 의존성이 대체로 약화되었다. 19세기 동안 이 자율적 사고방식은 무의식의 세계를 탐구하고(프로이트) 사회 세력의 의미를 자각함으로써(마르크스) 더 심화되었다. 나아가 이 두 사상은 가치의 객관성에 의문을 제기하고, 니체(Nietzche)의 저작 및 인간과 다른 종들의 기원을 탐구한 다윈의 연구가 불러일으킨 불확실성을 더 강화해 나갔다.

이러한 계몽주의적 관점과 분명한 연속선상에 있는 오늘날의 세속적 인본주의의 특성은 다음과 같이 요약할 수 있다.

세속성. 일반적으로 내재적인 자연적 요인을 바탕으로 실재에 접근한다는 뜻이다. 세속적 인본주의의 일차적 준거 틀은 이 세상 중심적이다. 초자연적 작용은 원칙적으로 무시되지는 않지만, 주변적인 것으로 간주되며 이해나 행동에 중요한 역할을 하지 않는다. 이렇듯 현대 과학과 산업, 교육, 의학, 상업 및 예술 등은 기독교의 많은 자극과 지지를 받았던 역사와 상관없이 현재로서는 기독교적 가치나 신념을 크게 고려하지 않는다.

합리성. 과거 여러 세기 동안 유행했던 고도의 합리주의는 인간이 주관적이고 감정적인 힘들에 영향을 받는다는 압도적 증거 앞에서 쇠퇴할 수밖에 없었지만, 적어도 대중적 차원에서는 자료를 이해하고 평가할 수 있는 인간 능력에 대한 근대적 자기 확신이 여전히 살아 있다. 비록 상처를 입었지만 이성은 죽지 않았다. 이 같은 이성에 대한 지속적 애정은 포스트모더니즘에서도 나타나는 것 같다. 포스트모더니즘은 이성의 오용에 대대적으로 정면 공격을 시도했지만, 주장의 근거를 제시하기 위해 고도로 정교하고 합리적인 논증을 사용한다.

'**과학성**'. 현대인들은 사물의 존재 방식을 설명하고 해답을 도출하는 과학적 방법이 가진 능력에 지속적으로 깊은 인상을 받고 있다. 일부 사람들은 과학에 대한 이런 종류의 주장을 철회하고 있지만, 최근에 일어난 과학기술의 놀라운 발전과 미래에 예상되는 엄청난 변화들 때문에 그 사실이 부각되지 않는 경향이 있다.

자유주의. 모든 경계를 제거하는 계몽주의의 특징은 현대인의 의식에 계속해서 깊은 영향을 미치고 있다. 원칙적으로, 현대의 정신은 이전에 탐색되지 않은 새로운 분야에 대해 개방적이다. 사람들은 예술 분야는 물론이고 모든 분야에서 그 어떤 종류의 제약도 받아들이려 하지 않는다. 모든 방법은 시도될 수 있어야 하고 모든 관점은 포용되어야 한다.

개인주의. 차후에 이 특징에 대해 자세히 설명하겠지만, 여기서는 가족과 교회 같은 과거 질서의 전통적 제도들, 법률과 질서와 정부가 모든 차원에서 행사했던 힘이 점차 해체되고 존중받지 못함으로써, 현대인이 극단적 고립이라는 새로운 미지의 대양으로 내던져지고 있다는 점만 언급해 두고자 한다. 계몽주의 이전의 고전 시대에 살았던 사람들은 자신만의 자유와 표현이 어느 정도의 제약을 받은 자신이 더 큰 구조와 연대의 일부라는 사실을 알았다. 반면 오늘날의 전형적인 도시민들은 각자가 자신만을 의지하는 세상에 살면서, 자기 정체성을 형성하고 자신의 가능성을 실현하고 타인에 대한 참조 없이 자신만의 가치 체계를 만들고자 노력한다. 마이스페이스, 페이스북, 트위터 같은 네트워킹 웹사이트의 놀라운 성장에서 볼 수 있듯이, 진정한 공동체에 대한 갈망은 여전히 현대인의 마음 깊이 새겨져 있다.

상대주의. 이는 앞서 언급한 개인주의에서 직접 파생한 것으로, 우리 시대의 극단적 개인주의가 가치 영역에 적용된 것이다. 인간의 행태를 평가하고 지도하는 이전의 모든 체계는 개인의 자유를 위해 원칙적으로 거부되어야 하기에, 행위를 결정하는 문제에 관한 한 일반적 규범이란 존재하지 않는다. 개인으로서의 내가 특정 순간에 옳다고 여기는 것이 곧 옳은 것이다. 따라서 가치들은 대단히 유동적이고 철저하게 상대적이다.

낙관성/비관성. 현대인의 사고방식 가운데는 해소되지 않는 큰 긴장이 존재한다. 계몽주의가 남긴 유산의 특성은 인간 정신의 능력, 구체적으로는 통신 분야의 기술 혁명, 생물학과 의학의 발전, 세계화, 새로운 세계 정치 질서의 등장, 우주 탐사 확대 등과 관련한 인간 정신에 대한 무한한 낙관주의로 나타난다. 하지만 앞서 9장의 도입부에서 열거한 엄연한 현실이 존재한다. 지구에 사는 생명은 부서지기 쉽고, 일련의 위기들 중 어느 한 가지라도 예측 가능한 미래에 우리 통제를 벗어나는 것을 막을 수 없으며, 그렇게 되면 기나긴 인류의 이야기는 수치스러운 이야기로 끝나고 말 것이다. 우리의 낙관주의는 불안하다.

포스트모더니즘

이것은 1960년대 급진주의에 뒤이어 등장한 다양한 관점과 표현들을 일컫는 용어다. 포스트모더니즘의 공통 요소는, 용어가 암시하듯 앞서 언급한 주요 특징들을 지닌 '근대적'인 자유주의적 인간관을 부분적으로 거부하는 동시에 그것을 넘어서려는 시도다.

어떤 의미에서 보면, 계몽주의가 완전한 기획이 아니라는 점에서 포스트모더니즘은 이미 오래전에 등장했다고 볼 수 있다. 일찍이 니체와 같은 사람들이 자기 확신에 가득 찬 모더니즘의 합리주의를 공격했지만, 그런 비판이 동력을 얻게 된 것은 최근에 이르러서다. 근대성은 다음과 같은 여러 측면에서 비판받는다. (1) 오로지 이성 안에서 도덕성과 사회의 기초를 찾으려는 시도는 실패했다. (2) 진보의 필연성에 대한 계몽주의의 신념은 거짓임이 밝혀졌다. (3) 지식이 본질적으로 선하다는 신념은 유지될 수 없다. (4) '보편적' 인류 역사('메타내러티브')를 설명하는 준거점이 될 거대하고 포괄적인 관점이 어딘가 존재한다는 사상은 폐기되어야 한다. (5) (논쟁적 사안이 되겠지만) 신이라는 개념이 필요치 않다는 모더니즘의 가정은 의문의 여지가 있다.

포스트모더니즘을 하나의 정리된 이론적 입장으로 규정하기는 어렵다. 그것은 다양한 측면에서 세상에 반응하는 방법이기 때문에, 이론적 명제뿐 아니라 예술과 연극, 영화, 대중문화 등을 통해서도 효과적으로 표현되고 있다. 어떤 의미에서 그것은 하나의 명제인 동시에 스타일이다. 그럼에도 포스트모더니즘이 (항상 그런 것은 아니지만) 흔히 보여 주는 몇 가지 특징은 기술해 볼 수 있다.

1. 모든 보편적 세계관을 거부한다. 일관성 있는 전체 속에 모든 것을 통합한다고 주장하는 모든 이론을 원칙적으로 거부한다.

2. 어떤 전체적 패턴 없이 여러 스타일이 함께 어우러지는 다양성을 중시한다. 포스트모더니즘은 모든 부분이 독특하며 동일한 가치가 있다고 본다.

3. 개별적인 것과 구체적인 것에 초점을 맞춘다. 더 큰 전체로 일반화하거나 통합하려는 시도는 모두 거부한다. 실체보다는 스타일이 매우 중요하다.

4. 개인적이고 직접적인 경험을 중시한다. 진정한 객관성을 찾으려는 계몽주의의 시도는 실패했기에, 오직 주관성만이 중요하다. 현재의 특정한 순간에 내가 느끼고 경험하는 것이 핵심이며 다른 모든 것은 부차적이다.

5. 합리화나 지식 조작의 위험성을 예리하게 인식한다. 또한 특권을 가진 엘리트들이 '이데올로기'나 '설명'이라는 이름으로 벌이는 '파워 게임'을 경계한다.

6. 역설의 인식에 가치를 둔다. 우리는 자기 안에 갇혀 있고, 우리와 마찬가지로 다른 사람들도 삶의 모든 차원에서 파워 게임을 하고 있기 때문에, 그 어떤 유의미한 이데올로기의 성립도 불가능하다. 최종적 의미는 사라졌으며 우리에게는 오직 삶의 기초로서 역설만이 남을 뿐이다.

모든 포스트모던주의자들이 이러한 내용에 전부 동의하지는 않을 것이며, 포스트모더니즘이라는 용어조차 들어 본 적 없는 많은 이들이 이 내용들을 따라 살아가고 있을 수도 있다. 어쨌든 포스트모더니즘은 유의미한 인간학적 표현들을 보여 준다.

기독교 신앙의 관점에서 볼 때, 실재에 대한 기술로서 포스트모더니즘의 한계는 분명하다. 객관적 지식의 가능성에 대한 그 어떤 주장에도 반대하는 포스트모더니즘은 객관적인 하나님의 계시에 대해 일절 문을 닫는다. 이 사상은 역사를 인정하지 않기 때문에 과거, 특히 예수님의 생애와 사역에 대한 확실한 지식에 다가갈 수 없다. 자아를 초월한 신뢰할 만한 계시가 없다면 우리는 하나님과 자신과 삶의 의미에 대해 무지할 수밖에 없으며, 예수 그리스도와 살아 있고 구속적인 관계가 부재한 상황에서 앞날에 대한 어떠한 전망도 내다볼 수 없을 것이다. 포스트모더니즘은 순수한 현재적 경험에만 집중할 뿐 그것을 해석하거나 의미를 부여하는 방법을 제시하지 않기 때문에, 결국 절망적이고 개인주의적인 자기 고립으로 전락하고 만다. 하지만 진리를 부정하는 자신의 전제에 대한 비판을 피할 수 없기 때문에, 이 사상의 급진적 회의주의는 자기 논박에 빠질 가능성이 있다. 진리에 대한 모든 주장은 의심스러운 것이므로, 그런 주장이 의심스럽다고 보는 바로 그 관점 역시 의심스러울 수밖에 없다. 따라서 진리에 대한 어떤 주장은 의심스럽지 **않은** 것일 필요가 있으며, 이로써 진리에 대한 포스트모더니즘의 보편적 부인은 매우 불안정한 상태에 놓이고 말았다. 이러한 내재적 취약성은, 의미를 향한 추구와 특히 종교적 질문을 포함한 삶에 대한 위대한 질문들이 지속적으로 인간의 담론에 활기를 불어넣고, 역사가들이 과거의 이야기를 계속 써 나가며 유력한 증거를 이용해 자기 해석을 뒷받침하는 우리의 실제 세상에서 직관적으로 알 수 있다. 나아가 포스트모더니즘은 모든 삶과 경험에서 중심을 이루는 초월적 자아, 곧 자의식을 가진 '나'에 대해 설명하지 않는다. 또한 포스트모더니즘 지지자들이 이 지구에 살았던 과거 어느 세대보다 과학기술이 제공하는 것, 이를테면 개인용 컴퓨터나 여러 부가 장치에 의존하는 모습은 이 사상이 지닌 핵심적 역설이다. 사실상 그들의 삶을 지배하는 이 과학기술은 모든 기술 혁신과 진보에 방향을 제시하는 물리적 우주의 객관적 법칙과 확고한 수학적 진리에 관한 기본 지식에 기초하기 때문이다.

한편, 포스트모더니즘이 성경의 기본 내용과 일치하는 몇 가지 중요한 측면이 있다. 완전히 객관적인 관점을 제공한다고 자처하는 이성에 대한 비판은, 죄가 이성을 포함해 인간 존재의 모든 영역에 영향을 미쳤다고 보는 기독교적 관점과 일치한다. 성경이 명확하게 말하듯, 삶의 궁극적 진리는 초연한 이성이 아니라 개인의 회개와 헌신, 믿음 속에서 발견된다. 나아가 이 운동은, 기독교 신앙을 명료하게 표현하고 옹호할 책임이 여전히 존재하지만, 최종적 변증은 탄탄한 논증이나 축적된 증거가 아니라 인간의 경험 전체를 아우르는 공동체와 생활방식 안에 신앙의 진리를 통합하는 것임을 일깨워 준다. 마찬가지로 역사가 필연적으로 진보할 것이라는 모더니즘의 신념에 대한 포스트모더니즘의 거부는, 오직 하나님과 그분의 은혜만을 의지하는 가운데서만 비로소 진정한 자유와 성취를 향해 전진할 수 있다는 성경의 가르침과 일맥상통한다.

방법 면에서 포스트모더니즘은 기독교 복음에 하나의 기회가 되며, 몇몇 지점에서 실제로 그렇다. 이 사상에 내포된 피할 수 없는 개인주의의 황량함은, 공동체를 위해 창조된 인간의 마음에 공동체적 삶을 경험하고픈 갈망을 필연적으로 불러일으킨다. 살아 계신 그리스도와 그분의 성령으로 함께 결속된 사랑의 친교 공동체인 교회는, 이러한 차가운 고립을 극복할 수 있는 훌륭하고 매력적인 대안이다. 또한 다양성을 포용하고 전 세계적 관점을 취하고자 하는 포스트모더니즘의 노력은, 세계 곳곳에서 모든 민족과 문화를 포용하려는 국제적 기독교 공동체에 상당한 의미와 적절성을 부여한다. 지역 교회들이 주변의 다양한 문화와 여러 세대의 교회 구성원들을 용기 있게 포용하고 그것을 위협이 아닌 감사히 받아야 할 선물로 이해한다면, 그들의 삶과 친교 공동체가 풍요해질 뿐 아니라 교회 밖에서 포스트모더니즘의 영향을 받은 사람들로부터 진실한 반응을 얻을 수 있다.

마지막으로, 메타내러티브를 거부하는 포스트모더니즘은 그리스도인과 특히 설교자들이 포괄적인 기독교 복음을 예수 그리스도를 중심으로 하는 유의미한 이야기로 제시하도록 도전한다. 그 속에서 우리의 개인적 경험이 인정받고, 고독을 극복하며, 죄책은 완화되고, 주변 환경을 긍정하게 되며, 사회적으로 책임을 부여받고, 역사적 실재를 수용하고, 상상력이 해방되고, 삶이 자유로워져 영광스럽고 살아 계신 삼위일체 하나님을 섬기는 새롭고 영원한 목적을 지향하게 되는 '그' 이야기(*the story*) 말이다.

경제적 개인주의

앞서 살펴본 것처럼 현대인의 정신적 태도에서 가장 중요한 한 가지 특징은 개인주의로, 이것은 경제 분야에도 나타난다. 개인용 컴퓨터의 발명이 가져온 의사소통 혁명은 먼저 서구 사회의 경제 활동 양상을 바꾸어 놓았고, 점차 확산되어 전 지구적 현상이 되었다. 이제는 각 개인이 1인 기업가가 되어 국제적인 아이디어 시장 및 상품 시장에 참여할 수 있게 되었다.

수많은 연구자들은, 이 같은 컴퓨터 기술 발전이 야기한 일차적 결과로 사실상 경제가 실재를 조망하는 기본 렌즈가 된 것을 든다. 이런 렌즈를 통해 세상을 바라보면, 개인의 부를 추구하는 경제 활동이 인간 행동의 동력이므로 시장에 대한 고려가 그 무엇보다 중요하다. 그렇다고 아름다움이나 정의, 신앙과 같은 무형의 가치를 중요하지 않게 여기는 것은 아니며, 오히려 직접적이고 접근 가능한 실재인 경제가 이런 가치들에 대한 추구를 가능하게 만든다고 주장한다. 결국 우리는 경제적 존재이며 궁극적 선은 경제적 안녕이고, 개인으로서 우리의 가치는 이와 같은 '핵심 내용', 곧 상품 시장에서 매겨지는 가치, 지위를 상징하는 재산, 주식 계좌 등에 엄격하게 좌우된다. 일반적으로 서구 문화에서는, 이 같은 노골적인 비인간화의 요소에도 불구하고 많은 이들이 이런 관점에 매력을 느낀다.

그리스도인들 역시 이 모든 것이 제공하는 개인적 기회 확장에 참여하는 데 주저할 필요는 없을 것이다. 나아가 국제 경제의 발전이 사람들 간의 관계를 개선하고 국제 사회의 전체 자원 확장을 촉진한다면, 이 같은 현대적 사고를 나쁘게 생각할 필요는 없을 것이다.

그러나 기독교적 관점에서 질문해 보아야 할 심오한 문제들이 있다.

1. 경제가 매우 중요하긴 하지만, 가장 중요한 것은 아니다. 경제가 우리 시대의 중요한 문제를 해결하고 극복할 것이라는 기대는 결국 환멸을 초래할 뿐이다. 그것은 이성이나 보편 교육이 인류를 위한 새로운 황금시대를 열 것

이라는 계몽주의의 오류와 다르지 않다.

2. 전 세계적 차원의 자유로운 경제 활동이 번영을 보증한다는 가정은 경제에 대한 근거 없는 순진한 믿음이다. 우리는 경제적 발전에 관한 한 미지의 대양으로 들어가는 중이다. 역사적으로 금융 시장과 국제 무역은 종종 예측 불가능하고 때로 재앙적인 방식으로 움직여 왔다. 우리는 역사를 통해 주기적인 경제 성장과 침체 및 1920년대와 1930년대, 그리고 최근의 대규모 경제 붕괴를 생생하게 볼 수 있다.

3. 다른 모든 인간 활동과 마찬가지로, 경제 활동도 도덕적 선택을 하고 책임을 부여받은 인간 존재의 활동이다. 그런데 성경은 인간의 마음이 죄로 물들어 있고 순전히 이기적 동기로 행동한다고 말한다. 그래서 인간의 경제적 판단은 생태 문제 같은 것을 고려하지 않는다. 화학적 오염이 예상된다고 해서 수익을 포기할 필요가 과연 있겠는가? 그러나 환경 문제는 결코 사소한 사안이 아니며, 오로지 시장의 힘을 통제함으로써만 극복이 가능하다. 나아가 개인적 부의 축적이 어쩌면 세계 공동체의 자원 기반에 기여할 수도 있지만, 실제로도 그렇게 될 것이라 믿는 것은 너무 순진한 일이다. 축적된 부가 세계의 가난하고 소외된 사람들의 손에 떨어질 것이라고 믿는 것은 전 세계적 차원에서 기적이 일어나기를 기대하는 것과 같다. 이를 다른 방식으로 표현하면, 개인이 추구하는 무제한적 자유 시장 경제 활동은 필연적으로 무제약적 개인주의의 모든 문제점을 반영한다. 그러나 우리는 독립적 개인이 아니다. 우리는 인간 가족의 구성원이며, 온전함을 이루려면 다른 사람이 필요하다. 우리는 사랑을 위해 창조되었고, 이기적 개인주의를 초월하는 사랑 안에서만 완성을 경험할 수 있다.

4. 마지막으로, 경제라는 실재 자체는 인간 존재에 관한 중요한 질문에 아무런 답도 주지 않는다. 우리는 어디서 왔는가? 우리는 무엇 혹은 누구인가? 우리는 어디로 가는가? 삶의 목적은 무엇인가? 이런 질문들에 대해 경제는

침묵한다. 그러나 이 질문들은 결코 완전히 사라질 수 없으며, 시대마다 개인적 삶과 사회적 삶 속에 얼마나 깊이 묻혀 있든지 간에 조만간 반드시 표면으로 떠오른다. 이에 대한 유일하게 충분히 만족스러운 해답은 성경에 기록된 창조주이자 구속주이신 하나님의 계시에 있다.

마무리하기 전에, 결국은 우상에 지나지 않는 이 세계관이 기독교 세계, 특히 서구 기독교 사회에 던지는 도전을 언급하지 않는 것은 위선적 태도일 것이다. 우리가 진정으로 정직하다면, 예수님의 이름으로 물질주의를 경멸하는 우리 가운데 너무나 많은 이들이 창고에 물질주의의 생산품을 지나치게 많이 쌓아 두고, 탐욕을 중시하는 생활방식을 너무 쉽게 따른다는 사실을 인정해야 한다. 기독교 지도자로 부름받은 사람들 역시 성공과 인정의 유혹에 너무도 자주 굴복한다. 지금은 비판뿐만 아니라 죄의 고백과 회개가 필요한 시점이다.

종교 다원주의

앞서 객관적 진리 주장을 원칙적으로 거부하는 포스트모더니즘의 중대한 영향을 살펴보았다. 포스트모더니즘에 따르면, 모든 관점은 개인적 관점이며 주관적 표현일 뿐이다. 따라서 모든 것이 똑같은 타당성을 갖는다. 종교 영역에서 이런 자세는, 어떤 종교의 방법이나 체계도 진리를 독점적으로 소유했다고 주장할 수 없다는 다원주의적 접근 방식으로 나타난다. 다원주의가 인기를 끄는 이유 중 하나는 세계화의 영향인데, 이로 인해 이전에는 '외국의' 것이었던 종교와 그 헌신적 추종자들이 여러 서구 사회의 이웃이 되었다.

이전 시기에는 주요 세계 종교들을 하나의 신앙으로 통합하기 위한 시도, 곧 혼합주의로 알려진 접근 방식이 유행했다면, 오늘날에는 내용은 동일하지만 형태를 약간 달리하는 방식이 널리 퍼져 있다. '종교 다원주의'라 부르는 이것은 레스토랑의 뷔페식 식사를 대하는 것처럼 다양한 종교를 대하는 방식이다. 모든 음식이 차려져 있고 원하는 대로 골라 먹을 수 있다. 사람들은 접시를 들고 다양하게 차려진 요리를 훑어보다가, 구미가 당기거나 맛있어 보이면 전부 접시에 담는다. 이런 사고는 삶의 모든 차원에서 선택을 중시하는 현대인의 태도와 잘 맞아떨어진다. "선택은 그 자체로 가치 있는 것, 심지어 우선 사항이 되었다. 현대적이라는 것은 선택과 변화에 중독되었다는 뜻이다"(기니스). 예를 들어 라고스의 뒷골목에 사는 청소년을 방문한 어느 사회 복지사의 보고서를 보면, 그 집 탁자 옆에 성경과 공동기도서, 코란, 잡지 「파수대」(The Watchtower) 세 권, 카를 마르크스 전기, 요가 훈련에 관한 책 등이 놓여 있었다고 한다. 미국의 한 여론조사에 따르면 미국인의 74퍼센트가 '오직 한 분의 참 하나님이 존재하고, 그분은 거룩하고 완전하며 세계를 창조하셨고 오늘도 세계를 다스린다'고 강하게 동의하지만, 64퍼센트의 인구가 '절대적 진리 같은 것은 존재하지 않는다'라는 진술에도 강하게 혹은 어느 정도 동의하는 것으로 드러났다.

우리 시대 사람들이 다원주의에 매력을 느끼는 현상은 오래된 세계 종교의 부활을 통해 촉진되었으며, 부분적으로는 최근 세계 인구의 대대적 이동을 통해 이런 종교가 서구 사회에 유입되고 아울러 물질주의에 대한 세계적 불만이 전반적으로 표출되면서 발생한 것이다. 그러나 다원주의 확산에 일차적으로 영향을 끼친 요인은 그것이 우리 시대의 특성에 반응하는 방법 때문이다("포스트모더니즘"을 보라. pp. 221-224). 오늘날의 분위기는 매우 관용적이고 포용적이다. 진리는 어느 한 관점이 아닌 모든 관점이 내세우는 주장 속에 들어 있다. 특히 인간의 모든 생각이 필연적으로 단편적일 수밖에 없다고 주장되는 종교 영역에서 배타성을 주장하는 것은 불관용적인 외고집을 부리는 태도일 뿐이다.

그렇다면 그리스도인은 어떻게 답해야 할까? 기독교는 하나님께 이르는 유일한 길인가? 다른 종교에는 진리가 없는가? 이 장의 주제에 맞게 더 구체적으로 말하자면, 예수님과 그분이 제시한 구원이 모든 사람을 위한 길이 될 수 있는가? 구원을 받고 하나님을 알고자 한다면 반드시 예수님을 통해 하나님께로 가야 하는가? 예수님만이 유일한 구세주인가?

우리는 예수님의 인격에서 시작해야 한다. 그분에 대한 신약의 기본적 진술은 그분 안에서 하나님, 곧 창조주이며 존재하는 만물을 붙드시는 분이 사람의 모습으로 세상에 들어오셨다는 것이다(제4부 "예수 그리스도의 신성"을 보라. pp. 260-284). 예수님은 단지 특별히 거룩한 사람, 위대한 종교 지도자, 영적 스승 또는 기적 행위자, 혹은 이런 종류의 사람들 중에서 가장 위대한 분 정도가 아니다. 그분은 친히 우리와 함께 계신 하나님, 곧 임마누엘이셨다. 따라서 만일 이것이 참이라면(신약의 전체 메시지가 이 진리에 입각해 있다면), 예수님은 분명히 그들과 구별되는 분이다. 예수님을 무함마드(Mohammed), 부처, 크리슈나(Krishna), 또는 다른 종교 지도자와 같은 범주로 묶는 것은 그분을 잘못 이해하는 것이며, 그분께 합당한 영광을 손상시키는 것이다. 엄밀하게 표현하자면, 예수님과 다른 종교 지도자들의 차이는 만물을 창조한 하나님의 말씀이신 그분이 그들을 만드셨다는 데 있다. 이 점에서 그리스도인은 선택의 여지가 없다. 다원주의의 전제를 용인하는 것은 사실상 자신의 주님을 부정하는 것이다.

또한 그리스도의 사역이라는 측면에서 차이점이 하나 더 있다. 예수님이 우리 가운데 오신 것은 하나님의 마음을 계시하기 위해서일 뿐 아니라 인간이 하나님께 돌아가도록 하기 위해서였다. 성경에 따르면, 인간의 조건은 매우 심각한 상태다. 인간은 창조주를 거역하고 그분에게서 분리됨으로써 그분의 정의로운 진노의 대상이 되었다. 그 어떤 성지에서, 그 어떤 종교 전통(기독교를 포함하여)에 입각해 아무리 많은 종교 행위나 헌신을 한다 해도, 그 자체로는 우리 죄를 대속하여 하나님과 우리의 관계를 올바르게 회복할 수 없다. 우리는 무력하므로 자신을 구원할 수 없다. 오직 성육한 하나님이신 예수님만이 무한한 자비로 우리의 필요를 친히 담당하신다. 그분은 십자가에서 우리의 모든 죄와 그 죄의 결과를 책임지셨고 우리를 위해 죽으셨다. 이와 같은 대속의 행위를 통해 그분은 죄인들이 용서받고 하나님의 자녀로서 그분과의 관계를 회복하게 해 주셨다. 오직 그분만이 우리의 죄를 대신해 희생할 수 있었고 그 희생만이 죄인들이 용서받고 하나님과 화해할 수 있는 유일한 길이라는 점에서, 예수님은 하나님과의 구속적 관계로 나아가는 유일한 길이다. 예수님은 "내가 곧 길이요…나로 말미암지 않고는 아버지께로 올 자가 없느니라"(요 14:6)라고 친히 말씀하셨다. 베드로 역시 이 점을 강하게 확언했다. "[예수 그리스도 아닌] 다른 이로써는 구원을 받을 수 없나니 천하 사람 중에 구원을 받을 만한 다른 이름을 우리에게 주신 일이 없음이라"(행 4:12).

나아가, 예수님은 죽은 자 가운데서 부활하셨고 지금도 살아 계신다. 현재 우리는 믿음을 통해, 그분과 지속적으로 관계를 맺으며 살아 계신 예수님을 안다. 그리스도인은 예수 그리스도와 인격적 관계를 맺는 사람이다. 이는 예수님의 지속적인 인간성 가운데서 하나님이 우리 삶을 공유하신다는 뜻이다. 다른 종교 창시자나 스승들과 달리, 예수님은 여전히 우리 가운데 살아 계신다. 설령 사람들이 그분을 믿지 않거나 모른다 해도, 여전히 그분은 모든 사람의 개인적 삶과 사회적 삶을 다스리는 주님으로서 살아 계신다.

마지막으로, 예수님은 재림하실 것이다. 그분은 주님으로서 미래에 모든 인간의 삶과 운명을 심판하고 결정하실 분이다. 그분은 이미 우주의 보좌에 오르셨고, 성경은 특히 예수님이 친히 하신 약속들로 가득하다. 성경은 역사가 그리스도의 영광스러운 자기 현현, 곧 그분의 '재림'으로 막을 내릴 것이며, 그때 예수님이 그분을 시인하는 모든 사람과 함께 영원한 시대를 시작하실 것이라 약속한다.

이렇듯 네 가지 지점 — 예수님이 태어나신 베들레헴의 구유, 우리를 위해 죽으신 갈보리의 십자가, 부활하신 후 비어 있던 예루살렘의 무덤, 재림 시

밝히 드러날 영광과 함께 새로이 펼쳐질 인류 역사 – 에서 예수님은 다른 인물들과 현격히 다르다. 그분은 유일무이하다. 그분만이 하나님이시며, 하나님을 우리에게로, 그리고 우리를 하나님께로 이끌어 주신다.

그러나 신약의 교훈을 이런 식으로 이해한다는 것이, 다른 종교의 길에는 진리가 전혀 없다거나 하나님이 그 속에서 일하실 수 없다는 뜻은 아니다. 하나님은 세상을 사랑하시며, 세상이란 곧 그분이 만든 모든 사람들을 의미한다. 하나님은 그분의 모든 피조물과 '멀리 떨어져' 있지 않다. 그분은 모든 피조물의 삶을 유지하신다(행 17:27-28; 히 1:3; 골 1:17). 하나님의 창조 행위로 인해 모든 사람이 '그분 안에 존재하는 그분의 자녀'다(행 17:27-28).

물론 살아 계신 하나님의 자리에 우상을 세워 놓고 하나님 앞에서 자신을 정당화함으로써, 그분의 심판과 은혜에 저항하려는 뿌리 깊은 본능이 인간의 마음에 존재한다는 점을 잊어서는 안 된다. 이때 종교(그리스도에 대한 살아 있는 믿음이 제거된 기독교를 포함하여)는 이런 회피를 시도하는 주요 수단이 될 수 있다. 이러한 종교가 인도하는 길은 우상숭배와 자기 의라는 두 가지 위험을 결코 피해 가지 못한다. 그러나 "능하지 못하심이 없고"(눅 1:37) "사람의 외모를 보지 아니하시고"(행 10:34) "모든 사람이 구원을 받으며 진리를 아는 데에 이르기를 원하시는"(딤전 2:4) 하나님은, 사도행전 10장에서 로마 백부장의 마음에 역사하셨듯이 다른 길을 따르는 사람들의 마음 안에서 일하셔서, 예수 그리스도의 복음을 듣도록 그들을 인도하시고 그분을 통해 구원을 발견하게 하실 수 있다.

요약

성경은 인간에 대해 두 가지 기본 내용을 가르친다. 첫째, 우리는 하나님의 피조물이며 그분의 형상으로 지어졌다. 우리는 우주의 우연한 결과물도, 하급 관리도 아니다. 인간은 한때 창조주 앞에 빛나는 존재로 서 있었다. 둘째, 우리는 하나님과 그분의 뜻을 배반한 타락한 죄인들이며, 알게 모르게 하나님을 거역하며 살아가고 있다. 파스칼(Pascal)은 이런 진리들을 종합해서 다음과 같이 표현했다. "인간은 이전의 우월한 지위에서 쫓겨나고 패배하고 타락한, 왕좌를 빼앗긴 군주와 같다. 그러나 우리는 과거의 자신을 결코 잊을 수 없기 때문에 자신이 마땅히 되어야 할 모습을 분명히 알고 있다."

인간을 피조물이자 죄인으로 보는 이러한 성경의 가르침은 고금의 다른 모든 인간학과 비교할 때 스스로의 가르침이 진리임을 입증한다.

■ 성경 구절

타락 창 3:1-7; 신 32:8; 욥 31:33; 전 7:29; 사 43:27; 호 6:7; 눅 3:38; 롬 5:12이하; 고전 15:22이하; 고후 11:3; 살전 2:13이하; 딤전 2:13이하; 유 14절.

죄의 본질과 범위 창 3:6; 시 14:1-3; 51:4; 사 64:6; 렘 17:9; 막 7:21이하; 요 8:34이하; 롬 3:9-20; 5:10; 7:14-24; 8:7; 갈 5:19-21; 엡 4:17이하; 약 3:5-9; 벧후 2:19.

죄의 결과 창 3:17-24; 4:14; 19:1-12; 삼상 31:1-6; 시 90:5-10; 전 1-2장; 사 5:8-23; 롬 1:18-32; 8:19-23; 엡 2:1-3; 약 5:1-6; 벧후 3:5-10.

■ 토론 질문

1. 인간의 타락에 관한 해석들 중 어떤 것이 가장 성경적이라고 믿는가? 신화적 해석은 왜 부적절한가?
2. "타락은 죄와 구원에 관한 전체 성경 교리의 암묵적 전제다." 이 진술에 대해 논하라.
3. '전적 타락'이란 무슨 뜻인가? 복음주의의 메시지 및 방법과 관련해 이 개념이 갖는 중요성에 대해 생각해 보라.
4. "한 사람이 순종하지 아니함으로 많은 사람이 죄인[이 되었다]"(롬 5:19)라는 바울의 진술을 당신은 어떻게 이해하는가?

5. 죄의 주요한 결과는 다음과 같은 관계들에 어떤 영향을 미치는가? (1) 하나님과의 관계, (2) 이웃과의 관계, (3) 자신과의 관계, (4) 환경과의 관계, (5) 시간과의 관계. 그 예를 성경 인물이나 신문, 뉴스 등에서 찾아보라.
6. 죄가 다음과 같은 여러 공간에서 만나는 이웃과의 관계에 어떤 영향을 미치는지 생각해 보라. (1) 국제 관계, (2) 사회, (3) 동네, (4) 직장이나 대학교, (5) 교회나 기독교 단체, (6) 개인 생활 영역.
7. 다음과 같은 사람들과 대화를 나눈다고 가정할 때, 당신은 이들에게 그리스도의 복음을 어떻게 제시하겠는가? (1) 영성/뉴에이지 추구자, (2) "자연이 나의 하나님이다"라고 말하는 사람, (3) 포스트모던주의자, (4) 자유 시장 경제 신봉자, (5) 종교 다원주의자.
8. 예수님은 어떤 의미에서 '하나님께 이르는 유일한 길'인가?

■ **참고 자료**

G. C. Berkouwer, *Sin* (Eerdmans, 1971).

H. Blocher, *Original Sin* (Apollos, 1997).

M. Luther, *The Bondage of the Will*, tr. J. I. Packer and O. R. Johnston (James Clarke, 1957).

C. Plantinga, *Not the Way It's Supposed to Be* (Apollos, 1995). 『우리의 죄, 하나님의 샬롬』(복있는사람).

C. Sherlock, *The Doctrine of Humanity* (IVP, 1996).

R. Venning, *The Plague of Plagues* (Banner of Truth, 1965).

최근의 논쟁들

G. Carey, *I Believe in Man* (Hodder, 1977).

D. Cook, *Blind Alley Beliefs* (IVP, 1996).

T. George, *Is the Father of Jesus the God of Muhammad?* (Zondervan, 2002).

S. J. Grenz, *Primer on Postmodernism* (Eerdmans, 1996). 『포스트모더니즘의 이해』(WPA).

D. Groothuis, *Confronting the New Age* (IVP, 1993). 『뉴에이지 운동정체』(CLC).

O. Guinness, *The Dust of Death* (IVP, 1973). 『제3의 종족』(신원문화사).

D. M. MacKay, *Human Science and Human Dignity* (Hodder, 1979).

J. A. Middleton and B. J. Walsh, *Truth is Stranger than it Used to Be* (SPCK, 1995).

M. Mittelberg, *Choosing Your Faith* (Tyndale/Willow, 2008). 『믿음이 무엇인지 이제 알았습니다』(도마의길).

S. Neill, *Crises of Belief* (Hodder and Stoughton, 1984).

L. Newbigin, *The Gospel in a Pluralist Society* (Eerdmans, 1989). 『다원주의 사회에서의 복음』(IVP).

_____, *Foolishness to the Greeks: The Gospel and Western Culture* (Eerdmans, 1986). 『헬라인에게는 미련한 것이요』(IVP).

H. Snyder, *Earth Currents* (Abingdon, 1995). 『21세기 교회의 전망』(아가페).

J. R. W. Stott, *Your Mind Matters* (IVP, 1972). 『생각하는 그리스도인』(IVP).

_____, *The Contemporary Christian* (IVP, 1992). 『시대를 사는 그리스도인』(IVP).

D. Wells, *God in the Wasteland* (IVP, 1994). 『데이비드 웰스의 거룩하신 하나님』(부흥과개혁사).

_____, *Losing our Virtue* (IVP, 1998). 『데이비드 웰스의 윤리실종』(부흥과개혁사).

_____, *Above All Earthly Pow'rs* (IVP, 2005). 『데이비드 웰스의 위대하신 그리스도』(부흥과개혁사).

11 은혜 가운데 있는 인간

인간에게는 창조와 타락을 넘어 자신의 이야기를 연장해서 써 나갈 능력이 전혀 없다. "허물과 죄로 죽었던"(엡 2:1) 우리가 자서전에 더 쓸 내용이 남아 있다면, 그것은 오직 자신의 부활에 관한 이야기가 될 것이다.

신-인이신 예수 그리스도

타락 이후 우리의 이야기가 연장될 수 있었던 것은 전적으로 하나님 은혜의 기적 덕분이다. 하나님은 성육신을 통해 자신을 인간 실존과 일치시키셨고, 인간의 시공간 속으로 들어와 인간의 동반자가 되셨다. 바울이 마지막 또는 둘째 아담으로 묘사한(롬 5:12이하; 고전 15:22, 47이하) 예수님은 에덴의 상황을 회복하시고, 본래 하나님이 우리에게 의도하셨던 참된 인간, 곧 죄 없는 온전한 인간으로서 하나님 앞에 서 계신다.

비록 성경이 예수님에 관한 완전한 전기를 제공하지 않더라도, 복음서를 통해 예수님이 지닌 인성의 완전성을 충분히 확인할 수 있다. 그분의 완전성은 앞에서 언급한 다섯 가지 인간학적 측면 모두에서 잘 드러난다.

하나님과의 관계

예수님은 성부 하나님의 뜻에 완전히 순종함으로써 하나님과 온전한 교제를 나누셨다(마 26:39, 42; 막 1:11; 눅 9:35; 요 4:34; 8:29). 또한 예수님은 한 인간 존재로서 하나님의 영광을 나타내는 삶을 진정으로 실현하셨다(요 12:28; 17:4). 예수님이 지니셨던 어떤 차원은 심지어 타락 이전의 아담에게도 분명 존재하지 않았을 것이다. 그분은 인간인 동시에 삼위일체의 영원한 제2위 하나님이시기 때문이다. 그러나 그분은 실제적 성육신 덕분에 규범적 인간, 곧 하나님과 함께하는 인간으로서 진실로 아담의 위치에 서 계셨다.

이웃과의 관계

예수님은 이웃을 사랑하라는 계명을 온전히 실천하셨다(마 9:36; 요 13:1, 34; 15:12-16). '타인을 위한 인간'으로서 그분은 홀로 지내지 않고, 동료 인간인 남자와 여자들에게 자신을 온전히 내어 주셨다. 물론 십자가만큼 그분이 자신을 완전히 내어 주는 모습이 분명하게 드러나는 곳은 없을 것이다(막 10:45; 롬 5:8; 갈 2:20; 요일 3:16).

자신과의 관계

성경에는 예수님의 내면적 삶을 언급하는 본문이 그리 많지 않다. 그러나 그 본문들을 통해 충분히 알 수 있는 것은, 그분이 실제로 시험을 당하고(마 4:1-11; 막 8:33), 자신을 희생하라는 성부 하나님의 부르심에 순종하고자 고통스러운 투쟁(눅 22:42-44)을 벌이는 가운데서도, 타락과 죄로부터 발생하는 내적 긴장과 혼란, 갈등을 겪지 않았다는 점이다(마 22:46; 막 3:4이하; 요 19:8-11). 우리 앞에 서 계신 예수님은 통합된 인간으로서 아버지와의 관계 속에서 자신을 인식하고, 아버지의 뜻을 이루고 그분의 나라를 세우기 위해 무조건적으로 헌신하는 분이다. 하나님 앞에서 자신의 내재적 잠재력을 온전히 실현한 한 인간이 여기 있다(마 11:28이하).

창조 세계와의 관계

증거가 많지는 않지만, 예수님은 자신을 둘러싼 창조 질서에 대해 예민한 감수성을 지니고 계셨고, 그것을 하나님의 작품으로 인식하셨다(마 6:26-30). 또한 예수님은 태초의 인간에게 주어졌던 창조 세계에 대한 통치권이 자신에게 있음을 나타내셨다(마 13:3-9; 눅 5:4이하; 15:3-6).

시간과의 관계

예수님은 궁극적으로 죽음을 초래하는 죄가 없으셨다. 그분은 죽음의 지배자이시다(눅 7:11-16; 8:49-56; 요 11장). 그러나 예수님은 죽음을 받아들이셨는데, 죽음이 그분에 대해 권리를 주장할 만한 어떤 것이 있어서가 아니라, 우리를 위해 죽음과 싸우고 극복하기 위해서였다. 예수님이 여전히 지배자이며 궁극적으로 죽음에 예속되지 않으신다는 사실은 그분의 승리의 부활을 통해 웅변적으로 입증된다(마 28장; 요 5:21-29; 20장; 딤후 1:10; 히 2:14이하).

그리스도인: 그리스도 안에서 태어난 새로운 피조물

성경적 인간학의 결론적 측면은 세 개의 주제, 즉 **하나님 나라**, **중생**, **성화**'를 통해 가장 잘 설명할 수 있다.

하나님 나라는 예수님의 가르침과 사역의 중심 개념이었다(마 12:28; 막 9:1; 눅 17:21; 요 3:3). "하나님의 나라가 가까이 왔으니 회개하고 복음을 믿으라!"(막 1:15)라는 말씀은 그분의 가르침을 요약적으로 보여 준다. "예수님은 하나님 나라에 관한 생각 속에서 살고 일하고 죽으셨다"(헌터). 하나님 나라는 지리적 영토가 아니며, 단순히 일반적인 도덕적 의미에서 하나님의 뜻을 실천하는 '착한 사람들'도 아니다. 하나님 나라는 구약에 뿌리를 내리고 있으며, 세 가지 진리로 이루어져 있다. 첫째, 하나님은 왕이시다. 하나님은 창조 행위와 구속 행위를 통해 만물의 주권자로 나타나신다(시 97:1; 99:1). 둘째, 하나님의 통치는 반대에 직면한다. 에덴에서 시작된 악의 신비 속에서 인간은 이후로 줄곧 하나님께 반역하고, 심지어 하나님의 언약 백성인 이스라엘도 반역에 동참한다. 셋째, 이런 반역은 오래 지속되지 않을 것이며 언젠가 하나님이 개입해 세상에 자신의 통치를 확고히 세우시리라는 확신이 일어나고, 예언자 시대를 통해 그 확신이 더욱 깊어진다. 이러한 하나님의 개입은 '주의 날'로 표현되며(암 5:18이하; 슥 14:1이하; 말 4:1이하), 메시아 또는 '기름부음 받은 자'로 불리는 특정 인물의 사역과 관련이 있다(사 9:6이하; 11:1이하; 미 5:2이하; 단 7:13 이하; 슥 6:12이하).

구약 시대가 끝난 이후에도 미래에 하나님이 이 땅에 오시리라는 이와 같은 꿈은 '현 시대'와 대조되는 '다가올 시대' 또는 '하나님 나라'로 점차 호명되었고, '하나님 나라가 가까이 왔다'는 예수님의 선포는 결정적 순간이 도래했음을 알리는 신호였다. 죽음과 부활에서 정점에 이를 자신의 사역을 통해 예수님은 오래전부터 약속된 메시아로서 하나님 나라의 시작을 선포했고(마 12:28; 눅 4:18, 21), 그로써 하나님의 적극적 통치가 세상에 확립되었다. 예수님의 재림을 통해 온전하고 최종적으로 완성될(눅 21:22, 29이하) 하나님 나라는, 회개하고 예수 그리스도를 믿는 모든 사람에게 베풀어진 구원을 통해 이미 역사 속에 들어와 있다(요 3:1-8; 행 8:12). 부활하시고 높임 받은 주이신 예수님이 주관하시는 이 나라는 사실상 그리스도의 나라이며(마 28:18; 행 2:33; 엡 1:18-23), 바로 여기에 그리스도인으로 살아가는 삶의 기쁨과 소망이 있다. 우리는 그리스도의 통치 아래 살고, 또한 그분이 시작하신 하나님 나라의 권세를 개인적이고 집단적으로 누릴 수 있게 되었다.

앞서 언급한 대로 그리스도인은 회개와 그리스도에 대한 믿음으로 하나님 나라에 들어가지만(롬 14:17; 행 8:12), 하나님의 관점에서 보면 '거듭남', 곧 중생(골 1:13; 참고. 요 3:1-8)을 가능케 하시는 성령의 사역을 통해서라고 할 수 있다. **중생**은 타락한 죄인이 돌이켜 예수 그리스도를 구속주로 믿고, 영적 죽음에서 새로운 생명으로 일으켜지고(참고. 요 1:13; 3:1-8; 벧전 1:3, 23; 딛 3:5), 그리스도와 연합하여 그분과 함께 죽고 부활하고 높임 받게(롬 6:1-11; 엡 2:5이하) 하는 성령의 사역이다. 이런 관점에서 본다면 우리가 그리스도의 완전한 인성의 놀라운 경이와 그 의미를 이해하는 것은 가능하다. 왜냐하면 성도들은 그리스도와의 연합을 통해, 존재의 모든 차원에서 그분의 완전한 인성의 열매들을 공유하기 때문이다.

하나님 편에서 보면, 이러한 그리스도와의 연합은 중생의 순간에 완성된다. 인간 편에서 보면, 그것은 죄에 대한 의식적인 회개 행위와 그리스도에 대한 믿음에서 시작한다. 이후에는 그리스도와의 신앙적 연합에 따른 유익이 점진적으로 실현되는 기간이 이어지는데, 일반적으로 **성화**라고 부르는 과정이다. 은혜 아래 있는 이 새로운 인간은 막 중생을 체험한 후 현재 성화의 과정을 걷고 있는 존재로, 우리 존재의 모든 영역에 이 영향이 미친다.

하나님과의 관계

죄의 장벽은 그리스도에 대한 믿음으로 제거되었다. 우리는 하나님과 화해했고 하나님의 거룩한 진노는 사라졌다(롬 5:9이하). 그리스도께서 거룩한 율법의 요구를 완전히 충족시키심으로써 인간은 하나님 앞에서 의로워졌고(롬 3:24이하; 갈 3:13), 죄와 악의 노예 상태에서 구속받았으며(엡 1:7), 성령에 의해 신령한 진리를 깨닫게 되었다(고전 2:10이하). 그리스도인들은 하나님의 가족으로 입양되어 하나님과 삶을 공유하고, 동시에 그분을 하늘 아버지로 부르며(눅 11:2), 예수님처럼 '아바'(*Abba*)라고 부른다(롬 8:15).

이웃과의 관계

그리스도와의 연합은 곧 그리스도의 몸인 그분 백성과의 연합을 뜻한다(롬 12:4이하; 고전 12:13). 메시아이신 예수님은 그분의 제자들로 대표되는 메시아 백성과 맺은 사랑의 유대를 통해 사명을 완수하셨고, 우리에게도 **동료와 함께하는 인간성**을 나누어 주셨다. 이것은 끊임없이 사람을 향하고 '그리스도 안에서' 진실로 함께하는 사람들을 끌어안는 인간성이다. 주님과 마찬가지로 그리스도인들 역시 '타인을 위한 인간'이며, 그들의 참 존재는 이웃에 대한 겸손한 섬김과 그것이 함의하는 삶의 모든 차원에서의 행동을 통해 표현된다.

자신과의 관계

나아가 우리는 하나님과의 관계 속에서 진정한 자신을 알게 되며, 자신에 대한 잘못된 관점에서 점차 벗어날 수 있다. 새로운 현실적 인식과 겸손으로 있는 그대로의 자신을 보고, 하나님의 전체 목적 속에서 자신을 바라봄으로써 자아에 대한 집착에서 벗어날 수 있는 새로운 자유를 발견한다. 이와 함께 우리의 자기 존중감도 점점 커지는데, 스스로가 부패한 존재임에도 결국은 하나님의 피조물이자 그분의 자녀, 그분의 압도적인 사랑의 대상이라는 사실을 인식하기 때문이다. 또한 우리는 타고난 능력과 영적 은사를 인식하게 되고, 이것들을 하나님께 드리고 적극적으로 활용하면서 점차 우리의 진정한 자기실현이 일어난다.

창조 세계와의 관계

우리는 창조 세계와 그 안에 있는 다양한 생물종에 대한 존중의 태도와 책임 의식을 새롭게 갖게 된다. 이런 의식이 문화적·교육적·기질적 요인들에 영향받는 부분도 분명 있지만, 모든 그리스도인은 에덴동산에서의 아담과 하와처럼 스스로를 자연 세계의 주인과 청지기로 인식하는 새로운 관점을 얻게 될 것이다.

시간과의 관계

중생은, 성경이 말하듯 그리스도가 달려 죽으신 십자가에 동참해야 하는(갈 2:20; 골 2:12) 위기를 통과하면서 이루어진다. 따라서 새로워진 사람은 무덤을 통과한 자라고 할 수 있다. 비록 물리적·시간적 의미에서는 여전히 육신의 붕괴를 경험하고 있지만, 죄의 삯으로서의 끔찍한 죽음과 심판은 영원히 우리를 떠났다. 이 진리는 하나님의 선물인 '영생'(예를 들어, 요 3:16, 36)을 언급하는 본문들을 통해 의미심장하게 드러난다. 영생은 단순히 하늘에서 누리는 생명이 아닌, 지금 시작되었고 끝없이 지속되어 이후의 세계까지 이어질 새로운 종류의 생명이다.

그리스도인에게 시간은, 더 이상 무자비하게 손가락 사이로 빠져 달아나며 우리를 피할 수 없는 종말로 시시각각 몰아가는 적이 아니다. 그리스도인들이 가진 시간은 아무렇게나 낭비할 시간이 아니라 그리스도께서 지시하신 섬김의 일에 사용해야 할 시간이다. 새로운 존재의 이 마지막 차원은, 죽을 수밖에 없는 존재의 경계를 넘어 성경적 인간학의 네 번째 주제인 '영광 가운데 있는 인간'으로 우리를 안내한다.

12 영광 가운데 있는 인간

이 주제는 제7부에서 훨씬 자세하게 다룰 것이며, 여기서는 이것이 이 시대에 은혜로 시작된 하나님 백성의 중생과 회복의 마지막 단계라는 점만 간단히 언급하고자 한다. 인간은 타락하기 전의 본래 상태로 다시 높여질 것이다. 성경은 이것을 우리 존재가 하나님 형상으로 완전히 재창조된 상태라고 언급한다(롬 8:29; 고전 15:49하; 골 3:10). 따라서 하나님이 본래 우리에게 부여하셨던 하나님의 형상과, 그리스도의 재림으로 시작될 새로운 시대에 하나님 앞에 다시 서게 될 우리의 형상은 동일하다(벧후 3:13; 계 22:1-5).

그러므로 제3부 전체에서 설명을 돕기 위해 구분한 다섯 가지 차원이 그 때는 모두 완전해질 것이다. 우리는 영광 가운데서 하나님(계 21:3; 22:4)과, 이웃(엡 4:13; 계 21:10)과, 우리 자신(계 21:4)과, 환경(롬 8:21-23; 계 22:1이하)과, 시간(벧전 1:3이하; 계 21:4)과 완전한 관계를 맺게 될 것이다.

■ 성경 구절

신-인이신 예수 그리스도   마 1:23; 9:36; 10:27; 11:28이하; 눅 5:4이하; 9:35; 12:24-28; 요 1:14; 4:34; 5:30; 6:38; 10:11, 18; 15:12-16; 고전 15:47이하; 엡 5:25; 딤전 3:16; 히 2:14; 10:7.

새로운 피조물인 그리스도인   요 1:12; 3:1-8; 롬 6:1이하; 8:15; 고전 13장; 갈 2:20;

5:22; 골 3:1이하; 살전 4:9; 딤후 2:11; 벧전 1:3-5.

영광 가운데 있는 인간　　사 2:1-4; 11:1-9; 마 22:30; 요 11:24; 롬 8:18-30; 고전 15:35-57; 고후 5:1-10; 빌 3:20; 요일 3:1이하; 계 21-22장.

■ 토론 질문

1. 그리스도가 '둘째 아담'이라는 표현을 어떻게 이해하는가? 이 말의 의미를 탐구해 보라.
2. 예수님이 완전하고 규범적인 인간이셨다는 기독교의 주장을 뒷받침할 만한 성경의 근거를 찾아보라.
3. 어떤 점에서 그리스도의 완전한 인성이 (1) 당신이 출석하는 교회나 기독교 단체, (2) 개인 생활 등에서의 경험과 태도에 강력한 도전을 주는가?
4. 인간에게 장차 이루어질 영화(glorification)가 우리의 현재 태도에 어떤 영향을 미칠지 생각해 보라.
5. 인간에 관한 성경의 가르침이 다음의 주제들에 어떤 의미를 갖는지 탐구해 보라. (1) 그리스도인의 사회적·정치적 태도, (2) 인종차별, (3) 다수 세계의 경제 발전, (4) 여성 운동, (5) 낙태, 안락사, 장기이식, (6) 환경보호 및 멸종 위기종 보호를 위한 캠페인.

■ 참고 자료

C. S. Lewis, *Mere Christianity* (Fontana, 1955).

D. M. Lloyd-Jones, *Life in the Spirit* (Banner of Truth, 1974). 『요한복음 강해 1』(CLC).

R. Macaulay and J. Barrs, *Christianity with a Human Face* (IVP, 1979). 『인간 하나님의 형상』(IVP).

O. O'Donovan, *Resurrection and Moral Order* (Apollos, 2nd edn, 1994).

C. Sherlock, *The Doctrine of Humanity* (IVP, 1996).

J. R. W. Stott, *The Contemporary Christian* (IVP, 1992).

_____, *Issues Facing Christians Today* (Marshall, Morgan and Scott, 1984). 『현대 사회 문제와 그리스도인의 책임』(IVP).

적용

인간의 본성

의존 | 창조는 우리가 하나님께 완전히 의존해 있음을 확고히 말해 준다. 우리의 전 존재와 소유한 모든 것은 하나님께로부터 온 것이며, 우리의 모든 호흡도 문자 그대로 그분의 선물이다. 그러므로 그분에 대한 우리의 적절한 응답은 외적 예배 행위나 삶을 살아가는 전반적인 내적 태도에 있어서, 진정으로 겸손한 태도를 취하는 것이다.

긍정 | 인간과 세계가 모두 하나님의 피조물이기에, 그리스도인은 (1) 자기 자신을 비롯한 온갖 형태의 피조물을 받아들이고 긍정한다. 때로 성경에서 하나님은 이런 태도가 없는 사람들에게 '진노'를 나타내신다(출 4:10-14; 삼상 15:17; 렘 1:6이하). 하나님은 우리를 그분의 피조물로 인정하시고, 그리스도 안에서 자녀로 받아들이신다. 그리고 우리도 그렇게 하도록 요청하신다. 마찬가지로 예수님은 제자들을 가능성을 지닌 존재로 바라보셨다(마 4:19; 16:17이하; 행 9:5이하, 15).

이러한 자기 긍정은 우리 인격의 독특하게 구별되는 특징, 즉 하나님과 그분의 목적 안에서 그 무엇으로도 대체할 수 없는 의미를 지닌 본질적 '자기'에 대한 긍정을 포함한다(참고. 고전 12:14-26). 여기에는 하나님이 주셨기에 결코 멸시해서는 안 되는 우리의 몸도 포함된다(고전 6:13이하; 엡 5:29; 딤전 4:8).

과로나 몸의 혹사, 위생이나 운동을 무시하는 태도, 불필요한 신체적 모험 등은, 하나님이 창조하시고 성령의 전으로 만드신 몸의 신성함을 부정하는 것이다. 아울러 여기에는 욕구와 충동을 지닌 우리의 성(sexuality)도 포함된다. 근신과 절제가 항상 필요하지만(막 9:43이하; 고전 7:1-6), 우리의 성적 본능은 본질적으로 하나님이 주셨으므로 언제나 선하다. 물론 성경은 일부일처제 내에서의 이성 간 결혼을 통한 성적 표현이 모든 사람을 위한 것이 아니며, 일부는 독신으로 부름받기도 한다는 점을 인정한다. 성경은 그런 소명의 가능성을 인정하고, 독신의 특별한 절제에 대해 은혜를 약속한다(마 19:11이하; 고전 7:7, 32-35).

그리스도인은 (2) 자신의 **사회성**을 받아들이고 긍정한다(창 2:18이하; 마 22:39). 즉 하나님이 허락해 주신 가정생활과 그에 따른 책임을 받아들인다. 비록 하나님 나라에 대한 의무가 더 궁극적이긴 해도(눅 14:25이하), 성경은 이와 같은 의무를 무시하는 사람들을 날카롭게 꾸짖는다(딤전 5:8). 성경에 등장하는 인물들의 생애를 통해서도 잘 알 수 있듯이, 이런 책임은 아들과 딸, 부모, 부부에게 모두 적용된다(요 19:26이하, 엡 5:21-6:4). 사회생활 역시 하나님이 허락하신 것으로 받아들여야 한다. 책임 있는 시민 의식과, 대학교 또는 공장, 사무실, 지역사회 등에 책임 의식을 발휘하는 것은 이러한 성경적 교리에 대한 믿음의 실천적 표현 방식이다. 사회생활은 다른 문화적 영역, 곧 문학과 음악 및 여타 예술 장르, 스포츠 등에서도 이루어져야 한다. 우리는 개인적 취향을 인정하면서도 타락의 결과에 직면할 때는 분별력을 발휘해야 한다. 이에 대한 성경적 원리는 다음과 같다. "하나님께서 지으신 모든 것이 선하매 감사함으로 받으면 버릴 것이 없나니…우리에게 모든 것을 후히 주사 누리게 해[셨다]"(딤전 4:4; 6:17).

예수님이 우리에게 보여 주신 거룩한 인간성이 바로 이 점을 확증해 준다. 예수님이 '세리와 창기의 친구'라 불리고 많은 사회적 모임에 참여하신 것(눅

15:1이하; 5:27-32; 7:36-50; 요 2:1-11)은 단순히 가르침 때문만은 아니었다. 이런 호칭에는 비록 풍자적 요소가 담겨 있기는 하지만(마 23:24; 눅 7:31-34), 이 세상을 살아가는 그리스도인에게 합당한, 고통이나 부패에 대한 깊은 감수성과 함께 따뜻하고 개방적이고 밝은 인간성의 차원이 녹아들어 있다. 모든 인간이 하나님의 형상으로 함께 창조되었다는 점도, 각 분야의 사회적 안녕에 진실하게 관심을 기울이는 행동으로 표현되는 이웃 사랑의 근거가 된다.

창조 교리는 또한 (3) **'자연 세계'**가 하나님에게서 비롯되었음을 받아들이고 긍정하게 한다. 아울러 자연을 책임 있게 잘 관리하고 불필요한 환경오염과 환경파괴를 막으라는 하나님의 명령을 받아들이게 한다(창 1:26-2:20).

대면 | 우리 하나님이 만물의 창조주라는 사실은, 삶의 모든 영역, 아니 우주의 모든 영역이 그분의 관심 밖에 있거나 그분 존전에서 벗어나 있지 않다는 뜻이다. 따라서 그리스도인들은 삶의 모든 영역에서 진지하고 책임 있는 자세로 살아야 한다. 왜냐하면 하나님은 일과 가정, 사회, 교회, 여가 등 모든 영역에서 우리가 함께해야 하는 분이기 때문이다.

목적 | 하나님은 어떤 목적을 위해 만물을 창조하셨다. 그러므로 우리는 목적을 지니고 태어난 존재이며, 모든 일 가운데서 하나님의 영광과 이웃의 유익과 하나님 아래서의 자기실현을 추구하도록 지어졌다.

죄 가운데 있는 인간

세계(조직된 인간 사회 등)를 바라보는 관점 | 모든 인간이 타락했음을 안다면, 그리스도인들은 비현실적 낙관주의로부터 벗어날 수 있다. 우리는 인간의 도덕적 향상을 위한 모든 노력이 결코 충분하지 않음을 인정한다. 그런 노력은 자기완성과 진정한 공동체의 성취를 이룰 인간적 능력에만 의지하기 때문이다. 사회 개선을 위한 각종 계획들이 실패하고, '위대한 남녀들'이 무기력함을 보이는 것은 전혀 놀랄 일이 아니다. 심지어 기독교 영역 안에서도 마찬가

지다. 우리는 하나님이 크게 사용하시는 종들과 지도자들에게 적절한 명예를 부여해야 하지만, 그들을 부당하게 우상화하려는 유혹에는 저항해야 한다.

세상이 타락했다는 말은, 세상이 어둠의 세력이 지배하는 영역이 되었다는 뜻이다. 물론 이러한 마귀의 권세는 그리스도의 승리로 이미 깨어졌지만, 복음을 받아들이지 않는 곳에서는 여전히 완고하게 유지되고 있다. 타락한 이 세상은 예수 그리스도의 사람들에게는 갈등과 투쟁의 장소다. 앞서 언급한 대로, 그리스도인들이 세상을 긍정하기 위해서는 분별력과 열린 눈이 항상 필요하다. 세상은 그리스도인들에게 결코 중립적인 영역이 아니기 때문이다. 물론 이것이 우리가 세상을 피해야 할 이유는 아니다. 타락을 인정하는 그리스도인은 자신의 영적인 적에 대해 배우기 위해, 즉 적이 세상에 자신을 드러내는 방식과 그가 하나님 자녀와 하나님의 사역을 공격하는 방법, 영적 전쟁에서 하나님의 무기를 제대로 사용하는 방법 등을 알기 위해 성경을 공부해야 한다(고후 10:3-5; 엡 6:10-18).

세상의 타락과 동시대인들의 곤경을 인식하는 그리스도인이라면, 그들을 구원하고 해방시킬 수 있는 단 하나의 메시지, 예수 그리스도의 복음을 세상에 전하기를 간절히 원할 것이다. 복음전도의 동기는 단순한 연민 그 이상이지만, 그것을 엄연히 포함한다(마 9:36). 결국 인간이란 도덕적·영적으로 무력할 수밖에 없다는 점을 인식한다면, 자비와 은혜의 하나님께 이 세대 사람들이 자신들의 필요를 깨닫고 그분께 돌아와서 그분의 영원한 자비와 구원을 누리게 해 달라고 간구해야 할 것이다.

자신을 바라보는 관점 | 인간 타락의 교리는 자신이 어리석은 존재이고 하나님에 대한 반역으로 인해 십자가 이외의 다른 방법으로는 결코 구원받을 수 없는 존재라는 사실을 일깨워 주기에, 자연히 겸손과 참회의 마음을 일으킨다. 우리는 하나님 앞에서 죄를 용서받았지만 여전히 타락한 본성을 지닌다. 모든 죄는 하나님과 맞서는 것이며, 모든 죄가 삶에서 완전히 사라지기

전까지 우리를 향한 그분의 목적은 결코 온전히 성취될 수 없다. 그래서 모든 그리스도인의 내면에서는 도덕적 갱신이 일어나야 하고, 이것은 일생 동안 우리 인격이 온전히 새롭게 되는 과정이다. 그러므로 우리는 하나님 말씀을 통해 자신을 점검하여 죄를 확인한 후, 회개하고 그로부터 돌아서야 한다. 우리는 죄의 뿌리가 우리 안에 얼마나 깊이 박혀 있으며 갱신이 얼마나 광범위한 영역에서 일어나야 하는지를 알아 감으로써, 철저히 성경적이고 실제적인 회개를 해야 한다. 또한 우리 안에 일어나는 은혜의 사역이 더디고 단편적인 듯 보인다 해도 낙심해서는 안 된다.

이러한 갱신의 과정에서 하나님은 우리 삶의 여러 상황들, 즉 절망과 좌절, 육체적·정서적 아픔 등과 같은 고통스럽고 힘든 사건들을 이용하실 수 있다. 물론 우리가 시련에서 벗어나려고 노력해서는 안 된다는 뜻이 아니다. 오히려 그런 시련이 뜻하지 않게, 혹은 자신의 어리석음과 불순종 때문에 닥쳐올 때도, 우리는 종종 하나님의 손이 "우리의 유익을 위하여 그의 거룩하심에 참여하게"(히 12:10) 하려고 우리를 연단하심을 깨달을 수 있다.

이 모든 것은 우리 안에 계신 하나님의 사역이 드러내는 소극적 측면일 뿐이다. 그리스도인들은 하나님 사역의 적극적 측면으로서, 성령과 함께하는 삶이 주는 축복과, 삶으로 나타나는 성령의 열매(갈 5:22)를 맛볼 수 있다.

은혜 가운데 있는 인간

예배 | 인간이 스스로의 힘으로 살도록 내던져져 있었다면 그의 이야기에는 결코 후속편이 존재하지 않았을 것이다. 오직 살아 계신 은혜의 하나님이 계시기 때문에 인간은 은혜 아래 살 수 있게 되었다. 우리가 그것을 깨닫는다면 도저히 하나님을 찬양하고 예배하지 않을 수 없을 것이다.

소망 | 성장이 더디고 악의 세력에게 공격을 당하고 무미건조한 시간이 주기적으로 찾아온다 해도, 은혜 안에 있는 사람들은 결코 완전히 절망하지

않을 것이다. 왜냐하면 "너희 안에서 착한 일을 시작하신 이[하나님]가…이루실 줄"(빌 1:6) 알기 때문이다. 그들은 계속해서 그리스도를 바라볼 것이며, 그분에게서 자신들이 마침내 이루게 될 모습, 즉 하나님과 이웃, 자기 자신, 세계, 시간과 완전한 관계를 맺게 될 모습을 바라볼 것이다. "신자가 믿고 의지할 대상은 자기 안에 있는 하나님의 은혜가 아니다. 그것은 때로 말라 버리는 우물과 같기 때문이다. 그가 의지할 대상은 자신 밖에 있는 하나님의 은혜, 곧 예수 그리스도 안에 있는 은혜다. 이 은혜는 영원히 흐르는 샘물과 같으며 신자에게 무엇보다 소중하다"(보스턴). 소망 가운데 그리스도를 의지할 때, 우리는 성경의 계명들이 영광스러운 약속임을 알게 된다. '너희는…해야 한다'라는 말씀은 언젠가 너희가 **그렇게 되리라**는 뜻이다. 달리 말해, 이 계명들은 언젠가 피어날 약속의 싹이다.

그리스도인의 소망은 또한 비그리스도인을 대하는 태도에서도 표현된다. 하나님이 그분의 주권적 은혜로 우리 삶을 변화시켜 주셨다면, 다른 모든 사람에게도 소망이 있다는 뜻이기 때문이다.

교제 | 하나님의 은혜 사역은 하나님 백성의 살아 있는 교제 안에서 계속 이어진다. 그와 같은 교제 속에서 각 개인의 한계와 약점들이 보완되고, 하나님의 백성은 그리스도 안에서 함께 자라며 성숙해 간다(엡 4:12-16). 자신의 갱신과 성장에 대한 관심은, 결국 자신이 속한 지역 교회의 교제에 깊이 참여하는 공동체적 형태로 나타나게 된다.

영광 가운데 있는 인간

그리스도인의 소망은 바로 이 지점에서 온전하게 실현된다. 인간은 타락 이전의 아담과 하와가 그랬듯이 언젠가는 완전히 새로워져서 하나님 앞에 서게 될 것이다. 많은 그리스도인이 종교에 대한 현대의 비판적 분위기와 물질주의적 문화의 영향을 받아, 실제로 죽음과 그 이후 세계에 직면하기 전까지는 천국에 대한 소망을 중요하게 취급하지 않는다. 하지만 신약 저자들은 이런 영향을 받지 않았고, 초기 그리스도인들 역시 그랬다. 칼뱅은 미래의 삶을 숙고하는 태도가 그리스도인의 일차적 특징 중 하나라고 보았다. 이러한 영원의 관점을 의도적으로 받아들일 때, 비로소 우리는 이 세상에서 인간 존재의 진정한 위치를 알고, 죽음이란 새로운 시대의 영원한 생명으로 들어가는 관문임을 깨달을 수 있다. 나아가, 장차 도래할 세계에서 우리가 완전한 도덕성을 성취하리라는 희망은 성화의 과정을 지속적으로 추구하게 하는 중요한 자극제가 된다.

무엇보다, 이런 관점은 찬양의 새로운 깊이를 깨닫게 한다. 진정한 찬양이란 타락한 인간을 끔찍한 부패 상태에서 구원하여 자신 앞에 세우시고, 창세 때 아담에게 들려주신 '심히 좋다'는 그 선언을 우리에게도 들려주신 하나님께 영광 돌리는 행위다(창 1:31; 사 42:1; 마 17:5; 눅 3:22; 계 21:1-4).

4부

그리스도의
위격과 사역

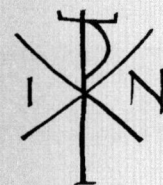

그리스도 모노그램. 그리스도(X, P), 십자가(T), 나사렛 예수(I, N)를 의미하는 글자의 조합으로 그리스도의 평화를 상징하기도 한다.

13 예수 그리스도의 인성

복음서에는 예수님의 참된 인성을 보여 주는 자료가 많다. 실제로 이것은 오늘날 복음서를 연구하는 거의 모든 학자들이 동의하는 몇 가지 내용들 중 하나다.

모든 복음서는 예수님을 인간의 족보에 포함시키며 시작한다(마 1:1-16; 눅 3:23-38). 예수님의 잉태 방식은 특별했지만, 어쨌든 그분은 평범한 인간의 출생 방식으로 태어나셨다(마 1:25; 눅 2:7; 갈 4:4). 그분은 마리아의 자궁 안에서 태아로 자라났으며, 보통의 임신 기간을 다 채우고 마리아의 산도를 거쳐 세상에 태어났다. 그분의 삶은 "자궁에서 무덤까지"(키르케고르) 우리와 다를 바 없이 이어졌고, 그분이 출생 이후 가정 안에서(막 6:1-6) 일반적인 성장 발달 과정을 거치는 모습도 확인할 수 있다(눅 2:40-52; 히 5:8).

복음서에 나타난 예수님은 보통의 육체적 한계를 보여 주셨다. 그분은 피곤(요 4:6)과 배고픔(마 21:18)과 목마름(마 11:19)을 느꼈고, 생의 마지막 몇 시간 동안 육체적 죽음 앞에서 영혼과 육체의 강렬한 고통을 겪으셨다(막 14:33-36; 눅 22:63; 23:33).

그분은 인간이 느끼는 모든 감정, 예를 들어 기쁨(눅 10:21)과 슬픔(마 26:37), 사랑(요 11:5), 연민(마 9:36), 놀라움(눅 7:9), 분노(막 3:5) 등을 경험하셨다. "하나님의 아들이 인간의 감정을 갖지 않았다고 생각하는 사람은 실제로는 그분을 인간으로 인정하지 않는 것이다"(칼뱅). 헬라어 신약성경에 사용된 단어를 조사해 보면 그분이 강렬하고 깊은 인간의 감정을 가지고 계셨음을 알 수 있다. 예를 들어, 그분은 억제할 수 없는 슬픔으로 온몸을 떨었고(눅 19:41), 끔찍한 좌절로 인해 절규하셨으며(마 27:46; 참고. 요 12:27), 집어삼키는 불처럼 맹렬한 분노를 나타내기도 하셨다(요 2:17).[1]

종교 생활

예수님의 종교 생활을 언급한다는 것은 다소 이상해 보일지도 모른다. 왜냐하면 그분 자신이 예배의 대상이기 때문이다. 그러나 성육신의 조건에는 분명히 종교 활동도 포함되어 있었다.

예수님은 공적 예배에 참여하셨으며(눅 4:16), 분명히 성경을 공부하고 묵상하고 강론하기도 하셨다(마 4:4이하; 19:4; 눅 2:46; 24:27). 아버지와 내면적으로 나눈 지속적 교제와 별개로, 예수님은 자주 소리 내어 기도하셨고(눅 3:21), 밤새도록 기도하실 때도 있었다(눅 6:12). 특히 요한복음은 자기를 보내신 아버지께 전적으로 순종하고 의존하는 예수님의 삶을 증언한다(요 4:34; 6:38; 12:49 등). 비록 예수님이 성부 하나님과 맺은 관계가 우리의 경우와 분명 다르다고 할지라도(눅 10:21이하; 요 20:17), 예수님을 "우리 믿음의 선구자"(the pioneer of our faith, 히 12:2, RSV)라고 부르는 것은 적절하다.

제한적 지식

이 부분은 확실하게 밝히기가 어렵다. 왜냐하면 예수님의 지식은 결코 우리의 타락하고 제한적인 지식과 같지 않기 때문이다. 그분은 개인의 숨겨진 과거(요 1:47; 4:29), 적들(눅 6:8)과 친구들(눅 9:47)의 생각을 아셨다. 더 나아가 구약을 전혀 새로운 방식으로 이해하셨다(마 22:29; 26:54, 56; 눅 4:1이하; 24:27, 44이하). 그러나 우리는 이 구절들을 마가복음 5:30이하; 6:38; 9:21; 누가복음 2:46 등과 함께 읽을 필요가 있다. 이 구절들은 예수님이 순수하게 무지한 상태에서 질문을 던지시는 것처럼 보인다. 특히 그분은 자신이 재림할 '날과 때'를 모른다고 고백하셨다(막 13:32). 그러나 무지와 오류는 같지 않다. 의미심장하게도, 이 말씀은 예수님이 다음과 같이 자신의 무오성을 강력하게 주장한 직후에 하신 것이다. "천지는 없어지겠으나 내 말은 없어지지 아니하리라"(막 13:31).

무지와 오류를 구별하는 것은 매우 중요하다. 인간의 생각과 경험과 인식은 하나의 균열 없는 연속체를 이룬다. 따라서 예수님이 확신하신 기본 내용에 잘못이 있다거나 그분이 당대의 잘못된 관점을 의도적으로 가르치셨다고 생각하면서, 동시에 그분이 도덕적으로 흠이 없는 모범이며 우리 죄를 대신 지시는 분이라고 생각하기란 불가능하다.[2] 성경은 여기서 신중하게 균형을 유지한다. 즉, 예수님 안에는 성부 하나님과 그분의 뜻에 대한 특별하고 분명한 지식(눅 2:49)과, 더 깊은 이해를 위한 탐구가 함께 존재한다(눅 2:46).

성부에 대한 의지와 순종

앞서 언급한 예수님의 지식의 한계는, 그분의 진정한 인간 됨 및 성부 하나님께 철저히 의존하고 순종했던 모습과 관련지을 때 가장 잘 이해할 수 있을 것이다. 육신을 입은 예수님의 이런 삶의 모습들은 특히 요한복음(참고. 4:34; 6:38, 44; 7:16; 8:27-29, 49이하, 54; 10:18, 29, 32, 35)에 분명하게 나타나며, 다른 복음서들, 특히 기도할 때 일관되게 '아바'를 사용하는 대목에서도 잘 드러난다(마 6:9; 11:25이하; 26:42; 막 14:36; 눅 23:34, 46).³ 이 아람어는 일반적으로 어린 자녀가 아버지를 부를 때 사용되었는데,⁴ 예수님은 이 단어를 사용하심으로써 의존과 순종이라는 두 가지 의미를 완벽하게 표현하셨다.

시험

예수님의 인성은 그분이 죄의 유혹을 받으셨다는 사실에서 더 분명하게 확인할 수 있다(마 4:1-11; 27:42; 막 1:24; 8:33; 눅 11:15-20). 복음서들의 증언은 다음 말씀에 온전히 집약되어 있다. "모든 일에 우리와 똑같이 시험을 받으신 이로되 죄는 없으시니라"(히 4:15).

이런 생각에 반대하는 이들은, 예수님은 죄인이 아니기 때문에 죄와 사탄이 영향력을 행사할 수 없고, 인간이 된 **하나님**이 죄를 지을 가능성을 상상조차 할 수 없다는 이유로, 예수님이 실제로 시험을 받은 것이 아니라고 말한다. 그러나 예수님이 당한 시험이 단지 '위장'일 뿐이었다는 주장은 그것을 기술하는 성경의 언어와 부합하지 않는다. 아울러, 타락 이전의 아담은 죄 없는 인간 본성도 실제 유혹에 직면할 수 있음을 보여 주는 분명한 사례다(창 3:1이하). 물론 어떤 의미에서는, 성육신한 하나님이신 예수님이 유혹에 굴복할 수 있다고 생각하기란 매우 힘들 것이다. 그러나 예수님이 성부 하나님의 뜻에 순종하고자 할 때 사탄의 공격을 받으셨다는 사실은 어떤 경우에도 간과하거나 축소해서는 안 된다.

적군을 공격하려는 어떤 군대를 생각해 보자. 만약 이 군대가 적진 깊숙이 침투하여 결정적 순간에 적을 궤멸시킬 지원 부대를 갖지 못했다고 해서, 정면 공격이 강력하지 않거나 공격의 성공 가능성이 낮다고 볼 수는 없다. 또한 침투 부대의 공격이 실패할 경우에는 외부에서의 정면 공격이 효과적일 수 있다. 각각의 경우 승패 요인은 전체 공격력의 정도에 달려 있을 것이다. 이런 시나리오를 예수님께 적용해 보자. 예수님이 '적진 안으로 침투한' 지원 부대가 없는 상태에서 시험을 받았다는 사실이(우리의 경우는 지원 부대가 안으로 들어와 있다), 그분이 우리와 비슷하거나 높은 강도의 공격을 받지 않았다는 뜻은 **아니다**. 우리가 "감당하지 못할 시험"을 허락하지 않으시고 "피할 길을 내기"(고전 10:13) 위해 하나님이 시험의 강도를 제한하신다는 바울의 언급은 여기서 매우 적절해 보인다. 우리가 마주치는 시험은 하나님의 보호하시는 손길을 통해 걸러진 것이다. 하지만 예수님이 당한 시험은 하나님에 의해 걸러지지 않았다. 우리 가운데 누가 40일간 밤낮 계속되는 시험을 감당할 수 있으며(마 4:1이하), 하나님의 뜻을 회피하라는 유혹 앞에서 그 뜻을 행하기 위해 땀이 피가 되도록 고투할 수 있겠는가?(눅 22:44) 온 힘을 다해 저항했던 사람만이 시험의 온전한 강도를 경험할 수 있을 것이다. 예수님은 원죄와 무관하셨고 일생 동안 흠 없이 사셨지만, 진정한 인간으로서 우리가 결코 경험하지 못할 무게의 시험을 당하셨다.

부활 후

예수님의 부활과 승천 사이의 기간은 그분의 신성을 분명하게 보여 주는 증거라고 할 수 있다. 그러나 그분이 마리아(요 20:11이하)와 도마(요 20:24이하), 베드로(요 21:15이하)를 만난 장면은 가장 깊은 인간적 감수성과 연민을 보여 준다. 그래서 십자가의 고난은 마치 그분과 인간 동료들을 더욱 가까이 결속시킨 사건처럼 보인다.

지금까지 살펴본 예수님의 인성의 증거는 주로 사복음서를 출처로 한 것이다. 하지만 신약의 나머지 책에서도 예수님의 진정한 인성에 대한 인상적 증거를 확인할 수 있다(행 2:22; 13:38; 17:31; 롬 8:3; 빌 2:8; 골 1:22; 딤전 2:5; 히 2:14; 벧전 4:1). 성경의 분명한 가르침은, "그분[예수님]이 어떤 존재이건 간에 그분은 인간이다"(호스킨스·데이비)라는 것이다.

■ 성경 구절

마 1:1-16, 25; 4:1-10; 9:36; 11:19; 21:18; 27:43, 46; 막 3:5; 6:1-3; 9:21; 10:21; 13:32; 눅 2:7, 40-52; 4:16이하; 7:9; 19:41; 22:41-44; 24:41이하; 요 1:14; 4:6; 6:38; 7:16; 12:27이하; 15:14이하; 19:28, 34; 행 2:22; 13:38; 17:31; 롬 8:3; 갈 4:4; 빌 2:8; 골 1:22; 딤전 2:5; 3:16; 히 2:14; 5:7이하; 12:2; 벧전 2:21-24; 4:1.

■ 토론 질문

1. 그리스도의 진정한 인성을 보여 주는 신약의 증거를 요약해 보라. 어떤 면이 가장 설득력 있게 보이는가? 그 이유는 무엇인가?
2. 예수님의 (1) 시험과 (2) 무지의 고백이 실제적인 것이 아니며, 그분의 신성과 조화될 수 없다는 비판에 어떻게 답하겠는가?
3. 그리스도의 진정한 인성이, 기독교의 (1) 인간에 관한 교리와 (2) 구속에 관한 교리에 대해 가지는 신학적 함의가 무엇인지 생각해 보라.
4. (1) 극심한 시험, (2) 하나님께 버림받았다는 절망감, (3) 심한 육체의 고통을 겪는 사람을 돕기 위해 그리스도가 진정한 인간이셨다는 사실을 어떻게 활용하겠는가?

■ 참고 자료

R. T. France, *The Man They Crucified* (IVP, 1975).

G. W. Grogan, *What the Bible Says about Jesus* (Kingsway, 1979).

D. Macleod, *The Person of Christ* (IVP, 1998). 『그리스도의 위격』(IVP).

J. R. W. Stott, *Christ the Controversialist* (Tyndale Press, 1970). 『논쟁자 그리스도』(성서유니온선교회).

B. B. Warfield, *The Person and Work of Christ* (PRPC, 1950).

P. Yancey, *The Jesus I Never Knew* (Zondervan, 1995). 『내가 알지 못했던 예수』 (IVP).

14 예수 그리스도의 신성

이제 예수 그리스도가 참 인간인 동시에 참 하나님이라는, 도저히 믿기 힘든 기독교의 핵심 진리를 다룰 차례가 되었다. 이것은 기독교가 다른 종교들과 구별되는 가장 독특한 지점 중 하나다. 유대교와 이슬람교 역시 지극히 높으신 유일신을 인정하며 구약의 족장들과 예언자들을 존중하지만, 예수님이 참 인간인 동시에 참 하나님이라는 주장은 오직 기독교에만 있다.

궁극적으로 그리스도의 신성에 대한 참된 고백은 오직 우리 마음속에서 일하시는 성령의 초자연적 사역을 통해서만 가능하지만("성령으로 아니하고는 누구든지 예수를 주시라 할 수 없느니라", 고전 12:3; 참고. 마 16:17; 눅 10:22), 그럼에도 불구하고 성령은 이 진리를 우리에게 계시하기 위해 성경을 이용하신다. 따라서 이 진리를 분명하게 밝혀 주는 말씀을 먼저 살펴보고자 한다.

신성에 관한 직접적 진술

예상하듯이, 그리스도의 신성을 주장하는 본문은 신약 전체에서 가장 논쟁적인 주제 중 하나다. 몇몇 본문들에 나타난 문법적 증거는 그 본문들을 그리스도의 신성에 대한 주장으로 섣부르게 해석하지 않도록 주의하게 한다.

그러나 적어도 여덟 개 구절에 나타난 중요한 관련 증거에 따르면, 해당 구절들을 그리스도의 신성에 관한 직접적 주장으로 해석할 수 있다.

"그[그리스도]는 만물 위에 계셔서 세세에 찬양을 받으실 하나님이시니라!"(롬 9:5)

"아들에 관하여는, 하나님이여 주의 보좌는 영영하며"(히 1:8).

"태초에 말씀이 계시니라. 이 말씀이 하나님과 함께 계셨으니 이 말씀은 곧 하나님이시니라. 그가 태초에 하나님과 함께 계셨고"(요 1:1-2).

"본래 하나님을 본 사람이 없으되 아버지 품속에 있는 독생하신 하나님이 나타내셨느니라"(요 1:18).

"우리의 크신 하나님 구주 예수 그리스도의 영광이 나타나심을"(딛 2:13).

"도마가 대답하여 이르되, '나의 주님이시요 나의 하나님이시니이다'"(요 20:28).

"우리 하나님과 구주 예수 그리스도의 의"(벧후 1:1).

"예수 그리스도…그는 참 하나님이시요 영생이시라"(요일 5:20).

신약에는, 비록 명확하지 않을지라도 그리스도의 신성을 암시하는 구절들이 아주 많이 등장한다(예를 들어, 마 1:23; 요 17:3; 행 20:28; 골 2:2; 살후 1:12; 딤전 1:17; 약 1:1). 앞서 언급한 구절들은 성경의 입장을 확실히 정립하기에 충분하며, 이 밖에도 훨씬 많은 자료들이 존재한다.

예수님과 야훼/여호와의 동일성

신약은 구약에 나타나는 창조주/구속주이신 야훼(또는 여호와)의 여러 완전성들을 예수님께 귀속시킨다. 예수님은 다음 일곱 가지 주요 지점에서 하나님과 동일성을 지니신다.

하나님의 이름

주전 2-3세기경 구약이 헬라어(70인역)로 번역될 당시, 야훼 또는 여호와로 부르는 하나님의 성호인 'YHWH'는 일반적으로 헬라어 '퀴리오스'(*Kyrios*; Lord, 곧 '주님'이라는 뜻)로 번역되었고 이런 용례는 약 7천 회에 달한다. 그리고 이 거룩하고 존귀한 칭호는 예수님께도 직접적으로 사용되었다(롬 10:9; 고전 12:3; 빌 2:11 등; 참고. 만주의 주, 딤전 6:15; 계 17:14; 19:16). 실제로, '예수님이 주님이시다'라는 고백이 제자들의 첫 번째 신앙고백이었을 것이다(롬 10:9; 고전 12:3; 고후 4:5). 신약의 몇몇 본문들은 야훼에 관한 구약의 구절들을 예수님께 직접 적용한다(행 2:34이하; 롬 8:34; 히 10:12이하; 벧전 3:22은 시 110:1을, 롬 10:13은 욜 2:32을, 빌 2:9-11은 사 45:23을, 요 12:41은 사 6:10을, 엡 4:8은 시 68:18을 적용한다). 이 구절들은 분명하게 예수님과 야훼를 동일시한다.

또 다른 동일성의 증거는 하나님이 자신을 지칭하던 이름을 예수님이 자신에 대해 사용하신 경우다. 가장 의미심장한 호칭은 **나는…이다**(I AM)라는 표현이다(출 3:14; 참고. 요 8:58; 6:35; 8:12, 24; 11:25; 14:6; 18:5이하; 막 14:62). 또 다른 예로는 **신랑**(사 62:5; 렘 2:2; 겔 16:8; 참고. 막 2:19이하; 요 3:29; 고후 11:2; 계 19:7), **목자**(시 23:1; 80:1; 사 40:11; 겔 34:15; 참고. 요 10:11-16; 히 13:10; 벧전 2:25; 5:4), **처음이요 마지막**(사 44:6; 48:12; 참고. 계 2:8; 22:13) 등이 있다.

하나님의 영광

하나님의 영광은 그분의 위엄이 가시적으로 나타난 것을 일컫는다(출 24:15-18; 40:34이하; 레 9:6, 23이하; 대하 7:1-3; 사 6:1-4; 겔 1:28). 유대교에서는 하나님의 성호에 대한 경건함을 지키기 위해 이 용어를 사용했다. 하나님의 영광은 다른 이에게 줄 수 없는 것이지만(사 42:8; 48:1), 신약은 이사야 6:1이하의 말씀이 예수님의 영광을 나타내며(요 12:41), 예수님이 하나님의 영광을 드러내는 분이라고 말한다(고전 2:8; 고후 4:4; 히 1:3; 약 2:1; 참고. 요 17:5).

하나님에 대한 예배

주 하나님(야훼) 외에 다른 존재를 예배하는 것은 유대인들에게 상상할 수 없을 정도로 역겨운 일이었으며, 모든 죄 중에서 가장 근본적 죄였다(출 20:3-6; 신 6:4이하, 13-15). 그런데 전부 유대인이었던 예수님의 최초 제자들은 예수님을 예배했다. 상대적으로 드물게 나타나기는 하지만, 어쨌든 이런 사실로 인해 그리스도의 신성을 주장하는 신약의 관점은 매우 인상적으로 보인다.

영광의 찬송이 예수님께 드려지며(롬 9:5; 딤후 4:18; 벧후 3:18; 계 1:5이하), 두 개의 찬송이 성부와 성자 하나님께 동시에 드려진다(계 5:13; 7:10). 신약에는 그리스도를 향해 기도하는 대목이 빈번하게 등장하며(행 7:59이하; 9:13이하; 고전 16:22; 계 22:20), 야훼 예배를 지칭하는 구약의 구절들이 그리스도께 적용된다(사 8:13이하의 내용이 롬 9:33; 벧전 2:7이하; 3:15에서, 70인역에서는 신 32:43의 내용이 히 1:6에서 사용된다). 예배라는 용어가 그리스도와 관련해 사용되는데, 70인역은 '샤하'(*šāḥâ*, 예배, 절하다)를 일반적으로 '프로스퀴네이아'(*proskyneia*)로 번역한다. 예수님의 가르침에 따르면 예배란 오직 하나님을 향해서만 나타내야 할 태도인데(마 4:10), 복음서 저자들은 사람이 예수님에 대해 가져야 할 태도를 묘사하며 이 단어를 사용한다(마 2:2, 8, 11; 14:33; 막 5:6; 요 9:38). 부활하신 그리스도에 대한 제자들의 반응은 이런 태도를 잘 보여 준다. 그들은 "예수를 뵈옵고 경배[했다]"(마 28:17; 눅 24:52). 이는 하늘의 천군천사들의 화답에도 잘 드러나 있는, 예수님의 신성에 대한 분명한 선언이다. "죽임을 당하신 어린 양은…존귀와 영광과 찬송을 받으시기에 합당하도다"(계 5:12).

하나님의 창조

야훼께서 만물을 창조하셨기에 만물의 주가 되신다는 것이 구약 신앙의 자명한 진리였다(창 1:1이하; 시 33:6-9; 148:5이하; 사 42:5; 48:13; 51:9-16). 그런데 신약은 이러한 하나님의 역할을 서슴없이 예수님께 적용한다. 하나님의 창조 사역에는 네 가지 측면이 있다. (1) 하나님이 태초에 세상을 창조하셨다. (2) 그분은 만물을 보존하시고 유지하신다. (3) 그분은 창조된 우주를 종말 또는 정해진 목표를 향해 인도하고 계신다. (4) 그분은 새로운 창조를 행하실 것이다. 그리고 이 네 측면은 예수님께 그대로 적용된다. 그분을 통해 만물이 지은 바 되었으며(요 1:1, 3; 히 1:3; 참고. 골 1:16; 요일 1:1), 그분이 만물을 보존하고 유지하시며(마 28:18; 고전 8:6; 골 1:17; 히 1:3), 그분 안에서 우주가 정해진 목표를 향해 나아가도록 되어 있고(롬 11:36; 엡 1:9이하; 골 1:16), '새로운 창조'란 곧 예수 그리스도 안에서 하나님의 목적이 실현되는 것을 뜻한다(사 65:17; 66:22, "보라, 내[야훼]가 새 하늘과 새 땅을 창조하나니"; 참고. 요 3:5; 20:22; 고후 5:17; 빌 3:20; 골 3:10; 벧후 3장; 계 21-22장).

하나님의 구원

야훼는 구주 하나님이시며, 이는 구약 신앙의 또 다른 굳건한 토대다. 다른 신들과 대조적으로 그분은 유일하게 구원할 능력이 있으시다. "나 곧 나는 여호와라. 나 외에 구원자가 없느니라"(사 43:11; 참고. 사 45:21; 렘 3:23; 11:12). 그분의 구원은 흔히 인간 '구원자'를 통해 이루어지지만(수 10:6; 삿 2:16, 18; 6:14이하), 죄의 용서나 죽음에서 영원한 생명으로의 부활은 오직 하나님의 특별한 권세를 통해서만 주어진다. 그런데 신약은 이러한 권세를 예수님께 돌린다. 그분은 탄생할 때 "자기 백성을 그들의 죄에서 구원할 자"(마 1:21)라는 칭송을 받았다. 그분은 죄 사함의 권세를 주장하셨고(막 2:7-10; 눅 7:48), 사람들은 그분을 죄인들의 구주로 여겼다(요 3:17; 행 4:12; 5:31; 15:11; 갈 1:4; 엡 5:23;

히 7:25; 계 1:5). 그분은 죽은 자들을 다시 살리셨고(막 5:35-43; 눅 7:11-17, 22; 요 11장), 그분을 믿는 모든 사람이 그분을 통해 영생을 얻으며(막 10:21; 요 3:16; 5:24; 요일 5:11이하), 미래에는 그 영생을 온전히 누릴 것이다(막 10:30; 고전 15:22 이하, 54; 살전 1:10; 딤후 1:10).

하나님의 심판

구약에서는 오직 여호와만이 심판주이시다. 그분의 거룩과 위엄은 본질적으로 그분의 의로운 심판을 통해 표현된다(신 32:4; 시 99편; 사 5:16). 어떤 형태의 심판은 인간 대리자를 통해 시행되지만(신 1:16이하; 사 10:5; 45:1), 최종적 심판은 하나님께 속한 권한이다(단 7:9이하; 전 12:14; 욜 2:31). 예수님은 이 특별한 하나님의 권세가 자신에게 있다고 주장하셨으며, 성경은 그 권세를 자연스럽게 그분께 귀속시켰다(마 25:31-46; 막 8:38; 요 5:22-30; 행 17:31; 고후 5:10; 살후 1:7-10; 계 14:14-20). 마지막 날, 예수님은 "사람들의 은밀한 것"(롬 2:16)을 하나님의 최종 심판대 앞에 내놓으실 것이다.

하나님의 증언

이것은 예수님과 야훼의 마지막 연결 고리다. 구약에서 하나님은 자기 백성에게 이렇게 선언하신다. "나 여호와가 말하노라. 너희는 나의 증인[이다]"(사 43:10). 그런데 사도행전 1:8에서 예수님은 사도들을 파송하시면서 "너희가… 내 증인이 되리라"라고 동일한 말씀을 하신다.

 신약의 저자들이 때로 예수님이 하나님이라고 직접 언급하는 대목도 분명히 있지만, 유대인의 사고방식을 지닌 그들에게 가장 자연스러운 방법은 예수님이 오직 하나님만이 할 수 있는 일을 하시는 분이라는 점을 드러내는 것이었다. 따라서 그들은 예수 그리스도께 신성을 귀속시키려 할 때 형이상학적 등식('예수님은 하나님이다')으로 표현하기보다는, 예수님이 하나님께만 속하는 고유한 속성과 사역에 참여하신다고 주장한다.

결론적으로 다음과 같은 놀라운 진리가 밝히 드러난다. 곧, 나사렛의 거리를 거니셨고, 겟세마네 동산에서 피땀을 흘리셨고, 갈보리 십자가에서 죽으신 인간 예수님은 창조주-구속주이신 야훼와 동일한 분이다.

삼위일체에 관한 진술들

예수 그리스도의 신성은, 그분이 신성에 있어서 성부, 성령 하나님과 동일하다고 주장하는 성경 구절들을 통해서도 확증된다(마 28:19; 요 14:15-23; 고전 12:4-6; 고후 13:14; 엡 1:3-14; 2:18, 22; 3:14-17; 4:4-6; 계 1:4이하).

복음서의 증거들

부활

부활은 전체 성경 계시의 중심 내용이며, 신약 전체에는 이에 대한 언급이 아주 많이 등장한다. 부활을 부정하는 것은 신앙의 모든 내용과 가치를 제거하는 것과 같다(고전 15:14). 이런 이유 때문에 부활은 수 세기에 걸쳐 지속적인 비판의 대상이 되어 왔다.

복음서 본문에 대한 비판 | 이에 관한 비판은 두 가지로 집중되었다. (1) 부활한 예수님의 출현에 대한 내러티브들이 서로 일치하지 않는다. (2) '빈 무덤' 이야기는, 후대에 예수님의 출현과 관련한 원래 이야기에 덧붙은 것이다. 그러나 부활한 예수님의 출현과 관련된 내러티브들은 복음서들 간 상호 조화가 가능하며,[5] 빈 무덤이 사도들의 본래 증언 내용이 아니라는 주장은 자의적이고 근거가 없다. 십자가에 달려 있다가 이후 무덤에 안치된 시신을 보았던 (막 15:47) 사도들은, 부활하신 예수님의 출현을 목격했을 때 예수님의 시신이

어떻게 되었을지에 대해서도 분명히 생각했을 것이다. 게다가 빈 무덤은 기독교 복음의 최초 진술에서 명확하게 암시되어 있다(행 2:22-32; 고전 15:3이하). 사도들의 대적자는 물론이고 그들 자신과 청중들에게도 매우 중요한 사안인 빈 무덤이 실제 사실이 아니었다면, 사도들은 예수님의 무덤에서 몇 킬로미터밖에 떨어지지 않은 예루살렘에서 자신들의 부활 중심적 신앙에 대한 확신을 증언할(행 5:28) 수 없었을 것이다. 아울러 부활 내러티브들에는 빈 무덤과 부활하신 예수님의 출현이라는 두 가지 요소가 자연스럽고 조화롭게 결합되어 있다(마 28:1-9; 요 20:1-18).

신학적 비판 | 어떤 사람들은 사실과 의미의 철학적 구분에 기초하여, 신약의 결정적 요소는 제자들의 부활 신앙, 즉 그리스도가 그들의 적을 정복하셨고 그들에게 소망과 의미가 있는 새로운 삶을 부여하셨다는 확신이라고 주장했다. 그들은 이러한 부활 신앙이 실제로 일어난 부활에 기초했는지 여부는 이차적 문제이며, 최종적으로는 판단 불가능한 것이라고 말한다. 어떤 이들은 죽음이라는 보편적 사실에 근거할 때 부활이란 전혀 불가능한 일이라고 주장한다. 칸트 철학에서 이루어진 사실과 의미의 구분은 19세기 실증주의적 역사관에 반영되었으며, 문제가 되는 다수의 비평가들이 그런 역사관을 받아들였다. 오늘날에는 사실과 의미를 이런 식으로 구분할 수는 없다는 점이 인정되며, 게다가 그런 구분을 통해 부활 신앙의 발생을 설명한다는 것은 어떤 경우에도 부적절하다. 이런 태도는 사실상 부활 **사실**의 전승이 제자들의 부활 **신앙**에서 비롯되었다고 - 그 반대가 아니라 - 믿는 것과 같다. 한 응답자는 이렇게 표현한다. "코끼리가 거북 위에 서 있다. 그렇다면 그 거북은 어디 위에 서 있는가?" 예수님이 죽음을 맞이했던 여러 상황들을 고려할 때 이런 해석은 완전히 공상에 가깝다.

역사적 증거 | 세 가지 증거가 굳건하게 버티고 있다. 즉, 이 세 증거에 대한 어떤 회의적 해석도 예수님이 죽음에서 부활하셨다는 신약의 설명보다 확고

하지 않다. 세 증거란, 무덤이 비어 있었고, 제자들이 살아 계신 예수님을 눈으로 보았으며, 그들이 변화되었다는 것이다. (앞의 두 가지 사실에서 기인한) 세 번째 사실로 인해 교회가 세상에 세워졌으며, 현재까지도 온갖 연약함에도 불구하고 세상에 존재하면서 그리스도가 십자가에 못 박히고 부활하신 모든 사람의 주님이심을 증언한다. 그런 의미에서 예수님의 부활에 대한 증거는 이 책의 바탕이 되는 믿음이나, 가까운 교회 건물의 벽돌과 시멘트만큼 강고하다. 만약 부활이 없었다면 기독교 공동체가 2천 년 동안이나 복음을 지키고 선포하기란 불가능했을 것이다. 예수님이 죽음을 맞이한 상황을 고려해 볼 때, 부활이야말로 활력과 확신을 가지고 등장한 교회를 설명할 수 있는 유일하고 신뢰할 만한 근거다. 그리고 교회가 유산으로 남겨 준 문헌인 신약을 통해, 오늘날에도 그런 활력과 확신을 발견하고 경험할 수 있다. "예수님의 부활을 부인한다면, 인류 역사에서 유례없는 현상인 교회와 신약성경의 존재를 결코 적절하고 설득력 있게 설명할 수 없을 것이다"(J. 데니).

부활 신앙에 대한 설명 ㅣ 오늘날 대부분의 학자들은, 가장 초기의 제자들이 예수님이 죽은 자 가운데서 부활하셨음을 진정으로 믿었다는 데 동의한다. 그렇다면 한 가지 질문이 제기된다. 이 부활 신앙의 기원을 어떻게 설명해야 할까? 어떤 저자가 표현했듯이, 가장 회의적인 성경 해석자라도 부활 신앙이 생기고 기독교 운동이 시작되는 데 필요한 어떤 'X' 요인을 상정해야 한다. 이 'X'는 무엇일까? 성경에 기록된 대답을 무시하고자 한다면, 부활 신앙에 대한 다른 세 가지 출처, 곧 기독교와 이교, 유대교가 남는다.

첫 번째 요소는 즉각 무시할 수 있다. 왜냐하면 그때는 기독교가 탄생하기 전이었으므로, 자기의 발생 원인이 된 것을 스스로 만들어 낼 수는 없었을 것이다!

이교의 영향은 어떨까? 이를 지지하는 흐름은 19세기 종교사학파로 거슬러 올라갈 만큼 긴 역사를 갖고 있다. 이 학파의 학자들은 죽고 부활하는 신과 영웅에 관한 이교 신화와 기독교의 예수님 사이에서 유사점을 찾으려고 시도했는데, 방대한 양의 문헌이 발표되었음에도 예수님의 죽음 및 부활과의 실질적 유사 사례는 아직 존재하지 않는다. 오늘날에는 이교의 신들이 실제로 이전 상태로 돌아왔거나 '부활했는지'조차도 의문시되고 있다. 오늘날 학계는 그리스-로마 제국이 아닌 1세기 팔레스타인의 유대 세계를 배경으로 할 때만 예수님과 초기 그리스도인들을 제대로 연구할 수 있다는 점을 인정하게 되었다.

이제 세 번째 출처인 유대교에 관심을 돌릴 차례다. 부활 신앙은 과연 유대교의 영향을 받은 것일까? 인간이 사후에 다시 부활할 수 있다는 사상은 구약의 유대교에 분명히 포함되어 있었다(사 26:19; 겔 37장; 단 12:2). 부활 사상은 바리새파 유대교의 기본 교리였으며 그들은 부활을 부인하는 사두개파와 논쟁을 벌였다(막 12:18; 행 4:1이하; 23:6-8). 그러나 이러한 유대교의 부활 개념은 예수님의 부활과는 두 가지 본질적 측면에서 매우 다르다.

첫째, 유대교는 부활이 세상의 종말에만 일어난다고 보았다(참고. 요 11:23-24). "고대 유대교는 역사의 사건으로 예정된 부활을 알지 못했다. 어떤 문헌에서도 예수님의 부활과 비슷한 내용을 찾을 수 없다"(J. 예레미아스).

둘째, 유대인의 사고방식에서 부활은 항상 집단적 현실, 곧 모든 의인이나 모든 사람의 부활을 의미한다. "유대 문헌 어디에서도 의인이 부활하는 종말 이전에 일어나는 개인의 부활을 말하고 있지 않으며, 두 종류의 부활은 엄연히 다르다"(U. 윌킨스). 메시아라 해도 예외가 아니다. "예수님 이전 한 세기와 이후 한 세기 동안, 지도자가 처형된 후 죽음에서 부활했으며 그가 진정한 메시아라고 말하는 유대인 집단의 목소리를 들은 적이 없다"(N. T. 라이트).

따라서 주후 30년경 유월절 무렵 예루살렘에서, 제자들이 예수님이 부활하셨다는 신앙을 만들어 내고 이를 주장하기란 결코 쉽지 않았을 것이다. 나아가 이처럼 제자들이 부활에 관한 사전 지식이 없었다는 사실은, 예수님이 부활 이후 나타나신 상황을 환각으로 설명하려는 어떠한 시도도 무력하게 만든다. 그와 같은 설명의 여러 중대한 문제점들을 차치하고라도, 본래 환각이란 어떤 소원이 성취되기를 바랄 때 나타나는 형태이기 때문이다.

그렇다면 부활 신앙은 어떻게 설명해야 할까?

C. F. D. 모울(Moule)의 질문은 여전히 도전적이다. "신약이 부인할 수 없을 만큼 명확하게 증명하는 나사렛인들의 출현이 역사에 커다란 구멍을 냈고, 그 구멍의 형태와 크기가 부활 사건에 기초해 있다면, 세속 역사가들은 이 구멍을 막기 위해 무엇을 할 작정인가?…기독교회의 탄생과 빠른 성장은 교회 자체가 제시하는 유일한 설명을 진지하게 받아들이지 않는 모든 역사가에게 풀리지 않는 수수께끼로 남아 있다."

부활과 예수님의 신성 | 부활이 실제 일어났다 하더라도 그것이 곧 예수님의 신성을 증명하는 것은 아니라는 주장도 있었다. 왜냐하면 예수님은 죽은 사람들을 다시 살려 주셨지만, 그렇다고 그들의 신성을 인정한 것은 아니었기 때문이다. 그러나 이런 주장은 다음과 같은 사실을 놓치고 있다. (1) 그들의 '부활'은 예수님의 권위로 수행되었으며 여기에 중요한 의미가 있다. 죽은 사람을 다시 살릴 수 있는 이는, 알려진 모든 사회를 통틀어 볼 때 결코 많지 않다. (2) 예수님의 부활에서 중요한 것은 단순히 육체적 생명의 회복만이 아니다. 예수님은 부활 후에 일시적으로 소생된 쇠약한 육체로 제자들 앞에 나타난 것이 아니었다. 그들이 부활하신 예수께 찬송과 기쁨 넘치는 예배를 자연스럽게 드릴 수 있었던 것은, 바로 죽음 자체를 소멸하고, 두렵고 오랜 적을 발밑에 영원히 짓밟은 분을 직접 만났다는 놀라운 인식 때문이었다(마 28:16-20; 눅 24:52-53; 롬 6:9; 딤후 1:10).

구약은 생명을 부여하는 것이 하나님의 특권이라고 말한다(창 2:7; 삼상 2:6). 예수님은 자신이 생명을 주는 자라고 주장하셨으며(요 5:21; 11:25), 죽은 자를 살림으로써 이 주장을 증명하셨다(고전 15:45). 부활만을 따로 떼어 생각할 때는 그것이 신성을 증명하기에 충분하지 않아 보일 수 있다. 그러나 예수님의 주장과 사역 전체의 맥락에서 보면, 부활 사건을 그분의 신성에 대한 압도적 입증으로 보지 않고 달리 설명하기는 어렵다. 바울 역시 구약의 야훼와 **주님**의 연결성을 염두에 두고 다음과 같이 말했다. "성결의 영으로는 죽은 자들 가운데서 부활하사 능력으로 하나님의 아들로 선포되셨으니, 곧 우리 주 예수 그리스도시니라"(롬 1:4).

승천

예수님의 승천(마 28:16이하; 눅 24:50이하; 행 1:1-11)은 '삼층 구조의 우주'를 지지하는 전근대적인 신화적 세계관의 표현이라는 비판을 받아 왔다. 사실 승천은 그리스도의 구속 사역을 전체 맥락에서 볼 때만 제대로 이해할 수 있다. 예수님은 부활 후 40일 동안 제자들에게 나타나 그들을 가르치시고, 자신이 죽음을 정복했으며 자신을 통해 하나님 나라가 도래할 것이라는 강한 확신을 주셨다. 하지만 이러한 예외적 상황은 종료되어야 했으며, 그것을 나타내는 어떤 극적 사건이 필요했다. 구약에서 구름이 하나님 영광과 임재의 현현이라는 의미를 나타내며(출 40:34; 왕상 8:10이하; 참고. 눅 9:34이하), 또한 부활하신 주님이 제자들에게 그분이 이제 우주를 통치하신다는 사실(마 28:18; 행 2:33)을 확신시키고자 하셨음을 고려한다면, 승천은 시간과 공간의 실제 사건으로서 필연적 근거가 있다. 사도들은 주님이 구름 속으로 들려 올라가셔서 시야에서 사라지는 것을 보았다. 신약의 서신서들이 계속 언급하듯이, 예수님의 승천은 그분의 신성을 매우 의미심장하게 확인시켜 준다. 왜냐하면 승천은 그분이 신성의 영광을 공유하며, 하늘과 땅에서 하나님의 통치를 수행하신다는 의미이기 때문이다.

예수님의 자의식과 주장

예수님의 자의식은 역사적으로 유사한 선례가 없으며, 그분의 독특한 본성에 관한 매우 비중 있는 증거다. 그분의 자의식은 특히 성부 하나님과의 관계로 표현되었다. 그분은 12세 때 자신이 성부 하나님과 하나라는 놀라운 의식과 아버지에 대한 책임감을 나타내셨다(눅 2:42-50). 그분은 이러한 특별한 관계를 자주 언급하셨고(예를 들어, 요 4:34; 5:17-24; 10:30), 자신이 지닌 하나님의 아들이라는 의식과 다른 사람들이 공유하는 하나님 자녀 의식을 분명히 구분하셨다(마 11:27; 막 12:6이하; 요 20:17). 이런 특별한 관계는 그분의 기도에서 나타난다. 십자가에서 아버지께 버림받고 절규하던 유일한 상황을 제외하면, 그분은 특별한 방식, 즉 **아바**라는 이름으로 하나님을 불렀다. 자녀가 아버지를 부르는 호칭인 **아바**는 '사랑하는 나의 아버지'라는 뜻이다. 구약 전체 혹은 1세기에 작성된 풍부한 유대교 기도문이나 전례문에는 이와 유사한 호칭이 등장하지 않는다. 이 점에서 예수님은 매우 독특한 위치에 서 있다. 그리고 초기 그리스도인들도 이 용어를 사용했다고 해서(롬 8:15) 이러한 독특성이 사라지지는 않는다. 그들이 이런 친밀한 용어를 사용할 권리를 얻은 것은, 하나님의 은혜로 '아들의 영'을 받아 예수님의 특별한 아들 됨을 공유하게 되었기 때문이다(갈 4:6).

예수님은 자신의 선재, 즉 자신이 이 땅에 성육신하기 전에 성부와 함께 살았던 것을 알고 계셨다(요 3:31; 8:58). 그분은 비슷한 상황에 처한 베드로와 바울(행 10:25; 14:11-15)과는 매우 대조적인 방식으로 경배를 받으셨다(눅 5:8; 요 20:28).

예수님은 자신을 구약에 계시된 모든 구속 사역을 성취하는 자로 이해했다(막 1:14이하; 12:35; 눅 11:31이하). 복음서에 기록된 예수님의 칭호들은 이것에 분명한 초점을 맞추는데, 이제 예수님과 하나님의 동일성을 다양한 수준으로 나타내는 가장 중요한 네 개의 칭호를 살펴보겠다.

메시아 | 그리스도(헬. *Christos*)로 번역되는 이 호칭은 예수님을 부르는 가장 일반적 칭호다. 문자적 의미는 '기름부음 받은 자'(히. *māšîaḥ*)로, 구약에서는 특히 왕을 의미했지만(삼상 9:16; 24:6) 예언자(왕상 19:16)나 제사장(레 8:12), 심지어 이방 국가의 왕(사 45:1)을 가리킬 때도 사용되었다.

유대 민족의 바빌론 포로 시기부터, 왕에 대한 약속(시 72편; 89:3이하)은 도래할 다윗의 후손이 행사할 미래의 새로운 왕권(겔 37:24이하)으로 이해되었다. 이런 희망은 신구약 중간기에 일반적 기대로 발전했고, 정치적 메시아-왕이라는 강한 민족주의적 색채를 띠었다.

어떤 사람들은 예수님이 특히 사역 초기에 이런 칭호 사용을 꺼리셨던 모습을 지적하며, 그분이 자신을 정말 메시아라고 믿었는지에 의문을 제기했다. 하지만 그분의 태도는 당시 유대인(요 6:14이하)과 이방인들(막 10:42이하) 사이에 만연한 메시아에 대한 심각한 오해 때문이라고 설명할 수 있다. 그분이 자신을 메시아로 의식했다는 여러 분명한 증거들이 존재하고, 특히 그분은 자신의 인격과 사명이 하나님 나라의 도래에 매우 중요함을 인식하고 계셨다(마 12:28; 막 1:15; 눅 17:21). 또한 예수님이 이 칭호를 분명하게 주장하신 경우도 있다. 가장 중요한 예는 나귀를 타고 예루살렘으로 승리의 입성(막 11:1-10)을 하신 경우다(이때를 제외하면 예수님은 언제나 걸어 다니셨다). 또한 그분은 메시아 왕의 도래를 언급한 스가랴의 예언(슥 9:9-10)이 성취되었다고 분명하게 말씀하셨다. 재판받는 상황에서 말씀하신 증언도 있다. "네가 그리스도냐?"라는 질문에 예수님은 "내가 그니라"(막 14:62)라고 대답하신다. 그리고 십자가에 달리신 그분 머리 위의 명패에는 '유대인의 왕'(막 15:26; 마 27:36; 눅 23:38; 요 19:19이하)이라는 문구가 새겨졌다. 이 문구는 결코 예수님을 그리스도로 인정하는 칭호가 아니었으나, 그분이 메시아를 자처한다는 죄목으로 처형되었다는 사실을 확실하게 입증한다. 나아가 예수님은 가이사라 빌립보에서 사역의 중요한 순간에 가까운 제자들이 고백한 '그리스도' 칭호를 주저 없이 받아들이셨다(막 8:29). 나중에 기록된 신약성경들은 이 칭호를 망설임 없이 사용한다(고전 1:1이하; 히 3:6; 벧전 4:1).

일반적으로 보자면, 만일 예수님이 메시아적 예언을 하지 않고 자신이 '약속된 그분'이라고 주장하지 않았다면, 예수님이 그런 분이라는 초대교회의 일치된 확신을 설명하기가 극히 어렵다. 초대교회는 예수님의 증언을 사실상 이어받아 '그리스도'라는 칭호를 보편적으로 사용했으며, 그랬기에 그토록 단시간 내에 그 칭호가 예수님의 성(姓)이 될 수 있었다. "만일 예수님의 가르침이나 활동에 메시아적 요소가 없었다면, 부활 이후 메시아주의가 어디서 생겨났는지 이해하기가 매우 힘들다. 부활만으로는 널리 확산된 이런 신앙을 설명할 수 없다. 왜냐하면 기독교 이전의 메시아 전통에는 부활을 메시아 정체성의 증거로 인정하는 관점이 없기 때문이다"(크레이그 에반스).

결론적으로 예수님은 그리스도, 즉 다윗에게 주어진 약속을 상속한 하나님의 기름부음 받은 분이며, 그분을 통해서 약속된 영광스러운 하나님의 통치가 도래할 것이다.

인자 ǀ 이는 예수님이 자신에 대해 즐겨 사용하신 칭호로 다니엘 7:13이하에 처음 언급되는데, 하늘의 사람인 인자(Son of Man)는 역사의 종말에 만물의 주님이자 심판자로 오셔서 세상 왕국을 상속한다. 이 칭호가 항상 동일한 무게로 사용된 것은 아니지만 많은 경우에 큰 의미가 있다는 점은 분명하다(마 9:6; 12:40; 16:27; 26:24; 막 8:31; 눅 19:10; 요 3:14). 예수님은 인자를 특히 하나님의 최종 심판과 연결하셨다(마 25:31-46; 요 5:27).

마가복음 14:62의 산헤드린 공의회 재판에서 예수님이 하신 말씀이 특히 중요하다. "네가 찬송 받을 이의 아들 그리스도냐?"라는 질문에 엄숙한 대답을 요구받았을 때, 예수님은 "내가 그니라. 인자가 권능자의 우편에 앉은 것과 하늘 구름을 타고 오는 것을 너희가 보리라"라고 대답하셨다. 여기서 예수님은 자신이 메시아이자 하나님의 아들이며 도래할 인자임을 단숨에 선언하시고, 자신이 하나님 우편에 앉을 것이라는 신성모독적 주장을 펼침으로 이 칭호들을 통합하신다. 재판정에 있던 사람들이 격한 분노를 터뜨린 것은 그리 놀랄 일이 아니었다. "그들이 다 예수를 사형에 해당한 자로 정죄하고"(막 14:64). 이 재판 장면과 대화의 진실성을 로버트 건드리(Robert Gundry)의 저서를 통해 확인할 수 있는데, 그는 산헤드린 법률의 세부 사항을 완벽하게 기술함으로써 이후의 그 어떤 이야기꾼보다 탁월하게 마가의 이야기를 재현했다.[6] 이 본문에서 예수님은 자신에게 제시된 메시아 칭호를 뛰어넘어, 자신이 다니엘 7장에 등장하는 하늘의 인자 역할을 성취할 자라고 주장하신다. 크레이그는 여기서 예수님의 응답에 적절히 주목한다. "재판 장면은 예수님의 자신에 대한 다양한 주장들이 어떻게 하나의 자기이해를 이루는지를 훌륭하게 보여 줌으로써, 특정 맥락들에서 언급되는 하나의 호칭만으로는 나타낼 수 없는 함축적 의미를 보여 준다."[7]

'인자'의 이런 깊은 의미는, '하나님의 아들'이 예수님의 신성을 나타내는 반면 '인자'는 인성을 나타낸다고 나누어 생각하는 방식이 유용하지 않음을 분명히 보여 준다. 인자는 신성을 분명하게 함축하고 있는 초자연적 뉘앙스를 지닌 칭호다. 그리스도를 마지막 아담으로 보는 바울의 그리스도 개념(롬 5:14; 고전 15:45이하; 빌 2:5이하)은 1세기 유대교에서 인자와 최초 인간인 아담을 동일시하는 시각을 반영한 것으로 보인다.

하나님의 아들 | 신약 시대 헬라어 문화권에서 이 칭호는 통치자와 황제, 기적을 행하는 자에게 사용되었다. 구약에서는 세 가지로, 이스라엘 백성(출 4:22; 호 11:1), 왕들(삼하 7:14), 왕에 관한 시편(시 2:7)에서 메시아를 지칭할 때 각각 사용되었다. 신약에서도 이 칭호는 메시아와 연결된다(마 16:16; 막 14:61). 이 모든 용례에서 나타나는 공통점은 하나님의 선택과 그에 대한 응답으로 요구되는 인간의 순종이다(말 1:6).

이 칭호는 예수님이 세례를 받거나(마 3:17) 시험받을 때(마 4:3, 6) 사용되었으며, 예수님이 이 칭호를 주장하신 상황은 보통 기적을 행하시는 때가 아니라 사명에 대한 순종, 특히 고난과 관련이 있다(마 16:16; 막 15:39).

신약에서 이 칭호가 언급된 세 곳이 특히 중요한데, 첫 번째는 마가복음 12:1-9의 포도원 비유다. 예수님은 소작인들에게 거부당한 주인의 종들에 대해 말씀하시는데, 여기서 종들은 하나님이 보내신 예언자, 주인은 하나님, 소작인은 유대 종교 지도자들을 뜻한다. 이 생생하고 강력한 이야기의 마지막 장면에서, 포도원 주인은 마지막으로 자신의 사랑하는 독자를 보낸다. "[그들이] 내 아들은 존대하리라"(6절). 그러나 그가 포도원의 상속자이기 때문에 소작인들이 들고일어나 아들을 죽인다. "문맥상 이 비유의 모든 내용은…예수님이 만들어 낸 것이다"(에반스).

둘째, 마태복음 11:27을 보면 – 요한복음에도 기록되어 있다 – 예수님은 "아버지 외에는 아들을 아는 자가 없고, 아들과 또 아들의 소원대로 계시를 받은 자 외에는 아버지를 아는 자가 없느니라"라고 주장하신다. 본문비평의 결과에 따르면, 이는 복음서 전통에서 매우 초기의 말씀에 해당한다. 이것은 예수님이 스스로 하나님의 독생자, 인간에게 하나님을 드러내는 최고의 계시라는 자의식을 지니고 있었음을 보여 준다.

셋째, 마가복음 13:32에서 예수님은 자신이 역사의 마지막 때를 알지 못한다고 언급하신다. "그러나 그날과 그때는 아무도 모르나니 하늘에 있는 천사들도, 아들도 모르고 아버지만 아시느니라." 이 말씀의 진실성은 아들의 무지를 인정하는 것으로 확증된다. "부족함은 진실성을 보증한다"(빈센트 테일러). 예수님은 자신에게 주어진 지상에서의 사명에 순종하는 범위 내에서 성부와의 특별한 관계를 유지하신 것이다.

'하나님의 아들' 칭호는 하나님과의 하나 됨을 분명히 암시한다. 유대인들은 예수님이 이런 칭호를 사용하는 것을 신성모독으로 이해했고(요 10:33, 36), 초대교회는 예수님을 지칭할 때 자주 이 칭호를 사용했다(행 9:20; 롬 1:4; 히 1:1

이하; 요일 4:15). 이것은 예수님의 순종하는 삶과 성부와의 특별한 관계를 표현하는, 하나님의 영원한 아들로서 그분이 지닌 신성을 특별하게 함축하는 표현이다.

주 | 주(主; 헬. *Kyrios*)라는 칭호는 신약 시대에 일반적으로 '주인' 또는 '소유주'라는 뜻으로 사용되었으며, 신들을 지칭하는 일반적 명칭으로 사용되기도 했다(고전 8:5). 황제에게 사용될 경우에는 그의 정치적 권력이나 신성함을 의미했다. 때로 유대 랍비들에게도 높은 존경의 표시로 사용하기도 했지만(마 7:21), '주'(히. *adôn*)의 주된 용례는—너무나 거룩해서 직접 부를 수 없다고 생각했던—하나님의 이름 대신이었다. 따라서 '주'를 나타내는 헬라어 '퀴리오스'는 70인역에서 'YHWH'를 번역하는 데 사용되었고, 부활 이후에는 높임 받으시고 통치하시는 그리스도를 지칭하는 용어가 되었다(행 2:36).

이제 예수님은 만유의 주(롬 10:9), "만주의 주"(딤전 6:15)이시다. 이런 의미에서 이 칭호는 '왕'과 비슷한 의미를 갖는다. 신약도 '주'를 언급하는 시편 110:1을 자주 인용하는데(행 2:34이하; 롬 8:34; 골 3:1; 히 1:13; 벧전 3:22), 여기서 이 칭호는 전능하고 존귀하게 된 자를 뜻하는, 그리스도의 신성을 단언하는 표현이다(사 45:21-23; 참고. 빌 2:9-11; 욜 2:32; 참고. 행 2:21, 36).

간접적 주장 | 앞의 칭호들에 담긴 예수님과 하나님의 깊은 관련성은, 예수님의 가르침과 행동이 드러내는 수많은 암묵적 주장에도 나타난다.

하나님 나라의 도래에 대한 선포. 앞서 언급했듯이, 하나님 나라에 대한 예수님의 가르침은 그분의 사상과 메시지의 핵심이다. 비록 미래에 완성된다 해도(예를 들어, 눅 21:22, 29이하), 하나님 나라는 예수님의 설교와 사역, 그리고 사역의 정점인 죽음과 부활을 통해 이미 도래했다(막 1:14; 눅 11:19; 17:20이하; 18:28-30). 예수님을 통해 오래전 약속된 하나님의 통치가 도래했고, 인류는 예수님의 인격과 행동을 통해 세상을 향한 창조주의 목적에 다다를 결정적 전환점에 이르렀다! 우리는 예수님의 인격이 지닌 신적 함의를 결코 오해할 수 없다. 즉, 왕이신 그분이 이 땅에 오심으로 하나님 나라가 도래했다.

'나를 따르라'는 부름. 철저한 급진성의 측면에서 예수님의 부름은 구약에서의 하나님의 부름과 동일하다(신 1:36; 수 14:8이하; 막 1:17, 20). 그것은 그분의 가르침을 따르라는 부름일 뿐 아니라 본질적으로 그분께 자신을 완전히 바치라는 요구다(마 10:38; 눅 14:26). 예수님이 인간을 다루시는 하나님 사역의 핵심에 의도적으로 자신을 두고 계시다는 점은 결코 놓치기 힘든 사실이다. 인류를 향한 하나님의 목적이 전적으로 완성되는 것은 오직 예수님의 인격과 사명에 의존한다. 우리는 예수님께 어떻게 응답하느냐에 따라 마지막 날에 판단을 받게 될 것이다(마 25:31-46; 요 5:25-29).

예수님의 권위. 예수님의 가르침을 들은 사람들의 일차적 반응은 그 권위에 놀라 소리치는 것이었다. "이는 어찜이냐, 권위 있는 새 교훈이로다!"(막 1:27) "무리들이 그의 가르치심에 놀라니, 이는 그 가르치시는 것이 권위 있는 자와 같고 그들의 서기관들과 같지 아니함일러라"(마 7:28-29). 이런 일들은 그분이 유대 율법을 다룰 때 가장 분명하게 나타났다. 예수님은 율법의 신적 근원을 주장하시면서도, 예를 들어 마가복음 10:1-12에서 모세의 이혼 규정을 다룰 때처럼 율법을 자유롭게 해석하고 문자적 뜻 이면에 담긴 내적 의미를 드러내셨다. "예수님은 어떤 바리새인이나 구약의 예언자들도 갖지 못했던 율법에 대한 권위를 가진 분으로 보인다"(위더링턴). 동일한 의미를 가진 최고 권위는, 예수님이 사용하신 특징적 표현들 중 하나인 "진실로, 진실로"(예를 들어, 요 3:3)에서 나타난다. "너희에게 진실을 말하노니" 또는 "진실로 너희에게 이르노니"로 흔히 번역되는 성경 구절은 예수님이 모든 인간의 견해에 비해 자신의 신적 진리가 우월하며, 자신의 진리가 과거 시대의 신적 계시와 완전하게 조화될 수 있다고 인식하셨음을 보여 준다. 거룩한 전통을 상대화하는 예수님의 이런 태도는 오늘날까지 유대교 학자들을 분개하게 만든다. "이스라엘 사람은 자신의 이름으로 말하는 자의 말을 하나님 말씀으로 받아들일 수 없다. '그러나 나는 너희에게 말한다'라는 [예수의] 말 자체는 유대교가 이교도를 영원히 배척할 수밖에 없는 충분한 이유가 된다"(아하드 하암).

예수님의 특별한 권위를 보여 주는 또 다른 증거는 그분이 귀신을 쫓아내셨다는 점이다. 비록 축귀 사역은 다양한 방식으로 해석될 수 있겠지만, 그것이 그분 사역의 두드러진 특징이라는 점에는 많은 사람이 동의한다. 특히 1세기에 예수님을 비난했던 사람들도, 그것이 실제 사건이라는 점을 부인하기보다는 그 사역을 행할 수 있는 능력이 어디서 온 것인지를 질문했다. "귀신의 왕 바알세불을 힘입지 않고는 귀신을 쫓아내지 못하느니라." 그러나 이런 비난은 곧장 예수님의 신적 지혜와 온전한 의에 부딪쳐 산산이 깨어지고 말았다(마 12:24-30).

예수님의 죄 용서. 예수님이 중풍병자에게 "네 죄 사함을 받았느니라"(막 2:5)라고 말씀하시자 듣고 있던 이들의 마음속에 반발심이 생겨났다. "신성모독이로다. 오직 하나님 한 분 외에는 누가 능히 죄를 사하겠느냐"(막 2:7). 사실 이 반응에 반영된 신학은 흠잡을 데가 없다. 정의상 '죄'는 오로지 두 당사자, 즉 우리와 하나님 사이의 문제인데, 예수님은 이 관계 속에 끼어들어 자신이 '인자'(따라서 마지막 날에 있을 하나님 심판의 도구)이며 '땅에서 죄를 사할 [하나님의] 권세'(10절)를 지녔음을 주장하신다. 그분은 선을 이루기 위한 십자가로의 여정에서도 이 운명을 주장하게 될 것이었는데, 그것은 그 중풍병자와 모든 인류의 죄를 위해 이루어진 단 한 번의 충분하고 전면적인 희생제사였다. 하지만 그 이전에도 이 주장은 온갖 문제를 가진 다양한 죄인들을 환대하고 그들과 식탁 교제를 나누시는 사역을 통해 실현되었다. 이런 사역 가운데서 예수님이 성부와의 존재적 하나 됨을 의식했다는 명백한 사실을 우리는 결코 오해하거나 축소해서는 안 된다.

기적

예수님은 일생 동안 질병과 자연, 심지어 죽음에 대해 압도적 능력을 행사하셨다. 그리고 사람들이 지속적으로 이 사실에 대해 이의를 제기해 왔다는 점은 그리 놀랄 일이 아니다. 과학적 세계관을 가진 근대 이후의 많은 사람들은 기적을 터무니없는 것으로 여긴다. 그들은 기적을 진지하게 고려하지 않고 복음서 저자들과 초대교회의 창조적 상상력의 산물로 치부하거나, 자연주의적 설명(예를 들어, 일부 치유 기적의 정신-신체적 요인에 의한 설명)이 가능한 소수의 기적만을 인정한다. 이런 접근 방식은 엄밀한 의미에서 비과학적인데, 왜냐하면 그것은 발생 가능한 일에 대한 입증되지 않은 가정에 기초하기 때문이다. 전능한 창조주 하나님이 존재한다는 기독교적 전제를 놓고 생각할 때, 기적은 가능할 뿐 아니라 본질적으로 일어날 수 있는 일이다. 그러나 신약은 단순히 기적에 근거한 신앙을 권유하지 않는다(마 16:1-4; 요 6:30이하). 기적은 예수님의 신성의 증거로 제시될 수도 있지만, 그분을 통한 하나님 나라의 도래와 그 특징을 보여 주는 표적으로 이해하는 것이 가장 바람직하다(마 11:4-6; 눅 4:18이하; 11:20).

지금까지 살펴본 복음서의 증거들은 다음과 같은 윌리엄 템플(William Temple)의 주장이 매우 타당함을 보여 준다. "우리가 그 존재를 확실하게 증명할 수 있는 예수님은 너무나 엄청난 주장을 하셨던 거대한 인물이었다." 이런 주장들과 그 이면에 깔린 혁명적 자의식은, 불신앙의 길에 대한 중요한 걸림돌로 작용한다. 이 내용들을 언급하는 본문들의 진정성과, 예수님이 당대 사람들과 2천 년 이후의 시기를 살아가는 현대인들의 의식에 끼치는 도덕적 영향을 보면, 단순히 인간적 기준으로는 적절하게 설명할 수 없는 예수님 인격의 여러 차원이 제시된다.

결론을 내리기 전에 마지막 두 가지 증거를 추가로 살펴보자.

동정녀 탄생

성경은 예수님이 동정녀에게서 탄생하셨다고 분명하게 가르친다(마 1:18; 눅 1:35). 마가복음과 요한복음은 예수님의 생애에 대한 이야기를 그분의 공적 사역에서 시작하기 때문에 동정녀 탄생을 언급하지 않지만, 요한복음은 그 대신 서두에서 예수님의 선재를 다룬다(요 1:1이하). 바울은 갈라디아서에서 동정녀 탄생에 관한 지식을 드러내며(갈 4:4), 신약의 어떤 책도 이 내용을 부인하지 않는다. 특별히 마태복음은 이 사실이 언급된 구약의 내용을 제시한다(사 7:14). 이사야 예언자가 사용한 히브리어 '알마'('almâ)의 정확한 의미에 대해 논쟁이 계속되고 있지만, 이 단어가 '동정녀'를 의미할 수 없다는 점은 결코 입증되지 못했다. 마태복음의 해석은 이런 전통적 번역에 대한 분명한 권위를 부여한다. 마태복음과 누가복음의 탄생 내러티브를 지지하는 원문상의 증거는 복음서들의 다른 주요 내용에 대해서만큼이나 탄탄하며, 따라서 이 부분을 의도된 역사적 내러티브로 읽는 것 외에 다른 방식의 독해는 불가능하다.

일부 비판자들은 동정녀 탄생이 일종의 가현설 교리(예수님의 참된 인성을 부인하는 교리)라 주장하면서 이를 부인하는데, 그것은 매우 부적절한 결론이다. 영원하신 아들이 잉태의 순간부터 온전한 인성과 진정으로 하나가 되셨다는 주장을 받아들인다면 그분의 인성을 부인할 필요가 없기 때문이다.

한편, 동정녀 탄생을 놓고 지나치게 많은 내용을 전개하는 것도 위험하다. 동정녀 탄생이 의미하는 바는 예수님의 인성이 우리처럼 인간 아버지로부터 비롯되지 않았다는 점이다. 하지만 성경은 어디서도 성부 하나님이 태아에게 남자 염색체를 제공하는 역할을 했다고 말하지 않는다. 조금만 생각해 보아도 이런 견해의 문제점을 쉽게 떠올릴 수 있는데, 왜냐하면 그렇게 태어난 존재는 참된 신-인이 아니라 절반은 신이고 절반은 인간인 혼합적 존재가 될 것이기 때문이다. 실제로 이와 유사한 관점이 5세기에 나타나 이단으로 정죄

되기도 했다(참고. "유티케스주의", pp. 291-292). 이런 시각은 하와와 마리아의 유사성을 부당하게 도출한 초기 교부 이레나이우스를 따라 마리아를 공동 구속자(co-redemptrix)로 보는 관점에 이르게 한다. 물론 성경에 정통한 사람들에게 이런 관점은 그리스도의 중보의 유일성과 충분성을 부정하는 신성모독으로 비칠 뿐이다. 이 견해는 가톨릭교회에서 균형을 잃은 동정녀 숭배 사상으로 발전했다.

참된 한 인격 안에서 하나님 아들의 영원한 본성과, 한계와 필요를 지닌 진정한 인성이 결합되었다는 신비가 동정녀 탄생 사실에 의해 손상되지는 않는다. 하나님이 이런 방법을 택하셨기 때문에, 우리는 다른 어떤 방법보다 이것이 그분께 좋은 방법이었을 것이라고 겸손하게 결론 내려야 할 것이다. 그렇다면 동정녀 탄생의 의미는 무엇일까?

1. 태어날 아기의 독특성을 말해 준다. 성경에서 특별한 아이들에게는 흔히 특별한 출생 이력이 있다(창 21:1-7; 눅 1:5-23).

2. 성육신 사건에 초자연적 능력이 작용했음을 증명한다. 이런 이유 때문에 생물학적 차원에서의 문제 제기는 논점을 완전히 벗어난 것이다. 전능하신 하나님을 전제하면 동정녀 잉태는 전적으로 가능하다.

3. 마리아에게 성령이 임하신 사건은, 하나님이 그리스도 안에서 잉태의 순간에 인간의 경험 속으로 완전하게 들어왔음을 분명히 보여 준다.

4. 동정녀 탄생은, 그리스도가 둘째 아담이며 그분 안에서 인류의 도덕적 역사가 새롭게 시작되었다는 바울의 가르침과 전적으로 일치한다(롬 5:12이하; 고전 15:22). 성경은 마치 죄가 유전적 전염에 의한 것인 양, 예수님이 성적 결합을 통해 잉태되지 않았으므로 그분께 원죄가 없다는 주장을 하지 않는다. 사실상 어떤 식으로든 그분은 마리아의 유전자를 통해 원죄를 물려받았을 것이다. 그래서 이런 관점을 지지하는 사람들에게는, 무죄한 아이는 무죄한 어머니에게서 태어날 수 있다는 원리에 근거하여 마리아의 무죄성을 주장해

야 할 논리적 필요가 생겼다. 로마 가톨릭은 주저 없이 동정녀 마리아의 무원죄 잉태설과 같은 비성경적 교리를 주장하고 승인했다. 하지만 동정녀 탄생은, 인간의 대표자인 아담의 타락에 참여함으로써 인류가 겪어야 했던 오랜 속박과 부패를 하나님이 주권적으로 해결하신다는 선포다.

5. 동정녀 탄생은 예수님이 선재하는 분이라는 사실과 일치를 이룬다. 인간에게 잉태 행위는 새로운 인간이 탄생하는 과정이다. 그러나 주님의 경우는 영원하신 말씀이 잉태 이전에 이미 존재했다. 성경은 이를 "성령이 네게 임하시고…너를 덮으시리니"(눅 1:35)라고 표현한다.

6. 동정녀 탄생은 성경의 다른 곳에서 '새로운 탄생'으로 묘사된 구속에 대한 유비를 제공한다(요 1:12; 3:3이하; 벧전 2:2; 딛 3:5). 잉태 과정에서 요셉이 배제된 사실은 하나님의 구속 사역에서 인간이 무기력함을 생생하게 보여 주며, 그런 의미에서 인간에 대한 심판을 나타낸다.

공동체적 의미의 그리스도

부활 사건 직후에 신약의 저자들, 특히 바울은 그리스도를 언급하면서 개인적 차원을 넘어서는 용어를 사용했다. 그리스도인은 '그리스도 안에'(롬 8:1; 16:7; 고전 15:22; 고후 5:17) 존재한다. 교회는 '그리스도의 몸'(롬 12:4이하; 고전 12:12; 엡 3:6)이자 '그리스도의 성전'(엡 2:21; 벧전 2:4이하)이며, 그리스도의 죽음은 '그분의 백성을 위한 것'(롬 8:32; 벧전 2:21; 요일 3:16) 혹은 '그들의 죄를 위한 것'(갈 1:4; 벧전 3:18)이다. 물론 바울과 같은 초기 증인들은 예수님이 뚜렷이 구별되는 완전한 한 개인으로서 팔레스타인에서 그들 가운데 사셨음을 알았다. 하지만 이런 공동체적 차원의 용어들은 "유신론자라면 마땅히 하나님의 것이라고 여길 차원을 예수님과의 경험에서 확인했음을 보여 준다"(모울).

결론

지금까지 살펴본 증거들은 하나님의 영원한 아들이신 예수 그리스도가 죄인들의 구속을 위해 성육신하셨음을 명백하게 보여 준다. 그분은 삼위일체 하나님 중 제2위가 되는 분이며 육신으로 나타나신 하나님이시다.

이렇게 명백한 증거와는 별개로, 예수 그리스도의 신성은 기독교 계시의 최종성과 구속의 유효성에 필요한 본질적 전제다. 만일 예수님이 우리에게 오신 하나님 자신이 아니라면, 그분이 전달한 계시는 하나님의 계시가 아니며, 따라서 그것은 최종적 계시가 아니라 얼마든지 다른 것으로 대체 가능한 것이 되고 만다. 예수님의 신성을 부인할 경우 기독교의 진리 주장 전체가 일거에 무너지고, 우리는 복음을 받기 전의 상태로 돌아가 무지한 이성의 어둠 속에서 헤매는 신세가 될 것이다.

만일 예수님이 우리에게 오신 하나님 자신이 아니라면 그분이 이룬 구속은 용서와 구원을 행할 수 없는 무기력한 것이다. 우리는 죄인으로서 하나님께 잘못을 범했고, 오직 하나님만이 우리를 구속하실 수 있다. 만일 예수님이 하나님이 아니라면, 단언컨대 그분은 우리와 하나님의 관계 문제에 개입할 아무런 권한이 없다. 그렇다면 그분의 죽음과 속죄는 하나님 앞에서 우리의 도덕적 상태와 아무 관련이 없다. 따라서 그분을 통해 얻은 평화와 용서는 단지 느낌에 지나지 않으며, 우리는 다시 하나님 앞에서 의를 얻는 완전히 불가능한 과제에 끊임없이 매달려야 할 것이다.

하지만 감사하게도 우리는 이 두 가지 끔찍한 악몽으로부터 완전히 자유롭다. 우리는 다시 깨어서 실재를 바라볼 수 있다. 예수님은 하나님이시며, 그분을 통해 최종적 진리가 계시되고, 또한 최종적 구속이 임한다.

■ 성경 구절

하나님이신 예수 그리스도   마 28:19; 요 1:1이하, 18; 20:28; 행 20:28; 롬 9:5; 고전 12:4-6; 고후 13:14; 엡 1:1-15; 2:18, 20-22; 4:4-6; 골 1:15-19; 2:9; 살후 1:12; 딛 2:13; 히 1:8; 약 1:1; 벧후 1:1; 요일 5:20; 계 5:13.

예수님과 야훼   마 24:30이하; 막 2:1-12, 19이하; 8:38; 14:62; 요 1:1-3; 5:22-30; 6:35; 8:12, 24, 58; 10:9, 11이하; 11:25; 12:41; 14:6; 15:1; 17:5; 18:5이하; 행 1:8; 2:34이하; 7:59이하; 9:13이하; 17:31; 롬 8:34; 9:5; 10:9; 고전 2:8; 12:3; 16:22; 고후 4:4이하; 엡 1:9이하, 20; 4:8; 빌 2:9-11; 골 1:16; 3:1; 살전 3:11이하; 살후 3:5; 히 1:1-13; 13:20이하; 약 2:1; 벧전 2:7이하; 3:15, 22; 벧후 3:18; 계 1:5이하; 2:8; 5:12, 21.

신약의 다른 증거   마 3:17; 7:21이하; 9:2; 11:2-6, 27; 16:16; 25:31-46; 막 1:17; 4:41; 10:21; 12:6이하; 13:32; 16:1-8; 눅 1:35; 5:8, 21; 7:14이하, 47; 11:20; 24:1-52; 요 3:31; 5:17-24; 8:46; 10:29-38; 11장; 13:13; 14:6; 행 2:24-33; 8:36-38; 롬 1:3이하; 8:1, 34; 16:7; 고전 15:1-20, 45; 고후 5:15; 갈 2:20; 3:28; 엡 1:10-23; 3:8이하; 골 3:1; 히 1:1이하; 3:6; 4:14; 벧전 1:19; 2:21이하; 3:18, 22; 요일 3:5; 4:15; 계 17:14; 19:16.

■ 토론 질문

1. '신약성경 어디서도 예수님이 하나님이라고 하지 않는다'는 주장에 어떻게 답할 것인가? (예수님의 신성을 주장하는 신약의 주요 구절을 기억하면 도움이 될 것이다.)
2. 예수 그리스도와 야훼의 동일성을 보여 주는 중요한 성경의 증거를 열거해 보라.
3. (1) 예수님의 자신에 대한 주장, (2) 동정녀 탄생, (3) 부활은 예수님의 인격에 대해 각각 어떤 의미인가?
4. 그리스도가 육체로 부활하셨다는 주장이 왜 중요한가?
5. 인간이 (1) 진리와 (2) 구속을 찾아가는 과정에서 예수님의 신성이 갖는 의미를 생각해 보라.

■ 참고 자료

Art. 'Christology' in *NDT*.

J. N. D. Anderson, *The Evidence for the Resurrection* (IVP, 1950).

P. Barnett, *The Truth about Jesus* (Aquila, 1994).

S. Clark (ed.), *The Forgotten Christ* (Apollos, 2007).

P. R. Eddy and G. A. Boyd, *The Jesus Legend* (Baker Academic, 2007).

R. T. France, *The Evidence for Jesus* (Hodder, 1986). 『예수에 대한 증거』(요단출판사).

M. Harris, *Jesus as God* (Baker, 1992).

G. E. Ladd, *I Believe in the Resurrection* (Hodder, 1975). 『나는 부활을 믿는다』(생명의말씀사).

P. Lewis, *The Glory of Christ* (Paternoster, 1992).

D. Macleod, *The Person of Christ* (IVP, 1998).

_____, *The Origins of New Testament Christology* (Apollos, 1990). 『신약 기독론의 기원』(CLC).

I. H. Marshall, *I Believe in the Historical Jesus* (Hodder, 1977).

L. Morris, *The Lord from Heaven* (IVP, 1958).

C. F. D. Moule, *The Origins of Christology* (Cambridge University Press, 1977).

J. Owen, *The Glory of Christ* (*Works*, 1) (Banner of Truth, 1965). 『그리스도의 영광』(지평서원).

L. Strobel, *The Case for the Real Jesus* (Zondervan, 2007). 『리 스트로벨의 예수 그리스도』(두란노).

G. Vos, *The Self-Disclosure of Jesus* (Eerdmans, 1954). 『예수의 자기계시』(그나라).

N. T. Wright, *The Resurrection of the Son of God* (Fortress, 2003). 『하나님의 아들의 부활』(크리스천다이제스트).

15 한 인격

성경의 여러 증거들은 주 예수 그리스도의 인격(위격)에 관한 두 개의 근본적 진술로 우리를 안내한다. 곧 그분은 참 인간이며 참 하나님이다. 이 두 가지 실재가 하나의 진정한 인격, 곧 예수 그리스도 안에서 어떻게 결합되어 있는지는 언제까지나 신비로 남아 있을 것이다. 그렇다고 해서 성육신을 더 깊이 이해하려는 시도를 미리 단념해서는 안 된다. 만일 우리가 이 작업을 소홀히 한다면, 다른 사람들이 그것을 부적절한 방식으로 시도하여 결국 오류와 혼란을 초래할 것이기 때문이다. 기독교 교리의 다른 영역들도 마찬가지지만, 그리스도의 인격에 관한 교리에 부주의한 목자들은 노략질하는 이리들을 불러들이고 말 것이다(요 10:11-13). 이제 전문용어로 '기독론'이라 일컫는 분야에서 가장 중요한 문제들을 고찰해 보고자 한다.

초기 논쟁들

주후 5백 년 이전의 신학 논쟁들이 역사적으로 멀리 떨어져 있다 해도 여전히 중요한 이유는, 그런 논쟁 과정에서 대부분의 중요한 기독론적 입장들이 등장했기 때문이다. 이런 논쟁들은 결국 451년 칼케돈에서 합의를 도출했으며, 이후의 모든 신학적 입장의 기본 틀이 되었다. 아마도 1세대 기독교 신자들은 복잡하지 않은 단순한 신앙에 만족했을 것이다. 로마 황제 트라야누스에게 보낸 폴리니우스(Pliny)의 서신을 보면, 그는 그리스도인들을 '하나님께 하듯이 그리스도께 찬송을 드리는 자'로 묘사하고 있다. 그러나 기독교 초기에도 이단적 관점들이 있었다.

에비온주의(Ebionism)

이들은 유대 기독교의 한 분파로서, 그리스도 안에 있는 인성과 신성의 관계 문제를 해결하기 위해 사실상 신성을 제거했다. 즉, 예수님은 비록 하나님께 임명을 받았다 해도 그저 인간 메시아였을 뿐이며, 종말 때 재림하여 하나님의 주권적 권세로 세상을 통치할 것이다. 하지만 이 입장은 결과적으로 하나님과 인간 사이에 놓인 간격을 해결하지 못했다.

가현설(Docetism)

사도 시대부터 있었던 이 사상은, 에비온주의와 반대로 그리스도의 인성을 제거함으로써 이 문제를 해결했다. 예수님은 단지 인간**처럼 보였을** 뿐이다(헬. *dokeō*, '~처럼 보이다'). 이 사상은, 물질은 본질적으로 악하며 하나님은 감정이나 여타 인간적 경험의 주체가 될 수 없다는 그리스-동양 사상에 뿌리를 둔다. 가현설을 받아들일 수 없는 이유는, 하나님과 반대편의 인간 사이를 연결하는 다리가 끊어져 버리기 때문이다. 하나님이 실제로 우리에게 오시지 않았다면, 우리 죄를 위한 실질적 희생도 이루어지지 않았다.

영지주의(Gnosticism)

이 사상이 본질적으로 기독교 이전에 존재했을 것이라는 가정은 오류로 드러났고, 현재까지도 그 정확한 기원은 논란거리가 되고 있다. 영지주의 사상 체계는 기괴한 억측으로 가득 차 있으며, 얼마나 통일된 체계를 갖추었는지는 분명하지 않다. 일부 영지주의 저자들은 그리스도가 천상의 최고 단계 또는 '충만한 세계'(헬. plērōma)에서 내려왔다고 보았다. 잠시 동안 역사적 인간, 즉 예수라는 인물과 결합한 그분의 몸은 영적 물질로 이루어졌으며, 두 요소가 그 안에서 느슨하게 연결되어 있었다. 강한 가현설적 경향을 드러낸 영지주의는 양쪽 끝을 이어 주는 다리를 사실상 끊어 버렸다. 참 하나님도, 참 인간도 아닌 그리스도는 중보자로서 부적절하다.

아리우스주의(Arianism)

지금까지 살펴본 초기 논쟁들은 교회 전체에 큰 영향을 주지는 않았다. 하지만 이후의 논의들, 특히 위대한 교부 오리게네스의 영향을 받은 알렉산드리아의 장로 아리우스(Arius, 246-339)의 관점을 바탕으로 진행된 논의들은 그렇지 않았다. 아리우스는 "하나님의 아들은 창조되었다"라고 주장했다. 그는 감각 경험의 구체적 세계와 이데아의 추상적 세계를 구분하는 플라톤 사상을 받아들였다. 이 사상에 따르면, 절대적으로 유일무이하며 창조되지 않은 만물의 근원으로서 하나님은 추상적 세계에 속하며, 창조 세계와는 근본적으로 분리된다. 일단 이런 틀을 수용하고 나면 하나님의 아들(Logos, 말씀, 요 1:1)을 이 틀에 맞추기가 대단히 어려워진다. 아리우스는 '로고스'가 창조된 존재 영역에 속한다고 결론 내렸고, 따라서 그분은 영원하지 않은 창조된 존재다. "그[그리스도]분이 존재하지 않는 시간이 있었다." 분명 그리스도는 만물 중 가장 높은 분이지만, 궁극적으로 그 이상의 존재는 아니다.

이와 관련한 논쟁은 4세기에 활발하게 진행되었는데, 심지어 신학적 용어 규명에서부터 혼란을 일으키는 많은 논쟁들이 줄을 잇는 상황이었다. 그런데 주후 312년 콘스탄티누스 황제가 기독교 신앙을 고백한 이후, 로마 제국 정치가 이 문제를 해결하는 중요한 요소로 작용했다. 교회 일치에 관심이 있었던 콘스탄티누스 황제는 325년에 니케아 공의회를 소집했는데, 이 문제가 상당 부분 해결된 것은 콘스탄티노플 공의회가 개최된 381년에 이르러서였다.

아리우스에 대항하는 반대파를 이끈 사람은, 알렉산드리아의 감독 학교에서 수학하고 성경적·히브리적 전통과 지속적으로 접촉하고 있던 아타나시우스(Athanasius, 296-373)였다. 그는 청년 시절 디오클레티아누스 황제 치하에서 그리스도인들이 순교하는 모습을 보고 깊은 감동을 받았고, 절대적 이원론을 거부하고 예수 그리스도에 대한 성경의 증언 안에서 그분을 이해하려고 노력했다. 영웅적이고 거의 독보적이라 할 수 있는 그의 저항에는 아무리 많은 찬사를 보내도 지나침이 없을 것이다. 그는 위대한 통찰력으로, 완전한 신성을 지닌 구세주가 아닌 그 어떤 존재도 우리의 필요를 충족시킬 수 없음을 깨달았고, 따라서 그리스도가 성부 하나님과 '동일 본체'(*homoousios*)를 이룬다는 입장을 끈질기게 견지했다. 그리고 이 입장은 니케아 공의회와 콘스탄티노플 공의회에서 공인되었다.

오늘날에도 아리우스적 기독론은 사라지지 않고 여전히 남아 있다. 여호와의 증인과 그리스도 형제단(Christadelphians), 그 밖의 많은 사람들이 정교한 철학적·신학적 용어를 이용해 예수 그리스도의 진정한 신성을 부인한다. 4세기에 그랬던 것처럼, 이러한 비성경적 이단들은 어떤 형태든 단호하게 거부해야 한다. 이런 이단들은 복음을 부인하고 우리 주 예수 그리스도께 합당한 영광과 위엄을 앗아 가기 때문이다.

니케아 공의회와 콘스탄티노플 공의회에서 그리스도가 창조된 존재가 아니라는 사실과 그분과 성부의 관계성이 명확히 밝혀졌지만, 그 외의 관련된 다른 문제들이 해결되지는 못했다. 이후 시대에는 예수님의 인격 자체에 초점이 맞추어져, 신성과 인성이 어떻게 그분의 인격 안에 결합되어 있느냐가 논란거리가 되었다. 다음과 같은 세 가지 견해가 생겨나 논의가 진행되었지만, 모두 차례로 거부되었다.

아폴리나리우스주의(Apollinarianism)

아타나시우스의 열광적 지지자였던 아폴리나리우스(Apollinarius, 310-390)는, 예수님 안에 영원한 말씀(Logos)이 인간의 영혼 대신 존재한다고 주장했다. 성육신은 하나님이신 아들이 인간의 몸 안에 거하는 사건이므로 그리스도는 완전한 인간적 본성을 소유하지 않는다는 것이다. 명백히 가현설적 경향을 띠는 이 견해는 하나님이 진정으로 인간이 되셨음을 사실상 부정한다는 이유로 거부되었다.

네스토리우스주의(Nestorianism)

주후 428년 콘스탄티노플 대주교로 임명된 네스토리우스(Nestorius)는 중보자의 완전한 인성을 보존하는 데 관심을 두고 그리스도의 두 본성이 분리되어 있다고 가르쳤다. 이런 가르침은 그리스도의 진정한 인격적 통일성에 의문을 제기하는 수준에까지 이르렀으며, 결과적으로 성육신을 무효화하고 구원을 위태롭게 만들고 말았다. 오늘날 많은 학자들은 '정통파' 반대자들이 네스토리우스의 사상이라고 여겼던 견해 가운데 많은 부분이 그가 직접 주장한 내용이 아니라고 생각한다. 431년 면직된 그는 이후 열정적 선교 사역에 여생을 바쳤다.

유티케스주의(Eutychianism)

네스토리우스주의의 맹렬한 반대자였던 유티케스(Eutyches)는 그리스도의 인격적 통일성을 옹호했다. 그는 성육신 이전에는 두 본성이 있었지만 이후에는 오직 하나의 결합된 본성만 존재한다고 주장했다. 이 말은 예수님이 참 인간도 참 하나님도 아닌 일종의 제3의 존재이며, 따라서 중보자 역할을 할 수 없음을 암시한다. 유티케스는 448년 콘스탄티노플 공의회에서 정죄되었으나, 449년 에베소 공의회에서 다소 미심쩍게 복권되었다.

이런 상황이 더 이상 지속될 수 없다는 생각이 분명해졌을 때, 이 문제를 완전히 해결하기 위해 451년 칼케돈에서 중요한 공의회가 소집되었다. 서방의 한층 실용적인 신학에 깊은 영향을 받은 칼케돈 공의회의 신조는 모든 논쟁 당사자들을 만족시키지는 못했지만, 그리스도의 인성에 관한 정통 교리의 변치 않는 기초가 되었다. 이 신조의 핵심을 이루는 내용은 다음과 같다. "우리는 우리 주 예수 그리스도가 다름 아닌 성자 하나님이시며…신성에 있어서 완전하시고…인성에 있어서 완전하시고…신성으로는 성부 하나님과 동일 본체(*homoousios*)이시고 인성으로는 우리와 동일 본체이시며, 두 본성(*physeis*)으로 알려지셨으나 혼동이나 변동이나 분할이나 분리됨이 없으시며, 각 본성의 속성이 한 인격(*prosōpon*)과 한 위격(*hypostasis*) 안에 보존되고 일치되어 있음을 고백한다."

다른 주요 개념들

위격적 연합

이는 성육신에 대한 내용을 축약해서 표현한 개념으로, 한 위격 안에 완전한 인성과 완전한 신성이 연합되어 있는 것을 말한다. 교회는 칼케돈 신조를 통해 이 용어를 신중하고 균형 있게 표현했다. 즉, 두 본성이 이러한 위격적('인격적') 연합으로 "혼동이나 변동이나 분할이나 분리됨이 없이" 결합되어 있다.

비위격과 내위격

6세기에 레온티우스(Leontius)는 예수 그리스도의 인격의 중심, 곧 자의식의 '나'가 누구인가를 논의하면서 비(非)위격(*anhypostasia*)과 내위격(*enhypostasia*)이라는 두 개의 용어를 만들어 냈다. 만일 이 자의식의 '나'가 신적 말씀이라면, 여기서 인성은 인간적 자의식을 상실하게 된다. 이것은 그리스도의 참 인성과 구속주로서의 적합성을 부인한 아폴리나리우스주의의 주장처럼 위험한 것이었다. 반대로, 그리스도 안에 완전한 인간적 자의식이 로고스와 독립적으로 나란히 존재한다는 이론은 선재하신 하나님 아들이 인간이 되신 행동이라는 성육신의 완전성을 위협한다. 또한 하나님의 영원한 아들도 아니고 하나님을 계시하거나 하나님의 구원을 베풀 수 없는 나사렛 예수라는, 로고스와 독립적으로 나란히 존재하는 또 다른 인간을 만들어 낸다.

이에 레온티우스는, 소극적 차원에서 인간적 자의식인 '나'는 결코 자체적으로 존재하지 않으며, 반드시 로고스와의 위격적 연합 안에서만 존재한다고 제안했다(헬라어 'an'은 '~이 없는'이라는 뜻이므로, 'anhypostasia'는 위격이 없다는 뜻이다).

또한 적극적 차원에서는, 인간적 자의식인 '나'가 오직 신적인 '나' 안에 실제적으로 존재한다고 주장했다(헬라어 'en'은 '~안에'라는 뜻이므로, 'enhypostasia'는 위격 안에 있다는 뜻이다). 이것은 완전한 인성을 인정하면서도, 신-인의 본질적 자아가 하나님을 계시하고 인류에게 구원을 베푸는 하나님의 말씀이신 영원한 아들의 자아라는 성경의 인식을 유지한다.

속성 간의 교류

이 고대의 교리는 위격적 연합 안에 있는 두 본성이 각각의 본질적 속성을 유지하고 있지만, 두 본성 간에 진정한 교류가 일어남에 따라 각 속성들 간에도 진정한 소통이 이루어진다고 주장한다. 이 교리는 예수님의 특정한 행동(죽은 사람을 살리는 것, 오병이어의 기적)은 그분의 신성에서 기인한 것으로, 또 다른 행동(피곤을 느낌, 재림 시기에 대한 무지)은 인성에서 기인한 것으로 규정하는 인위적 구분을 피하고자 노력한다.

'칼뱅주의적 밖에서'

칼뱅주의적 밖에서('Calvinist extra')라는 이름은 16세기에 개혁파가 이 교리를 주장한 데서 연유한다. 이 교리는 지상 사역 중이나 이후 주님으로 높여지신 후 인성을 갖고 계시던 때에도, 영원한 말씀이신 예수님은 단 한 순간도 신성의 기능과 속성을 벗어 버린 적이 없었다고 주장한다. 그분은 계속 만물을 붙드시며(골 1:17; 히 1:3), 천사들을 관할할 수 있는 주권을 갖고 계셨다(마 26:53). 이 사상을 지나치게 전개하면 그리스도의 인격을 분할하는 네스토리우스주의로 발전할 수 있다. '속성 간의 교류'와 '칼뱅주의적 밖에서' 교리는 성경의 증거를 정당하게 다루기 위해 필요해 보인다.

두 신분 기독론

종교개혁은 은혜의 복음으로 역사 속에서 만난 그리스도의 살아 계신 실재에 관해 새로운 의미를 제시했다. 종교개혁자들은 두 신분 기독론(two-state Christology)을 통해 그들이 전심으로 지지했던 칼케돈 신조를 보완하고 풍성하게 했다. 그들은 그리스도의 인격을 한 인격의 역동적 움직임의 관점에서, 즉 십자가에 달려 죽는 것에서 정점에 이른 육신 속의 비하의 신분에서 부활과 승천을 통해 승귀된 신분으로 변화하는 것으로 이해했다(행 2:22-36; 고후 8:9; 빌 2:5-11). 이 관점은 칼케돈 신조와 유용한 조화를 이룬다. 칼케돈 신조가 그리스도 인격의 횡단면을 보여 준다면, 두 신분 기독론은 종단면을 보여 주는 셈이다.

케노시스

케노시스(kenosis)라는 이름을 가진 이 기독론은 두 신분 기독론을 발전시켜, 영원하신 말씀이 인간으로 존재하는 동안 본질적인 여러 신적 속성들(전지, 전능, 무소부재 등)을 포기하셨다고 주장한다. 이 이론은 그리스도가 '자기를 비웠다'(헬. *ekenōsen*)고 말하는 빌립보서 2:7에서 성경적 근거를 찾는다. 따라서 이것은 그분의 인간적 한계를 솔직하게 인정하면서, 그리스도의 완전한 인성을 그리스도의 신성에 대한 전통적 고백과 나란히 보존하고자 한다. 이 이론의 수정된 형태들은, 신적 속성들이 단지 '잠재적 상태'가 되거나 '간헐적으로 발휘'되었고, 심지어 케노시스가 그리스도의 존재보다는 그분의 의식과 관련된 것이라고 주장했다.

영원하신 말씀이 마리아의 자궁 속에서 인성과 연합할 때, 어떤 형태로든 낮아지는 과정이 있었음은 확실하다. 그러나 케노시스가 이것을 표현하는 데 특별히 유용한 방법인지는 여전히 의문이 남는다. 이에 대한 성경의 근거는 확실히 취약한데, 왜냐하면 빌립보서 2:7은 신적 능력과 속성이 아니라 신적 영광과 위엄을 포기하는 것을 언급하고 있기 때문이다. 이 본문의 진정한 의미는 '그분이 스스로 자신을 낮추었다'는 것이다.

신학적 차원에서 케노시스는 잘못된 방향으로 나아가고 있는 것 같다. 이 이론의 기본적 사고는, 성육신이란 신성을 제거하는 사건이라는 것이다. 그러나 성경적 성육신은 신성에 무엇인가를 추가하는 개념이다. 하나님의 말씀은 성육신할 때 자신의 신성을 포기하지 않는다. 굳이 표현하자면, 그분은 완전한 인성을 말씀과의 위격적 연합 안으로 끌어들여 신성과 연합시켰다고 보아야 할 것이다. 아울러 만일 성육신하신 하나님의 아들에게 본질적인 신적 속성이 전혀 없다면, 그분은 즉시 우리와 관련된 세 가지 근본적 사역에 실패할 것이다. 즉 그분은 계시(하나님보다 못한 존재라면 진정한 하나님을 계시하지 못한다), 구속(하나님보다 못한 존재라면 우리와 하나님을 결코 화해시킬 수 없다), 중보(인성과의 연합이 필연적으로 신성을 감소시킨다면, 높여지신 주님은 '인간을 하늘로 데려갈 수 없을 것이다.' 그렇다면 대제사장으로서 그분의 중보는 즉시 효력을 잃는다) 사역을 수행할 수 없을 것이다. 마지막으로, 윌리엄 템플 대주교는 이렇게 질문했다. "우리 주님이 지상에서 사는 동안 우주의 나머지 부분에 어떤 일이 일어났는가?" 만일 삼위일체 하나님 중 두 번째 위격이 베들레헴의 아기 속에 완전히 갇혀 버렸다면, 우주를 붙드시는 말씀의 역할을 누가 수행할 것인가? 이때 삼위일체 각 위격의 상호내재 개념을 끌어와도 별 도움이 되지 않을 것이다. 왜냐하면 이것은 케노시스 이론을 뒷받침하는 위격들의 분리를 정확히 의미하기 때문이다.

현대적 해석

기능적 기독론 vs. 존재론적 기독론

현대의 많은 저자들은 '존재론적 기독론'(칼케돈 신조는 그리스도의 인격을 그리스도의 **존재와 본성**의 차원에서 해석한 것이다)을 '기능적 기독론'(그리스도의 인격을 하나님의 목적 안에서 그리스도가 수행하는 **적극적 역할**의 차원에서 해석한다)으로 대체하려고 노력한다. 이는 다소 정적인 언어로 표현된 초기 교부들의 교리를 넘어서려는 시도에서 나온 것이기도 한데, 실제로 그들의 교리는 복음서에서 볼 수 있는 그리스도의 생생하고 역동적인 실재, 인간적 삶 안으로 충만히 들어와 계셨고 십자가에서 인간의 가장 궁극적 고난을 감당하셨던 예수님의 모습과 한참 동떨어져 보이기 때문이다. 아울러, 다음 부분에서 곧 언급하겠지만, 일부 사람들은 하나님과 예수님이 동일한 분이라는 관점을 피하기 위해 이런 시도를 한다. 초자연주의를 반대하는 현대인에게는 예수님이 하나님 대신 특별한 방식으로 사역하신 분이라는 개념이, 신성에 있어서 성부(그리고 성령)와 동일한 존재라는 개념보다 쉽게 받아들여진다.

이런 접근에 대한 명백한 첫 반응은 그것이 제시하는 대안에 질문을 던지는 것이다. 인간적 유비를 사용해서 말하자면, 어떤 사람이 어떤 역할을 수행할 때 그의 인격적 존재가 그 역할과 동일시된다. 예를 들어, 자동차를 설계했다면 그 행동이 그를 자동차 설계자로 만든다. 이것은 그 사람이 공식적으로 설계 훈련을 받았는지, 현재 자동차 설계자라는 공식 직함을 갖고 있는지 여부와는 상관없이 참이다. 달리 말하자면, 활동이 정체성에 대한 함의를 수반한다. 따라서 만일 예수님이 하나님 나라를 세우거나 하나님의 구원을 성취하거나 종말 때 하나님의 심판을 수행하신다면, 이런 기능들이 그분의 정체성, 즉 하나님과 동일한 존재라는 함의를 수반한다. 따라서 존재론적 측면을 포기할 경우 필연적으로 예수님의 인격이 축소되고, 그에 따라 그분의 중보 능력도 감소될 수밖에 없다. 당연한 일이겠지만, 성경은 '존재 없는 행위' 개념을 지지하지 않는다. "말씀이 육신이 되어"(요 1:14)와 같은 말씀은 예수님이 하신 일 못지않게 그분의 정체성 문제에 대해서도 해답을 제시한다(참고. 요 1:1-18; 고후 8:9; 빌 2:5-11; 골 1:15-20; 히 1:1-3). 달리 표현하면, 우리가 언어를 사용할 때 그렇듯이 성경은 실재를 대할 때 고정된 본성을 가진 다양한 존재들(하나님, 인간, 천사 등)을 구분하며, 구원을 설명할 때 중심 역할을 하는 보편적 범주('아담 안에서', '그리스도 안에서') 역시 본질과 실재의 틀을 이용한다. 따라서 존재론적 측면은 결코 불필요한 것이 아니다.

물론 칼케돈 신조가 성경에 등장하지 않는 것은 사실이다. 따라서 원칙적으로 이 신조는 수정이나 대체가 가능하다. 이 신조의 언어는 그 초안자들이 예수님이 하나님이라는 신약의 증언을 헬라 철학의 범주 안에서 충실하게 나타내는 데 필요하다고 여겼던 개념들로 이루어져 있다. 그러나 그리스도에 관한 성경의 표현에 대해 질문하려면 존재론적 언어 사용이 불가피해 보인다. 따라서 기독론은 존재론적인 **동시에** 기능적이어야 한다. 장 서두에서 말했듯이, 예수 그리스도에 관해 이야기하려고 할 때 우리는 항상 그리스도의 인격과 사역 ― 그분이 누구인지, 그리고 무엇을 행하셨고, 하고 계시며, 하실 것인지 ― 모두에 대해 말하도록 요구받는다.

어떤 이들은 기독론에 대한 존재론적 접근과 기능적 접근 중 어느 하나를 선택하는 것을 피하기 위해 **하나님의 정체성** 측면에서 생각할 것을 제안한다. 이 경우 예수님의 신성은 구약의 유일하신 하나님과 동일한 것으로 표현된다. "이것은 예수님을 하나님의 유일무이한 정체성의 본질로 간주하는 것이다"(R. 보쾀). 이 접근법의 전제는 구약의 유대교, 특히 제2성전 시기의 비타협적 유일신교다. 이와는 달리 신약의 저자들은 야훼의 유일무이한 신적 정체성 안에 있는 특성들(창조, 구원, 심판 등)을 취해 예수님에게 적용함으로써 그분께 신적 정체성을 부여한다(우리는 앞서 "예수님과 야훼/여호와의 동일성" 단락에서 이것을 시도했다). 교부들의 전통적 신조가 예수님의 '존재'에 관심을 가진 것은 예나 지금이나 매우 중요하고 필요하지만, 이런 접근을 통해 우리는 신조의 정적인 범주를 넘어설 수 있다. 또한 이것은 복음서의 역동적 이미지와 십자가에 달려 인간적 고난을 당하신 예수님의 정체성에 더 직접적으로 접근할 수 있는 가능성을 제공한다.

'신화'로서의 성육신

1970년대 한 심포지엄에 참석한 몇몇 기독론 저자들이, 대다수의 신약학자들은 예수님이 자신에 대해 메시아나 하나님의 아들, 그리고 복음서에서 붙여진 다른 어떤 칭호도 스스로 주장한 적이 없다는 데 동의한다고 주장했고, 이에 대해 큰 논쟁이 불붙었다. 이런 칭호들은 나중에 교회에서 발전되어 기록되었고, 이것이 전통이 되어 후대로 전해졌다는 것이다. 특히 예수님을 '성육신하신 하나님'이라고 말하는 것은 그분이 지닌 중요한 의미를 나타내기 위한 신화적·시적 표현 방식이며, 역사적 사실은 그분이 단지 '하나님께 인정을 받은' 인간, 특별한 의미에서 하나님께 열려 있고 하나님의 실재를 특별하게 의식했던 사람이었다는 것이다.

본질적으로, 이 관점은 성경 이후 시대의 에비온주의에서 파생된 사상을 다시 제기한 것이었다. 앞서 보았듯이 에비온주의는 그리스도의 신성을 제거하고 예수님을 단순한 인간 – 아주 특별한 존재이긴 하지만 인간에 지나지 않는 – 으로 축소함으로써 기독론 문제를 해결했다.

오늘날 다시 제기된 이 관점은 과거의 주창자보다 솔깃하거나 설득력 있어 보이지는 않는다. 이 사상의 분명한 의미는 다음과 같다. 이 인간적 기독론은 (1) 기독교의 하나님을 부인한다. 예수님께 신성이 없다면, 하나님은 적어도 우리가 알 수 있는 방식의 삼위일체 하나님이 아니기 때문이다. (2) 기독교 예배를 제거한다. 즉 예수님께 드리는, 또는 그분을 통한 기도나 찬양이 사라진다. (3) 기독교의 확신을 무너뜨림으로써 – 그리스도 안에 나타난 계시의 최종성을 부인함으로써 – 우리를 하나님과, 더 나아가 만물에 대한 불가지론자로 만든다. (4) 기독교적 구속을 무효화한다. 그리스도가 성육신하신 하나님이 아니라면 그분은 우리와 하나님의 관계와 무관하기 때문이다. (5) 가장 심각한 문제는 그리스도 안에 있는 하나님의 영광과 존귀를 부인한다는 것이다. 하나님의 영광을 소중하게 여기는 그리스도인들이라면 이런 관점을 지지하기가 결코 쉽지 않을 것이다.

오늘날에는 학문적 상황이 훨씬 다양해졌기 때문에, 1970년대의 회의적 합의는 더 이상 존재하지 않는다. 많은 선도적 신약학자들은 격상된 인물 배후에 있는 단순히 인간적인 '본래 예수님'을 찾으려는 시도에 진지하게 의문을 제기한다. 역사는 그런 시도가 과거에 자주 일어났지만 하나같이 실패했음을 보여 준다. 그러나 이런 주장이 일부 영역에서는 계속되고 있기 때문에 – 예를 들어, 이른바 '예수 세미나'(Jesus Seminar) 같은 곳에서는 일군의 급진적 학자들이 매년 모여 복음서에 기록된 예수님의 말씀 중 어느 것을 진짜 예수님 자신의 말씀으로 볼 수 있는지 판단하는 작업을 한다 – 앞의 여러 단락에서 살펴본 '고기독론'(high Christology)이 신약의 가장 초기 저서에 예수님에 관한 전통으로 구체화되었고, 그것이 예수님 자신의 마음을 반영하고 있다는 점에 유의하는 것이 중요하다. 십자가 사건 후 20년 이내에 예수님을 성육신하신 그리스도로 선포하는 온전한 기독론이 교회의 신앙과 가르침에서 중심 내용으로 자리 잡았다. 역사가 자로슬라브 펠리칸(Jaroslav Pelikan)은 이렇게 말한다. "가장 오래된 기독교 설교, 기독교 순교자에 대한 가장 오래된 이야기, 이단에 관한 가장 오래된 교회 보고서, 가장 오래된 예배 기도문(고전 16:22)은 모두 그리스도를 주와 하나님으로 언급한다." 그리스도인들은 처음에 예수님이 단순한 인간이라고 이해했다가 나중에 예수님의 신성을 추가한 것이 아니었다. 그분의 신성에 대한 믿음은 처음부터 교회의 반응의 근거였다. 일찍부터 자세히 드러났던 그리스도의 신성에 관한 성경의 중요한 증거들은 지금도 흔들림 없이 유지되고 있다.

보충 설명

요한복음에서 성육신을 더 깊이 이해하도록 돕는 구절들을 찾을 수 있다.[8] 요한복음이 제시하는 그리스도의 기본 모습은 성부 하나님께 전적으로 의지하는 태도다(4:34; 6:38, 44; 7:16; 8:27, 50, 54; 10:18). 하나님의 영원하신 말씀은 신성을 완전하게 공유하며, 영원하신 아들로서 성부로부터 영원히 나오시는 분이다. 그분은 성부 하나님을 철저히 의지하고 예배하는 신-인으로서의 조건 아래 살아감으로써 이러한 신비로운 신적 발출을 나타내신다. 모든 순간과 모든 사건에서 신성의 모든 권세와 완전성을 발휘할 수 있었지만, 지식과 말과 행동과 갈등과 고난을 비롯한 모든 일에서 성부의 기쁘신 뜻에 자신을 복종시키셨다.

결론적으로, 성육신을 인간의 경험에 비추어 해석하기란 거의 불가능하다. 물론, 그리스도는 인간이 된 하나님이시고 인간은 하나님의 형상으로 지어졌기에 인간적 경험에 기반한 유추도 어느 정도 타당할 수 있다. 그러나 우리는 사실상 신-인이 어떤 것인지 결코 알 수 없기 때문에 그런 유추는 필연적으로 한계가 있다. 예수님의 인격에 대해 일정 수준을 넘어선 부분을 이해하려면 오로지 그분의 자기 증언, 즉 하나님의 감동으로 기록된 성경의 증언에 기초하여 이해하는 수밖에 없다. "크도다. 경건의 비밀이여…그는 육신으로 나타난 바 되시고"(딤전 3:16). 사도들의 이런 조심스러운 태도는, 특히 오류를 반박하기 위해 이 신비를 탐구하려는 경건한 시도를 무력화하려는 것도 아니고, 예수 그리스도가 참 하나님이자 참 인간이라는 근본적 실재에 관한 불확실성을 암시하려는 것도 아니다. 이 외침은 이러한 실재에 대한 우리의 이해에 한계가 있음을 상기시키고, 예수님의 탄생 때 찾아온 목자들처럼 겸손한 믿음과 경배의 마음으로 접근하는 사람들에게 그분 인격에 관한 가장 깊은 비밀이 드러난다는 사실을 일깨워 준다.

■ 성경 구절

요 1:1-18; 10:30-38; 행 2:22-35; 롬 1:4; 고후 8:9; 빌 2:5-11; 골 1:15-20; 2:9; 딤전 3:16; 히 1:1-3; 요일 1:1이하.

■ 토론 질문

1. 그리스도의 인격에 관한 주요한 이단적 주장에 대해 말해 보라. 그런 이단적 주장들이 현대에 다시 등장한 예를 찾아보라.
2. '그 어떤 기독론도 칼케돈 신조를 뒤집을 수 없다'는 진술에 대해 논하라.
3. '케노시스'란 무슨 의미인가? 이 개념은 그리스도의 인격을 이해하는 데 어떤 도움 혹은 방해가 되는가?
4. 올바른 기독론이 (1) 우리의 신관, (2) 구속의 복음, (3) 인간관, (4) 성경에 대한 접근에 얼마나 중요한지 생각해 보라.

■ 참고 자료

Arts. 'Incarnation' in *NBD* and 'Christology' in *NDT*.

J. N. D. Anderson, *The Mystery of the Incarnation* (Hodder, 1978).

R. Bauckham, *God Crucified* (Paternoster, 2002).

M. Green (ed.), *The Truth of God Incarnate* (Hodder, 1977).

D. Macleod, *The Person of Christ* (IVP, 1998).

I. H. Marshall, *The Origins of New Testament Christology* (Apollos, 1990).

E. L. Mascall, *Theology and the Gospel of Christ* (SPCK, 1977).

C. F. D. Moule, *The Origin of Christology* (Cambridge University Press, 1977).

B. L. Ramm, *An Evangelical Christology* (Nelson, 1985). 『복음주의 기독론』(소망사).

16 | 그리스도의 사역: 성경의 가르침

'그리스도의 사역'이란 그리스도가 세상을 구원하기 위해 행하신 모든 일을 가리킨다. 이와 밀접한 관련이 있는 용어는 **속죄**(atonement)인데, 이는 소수의 앵글로색슨 계통 신학 용어 중 하나다. 속죄는 인간과 하나님의 화해를 가리키며, 양측 관계의 소원함이 해소되고 하나님과 인간이 '하나'가 되는 수단이다. 이 장은 십자가에서 일어난 일보다 훨씬 폭넓은 내용을 다루기 때문에, '그리스도의 사역'이 장의 전체 제목으로서 더 적절할 것이다.

구약에 나타난 속죄

구약과 신약에서 만나는 하나님이 동일한 하나님이라는 사실을 인정하면서도, 많은 이들이 신약의 종교는 은혜(우리는 하나님이 그리스도를 통해 우리를 위해 행하신 일에 대한 응답을 기초로 하나님께 받아들여진다)인 반면, 구약의 종교는 율법(우리가 하나님께 용납되는 것은 우리의 도덕적 순종에 좌우된다)이라고 생각한다. 따라서 먼저 구약에서의 구원이 신약에서의 구원과 마찬가지로 하나님의 대가 없는 은혜와 자비에 의한 것임을 분명하게 단언할 필요가 있다. 이스라엘 백성과 하나님의 관계, 그리고 이스라엘의 구원의 소망은 그들을 선택하신 하나님의 은혜에 기초하며(창 12:1-7; 출 3:6-10; 신 6:21-23; 사 41:8이하), 이는 아브라함과 그 자손들과의 언약을 통해 실현되었다(창 15:18; 출 6:6-8; 시 105:8-15, 42-45; 사 51:2-6; 겔 37:35이하; 눅 1:32이하, 54이하; 행 13:17-23). 이 은혜는 이스라엘에게 믿음 혹은 신뢰라는 응답을 요구했으며(창 22:17이하; 시 33:16-20; 사 31:1), 이 언약적 기초 위에서 하나님 백성에게 주어진 율법은 그분의 거룩한 성품에 부합하는 삶을 살라는 하나님의 요구로서 효력을 갖게 되었다(출 20:1-2).

그러나 이스라엘 사람들은 이런 율법의 의미를 제대로 이해하지 못했다. 랍비 자료를 보면, 상당수의 공식적 문헌들이 율법 이행을 언약 공동체로 들어가는 길이 아니라 그 공동체 안에 남을 수 있는 방법으로 기록하고 있다. 그러나 그 내용이 얼마나 대중적으로 받아들여졌는지는 확실하지 않다. 신약 시대의 유대교 안에는 많은 문제들이 누적되어 있었고, 그중 일부는 율법주의와 자기 의에 대한 예수님(마 6:5이하; 눅 18:9-14; 마 23:1-15)과 바울(롬 3:19-22; 갈 2:15이하; 3:10-14)의 격렬한 비판에 정확히 나타나 있다. 율법을 준수하면 하나님 앞에 올바르게 설 수 있다고 주장하는 율법주의는 구약의 본래 신앙이 **아니라** 구약의 왜곡이다. 구약에서의 구원과 속죄는 (신약과 마찬가지로) 율법이 아닌 하나님 은혜에 뿌리를 둔다.

신약에서 속죄에 대해 가르치는 바와 비슷한 내용이 유대교 제사 제도에도 나타나 있다. 당시 제사는 여러 종류가 있었다. 소제는 경의와 감사를 표현했으며(신 33:10; 삿 6:21), 번제는 일반적으로 공동체 전체와 관련되었다(출 29:38-42; 민 28장이하). 특히 속죄를 위해 매우 중요하게 여겨졌던 속죄제와 속건제는 부지중에 저지른 죄가 있을 때 하나님께 용서를 구하는 의식이었다(레 4-5장). 가장 중요한 제사는 매년 속죄일(욤 키푸르)에 드려졌는데, 이스라엘 자손이 예배를 드릴 때 대제사장이 피의 제물을 들고 휘장 뒤의 지성소로 들어가 이스라엘 백성이 저지른 죄를 속죄했다(레 16장). 속죄제에서 가장 중요한 부분은 대속을 위해 희생 제물을 죽여 피를 흘리는 것이었다. 이는, 죄의 결과는 언제나 생명을 박탈하는 심판이라는 점을 분명히 보여 준다. 오직 생명을 대신 바쳐야만 심판이 철회될 수 있었다.

따라서 이런 제사들은 이스라엘 백성에게 하나님의 거룩을 깊이 인식시키고, 하나님의 뜻을 어길 경우(그분의 율법을 위반할 경우) 하나님과의 화해를 위해 반드시 종교적으로 깨끗한 대속 제물의 죽음이 필요함을 가르쳐 주었다. 자기 공적과 상관없이 오로지 하나님의 자비만을 신뢰하면서, 순종하는 믿음으로 제물을 바치는 사람에게 언약의 축복이 주어졌다. 구약은 희생 제물 **자체**가 죄를 대속할 수 없음을 분명히 인정한다(호 6:6; 미 6:6-8). 시편 51편은 특히 이런 내용을 웅변적으로 보여 준다. 도덕적 죄책은 희생 제사로 완전히 가릴 수 없으며(16절), 하나님의 값없는 은혜(1절)와 시편 기자의 진심 어린 회개의 응답(17절)에 의해서만 가능하다. 히브리서 9:9이하에서 보듯, 신약은 구약의 제사를 설명하며 이 점을 아주 명확하게 지적한다.

신약과 구약은 궁극적으로 하나님의 은혜에 대해 동일한 내용, 즉 그리스도의 인격과 사역을 언급한다. 갈보리의 은혜는 현대의 그리스도인들에게 과거의 일인 반면, 구약의 성도들에게는 미래의 일이었다(마 8:16이하; 눅 2:38; 요 3:14이하; 8:56; 롬 4:1-25; 10:11-13; 고전 5:7; 히 9:15; 10:12-14; 벧전 1:18이하). 우리와 마찬가지로 구약의 성도들에게도, 속죄란 궁극적으로 그리스도의 피를 통해 이루어지는 것이었다.

우리는 이 내용을 충분히 명확하게 이해할 필요가 있다. 언제나 구원은 오직 그리스도의 사역을 통해 주어지며, 그 항구적이고 유일한 이유는 다음과 같다. "하나님이 세상을 이처럼 사랑하사 독생자를 주셨으니"(요 3:16). 에덴동산의 아담과 하와에서부터 그리스도의 영광스러운 재림 때의 인간 세대에 이르기까지, 그리스도의 죽음과 부활 이외에 다른 구원의 기초는 존재하지 않는다. 거룩한 분이신 하나님의 영원한 본성과 인간 죄의 보편성 및 심각성과 관련해 앞서 다루었던 신학적 사실들은, 하나님이 단순히 우리 죄를 '간과'하실 수 없으며 그것을 전혀 일어나지 않은 일처럼 간주하실 수 없음을 보여 준다. 모든 죄에는 결과가 따른다. 즉 "죄의 삯은 사망"(롬 6:23)이라는 말씀은, 육신의 종말과 이후 하나님과 영원히 분리될 미래에 대해 알려 준다. 죄는 항상 심판을 초래한다. 이후에 자세히 언급하겠지만, 따라서 죄를 용서받을 수 있는 유일한 방법은 하나님이 자신의 놀라운 은혜로 우리를 위해 직접 심판을 감당하심으로써 우리가 심판을 면하는 것이다. 하나님은 십자가에서 그 일을 행하셨다. 따라서 신약 시대의 성도들과 이후 은혜의 시대에 속한 모든 사람들뿐 아니라 구약 시대의 성도들도, 오직 그리스도의 사역을 통해서만 구원을 받는다. 예수님이 지상 사역을 하실 동안 "네 죄 사함을 받았느니라"(막 2:5 등)라는 용서의 말씀을 선포하셨던 것은, 세례를 받을 때 확인되었듯 '많은 사람의 죄를 짊어질 고난받는 종'(마 3:13-17; 사 53:12)이 되는 끔찍한 소명을 받아들일 것을 예기하시고 이를 바탕으로 말씀하셨기 때문에 가능한 일이었다. 구원은 오로지 그리스도의 사역을 통해서만 이루어진다.

메시아 예수

앞서 언급했듯이 '메시아'는 '하나님의 기름부음 받은 자'를 뜻한다. 이스라엘에서 왕(삼상 16장), 제사장(레 8장), 예언자(사 61:1, 이 경우는 문자적이기보다 영적 의미였다)의 세 가지 직분은 기름부음을 통해 임명되었다. 신학자들은 오랫동안 예수님의 '삼중직'(triple office)을 언급해 왔는데, 이는 그분이 제사장과 예언자, 하나님 백성을 통치하는 왕이라는 세 가지 직분을 완전하고 모범적으로 수행하기 위해 하나님께 기름부음을 받으셨다는 뜻이다(행 10:38; 히 1:9). 여기에서 직분(office)을 단수로 표현한 것에는 중요한 의미가 있다. 우리는 나눌 수 없는 하나의 실재, 곧 중보자이신 예수 그리스도 사역의 세 가지 측면에 관심이 있다.

예언자직

예언자는 누군가를 위해 대언하는 사람이다(출 7:1이하; 신 18:18이하). 이 직무에 놓인 전제는 사람들이 하나님의 뜻과 목적에 대해 무지하고 무분별하다는 것이며, 예언자는 전능한 분의 대변자로서 그런 무지를 없애려고 노력하는 사람이다. 고전적으로는 모세를 비롯하여 나중에 활동한 이사야, 아모스, 호세아, 예레미야와 같은 구약의 인물들이 이 예언자직을 수행했다. 구약이 기대한 메시아는 이런 예언자 역할을 포함하고 있었다. "네 하나님 여호와께서…너를 위하여 나와 같은 예언자 하나를 일으키시리니, 너희는 그의 말을 들을지니라"(신 18:15). 그리고 초대교회는 이 역할이 예수님을 통해 성취되었다고 보았다(행 3:22이하; 7:37).

예언자는 당대 사람들이 예수님께 가장 먼저 붙인 칭호였다(마 21:46; 막 8:28; 눅 7:16; 요 9:17). 예수님 자신도 비록 유보적 태도를 보였지만(마 11:9-11) 기본적으로는 이 칭호를 받아들이셨다(막 6:4; 눅 13:33). 하지만 전통적 의미에서 예언자는 예수님이 스스로에 대해 증언하신 내용을 담아내기에는 충분치 않았다(막 9:1-8; 요 10:30; 14:6). 분명 예수님은 하나님 말씀을 증언한 영웅적 예언자들의 긴 계보 안에 서 있지만, 그분은 자신이 전달한 말씀 그 자체(요 1:1-14)였기 때문에 다른 예언자들보다 더 높은 위치에 있다. 그리스도의 사역과 그분의 인격 사이의 이러한 근본적 연결성은 "말씀이 육신이 되었다"라는 요한복음 1:14에 명백하게 나타나 있다. 예수님 안에서 하나님의 예언적 말씀은 그분의 가르침뿐 아니라 존재를 통해 진리로서 궁극적으로 표현된다. 나중에 기록된 신약성경은 이런 차원을 확대하여, 예수님이 성육신하신 하나님의 지혜(고전 1:30)이며, "그 안에 지혜와 지식의 모든 보화가 감추어져 있는"(골 2:3) 분이라고 말한다.

따라서 그리스도의 예언자적 역할은 무지하고 죄로 어두워진 인간에게 하나님의 진리를 전하는 것이다. 예수님은 하나님을 친히 우리에게 계시하심으로써(요 14:9) 말씀에 권위를 지닌, 그리고 우리가 모든 일에서 순종해야 하는 최고의 교사가 되신다(마 7:24-29; 막 1:22이하; 요 13:13이하). 그분은 우리를 향한 하나님의 요구와, 우리가 진리의 하나님 나라로 들어갈 수 있는 유일한 통로인 하나님 은혜를 선포하실 뿐 아니라 그것을 실제로 구현하신다(막 1:14; 요 1:17; 10:9).

제사장직

제사장직의 전제는 우리가 죄 때문에 하나님과 관계가 멀어져 있다는 것이다. 제사장은 하나님이 임명하신 중보자이며, 그를 통해 소원한 관계가 가까워진다(히 5:1). 구약 신앙에서 매우 중요한 이 사상(출 28-29장)은 특별히 대제사장을 통해 구현되는데, 그의 역할은 매년 속죄일에 성전의 성소에 들어가 제사를 드리는 것이었다(레 16장; 히 9:1-8). 예수 그리스도의 사역을 일차적으로 대제사장 역할의 성취로 설명하는 히브리서는 두 지점에서 예수님과 구약의 대제사장을 연결한다.

첫째, **친화성**: "대제사장마다 사람 가운데서 택한 자이므로…사람을 위하여 예물과 속죄하는 제사를 드리게 하나니"(5:1). 참 인간이신 그리스도는 하나님과 관계된 일에서 우리를 위해 일할 자격이 있었다(2:7-17; 4:15; 5:1-3; 10:5-9). 예수님의 대제사장적 중보 사역의 토대가 되는 인간과의 이러한 연대는 구약의 '고엘'(*gōēl*), 즉 '기업 무를 자' 사상에서 더 분명하게 나타난다. 특정 상황에서 친족은 특별한 곤경에 처한 친족을 구하기 위해 고엘의 역할을 할 수 있었다(레 25:48이하). 룻을 위한 보아스의 행동(룻 4:1-13)은 구약에 나오는 고전적 사례다. 고엘은 하나님께도 적용된다(출 6:6; 사 41:14). 하나님은 그리스도 안에서 인간의 육체를 입고 이 땅에 오셔서(요 1:14), 죄의 저주와 지배로부터 우리를 구원하기 위해 대신 행동하심으로써 기업 무를 자의 역할을 수행하셨다.

히브리서 저자가 설명하듯이, 이러한 제사장으로서의 친화성(identity)은 예수님이 또한 우리 인간의 고난에 깊이 공감하심을 뜻한다. 히브리서 저자는, 그리스도께 충성을 바치는 대가가 너무 커서 기독교 신앙을 부인하고 유대교로 돌아가고 싶은 마음과 힘겹게 싸우는 사람들에게 이렇게 말한다. "우리에게 있는 대제사장은 우리의 연약함을 동정하지 못하실 이가 아니요, 모든 일에 우리와 똑같이 시험을 받으신 이로되 죄는 없으시니라"(히 4:15). 그리고 "그가 시험을 받아 고난을 당하셨은즉 시험받는 자들을 능히 도우실 수 있느니라"(히 2:18).

둘째, **자신을 제물로 바치는 행위**: "대제사장마다 예물과 제사 드림을 위하여 세운 자니 그러므로 그도 무엇인가 드릴 것이 있어야 할지니라"(히 8:3). 그리스도는 제사를 드리는 제사장일 뿐 아니라 그분 자신이 희생 제물이 되셨다. 그분은 형언할 수 없는 사랑과 은혜 가운데 지성소로 들어가 자신을 십자가의 제단에 바치셨다(히 1:3; 9:12-14; 10:10-22; 13:12). 예수님이 자신의 사명을 대제사장 역할의 측면에서 이해하셨다는 사실은, 그분이 희생 제물과 관련된 용어를 거리낌 없이 사용하신 데서 명확히 드러난다(막 10:45; 눅 22:20; 요 10:11, 15; 15:13).

또한 예수님이 이사야의 고난받는 종을 암시하신 것은 이 개념을 더 강화해 준다. 고난받는 종에 관한 구절(사 42:1-4; 49:1-7; 50:4-11; 52:13-53:12)은 예수님 시대에 다양하게 해석되었지만 메시아적 관점에서 해석되는 경우는 거의 없었다. 왜냐하면 이 구절들은 메시아적 왕 모티프와는 명백히 조화될 수 없었기 때문이다. 예수님과 고난받는 종의 연결성은 예수님이 세례 받으실 때 성부 하나님이 확립하셨고(막 1:11; 참고. 사 42:1), 복음서에서 자주 언급되며(마

8:16이하; 12:18-21; 요 1:29), 신약의 다른 책에도 등장한다(행 3:13; 8:32이하; 벧전 2:21이하). 마가복음 14:62에는 예수님이 제사장직을 자신에게 적용하셨음을 암시하는 또 다른 내용이 나오는데, 그분은 시편 110:1을 자신에게 적용하면서 시편 110:4의 내용이 자신에 관한 기록임을 암시적으로 말씀하신다.

제사장직은 십자가 죽음을 통한 그리스도의 구원 사역 전체를 포괄한다. 제사장직의 온전한 의미를 파악하기 위해서는 그리스도의 죽음을 해석하는 데 사용된 신약의 세 가지 핵심 은유를 자세히 설명할 필요가 있다.

형벌적 은유: 칭의 | 의에 관한 히브리적 사고는 한결같이 법정적 분위기를 띤다. 의로운 사람은 "여호와께 정죄를 당하지 아니하는 자"(시 32:2)다. 도덕 규범이라는 개념, '법'으로 행위를 다스린다는 이러한 개념은 인간이 창조주와 관계를 맺고 인류 역사가 시작되는 첫 장면, 즉 에덴동산의 선악을 알게 하는 나무까지 소급해 올라간다(창 2:9). 그것은 최초의 구체적 명령으로 표현되어 있다. "선악을 알게 하는 나무의 열매는 먹지 말라"(17절). 이를 어길 때 주어지는 피할 수 없는 형벌은 다음과 같다. "네가 먹는 날에는 반드시 죽으리라." 이후 불순종이 일어났고, 당연한 형벌이 뒤따랐다. "너는 흙이니 흙으로 돌아갈 것이니라"(3:19). 이것이 우리 이야기의 첫 장면이다. 왜냐하면 우리 역시 '아담 안에서' 아담처럼 불순종하기 때문이다(롬 5:12-21; 고전 15:22). 그 결과 우리는 모두 하나님의 도덕법을 어기고(시 14:1-3) 유죄 상태에 놓였으며, 죄의 저주 혹은 정죄 아래 있다(신 27:26; 시 1:5이하). 하나님이 자신의 법을 완화하신다거나 인간의 위법 행위를 모른 척하시는 일이란 결코 있을 수 없다. 여기서 우리는 율법과 그것을 제정하신 하나님은 본질적으로 동일하다는 사실을 충분히 이해할 필요가 있다. 하나님의 율법이란 성경의 영감 된 말씀이든,' "마음에 새긴"(롬 2:15) 양심의 법이든, 혹은 완벽한 인간 예수의 삶과 인격으로 구현된 하나님 뜻이든 상관없이 — 피조물을 향한 그분의 뜻이 계시된 것으로서 — 하나님이 인간 양심에 부과하려고 그때그때 선택하시는 일련

의 임의적 요구들이 결코 아니다. 그것은 "거룩하고 의로우며 선한"(롬 7:12) 하나님의 본성을 표현하는 하나님의 법이다. 하나님 율법의 핵심은, 하나님의 의로운 성품을 닮아 하나님께 저항하고 도전하고 반대하는 모든 것에 저항함으로써 그분 편에 서라는 요구에 지나지 않는다(레 11:44이하; 사 1:4). 따라서 모든 도덕법 위반 행위는 결과적으로 하나님에 대한 직접적 공격이다. 우리가 범죄를 저지르는 순간 우리의 불순종은 전체 대적 행위의 중요한 일부가 되며, 하나님은 자신의 신성을 지키기 위해 우리의 범죄 행위를 주시하고 우리와 대결하실 수밖에 없다.

이처럼 죄를 '주시'하시는 하나님은 자연히 우리의 모든 범죄에 불가피하게 수반되는 **죄책**에도 관심을 기울이신다. 우리가 죄를 범하는 순간 그것은 결코 변경할 수 없는 과거의 사건이 된다. 죄인이 된다는 것은 과거를 가진 사람이 된다는 뜻이다. 마치 한 번 사용한 노트에 필체와 얼룩이 남아 있는 것처럼 말이다. 어제의 죄가 여전히 우리의 장부에 남아 있고 그 죄가 하나님께 끊임없이 도전하며 그분의 위엄과 신성에 대항하기 때문에, 우리는 결코 다시 시작할 수 없다. "우리는 시간만 지나면 죄가 없어질 것이라는 이상한 환상을 갖고 있다. 나도 그런 적이 있지만, 많은 사람들이 어린 시절에 저지른 잔혹한 행동이나 거짓말에 대해 그것이 지금의 자신과는 아무런 상관이 없다는 듯이, 심지어 웃으면서 말하는 것을 보아 왔다. 그러나 범죄의 사실과 죄책에 대해 시간이 해결해 줄 수 있는 것은 아무것도 없다"(C. S. 루이스). 과거는 그대로 남아 있으며, 시간은 특정한 범죄 행위를 치유해 주지 않는다. 결코 그럴 수 없다.

그렇다면 무엇을 할 수 있다는 말인가? 어떤 의미에서 보면, 할 수 있는 것이 아무것도 없다. 우리는 죄책 앞에서 무력하며, 하나님의 세계에서 죄의 불가피한 결과인 다가오는 심판을 기다리는 수밖에 없다.

바로 이런 상황에서, 성경은 무력함에 직면한 우리로 하여금 하나님 은혜의 경이를 바라보게 한다. 타락이 일어난 바로 그 현장에서도 우리는 '뱀의 머리를 상하게 하는 여자의 후손'에 대한 말씀(창 3:15)을 통해 은혜를 어렴풋이 볼 수 있으며, 이 은혜는 구약의 이야기가 펼쳐지는 가운데 다시 부상한다. 이스라엘 백성은 유월절 어린 양을 죽여 그 피를 문설주에 바름으로써 이집트를 심판하는 죽음의 전염병이 돌 때 '죽음을 면하게' 되었고(출 12장), 이는 수 세기 이후 어느 유월절에 예수님이 자신의 죽음과 분명하게 연결하는 사건이 되었다(막 14:22-24; 요 19:14, 36). 또한 속죄 염소를 바치는 의식이 포함되는(레 16:20-22) 레위기 16장의 속죄제에서 다시 등장한 후, 이사야의 예언에서 고난받는 종의 사역으로 가장 명확하게 드러난다. 고난받는 종은 "모양이 타인보다 상하였고…멸시를 받아 사람들에게 버림받았으며…하나님께 맞으며…그가 찔림은 우리의 허물 때문이요…살아 있는 자들의 땅에서 끊어짐은 마땅히 형벌받을 내 백성의 허물 때문이라.…그가 많은 사람의 죄를 담당하며 범죄자를 위하여 기도하였느니라"(사 52:13-53:12).

그리고 그리스도가 우리의 시공간으로 들어와 베들레헴에서 태어나심으로써 구원 이야기의 마지막 장면이 시작된다. 그분은 인간으로서 "율법 아래"(갈 4:4) 태어나셨고 하나님의 모든 명령을 "죽기까지"(빌 2:8) 온전히 순종하셨다(요 4:34; 8:29). 예수님은 하나님의 어린 양으로서 하나님의 한량없는 은혜로 말미암아 십자가에서 우리 자리를 대신 취하셨고, 하나님과 하나이신 동시에 우리와도 온전히 하나가 되어 우리 죄의 형벌을 완전히 감당하셨다(사 53:5). "친히 나무에 달려 그 몸으로 우리 죄를 담당하셨으니"(벧전 2:24). 예수님은 죽음으로써 "우리를 위하여 저주를 받은 바"(갈 3:13) 되셨다. 따라서 그리스도의 죽음으로 그 백성의 죄가 심판받고(롬 3:23-26) 기억에서 사라졌으며(히 8:12), 그분의 "한 의로운 행위로 말미암아 많은 사람이 의롭다 하심을 받아 생명에 이르렀[다]"(롬 5:18). 우리의 불순종에 대한 심판과 저주는 십자가에 달리신 그리스도께 내려졌으며, 그분이 우리를 위해 그것을 감당했다.

그분은 거기서 '죄가 되어' 죄인 취급을 받고 벌을 받았다. "하나님이 죄를 알지도 못하신 이를 우리를 대신하여 죄로 삼으신 것은 우리로 하여금 그 안에서 하나님의 의가 되게 하려 하심이라"(고후 5:21).

그리스도가 인간의 대표자로서 행한 순종과 구속적 죽음을 근거로, 하나님이 유죄 상태인 인간들의 죄를 용서하고 그들을 의롭게 여기시는 이 행동을 성경에서는 칭의("의롭다 하심", 눅 18:14; 롬 3:24; 4:25; 고전 6:11; 딛 3:7)라고 부른다. 이것은 결코 우리 자신의 의로운 행위에 대한 대가가 아니며, 우리가 하나님과 협력하여 칭의를 위해 도덕적으로 기여한 것도 아니다. 칭의는 아무런 공로 없이 우리에게 주어지는 하나님의 전적인 자비의 행위다.

여기서, 보통 충분히 강조되지 않는 칭의의 영광스럽고 긍정적인 측면(롬 4:1-12; 빌 3:9)을 주목할 필요가 있다. 칭의란 단순히 하나님이 우리 죄책을 용서하시는 사건이 아니다. 우리의 필요가 충족되는 것은 우리 성품이 충만하고 완전하게 거룩해지는 상태인 의가 우리에게 주어질 때 비로소 가능하며, 이는 놀라운 은혜의 선물이다. 그분을 믿음으로, 율법을 준수하신 그리스도의 완전한 의가 우리 것이 되는 것이다(고전 1:30; 빌 3:9). 이것은 단순히 하나님이 우리의 전체 죄, 우리 삶을 도덕적으로 성찰할 때 드러나는 가장 사소한 허물을 포함한 모든 죄를 눈감아 주셨다는 사실 이상이다. 곤경을 벗어난 우리는 1백 퍼센트의 완전한 의를 획득했다! 아타나시우스가 '놀라운 교환'이라고 표현한 이 사실에 대해 칼뱅은 이렇게 말했다. "하나님의 아들은 흠 없이 성결한 분임에도 불구하고 우리 죄의 불명예와 수치를 친히 짊어지고, 우리에게는 그분의 성결을 입혀 주셨다."

이렇게 그리스도 안에서 죄인을 의롭게 하시는 하나님의 행동은 공정하다. 왜냐하면 그분은 죄를 간과하거나 적당히 눈감아 준 것이 아니기 때문이다(롬 3:25이하). 그분은 십자가 위에서 죄를 남김없이 심판하고 처벌하심으로써 죄에 대한 영원하고 거룩한 적대감을 확실하게 보여 주신다. 즉 죄인들에 대한 율법의 기준은 결코 낮아지지 않는다. 하나님은 그리스도의 완전한 의에 기초하여 죄인들을 받아들이시며, 이 완전한 의는 오직 그리스도를 믿고 그분과 연합함으로써만 얻을 수 있다. 의롭게 여김을 받는다는 것은 우리가 하나님께 받아들여져, 그분 앞에 두려움 없이 설 수 있다는 뜻이다. 우리는 하나님 앞에 진실하게 서서 그분께 받아들여져, 그분의 사랑스러운 자녀가 되는 온전한 기쁨을 누리게 된다. 의롭게 여김을 받는다는 것은 또한 다음과 같은 찰스 웨슬리(Charles Wesley)의 노래를 함께 부를 수 있다는 뜻이다.

> 나 이제 정죄를 두려워하지 않네.
> 예수님과 그분 안의 모든 것이 나의 것이라네!
> 살아 있는 머리이신 그분 안에 살며,
> 거룩한 의의 옷을 입고,
> 담대히 영원한 보좌 앞으로 나아가,
> 나의 주 그리스도를 의지하여 면류관 얻으리.

속죄와 관련한 '칭의' 은유는 일반적으로 '형벌적 대속'으로 불린다. 이것은 최근까지 상당한 논쟁을 불러일으킨 핵심 주제로, 17장의 "현대적 해석" 단락에서 더 자세히 살펴볼 것이다(pp. 338-351). 여기서는 성경 해석과 더 직접적으로 관련된 비판을 언급하는 것이 적절할 듯하다.

이 비판의 내용은, 복음을 설명할 때 죄책과 죄책 제거에 초점을 맞추는 법정적 특징이 신약, 특히 바울 사상의 일차적 관심이기보다는 오히려 서구 교회의 병적 양심을 반영하는 것이 아닌가 하는 의문이다. 통상 일차적으로 제시되는 응답은, 앞서 보았듯이 칭의가 그리스도의 구원 사역에 대한 일련의 성경적 은유들 중 한 가지 예일 뿐이라는 것이다. 여러 맥락에서, 혹은 그리스도의 죽음을 언급하는 모든 경우에 있어서 칭의는 결코 그것을 설명하는 유일하거나 핵심적인 방법이 아니었다. 더 나아가, 특히 '양심'을 언급할 때는 죄책을 지닌 상태와 죄책감을 구분하는 것이 중요하다. 전자는 앞의 성경 구절들이 다루는 내용으로서, 우리가 하나님과 '잘못된 상태'에 놓여 있다는 객관적 사실을 일컫는다. 반면 우리 자신이 스스로 그렇게 느끼는지 여부는 어떤 의미에서 이차적 문제다. 인간이 그와 관련해 '병적' 양심을 지녔는지 '평온한 상태'인지는 궁극적으로 중요한 사안이 아닌 것이다. 죄인이 된다는 것은, 자신의 죄를 얼마나 많이 혹은 적게 느끼느냐와 상관없이 하나님 보시기에 실제로 유죄라는 뜻이다. 인간이 당면한 가장 핵심 문제는 하나님이 우리를 유죄로 보신다는 사실이다. 그리스도인 설교자와 증인들의 과제는 우리에게 이런 엄숙한 현실을 알려 주고, 나아가 그리스도의 사역을 통해 우리가 완전하고 전폭적이며 한량없는 용서를 받고 영원한 의를 얻을 수 있다 – 의롭게 여김을 받을 수 있다 – 는 영광의 '복음'을 제시하는 것이다.

이와 같이 칭의의 중심성을 상대화하는 입장은 가장 잘 알려진 미국의 성서학자인 E. P. 샌더스(Sanders)를 비롯한 여러 저자들의 작업을 통해 점차 더 많은 근거를 확보하게 되었다. 이들은 신약 시대 전후로 수 세기 동안 작성된 유대 문헌과 바울의 저작을 자세히 연구하여, '공로-의'라는 개념 – 율법을 지킴으로써 구원을 얻을 수 있다는 사상 – 이 1세기 유대 사상이나, 바울이 논쟁적인 반유대적 가르침 속에서 주로 반박했던 오류의 형태로 어느 정도까지 실제로 존재했는지 의문을 제기했다. 그들은 이 개념이 신약성경의 실제적인 중심 내용이 아니라 루터와 그의 동료들이 맞서 싸웠던 오류로 인해 형성된, 종교개혁의 영향을 받은 바울에 대한 관점이라고 주장한다. 일반적으로 유대교는 유대인으로 태어나 할례로 확증받고 하나님의 선택을 받은 하나의 언약 백성 안에 포함되면 구원이 주어진다고 생각했다. 따라서 구원에 관한 한, 율법 준수는 획득 수단이 아니라 '이스라엘 백성 안에 머무는 것' 즉 구원의 유지와 관련된 것이었다. 본질적으로 구원은 인간의 성취가 아닌 하나님의 자비에서 비롯되는 것으로 간주되었는데, 이러한 유대교의 이해를 '언약적 율법주의'라고 한다. 아울러 이 저자들은 구원에 관한 바울 사상의 출발점은 보편적인 인간의 죄가 아니라 유대인과 이방인을 포함한 모든 사람의 주와 구원자로서의 그리스도의 사역이라고 주장한다. 바울에게 구원이란 그리스도에 대한 믿음을 통한 것이었지만, 이것은 선한 행위를 자랑하는 것에 대한 반대가 아니라 하나님의 구원 계획 속에 이방인을 포함하는 문제에 대해 유대인들이 나타낸 오만에 반대한 것이다. 이런 해석을 '바울에 대한 새 관점'이라고 한다.

그러나 추가 연구에 따르면, 제2성전 시기의 유대교는 샌더스가 말하는 것보다 훨씬 다양했다. 이 시기에 쓰인 『에녹2서』, 『에스라4서』, 『바룩2서』, 『유딧』, 『토비트』, 『희년서』, 특별히 『마카베오4서』 등의 여러 저작을 보면 공로 신학을 발견할 수 있다. '언약적 율법주의'가 존재했던 것은 분명하지만 구원을 다르게 이해해서 선한 행위를 통해 스스로를 구원할 수 있다는 관점도 있었고, 필론(Philo)과 요세푸스(Josephus)의 저작들과 쿰란에서 발견된 글들에는 구원에 관한 다른 여러 관점들이 나타난다. 유대교에 들어가기 원하는 이방인들은 무엇보다 율법, 즉 토라를 받아들이고 그에 복종함으로써 입교할 수 있었고, 배교했다가 다시 유대교에 입교하려는 유대인들 역시 회개하고 율법에 대한 헌신을 다짐해야 했다.

한편으로, 일반 대중의 종교는 공식 문헌에서 흔히 발견되는 내용과는 상당히 거리가 있음을 인정할 필요가 있다. 우리는 교회를 사랑하고 봉사에 적극적으로 참여하며 선한 마음과 의도를 가진 수많은 사람들이, 자신이 속한 바로 그 교회의 공식적 교리 – 구원이 오로지 믿음을 통한 은혜에 의해서만 이루어진다는 명백한 선언 – 와는 근본적으로 모순되는 선한 행위에 기초한 구원의 소망을 가지고 있음을 도처에서 볼 수 있다. 개인 전도를 위해 '전도 폭발' 방식을 사용하면서 '만일 당신이 오늘 밤 죽어서 하나님 앞에 선다면, 천국에 들어가기 위해 하나님께 어떤 이유를 제시하겠습니까?'라는 질문을 던져 본 적이 있는 사람이라면, 이 같은 사실의 타당성에 대한 어떤 설득도 필요 없을 것이다.

사실, 스스로 의롭게 되려는 성향은 모든 종교에서 발견되며 모든 인간의 마음속에 존재한다. 하나님 앞에서 자기 성취를 자랑하려는 교만이라는 성향은 에덴 이후로 줄곧 죄의 기본 형태였다(창 3:1-7). 예수님은 1세기 유대 사회에 나타난 교만의 위험을 분명히 간파하고 자주 그것을 비판하셨으며(마 6:5-8, 16-18; 20:1-16; 23:1-15, 27-28; 눅 18:9-14; 15:11-32; 막 10:13이하), 바울 역시 마찬가지였다(롬 3:20, 24, 27; 4:1-5; 9:30이하; 고전 1:31; 고후 10:17; 갈 5:4; 6:14; 빌 3:3-9). 스스로를 의롭다고 여기는 교만은 "마귀가 인간의 마음으로 들어오는 대문"이라는 조나단 에드워즈(Jonathan Edwards)의 말은 결코 과장으로 볼 수 없다. 교만에 대한 해결책은 바로 바울이 제시한 위대한 진리인 믿음을 통한 칭의. "모든 사람[즉 모든 죄인]이…하나님의 은혜로 값없이 의롭다 하심을 얻은 자 되었느니라"(롬 3:23-24). 따라서 바울이 유대교를 반대하는 격렬한 논쟁에서 이런 오류를 여러 차례 정확하게 지적했다고 보는 전통적 관점은 전반적으로 타당해 보인다.

바울의 신학에 대한 '새 관점'과 관련하여, 샌더스와 그의 주요 추종자들 내에서도 여러 측면에서 의견이 다르기 때문에 그들은 사실상 바울에 관한 여러 '새 **관점들**'을 제공하고 있는 셈이다. 그러나 그들은 인간이 '구원으로 들어오고' '구원 안에 머무는' 두 차원 모두에 있어서, 유대인과 이방인 할 것 없이 하나님의 진노 아래서 죄에 매인 인간 조건의 엄중한 무게에 관한 바울의 깊은 이해에 공감하는 데 실패하고 만다. 이는 구원에 관한 바울의 메시지를 대하는 그들의 적극적 관점이 모든 믿는 죄인들, 곧 유대인과 이방인들을 의롭게 여기시고 모든 죄의 형벌을 지금으로부터 영원히 면하게 해 주시며 그들을 의로 세워 주시는 그리스도의 영광스러운 성취를 상당히 축소하고 있음을 암시한다. 이런 평가에 대한 구체적 근거는 장 말미의 "참고 자료"에서 찾아볼 수 있다.

요약하면, 칭의라는 은유의 핵심에는 네 가지 근본적 실상이 놓여 있고, 성경은 각각을 분명하게 가르쳐 준다. 첫째, 우리의 마음에 새겨져 있으며 성경과 예수님의 성품을 통해 더 확실하게 계시된 하나님의 율법을 위반한 우리의 죄악과 교만은, 결국 우리를 하나님 앞에서 죄의 상태에 빠뜨린다. 둘째, 그 결과 우리는 현세와 내세에 하나님의 정의로운 심판의 대상이 된다. 셋째, 우리는 무능하기 때문에 어떤 노력으로도 이 심판을 피할 수 없다. 넷째, 그리스도는 자신을 믿는 죄인들에게 놀랍고 포괄적인 구원을 베푸신다. 그리스도는 십자가에서 우리를 대신해 우리 죄의 모든 형벌을 짊어지셨고, 그럼으로써 우리에게 용서와 화해, 영원한 의를 수여하셨다. 모든 신자의 삶과 마음에 깊이 와닿는 이 네 가지 실상은 모든 시대를 통틀어 그리스도의 구원 사역의 근본 내용이다.

제의적 은유: 화해/화목 | 이는 앞서 다룬 은유와 어느 정도 맞물려 있으면서 칭의의 방법을 자세히 설명해 주는 역할을 한다. 하나님의 율법에 불순종한 결과 우리는 하나님 앞에 서기에 부적절한 상태가 되었고 그분의 거룩한 진노 아래 놓였다(요 3:36; 롬 1:18; 2:5, 8; 5:9; 엡 2:3; 5:6; 골 3:6). 에덴으로 돌아가는 길은 불 칼로 막혀 버렸다(창 3:24). 하나님과 멀어진 인간은 이제 그분의 원수가 되었다(롬 5:10; 골 1:21). 우리는 냉혹한 조건 속에서 죄에 빠진 인간의 완전한 무기력을 바라본다. 이런 상황 속에서, 성경은 다시 그리스도 안에 있는 하나님의 놀라운 사랑을 바라보게 한다.

화해(reconciliation)는 분쟁 중인 두 당사자 간의 적대감을 없애는 것으로, 신약의 몇몇 중요한 구절에서 그리스도인의 구원과 관련하여 사용된다(롬 5:10이하; 고후 5:18-20; 엡 2:16; 골 1:20). 이와 연결된 개념으로 '화평'(롬 5:1; 골 1:20)이라는 용어가 있는데, 왜냐하면 인간은 단순히 하나님의 친구가 되지 못한 것이 아니라 하나님의 원수(롬 5:10; 골 1:21; 약 4:4)이기 때문이다. 화해는 싸움의 원인(이 경우에는 우리의 죄)을 제거함으로써 이루어지는데, 하나님이 그리스도, 특히 그분의 죽음을 통해서 그렇게 하셨다. 그리스도 안에 계신 하나님은 우리를 대신해 하나님 자신의 진노의 대상이 되셨다(롬 5:9). 따라서 그리스도는 "우리의 화평"(엡 2:14)이시다. 우리는 "그의 아들의 죽으심으로 말미암아"(롬 5:10; 엡 2:16), "그의 십자가의 피로"(골 1:20; 엡 2:13) 하나님과 화해를 이루게 되었다.

양자 간의 관계에서 마치 우리의 태도만 바꾸면 되는 것인 양 화해를 우리 쪽에만 한정하는 것은 성경의 가르침을 심각하게 오해하는 것이다. 나쁘게 왜곡될 가능성이 있음에도 불구하고 성경은 하나님의 진노가 엄연한 성경적 실재라고 말한다(출 22:24; 시 78:31; 호 5:10; 눅 3:7; 요 3:36). 일부 사람들처럼 십자가가 이미 우리와 화해를 이룬 하나님의 사랑을 단순히 보여 주는 것이라는 주장은 하나님의 진노를 무시하고 십자가의 실제 목적을 놓치기 쉽다. 사실상 십자가는 하나님의 사랑만을 나타내는데, 정확하게 말하자면 그것이 다음과 같이 보다 더 깊은 신학적 의미를 지닌다는 점에서 그러하다. 즉 십자가는 우리 죄의 결과를 희생으로 해결하시는 하나님의 사랑이다(요 3:16; 요일 4:9이하). 우리는 오직 이런 이해를 통해서만 십자가를 구속이라는 결정적 행위, 우리를 하나님의 진노에서 구원한 유일한 행위로 바라보는 신약의 관점을 공정하게 대할 수 있다. 따라서 우리는 "역사적 영역에서 진노가 은혜로 바뀐 것"(베르카우어)에 대해 말해야 한다.

이런 화해의 수단은 이와 밀접하게 관련된 용어인 **화목**(propitiation, 유화, 롬 3:25; 히 9:5; 요일 2:2; 4:10)을 통해 더 정확하고 자세하게 설명할 수 있다. 이 용어는 제물을 바쳐 하나님의 진노를 푼다는 뜻이다. 그러나 그리스도의 화목 제물은 결코 비인격적이거나 임의적인 제물이 아니었으며, 그분은 하나님과 인간이 맺는 관계의 외부에서 개입해 들어온 제삼자가 아니었다. "곧 하나님께서 그리스도 안에 계시사 세상을 자기와 화목하게 하시며"(고후 5:19). 그리스도는 자신의 진노를 자신의 거룩하고 영원한 가슴으로 떠안으시는 하나님 자신이다. 여기에는 결코 풀 수 없는 신비가 존재하지만, 그리스도의 사역에 대한 신약의 해석과 특히 화목이라는 개념 안에 이와 관련된 내용이 분명히 제시되어 있다.

어떤 저자들은 '성난 신을 달래다'라는 의미를 피하기 위해 화목 대신 속죄(expiation)라는 용어를 사용한다. 이 용어는 '죄책의 제거'를 뜻하지만 그것이 어떻게 이루어졌는지에 대해서는 구체적으로 설명하지 않는다. 이는 사실상 헬라어 '힐라스테리온'(*hilastērion*, '달래다'라는 뜻의 동사형 *hilaskomai*에서 파생한 단어)의 의미를 더 잘 반영하는 것으로 여겨졌으며, 이 헬라어 단어는 로마서 3:25에서 '속죄의 제사'(sacrifice of atonement, NIV; 요일 2:2도 이와 마찬가지인데, 두 구절의 각주에는 "하나님의 진노를 비켜 가게 하는 자"라는 또 다른 번역문이 제시되어 있다)로 번역되었다. 한편, 고전 문헌에서 이 헬라어 단어가 압도적 빈도로 '달래다', '진노를 비켜 가다'라는 뜻으로 사용된다는 점을 인정하면서도, **유대계** 헬라 문헌들, 특히 구약성경 70인역에서 이 단어의 뜻은 한결같이 죄를 없애는 것, 즉 '제거하다', '속죄하다', '용서하다'라는 의미에 국한되어 사용된다는 주장이 제기되었다. 여러 해 전에 레온 모리스(Leon Morris)와 로버트 니콜(Robert Nicole)은 신약의 사상에서 '화목'을 제거하려 하는 주장들을 신중하게 조사했고, 마침내 그 이론을 뒤집었다. 그들은 1세기의 중요한 유대계 저자인 필론과 요세푸스가 '힐라스테리온'을 '달래다'의 의미로 사용했으며, 70인역도 여러 곳에서 그와 같은 의미를 적용하고 있다는 점을 보여 주었다. 이렇듯 '하나님의 진노를 비켜 가게 하다'는 의미가 그리스도의 십자가 사역을 언급하는 주요 신약 본문에 명백히 반영되어 있으며, 따라서 그리스도가 죄인들을 위해 이루신 화해를 언급할 때 이 용어를 사용하는 것은 결코 비성경적이지 않다. 또한 일반적으로 말해서, 속죄라는 용어가 얼마나 더 명료한 의미를 전달하는지, 혹은 얼마나 더 성경적 이해를 제공하는지 이해하기란 쉽지 않다. 우리 죄책은 결코 주관적 죄의식으로 축소될 수 없다. 하나님은 죄에 빠진 우리를 객관적으로 적대하시며, 인격적 하나님의 그와 같은 적대감을 없애는 것이 곧 우리에게 일어난 화해의 내용이다. 그러나 그것은 동시에 하나님이 죄인을 다르게 취급하신다는 의미를 지닌다. 즉 그리스도의 제물을 근거로 하나님의 진노가 은혜로 바뀐다. 이것이 바로 '화목'의 정확한 의미다.

희생 제사(sacrifice)라는 용어도 이런 맥락에 속한다(고전 5:7; 엡 5:2; 히 7:27; 8:3; 9:23-28; 10:10-26; 13:10-13). 앞서 언급했듯이 신약은 그리스도의 죽음의 의미를 상세히 설명하기 위해 구약의 희생 제사 제도의 다양한 측면을 끌어온다. 가령, 그리스도는 죽임 당한 어린 양(요 1:29이하; 벧전 1:18이하), 유월절 어린 양(고전 5:6-8; 참고. 출 12:1-12), 속죄 제물(롬 8:3; 참고. 레 5:6이하), 속죄일의 제물(히 9:1; 참고. 레 16장), 언약의 희생 제사의 성취(막 14:24; 참고. 출 24:8)로 묘사된다. 구약 제사 제도의 핵심은 화목, 곧 죄책과 죄에 대해 대가를 지불함으로써 하나님의 진노를 피하는 것이었다.

이 맥락에서 우리가 집중해야 할 그리스도 사역의 또 하나의 기본 요소는 **대속**(substitution)이다. 구약 본문을 주의 깊게 읽는다면 이 개념을 간과할 수 없다. 제의적으로 정결한 동물의 죽음(이것이 바로 피 흘림의 의미다)은 본질적으로 대속적이었다. 제물로 바쳐지는 동물은, 죄책을 지닌 채 그것을 바치는 사람을 대신해 죽었다(레 1-5장; 16장). 대속은 또한 고난받는 종의 사역의 핵심이었다(사 53:4-6, 10-12). 마찬가지로, 그리스도가 십자가에서 피를 흘렸을 때 그것은 대속적 죽음, 곧 우리를 대신해 '우리를 위해' 죽은 것이었고, 그 때문에 우리는 죄가 초래한 죽음을 피할 수 있게 되었다(막 10:45; 요 11:50 이하; 롬 5:8; 고전 15:3; 갈 3:13; 딤전 2:6; 딛 2:14; 벧전 2:21, 24; 3:18).

때로 대속이라는 용어 대신 **대표**(representation)라는 용어를 사용해야 한다는 주장이 제기된다. 그것이 그리스도의 속죄 사역에 있어 그리스도와 죄인 간의 관계를 더 잘 드러낸다는 이유다. 물론 그리스도의 사역에 대한 성경적 이해 속에는 대표라는 개념이 엄연히 존재하며, 특히 그리스도의 죽음과 부활 안에서 우리가 그분과 연합했다는 점을 표현할 때 이 개념이 사용된다(롬 6:1이하; 갈 2:20; 골 2:12; 3:1이하; 딤후 2:11). 또한 여기에는 그리스도가 마지막 아담이라는 사상도 포함된다(롬 5:12이하; 고전 15:22이하). 그러나 속죄의 문제에서 대표라는 용어는 이야기를 전체적으로 전달하지 못한다. 왜냐하면 이 용어는 그리스도가 자신이 대표하는 사람들에 의해 선택되고 내세워졌다는 뜻을 암시하기 때문이다. 이 점에서 이 용어는 근본적으로 오해의 소지가 있다. 결코 우리가 우리를 위해 그리스도를 내세운 것이 아니다. 우리는 무력하고 정죄를 받은 상태이며, "그리스도 밖에 있었고…세상에서 하나님도 없는"(엡 2:12) 자들이기 때문이다. 그리스도의 사역은 전적 은혜의 사역이다. 그분은 근본적 의미에서, 우리가 갈 수 없는 곳에 우리 대신 가시고 우리가 할 수 없는 일을 대신 수행하셨다. **대속**은 속죄의 이러한 본질적 요소를 나타내는 명확하고 사실상 유일한 표현 방식이다.

극적 은유: 구속 | 구속은 두 가지 수준의 의미를 지닌 용어다. 먼저, 이 용어는 일반적으로 구원 사역의 동의어로 사용되며 종종 창조와 짝을 이루어 나타난다(시 19:1, 14; 사 43:14이하; 히 9:12). 또한 이 용어는 죄(요 8:34; 롬 7:14; 벧후 2:19)와 마귀(엡 2:2; 요일 5:19)의 노예가 된 상태를 언급할 때 보다 정확한 의미를 나타낸다. 하나님은 그분의 은혜로 무력한 상태에 놓인 우리에게 구속을 베풀어 주신다.

구속은 대가를 지불하여 누군가를 구출해 낸다는 뜻을 담고 있다(시 49:7; 사 43:3; 막 10:45; 벧전 1:18이하). 구약에는 이에 관한 몇몇 사례가 나오는데, 출애굽기 21:30을 보면 일정한 금액의 속전을 지불하고 사람의 생명을 구하는 것에 관한 내용이 등장한다. 구약에서 가장 핵심적인 구속의 사건은 이스라엘 백성이 이집트에서 구출된 일이었는데(출 6:6; 13:13이하) 이때 속전은 이스라엘 백성이 제물로 바친 짐승들의 죽음이었다. 신약에서, 인간이 죄악에 속박된 상태는 다음과 같은 예수님의 말씀으로 요약된다. "죄를 범하는 자마다 죄의 종이라"(요 8:34). 이때 속전은 그리스도 자신의 죽음이다. "그의 피로 말미암아 속량 곧 죄 사함을 받았느니라"(엡 1:7). "그리스도 예수 안에 있는 속량으로 말미암아 하나님의 은혜로 값없이 의롭다 하심을 얻은 자 되었느니라. 이 예수를 하나님이 그의 피로써 믿음으로 말미암는 화목 제물로 세우셨으니"(롬 3:24-25). 이 마지막 구절은 칭의와 화목과 구속이라는 세 요소를 완전히 하나로 통일시키고 있다.

어떤 이들은 속전 개념에 대해 주저하는 태도를 보인다. 왜 하나님이 값을 지불해야 하는가? 누구에게 지불해야 하는가? 어떤 이들은 구속을 구출의 동의어 수준으로 축소하여 이런 문제점을 피하려고도 하지만, 이런 시도는 매우 부적절하고 오해의 소지를 남긴다. 성경이 구원의 한 측면으로 상술하는 구속은 갈보리에서 그리스도가 자신을 제물로 드림으로써 성취되었다. 속전 개념의 요점은 바로 우리의 구원이 비싼 대가를 치르고 완성되었다는 것이다. 하나님은 결코 임의적 권세를 행사하여 인간을 구원할 수 없었다. 지불해야 할 값이 있었으니, 바로 신-인이신 그리스도의 생명이었다.

왕직

이 직무는 다윗의 영원한 왕권과 그의 왕국에 관한 구약의 예언에 뿌리를 두며(삼상 7:12이하; 시 89:3이하), 그에 따라 메시아 역시 이 같은 왕의 신분으로 올 것이라고 기대되었다(사 9:6이하; 렘 30:8이하; 겔 37:21이하; 슥 9:9). 왕직은 우리가 연약함과 반역으로 인해 죄와 어둠에 굴복하고, 죄와 마귀의 세력, 죽음과 심판의 권세 아래 무력하게 내버려져 있음을 전제한다(눅 4:6; 롬 5:17이하; 7:14-24; 엡 2:1이하; 요일 5:19).

예수님은 출생 때부터 이러한 구약 예언을 성취하실 자로서 환영을 받았다(마 1:1; 2:2; 눅 1:31). 그분은 하나님 백성의 복을 회복하고 이 땅에 하나님 통치를 실현하기 위해 오신 왕이었다. 이 칭호는 '주'와 매우 밀접한 관련이 있다. 다시 언급하자면 예수님은 주변 사람들의 오해를 불러일으킬 수 있는 이 칭호를 받아들이기를 주저하셨지만(요 6:14이하; 행 1:6), 왕직은 그분 설교의 핵심 주제인 하나님 나라에 암시되어 있었다. 그분은 하나님 나라가 임박했다고 말씀하셨는데(막 1:15), 하나님 나라의 도구이자 화신으로서 예수님이 이 땅에 오셨기 때문이다(막 12:34; 눅 17:21). 승리의 입성("찬송하리로다. 주의 이름으로 오시는 왕이여", 눅 19:38)과 그분이 받은 재판(막 14:61이하; 요 18:33-37; 19:14-22)은 그분이 메시아적 역할을 성취했음을 명백하게 증언해 주며, 나중에 신약은 이 증언을 그대로 반복한다(행 17:7; 딤전 6:15; 계 17:14).

그분의 왕직은 갈보리와 밀접하게 연결되어 있는데, 그곳에서 속박하는 어둠의 권세와 싸우셨기 때문이다(요 12:31; 골 2:14이하; 히 2:14이하). 부활은 그분의 승리를 확증하고, 능력으로 그분을 "하나님의 아들"(롬 1:4)로, 만물의 왕과 주로 선언해 준 사건이었다(마 28:18; 행 2:33이하; 7:55이하; 계 1:5). 성경에서 왕직은 예수님의 임무 가운데 특별한 세 가지 순간, 즉 부활과 승천, 영광스러운 재림과 결합해 있으며 이것들이 함께 그분 사역의 정점을 이룬다.

부활 | 앞서 주님의 신성을 다루는 맥락에서 부활을 언급한 바 있는데, 여기서는 부활이 그분의 사역에 어떤 함의를 갖는지 살펴보고자 한다.

부활은 그분의 제사장 사역을 완성한다. 그리스도의 제사장적 중보 사역은 의, 하나님과의 화해, 죄의 권세로부터의 해방을 우리에게 가져다주기 위해 십자가에 달리심으로 하나님의 형벌적 심판과 거룩한 진노를 당하는 것이었다. 성부 하나님은 예수님을 부활시킴으로써 아들의 제사장 사역에 대해 '아멘'을 공표하셨다(고후 1:20). 그분은 그 사역이 유효하다는 사실을 공개적으로 선언하셨다. 즉, 속죄가 실질적으로 이루어지고 그 결과로 의와 화해와 자유가 죄인들에게 진정으로 주어진 것이다(롬 4:25). 더 나아가, 부활하신 그리스도 안에서 우리는 더 깊은 차원에서 정죄와 진노와 죄의 전면 공격을 당하는 혈과 육을 지닌 인간이 하나님 앞에서 보호받고 인정받는 모습을 본다. 그 어떤 심판도 미치지 못하는 인간이 바로 여기 있다. 우리는 우리의 양심이나 사탄의 그 어떤 공격 앞에서도 이렇게 단호하게 대답할 수 있다. "누가 능히 하나님께서 택하신 자들을 고발하리요. 의롭다 하신 이는 하나님이시니 누가 정죄하리요. 죽으실 뿐 아니라 **다시 살아나신** 이는 그리스도 예수시니" (롬 8:33-34).

부활은 왕으로서의 사역을 나타낸다. 예수님은 십자가에서 이 불행한 인류의 오랜 적들, 곧 죄와 죽음, 어둠의 권세를 대면하셨다. 그리고 부활은 이 세 적에 대한 승리의 선언이다. 그분은 죄(히 9:28)와 모든 통치와 어둠의 권세(엡 1:20이하)를 정복하셨으며 심지어 죽음 자체를 멸하셨다(딤후 1:10). 부활하신 예수님은 하나님의 주권과 통치를 무너뜨리려는 모든 도전에 대해 하나님이 예수 안에서 승리를 거두셨다는 증거이며, 따라서 하나님 나라 확립에 대한 입증이다.

부활은 그분의 미래 통치에 대한 약속을 실현한다. 제자들이 부활하신 예수님을 만났을 때, 그들은 문자 그대로 세상의 종말을 기대하고 있었다. 즉 그들은 의의 새 하늘과 새 땅을 창조함으로써 실현될 하나님의 최종적 승리를 내다본 것이다(사 65:17-25; 벧후 3:13; 계 21-22장). 바울은 그리스도의 부활의 승리를 '마지막 때'의 최종적 승리와 재림, 만물에 대한 가시적 통치와 연결한다(고전 15:20-25). 부활하신 예수님은 그분이 영광 중에 재림하실 때 이루어질 죽은 자들의 수확의 '첫 열매'다(제7부를 보라).

승천 | 그리스도의 왕직은 승천하여 하나님 우편에 앉으신 것에서도 분명히 드러난다.

승천은 그리스도의 승리를 선포한다. "그는 하늘에 오르사 하나님 우편에 계시니 천사들과 권세들과 능력들이 그에게 복종하느니라"(벧전 3:22). 그분은 "영광과 존귀로 관을 쓰[셨고]"(히 2:9), "하나님이 그를 지극히 높[이셨다]"(빌 2:9). 또한 "위로 올라가실 때에 사로잡혔던 자들을 사로잡으[셨다]"(엡 4:8). 구약은 한결같이 우주가 주님께 속한다고 선언하는데(시 8편; 115편; 사 40:28), 승천은 이 우주에 대한 주권적 통치를 예수 그리스도께 부여한다. 이 나사렛 사람이 이제 만물의 주인 것이다(고전 12:3; 엡 1:22이하). 그분의 통치는 교회의 영역에만 한정되거나 마지막 재림 때까지 유보되지 않는다. 신약은 한 치의 모호함도 없이 예수 그리스도가 지금 만유의 주이자 왕이심을 주장한다.

승천은 교회가 부름받은 섬김의 토대를 분명히 보여 준다. 우리는 땅과 하늘의 왕으로서 높임 받으신 주님 아래서 살고, 일하고, 기도하고, 믿고, 증언하고, 섬기고, 예배하고, 순종하고, 죽는다. 이것이 바로 초기 그리스도인들이 박해와 격렬한 반대 앞에서도 꺼지지 않는 열정과 낙관적 태도를 유지할 수 있었던 비결이었다. 혼란한 세상에서도 교회가 평화를 누릴 수 있는 비결, 타락한 세상에서 효과적으로 사역하고 섬길 수 있는 원천은, 바로 교회의 머리 되신 예수님이 만물 위에 높임을 받으시고 교회에 그분의 복된 성령을 보내 주신다는 사실에 있다. 즉 높임 받고 머리가 되신 그분으로부터 이 땅에 있는 몸의 지체들에게 생명이 흘러내려 오고, 그럼으로써 그분 승리의 능력이 전달되는 것이다(제5부를 보라).

그리스도의 대제사장적 사역의 관점에서 볼 때도 이 사실은 교회에 크나큰 위로가 된다. 그리스도는 승천하실 때 인성을 지니고 하나님 존전으로 나아가셨다. 따라서 그분은 우리의 처지에 깊이 공감하시고 온갖 고난과 필요에 직면한 자기 백성을 위해 사역하며 은혜를 베푸실 수 있다(히 4:14-16). 이 사역은 또한 그분의 중보 사역 중 하나이며(롬 8:34; 히 7:25), 하늘에서 그분은 우리의 대변자로 하나님 앞에 계신다(요일 2:1).

승천은 미래에 영광 중에 이루어질 그리스도의 최종적 통치를 보증한다.

승천은 그분이 우주의 통치권을 받으셨음을 뜻하며, 그분 승리의 완성을 방해할 수 있는 것은 아무것도 없다. 하나님은 "정하신 사람으로 하여금 천하를 공의로 심판할 날을 작정"(행 17:31; 참고. 막 13:32)하셨고, 그리스도는 "모든 원수를 그 발아래에 둘 때까지" 다스리실 것이다(고전 15:25).

그리스도의 재림 | 주님의 왕직이 갖는 이 세 번째 측면은 제7부에서 본격적으로 논의할 것이다. 다만 여기서는 현재 다루는 주제를 마무리하는 측면에서 약간만 언급하겠다. 그리스도의 사역을 다루면서 미래의 차원을 무시하는 것은 결코 충분한 설명이 될 수 없다. 장차 영광 가운데 이루어질 그리스도의 통치, 만물을 자기 권세 아래 모으고 완전히 구속된 우주를 공개적으로 통치하실 미래(롬 8:21-23)는 그 외의 다른 모든 내용을 조망하는 렌즈다.

재림이야말로 그리스도의 왕직에 대한 최고의 표현이라 할 수 있는데, 왜냐하면 영광 중에 재림하실 때 그분이 만유의 왕이자 머리, 그리고 만왕의 왕, 만주의 주로서 **분명히 드러날** 것이기 때문이다(빌 2:9-11; 계 19:11-21; 21:22-27).

결론

지금까지 그리스도의 사역에 관한 성경의 다양한 가르침을 정리하고, 특히 속죄에 관한 다양한 은유를 구분했다. 결론부에서는, 이 모든 내용이 성경과 기독교 신앙의 중심에 위치한 '지성소'와 같은 그리스도의 죽음과 부활에 관해 하나님이 직접 말씀하신 것임을 상기하는 것이 적절할 것 같다. 이 모든 내용은 하나님 마음에서 비롯된 말씀과 이미지로서, 이 통찰과 이미지들을 기쁘고 열정적인 마음으로 받아들이는 것이 우리의 의무다. 달리 말하면, 속죄에 관한 다양한 모형과 접근 방식들은 여러 메뉴 중 마음에 드는 것은 선택하고 그렇지 않은 것은 거부할 수 있는 뷔페 음식이 아니며, 서로 타당성을 따지며 비교할 수 있는 내용도 결코 아니다. 이것들은 우리 모두와 모든 세대를 위한 것이다. 시기와 환경에 따라 특정 모형이 우리 삶에 더 강력하거나 타당성 있게 와닿을 수 있고, 반대되는 일이 일어나더라도 그리 놀랄 일은 아니다. 하지만 우리가 그리스도의 사역에서 비롯된 유익을 누리고, 그분이 베푸신 충만한 은혜 안에서 쉬고, 무엇보다 갈보리의 십자가와 부활의 무덤에서 우리를 위해 행하신 모든 일과 장차 행하실 일을 찬송하는 가운데, 그분이 은혜 가운데 우리에게 알려 주신 모든 관점을 받아들이는 것이 마땅하다. 이와 관련해 장 칼뱅보다 더 나은 모범은 없을 것이다.

우리는 우리의 전체적 구원과 그것의 각 부분이 그리스도 안에서 이해되고 있음을 본다(행 4:12). 따라서 구원의 가장 작은 부분도 다른 어떤 곳에서 유추해 내지 않도록 주의해야 한다. 만약 구원을 추구한다면, 바로 그 예수님의 이름을 통해 우리는 구원이 '그분께 속한 것'임을 배운다(고전 1:30). 만약 성령의 여러 은사들을 추구한다면, 그런 은사들은 그분의 기름부음 안에서 찾을 수 있을 것이다. 힘을 추구한다면, 그것은 그분의 통치 안에서 발견될 것이다. 만약 순결을 찾는다면 그분의 잉태에서 발견할 것이다. 관대함을 찾는다면 그분의 탄생에서 찾을 수 있을 것이다. 왜냐하면 그분은 출생을 통해 모든 면에서 우리와 같이 되셨고(히 2:17), 우리 고통을 느낄 수 있게 되셨기 때문이다(참고. 히 5:2). 만일 구속을 찾는다면, 그것은 그분의 수난에 있다. 면죄를 찾는다면 그것은 그분의 정죄 당하심에 있다. 저주를 면하고 싶다면 그분의 십자가에서 가능하다(갈 3:13). 만족을 찾는다면 그분의 희생에 있다. 정화를 찾는다면 그분의 피에 있다. 만약 화해를 찾는다면 지옥으로 내려가신 그분에게서 찾을 수 있다. 육체의 고행을 찾는다면 그분의 무덤에서, 그리고 새로운 생명을 찾는다면 그분의 부활에서 찾을 수 있다. 불멸을 찾는다면 역시 그분의 부활에 있다. 천국의 유업을 찾는다면 천국에 들어가신 그분 안에서, 그리고 보호와 안전과 풍성한 축복을 찾는다면 그분 왕국에서 찾을 수 있다. 평온한 심판을 기대한다면 그분에게 주어진 심판의 권세에서 찾을 수 있을 것이다. 간단히 말하면, 온갖 종류의 풍성한 선이 그분 안에 충만하므로, 다른 어떤 곳이 아닌 바로 이 샘에서 생수를 마음껏 마시자. (『기독교강요』, 2.16.19)

이와 동일한 그리스도의 '충만함'은, 설교 사역을 위해 성경의 주요 부분을 체계적으로 연구할 준비가 된 모든 그리스도인 탐구자들 앞에도 동일하게 놓여 있다. 그리스도의 다양한 사역의 풍성함은 그들에게 열려 있고, 칼뱅이 말하듯 이러한 폭넓은 증언이 말씀을 듣는 회중들의 다양한 인간적 필요에 얼마나 깊게 와닿는지를 거듭 발견할 것이다. 이제 우리는 바울의 위대한 본문을 다음과 같이 '풀어' 쓸 수 있다. "모든 것이 다 너의 것이다. 말씀이 육신이 되신 그리스도는 고난과 어둠, 의심과 투쟁 속에 있는 우리와 공감하신다(**동일시**). 그분은 형벌적 대속을 통해 우리에게 의를 전가하셨다(**칭의**). 그리스도는 하나님의 진노를 감당하고 화평을 이루기 위해 화목 제물이 되셨고, 그로 인해 우리는 그리스도의 몸의 지체가 되어 화해의 교제를 나누게 되었다(**화해**). 그리스도는 하나님 자녀에게 영광스러운 자유를 주시기 위해 무한히 값비싼 대가를 치르셨다(**구속**). 지금부터 영원히 우리는 인간의 조건, 죄, 수치, 마귀의 세력, 죽음과 지옥 같은 모든 원수를 그리스도와 함께 이기고 다스린다(**부활**). 이 모든 것이 다 너희 것이다! 그리고 너희는 그리스도의 것이며 그리스도는 하나님의 것이다"(고전 3:21-23).

그러나 이 모든 성경의 내용을 나열하고 명료히 밝히고 구분하고 온전한 마음으로 받아들인다 해도, 우리는 여전히 많은 부분을 '희미하게' 볼 뿐임을 인정해야 한다. 요한계시록은 하나님 임재에 가장 가까이 있는 구속받은 자들을 묘사한다. 하나님 앞에는 "일찍이 죽임을 당한 것 같은" 어린 양이 보좌 가운데 서 있고, 수많은 천사들이 기쁨과 경외로 가득 차 경배를 드리며

"죽임을 당하신 어린 양은 능력과 부와 지혜와 힘과 존귀와 영광과 찬송을 받으시기에 합당하도다!"라고 외친다(계 5:6, 12). 분명한 것은 우리가 이 땅에 사는 동안 주님의 영광을 얼핏 바라볼 수 있다 하더라도, 그리스도의 희생과 승리에 관한 한 그분이 우리를 위해 행하신 모든 것을 탐구하는 일에는 결코 끝이 없으리라는 점이다. 하나님의 모든 진리를 배울 때와 마찬가지로, 그리스도의 사역을 이해하는 일에 있어서 우리는 영원으로의 여정을 걸어가는 순례자들이다. 이 길에서의 모든 발걸음과 단계는 우리를 이전보다 더 나은 곳으로 인도할 것이며, 항상 더 깊은 통찰과 더 풍성한 관점으로 인도할 것이다.

■ 성경 구절

구약에 나타난 속죄　창 11:31-12:7; 15:17이하; 출 3:6-10; 12:1-27; 레 16장; 시 51편; 사 52:13-53:12; 렘 31:31이하; 겔 37:26; 미 6:6-8.

예언자로서의 그리스도　신 18:15-18; 사 61:1이하; 마 7:29; 11:9이하; 막 1:14; 6:4; 눅 7:16; 13:33; 요 1:1-14; 7:15-18; 13:13이하; 행 3:22이하; 7:37; 고전 1:30; 골 2:3.

제사장으로서의 그리스도　시 110:4; 마 8:16이하; 12:18-21; 눅 4:18; 롬 8:32; 히 4:14-5:10; 7:23-28; 9:11-14, 23-26; 10:11-18.

칭의　시 32:2; 눅 18:9-14; 롬 3:21-4:25; 고전 1:30; 6:11; 고후 5:21; 갈 2:15-3:29; 빌 3:9; 딛 3:7.

화목　요 1:29이하; 3:16, 36; 롬 1:16-18; 3:25; 5:1, 8-11; 8:3; 15:3; 고후 5:18-20; 갈 3:13; 엡 2:14, 16; 5:2; 골 1:19이하; 벧전 3:18; 요일 2:2; 4:9이하; 계 5:6-12.

구속　출 6:6; 13:13이하; 욥 19:25; 시 49:7이하; 막 10:45; 눅 1:68; 요 8:34-36; 롬 3:24-26; 6:17이하; 고전 1:30; 6:19이하; 엡 1:7; 골 1:14; 벧전 1:18이하; 계 5:9.

왕으로서의 그리스도　삼하 7:12이하; 시 2편; 89:3이하; 사 9:6이하; 겔 37:21이하; 슥 9:9; 마 2:2; 28:18; 눅 1:32이하; 17:21; 19:38; 요 6:14이하; 12:31; 18:33-37;

19:14-22; 행 2:33이하; 롬 1:4; 고전 15:24이하; 엡 1:20-22; 빌 2:9이하; 골 2:10; 계 17:14.

■ **토론 질문**

1. 속죄에 관한 구약과 신약의 가르침 사이에 연속성과 불연속성이 있다면 그 핵심은 무엇인가?
2. 그리스도의 예언자직이란 무엇을 의미하는가? "나는 진리요", "[그리스도] 안에 지혜와 지식의 모든 보화가 감추어져 있느니라" 같은 말씀들이 다음 영역들에 대해 가지는 함의는 무엇인지 탐구해 보라. (1) 기독교 제자도, (2) 기독교 교리, (3) 예술과 학문 연구, (4) 정치·사회 조직의 형태, (5) 인간의 문화, (6) 가정과 가족생활.
3. 왜 그리스도는 우리의 '대제사장'인가? 이것이 (1) 죄 씻음, (2) 죄의식, (3) 유혹과 시험들, (4) 그리스도인의 예배, (5) 그리스도인의 교제 등에 대해 갖는 함의는 무엇인가? 히브리서에서 각각에 관련된 구절을 찾아 연구해 보라.
4. 칭의의 의미를 최대한 정확하게 진술하고, 당신이 내린 정의에 대해 성경적 근거를 제시해 보라. 왜 하나님은 우리 죄를 그냥 '간과'하실 수 없는가?
5. '그리스도의 전가된 의'는 무슨 의미인가? 이것은 인간의 무능력을 대하는 그리스도인의 태도에 어떤 의미를 갖는가?
6. 형벌적 대속이 부당하다는 주장에 대해 어떻게 반론하겠는가?
7. '화목'은 무슨 의미인가? 성경적 근거를 가지고 답해 보라. '속죄'라는 용어를 '화목'의 대안으로 사용할 수 있는가?
8. 속죄에서 (1) 대속과 (2) 속전이 차지하는 위치를 살펴보라. 당신의 결론에 대한 성경적 근거는 무엇인가?
9. 그리스도의 왕직이란 무슨 의미인가? (1) 부활과 (2) 승천은 속죄에 대한 이해와 어떤 관련이 있는가? 이것이 (1) 교회와 교회의 사명, (2) 그리스도인의 생활과 복음전도, (3) 그리스도인의 사회 참여, (4) 그리스도인의 소망에 대해 갖는 함의를 고찰해 보라.
10. 성육신과 속죄가 의미상 만나는 지점은 어디인가?

■ 참고 자료

Art. 'Atonement' in *NDT*.

F. F. Bruce, *What the Bible Says about the Work of Christ* (Kingsway, 1979). 『예수님의 위대한 사역들』(총신대학교출판부).

J. Calvin, *Institutes of the Christian Religion*, 2, 15-16.

D. A. Carson, P. T. O'Brien and M. A. Seifrid (eds.), *Justification and Variegated Nomism*, Vol. One, 'The Complexities of Second Temple Judaism'; Vol. Two, 'The Paradoxes of Paul' (Baker Academic, 2001 and 2004).

R. E. Davies, 'Christ in our Place', *Tyndale Bulletin* 21 (1970).

J. Denney, *The Death of Christ* (Tyndale Press, 1951).

_____, *The Biblical Doctrine of Reconciliation* (George Doran, 1918).

M. Green, *The Meaning of Salvation* (Hodder, 1965).

S. Jeffery, M. Ovey and A. Sach, *Pierced for our Transgressions* (IVP, 2007).

C. Kruse, *Paul, the Law and Justification* (Apollos, 1996).

R. Letham, *The Work of Christ* (IVP, 1993). 『그리스도의 사역』(IVP).

D. M. Lloyd-Jones, *Romans 3:20-4:25. Atonement and Justification* (Banner of Truth, 1970). 『마틴 로이드 존스의 로마서 강해 1』(CLC).

L. Morris, *The Apostolic Preaching of the Cross* (Tyndale Press, 1955).

_____, *The Cross in the New Testament* (Paternoster, n.d.). 『신약의 십자가』(CLC).

J. Murray, *Redemption Accomplished and Applied* (Eerdmans, 1955). 『존 머레이의 구속』(복있는사람).

R. Nicole, *Standing Forth: Collected Writings of Roger Nicole* (Christian Focus, 2002).

J. I. Packer and M. Dever, *In my Place Condemned He Stood* (Crossway, 2007). 『십자가를 아는 지식』(살림).

J. R. W. Stott, *The Cross of Christ* (IVP, 1986). 『그리스도의 십자가』(IVP).

D. Tidball, *The Message of the Cross* (IVP, 2001). 『십자가』(IVP).

17 그리스도의 사역: 역사적 관점들

17장에서는 그리스도가 어떻게 자기 백성의 구속을 이루셨는지에 대한 몇몇 중요한 관점들을 간략하게 살펴보려 한다. 이 관점들은 그리스도에 의한 구속의 객관적 성취를 강조하느냐, 아니면 반대로 그리스도가 행하신 것에 대한 우리의 주관적 응답을 강조하느냐에 따라 분류할 수 있다.

객관적 해석

안셀무스의 만족설

안셀무스는 하나님이 죄를 그저 간과하실 수 없는 분임을 보여 주고자 했다. 죄는 하나님의 명예를 손상시켰고, 그분이 선택할 수 있는 두 가지 대안은 죄를 처벌하거나(이는 그분의 목적을 좌절시킨다), 자신이 받은 불명예를 씻기 위해 충분한 보상을 받는 것이다. 그러나 후자의 경우 우리는 결코 충분한 보상을 해 드릴 수 없다. 설사 우리가 지금부터 죽을 때까지 완전하게 살아갈 수 있다 해도 이전에 하나님께 끼친 불명예는 여전히 남아 있을 것이다. 그런데 죄를 저지른 쪽은 인간이므로 반드시 인간이 하나님께 보상을 해야 한다. 따라서 이 경우는 오직 하나님만이 보상을 제공할 수 있고 오직 인간만이 그것을 적절하게 성취할 수 있다. 즉 하나님이면서도 인간인 분이 이 문제의 해결책이 되는 것이다. 그리스도는 완전한 삶을 사셨으므로 죽으실 필요가 없었다. 따라서 그분의 죽음은 우리가 우리 죄에 대해서 하나님께 충분한 보상을 드릴 수 있는 수단으로서 무한한 공로의 행위다. 안셀무스는 이 공로가 어떻게 우리 것이 될 수 있는지는 특별히 설명하지 않는다.

이 이론에는 공로를 수량화하거나 하나님이 딜레마에 직면했다는 개념을 상정하는 등 부자연스러운 특징이 있다. 또한 처벌을 보상의 본질적 수단이 아닌 보상의 대안으로 이해하고, 속죄의 근거와 동기로서 하나님 사랑을 충분히 언급하지 않는다는 점, 공로를 인간의 것으로 만들기 위해 그리스도와 믿음으로 연합한다는 교리가 부재하다는 점 등은 이 이론의 또 다른 약점이다. 그러나 이 이론의 매우 중요한 강점 때문에 제임스 데니(James Denney)는 안셀무스의 『왜 하나님은 인간이 되셨는가?』(Cur Deus Homo)를 "속죄에 관해 지금껏 출간된 저서 중 가장 훌륭한 책"이라고 극찬했다. 바로 하나님의 도덕적 성품, 피조물을 어떻게 다룰 것인지를 결정하시는 하나님의 심오한 위엄과 주권 의식, 단 하나의 죄의 철저한 심각성, 인간 구속에 있어 십자가의 결정적 중요성에 대한 인식 등을 속죄의 근거로 본다는 점이다.

루터와 칼뱅의 형벌설

마르틴 루터는 교회사에서 가장 영예로운 인물들 중 한 사람이다. 그는 전 생애를 통해 참된 속죄 교리가 얼마나 필요하며, 성경적 복음을 잃어버릴 때 교회에 얼마나 큰 재앙이 미치는지를 입증해 주었다. 아우구스티누스 수도회 수도사였던 루터는 수년 동안 자신의 개인적 구원의 문제를 놓고 씨름했다. 그는 구원받을 만한 공로를 쌓기 위해 가톨릭교회가 규정한 다양한 고행과 기도와 성례와 선행에 힘썼다. 하지만 성경을 읽고 그리스도를 믿음으로 말미암아 의롭게 된다(칭의, 롬 1:17)는 바울의 가르침과 씨름하는 가운데 비로소 한 줄기 빛이 비치고 평안이 찾아왔다. 그의 위대한 구호—오직 믿음, 오직 은혜, 오직 성경—는 교회의 권위와 정면으로 충돌했고, 수치스러운 면죄부 판매에 대한 그의 항의는 복음 자체에 대한 전면적 논쟁으로 발전했다. 그 결과 기독교 국가들이 분열되고 성경적인 은혜의 복음을 회복한 위대한 역사적 개신교가 등장하게 되었다.

그다음 세대에 칼뱅은 루터가 세운 영웅적 토대 위에서 종교개혁 신학을 더 체계적인 방식으로 설명해 냈다. 종교개혁자들은 죄가 하나님의 영원한 성품과 궁극적으로 관련 있는 도덕법의 위반이라고 보았다. 속죄는 구속적 사랑의 행위이며, 이 행위를 통해 하나님은 그리스도 안에서 우리 죄에 대한 형벌과 심판을 친히 담당하셨다. 그 결과 우리는 우리 죄를 담당하신 그리스도를 믿음으로써 하나님 앞에서 모든 죄를 용서받고 값없이 의의 선물을 받게 되었다. 처벌이냐 만족이냐 하는 안셀무스의 양자택일론은 형벌적 만족에 의한 속죄 안에서 하나로 통합된다. 그러나 칼뱅의 성경적 혜안은 이 주제를 하나의 은유로 제한할 수 없을 정도로 매우 깊었다. 그의 저서들, 특히 그가 쓴 성경 주석들에는 성경이 다루는 속죄의 여러 측면에 대한 풍부한 내용이 담겨 있다.

종교개혁자들은 또한 그리스도의 사역을 지나치게 객관화하는 위험을 피하려고 노력했다. 예를 들어 루터는 "오직 믿음으로 되지만 믿음은 결코 홀로 있지 않다"라며, 거기에는 항상 사랑의 행위가 뒤따른다고 주장했다. 칼뱅은 그리스도와의 '믿음을 통한 연합'(faith-union)을 가르침으로써 이 주장에 더 온전한 신학적 기초를 제공했다(제5부를 보라). 우리의 의는 전적으로 우리에게 전가된 그리스도의 의일 뿐이며, 우리는 여기에 아무것도 기여한 것이 없다. 그러나 그리스도를 믿는 사람들은 그분과 연합하기 때문에 칭의와 성화는 불가분의 관계를 갖는다. 하나님 백성은 믿음을 통한 그리스도와의 연합으로 인해 도덕적으로 새로워진다.

주관적 해석

이 관점들은 그리스도의 사역을 바라보는 데 있어서 그분이 십자가를 통해 우리 죄를 처리하신 사실보다 그 일이 우리에게 미친 영향에 더 집중한다. 이 관점들은 명시적으로나 암묵적으로 그리스도의 객관적 사역을 부인하기 때문에 참된 기독교적 관점이라 보기 어렵다. 하지만 이들을 언급하는 이유는, 이들이 때로 고전적 관점들과 결합되어 여전히 유포되고 있기 때문이다. 이런 접근은 일반적으로 아벨라르에서 시작된 것으로 본다.

아벨라르의 도덕감화설

12세기 저술가인 피에르 아벨라르(Peter Abelard, 1079-1142)는 이후 자세히 살펴볼 속죄에 관한 '도덕감화설'과 관련이 있는 인물이다. 최근 연구에 따르면, 때로 그 역시 온전한 희생 제사적 관점을 지지했다. 그는 '대리적 형벌의 개념'이라는 제목의 설교에서 이 내용을 공개적으로 주장했고, '그리스도는 마귀의 굴레에서 우리를 구출하셨다'는 고전적 관점도 지지한 바 있다. 그러나 사람들이 그의 주장과 관련해 가장 강하게 인식하고 있는 것은, 바로 모든 것을 변화시키는 하나님의 사랑이라는 그의 중심 개념이다. 따라서 이것을 후대 사상가와 교사들에게 확실한 영향을 끼친 그의 속죄관이라 설명해도 무방할 것이다.

완전한 사랑이신 하나님은 그리스도의 희생이 필요하지 않다. 죄는 인간과 하나님 사이에 있는 객관적 장벽이 아니라, 그리스도의 죽음을 통해 죄인의 마음에 사랑이 일깨워짐으로써 극복되는 마음의 주관적 상태다. "구속은 그리스도의 수난으로 인해 우리 속에 불타오르는 가장 위대한 사랑이다." 이렇게 깨어난 사랑은 하나님을 향한 사랑으로 기꺼이 그분께 순종하며 살아갈 능력을 부여함으로써 우리를 구속한다. 그리스도 안에서 일어난 하나님의 전능한 속죄 행위에 대해 항상 감사해야 할 필요가 있음을 일깨워 준다는 장점에도 불구하고, 이 관점은 속죄에 관한 온전한 이론으로서는 매우 부적절하다. 이것은 죄인이 하나님과 화해할 수 있는 기초에 대해 아무것도 말하지 않으며, 하나님의 거룩과 위엄, 그분 앞에서의 죄의 엄중함을 사실상 무시하고 모든 것을 포괄하는 하나님의 사랑이라는 다소 감상적 개념으로 대체한다.

슐라이어마허의 신비적 견해

아벨라르가 그리스도에 대한 도덕적 응답에 관심을 두었다면, 슐라이어마허(Schleiermacher, 1768-1834)는 그의 '현대인을 위한 복음'에서 하나님과의 신비적 일체감이 우리에게 전달되는 것에 초점을 맞추었다. 그는 예수님을 원형적 인간, 인류의 영적 지도자, 완전한 인간으로 보았다. 예수님의 유일무이성과 완전성은 그분이 하나님과 강력하게 연합해 있다는 견고한 의식에 있으며, 속죄란 예수님이 내적으로 체험한 신 의식(God-consciousness)을 죄인들에게 전달하는 것이다. "구속주는 신자들을 자신의 신 의식 능력 안으로 끌어들인다. 이것이 바로 그분의 구속적 행위다." 이 관점 역시 죄의 엄중함과 하나님 앞에서의 죄책을 중요하게 여기지 않는다. 이는 예수님이 완전한 인간일 뿐 아니라 성육신하신 하나님임을 가르치는 성경의 명백한 증언을 제대로 다루지 않고, 따라서 중보자로서 그분의 역할을 약화시킨다. 또한 불가피하게도, 그리스도의 죽음이 죄인들을 단번에 구속하는 행위라고 보는 성경의 전체적 증언을 간과한다. 도덕감화설과 마찬가지로 이 관점은 사실상 속죄 이론이 아니며, 인간의 그리스도 경험에 포함된 특정한 심리적 요소를 설명하려는 시도일 뿐이다.

현대적 해석

아울렌과 고전적 견해

구스타프 아울렌(Gustav Aulén, 1879-1978)은 저서 『승리자 그리스도』(*Christus Victor*)에서 그리스도 사역의 본질은 죄와 마귀에 대한 승리라고 말한다. 그리스도는 부활의 승리를 통해 우리를 속박에서 구출하기 위해 인간 승리자로서 오신다. 이는 어떤 의미에서는 단순히 성경의 구속 개념을 풀어놓은 것이다. 아울렌의 책이 독특한 것은, 바로 이것을 속죄의 핵심 범주로 삼고 이것이 전 교회사를 통해 속죄 사상의 핵심 내용이 되어 왔음을 보여 주고자 시도한다는 점이다. 따라서 이 관점은 '고전적' 견해라고 명명된다.

다소 추상적이고 법률적인 여타 접근 방식과 비교할 때, 이 관점은 단순하고 역동적이라는 점에서 호소력이 있다. 이 관점이 제시하는, 죄와 마귀의 권세에 속박된 인간 현실에 대한 이해 역시 현대인의 의식에 깊이 와닿는다. 게다가 이 견해를 결코 비성경적이라고 일축해 버릴 수 없는 것은, 인간을 속박하는 죄와 마귀의 권세로부터의 구속은 속죄에 관한 중요한 성경적 은유이기 때문이다. 그러나 이 견해는 이러한 해석의 배타성을 주장한다는 점에서 부적절하다. 죄는 속박일 뿐 아니라, 우리를 불의하게 만들고 정죄받게 하는 불순종이며, 하나님의 진노를 불러오는 도덕적 불결함이기 때문이다. 달리 말하면, 우리의 문제에는 **과거의 죄책**도 포함된다. "이 고전적 속죄 사상에서는 과거 문제에 대한 해답을 찾을 수 없다"(베르카우어).

형벌적 대속에 관한 의문들

그리스도의 사역에 관한 형벌적 대속론의 한계를 둘러싸고 활발한 토론이 일어났다. 이 관점이 1세기 이후 대부분의 교회에서, 그리고 16세기 종교개혁 이후 복음주의 신앙과 증언에서 중심 위치를 차지해 왔음을 감안할 때, 이 문제의 중요성은 강조할 필요조차 없을 것이다. 제기된 비판 및 그에 대한 응답과 관련한 자세한 내용은 『그의 찔림은 우리의 허물 때문이요』(Pierced for our Transgressions)에서 살펴볼 수 있으며, 17장의 "참고 자료"들에도 언급되어 있다. 여기서는 여러 논의에서 제시된 몇 가지 중요한 질문에 초점을 맞추고 간단한 논평으로 마무리할 것이다.

이 책 제1부에서 상술한 진리에 대한 관점을 고려할 때, 속죄든 다른 어떤 영역이든 할 것 없이 모든 교리 형태에 대해 제기해야 할 결정적 질문은 '그것이 과연 성경적인가?'이다. 주장하는 내용이 성경에 비추어 정당한가? 달리 말하면, 하나님이 그것을 인정하시는가?

앞의 "형벌적 은유: 칭의" 단락에는 이 관점을 뒷받침하는 핵심적인 성경의 증거가 많이 제시되어 있으며, 이 증거들은 여전히 유효하다. 형벌적 대속을 진리로 선포해야 하는 가장 중요한 이유는, 바로 하나님 자신이 그것을 진리로 가르치시기 때문이다.

하나님을 오도한다? | 형벌적 대속에 대한 반대 주장의 핵심에는, 다소 중요한 의미에서 이 교리가 하나님을 왜곡한다고 보는 관점이 있다. 징벌을 요구하는 형벌 이론의 하나님은 성경이 말하는 참 하나님, 사랑이시며 아무런 대가 없이 용서하시는 하나님이 아니라는 것이다. 그렇다면 하나님은 어떤 분인가?

'신론'을 다루는 이 책의 제2부에서 하나님 본성에 내재한 네 가지 근본적 특성, 즉 영광, 주 되심, 거룩, 사랑의 네 가지 핵심적 속성을 확인했고, 이것을 좀더 좁혀서 하나님을 '거룩한 사랑'이라고 말했다. 그런데 지금 다루는 이 관점은 이를 더 좁혀서 하나님을 '사랑'이라고 말한다. 이것은 과연 정당할까? 이 관점은 "하나님은 사랑"이시라는 요한일서 4:8을 근거로 제시하지만, 이를 하나님에 대한 유일한 개념으로 삼기에는 충분하지 않다. 이 정의는 같은 서신의 앞부분에 등장하는 "하나님은 빛"(1:5)이시라는 명백한 증거를 무시한다. 성경 주석가들이 동의하듯이 이 진술은 창세기 1장에 기초한 것으로, 여기서 '빛'은 분명한 도덕적 색채를 띤다. 하나님은 인간과 맺는 관계와 전혀 상관없이, 그리고 인간과 관계를 맺기 이전에, 이미 자신의 본성을 기초로 선과 악, 옳고 그름을 근본적으로 구별하신다. 이 세계는 도덕적 하나님이 창조하신 세계이기 때문에 아담은 불가피하게 도덕적 세계 안으로 들어가게 된다(참고. 창 2:9, "선악을 알게 하는 나무"; 창 3:22, "선악을 아는 일에 우리 중 하나 같이 되었으니"). 즉 우리는 요한일서 4:8을 읽기 전에, 먼저 죄의 보편성(1:8-10)과 "우리 죄를 위한 화목 제물"(2:2)이신 의로운 이를 통한 죄의 해결에 대해 읽게 되는 것이다. 그리고 하나님의 사랑은 바로 그 의로운 이가 우리 죄로 인한 심판을 다루기 위해 오시는 사건을 통해서 드러난다(4:10, "사랑은 여기 있으니…하나님이…그 아들을 보내셨음이라"). 하나님은 거룩한 사랑이시다. 사랑 없는 거룩도, 거룩 없는 사랑도 아니다. 그분은 이 둘과 이와 관련된 모든 속성, 그리고 특히 지존한 주 되심을 유일무이하고 신비하며 예배 받기에 합당하고 영원히 복되며 영광스러운 거룩한 삼위일체 안에 지니고 계시는 분이다.

이분이 바로 구약과 신약의 하나님이며, 예수님이 믿었고 친히 계시하신 하나님이다. 이는 예수님이 회개하지 않는 사람들에 대해 자주 엄중하게 경고하신 말씀(마 11:20-24; 눅 13:1-5; 16:19-31)과, 그분이 기꺼이 선택한 임박한 희생적 죽음에 부여하신 의미(예를 들어, 마 26:28; 막 10:45; 요 10:1)와, '칭의'와 '화해/화목' 은유를 다룬 단락(pp. 310이하, pp. 318이하)에서 인용한 많은 성경 구절에서 분명히 알 수 있다. 이러한 성경의 모든 증거를 무시하는 것은, 성경의 사건들이 일어난 지 2천 년이 지난 오늘날의 우리가 예수님이 왜 오셨고 왜 십자가에서 자신을 내주셨는지에 대해서 예수님과 그분이 선택한 사도들 ― 그들은 3년 동안 예수님과 함께 생활했다 ― 보다 더 잘 안다고 생각하는 것과 같다.

역설적이게도, 놀랍고 감동적이며 충격적이고 형용할 수 없고 영원히 찬송할 만한 하나님 사랑이 계시되는 곳은, 정확히 십자가에 대한 성경적 이해

안에서다. 즉 인간의 죄에 대해 선언해야 하는 모든 심판을 그리스도 안에서 마음 깊이 받아들이신 하나님 안에서다. "사랑은 여기 있으니 우리가 하나님을 사랑한 것이 아니요, 하나님이 우리를 사랑하사 우리 죄를 속하기 위하여 화목 제물로 그 아들을 보내셨음이라"(요일 4:10).

더 나아가, 하나님이 **우리**를 진지하게 여기심은 바로 그분이 우리 죄를 진지하게 여기시는 데서 드러난다. 그분은 자신을 거부하는 우리를 거부하심으로써, 진정한 책임을 지닌 존재로서의 위엄을 우리에게 부여하신다. 결과에 개의치 않고 아이에게 모든 자유를 주고 응석을 다 받아 주다가 아이가 그들과의 깊은 관계를 전혀 발전시키지 못했음을 뒤늦게 깨닫게 되는 무책임한 부모처럼, 그냥 쉽게 용서하는 무책임한 사랑의 하나님은 머지않아 현실성을 잃고 말 것이다. 모든 인간 양심이 증언하듯이, 하나님이 참으로 우리를 객관적으로(objective) 대하신다는 것은 그분이 우리를 '반대'(object)하시는 데서 알 수 있다. 제임스 데니의 언급처럼, '오직 사랑만 하시는' 하나님은 바울이 표현한 바와 같은 깊은 동기를 가질 수 없다. "그가 모든 사람을 대신하여 죽으심('모두를 대신하여', 즉 그들에게 선고된 심판을 나타내는 죽음을 그들을 대신하여 죽으심)은, 살아 있는 자들로 하여금 다시는 그들 자신을 위해 살지 않고, 오직 그들을 대신하여 죽었다가 다시 살아나신 이를 위하여 살게 하려 함이라"(고후 5:15). 하나님은 "죄를 알지도 못하신 이를 우리를 대신하여 죄로 삼으[셨다]"(5:21). 이 진리는 2천 년 동안 세계 곳곳에서 이루어진 희생적 섬김에 영감을 불어넣었다. 이런 섬김의 기초는 우리를 대신하여 무한한 대가를 지불하고 우리의 개인적 죄를 짊어지신 성경의 하나님이다.

제임스 데니는 이러한 잘못된 이해를 날카롭게 반박했다.

어떤 사람도 '하나님은 사랑이시다'라는 사도의 말씀을 사도가 이 말씀을 통해 의도한 의미를 철저히 제거한 채 차용하고 유포할 권리가 없다. 더군다나 이 말씀을 사도들이 의도했던 내용과 반대되는 논거로 사용할 권리는 더더욱 없다.…십자가에서 정죄를 제거하는 것은 복음에서 신경을 제거하는 것과 같다. 복음이 선포하는 화해에 자비만 있을 뿐 하나님의 심판이 포함되지 않는다면, 복음은 사람들의 마음을 사로잡았던 본래의 능력을 상실하고 말 것이다. 복음의 모든 미덕, 하나님 성품과의 일관성, 사람의 필요에 대한 적합성, 사랑의 계시로서의 실제적 차원들은, 궁극적으로 자비가 심판을 통해서 우리에게 온다는 사실에 의존한다.

너무 개인주의적이다? | 형벌적 대속/칭의 모형은 구원을 개인적 경험으로만 한정할 위험이 있고, 성경의 집단적 차원을 충분히 포용하지 못하는 것은 아닌가? 어떤 이들은 교회가 개인의 칭의를 과도하게 강조했기 때문에 지난 세월 동안 물질주의와 인종주의, 국가주의 같은 보다 폭넓은 사회 문제에 충분하게 대응하지 못했다고 주장한다.

이 문제에 대해서는 매우 대략적으로 언급할 수밖에 없다. 그리스도의 사역과 특히 그분의 대속적 죽음을 개인에게 적용하지 않는다면, 그동안 간과된 사회 문제에 대해 비난할 기독교 공동체가 존재하지도 못했을 것이다. 따라서 여기서는 '양자택일'보다는 '두 가지 모두'를 명확하게 다루려고 한다. 신약은 칭의를 적용하는 데 있어서, 개인이 의 안에서 새롭게 되는 것과 교회 내의 사랑 및 공동체적 균등함을 **모두** 강조한다(예를 들어, 엡 2:8-10; 4:1-5:21; 그리고 제5부의 "성화" 단락을 보라. pp. 394이하). 아울러 교회를 넘어 지역 공동체를 향한 '사랑의 수고' 역시 동일하게 강조한다('마르틴 루터'에 대한 언급을 보라. p. 334).

개인주의에 대한 비난은 일반적으로 서구 문화의 기본적 특징 중 하나를 건드리는 것이며, 따라서 그 뿌리는 단순히 기독교가 속죄에서 어떤 점을 강조하느냐의 문제보다 훨씬 깊다. 그러나 어떤 교회와 그리스도인에게는 이런 비판이 유용할 것이다. 교회 내에서 인종과 성, 계급 구분을 극복해야 한다는 바울의 언급(갈 3:28)은 유익한 도전이며, 이러한 도전을 적절한 경우에 더 폭넓은 지역사회로 확대하려는 관심은 분명한 이웃 사랑의 실천이다. 그런 점에서 초기 기독교 시대는 매우 흥분되고 도전적인 모범을 보여 주고 있으며, 신앙을 사회에 적용하거나 행동하지 않는다는 매서운 비난은 사실 오늘날의 복음주의 그리스도인들을 향한 것이라 할 수 있다. 최근 들어 많은 교회들이 진실하고 적절한 사회적 관심을 회복하는 반가운 일들이 일어나고 있다. 그러나 그런 과정 안에서도 형벌적 속죄 교리와 그것을 개인에게 적용하여 생명력을 얻는 일을 포기할 필요가 없음은 분명한 사실이다.

도덕성이 의심스럽다? | 어떤 이들은 대속이라는 사상 자체가 불공정하며, 심지어 비도덕적이기까지 하다고 주장한다. 왜냐하면 이것은 무고한 사람을 처벌하여 유죄인 사람을 놓아 준다는 뜻이기 때문이다. 그리고 정의란 죄인이 직접 벌을 받아야 하는 것이라는 인간의 생각을 감안한다면, 하나님의 정의는 그러한 인간의 정의보다 더 쉽게 만족되는 것처럼 보인다. 이 점에서 형벌적 대속론은, 다소 거칠게 표현하자면 '우주적 아동 학대'와 비슷한 것이 아닌가? 왜냐하면 이 이론은 성자 자신이 저지르지 않은 범죄에 대해 성자를 처벌하는, 복수심으로 가득 찬 성부를 묘사하는 것처럼 보이기 때문이다.

기독교 교리는 하나이고 전체적이다. 즉, 각 특정 영역은 다른 모든 영역과 적절하게 연결된 진리를 나타낸다. 이 지점에서, 앞서 다룬 삼위일체 하나님에 대한 설명을 떠올려 보자. 성부와 성자는 영원히 불가분리적인 하나의 존재다. 따라서 그들이 따로 행동한다고 생각한다면, 즉 성부가 성자를 처벌하실 때 그 고통을 일으킨 존재로서뿐 아니라 고통을 수용하는 존재로서도 참여하신다는 생각을 배제한다면, 그것은 기독교적 관점이 아니다. 왜냐하면 그것은 삼위일체 하나님을 부정하는 생각이기 때문이다.

정의롭지 않다는 비난에 관한 한, 우리가 앞서 다룬 성경적 신앙은 분명한 전제 위에 서 있다. 즉, 하나님은 삼위일체이시며(성부와 성자는 하나의 존재이며, 따라서 "하나님께서 그리스도 안에 계시사 세상을 자기와 화목하게 하셨다", 고후 5:19), 또한 그리스도가 '우리와 같은 뼈와 살을 가진' 참 인간으로서 우리와 완전한 연대를 이루셨다. 따라서 그리스도가 성부의 진노 아래 있는 우리 죄책 안으로 들어오신 것은 근본적으로 적절하다. 그러나 그리스도와의 연대는 이 연대를 받아들이는 모든 이에게 이전의 자기중심적 인격이 '그리스도와 함께 십자가에 못 박히고' 하나님 아들의 형상으로 다시 빚어지는 심오한 '죽음과 재탄생'을 반드시 요구한다. 이 같은 변화 과정은 흔히 극심한 고통과 괴로움을 가져다줄 것이다(막 8:34-38; 눅 14:25-33; 롬 6:1-14; 갈 2:20; 빌 1:29; 살전 3:3; 히 12:4-11; 계 12:11). 그리스도의 십자가가 없다면 그리스도인의 면류관도 없다. 이 모든 것들이 인간의 구원에 도움이 되는 것은 아니지만, 어쨌든 죄인들은 깊은 의미에서 볼 때 결코 '처벌을 면할' 수 없다.

물론 이 위대한 진리가 잘못 표현될 가능성은 있다. 모든 복음 설교가 적절한 균형을 가지고 이루어지지는 않기 때문이다. 그러나 일부 설교에 잘못된 표현이 있다 해도 그것이 성경의 명확한 증언을 무효화하거나, 그리스도께서 하나님의 진노를 감당하시는 희생 제사에 관한 복음, 곧 자유하게 하시며 하나님께 영광을 돌리며 사랑으로 충만한 영광의 복음을 선포하는 일을 중단시키지는 못한다.

더욱 본질적으로는, J. I. 패커(Packer)는 형벌적 대속과 같은 성경의 개념들을 그것의 한계를 넘어 과도하게 주장하는 것은 잘못이라고 지적한다.[10] 그런 개념들은 본질적으로 하나님이 자신과 자신의 활동에 대해 가르치기 위해 우리에게 알려 주신 사고 모형이다. 그것들은 하나님이 주신 것이기에 우리의 전적인 신뢰를 요구하고, 사실상 우리가 속죄에 관한 진리에 최대한 가까이 다가서고 있다고 확신하게 되는 것은 오로지 그것에 우리 마음을 복종시키고 그것을 끈질기게 간직할 때뿐이다.

이런 식으로 본다면, 형벌적 대속은 관습법적 관행이나 인간관계의 일반적 기준에 따라 일일이 정당화하지 않아도 완전하게 설명이 가능하다(우리가 지금껏 해 왔듯이 형벌적 대속에 관한 성경적 기초를 입증할 수 있다고 생각한다면). 하나님은 구속주일 뿐 아니라 창조주이시기 때문에, 보편적인 도덕적 감각을 가볍게 무시해서는 안 되지만 타락한 우리의 기준을 하나님 행동에 대한 최종적 결정과 판단의 요소로 삼아서도 안 된다. 사실상, 하나님이 무력한 죄인들을 십자가를 통해 용서하신 사건에서 우리는 가장 심오한 정의, 곧 하나님의 구속적 사랑의 정의를 확인할 수 있다(롬 3:21-26).

너무 폭력적이다? | 형벌 이론은 하나님을 폭력을 정당화하는 분으로 인식함으로써 그분을 따르는 사람들에게 폭력을 조장하지 않는가?

일반적 증거의 차원에서 볼 때 이런 비판은 근거가 극히 모호하다. 칭의를 선포하는 복음을 듣고 성장한 많은 사람들이, 그것이 발달에 끼친 영향 때문에 추후 사회생활에서 폭력 성향을 보인다는 구체적 증거가 있는가?

우리 중 대부분은 성마른 성격을 가진 주변 사람들 몇몇을 떠올릴 수 있겠지만, 그들의 성격적 특질이 과거 경험의 어느 특정 요소에서 기인한다고 보는 것은 심리학적으로 극히 근거가 약하다. 한편 '폭력'을 속죄의 일차적 요소로 보는 것도 꽤 부적절해 보인다. 성경의 여러 은유들에 나타난 성경적 속죄 교리의 핵심 내용은, 그리스도가 우리 인간의 반역과 죄의 모든 결과를 받아들여 자기 것으로 삼기로 자유롭게 선택하도록 이 세상에 보냄 받았다는 것이다. 하나님은 우리를 정신-신체적(psycho-physical) 존재로 지으셨기 때문에 우리의 정신-신체적 인격 전체가 타락의 영향을 받는다. 따라서 그리스도는 우리 죄의 전체적 결과를 감당하기 위해 죄의 완전한 결과, 곧 우리 죄의 '대가'가 본질적으로 나타난 현실인 죽음(창 3:19; 롬 3:23) 안으로 들어오셔야 했다. 한마디로 그분은 우리를 위해 반드시 죽어야 할 필요가 있었고, 죽음은 필연적으로 신체적이고 흔히 폭력적인 차원을 수반한다. 예수님은 죄가 없으셨기 때문에 죽을 이유가 없었다. 결과적으로 예수님은 때에 맞지 않는 죽음, 즉 반드시 육체적 파괴를 포함하는, 마땅히 겪지 않아도 될 죽음에 이르는 과정을 겪으셔야 했다. 그러나 "나의 하나님…왜 나를 버리시나이까?"라는 외침에서 보듯이 예수님의 죽음에서 최고의 고통은 육체적이기보다는 영적이고 정신적인 고통이었다.

따라서 폭력이 수반된 예수님의 죽음의 적절성은 특히 성경의 법적 관점에서 분명히 드러난다. 칼뱅은 이렇게 언급한다.

우리 죄책이 초래한 저주 때문에 우리에게 하나님의 심판이 예비되어 있었다. 따라서 성경은 먼저 유대 총독 본디오 빌라도 앞에서 받은 예수님의 정죄를 언급하면서, 우리가 받을 수밖에 없는 형벌이 이 의로운 사람에게 지워졌음을 가르친다.…우리가 받은 정죄를 없애기 위해서는 그분이 일반적 죽음을 당하는 것으로 충분치 않았다. 우리의 구속을 위한 만족을 하나님께 드리기 위해서는, 우리 죄를 그분께 전가하고 아울러 우리 죄책을 그분께 담당시킴으로써 우리를 해방시킬 수 있는 그런 죽음을 선택해야 했다. (『기독교 강요』, 2.16.5)

성경의 핵심적 관심사이자 죄를 담당하시는 예수님의 희생의 영광이 놓여 있는 곳은, 폭력에 대한 내재적 욕구가 아니라 바로 이 같은 차원이었다. 따라서 십자가에 나타난 하나님 심판에 대한 신앙이 인간의 삶에 보복의 정신을 불러일으킨다는 주장은 입증할 만한 근거가 없다.

그러나 형벌적 십자가를 지는 은혜의 복음이 오랜 세월 세계 곳곳에서 셀 수 없이 많은 사람들의 삶을 변화시킨 증거는 매우 많다. 그중 하나로, 항해 중이던 찰스 다윈이 남미 인디언들을 만난 일화가 있다. 그는 예전에는 거칠고 살인을 일삼으며 사람을 잡아먹었던 이들이 평화를 사랑하는 건설적 시민으로 바뀐 것에 깊은 인상을 받았고, 곧장 인디언들에게 복음을 전한 사람이 대표로 있던 선교회에 기부를 했다. 이런 이야기는 끝도 없이 이어진다. '나를 사랑하사 나를 위해 자기를 버리신' 분에 대한 믿음으로 말미암아, 다소의 사울처럼 분노가 많고 폭력적인 인격에서 은혜롭고 온유하며 평화를 사랑하는 인격으로 다시 태어난 사람들의 증언이 셀 수 없이 많다.

그러나 비판자들의 관점에 암시적으로 나타나는 것처럼, 그리스도의 속죄하는 죽음이 죄인을 대신하여 심판을 짊어진 희생이라는 성경의 중요한 의미를 제거한다면 그분의 죽음은 다르게 해석될 것이다. 가령, 성자와 성부가 인간의 고통을 자신의 것으로 동일시하는 사건, 혹은 하나님 사랑의 크기를 드러내는 사건, 혹은 비폭력적 생활방식과 비폭력적 정치·사회 정책을 추구하라는 명령 등으로 해석될 수 있다.

이런 해석들은 어떤 형태로든 기독교 역사에서 존중받았으며, 십자가의 **이차적** 의미를 발견하는 데 지속적으로 기여할 것이다(벧전 2:21; 히 2:18). 그러나 이를 유일하거나 일차적인 의미로 보는 것은 적절하지 않다. 이런 해석들로 그리스도의 죽음의 전체 의미를 설명해야 한다면, 앞서 언급한 고전적 관점에 대한 비판에서 직면했던 문제, 즉 과거 문제를 해결하지 못하는 부적절성의 문제와 맞닥뜨리게 될 것이다. 비록 십자가에서 깊은 인상을 받아 그에 응답한 사람들이 삶의 일부 영역에서 경험한 실패를 극복하여 새롭고 더 나은 생활방식으로 살게 되었음을 인정한다 해도, 과거의 도덕적 실패에 대해서는 어떻게 할 것인가? 마음과 뜻과 힘을 다하여 하나님을 사랑하지 않고 오히려 거짓과 우상숭배를 옹호하고 받아들였던 우리의 과거 역사는 어떻게 할 것인가? 지난날 우리가 이웃을 진심으로 우리 자신처럼 사랑하지 않았다는, 양심의 단순하고 가차 없는 증언을 어떻게 할 것인가? 오늘과 내일 더 나은 삶의 방식을 발견한다 해도, 어떻게 그것이 어제의 누적된 죄를 속할 수 있는가?

제7부에서 살펴보겠지만, 예수님의 가르침과 성경의 전체 가르침에서 가장 분명한 것은 장차 우리 모두에게 결산의 때가 주어진다는 사실이다. 하나님께는 시간이 상대적이기 때문에 과거, 즉 우리의 과거는 그분께 여전히 남아 있다. 만일 그리스도가 십자가에서 우리를 대신하여 우리 죄책을 짊어지셨다는 신앙을 무효화한다면, 그분의 죽음에는 이러한 도덕적 짐을 제거하는 데 도움이 될 만한 요소가 전혀 없을 것이다. 그렇게 되면 결국 남는 것은 보편구원론, 하나님은 모두를 구원하기 원하는 분이기 때문에 모든 사람이 결국 구원받을 것이라는 비성경적인 사상뿐일 것이다. 그런데 예수님과 모든 성경 저자들이 믿었듯, 하나님이 그런 분이 아니라면 어떻게 될까? 하나님이 우리 죄에 대해 계속 책임을 물으신다면 어떻게 될까? 그렇게 된다면, 장차 우리가 가게 될 곳은 어디일까?

오늘날과는 맞지 않다? | 형벌 모델의 핵심에 놓인 개념들, 즉 인간의 죄책 개념과 대리적인 피의 희생 제사에 의한 속죄 개념은 현대에는 부적절한 것이 아닐까?

다른 비판들과 마찬가지로 이 역시 그리 설득력이 없다. 죄책의 문제와 관련하여, 오늘날 서구 세계 도처에서 상담 치료사들과 그와 관련된 기관들이 크게 늘어나고, 죄책이 더 이상 심각한 문제가 아니라고 생각하도록 조장하는 모습을 보면 놀라울 따름이다. 이런 비판을 제기하는 사람들은 분명 목회 사역에 그다지 많은 시간을 투자해 보지 않은 사람들일 것이다. 그러나 세계적으로 존경받고 사람들에게 유익을 주는 한 전문가는 자신의 견해를 이렇게 제시한다. "의인! 죄책에서 해방된 사람들! 이것은 인간의 마음에서 영원히 되풀이되는 유토피아적 꿈이다. 물론 이것은 단지 꿈일 뿐이다. 왜냐하면 그런 사람은 결코 존재하지 않기 때문이다.…죄책은 성경이나 교회의 발명품이 아니며, 현대 심리학은 한 치의 거리낌도 없이 이런 기독교 교리를 확인해 준다"(폴 투르니에). 북미에서 활발하게 활동하는 심리치료사 베카 존스턴

(Becca Johnston) 박사는 최근 이런 글을 썼다.

> 나는 심리학자로 일하면서 불륜과 낙태, 사고, 중독 등으로 죄책감에 시달리는 수많은 사람을 만난다. 어떤 이들은 정욕, 자위, 음란물, 알코올, 마약, 섭식장애, 증오, 혹은 독신으로서 왕성한 성관계를 맺고 있는 자신의 삶으로 인해 힘들어한다. 또 어떤 이들은 부모가 싸울 때, 형제자매가 죽을 때, 성적으로 학대를 당할 때 죄책감을 느낀다. 그 밖에도 많은 사람들이 분노나 과체중 때문에, '부적절한 영화'를 시청하고, 부모의 기대에 부응하지 못하고, 더 성공하지 못했고, 더 기도하지 못했고, 더 나은 성적을 받지 못했다는 이유 때문에 죄책감을 느끼고 있다.…죄책감을 유발하는 요인이 크든 작든, 정당하든 그렇지 않든, 실제적이든 그렇게 인식한 것이든 우리는 모두 이런저런 방식으로 죄책감을 느낀다.

대리적 희생과 관련하여 오늘날의 문화가 이 원리를 인정하거나 혹은 그것을 높이 사기를, 심지어 숭배하기를 중단했음을 보여 주는 징후는 없다. 세계 도처에서 제작되는 대중 영화, 상을 받는 소설, 끊임없이 쓰이는 자기희생에 관한 이야기, 매년 11월 11일이면 많은 나라에서 거행되는 감동적인 현충일(Remembrance Day) 행사를 보라.

결론 | 이런 논쟁은 우리가 어떻게 복음을 선포하고 나누어야 하는지 신중하게 생각할 필요가 있다는 점과, 이런 논쟁이 제공하는 일정한 유익에 주목하게 한다. 특히 이런 책임은 그리스도인 설교자에게 있다. 우리는 형벌적 대속을 어떻게 선포해야 하는가?

첫째, 성경적으로 선포해야 한다. 즉 전통적 묘사와 표현은 성경이 **실제로** 가르치는 내용에 비추어 평가해야 한다. 물론 현대적 감수성에도 신중하게 관심을 기울일 필요가 있다. 사실, 결코 사라지지 않는 '십자가의 치욕'은 분명 존재한다. 우리는 엄청난 박해에 직면했던 히브리서 독자들처럼 "그의 치욕을 짊어지고 영문 밖으로 그에게 나아[갈]"(히 13:13) 수 있어야 한다. 그러나 그것은 **예수님**이 겪은 치욕이며, 결코 비성경적이고 둔감한 설명에서 비롯된 것이 아님을 분명히 알아야 한다. 특히 속죄에 대한 여러 설명 방식과 관련해, 그것들이 명료하게 드러내는 내용뿐 아니라 암시하는 내용도 평가해야 한다. 지금까지 그랬듯, 가장 안전한 길은 성경을 성실하게 해설하는 것이다.

둘째, 이러한 현대적 관심 때문에 우리가 진노를 감당하시는 하나님의 사랑과 회개하는 죄인을 위한 이 진리의 놀라운 열매를 기쁘고 열정적으로 선포하는 데 주저할 필요가 없다. 온전하고 전적인 영원한 용서, 복되고 지속적인 하나님과의 화평, 지금부터 영원히 하나님께 용납되었다는 확신, 하나님 앞에서 온전하고 전적이며 완전하게 의로워진 상태, 현세에서는 충분하게 그리고 내세에서는 온전히 얻게 될 죄와 사탄과 진노와 죄의 속박으로부터의 자유, 십자가에서 '영원히 우리에게 열린' 성부의 마음과 형용할 수 없는 인격적 사랑, 하나님의 확고한 의와 정의의 영광스러운 회복, 하나님 영광과 통치를 반대하던 사탄과 인간의 모든 도전에 대한 영원하고 완벽한 승리, 지금부터 영원히 지속될 우리를 향한 그리스도의 감동적이고 인격적인 사랑, '나를 사랑하시고 나에게 자신을 내어 준' 그분을 평생토록 지치지 않고 섬길 수 있는 사역의 동기, 십자가에 달리고 부활하신 이와 연합한 자로서 경건한 삶을 살아갈 원천, 자신과 모든 동료 인간이 최고의 가치와 존엄을 가졌음을 보여 주는 십자가의 명백한 증거, 구원과 보좌에 앉으신 하나님의 어린 양에 대한 하늘의 찬양으로 끝맺는 삼위일체 하나님의 오랜 목적들의 성취가 바로 그 진리의 놀라운 열매들이다.

셋째, 이러한 성경의 핵심적 진리를 받아들이고 선포할 때 한없이 겸손할 필요가 있다. 열정적이고 흠잡을 데 없을 만큼 '성경적'이었지만, 인간을 향한 하나님의 고동치고 깨어진 마음과는 거리가 멀었던 바리새인과 율법 교사들의 비극을 잊지 말자. 교만과 냉정함이 우리의 '정통 신앙'을 더럽히지 않도록 하기 위해서는, 탕자의 비유 – 자기 의를 주장하는 형의 비유라는 의견도 있다 – 를 늘 기억해야 한다. 만일 우리가 그리스도의 형벌적이고 대속적인 자기희생에 대한 믿음을 통해, 은혜로 말미암아 칭의를 얻는다는 성경적 진리를 확신 있게 받아들이게 되었다면, 그것은 오직 하나님의 은혜 – 삶의 매 순간 구하고 그에 따라 살아야 하는 은혜 – 덕분이다. 이전 세대의 복음 설교자였던 존 맥닐(John McNeil)의 말을 따라 이렇게 질문해 보자. "만일 그리스도가 바로 나 같은 사람을 의롭다 하지 않으셨다면…?"

■ 토론 질문

1. 주관적 속죄론과 객관적 속죄론을 비교하여 논의해 보라. 왜 객관적 속죄론이 반드시 필요한가?
2. '진리이지만, 온전한 진리는 아니다'라는 견해는 고전적 속죄론을 정당하게 평가한 것인가?
3. 주요 속죄론들의 핵심을 전달하는 성경 본문을 찾아보고, 각 본문에 기초해 복음을 대략적으로 제시해 보라. 청중이 각 속죄론의 진리를 이해하도록 하려면 어떤 식으로 설명해야 할지 생각해 보라. 각 속죄론이 청중들의 어떤 도덕적·영적·심리적 필요들을 다룰 수 있는지 생각해 보라.
4. '현대인을 위한 속죄론'에 꼭 필요한 특징은 무엇인가?

■ 참고 자료

Art. 'Atonement' in *NDT*.

Anselm, *Cur Deus Homo*. 『인간이 되신 하나님』(한들출판사).

G. Aulén, *Christus Victor* (SPCK, 1970). 『승리자 그리스도』(정경사).

G. C. Berkouwer, *The Work of Christ* (Eerdmans, 1965).

D. A. Carson, *Becoming Conversant with the Emerging Church* (Zondervan, 2005). 『이머징 교회 바로 알기』(부흥과개혁사).

J. Denney, *The Christian Doctrine of Reconciliation* (Hodder, 1918).

_____, *The Death of Christ* (Tyndale, 1951).

S. Jeffery, M. Ovey and A. Sach, *Pierced for our Transgressions* (Crossway, 2007).

R. Letham, *The Work of Christ* (IVP, 1993).

L. Morris, *The Atonement: Its Meaning and Significance* (IVP, 1983). 『속죄의 의미와 중요성』(생명의말씀사).

J. I. Packer and M. Dever, *In My Place Condemned He Stood* (Crossway, 2007).

J. Piper, *Fifty Reasons Why Christ Came to Die* (Crossway, 2006). 『더 패션 오브 지저스 크라이스트』(규장).

J. R. W. Stott, *The Cross of Christ* (IVP, 1986).

D. Tidball, *The Message of the Cross* (IVP, 2001).

D. F. Wells, *The Search for Salvation* (IVP, 1978).

▶▶ 　　　　　　　　　　　　　　　　　　　　　　　　　　　　적용

그리스도의 인격

하나님이 성육신하셨다는 사실은 이 세상의 삶에 대한 태도 전체에 깊이 적용되며, 특별히 다음과 같은 내용을 의미한다.

긍정 | "말씀이 육신이 되어"(요 1:14). 하나님은 예수님 안에서 우리에게 오셨고, 우리의 살과 피, 우리의 공간과 시간을 취하셨다. 이 사실은 창조주 하나님(제2부)으로부터 나온 세상과 인간 삶의 중요성을 확증해 준다. 세상의 찬탈자인 어둠의 세력이 존재하지만, 이 세상 질서는 여전히 하나님의 손 안에 있으며 그분이 이 세상 속에 실제적 위치를 차지하지 못할 정도로 그분과 이질적이지도 않다. 그리고 하나님은 이 땅에 오신 예수님을 통해 우리의 현세적 삶을 거룩하게 하신다. 하나님의 관심사가 결코 내적이고 영적인 부분에만 국한되지 않는 이유는, 하나님이 그리스도 안에서 외적이고 물질적인 것들도 취하셨기 때문이다. 성육신을 통해 그분은 우리 삶 전체에 간섭하신다. "예수 그리스도께서 '이것은 나의 것이다'라고 말씀하지 않은 것은 단 하나도 없다"(A. 카이퍼). 가정, 직장, 우정, 직업, 학교, 사회생활, 문화, 여가, 우리의 일상을 구성하는 모든 것이 그분의 소유이며, 그분께 올려 드릴 수 있다.

삶의 거룩함에 대한 긍정은 시간적 차원에서 볼 때 인간의 전체적 경험으로 확장된다. 키르케고르(Kierkegaard)가 표현했듯이 그리스도는 '자궁에서

무덤'까지 우리와 동행하신다. 자궁 단계는 동정녀 탄생을 통해 긍정되며, 이는 창조주 하나님의 선물로서 삶의 경험 중 '거룩한' 부분이다. 따라서 자궁 안의 생명 또한 신성한 생명이다. 다른 지역도 비슷하겠지만, 특히 '낙태 산업'이 심각한 수준까지 성장한 오늘날 서구 사회의 상황에 큰 의미가 있다. 치료 목적의 낙태는 산모의 생명이 심각하게 위협받거나, 강간이나 근친상간에 의해 임신한 경우 정당화될 수 있을 것이다. 그러나 형편이 좋지 않고, 원하지 않거나 예상치 못한 임신이라는 이유로 낙태하는 것은 성육신과 심각하게 배치되는 태도다. 또한 출산 전 생명에 대해 언급하는 여타 성경 말씀과 배치되는 것이기도 하다(시 139:13-16; 눅 1:41-45). '원하지 않는 임신'에 적절하게 대응하기 위해서는 출산을 앞둔 예비 부모들을 잘 보살피고, 임신 상황에서 흔히 방치되기 쉬운 여성과 소녀들을 지속적으로 세심하게 지원하며, 아울러 많은 경우 입양도 대안으로 제시할 수 있어야 한다.

겸손 | "[그는] 오히려 자기를 비워"(빌 2:7). 하나님은 성육신을 통해 친히 자기 창조물의 필요를 돌보고자 자기를 종으로 낮추셨다(요 13:1-16). 종이 되신 하나님! 이 놀라운 사건은 그리스도의 제자들에게 지대한 영향을 미치고 깊은 도전을 준다. 이기적 야망과 헛된 기만을 거부하는 참된 겸손, 타인의 유익에 관심을 갖는 참된 연민, 남을 자기보다 낫게 여기는 마음(빌 2:1-5)은 우리가 예수님의 마음을 반영할 때 나타난다.

집중 | "내가 너희에게 행한 것같이 너희도 행하게 하려 하여 본을 보였노라"(요 13:15). 복음서에 묘사된 예수님의 삶 전체는 우리가 적용해야 할 하나의 모범이다. 왜냐하면 그분은 우리의 구속주이자 모범이시기 때문이다. 우리는 예수님처럼 살도록 부름받았다. 전심을 다해 하나님의 영광을 구하고(요 8:49이하), 하나님과 교통하며(막 1:35), 하나님께 한결같이 복종하고(요 8:29), 인간의 필요에 끝없이 관심을 기울이고(마 9:36), 선교적 사명에 헌신하셨던(막 1:38) 예수님처럼 살도록 말이다. 개인적으로 성경을 공부하고 묵상할 때

도 매일 의도적으로 그리스도께 시선을 집중할 수 있도록 복음서 본문을 규칙적으로 읽어야 한다. "또 믿음의 주요 온전케 하시는 이인 예수를 바라보자.…[그를] 생각하라"(히 12:2-3).

그리스도의 죽음

그리스도의 죽음은 모든 그리스도인의 신앙과 이해, 설교와 삶과 섬김과 죽음의 핵심이다. 이것은 우리 안에서 다음과 같은 반응과 결과를 이끌어 낸다.

경이 | "나를 사랑하사 나를 위하여 자기 자신을 버리신 하나님의 아들"(갈 2:20). 십자가는 머리로 이해할 수 있는 속죄론 이상이다. 하지만 십자가에 대한 우리의 이해가 성경의 가르침과 더 많이 일치할수록, 십자가를 묵상할 때 느끼는 경이감은 더 커질 것이다. 긴 역사 속에서 갈보리 사건보다 사람들의 마음과 정신에 깊은 영향을 끼치고, 감동으로 경탄하게 하고, 사랑하게 하고, 칭송하게 하는 인간적 경험은 없다. 당연한 일이다. 문자 그대로 갈보리의 행위와 비교할 만한 것은 아무것도 없기 때문이다. 그 어떤 곳보다 이곳 갈보리는, 우리가 침묵하고 손으로 입을 가리고 신을 벗어야 하는 곳이다.

> 이제, 십자가 아래 함께 앉아
> 기뻐하며 치유의 생수를 마시네.
> 그에게 모든 것을 내어 드리고,
> 우리 마음을 온전히 드리세.
> '십자가에 못 박히신 나의 주, 나의 사랑'만을
> 오직 생각하고 말할 뿐이네.

도전 | "그리스도께서 우리 죄를 위하여 죽으시고"(고전 15:3). 그리스도의 죽음을 통한 속죄의 복음에 대해서는 앞서 자세히 설명했다. 이 복음을 적용

할 때 우리는 다음과 같은 질문을 피할 수 없다. 과연 그리스도의 죽음이 나를 속죄했는가? 나는 내 죄와 죄책이 갈보리의 그리스도에게 전가되어, 그분 안에서 심판받고 처벌받는 것을 보았는가? 그분께 나를 구원해 달라고 간구했으며, 용서와 화평과 의를 위한 그분의 최종적 십자가 사역을 신뢰할 수 있는 은혜를 발견했는가? 만일 그렇지 않다면, 우리는 이제 그분께 나아가 우리를 구원해 달라고 요청할 수 있는가? "수고하고 무거운 짐 진 자들아, 다 내게로 오라. 내가 너희를 쉬게 하리라"(마 11:28). "내게 오는 자는 내가 결코 내쫓지 아니하리라"(요 6:37).

감사 | "우리를 사랑하사 그의 피로 우리 죄에서 우리를 해방하시고, 그의 아버지 하나님을 위하여 우리를 나라와 제사장으로 삼으신 그에게 영광과 능력이 세세토록 있기를 원하노라"(계 1:5-6). 만일 우리가 십자가를 통해 구원을 경험했다면, 우리의 깊은 내면은 감사와 찬양을 외치고, 십자가에서 흘러나오는 용서와 칭의와 모든 축복이 그리스도 안에서 우리에게 주어진 하나님의 영원한 은혜, 특히 그분을 최후에 갈보리로 인도한 사랑에서 나온다는 점을 인정해야 한다. "죽임을 당하신 어린 양은 능력과 부와 지혜와 힘과 존귀와 영광과 찬송을 받으시기에 합당하도다"(계 5:12).

자신감 | "그러므로 형제들아, 우리가 예수의 피를 힘입어 성소에 들어갈 담력을 얻었나니…하나님께 나아가자"(히 10:19, 22). 우리 주님이신 예수님이 우리의 모든 죄를 짊어지셨고 그것이 충분하고 완전한 속죄의 제사였다는 점은, 우리와 하나님 사이를 가로막던 장벽이 성전의 성소와 지성소를 구분하는 장막처럼(막 15:28) 산산이 깨어져 영원히 사라졌음을 뜻한다. 그러므로 우리는 불타오르는 거룩과 두려운 위엄을 지닌 살아 계신 하나님께 가까이 다가가 '아바, 아버지'라고 부를 수 있다. 아울러 자신이 하나님께 용납되고 환영과 인정을 받음을 알게 된다. 우리는 '그분이 사랑하시는 자 안에서 받아들여지며' 하나님의 마음 안에 영원히 편안하게 거할 수 있다.

동일시 | "그는…간고를 많이 겪었으며 질고를 아는 자라.…그는 실로 우리의 질고를 지고 우리의 슬픔을 당하였거늘"(사 53:3, 4). 놀라움으로 가득 찬 십자가를 응시하고 세상 죄와 비극을 짊어지신 그분의 고난의 한없는 깊이를 바라보는 우리는, **그분이** 우리와 같이 되신 것처럼 우리 역시 세상의 고통에 마음을 열고, 우는 자와 함께 울고, 곤경에서 발버둥치는 자와 함께 발버둥치고, 버림받은 자와 함께 버림받고, 가난한 자와 함께 가난을 겪고, 학대당하는 자와 함께 학대당하고, 고통당하는 자와 함께 고통당하라는 부르심을 듣는다. 그분이 예전에 행하셨고 지금도 행하고 계신 것처럼 우리도 행하라는 그분의 부르심을 듣는다.

선교 | "그리스도의 사랑이 우리를 강권하시는도다.…우리가 그리스도를 대신하여 간청하노니, 너희는 하나님과 화목하라"(고후 5:14, 20). 우리가 십자가로 나아가 값없이 칭의와 화목과 구속의 기적을 경험했다면 이 십자가의 메시지를 동료 죄인들에게 전해야 할 의무가 있다. 이때 우리는 우리를 구원한 강한 은혜가 그것을 믿는 모든 사람 – 그들의 필요가 아무리 크고 그들의 죄가 아무리 깊다 해도 – 을 충분히 구원할 수 있음을 확신해야 한다. 이러한 적용은 우리가 참여하는 지역 교회와 기독교 단체에서의 복음전도는 물론이고, 우리의 전 생활양식 및 대화 내용, 시간 사용, 재정 관리, 기도의 주제와 내용, 심지어 직업의 종류나 위치에도 영향을 미칠 것이다.

존엄과 존경 | 십자가 아래의 땅은 영원히 평평하다. 여기서는 날마다 온갖 기준으로 사람들을 나누는 모든 등급과 구별이 사라진다. 여기서는 모두가 하나다. 십자가 아래에서 우리는 똑같이 죄와 무능력과 수치를 가진 이들이지만, 각자를 위해 예비된 사랑을 받고 모두 존귀하게 되었다. 여기에는 결코 '평범한' 사람도, 이류 인간도, 궁극적으로 소망이 없는 사람도, 사랑할 가치가 없는 사람도, 인간적 존엄을 부여받거나 존중받지 못할 사람도 없음을 우리는 분명히 알게 된다. 십자가에서 모든 사람은 무한한 가치를 지니며, 우

리 자신도 이런 사람임을 주저 없이 인정해야 한다. 우리 역시 십자가에서 영원히 존중받고 존엄하게 되었고 절대적 가치를 부여받았다.

공동체 | 십자가에는 성별과 세대, 인종과 피부색, 종교, 국적, 역사, 성격, 부와 사회적 지위, 능력과 지식, 마음과 몸의 건강 등으로 인한 끔찍한 단절을 초월하여, 도시 빈민가나 시내 혹은 일반 동네, 난민 캠프, 부유한 지역, 불결하고 가난한 버려진 지역 등을 막론하고 세워지는 공동체의 비밀이 있다. 우리는 십자가에서 사랑의 의미와 한계가 없는 광대함을 배울 수 있다. 감사하게도, 가까운 역사를 들여다보면 십자가의 복음이 아일랜드와 남아프리카공화국, 발칸 반도의 핵심적 갈등을 어느 정도 완화하는 데 어떻게 기여하는지 알 수 있다.

헌신 | "그러므로 형제들아, 내가 하나님의 모든 자비하심으로 너희를 권하노니 너희 몸을 하나님이 기뻐하시는 거룩한 산 제물로 드리라"(롬 12:1). 십자가에서 하나님이 우리를 위해 자기를 내어 주신 것을 생각하면, 우리 자신의 권리를 내세울 것은 아무것도 없다. 사실, 하나님의 뜻을 거역하고 그분께 헌신하기를 거부하는 것은 그만큼 십자가의 의미를 제대로 이해하지 못했음을 드러내는 것에 지나지 않는다.

온 세상 만물 가져도
주 은혜 못 다 갚겠네.
놀라운 사랑 받은 나
몸으로 제물 삼겠네.

그리스도의 부활

예수님이 죽은 자 가운데서 부활하심은, 그리스도인들에게 무엇보다도 다음과 같은 특별한 의미를 갖는다.

기쁨 | "예수를 너희가 보지 못하였으나 사랑하는도다. 이제도 보지 못하나 믿고 말할 수 없는 영광스러운 즐거움으로 기뻐하니"(벧전 1:8). 주님이 우리와 함께하시며 깊고 한량없는 사랑으로 우리를 사랑하심을 알 때, 그리스도인의 마음은 더할 나위 없는 기쁨으로 가득 찬다.

평화 | "예수는…우리를 의롭다 하시기 위하여 살아나셨느니라"(롬 4:25). 예수님의 부활은 그분의 대속적 희생이 진실로 우리에게 효력을 미쳤다는 증거다. 우리 죄는 사라졌고, 우리는 그분 안에서 하나님 앞에 용납되었다.

예배 | "죽은 자들 가운데서 부활하사 능력으로 하나님의 아들로 선포되셨으니"(롬 1:4). 부활은 예수 그리스도의 영원한 신성을 확인해 주며, 따라서 그분을 예배하는 것은 합당한 일이다. 예수님의 첫 제자들처럼 우리 역시 부활하신 예수님을 만날 때 "나의 주님이시요 나의 하나님이시니이다!"(요 20:28)라고 고백하게 된다. "그들이 그에게 경배하고"(눅 24:52).

소망 | "그러나 이제 그리스도께서 죽은 자 가운데서 다시 살아나사 잠자는 자들의 첫 열매가 되셨도다"(고전 15:20). 예수님은 죽음을 패배시키셨다. 그분은 장차 있을 죽은 자들의 수확 중 첫 열매가 되셨고, 부활의 자녀들 중 처음 난 분이다. 그분이 부활하셨기 때문에 우리 역시 하나님의 새로운 질서 속에서 무덤을 초월하여 살게 될 것이다. 부활은 우리 존재의 지평을 다시 영원의 세계로 이끌어 주며, 우리 삶의 모든 차원에 헤아릴 수 없는 의미를 지닌다. 우리는 현세의 삶에 집착할 것이 아니라 타인을 위해 봉사하는 일에 기꺼이 인생을 투자해야 한다. 왜냐하면 이것은, 죽음 너머에서 우리를 기다리고 있을 뿐 아니라 그리스도 안에서 이미 우리 것이 된 영원한 생명을 예비하는 일이기 때문이다.

승리 | "하늘과 땅의 모든 권세를 내게 주셨으니"(마 28:18). 진실로 죄와 악에 대한 승리가 성취되었다. 어둠과 절망의 세력은 엄청난 타격을 입고 그리스도의 승리의 발아래 쓰러졌다. 모든 반대되는 증거들에도 불구하고 죄의

'운명은 명백하다.' 왜냐하면 하나님의 통치와 나라가 우리의 복되신 구세주께 속해 있기 때문이다.

그리스도의 승천

승천은 그리스도의 첫 제자들에게 매우 중요한 실재였지만, 현대 그리스도인들에게는 그 중요성이 많이 퇴색되었다. 그러나 승천은 그리스도인의 삶에 다음과 같은 매우 풍부한 의미를 갖는다.

불안한 세상에서의 안전 | "하늘과 땅의 모든 권세를 내게 주셨으니." 승천은 그리스도의 통치를 선포한다. 우리가 어디에 있든, 우리의 환경이 어떠하든 그분은 그것들을 다스리는 왕이며 주님이시다. 바로 지금도 세상은 그분 권세 안에 있다. 그분의 허락 없이는 어떤 것도 우리에게 영향을 미치거나 우리를 해칠 수 없다.

고난 중의 위로 | "우리에게 큰 대제사장이 계시니 승천하신 이 곧 하나님의 아들 예수시라"(히 4:14). 그리스도는 그분의 인성을 초월적 신성의 존재 안으로 가져가셨다. 이제 신성 안에는 인간 존재가 있다. 따라서 승천은 하나님이 영원히 인간의 마음을 가지고 계신다는 뜻이다. 이 진리는 보좌에 앉으신 상처 입은 어린 양에 관한 환상에서 생생하게 표현되어 있다(계 5:6). 하늘에 계신 어린 양의 상처는, 육체의 상처를 치유하지 못했음을 나타내는 것이 아니라 그분이 우리의 모든 곤경과 슬픔에 대해 지속적으로 연민 어린 동일시를 하고 계시다는 표시다. 그 어떤 종교에서도 비슷한 내용을 찾을 수 없는 이 진리는 오직 기독교에만 존재한다.

가슴을 저미는 슬픔 가운데
슬픔을 당하신 주님이 함께하시네.
그분은 우리의 슬픔을 체휼하시며

고통당하는 자를 위로하시네.

그리스도의 이름으로 행하는 선교 | "모든 권세를 내게 주셨으니, 그러므로 너희는 가서…." 승천하신 주님은 교회를 세상으로 보내시면서, 그리스도의 이름으로 모든 사람에게 복음을 전하고, 가르치고, 치유하고, 그들의 모든 필요를 돌보라고 명령하신다. 우리가 이것들을 행하는 까닭은 예수님을 이 세상의 왕으로 만들기 위해서가 아니라, 세상의 왕이신 그분이 우리를 보내셨기 때문이다.

그리스도인의 삶과 섬김의 원천 | "그가 약속하신 성령을…부어 주셨느니라"(행 2:33). 영광 가운데 높여지신 예수님은 교회에 성령을 보내신다. 그리고 성령은 이 땅에 있는 그리스도의 몸(교회)을 높여지신 교회의 머리(그리스도)와 결속시킴으로써, 그분을 통해 승리의 삶이 각 지체에게 흘러들어 가게 하신다. 승천하신 예수님은 성령의 은사를 베푸시고(엡 4:8-12), 증인들에게 능력과 권세를 부어 주신다(행 1:8). 승천은 예수님을 부활시키고 영광 중에 계신 하나님의 우편에 앉힌 바로 그 능력을 교회에 부여한다(엡 1:19이하).

그리스도의 미래 통치에 대한 약속 | "그가 모든 원수를 그 발아래에 둘 때까지 반드시 왕 노릇 하시리니"(고전 15:25). 부활과 승천은 필연적으로 그리스도의 영광의 재림을 바라보게 한다. 다시 오실 그분은 모든 사람을 심판하시고, 의로운 자들이 거할 새 하늘과 새 땅에 하나님의 영원한 나라를 세우실 것이다. 이 땅에서 그리스도를 알고 예배하고 섬긴다는 것은 그분이 영광 중에 재림하여 영원히 통치하실 것을 기대하며 산다는 것을 의미한다. 때로 이것은 다소 초현실적인 개념처럼 보이지만, 바르게 적용한다면 우리 삶의 모든 활동에 빛을 비추어 줄 것이다.

5부

성령의
위격과 사역

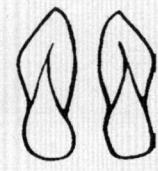

한 쌍의 신발. 성령의 능력을 힘입어 복음을 전하러 나가는 이들의 발(롬 10:15)을 상징한다.

18 성령의 위격

구약의 가르침

'영'을 뜻하는 히브리어 '루아흐'(*rûaḥ*)에는 '바람' 또는 '숨'이라는 의미도 있다(시 148:8; 겔 1:4). 그러나 '주의 영'이라는 표현은 항상 하나님의 인격적 대리자로서 세상에서 활동하시는 하나님을 가리킨다(창 2:7; 삿 11:29; 시 139:7). 구약은 새로운 시대, 곧 하나님의 영의 시대를 고대한다(사 11:2; 44:3; 겔 36:27 이하; 욜 2:28이하).

신약의 가르침

'영'을 뜻하는 헬라어 '프뉴마'(*pneuma*) 역시 '바람', '숨'의 의미를 함께 내포한다(요 3:8; 계 11:11). 신약에서는 메시아 시대의 도래와 함께 성령이 차츰 더 뚜렷하게 부각되며, 그리스도의 탄생과 관련된 사건들 속에 현저하게 나타난다(마 1:18; 눅 1:35, 41, 67이하; 2:27이하). 예수님이 세례를 받으실 때 성령은 비둘기의 모습으로(마 3:16) 나타나며, 예수님의 수많은 사역에서 함께하신다(마 4:1; 12:28; 눅 4:14, 18; 히 9:14).

예수님은 제자들을 향한 고별 설교에서 성령을 '보혜사'(요 14:16, 26; 15:26; 16:7)라고 말씀하신다. 영어로 'paraclete'로 표기되는 이 헬라어 단어는 기본적으로 어떤 사람의 소송을 담당하는 변호사나 같은 편에서 싸워 주는 동맹자, 즉 힘을 주고 용기를 북돋워 주는 사람을 의미한다. 예수님의 죽음과 부활을 통해 성취된 새로운 시대는 약속된 성령이 부어진 시대이며(행 2:1), 그 결과 교회가 세워지고 교회는 성령의 능력을 힘입어 세상에 복음을 전파했다. 그리스도의 초림과 재림 사이에 놓인 그리스도인의 삶은 성령 안에서 사는 삶이다(롬 5:5; 8:1-17; 고전 12-14장; 갈 5:16-26).

인격적 존재

성령은 비인격적 힘이나 능력을 나타내는 사물이 아니라 하나님의 한 위격이다. 비록 '영'을 뜻하는 헬라어 명사는 중성이지만, 헬라어 신약성경은 성령을 반드시 '그것'이 아닌 '그'(he)로 지칭한다(요 16:13).

'paraclete'는 본질적으로 인격체를 나타내며, 인격적 행위자를 가리킨다(요 14:16 등; 참고. 요일 2:1). 요한복음 14:15에서 예수님은 성령을 자신 외의 '또 다른 보혜사'라고 말한다. 성령께 온전한 인격적 특질을 부여하지 않고는 이 성경 구절의 의미를 제대로 이해하기 어려울 것이다. 이와 유사하게, 바울은 성령을 '근심하게'(엡 4:30) 하는 것에 대해 이야기한다. 만약 성령이 단순한 힘이라면 그에 저항할 수 있을 뿐이다. 근심하게 한다는 표현은 오직 인격체에 대해서만 사용할 수 있다.

신적 존재

성경은 성령의 신성을 명백하게 증언한다. 그분은 삼위일체 하나님의 한 분으로서 우리의 영원한 예배와 사랑과 찬송을 받으실 대상이며, 성부와 성자와 동일한 신적 본성을 공유하신다(마 28:18이하; 고후 13:14; 엡 4:4-6).

성령은 '주(YHWH/*kyrios*)의 영'(삿 3:10; 고후 3:17)이시다. 흔히 그분은 창조하시고 구속하시는 하나님으로 언급된다(욥 33:4; 시 51:10이하; 겔 37:14; 고후 3:3). 예수님은 성령을 거스르는 죄가 인자를 거스르는 죄보다 더 크다고 말씀하셨다(마 12:28-32). 인자이신 예수님은 하나님이시므로, 이 말씀은 성령의 신성을 더 확실하게 증언해 준다. 또한 하나님은 오직 하나님 자신을 통해서만 계시될 수 있으므로 성령은 하나님이어야 한다. 왜냐하면 하나님은 성령을 통해서 자신을 우리에게 계시하시기 때문이다(고전 2:10이하; 요일 5:7-9). 마지막으로, 삼위일체를 언급하는 많은 성경 구절들이 성령의 신성에 대한 모든 의심을 없애 준다(마 28:19; 요 14:15-24; 고후 13:14; 엡 1:13이하; 2:18; 살후 2:13 이하; 벧전 1:2이하). 이 구절들 속에서 성령은 성부, 성자와 함께 본질적 신성의 불가분리적 연합을 이루고 계신다.

■ 성경 구절

삿 3:10; 11:29; 욥 33:4; 시 63:4; 139:7; 사 11:2; 59:21; 61:1; 겔 37:1-4; 학 2:4이하; 슥 7:12; 마 3:16; 12:28-32; 28:19; 눅 1:35; 4:18; 요 3:8; 14:16, 26; 15:26; 16:7-15; 행 13:2; 롬 8:9이하; 고전 6:11; 12:3; 고후 3:3, 17; 13:14; 엡 1:13이하; 2:18; 4:4-6, 30.

■ 토론 질문

1. 성령의 신성을 보여 주는 성경의 증거를 찾아보라.
2. 성령의 신성이 (1) 성경의 권위, (2) 성령을 주시는 예수 그리스도의 인격, (3) 그리스도인 체험의 진정성에 대해 가지는 함의를 살펴보라.

■ 참고 자료

Art. 'Holy Spirit' in *NDT*.

G. D. Fee, *God's Empowering Presence* (Paternoster, 1996).『성령: 하나님의 능력

주시는 임재』(새물결플러스).

_____, *Paul, the Spirit and the People of God* (Hodder, 1997). 『바울 성령 그리스도 하나님의 백성』(좋은씨앗).

S. Ferguson, *The Holy Spirit* (IVP, 1996). 『성령』(IVP).

M. Green, *I Believe in the Holy Spirit* (Hodder, 1975). 『성령을 믿사오며』(서로사랑).

J. Owen, *Works*, 3 (Banner of Truth, 1966).

J. I. Packer, *Keep in Step with the Spirit* (IVP, 2nd edn, 2005). 『성령을 아는 지식』(홍성사).

K. Warrington, *The Message of the Holy Spirit* (IVP, 2009).

19 약속의 성령

그리스도의 초림 전의 성령

이 시기의 성령의 사역은 세 가지 주제를 중심으로 묶을 수 있다.

생명

성령은 흔히 우주 창조와 관련하여 언급된다. "하나님의 영은 수면 위에 운행하시니라"(창 1:2)라는 말씀은 새끼들 위를 맴돌고 있는 새의 모습을 묘사한 것으로 해석할 수 있다(참고. 시 104:30; 사 40:12이하). 태초에 성령이 무로부터 생명을 창조하신 일은 신약에서 그분이 하나님의 백성에게 생명을 주신 중생 사역의 중요한 전조다. 성령도 인간에게 생명을 주신다(욥 27:3; 33:4; 시 104:29이하). 따라서 우리는 만물을 변함없이 '붙드시는' 말씀에 전적으로 의존하듯(골 1:17; 히 1:3) 지속적으로 생명을 주시는 성령의 능력에도 의존한다.

지식

성령은 인간의 마음을 조명하여, 하나님의 지식과 그분의 진리(신 34:9; 시 143:10), 특히 예언자적 통찰(삼상 10:10)과 함께 일반적 이해력(창 41:38이하)을 허락하신다. 이것의 일차적 형태가 바로 구약성경의 기록이다. 성령은 특별히 선택받고 준비된 증인들에게 영감을 불어넣어 하나님의 말씀을 기록하게 하셨는데(벧후 1:21), 이는 신약에 나타날 성령의 사역에 대한 예고라 할 수 있다 (요 16:12이하; 고전 2:9-13; 벧후 3:15이하).

약속

성령과 약속된 메시아 시대 사이의 관계는 이중적이다. 첫째, 오실 메시아는 친히 성령의 기름부음을 받는다(사 11:2; 42:1; 61:1이하; 참고. 눅 4:16-20). 둘째, 메시아 시대에 하나님의 영은 특별한 방법과 수준으로 하나님 백성 위에 부어질 것이다(겔 36:27이하; 욜 2:28이하).

성령과 그리스도

예수님과 성령의 관계는 성령의 사역에 대한 신학적 토대를 이루며, 성령의 사역에 대한 적절한 관점을 갖는 데 절대적으로 중요하다. 성령과 예수 그리스도의 관계는 두 가지 측면에서 살펴볼 수 있다.

그리스도가 받으신 성령

특별히 그리스도의 세례 장면에서 그리스도가 성령을 받으시는 모습을 분명하게 볼 수 있다. "성령이 비둘기 같은 형체로 그의 위에 강림하시더니"(눅 3:22). 성령의 역할은 예수님의 잉태와 탄생에서 시작되었고(눅 1:35), 그분의 사역이 이루어지는 동안 줄곧 지속되었다(마 4:1; 12:28). 이런 사실은 결코 예수님의 신성을 감소시키지 않지만, 그분과 인성을 공유하는 우리는 하나님을 섬기고 그분께 순종할 때 성령에 대한 이 같은 의존이 필요하다는 암시를 보게 된다.

그리스도가 보내신 성령

세례 요한은 예수님의 사역에 "성령과 불"(마 3:11)로 세례를 주는 일이 포함될 것이라고 예언했다. 사도행전 1:5(참고. 행 2:33)은 이것을 예수님 사역의 절정인 죽음 및 부활과 연결한다. 이런 연결은 요한복음 7:39에서 명확하게 나타난다. "예수께서 아직 영광(죽음과 부활과 승천을 통한 그분의 승리. 참고. 요 13:31; 20:22)을 받지 않으셨으므로 성령이 아직 그들에게 계시지 아니하시더라." 이것은 신약에서의 성령의 사역을 이해할 수 있는 열쇠를 제공한다. 즉 **성령의 사역과 예수님의 영화 사이에는 깊은 관계가 있다.**

구약이 다가올 새 시대와 새롭고 영광스러운 성령 강림을 연결한다는 사실을 떠올려 보자. 하나님 나라의 새 시대는 예수님에 의해 도래하고, 그분의 죽음과 부활과 승천으로 성취되었다. 오순절 성령 강림 사건은 사실상 예수님의 승리를 통해 시작된 하나님 나라가 인간의 역사 안으로 들어왔음을 나타낸 것이다. 이 때문에 예수님은 자신이 '떠나지' 않으면 성령이 오시지 않을 것이라 말씀하셨다(요 16:7). 여기서 요점은 신성의 두 위격이 공존하실 수 없다는 것이 아니라, 예수님이 떠나신다는 말의 의미다. 즉 그분이 죽음과 부활과 승천을 통해 '아버지께로 떠나가야만'(요 14:5, 12) 성령이 제자들에게 임하여 그들의 보혜사가 되고, 그들을 통해 세상에 증언하실 수 있다는 것이다. 달리 말하면, **오순절에 처음으로 영광스럽게 나타난 교회와 세상에 부어진 성령은 전적으로 예수님의 승리에 의존한다**(요 7:39).

누가는 그의 '첫 저작'인 누가복음의 결말부에서 예수님의 승천 기사를 언급했음에도 불구하고(눅 24:50이하), 의도적으로 예수님의 승천 기사를 재차 기록하면서(행 1:9-11) 성령 강림의 결과로 탄생한 교회의 시작을 언급함으로(행 2:1이하) 이 사실을 확증한다. 오순절에 "이 어찌 된 일이냐?"라고 묻는 군중에게 베드로는 두 가지 내용을 설명했다. 첫째, 성령 강림은 하나님 나라의 새 시대가 도래했음을 의미한다. "이는 곧 선지자 요엘을 통하여 말씀하신 것이니"(행 2:16-21). 둘째, 이것은 예수 그리스도의 승귀의 결과다. 즉 "이 예수를…하나님이 오른손으로 높이시매…너희가 보고 듣는 이것을 부어 주셨느니라"(행 2:32이하). 마찬가지로 바울 역시 신약 시대의 교회 설립에 필요한 성령의 은사들을 그리스도의 승천의 맥락에서 이해한다(엡 4:8-10). 성령의 은사는 승리하신 그리스도의 전리품이자 그 승리의 열매다.

그러므로 성령은 **영원한 삼위일체 하나님의 한 위격이시며, 그리스도께서 삶과 죽음과 영화를 통해 이룩한 승리의 열매가 하나님 백성의 삶에 맺히도록 도우시는 분이다.** 이런 의미에서 성령의 사역은 그리스도께서 죄인들을 위해 일으키신 복이 하나님 보좌에서 '흘러넘쳐 내린 것'이다.

이런 이해에는 중요한 함의들이 담겨 있다. 그중 하나는, 성령의 사역을 그리스도의 사역과 분리하는 시도란 매우 어리석은 것임을 강조한다. 성령의 현시, 또는 그러한 현상을 추구하는 태도가 다른 무엇보다 예수 그리스도 안에 있는 하나님 영광에 일차적 관심을 두지 않는다면 성령으로 영감 된 성경의 인정을 받지 못한다. 그러한 추구는 복음을 전파하고 교회를 세워 하나님을 영화롭게 하는 그리스도인의 위대한 과업에 해를 끼치고 방해가 될 뿐이다. "보좌에 앉으신 이와 어린 양에게 찬송과 존귀와 영광과 권능을 세세토록 돌릴지어다"라는 말씀이야말로 성령으로 충만한 제자에게 합당한 진정한 외침이다(계 1:10; 5:13).

반대로, 성령의 사역과 예수님의 영화 사이의 불가분적 관계를 인정한다면 우리는 성령의 사역에 관한 두려움을 떨쳐 버려야 한다. 성령은 괴상하고 독단적인 '유령'이 아니다. 그분은 기독교 공동체가 예수님을 만나도록 돕기 위해 오신 "예수의 영"(행 16:7)이다. 성령의 **진정한** 사역이 두렵다면, 예수님이 갈릴리 바다 위를 걸어오시는 것을 보고 유령인 줄 알고 두려워하던 제자들처럼 안심할 필요가 있다. "안심하라! 나니 두려워하지 말라"(마 14:26이하). 이 말씀은 또한 성령의 진정한 사역이라 주장되는 모든 사건을 검증할 만한 표준을 제공하여, 복음서에서 만나는 따뜻한 동정심과 건전한 인간성을 지닌 예수님과 일치하지 않는 것을 무시할 수 있게 해 준다. 성령은 우리를 그리스도께 데려가고, 그리스도의 구속의 축복을 더 충만하게 누리도록 하신다는 점에서 바로 예수님 자신이다.

■ 성경 구절

구약   창 1:2; 2:7; 출 31:1-5; 35:31; 민 11:17이하; 삿 13:25; 삼상 10:10; 대상 28:12; 욥 33:4; 시 104:30; 사 11:2; 40:13; 42:1; 44:3이하; 61:1이하; 겔 2:2; 36:27이하; 욜 2:28이하; 미 3:8.

성령과 그리스도   마 1:18, 20; 3:11; 4:1; 12:28; 눅 1:35; 3:16, 22; 4:14, 18; 요 3:34; 7:39; 14:5, 17; 16:7; 행 1:5; 2:32이하; 엡 4:7-16.

■ 토론 질문

1. 구약에 나타난 성령의 사역의 본질적 내용을 찾아보라. 그 내용은 신약에서 어떻게 발전되는가?
2. '성자는 성령을 받는 분인 동시에 주는 분이다.' 이 진술은 신약의 증거를 올바르게 반영하는가?
3. 성령이 때마다 예수님의 사역을 도왔다는 사실에는 어떤 함의가 있는가?
4. 성령의 사역과 성자의 사역의 관계를 다루는 성경 구절들을 조사해 보라. 이 관계는 오늘날 우리의 성령 체험에 어떤 함의를 지니는가?

■ 참고 자료

H. Berkhof, *The Doctrine of the Holy Spirit* (John Knox, 1964). 『성령론』(성광문화사).

S. B. Ferguson, *The Holy Spirit* (IVP, 1996).

M. Green, *I Believe in the Holy Spirit* (Hodder, 1975).

T. A. Smail, *Reflected Glory* (Hodder, 1975).

20 성령과 그리스도인의 시작

그리스도인의 회심과 성장이라는 주제는 제4부에서 '그리스도의 사역의 적용'이라는 이름으로 다룰 수도 있다. 그렇게 하면 신성의 제2위격과 제3위격의 사역 간의 중요한 관계를 강조할 수 있지만, 제3위격을 통해 하나님이 우리에게 자기를 내어 주시는 진정한 행위를 모호하게 만들 위험이 있다.

또한 이 주제는 교회론을 다루는 제6부에서 취급할 수도 있다. 그렇게 하면 교회를 부차적인 것으로 보는 관점, 즉 교회란 그리스도인에게 도움이 된다는 점에서 지지할 가치가 있지만 그리스도인의 경험에서 결코 본질은 아니라고 보는 관점을 보완해 줄 수 있었을 것이다. 교회를 부차적으로 보는 관점은 교회라는 공동체 모임을 향해 그리스도인의 삶에 대한 지침을 서신으로 보낸 신약 저자들을 깜짝 놀라게 할 만하다.

하지만 여기 제5부에서 그리스도인의 경험을 다루는 이유는, 그렇게 함으로써 그리스도인의 모든 타당한 경험이 우리를 향한, 그리고 우리를 통한 성령의 행동이라는 근본 진리를 분명히 확립할 수 있기 때문이다. 이 내용을 설명하기 위해 한편으로는 성령의 사역과 그리스도 사역의 관계를, 다른 한편으로는 성령의 사역과 교회의 관계를 함께 다룰 것이다.

토대: 하나님의 은혜

그리스도인의 모든 성령 체험의 바탕이 되는 가장 중요한 실재는 바로 하나님의 주권적 은혜다(출 34:6; 엡 1:7이하). 은혜(라. *gratia*; 헬. *charis*; 히. *ḥēn*)는 특히 강한 자가 약한 자에게 무상으로 베푸는 은혜를 뜻한다. 하나님이 베푸시는 은혜란 아무런 압박도 없고 우리 공로에 대한 어떤 의무감도 없이 예수 그리스도를 통해 죄악 된 자신의 피조물에게 자비를 베풀어, 죄의 온갖 결과에서 그들을 구원하고자 하시는 하나님의 자유로운 결정이다(행 15:11; 엡 2:8; 딛 2:11). 여기서 하나님 은혜의 **자유**를 강조할 필요가 있다. 하나님은 자기 백성을 구원하기로 선택했기 때문에 그렇게 행동하신다. 구원은 창조주로서의 필요조건을 전적으로 초월한 자유로운 사역이다. 이스라엘과 마찬가지로, 교회에게 주어지는 구원 역시 우리의 과거 모습이나 미래에 이루어질 모습으로 인한 것이 결코 아니다(신 7:7이하). 하나님이 자기 백성을 사랑하고 구원하시는 것은, 오직 그분이 그들을 사랑하고 구원하기를 원하시기 때문이다. 그 이상의 '설명'은 결코 존재하지 않는다.

하나님의 은혜는 또한 **주권적**이다(행 18:27; 롬 11:5이하; 고전 15:10). 자기 백성을 구원하기로 작정하신 분은 바로 하나님이시므로, 그분은 그 결심을 반드시 실현하실 것이다. 어떤 세력이나 마귀나 인간도 하나님의 목적을 좌절시킬 수 없다. 하나님을 하나님 되시게 하라! 이후 설명할 그리스도인의 성령 체험의 다양한 측면은 이러한 근본적 실재, 죄인을 구원하시는 하나님의 주권적 은혜를 여러 측면으로 구분한 것에 지나지 않는다.

본질: 성령에 의한 그리스도와의 연합

그리스도인 성령 체험의 핵심은, 성령을 통해 예수 그리스도와 살아 있는 관계를 맺고 그 결과 그분이 베푸시는 구속과 모든 축복에 참여하게 되는 것이다. 그리스도인의 모든 경험은 하나님이 성령을 통해 우리에게 베푸시는 하나의 선물, 곧 그리스도와의 연합으로 집약된다.

그리스도와의 연합에 대한 성경적 근거는 신약의 신앙관에서 찾아볼 수 있다. 믿음은 예수 그리스도 '안에'(in) 있는 믿음이다(행 16:30이하; 롬 3:22; 빌 3:9이하). '믿는다'는 말과 함께 사용된 헬라어 전치사(eis, en, epi)는 그리스도 '안으로'(into) 또는 그분에 '근거해'(on) 믿는다는 뜻을 나타낸다. 따라서 믿음은 믿음의 대상과의 살아 있는 관계를 수반한다. 그리스도인 신자가 된다는 것은 그리스도와 연합한다는 뜻이다.

'믿음을 통한 그리스도와의 연합' 개념은 메시아와 메시아 백성 간의 결속이라는 구약의 개념을 배경으로 한다. 자기 백성과 분리된 메시아란 결코 생각할 수 없는 개념이었다. 그분은 백성 앞에서는 하나님을 대표하고(사 11:9), 하나님 앞에서는 백성을 대표한다(렘 30:21). 따라서 중요한 메시아적 인물인 인자와 주의 종은 개인적 정체성과 집단적 정체성을 때에 따라 적절히 취한다(단 7:13; 참고. 단 7:15이하; 사 42:1; 참고. 사 41:8이하).

나아가 그리스도와 연합한다는 것은, 구속 사역의 전체 영역에서 그분과 연합한다는 뜻이다(참고. 빌 2:5-11). 그리스도인은 **그리스도와 함께** 죽고(롬 6:1-11; 갈 2:20), **그리스도와 함께** 부활하였으며(엡 2:5이하; 골 3:1이하), **그리스도와 함께** 높임을 받아 현재 하늘에서 이루어지는 그분의 통치에 참여하고(롬 5:17; 엡 2:6), 장차 재림 때는 **그리스도와 함께** 그분의 영광에 참여할 것이다(빌 3:20이하; 요일 3:2). 신자들을 중생시키는 성령의 사역은 우리를 그리스도와 연합시키는 사역이다. "성령은 그리스도께서 우리로 하여금 그분과 효과적으로 연합하도록 하기 위해 사용하시는 끈이다"(칼뱅). 이 연합의 주된 요소는 우리의 선택, 소명, 중생, 회개, 믿음, 칭의, 양자 됨이다.

선택

이는 자신의 뜻에 따라 어떤 목적이나 운명을 위해 개인이나 집단을 선택하시는 하나님의 은혜의 사역을 일컫는다. 선택은 구약에서 아브라함을 가리켜(창 11:31-12:7) 최초로 언급되며, 다음으로 그의 자손인 이스라엘 백성에 대해 언급된다(출 3:6-10). 또한 메시아에 대한 언급에서도 등장한다(사 42:1이하; 53:10이하). 신약에서 예수님은 특별한 의미에서 선택의 대상이시다(눅 9:35; 벧전 2:4이하).

교회는 하나님의 선택을 받은 존재라 불린다(마 22:14; 막 13:20; 눅 18:7; 벧전 2:9). 이 선택의 문제는 그동안 상당한 논쟁과 의혹을 불러일으켜 왔는데, 이는 매우 유감스러운 일이 아닐 수 없다. 적절하게 잘 이해한다면, 선택이란 **좋은 소식**이기 때문이다. 하나님은 영원 전부터 우리에 대한 소유권을 주장하셨다! 그리고 그분의 은혜가 우리 죄와 반역의 모든 저항과 악한 마귀의 비난을 이기고 마침내 승리했다. 우리는 영원히 그분의 것이며, 하나님은 우리를 위해 서 계신다. 그분은 언제나 그렇게 하셨고, 앞으로도 항상 그렇게 하실 것이다. 그분은 우리를 자신의 소유로 선택하셨다. 그분의 이름을 찬송할지어다!

이 위대한 성경적 기독교 교리를 둘러싼 난점들에 대해서는, 선택과 관련된 다음의 진리들을 언급함으로써 적절히 대응할 수 있을 것이다.

선택은 성경에 분명하게 **계시된** 진리다. 따라서 선택은 하나님으로부터 주어진 것으로 겸손히 받아들이고, 계시된 다른 진리들과 함께 확고하게 믿어야 하는 내용이다.

선택은 하나님 은혜에 의한 중생의 경험 안에서만 깨달을 수 있는 **기독교**

적 진리다. 선택은 그리스도인이 불신자에게 명확하게 제시할 수 있는 복음의 내용이 아니다. 이 교리 때문에 모든 사람에게 복음을 전하는 사명을 제한해서는 안 된다(마 28:18이하; 행 1:8).

선택은 **삼위일체적** 진리다. 선택은 오직 성부와 관련된 것만은 아니다. 예수 그리스도께서도 제자를 선택하시며(요 15:16), 성령의 사역도 선택의 맥락 속에서 언급된다(벧전 1:2).

선택은 **기독론적** 진리다. 신약에서 하나님의 영원한 목적은 삼위일체 제2위격의 인격과 사역에 있다. 성경은 이것을 성자의 사역이나 뜻과는 완전히 별개로 영원 속에서 이루어진 성부의 독단적 결정이라고 말하지 않는다. 성부와 성자 사이에는 불가분의 관계와 일치가 존재한다. 사람들은 '그리스도 안에서 택함을 받는다'(엡 1:4). 선택받은 자들은 오직 그리스도의 속죄 사역을 통해서만 구원받는다(롬 8:29이하; 엡 1:7이하). 선택받은 자의 모든 축복은 그리스도를 통해(엡 1:3), 즉 그리스도와의 연합을 통해 온다. 선택 문제에서 성부를 성자, 성령과 분리하거나, 기독교적 구원 교리를 다루면서 그리스도의 인격과 사역에 대한 관심을 배제하려는 어떠한 시도도 성경적이지 않으며 따라서 우리에게 심각한 해를 끼친다.

선택은 **상보적** 진리다. 선택은 복음을 통한 하나님의 부르심 앞에서 인간이 지니는 책임을 분명하게 언급하는 성경의 주장(마 23:37; 히 12:25)과의 관계 속에서, 혹은 그것과 긴장을 유지하는 가운데 제시되어야 한다. 성경에 명백하게 나타난 여러 내용들 중 한 가지만 강조하고 다른 부분을 사실상 간과하는 것은, 하나님이 묶어 놓으신 것을 가르는 행위다.

선택은 **신적** 진리다. 인간의 자유와 하나님의 선택 간의 관계는 인간의 지성으로는 결코 완전하게 이해할 수 없다. 성경이 두 측면을 모두 가르치므로, 우리는 이 둘을 모두 믿어야 한다. 만일 하나님을 설명하려는 어떠한 시도에도 이런 신비가 불가피하게 존재한다는 점을 인정한다면, 이런 초월적 하나님이 우리에게 자신을 설명하실 때 존재하는 신비 앞에서 놀라거나 걸려 넘어져서는 안 될 것이다.

선택은 **실제적** 진리다. 성경의 모든 진리와 마찬가지로, 선택은 하나님 백성의 유익과 성장을 위해 주어졌다. 선택 교리를 다룰 때 성경의 실제적 맥락을 제대로 이해하지 못하면 늘 위험이 따르기 마련이다. 그 실제적 맥락은 다음처럼 세 가지로 요약할 수 있다.

1. **송영**. 이 문제를 논의할 때 너무나 쉽게 간과해 버리는 사실은, 바울이 선택론을 가장 온전하게 언급하는 구절이 바로 한 편의 송영이라는 점이다. 에베소서 1:1-14은 하나의 완결된 찬송이다. 바울은 책상 앞에 서서 변증적 논쟁에 임하고 있는 것이 아니라, 무릎을 꿇고 하나님께 깊이 예배드리고 있다. 솔직히 말하자면, 우리가 선택을 반대하는 중요한 이유 중 하나는 그것이 우리 구원의 기초를 우리 손에서 박탈해 버리기 때문이다. 사실상 선택은 하나님에 대한 우리의 응답조차도 하나님의 은혜로 인해서만 가능함을 암시한다. 우리 구원은 전적으로 선물이다. 이 사실을 알게 되면, 그 누구도 하나님을 예배하고 찬양하지 않을 수 없다.

2. **안전**. 로마서 8장에서 바울은 선택의 또 다른 의미를 언급한다. 선택은 온갖 도덕적(33절), 육체적(35절), 영적(38절; 참고. 요 10:28) 위협에 직면한 하나님의 자녀에게 철저한 안전을 보장한다.

3. **거룩**. 선택받은 이스라엘 백성은 힘들고 부담이 되는 섬김을 요구받았다(레 18:4이하; 19:2이하; 20:22이하; 겔 20:5-7). 하나님의 선택은 결코 도덕적 방종에 대한 자기변명의 근거가 되어서는 안 된다('그게 무슨 상관이야? 어쨌든 난 구원받을 테니까'). 바울은 '은혜를 이용하려는' 주장들에 대해 경악하는 태도를 나타낸다(롬 6장). 궁극적으로 선택의 목적은 우리가 하나님 앞에서 "거룩하고 흠이 없게"(엡 1:4) 되는 것이다. 선택에 대한 신앙이 민족성을 형성하는 중요한 요인이 되었던 네덜란드와 스코틀랜드 같은 나라들이 보여 주는 역사

적 증거는, 이런 확신이 도덕적 동기를 약화시킨다는 생각을 반박하고 오히려 그 반대가 참임을 보여 준다.

마지막으로, 선택과 관련된 두 가지 이슈들을 살펴보자.

1. **예지.** 하나님의 주권적 선택과 인간의 자유 사이에 존재하는 긴장을 완화하는 한 가지 방법은 선택이 단순히 예지의 문제라고 보는 것이다. 개인이 어떻게 반응할지를 아시는 전지한 하나님이, 스스로의 의지로 하나님의 선택에 응답할 사람들을 미리 아시고 그들을 '선택'하신다. 로마서 8:29을 근거로 내세움에도 불구하고 이런 관점은 사실상 선택의 실제적 의미를 공허하게 만든다. 왜냐하면 그럴 경우 선택은 더 이상 승리하시는 **하나님의 행위**가 아니기 때문이다. 또한 '지식'의 의미를 고려하면 이 주장은 심각한 결함이 있다. 성경에서 지식은, 특히 하나님과 관련될 때 단순한 지적 인식 그 이상의 의미가 있다. 로마서 8:29에 사용된 헬라어의 배경에는 '야다'(*yāda'*)라는 히브리어 단어가 있는데, 이 단어는 누군가와 관계를 맺는다는 의미에서 '안다'라는 뜻을 갖고 있다(창 4:1; 암 3:2). 하나님의 예지는 단순한 수동적 행위가 아니다. 그것은 하나님의 능동적 선택에 대한 동의어이지, 설명이 아니다.

2. **유기**(reprobation). 이것은 하나님이 어떤 개인들을 구원하기로 선택하시는 반면 어떤 개인들은 멸망시키기로 선택하셨다는 견해다. 칼뱅이 이를 두고 '두려운 판결'이라고 말한 것도 놀랍지 않다. 논리적으로 어떤 이들을 선택한다는 것은 그 밖의 다른 이들을 거부한다는 의미지만, 성경은 이 두 가지 생각을 정확히 연결하기를 주저한다. 이 견해의 근거로서 가장 흔히 제시되는 성경 본문(롬 9:14-24)은 특정 맥락 속에서 읽을 필요가 있다. 즉, 이 본문은 인간 전체가 **아니라** 이스라엘이라는 특별한 경우를 언급한다는 점을 주지해야 한다. 베드로전서 2:8과 유다서 4절은 유기에 대해 더 명확하게 언급하고 있지만 이 구절 역시 인간의 책임에 대한 주장을 유지한다("그들이 말씀을 순종하지 아니하므로", 벧전 2:8; "경건하지 아니하여 우리 하나님의 은혜를 도리어

방탕한 것으로 바꾸고", 유 4절). 심지어 하나님을 거부하기로 결정한 인간들에 대해서도 그분은 여전히 주님이시다. 성경은 선택의 논리적 반대편으로서의 완전한 유기론을 언급하기를 주저한다.

부르심

이것은 성령을 통한 하나님의 사역으로, 하나님이 인간을 부르셔서 그분께 나아오게 하시고 예수 그리스도 안에 있는 그분의 자비를 얻도록 하시는 것이다. 하나님의 '부르심'이라는 사상은 성경에서 흔히 찾아볼 수 있다(창 3:9; 출 3:4; 삼상 3:4; 사 43:1; 렘 7:13; 요 10:3). 특히 하나님은 공식적 '설교'를 통해서든, 다른 수단을 통해서든 복음의 선포를 통해 인간을 부르신다(엡 1:11-13; 살후 2:13이하). 하나님의 주권적 은혜는 비인격적이거나 임의적인 방법이 아니라 항상 인격적이고 분명한 목적을 지닌 방법을 통해 역사한다. 그분은 자신의 백성에게 인격적으로 말을 거시며, 그분께 돌아와 그리스도 안에 있는 자비를 믿도록 인내심을 가지고 온화하게 요청하신다.

복음을 통해 하나님의 부르심을 듣는 사람이 모두 응답하지는 않는다는 사실은 인간의 불신앙의 신비라 할 수 있다. 따라서 우리는 모든 사람을 향해 복음을 듣고 그분께 나아오라고 부르시는 **일반적** 소명(마 9:13)과, 하나님의 부르심을 듣고 회개와 그리스도에 대한 믿음에 이르는 **효과적** 소명(롬 1:6; 8:28, 30; 벧전 1:15)을 구분할 수 있다. 이런 구분은 예수님의 가르침에서도 분명하게 확인할 수 있다(마 22:14).

중생

중생은 문자 그대로 '다시 태어나는 것' 또는 '거듭남'을 뜻한다. 구약은 하나님 백성 '안에' 내주하여 그들에게 새로운 생명과 하나님 뜻대로 행할 능력을 주실 성령의 미래 사역을 언급한다(겔 36:25이하; 참고. 렘 31:33). 신약에서 예수님은 니고데모에게 하나님 나라에 들어갈 수 있는 유일한 방법으로 성령에 의한 중생을 언급하신다(요 3:1-8). 이 내용들을 반영하는 다른 성경 용어도 많다. 즉 '하나님에게서 나다'(요일 2:29; 3:9; 4:7; 5:4, 18; 요 1:13), '말씀으로 다시 태어나다'(벧전 1:23; 참고. 약 1:18), '새로운 피조물'(고후 5:17; 갈 6:15), '하나님이 지으셨다'(엡 2:10; 4:24) 등의 표현들이다.

중생은 우리가 그리스도와 연합하는 순간과 방법을 나타낸다. 이것은 영적 죽음에서 영적 생명, 영적 부활로 이동하는 순간적 변화이자(엡 2:1, 5) 그리스도인의 삶을 시작할 때 발생하는 일회적 사건으로, 육체적 출생과 비슷하다. 중생은 회심과는 다르다. 물론 밀접한 관련은 있지만, 중생은 새로운 생명을 주시는 하나님의 행동을 강조하는 반면, 회심은 죄에서 의를 향해 돌아서는 인간의 행위로 이때 중생이 동반된다. 중생을 통해 신자들은 새로운 영적 본성을 받아들여 새로운 관심과 목적을 갖게 된다. 중생한 자들은 일차적으로 '하나님의 일', 하나님의 말씀, 하나님의 사람, 하나님에 대한 봉사, 하나님의 영광, 무엇보다도 하나님 그분께 관심을 갖는다. 또한 죄에 저항하고, 하나님께 순종하고 봉사할 수 있는 새로운 능력을 체험한다.

중생이 반드시 의식적인 감정적 요소를 수반해야 한다고 생각하는 것은 잘못이다. 관점과 욕구, 태도의 변화에 대한 우리의 인식은 매우 점진적으로 일어나고, 거의 감지 불가능할 수도 있다. 기독교 가정에서 자라 어려서부터 복음을 배운 사람들은, 새로운 탄생의 순간이라 지적할 만한 특별하고 일회적인 사건을 경험하지 않고도 그리스도께 나아가 그분에 대한 분명한 신앙을 가진 성숙한 삶에 이를 수 있다. 모든 사람이 중생을 경험한 특별한 순간이나 장소를 말할 수 있어야 한다는 의미를 전제하고 그리스도인의 '간증'의 중요성을 주장하는 것은 사실상 별 도움이 되지 않는다. 일반적으로 흔한 일이긴 하지만 반드시 그래야 하는 것은 아니다. 실제로, 감정적이고 '영적인' 사건을 경험한 어떤 사람들이 나중에 알고 보니 결코 중생을 경험하지 않았음이 드러나는 경우도 있다. 이에 대해 C. H. 스펄전(Spurgeon)은, 출생 시간을 정확히 알지 못한다는 것이 결코 우리가 살아 있지 않다는 증거는 아니라고 말했다. 우리가 성령에 의해 중생을 경험했음을 보여 주는 것은, 그리스도가 주님이자 구주라는 내적 확신과, 우리 안에서, 또 우리를 통해 나타나는 성령의 생명의 증거들이다.

회개

회개(repentance)의 문자적 의미는 '마음의 변화'다. 성경의 맥락에서 회개는 죄와 악과 관련한 마음의 변화를 가리킨다. 성경은 회개를 하나님에 대한 인간의 응답의 근본 요소로 보며, 흔히 믿음과 관련시킨다. 우리는 죄에서 그리스도께로 돌이킨다(막 1:15; 행 2:38; 20:21). 또한 회개는 문자적으로 '방향의 변화'를 의미하는 회심(conversion)과 밀접한 연관이 있다.

회개하라는 하나님의 부르심은, 근본적으로 복음의 도덕적 특성과 복음에 응답함으로써 시작되는 새로운 삶을 상기시킨다. 복음은 본질적으로 인간의 죄와 그에 대한 하나님의 치유와 관련이 있으며, 회개는 복음에 대한 모든 진정한 응답을 구성하는 핵심 요소다. 반대로 어떤 사람이 죄에 대해 변화된 태도를 보이지 않는다면, 이는 그가 진정으로 중생한 사람이 아님을 보여 주는 증거다(요일 3:9).

믿음과 마찬가지로, 회개는 처음 그리스도인이 될 때 한 번 겪고 마는 경험이 아니다. 그리스도인들은 일생 동안 회개하며, 죄가 드러날 때마다 그것으로부터 돌아설 것을 부단히 요구받는다. 이 같은 회개 혹은 하나님 앞에서 깨어지는 태도, 곧 매일 죄와 자아에 대해 죽는 것은, 그 사람이 영적 사춘기에 있다는 뜻이 아니라 하나님과의 친밀함과 진정한 영적 성숙을 누리고 있음을 나타내는 표시다.

믿음

믿음(faith)은 그리스도인의 모든 진정한 경험 가운데 본질적 부분이다. "믿음이 없이는 하나님을 기쁘시게 하지 못하나니"(히 11:6). 이를 임시로 '십자가에서 죽고 부활하신 예수 그리스도의 진리에 대한 신뢰'라고 정의할 수 있다.

믿음은 **신뢰**다. 단순히 하나님의 실재를 아는 것이 아니라, 그리스도 안에서 적극적이고 인격적으로 하나님께 자신을 맡기는 것이다. 하나님을 안다는 측면에서 보면 마귀와 귀신도 '믿는 자'들이다(약 2:19). 마귀는 무신론자도, 불가지론자도 아니다. 그는 하나님의 실재와 그리스도 안에 있는 하나님의 구속을 너무 잘 알고 고통스러워한다. 그러나 그는 결코 하나님께 자신을 맡기지 않는다. 즉 그에게는 하나님에 대한 믿음이 없다.

믿음은 **진리**에 대한 신뢰다. 믿음은 객관적 실재에 기초하며, 그리스도와 복음 안에서 하나님이 계시하신 진리와 깊은 상관관계가 있다. 루터는 복음을 옹호하기 위해 자신의 교리적 주장의 정당성을 입증하면서 이렇게 말했다. "주장이 없는 곳에는 기독교도 없다." 현대인들과 효과적으로 소통하기 위해 복음의 내용을 수정하거나 축소하는 것은 결국 자기를 파괴하는 위험한 시도다. 왜냐하면 이런 시도는 불가피하게 믿음을 약화시키거나, 믿음의 기초를 제거함으로써 믿음 자체를 불가능하게 만들기 때문이다.

믿음은 **십자가에서 죽고 부활하신** 예수 그리스도의 진리에 대한 신뢰다. 믿음의 토대가 되는 객관적 내용은 예수 그리스도의 복음이다. "예수는 우리가 범죄한 것 때문에 내줌이 되고, 또한 우리를 의롭다 하시기 위하여 살아나셨느니라"(롬 4:25; 참고. 요 1:12; 3:16; 행 16:30이하; 롬 10:9). 그리스도에 대한 믿음은, 우리 개개인을 위해 죽었다가 다시 살아나신 그분께 우리 자신을 맡기는 것을 의미한다.

칭의

칭의(justification)는 하나님의 은혜의 사역이다. 죄인들이 믿음을 통한 그리스도와의 연합 안에서, 그리스도의 순종과 죽음을 근거로 하나님 앞에 의롭다 여김을 받는다(제4부를 보라). 칭의는 하나님이 신자들에게 부여한 의로운 **신분**을 가리키는 것이지 본질적이고 실제적인 의를 가리키는 것이 아님을 인식하는 것이 중요하다. 바로 이 사실이 그리스도인이 누리는 평강과 안전과 기쁨의 토대다. 비록 우리는 죄인이지만 하나님께 받아들여졌다. 이러한 용납은 하나님께 순종하려는 우리의 미미한 노력이 **아니라** 그분이 우리에게 부여하신 그리스도의 완전한 의에 근거한다.

그렇다면 의로워진 신자들이 **어떻게** 사느냐 하는 문제는 별로 중요하지 않다는 의미인가? 이는 오래전부터 논쟁이 있어 온 문제로, 실제로 성경을 처음 읽는 이들에게 신약은 두 가지 다른 주장을 하고 있는 것처럼 보인다. "이로 보건대, 사람이 행함으로 의롭다 하심을 받고 믿음으로만은 아니니라"(약 2:24). "그러므로 사람이 의롭다 하심을 얻는 것은 율법의 행위에 있지 않고 믿음으로 되는 줄 우리가 인정하노라"(롬 3:28). 야고보와 바울의 상반된 주장은, 그들이 사용하는 용어가 서로 다르고 각자 다른 오류를 다루고 있다는 점에 유의해야만 제대로 이해할 수 있다.

야고보가 사용하는 믿음이라는 용어는 유일신교를 지적으로 받아들이는 것의 유사어인데(2:14), 이런 종류의 믿음은 마귀들도 소유한 것이다. 앞서 우리는 이런 믿음과 신약에서 말하는 온전한 의미의 믿음, 곧 그리스도에 대한 인격적 신뢰를 구분했다. 야고보가 사용하는 행위라는 용어는, "네 이웃 사랑하기를 네 몸과 같이 하라 하신 최고의 법"(약 2:8)을 지키는 것을 의미한다. 반면 바울은 이 용어를 그리스도와 상관없이 구원을 **얻기** 위해 특별히 수행하는 율법의 행위를 가리키는 말로 사용한다. 따라서 로마서 3:28은 살아 있는 믿음과 스스로를 의롭게 하는 행위를 말하는 반면, 야고보서 2:24은 순전히 명목적 믿음과 자발적으로 하나님을 영화롭게 하는 행위를 언급한다. 한편 야고보에게 의란 개인의 실제적인 도덕적 행위를 뜻하지만, 바울의 의는 '주어진' 의를 뜻하는 칭의의 맥락에서 흔히 언급된다. 하지만 바울 역시 미래의 심판을 다루는 곳에서는 행위의 문제를 거론한다(롬 2:6; 고후 5:10). 야고보와 마찬가지로 그 역시 "사랑으로써 역사하는 믿음"(갈 5:6)에 관심을 두며, 의롭다 함을 받은 자들의 도덕적 방종을 철저히 반대한다(롬 6:1이하).

로마서에서 바울은 인간의 칭찬할 만한 선행을 구원의 근거로 주장하는 유대인들의 신념과 철저하게 싸웠으며, 그에 맞서 오직 믿음을 통해 은혜로 얻는 구원을 선포했다. 야고보는 다른 문제, 즉 '믿기는' 하지만 믿음이 내포하는 도덕적 함의를 무시하는 죽은 정통에 직면했다. 그는 일상적 삶을 바꾸지 못하는 믿음은 거짓이며 죽은 것이라고 상기시킴으로써 독자들을 일깨우고자 했다. 따라서 야고보와 바울에게 믿음과 행위 **모두**는 하나님을 향한 참된 응답에 본질적 요소가 된다. '선행'은 중요하지만, 칭의의 근거가 아니라 칭의의 필연적 결과로 이해되어야 한다.

여기서 칭의를 "그리스도 안에서"(갈 2:17) 주어지는 것, 즉 우리가 그리스도를 믿고 그분과 연합할 때 하나님이 우리에게 주시는 것의 일부로 이해하는 태도가 매우 중요하다("본질: 성령에 의한 그리스도와의 연합"을 보라. pp. 376-388). 웨슬리의 말을 인용하자면, 믿음은 "예수님과 그분 안에 있는 모든 것이 나의 것"이라는 뜻이다. 그런데 "그분 안에 있는 모든 것"에는 예수님의 의뿐만 아니라, 암묵적으로는 믿음으로 그분과 연합된 다른 모든 신자들도 포함된다. 달리 말하면, 칭의는 개인적 실재일 뿐 아니라 집단적이고 회중적인 실재이기도 하다. 이것은 우리가 하나님의 언약 백성인 그리스도의 몸에 참여하고 있음을 확인해 준다.

최근 들어 특히 바울이 신약의 서신서에서 설명한 칭의 사상을 두고 많은 논의가 이루어졌는데,[1] 연구 결과를 보면 이러한 칭의의 집단적 맥락이 크게 강조되고 있음을 알 수 있다. 그 밖에 앞서 설명한 기본 관점들에서는 별다른 변화가 없다.

입양

입양(adoption)은 그리스도와 연합한 우리를 그리스도를 통해 자녀로 받아 주시는 하나님의 은혜의 사역을 가리킨다. 법적 입양의 관행은 고대 세계에 널리 퍼져 있었다. 우리는 구약에서 그런 사례들을 볼 수 있으며(출 2:10; 왕상 11:20; 에 2:7), 이스라엘을 하나님의 아들로 묘사하는 내용도 이러한 사상을 반영한다(출 4:22; 호 11:1). 1세기의 로마법상 상속자를 원하는 사람은 보통 청소년이나 그보다 좀더 나이 든 남자를 양자로 들일 수 있었으며, 이런 관습은 그리스도인과 하나님 사이의 새로운 관계를 묘사하는 데도 쉽게 적용할 수 있었다. 성경에서 바울은 이것을 아주 특별하게 사용하고 있다(롬 8:14-17; 갈 4:1-7; 엡 1:5; 참고. 요일 3:1이하).

과거에 죄 가운데 있었던 우리가 어떤 존재였는지를 생각할 때, 입양 사상이야말로 우리를 향한 하나님의 자비가 얼마나 광대한지를 가장 강력하게 말해 준다. 모든 죄를 용서받은 것도 놀라운 일인데, 용서받은 반역자들이 하나님의 아들딸이 되어 그분의 친밀한 가족 안에 속한다는 것은 믿기 힘든 경이중의 경이다. 우리가 그분께 입양되었다는 사실은 다음과 같은 의미가 있다.

첫째, 그리스도인의 삶은 아버지 되신 하나님과 함께하는 삶이다(롬 8:15; 갈 4:6). 이 두 구절은 하나님을 부를 때 아바라는 단어를 사용하는 것에 대해 언급한다. 이 단어는 예수님이 기도하실 때 사용하셨던 바로 그 단어로, '나의 사랑하는 아버지'라는 뜻이다.

둘째, 그리스도인의 삶은 다른 사람들과 함께하는 삶이다. 우리가 '입양'되었다는 사실은 우리로 하여금 동료 그리스도인들을 하나님의 가족 안에 있는 형제자매로 보게 한다. 바로 여기에, 그리스도인들의 관계를 설명하는 가장 깊이 있는 표현이 있다. 즉, 우리는 모든 민족과 세대를 초월하여 구성된 하나님의 한 대가족 안에 함께 속해 있다.

셋째, 입양된 삶이란 장자가 되신 그리스도와 함께하는 삶을 뜻한다(롬 8:14, 29; 히 2:10이하). 로마 세계에서 양자는 친아들과 함께 가족 내 모든 법적 지위를 부여받았고, 심지어 친아들의 권리를 물리치고 아버지로부터 법적 상속자로 지명될 수도 있었다. 이 얼마나 놀라운 일인가! 우리는 성부의 '친아들'이신 주 예수 그리스도와 함께 하나님의 가족 안에서 완전한 지위를 보장받는다.

마지막으로, 입양은 소망의 확실성을 나타낸다(롬 8:14; 갈 4:6). 우리는 그리스도와 더불어 하나님의 공동 상속자다. 우리의 아버지는 그 값없는 은혜를 따라 그리스도 안에서 성취될 미래의 영광에 참여할 권리를 우리에게 나누어 주신다.

■ 성경 구절

하나님의 은혜   창 6:8; 12:1이하; 15:1-5; 출 34:6; 신 7:7이하; 느 9:31; 시 145:8; 요 1:14-17; 행 15:11; 18:27; 롬 3:24; 5:15-21; 11:5이하; 고후 8:9; 엡 1:7이하; 2:8; 딛 2:11.

그리스도와의 연합   단 7:13-18; 요 15:1-16; 롬 5:12-6:14; 갈 2:20; 엡 2:5-10; 골 3:1-4; 딤후 2:11-13.

선택   창 11:31-12:7; 대상 16:13; 사 42:1; 마 3:17; 22:14; 24:22, 24, 31; 눅 9:35; 18:7; 요 15:16, 19; 행 2:23; 4:28; 9:15; 13:48; 롬 8:29이하, 33; 9:11; 11:5, 7, 28; 고전 1:27이하; 엡 1:5, 11; 골 3:12; 딤후 2:9이하; 딛 1:1; 약 2:5; 벧전 1:2; 2:4, 6, 9; 벧후 1:10; 계 17:14.

소명   창 3:9; 출 3:4; 삼상 3:4; 사 49:1; 욜 2:32; 마 9:13; 막 1:20; 요 10:3; 행 2:39; 롬 1:6이하; 4:17; 8:28-30; 9:11, 24이하; 고전 1:2, 24, 26; 갈 1:15; 살전 2:12; 살후 1:11; 2:13이하; 딤후 1:9; 히 3:1; 벧전 1:15; 벧후 1:10.

중생 렘 31:33; 겔 36:25이하; 37:1-14; 요 1:12이하; 3:1-8; 롬 8:9; 고전 12:13; 고후 5:17; 갈 6:15; 딛 3:5; 약 1:18; 벧전 1:23; 요일 5:4, 18.

회개 욥 42:6; 겔 14:6; 18:30; 욜 2:12이하; 마 3:2; 11:20이하; 12:41; 막 1:15; 6:12; 눅 15:17-19; 행 2:38; 3:19; 8:22; 17:30; 26:20; 고후 7:10; 계 2:5; 16:9.

믿음 창 15:6; 출 14:31; 대하 20:20; 시 116:10; 잠 3:5이하; 사 7:9; 합 2:4; 마 8:13; 9:22; 21:21이하; 막 9:23이하; 눅 8:48, 50; 22:32; 요 1:12; 3:15-18, 36; 11:25이하; 14:1; 행 3:16; 8:37; 10:43; 15:9; 16:31; 롬 1:16이하; 5:1; 10:9이하; 고전 1:21; 15:14; 갈 2:20이하; 3:22-29; 엡 1:13; 2:8; 3:17; 빌 3:9; 골 2:12; 살후 2:13; 딤후 4:7; 히 10:39-11:39; 요일 5:1-4, 10; 유 3절.

칭의 욥 25:4; 시 143:2; 합 2:4; 눅 18:14; 행 13:39; 롬 3:21-4:25; 8:30, 33; 고전 6:11; 갈 2:15-3:29; 딤전 3:16; 약 2:14-26.

입양 출 4:23; 사 1:2; 렘 3:19; 호 11:1; 마 5:9; 눅 6:35; 20:36; 요 1:12; 롬 8:14-17, 21; 9:4, 8; 갈 3:26; 4:1-7; 5:6; 엡 1:5; 5:1; 히 2:10-14; 요일 3:1이하, 10.

■ 토론 질문

1. 성경이 말하는 '은혜'란 무슨 의미인가? 이것이 기독교의 어휘 중 으뜸가는 용어라는 견해에 대해 논하라.
2. '그리스도와의 연합'을 어떻게 이해하는가? 이 말이 (1) 그리스도인의 구원, (2) 그리스도인의 섬김, (3) 그리스도인의 교제, (4) 그리스도인의 제자도에 어떤 함의를 갖는지 탐구해 보라.
3. '하나님의 선택'이란 무엇인가? 이스라엘의 선택은 이 개념에 어떤 관점을 제공해 주는가? (1) 선택의 근거로서의 예지, (2) 유기에 관한 주장을 성경적으로 평가해 보라. 선택은 (1) 그리스도인의 구원의 확신, (2) 그리스도인의 예배, (3) 그리스도인의 소망에서 어떤 함의를 갖는가?
4. 성경은 하나님의 일반적 소명과 효과적 소명을 구분하는가?
5. 중생이란 무엇을 의미하는가? 그것은 의식적으로 경험되어야만 하는가? 복음전도와 관련한 성령의 일반적 사역과 특수한 사역을 이해하는 데 중생은 어떤 함의를 갖는가?

6. 우리의 칭의 및 기독교 복음과 관련하여 믿음과 행위는 각각 어떤 위치를 갖는가?

7. 입양이란 무엇을 의미하는가? 입양은 (1) 그리스도인의 감사, (2) 자기 이미지, (3) 교제, (4) 죽음 이후에 대한 전망에 대해 어떤 함의를 갖는가?

8. '그리스도를 믿는다'는 것이 무슨 뜻인지 최대한 간결하고 정확하게 설명해 보라. 회개의 의미는 무엇이며, (1) 복음과 (2) 그리스도인의 삶(참고. 계 2:5, 16; 3:3, 19) 안에서 어떤 위치를 갖는가?

■ 참고 자료

Arts. 'Grace', 'Election', 'Regeneration', 'Calling', 'Repentance', 'Faith', 'Justification', 'Adoption' in *NBD* and *NDT*.

G. C. Berkouwer, *Divine Election* (Eerdmans, 1960).

_____, *Faith and Justification* (Eerdmans, 1954).

H. Burkardt, *The Biblical Doctrine of Regeneration* (Paternoster, 1980).

J. Calvin, *Institutes of the Christian Religion*, 3.

S. B. Ferguson, *The Christian Life* (Hodder, 1981). 『성도의 삶』(복있는사람).

_____, *The Holy Spirit* (IVP, 1996).

D. M. Lloyd-Jones, *Romans 8:5-17. The Sons of God* (Banner of Truth, 1974). 『마틴 로이드 존스의 로마서 강해 5』(CLC).

M. Luther, *Commentary on Galatians* (James Clarke, 1953). 『갈라디아서 강해』(크리스천다이제스트).

J. Murray, *Redemption Accomplished and Applied* (Banner of Truth, 1961).

J. I. Packer, *Keep in Step with the Spirit* (IVP, 2nd edn, 2005).

D. F. Wells, *God the Evangelist* (Eerdmans, 1987). 『전도자 하나님』(서로사랑).

21 성령과 그리스도인의 성장

소망

앞서 20장에서 우리 안에 역사하시는 성령의 사역의 본질이 우리를 그리스도와 연합시키는 것에 있음을 살펴보았다. 또한 그리스도와의 연합이란 그분의 구속 행위 전체, 곧 그분의 삶과 죽음과 부활과 승천과 하늘에서의 통치에 참여하는 것임을 확인했다(롬 6:1이하; 엡 2:6; 골 3:1이하). 이 놀라운 실재의 영광스러운 열매 중 하나는 바로 그리스도인의 소망인데, 우리가 그리스도의 구속 행위에 참여할 때 그분의 부활과 승귀에도 참여하게 되므로 이는 필연적으로 뒤따르는 결과다. 소망은 곧 성령이 우리 안에 임재하심을 나타내는 표시다(참고. 고전 13:13; 갈 5:5; 엡 1:13이하, 18; 4:4). 소망, 곧 하나님의 목적의 성취와 우리 주 예수님의 영광스러운 재림에 대한 확고하고 기쁨에 찬 기대는 신약 시대 믿음의 빛나는 표지다(참고. 롬 5:2; 골 1:5, 27; 딛 2:13; 3:7; 벧전 1:3이하). 바울은 "구원의 소망의 투구"라는 생생한 표현을 사용하는데, 이것은 기독교 제자도의 기본이 되는 최고의 특징이다(살전 5:8). 그리스도인들은 점점 적대적으로 변해 가는 환경에서 믿음을 지키며 살려 할 때 운명처럼 다가오는 '고통스러운 시험' 앞에 서야 했지만, 부활하신 주님과 장차 하늘에서 그분과 함께 누릴 삶에 대한 확신이 가져다주는 억누를 수 없는 소망과 기쁨으로 그 시험을 견뎌 냈다(벧전 4:12; 1:3-9).

우리 삶에 내주하시는 성령과 우리의 소망 간의 관계는 성령의 미래 전망을 통해서도 보장되어 있다("성령과 마지막 때"를 보라. pp. 408-409). 성령은 이미 도래한 하나님 나라의 생명이다(베드로의 오순절 설교의 요지. 참고. 행 2:16-21). 그러나 하나님 나라의 완성은 주님이 재림하실 때 경험할 수 있을 것이다. 따라서 성령은 유산 총액 중 '첫 지급금' 또는 '선금'인 셈이다(엡 1:14; 고후 1:22; 5:5). 성령은 문자 그대로 '이 땅에서 시작된 영광'이며, 따라서 그분이 제자들에게 자신의 임재의 기본적 열매로서 '영광의 소망'에 대한 확신을 나누어 주는 것은 놀라운 일이 아니다.

확신

앞서 하나님의 전체 목적과 관련해 살펴본 미래를 향한 소망에 찬 확신은, 그리스도인 개인의 차원에서 구원의 확신이라는 형태로 경험된다. 이것은 우리 삶에 임재하시는 성령의 또 다른 열매다. "우리에게 주신 성령으로 말미암아 그가 우리 안에 거하시는 줄을 우리가 아느니라"(요일 3:24). 비슷한 맥락에서, 바울은 1세기에 잠금장치처럼 안전을 보장하는 용도로 사용했던 '인'(고후 1:22; 엡 1:13; 4:30)이라는 단어로 성령을 표현한다(마 27:66; 계 20:3). 또한 이 말에는 소유권을 나타내는 의미도 있었다. 이런 의미는 예수님이 세례를 받으실 때 성령이 임한 사건에서 드러나는데, 이때 성부는 예수님을 자신의 아들로 선언하셨다(마 3:16이하). 이것은 성도 안에서 역사하시는 성령의 증언에 관한 구절이 보여 주듯이 그리스도인의 경험에도 적용된다(롬 8:16; 갈 4:6; 요일 3:24; 4:13; 5:10).

주관적 측면에서 이러한 확신의 경험은 하나님 앞에서 갖는 내적 양심의 평화와, 그리스도의 공로가 우리를 속죄했으며 우리가 그리스도 안에서 빛과 자유로 나아가 하나님 자녀가 되었다는 확신으로 나타난다. 이런 주관적 확신에는 '성령의 내적 증언'(참고. 제1부)이라는 객관적 근거가 있는데, 곧 그리스도의 복음을 중심으로 하는 기록된 성경의 진리와 신성에 관해 주시는 확신이다. 실제로는 사람에 따라 이 주관적 확신과 객관적 확신의 정도가 매우 다양하다. 어떤 사람은 하나님 말씀이 정말로 자신에게도 해당되는지 의심하면서도, 하나님의 말씀과 그 소중한 부분인 복음이 진리이며 유효하다는 것을 확신한다. 반대로, 자신이 그리스도 안에 서 있음을 확신하면서도 하나님 말씀의 특정 내용에 의문을 품을 수도 있다. 하지만 둘 중 어떤 상태도 자기 자녀에 대해 품으신 하나님의 온전한 의도가 아니며, 진정한 확신은 객관적 차원과 주관적 차원 모두를 포함한다.

자신이 정말로 그리스도 안에 있는지 의심이 밀려오면 어떻게 해야 할까? 첫째, 이런 의심은 결코 우리가 중생하지 못했음을 의미하지 않는다. 마귀는 '우리 형제들을 참소하는 자'(계 12:10)다. 믿는 자라면 이렇게 외쳐야 한다. "내가 믿나이다. 나의 믿음 없는 것을 도와주소서!"(막 9:24)

둘째, 하나님의 말씀을 읽고 그것을 해설해 주시는 내용에 귀를 기울여야 한다. 성령은 처음부터 성경을 이용하여 우리에게 구원의 확신을 주셨고, 앞으로도 계속 그렇게 하실 것이다. 그러므로 칼뱅의 금언에 귀를 기울여 보자. "구원의 확신에 이르고자 한다면, 말씀에서 시작해야 한다."

셋째, 우리는 삶 가운데서 하나님이 역사하신 증거를 찾을 수 있다. 오직 하나님만이 올바른 판단을 하실 수 있기에(고전 4:3이하), 이는 불확실한 방법일 수 있다. 그러나 요한일서는 식별 가능한 은혜의 표지를 제공하는데, 그중 하나는 바로 죄에 대한 우리의 태도다. 비록 하나님의 참된 자녀들이 종종 죄에 빠지는 일이 있더라도, 계속해서 부주의하게 죄에 머물러 있을 수는 없다(3:9). 따라서 죄에서 벗어나고자 하는 진정한 관심이야말로 은혜의 표지다.

또 다른 표지는 하나님의 자녀들에 대한 태도다. 참된 그리스도인이라면 하나님의 백성을 사랑할 것이다. "우리는 형제를 사랑함으로 사망에서 옮겨 생명으로 들어간 줄을 알거니와"(3:14). 세 번째 증거는 하나님의 진리에 접근하는 방식이다. "예수께서 그리스도이심을 믿는 자마다 하나님께로부터 난 자니"(5:1). 그리스도가 육체로 오신 하나님이라는 진리를 믿는 것은 중생의 또 다른 표지다.

넷째, 믿음을 깊고 견고하게 하는 복음적 성례의 역할을 인정해야 한다.

어떤 이들은 하나님의 최종 심판 전까지는 구원을 확신할 수 없으며, 사실 그것은 가정에 기초한 행위라고 주장한다. 또 어떤 이들은 확신이 특별한 소수에게만 한정되는 것이라고 말한다. 그러나 성경은 모든 그리스도인에게 자신이 하나님의 자녀임을 아는 특권이 있음을 분명하게 주장한다. 그것은 우리가 양자가 되었다는 사실에 분명히 암시되어 있다. 도대체 무엇 때문에 아버지가 그 자녀를, 부모와의 관계나 자녀로서의 자기 신분을 영원히 알지 못하는 상태로 내버려 두겠는가? 우리의 하늘 아버지는 성령을 통해 자신이 우리를 용납하셨다는 강한 확신을 주시기를 기뻐하신다.

성화

성령은 우리를 '그리스도 안에서' 거듭나게 하신 후에도, 우리가 연합한 그리스도의 형상을 점점 더 닮아 가도록 우리 안에서 계속 역사하신다. 이러한 도덕적 갱신과 변화의 과정을 일반적으로 '성화'라고 한다.

성화의 의미

'거룩하게 하다'라는 의미인 'sanctify'의 근본 개념은 '구별하다' 또는 '성결하게 하다'라는 뜻이다. 이 근본적 의미는 사실상 'justify'(의롭게 하다)와 비슷한데, 왜냐하면 이것은 단번에 영구적으로 이루어진 실재, 즉 우리가 하나님의 소유가 되기 위해 하나님에 의해 따로 구별된 상태를 나타내기 때문이다(행 26:18; 벧전 1:2). 그러나 이 단어는 성경에서 이차적 의미가 있으며, 오늘날 신학적 용어로 널리 사용된다. 곧, 성화란 인격의 내재적 거룩함을 성취하는 것이다(레 11:44이하; 살전 4:3; 5:23; 참고. 고후 3:17이하). 성경에는 하나님 백성에게 나타나는 거룩한 성품의 성장을 일컫는 용어가 따로 없고, 믿음을 통해 그리스도와 연합함으로써 단번에 주어지는 영구적인 자녀 신분이라는 개념이 등장하는데, 이는 중생의 사건과 그 이후의 도덕적 변화를 분리하는 것이 불가능함을 강조해 준다. 신학적 측면에서 칭의(그리스도인이 하나님 앞에서 영원히 의롭다고 여김을 받는 단회적 사건)는 성화(그리스도의 형상을 점점 더 닮아 가는 평생에 걸친 도덕적 변화)와 분리될 수 없다.

성령에 의한 성화 | 성령의 중요한 역할은 그리스도인의 삶을 설명하기 위해 사용된 언어들을 통해 강조된다. "영을 따르는 자"(롬 8:5; 참고. 갈 5:16), "하나님의 나라는…오직 성령 안에 있는 의와 평강과 희락이라"(롬 14:17; 참고. 행 9:31). 신자의 도덕적 변화와 관련하여, 성령은 "사랑과 희락과 화평과 오래 참음과 자비와 양선과 충성과 온유와 절제"의 열매를 맺게 하신다(갈 5:22-23). 신약은 **사랑**의 열매에 특별한 위치를 부여한다(마 25:31-46; 눅 7:47; 요 13:34이하; 17:21; 롬 5:5; 살전 4:9; 요일 3:11-18). 사랑은 고린도전서 13장에서 가장 잘 묘사되는데, 여기서 바울은 그리스도인 공동체 안에서 성령을 통해 일어나는 사랑의 다양한 요소들을 설명한다. 진실로 사랑은 '최고의 덕목'이다(고전 13:13).

그리스도 안에서의 성화 | 성령의 성화 사역은 그리스도와 성령의 근본적이고 불가분리적인 관계에 대한 관점에서 이해해야 한다. 흔히 그리스도인의 삶을 두 단계의 과정으로 나누어, 시작(칭의)은 그리스도와 관련되고 그 이후

과정(성화)은 성령과 관련되는 것처럼 잘못 제시하곤 한다. 사실 성화는 칭의 못지않게 그리스도와 관련된 사역이다(엡 5:26이하).

성화의 핵심: 그리스도와의 연합

성화란 본질적으로, 그리스도의 죽음과 부활 안에서 이루어지는 그리스도와 우리의 연합을 성령이 우리의 삶 가운데 점진적으로 실현하시는 과정이다. 여기에는 두 가지 깊은 함의가 있다.

첫째, 그리스도인의 삶은 이미 그리스도 안에서 얻은 정체성을 내재적 인격으로 구현하는 것이다. '너답게 살라'는 말은 거룩한 삶으로의 모든 부르심을 요약한 것이다(엡 5:8). 믿음은 구속의 전 과정에서 성령을 통해 그리스도와 연합하는 것을 의미한다. 또한 믿음이 비록 어리고 성숙하지 못했다고 해도, **모든** 그리스도인이 그리스도와 함께 죽고 부활했으며 그리스도 안에서 승천하고 장차 그분의 영광에 참여할 것임을 뜻한다. "내가 그리스도와 함께 십자가에 못 박혔나니 그런즉 이제는 내가 사는 것이 아니요, 오직 내 안에 그리스도께서 사시는 것이라"(갈 2:20). 이 말씀은 한마디로 그리스도인에 대한 정의다. 물론 그리스도인들은 이런 놀라운 진리의 함의를 무한할 정도로 다양하게 삶에 적용한다. 아주 경건한 사람들조차도 이런 진리를 단지 일부만 실현하지만, 그럼에도 이것은 모든 사람을 위한 진리다. 그런 의미에서 그리스도인의 삶은 시작(처음 그리스도를 믿기 시작한 때)부터 끝(그분이 우리에게 자신의 영광을 나누어 주실 때)까지 은혜다. 하나님은 우리를 그분의 아들과 연합시키셨다. 그 사실을 믿고, 받아들이고, 그것에 감사하며 사는 것은 우리의 몫이다. 그렇게 할 때 성령은 우리의 보혜사가 되셔서, 우리 삶에 그리스도의 승리를 점점 더 많이 실현해 주실 것이다(고후 3:18).

둘째, 그리스도인의 삶은 불가피하게 집단적이다. 그리스도인의 거룩에 대한 가르침이 흔히 '거룩한 인간'에만 집중되다 보니 '거룩한 백성' 또는 '거룩한 교회'에 대한 성경의 관심이 무시되는 경향이 있다. 물론 모든 영적 도전에 대응하고 죄와 마귀를 이기는 확실한 승리의 삶을 살 수 있는 '능력 있는 그리스도인'이라는 이상이 그리스도인의 인격에 관한 놀라운 모범을 제공했음은 틀림없는 사실이다. 그러나 모든 그리스도인 상담가들이 동의하듯이, 개인의 성화에 대한 강조는 많은 그리스도인을 외로운 싸움으로 내몰아 결국은 좌절과 환멸, 혹은 이중적 기준을 따르는 삶이라는 위선에 빠지게 했다.

이러한 접근 방식은 전체적으로 다시 검토할 필요가 있다. 거룩한 삶을 다루는 주요 부분을 포함해 그리스도인의 삶에 대한 신약의 많은 가르침은 집단, 즉 교회에 보낸 서신서에 등장한다. "하나님의 전신갑주를 입으라"(엡 6:11-18; 골 3:1-17; 살전 4:1-12; 벧전 1:13-2:12; 참고. 마 5-7장)라는 권고를 포함하여 거룩한 삶에 대한 주요 권고들을 적용하는 대상은 '우리' 또는 '너희'(롬 6:1-23; 갈 5:13-6:10; 엡 4:17-6:18)와 같은 복수형이다. 마찬가지로, 신약에 나타나는 모든 승리의 약속은 집단적이다(고전 15:57; 요일 5:4; 계 15:2). 달리 말하면, 사도들은 그리스도인의 삶과 성화를 사랑을 나누고 서로 돌보는 친교의 맥락 안에서 바라보았다. 우리 모두가 지닌 연약함, 인격적 결함, 성격적 문제는 그리스도의 몸에 속한 다른 지체들에 의해 보완되고 지지되고 치유되고 보충된다. 물론 여기서 오해해서는 안 될 것은, 하나님은 **분명히** 우리를 개인으로서 직접 다루신다는 점이다. 즉 하나님은 **각각의** 그리스도인에게 죄로부터 돌이키는 철저하고 인격적인 회개와 최고 수준의 거룩한 삶에 이르기를 요구하신다. 이러한 집단적 측면을 인정한다고 해서 개인의 도덕적 타협이 용인되는 것은 결코 아니며, 오히려 이러한 측면은 그리스도인들을 분별과 현실주의와 온전함에 이르게 한다.

성화에 대한 전망

'이미 도래한' 하나님 나라와 '앞으로 오실' 하나님 나라 사이의 긴장(제7부를 보라)은 그리스도인의 삶에 그대로 반영된다. 우리는 이미 그리스도와의 연합을 통해 하나님 나라 안에 거하며(골 1:13), 지금 성령에 의해 그리스도 안에서 '하늘의 처소에 앉아 있다.' 그러나 우리는 여전히 부패와 타락, 죄와 육체적 죽음의 옛 시대를 경험하고 있으며, 신약은 이런 긴장을 다양한 방식으로 표현한다. '옛 사람' 또는 '옛 자아', 즉 우리가 한때 '아담 안에서' 정죄 가운데 있던 상태는 그리스도와 함께 십자가에 못 박혔지만(롬 6:6; 골 3:9), 그럼에도 불구하고 우리는 악한 욕망과 기질을 가진 타락한 인간 본성을 죽여야만 한다(롬 8:12이하; 갈 5:16이하; 골 3:5이하). 마귀는 그리스도 안에서 이미 쓰러져 패배를 당했지만, 그리스도인들은 마귀와 대적하여 싸우도록 여전히 부름받는다(엡 6:12이하; 벧전 5:8이하).

마찬가지로, 때로는 믿음의 실재들이 선명하고 분명하게 나타남에 따라 우리도 전심을 다해 헌신할 때가 있다. 그러나 어떤 때는 모든 것이 우리의 확신과 반대인 것처럼 보일지라도 그 확신을 견고하게 붙잡도록, 그리고 하늘의 능력이 확실히 사라진 것처럼 보일지라도 세상과 육과 마귀와 싸우도록 부름받는 때도 있다. 이러한 '그럼에도 불구하고' 신앙은 완전한 하나님 나라가 임하기 전에 우리가 마주하는 실재에 속한다.

그리스도인들은 현재의 이런 상태가 무한정 계속되지 않음을 안다. 우리 안에서 착한 일을 시작하신 이가 그리스도 예수의 날까지 그것을 이루시리라 약속하셨다(빌 1:6). 우리는 반드시 '그분과 같이' 될 것이다(요일 3:2).

지난날 나의 최대 원수였던 죄
더 이상 나의 눈과 귀를 괴롭히지 못하리.
내 속의 모든 원수들이 죽임을 당했으니
다시는 사탄도 나의 평강을 깨지 못하리.
— 아이작 와츠(Isaac Watts)

이 얼마나 놀라운 전망인가! 이것은 새벽이 오는 것만큼이나 확실하다. 이런 전망은 하나님 백성이 하늘의 신랑 앞에 흠 없이 나타나게 될 날이 이를 때까지 성령의 은혜와 능력 안에서 성화에 힘쓰게 만드는 가장 강력한 자극제가 될 것이다(엡 5:26이하; 계 21:1이하).

성화에 관련된 질문들

하나의 사건인가 과정인가? | 성화는 점진적으로 일어나는가, 아니면 분명하게 정의할 수 있는 하나의 사건, 즉 '두 번째 축복', '세례', '충만', '완전한 사랑', '깨끗한 마음', '확신' 또는 다른 무엇으로 경험되는가?

성령에 의한 그리스도와의 연합 및 그 연합을 통해 우리가 이미 얻은 것을 적용하는 그리스도인의 삶은 성화를 과정으로 이해하는 것을 지지한다. 이것은 신약의 다른 진술에서도 확인된다. "나는 날마다 죽노라"(고전 15:31). "우리가 항상 예수의 죽음을 몸에 짊어짐은"(고후 4:10). "새로워지고 있는"(being renewed, 골 3:10, NIV). "그와 같은 형상으로 변화하여 영광에서 영광에 이르니"(고후 3:18). "그에게까지 자랄지라"(엡 4:15). "너희 육신이 연약하므로…전에 너희가 너희 지체를 부정과 불법에 내주어 불법에 이른 것같이, 이제는 너희 지체를 의에게 종으로 내주어 거룩함에 이르라"(롬 6:19).

물론 이러한 사실이 신자들의 특별한 경험을 배제하지는 않는다. 분명히 하나님은 오랜 세월 동안 종종 그런 방식으로 자기 백성을 다루셨다. 성령은 자유롭고 주권적이시다. 성령은 때로 그리스도인의 이후 경험에 중요한 영향을 끼칠 만한 결정적 방식으로 그리스도와의 연합의 의미를 마음에 직접 새겨 주기도 하신다. 우리는 그런 사건을 해석할 때 다음 네 가지 사항을 유념할 필요가 있다.

1. 그런 특별한 경험은 하나님의 뜻에 저항하는 사람을 변화시키기 위한 것일 **수도 있다**. 의학적으로 비유하자면, 대중요법보다는 근본적 외과 수술이

필요한 상태였을 가능성이 있다.

2. 그런 경험은 미래에 다가올 중대한 믿음의 시련을 대비하도록 하기 위해 주어진 것일 수 있다.

3. 그리스도인에게 새로운 분야의 사역이나 책무를 지시하는 것일 수 있다(행 18:9이하; 23:11). 이같이 특별한 봉사와 관련한 특별한 축복은 성화를 이루는 이차적 방식에 불과하다. 많은 그리스도인 지도자들이, 특별한 공적 사역을 위해 성령의 특별한 임재가 있었다는 사실이 삶의 일상적 훈련을 면제해 주지는 않는다는 점을 힘들게 배워야 했다.

4. 하나님은 성화 사역을 하실 때 우리의 '타고난' 성품을 무시하실 필요가 없다. 하나님은 구속주이자 창조주이시다. 따라서 어떤 그리스도인들이 자신의 기질 때문에 성화 과정에서 다른 사람들보다 사건을 더 많이 경험하는 경우가 있을 수 있다.

그러나 그런 경험들이 모든 그리스도인에게 해당된다거나 우리가 잘 아는 특별한 그리스도인들에게만 해당된다고 가정하는 것은 매우 위험하다. 성경의 기본 가르침은, 하나님 백성이 성령의 지속적이고 일상적인 사역에 의해 지속적으로 거룩해진다는 것이다. 성령은 우리가 그리스도의 죽음과 부활과 승천 안에서 그분과 연합하는 삶을 점점 더 실제적으로 살 수 있게 도우신다.

안식인가 투쟁인가? | 성화는 성경에 제시된 도덕적 기준을 지키기 위해 투쟁하는 것인가, 아니면 본질적으로 그리스도와 그분이 행하신 일을 믿는 태도, 즉 그리스도 안에서 '안식'하는 것인가?

신약은 이 두 요소를 통합한다. 그리스도 안에서 안식하는 태도는, 믿음으로 그분을 의지하고 그분께 순복하며 그분 안에 '거하라'고 격려하는 성경 말씀을 통해 지지를 받는다(요 15:1-10; 롬 6:13; 고전 1:30; 갈 2:20). 이와 더불어 성경은 성화를 위해 '일어나 행해야 할' 필요성을 제시한다. 곧 욕정과 함께 옛 본성을 죽이고, 그리스도 안에서 새로운 본성을 덧입으라고 권면한다

(롬 8:12이하; 12:1-21; 고전 6:12-20; 갈 5:13-26; 골 3:1-7). 거룩한 삶에 대한 권면은 결코 주께 순복하라거나 성령의 인도에 전적으로 순종할 것을 막연히 호소하는 데서 그치지 않는다. 이 권면은 거룩한 생활방식을 자세히 설명하고, 이를 따르기 위해 힘써 노력할 것을 촉구한다.

신약은 또한 악의 세력에 대항하는 영적 전쟁을 강조한다. 분명히 우리는 그리스도와 마귀에 대한 그분의 승리 안에 '굳건히 서야' 한다(엡 6:14). 하지만 동시에 '하나님의 전신갑주를 입고' 성령의 검을 사용해야 한다. 따라서 성화는 믿음으로 그리스도 안에서 안식하는 것일 **뿐 아니라** 그분의 형상을 닮기 위해 투쟁하는 것이기도 하다.

완성된 것인가 불완전한 것인가? | 어떤 이들은 자신이 더 이상 죄를 범하지 않는 상태에 도달했다고 주장하면서, 지속적으로 그리스도를 의지할 때 누구나 이것이 가능하다고 말한다. 요한일서 1:8, 10의 명백한 가르침이 그런 주장들과 양립하기 어렵다는 문제는 차치하더라도, 이런 관점의 지지자들은 죄를 상당히 제한적 의미로 정의하고 있다. 즉 하나님의 뜻이나 이와 유사한 것에 대한 고의적 불순종 정도가 죄라고 생각한다. 그러나 성경이 규정하는 죄는 말과 행동뿐 아니라 생각과 태도를, 또한 저질러진 악행뿐 아니라 이행하지 못한 의무까지를 모두 포함한다. 성경적 용어로 무죄란, 하나님과 모든 인간을 깨어 있는 모든 순간에 온 마음과 정신과 뜻과 힘을 다해 사랑하는 것, 즉 성품이 예수 그리스도와 완전히 동일해지는 것을 의미한다. 이러한 성경적 의미에서 볼 때 완전한 무죄란 분명히 불가능하다. 사실, 그리스도의 성품을 닮기를 가장 철저하게 추구했던 사람들도 자신이 무가치하고 연약한 인간이라는 인식을 가지고 있었다(사 6:5이하; 단 9:4-19; 엡 3:8; 딤전 1:15). 완전한 무죄는 불가능하고 비성경적일 뿐 아니라, 교만을 불러일으키고 다른 사람의 신앙을 오도하거나 혼란에 빠뜨릴 수 있다.

성화에 관련된 용어들

성화에 관한 많은 논의들이 하나 혹은 두 가지 핵심 개념의 의미를 중심으로 진행된다.

성령 충만 | 이 용어는 에베소서 5:18과 사도행전의 몇몇 구절에 근거를 둔다. 에베소서 5:18은 성령의 충만함을 받으라고 요청하며, 사도행전의 구절들은 그리스도인을 '성령 충만을 받은 자'로 묘사한다(행 2:4; 4:31; 6:5; 7:55; 9:17; 11:24; 13:9). '충만'은 분명한 은유적 표현이며, 문자적으로 해석한다면 잘못된 길로 나아가기 쉽다. 마치 성령 사역의 대상인 인간이 비인격적 용기(容器)이고 복되신 성령은 영적 물질인 것처럼 축소되는 것이다. '기쁨이 충만한' 사람이란, 간단히 말해 뛰어난 유머 감각과 명랑함이 가장 두드러진 성격으로 나타나는 사람이라는 뜻이다. 이런 사람이 되기 위해 특별한 행동들(바닥을 구르는 것?)을 하고 기쁨의 양을 일정 수준까지 획득해야 한다는 말이 아니라, 단순히 기쁨이 그 사람의 지배적 특징이라는 의미다. 마찬가지로, 성령으로 충만하다는 것은 성령이 우리의 행동에 지배적 영향을 미친다는 의미다.

성령 충만은 단번에 영구히 이루어지는 경험인가? 이것은 사도행전에서 동일한 사람이 여러 차례 '성령 충만한 자'로 묘사되고 있다는 명백한 사실을 통해 답을 찾을 수 있다(앞서 인용한 구절들을 보라). 같은 맥락에서 에베소서 5:18의 동사도 진행형 시제로 사용된다. 즉 '결정적인 성령 체험을 가지라'는 뜻이 **아니라** '계속해서 성령의 충만을 받으라'는 뜻이다.

이 같은 성경의 가르침에 비추어 볼 때, 성령 '충만'은 성령이신 주님의 영향력 아래로 들어가는 것을 뜻한다. 그렇게 깊이 성령으로 충만해질 때, 주님은 우리 삶 속에서 지배적 실재가 되시고 때마다 그분 임재를 증거하는 방식으로 행동할 수 있게 하신다. 그리고 좀더 일반적으로는 우리를 통해 하나님이 영광 받으시는 삶을 살게 하신다(엡 5:19이하). 이것은 모든 그리스도인이 지속적으로 추구해야 할 상태다. 말할 필요도 없이, 신자들을 '충만하게 하시는' 성령은 앞에서 설명한 성령의 사역을 행하시는 바로 그분이기 때문에, 성령 '충만'의 표지는 바로 그리스도를 닮는 것이다.

성령 세례 | 이 용어는 20세기에 상당한 논쟁을 불러일으켰다. 주류 오순절파 교회에 속한 그리스도인은, 보통 이 용어를 회심 이후 방언이 수반되는 두 번째 성령 체험을 가리키는 말로 사용한다. 20세기 중반에 은사 운동이 일어나면서 이 성령 세례가 주요한 논쟁의 주제가 되었다.

'성령으로 세례를 받는다'라는 동사형은 성경에 일곱 차례 나온다. 그중 여섯 번은 세례 요한이 '물로' 세례를 주며, 주님의 도래를 알리는 자신의 사역과 '성령으로' 세례를 주실 예수님의 메시아 사역을 비교할 때 언급된다(마 3:11; 막 1:8; 눅 3:16; 요 1:33; 행 1:5; 11:16). 다른 한 번은 바울이 모든 하나님 백성이 경험하는 성령 체험의 본질적 일치성을 설명할 때 나타난다. "우리가 유대인이나 헬라인이나 종이나 자유인이나 다 한 성령으로 세례를 받아 한 몸이 되었고, 또 다 한 성령을 마시게 하셨느니라"(고전 12:13).

이런 언급들과 세례에 관한 신약 전체의 사상을 살펴볼 때, '성령 세례'는 그리스도인으로서의 시작을 나타내는 한 측면을 가리킨다고 결론 내릴 수 있다. 달리 말하면, 성경에서 '성령 세례'는 그리스도인의 출발을 가리키는 회개, 믿음, 칭의, 회심, 중생, 물 세례, 예수님께 접붙여짐, 하나님 가족으로의 입양과 같은 복합적 개념들 안에 속해 있다. 이것은 중생이 의미하는 바, 즉 하나님 나라의 생명이신 성령의 생명에 잠김으로써 약속된 메시아의 나라에 들어간다는 의미를 강조해 준다. 따라서 '성령 세례'는 신약에서 '그리스도인이 되는 것'을 표현하는 하나의 방법이다. 그러므로 그리스도를 믿는 모든 참된 신자는, 중생하고 그리스도께 접붙여지고 하나님 앞에서 의롭다 하심을 받은 것과 같이, 성령으로 세례를 받은 사람들이다. 성령 세례를 **후속적인** 성령의 능력과 축복의 체험이라는 뜻으로 사용한다면, 그것이 아무리 압도적 체험이라도 엄밀히 말해 성경적 용법을 벗어나는 것이며, 따라서 장기적으로는 아주 무익하고 그리스도인들을 오도할 가능성이 있다.

만일 후속적 성령 체험을 '성령 세례'라 부를 수 없다면, 그런 체험을 어떻게 설명해야 할까? 이에 대해 다음과 같은 몇 가지 주장이 제기되었다.

1. 체험의 타당성을 부인해야 한다. 거짓된 체험과 잘못된 표현이 발생할 위험이 분명히 존재한다 하더라도, 이런 식의 주장은 설득력을 갖기 힘들다. 특히 성령 체험의 결과 새로운 영적 실재나 유익한 힘이 나타났다는 증거가 있는 경우에 더욱 그렇다.

2. 전통적인 오순절 계통을 따라, 신약적 용법과의 차이에도 불구하고 '성령 세례'로 불러야 한다. 이 주장을 쉽게 판단하기 어려운 이유는, 많은 그리스도인이 '최초의' 체험이 불충분했기 때문에 '성령 세례'라는 '후속' 체험에서 실제적 회심의 표지를 발견하기 때문이다. 그러나 우리는 그리스도인의 삶이 시작되는 초기 시점에 분명히 참된 성령 체험을 하므로 이것은 비성경적이며, 따라서 이후에 일어나는 어떤 체험이든 그것을 '성령 세례'라고 부르는 것은 결코 도움이 되지 않는다.

3. 회심 때 기본적으로 주어진 것을 새롭고 더 충만하게 경험하는 것으로 보아야 한다. 이런 접근 방식에 따르면, 후속 경험은 우리가 중생할 때 세례를 받았던 성령이 그분의 생명을 더 충만하게, 더 새롭게 우리에게 부어 주시는 것이다. 이런 경험은 '성령 세례'가 아니라, 그분의 실재가 차후에 현실화되는 것이다.

우리는 이런 후속 체험을 너무 단정적으로 해석해서는 안 되는데, 사도행전에 나오는 성령 체험을 지나치게 일정한 틀 속에 넣으려고 하면 어려운 문제가 발생하기 때문이다. 후속 체험을 나타내는 정확한 용어와 관련해서는 '세례'보다 성령의 '충만'이라는 용어가 더 좋을 것 같다("성령 충만" 단락에서 인용한 사도행전 구절을 보라. p. 402). 신약 시대에 이 성령 충만이라는 성경의 용어는, 중생시키는 성령의 능력을 통해 새로운 시대로 들어간 그리스도의 제자들이 차후에 경험한 매우 다양한 종류의 성령 체험을 묘사하는 데 사용되었다.

그렇다고 '제2의 축복'을 나타내는 용어들에 주저하는 태도를 가짐으로써 영적 빈곤에 빠져서는 안 된다. 성부께서는 성령을 주기를 기뻐하시는 분이기에, 우리는 하나님의 복되신 성령의 충만과 능력을 간절히 구해야 한다(마 5:6; 눅 11:13; 고전 12:31).

성령의 사역 역시 근본적으로 집단적 측면을 띤다. 충만하게 하시고 능력을 부으시는 성령은 우리를 그리스도와 그분의 전체 몸(교회)과 연합하게 하신다. 성령 체험과 그분의 사역은 개인의 이기적 탐닉이 아닌 교회의 유익과 성장을 위한 것이며, 궁극적으로는 그분의 백성을 통한 그리스도의 영광을 위한 것이다(행 2:1이하; 참고. 행 2:42-47; 4:31-35; 엡 4:11-16).

성도의 견인

만일 우리가 믿을 수 있게 되고 그리스도의 사역이 우리에게 효과적으로 실행되었다면, 이후에 우리가 그 구원을 잃어버릴 수 있을까? 이 질문 역시 상당한 논쟁을 불러일으켰다.

한번 구원을 받았다면 그 구원은 잃어버릴 수 없다는 사상을 성도의 견인(perseverance)이라고 부른다. 이 사상은 개혁주의 신학이 일관되게 주장해 왔고 성경적 근거도 분명하다. 그리스도는 제자들에게 "내가 그들에게 영생을 주노니 영원히 멸망하지 아니할 것이요 또 그들을 내 손에서 빼앗을 자가 없느니라"(요 10:28; 참고. 요 6:37, 40)라고 말씀하셨고, 바울도 이렇게 주장한다. "또 미리 정하신 그들을 또한 부르시고 부르신 그들을 또한 의롭다 하시고 의롭다 하신 그들을 또한 영화롭게 하셨느니라.…다른 어떤 피조물이라도 우리를 우리 주 그리스도 예수 안에 있는 하나님의 사랑에서 끊을 수 없으리라"(롬 8:30, 39). "너희 안에서 착한 일을 시작하신 이가 그리스도 예수의 날까지 이루실 줄을 우리는 확신하노라"(빌 1:6). 베드로는 그의 독자들에게 확고하게 말한다. "너희는 말세에 나타내기로 예비하신 구원을 얻기 위하여 믿음으로 말미암아 하나님의 능력으로 보호하심을 받았느니라"(벧전 1:5). 성도의 견인은 앞서 강조한 진리, 즉 구원이 하나님의 주권적 은혜의 사역이라는 진리의 최종 결과다. 만일 우리가 하나님께 나아가는 것이 우리의 노력이 아닌 그분의 사역이라면, 하나님과 관계를 지속하는 것 역시 그분의 사역일 것이다.

성도의 견인은 이미 논의한 다른 교리들 속에도 분명하게 암시되어 있다. 만일 우리가 그리스도의 전체 구속 행위를 통해 그분과 결합되었다면 장차 있을 그분의 승리에도 참여할 것이다. 바울이 사용하는 논증은 다음과 같다. 우리는 그리스도와 함께 죽었으므로 필연적으로 "그와 함께 영광 중에 나타날" 것이며, 이러한 운명에 합당하게 현재를 살아가야 한다(골 3:1-5). 견인은 또한 선택의 당연한 결과다. 우리가 영원 전부터 하나님께 속했다는 사실은 영원한 미래에도 그분의 것임을 시사한다. 칭의 역시 우리가 최종 심판 때 의롭다는 선고를 받을 것이라는 확신을 내포한다(롬 5:1이하; 딛 3:7).

성경의 일부 가르침은, 한때 믿었던 사람도 마지막에 버림받을 수 있는 가능성을 시사하는 것처럼 보인다. 히브리서는 그리스도인들에게 거짓된 망상과 그리스도에 대한 믿음을 부인하는 끔찍한 결과를 피하라고 경고하며(2:3이하; 4:1이하; 6:1-9; 10:1이하), 예수님도 이와 동일한 경고를 하셨다(마 24:13; 요 15:6; 계 2:5).

성도의 견인 교리는 이런 경고들과 서로 양립할 수 있다. 성경은 그리스도께 인도를 받고 그분을 믿은 자는 모두 영원히 죄와 죄책에서 구원받았다고 분명히 말하지만, 결코 이 사실을 도덕적 방종의 근거로 제시하지는 않는다. 진정 성령으로 거듭난 사람이라면, 성경 인물들이 매우 명확하게 보여 주듯이 거룩한 삶을 살고자 하는 노력을 통해(비록 그것이 매우 더디게 이루어질지라도) 중생의 증거를 보여 줄 것이다. 전적으로 죄를 향해 돌아서서 이전에 따르던 그리스도인의 삶을 부인하고, 일말의 가책도 없이 죽을 때까지 그러한 배교 행위를 지속한다면, 처음 모습이 어떠했든지 그 사람은 결코 진정으로 '하나님으로부터 난' 자가 아니다. "그대가 거룩한 삶의 추구를 통해 혈통을 증명할 수 없다면, 혈관에 왕의 피가 흐르고 있다고 감히 말하지 말라"(거널).

예민한 영혼들은 이 점을 다시 확인하고 싶을 것이다. 그리스도인들은 분명히 무죄한 자가 아니다. 오히려 자신의 삶에 도덕적 갱신의 증거가 있는지를 염려하는 불안 자체가 바로 중생의 증거다. 더 나아가, 아주 유감스럽게도 회심 이전 상태로 돌아가는 것 역시 그리스도인이 삶에서 맞닥뜨리게 되는 현실이다. 때로 진실한 그리스도인들도 깊은 죄악에 빠진다. 그러나 그들은 결코 자신의 영적 지각을 완전히 잃지 않으며, 죄악 중에서도 하나님께 돌아가고자 하는 열망을 일정 수준 유지한다. 자신이 참된 제자가 아니었음을 보여 주는 배교자들은, 모든 도덕적·영적 관심을 잃고 그리스도의 죽음이 죄를 용서한다는 개념조차도 부인한다(히 10:26-29).

진정한 그리스도인이라도 버림받을 수 있다는 증거로 인용되는 구절들은, 처음부터 참된 믿음이 없었던 경우를 언급하는 것이거나(요일 2:19), 아니면 단지 그리스도인의 삶에서 도덕성이 얼마나 중요한지를 일깨워 주기 위한 것이다. 하지만 성경의 균형적 입장은 유지되어야 한다. 그리스도인의 구원은 다가올 진노로부터의 구원을 포함한다. 그리스도인들은 그들이 하나님의 영원한 나라가 임할 때까지 보호받을 것을 확신할 수 있다. 그들이 무언가를 할 수 있기 때문이 아니라, 사망에서 생명으로 옮겨 주시고 세상과 육과 마귀의 모든 공격 앞에서도 붙드시며 앞으로 영원토록 그 은혜의 사역을 지속하실 은혜의 하나님께 자신들이 속해 있음을 알기 때문이다.

수단과 마지막 때

성령과 하나님의 말씀

성령과 그리스도인의 성장에 대한 설명을 마무리하기 위해서는 성경에 영감을 주고 성경을 조명하시는 성령의 사역을 다시 언급할 필요가 있다(요 14:26; 15:26; 16:13이하; 엡 1:17; 히 3:7; 벧전 1:11; 벤후 1:21이하; 요일 2:20, 27). 성령과 말씀의 결속은 교회 안에서의 성령의 전체 사역을 이해하는 데 필요한 열쇠들 중 하나다. 하나님 백성을 인도하고 감화하고 성화시키고 성장시키는 사역을 위해 성령이 사용하시는 최고의 도구는 성경이다(딤후 3:16이하). 반대로, 말씀을 간과하거나 말씀의 권위를 최소화하면서 성령의 임재나 인도 또는 축복을 받았다고 주장하는 태도는, 예수님과 사도들을 인도하시고 그들에게 능력을 부여하신 성령과는 분명히 거리가 멀고, 따라서 하나님을 영화롭게 하는 참된 믿음과도 상관이 없다(참고. 제1부 3장).

성령과 마지막 때

구약의 몇몇 구절들은 성령의 사역과 새로운 시대를 연결한다(겔 39:29; 욜 2:28이하). 지금 성령이 하나님 백성 안에 임재하여 사역하신다는 것은 하나님 나라의 새 시대가 인간 역사 속에서 시작되었다는 분명한 증거다. 우리는 성령을 통해, 새 시대가 완전히 나타날 때 이루어질 실재를 내다본다.

바울은 두 가지 용어를 통해 성령 사역의 미래적 차원을 표현한다. 성령은 '아파르케'(*aparchē*), 곧 '첫 열매'다(롬 8:23). 이는 구약에서 수확물을 주신 하나님께 감사를 나타내기 위해 백성들이 하나님께 바치는 제물을 가리키는 용어로(민 28:26-31), 바울은 특정 지역의 첫 개종자를 지칭하기 위해 이 용어를 사용한다(참고. 롬 16:5; 고전 16:15). 또한 부활하신 그리스도께서 죽은 자의 부활을 뜻하는 미래의 큰 수확의 '첫 열매'가 되셨음을 언급할 때도 이 용어를 사용한다(고전 15:23). 성령과 관련해 이 용어를 사용하는 것은 이 단락에서 다루는 내용과 밀접한 관계가 있다. 우리는 성령 안에서 "내세의 능력"(히 6:5)을 맛보고 '말세를 경험하는'(고전 10:11) 사람들이다.

또한 성령은 '아라본'(*arrabōn*, 고후 1:22; 5:5; 엡 1:14)이라는 용어로도 표현되는데, 이 말은 1세기의 사업 환경에서 흔히 사용되었다. 계약이 체결되거나 협상이 성사되면 한쪽 당사자가 아라본, 곧 '보증금'을 지불했는데, 이것은 향후 잔금을 모두 지불하겠다는 약속의 표시였다. 현재 우리가 체험하는 성령은 영광스러운 미래의 삶을 약속하는 첫 지불금이자 보증금이다. 현대 헬라어에서 아라본은 약혼반지를 뜻하며, 이는 더 완전한 연합을 약속하는 새로운 관계가 성립되었음을 나타내는 징표다.

■ **성경 구절**

확신　롬 6:21; 8:14-17, 28-39; 14:5; 고후 1:22; 갈 4:4-7; 엡 1:13; 4:30; 골 2:2; 살전 1:5; 딤후 1:12; 히 6:18-20; 10:22; 요일 3:24; 4:13; 5:7, 9.

성화　출 19:6; 레 11:44이하; 신 7:6; 사 62:12; 마 5-7장; 요 15:1-10; 17:17; 행 20:28-32; 26:18; 롬 6:1-23; 8:12이하; 12:1-21; 15:16; 고전 6:11-20; 15:31; 고후 3:17 이하; 7:1; 갈 5:13-6:10; 엡 4:17-6:18; 골 1:22; 3:1-17; 살전 4:1-12; 딤후 1:9; 2:21; 히 12:10, 14; 벧전 1:13-2:17; 벧후 3:11; 요일 2:6, 24-28; 3:6.

견인　요 6:37, 40; 10:27; 롬 8:30-39; 11:29; 빌 1:6; 살후 3:3; 딤후 4:18; 벧전 1:5.

성령과 말씀　겔 2:1이하; 요 14:26; 16:13이하; 고전 2:4-16; 살후 2:13; 딤후 3:16; 히 3:7; 벧후 1:20이하.

성령과 마지막 때　사 11:2; 44:3; 렘 31:31이하; 겔 39:29; 욜 2:28이하; 롬 8:23; 고전 10:11; 15:23; 고후 1:22; 5:5; 엡 1:13이하; 4:30; 히 6:5.

■ **토론 질문**

1. '성화'의 일반적 의미와 성경적 의미는 무엇인가? 성화와 칭의는 어떻게 구분할 수

있는가?
2. 그리스도와의 연합은 성화에 왜 중요한가? 성령의 '결정적' 체험을 어떻게 설명할 수 있는가? 성화를 '제2의 축복'이라는 관점으로 이해하면 어떤 문제가 생기는가?
3. 성경에 따르면, 성화는 어떤 의미에서든 우리의 노력에 좌우되는 것인가?
4. 성경이 가르치는 (1) '성령 세례', (2) '성령 충만'을 어떻게 이해하는가?
5. **모든** 그리스도인의 삶이 점진적으로 성화되어 가고 있음을 보여 주는 본질적 표지는 무엇인가? 이러한 일반적 내용과 별개로, 다음과 같은 그리스도인들에게 기대할 수 있는 점진적 성화의 모습은 어떤 것인가? (1) 주부와 어머니, (2) 학생, (3) 화가와 장식가, (4) 교사, (5) 공장 근로자, (6) 공무원.
6. 자신이 진정한 그리스도인이라는 확신을 가질 수 있는가? 또한 답변에 대한 성경적 근거를 제시해 보라.
7. 성경과 관련된 성령의 역할에 대해 생각해 보라. 그리스도인의 삶을 사는 데 성경이 하는 역할은 무엇인가?
8. 진정으로 중생한 그리스도인이 끝내 버림받을 수 있는가? 당신은 히브리서의 '경고의 말씀들'을 어떻게 이해하는가?

■ 참고 자료

Arts. 'Sanctification' in *NBD* and 'Assurance', 'Justification', 'Perseverance' in *NDT*.

G. C. Berkouwer, *Faith and Sanctification* (Eerdmans, 1952).

_____, *Faith and Perseverance* (Eerdmans, 1958).

J. Bridges, *The Practice of Godliness* (NavPress, 1987). 『경건에 이르는 연습』(네비게이토).

J. Edwards, *The Religious Affections* (Banner of Truth, 1961). 『신앙감정론』(부흥과개혁사).

S. B. Ferguson, *Add to Your Faith* (Pickering and Inglis, 1980).

_____, *The Holy Spirit* (IVP, 1996).

T. George and J. Woodbridge, *The Mark of Jesus* (Moody, 2005).

M. Green, *I Believe in the Holy Spirit* (Hodder, 1975).

D. M. Lloyd-Jones, *Romans 5. Assurance* (Banner of Truth, 1971). 『마틴 로이드 존스의 로마서 강해 2』(CLC).

―――――, *Romans 6. The New Man* (Banner of Truth, 1972). 『마틴 로이드 존스의 로마서 강해 3』(CLC).

―――――, *Romans 8:17-39. The Final Perseverance of the Saints* (Banner of Truth, 1975).

―――――, *Revival* (Crossway, 1987). 『부흥』(복있는사람).

R. Lovelace, *The Dynamics of Spiritual Life* (Paternoster, 1979).

J. Owen, *Works*, 4 and 5 (Banner of Truth, 1967).

J. I. Packer, *Keep in Step with the Spirit* (IVP, 2nd edn, 2005).

―――――, *Knowing God* (Hodder, 1973).

D. Peterson, *Possessed by God* (Apollos, 1995).

J. C. Ryle, *Holiness* (James Clarke, 1952). 『거룩』(복있는사람).

R. Sider, *The Scandal of the Evangelical Conscience* (Baker, 2005). 『그리스도인의 양심 선언』(IVP).

T. A. Smail, *Reflected Glory* (Hodder, 1975).

J. R. W. Stott, *Baptism and Fullness* (IVP, 1975). 『성령세례와 충만』(IVP).

―――――, *The Contemporary Christian* (IVP, 1992).

M. Turner, *The Holy Spirit and Spiritual Gifts* (Paternoster, 1996). 『성령과 은사』(새물결플러스).

D. Watson, *One in the Spirit* (Hodder, 1973).

J. Wesley, *A Plain Account of Christian Perfection* (Epworth, 1958). 『그리스도인의 완전』(감리교신학대학교출판부).

22 역사적 관점: 오늘날의 성령

19세기에는 성령 하나님의 사역에 대한 관심이 상대적으로 소홀했다. 다행히 예외는 있었고, 특히 1859년에 일어난 중요한 부흥 운동은 이후에도 미국과 영국, 유럽 일부 지역의 교회에 깊은 영향을 끼쳤다. 19세기 후반에는 '더 높은 삶 운동'(higher life movements)이 일어났는데, 이는 더 깊은 영성 생활을 위해 영국 레이크디스트릭트의 케직을 포함한 여러 지역에서 개최된 사경회들과 연관되어 있다.

20세기에는 오순절주의의 등장으로 성령과 그분의 사역을 다시 강조하는 영향력 있는 흐름이 나타났다. 20세기 초 캔자스 주 토피카의 베델 신학교와 로스앤젤레스의 아주사 스트리트 선교회에서 시작된 이 운동은, 성화를 위해 성령이 주시는 '제2의 축복'을 받고, 회심에 이어 방언의 은사나 감정적 치유 같은 능력을 얻는 것을 강조했다. 1950년대부터는 성령의 임재와 능력 부여에 대한 재확신이 '은사주의 운동' 형태로 다시 강하게 나타났다. 전통적으로 비오순절파에 속하는 전 세계의 교파들 내에서 등장한 이 운동은 개인의 '성령 세례'와 더 극적인 성령의 은사—특히 방언—를 강조했고, 초기 단계부터 로마 가톨릭에 깊은 영향을 주었으며, 몇 년 지나지 않아 미국과 유럽을 포함한 전 세계의 모든 주요 교파 그리스도인들에게도 영향을 주었다.

이 운동은 개인의 축복이나 방언과 같은 은사를 강조하는 초기 단계를 지난 후, 두 번째 단계(혹자는 성숙 단계라 주장하기도 하는)에 접어들면서 실제적 기독교 공동체와 그리스도의 몸으로서의 교회의 의미를 회복하는 데 일차적 관심을 두었다. 그리고 세 번째 단계(단계를 구분하자면)에서는 이 운동을 가장 효과적으로 수행할 수 있는 회중 조직에 관심을 기울였다. 그 결과 뚜렷이 다른 두 개의 입장이 등장했는데, 하나는 주요 전통적 교파 내에서 갱신 운동에 헌신해야 한다는 입장이고, 다른 하나는 전통 교파와 분리해 가정 교회나 다른 임의적 집단을 만들어야 한다는 입장이었다.

1990년대에 일어난 은사주의 운동은 보통 '제3의 물결'이라 일컫는다(이전의 두 가지 물결은, 앞서 언급한 20세기 초의 오순절주의 및 은사주의 운동의 등장이다). 제3의 물결은 '표적과 이적'을 특히 강조했는데, 이는 하나님이 기적적 치유나 능력 체험 등과 같은 초자연적 현상을 통해 우리 시대에도 복음이 진리임을 계속 증명하신다는 믿음에 기반한 것이다.

은사주의 운동이 교회 내에 첨예한 분열을 일으키거나 균형을 잃고 극단으로 치닫는 경우도 있었지만, 어떤 경우는 그리스도인의 영적 삶에 분명한 활력을 불러일으키기도 했다. 하지만 특히 북미 지역의 일부 주요 기독교 교파들은 그 지역에서 활동하는 전통적 오순절파의 극단주의로 인해 계속 이 운동을 비판적으로 바라보고 있다. 보다 급진적인 가정 교회에 소속된 그리스도인의 수는 최근 몇 년간 줄어들고 있는 추세다.

여러 형태로 표현되는 오순절주의가 계속해서 보편적으로 중요하리라는 점은, 현재 추세로 보아 2050년까지 전 세계의 오순절/은사주의 운동과 관련된 그리스도인 수가 10억 명을 넘고 세계 그리스도인의 3분의 1을 차지할 것이라는 예측 결과를 통해 가늠해 볼 수 있다. 이는 전 세계 힌두교인 수와 동일하고 불교도의 두 배에 달하는 수치다.

그러나 성령의 사역을 역사적으로 살펴볼 때, 이러한 극적 표현을 지나치게 강조하고 우리 가운데 계신 성령의 다른 명확한 사역들을 간과하는 것은 위험하다. 지난 백 년간 기독교 운동은 전 세계적으로 전례 없는 도전들에 직면해 왔다. 구소련과 중국 같은 주요 국가들에서는 조직적인 기독교 박해 세력이 군대를 동원해 그리스도인의 신앙과 종교 행위의 모든 흔적을 제거했다. 이 기간 동안 많은 지역에서 수백만 명의 그리스도인이 순교했으며, 특히 지도자들은 집중적으로 무자비하게 학살되었다. 교회는 철저히 파괴되었고 성경은 금서가 되어 불태워졌다. 서구 국가에서는 모든 형태의 계시 종교, 특히 성경의 도덕적 가치에 대한 공격이 이전과는 다른 강도와 방식으로 전개되었다. 그럼에도 오늘날 우리는 기독교 신앙이 전 세계로 확산되는 유례없는 현상을 목격할 수 있다. 비록 많은 지역에서 교회의 삶이 안타까울 만큼 성경의 기준에 미치지 못하고, 복음을 듣지 못한 많은 이들이 여전히 기다리고 있지만, 성령 하나님은 다양한 배경을 지닌 모든 계층의 사람들을 살아 있는 신앙으로 이끌기 위해 틀림없이 역사하고 계신다. 다양한 조직 형태의 지역 교회에 속한 모든 연령층의 사람들이 제자가 되고, 예배와 섬김을 배우고, 어두운 시대를 견뎌 낼 은혜를 구하며, 서로 사랑하고, 다양한 방법으로 그리스도의 복음을 전하고자 그들이 속한 지역사회로 나아가고 있다. 많은 곳에서 그리스도인들이 자신이 속한 지역사회와 문화를 바꾸고 있다. 성령 하나님은 그리스도께서 이 땅을 걸으신 지 2천 년이 지난 이 시대에도 극적 사역과 조용한 사역 모두를 통해 분명히 살아서 활동하고 계신다. 우리는 이로 인해 하나님을 찬양한다.

그럼에도 오늘날 전체 교회는, 성령의 실재와 생명에 대한 인식을 교회의 선교를 위한 새로운 활력으로 바꾸고, 예수 그리스도의 요구를 여전히 거부하는 세계 여러 지역과 문화 영역 속으로 침투해야 한다는 도전에 지속적으로 직면하고 있다.

이처럼, 앞서 언급한 부흥 운동에 대해 하나님께 감사하고, 세계 도처에서 나타나는 성령 사역의 수많은 증거들을 기뻐하는 가운데서도, 많은 그리스도인이 여전히 전 세계적 부흥을 고대하며 기도하고 있다. 물론, 성령을 일정한 틀에 한정하는 것은 항상 위험하다. 그러나 하나님은 1세기 이후에도 자기 백성에게 성령을 풍성하게 부어 주시기를 기뻐하셨고, 이로 인해 교회들이 사도행전에 등장하는 초대교회의 수준에 근접한 삶을 살게 되었을 뿐 아니라, 교회 주변의 전 지역사회가 하나님의 실재와, 그분과 올바른 관계를 맺어야 하는 긴급한 필요성을 깊이 깨닫게 되었다.[2] 이런 종류의 부흥은 20세기에 다양한 지역, 특히 동아프리카, 중국, 동남아시아 등지에서 일어났다. 과연 이에 미치지 못하는 어떤 것이 21세기의 수많은 도전에 직면한 교회가 모든 민족 가운데서 하나님을 영화롭게 하라는 소명을 제대로 수행하도록 능력을 줄 수 있겠는가?

오 생명의 성령이여, 우리에게 임하소서
당신의 교회를 생명과 능력으로 새롭게 하소서.
오 생명의 성령이여, 오셔서 우리를 깨끗하고 새롭게 하소서
당신의 교회가 이 시대를 감당하게 하소서.

▶▶ 적용

하나님과 그분을 향한 섬김

하나님 체험 | 성령이 일하신다는 사실은 하나님이 우리의 경험 안에서 자신을 주신다는 놀라운 사실을 알려 준다. 하나님은 창조와 구속을 통해 우리를 위해, 그리고 우리를 향해 일하실 뿐 아니라, 실제로 우리 **안**에서 일하셔서 우리 몸이 성령 하나님의 성전이 되게 하신다. 하나님이 우리 존재 안에 계시는 것이다. 비록 이런 실재를 알고 설명하는 것이 항상 간단한 일은 아니지만—이는 성경을 계속 연구하고 순종해야 할 이유 중 하나다—우리는 **인간이 하나님을 체험할 수 있다**(고전 6:19; 엡 2:22)는 주장을 결코 포기할 수 없다.

예배 | 하나님이 그분의 주권적 자비로 자신을 낮추셔서, 연약하고 깨어지고 죄악 된 우리 삶 속에 성령의 모습으로 자신을 내어 주셨다는 사실은, 그분을 예배하고 그분께 감사를 드려야 할 최고의 이유다. 하나님이 그리스도와 우리의 연합을 통해 선택과 소명, 중생, 회개, 믿음, 칭의, 입양, 확신, 성화, 견인 과정에서 이미 행하셨고 지금 행하고 계시며 앞으로 행하실 모든 일이야말로, 그분을 찬양하고 송축하며 예배해야 할 이유다. "우리를 사랑하사 그의 피로 우리 죄에서 우리를 해방하시고, 그의 아버지 하나님을 위하여 우리를 나라와 제사장으로 삼으신 그에게 영광과 능력이 세세토록 있기를 원하

노라!"(계 1:5-6) 우리의 감사와 예배의 불씨가 꺼지는 순간, 새로운 바람을 일으켜 하나님을 향한 찬송과 영광의 불꽃을 피워 주시는 분 역시 복되신 성령이시다(빌 3:3).

섬김 | 성령은 자신의 은사를 나누어 주고, 우리의 사역을 인도하고, 능력을 부어 주심으로써, 우리가 하나님을 섬길 수 있도록 준비시켜 주신다. 따라서 하나님을 섬기는 우리의 지평은, 우리의 제한된 역량이 아니라 성령이 풍성히 공급해 주시는 것들을 통해 측정되어야 한다(롬 15:18이하; 고후 3:5이하; 엡 1:19-21).

세상과 그에 대한 책임

세상을 초월한 중생 | 그리스도인은 죄와 어둠이 지배하는 현 시대에 속하지 않으며, 성령으로 거듭나서 이미 왔고 앞으로 도래할 하나님 나라의 새로운 질서에 속한 시민권자들이다. 우리는 우리의 영혼을 풍성하게 하거나 더 깊은 만족을 얻으려고 세상을 의지하지 않는다. 전혀 다른 차원에서 움직이는 우리는 다른 질서, 곧 성령을 통한 하나님의 생명 안에서 이루어질 궁극적 완성을 바라본다(시 16:11; 84:1이하; 롬 8:5이하; 히 11장).

세상과의 관계 | 우리의 궁극적 완성이 이 세상을 초월한 세계에서 이루어진다 할지라도, 성령의 중생과 성화의 사역은 창조 세계의 질서와 이 세계에서의 우리 경험에 분명한 영향을 미친다. 오순절에 초자연적 능력으로 성도들에게 부어졌던 성령 — 그 결과 교회가 탄생했다 — 은, 태초에 성부와 성자가 물질세계를 창조하실 때 함께하셨던 바로 그분이다. 하나님 백성에게 영감과 능력을 주신 그 성령은, 어떤 식으로든 모든 사람의 삶에 내재하는 실재로서 현존하신다(욥 33:4; 시 104:29이하). 만일 동일한 성령의 사역에서 이 두 차원을 엄격하게 분리한다면, 사실상 성령을 창조 세계로부터 단절시키고 그분의 활동을 명백하게 초자연적인 것에만 한정시킬 위험이 있다.

이것은 두 가지 영역을 통해 설명할 수 있다. 하나님의 인도에 관하여, 성령에 관한 성경 교리를 충분히 알고 있는 그리스도인들은 하나님의 성령이 극적 상황뿐 아니라 현상적 요소와 '선천적' 태도 및 성격에 대한 신중한 평가를 통해 자신을 인도하시리라 믿을 것이다. 육체적 치유와 관련해서도 마찬가지로, 성령이 현대 의학과 신체의 고유한 회복 능력뿐 아니라 특별한 치유의 은사를 가진 신자의 기도를 통해서도 병자를 치유하시는 분임을 인정할 것이다.

실제적 측면에서 두 차원의 부조화를 해소하는 가장 좋은 방법은 성경에 영감을 주고 조명하는 것이 성령의 주요한 사역이라는 점을 인식하는 것이다. 성령은 항상 말씀과 함께 역사하시며, 따라서 우리의 성령 체험은 하나님의 기록된 말씀 전체를 통해 지속적으로 점검받고, 균형을 유지하며, 인도를 받아야 한다.

세상에 대한 책임 | 성령은 세상 속에서 하나님과 그분의 법과 그리스도 안에 있는 구속을 증거하는 신성한 증인이다. 또한 교회의 증언이 진리임을 확증해 주는 '변호자'다. 따라서 성령의 인도를 받는 그리스도인은 하나님을 믿지 않고 알지 못하는 세상에 대해 책임 의식을 가지고, 복음을 증언하기 위해 노력해야 할 것이다. 의미심장하게도, 교회 내에서 일어났던 성령의 사역을 다루는 중요한 책인 사도행전은 세상 곳곳에 복음이 전파되는 내용을 중심으로 기록되어 있다. 우리 삶이나 교회에 임재하시는 성령은 항상 잃어버린 사람들을 구원함으로 하나님이 영광 받으시는 것에 대한 관심을 불러일으키시는데, 선조들은 이를 '구령(救靈)의 열정'이라고 불렀다. 개인 차원이든 교회 차원이든 어떤 성령 체험이 감정적이고 감각적인 내면적 집착에만 머무르게 만든다면, 성경에 근거하여 그들에게 임한 '성령'이 정말로 우리가 신약에서 만나는 예수님의 성령인지 질문해야 할 것이다. 세상에 대한 책임 의식은 성령 임재의 확실한 표지다. 성령은 우리에게 용기와 지혜를 주시고, 우리

의 증언을 확증해 주시며, 하나님을 알지 못하는 모든 사람이 산 믿음을 갖도록 해 주시는 분이다(행 1:8; 4:31; 14:27).

우리 시대에 '세상에 대한 책임'을 말하면서 지구 온난화와 그것이 현재와 미래 세대에 미칠 위협적 결과를 무시하는 것은 무책임한 행위다. 창조 때 수면 위를 운행하시며 생명이 살 수 있는 지구를 만드신 성령은, 지구 자원을 탐욕적으로 약탈하고 성령이 지구에 부여하신 지속가능성을 훼손해 버린 우리의 행동 결과에 분명히 비통해하실 것이다. 앞서 이 문제를 제2부 "적용" 부분에서 다루었는데, 여기에서도 반복할 만한 충분한 가치가 있다. 우리가 전 지구적 기후 변화의 영향을 감소시키려고 행동할 때마다 성령 하나님이 우리를 지지하시고 우리와 함께하실 것이다.

우리 자신과 전망

공동체 | 우리를 그리스도와 연합시키시는 성령은, 그 사역을 통해 우리를 모든 하나님 백성과도 연합시키신다. 새롭게 하시는 성령의 사역을 통한 성화는 동료 신자들과의 교제, 특히 성령이 우리를 부르신 지역 교회 안에서 확실하게 이루어진다. 성령은 독불장군 그리스도인이나 그런 식의 사역과는 아무런 상관이 없다. 우리는 공동체 안에서 분명한 '점검'을 받지 않고 성령의 인도를 받았다고 주장하는 사람을 경계해야 한다. 하나님의 가족이 함께하는 삶 속에서 성령이 우리에게 주시는 사랑과 나눔의 관계야말로 성령의 사역 중 가장 풍성한 차원이다.

성품 | 성령은 거룩하시며 모든 죄나 악과 구별되신다. 따라서 우리 삶에 임재하시는 성령은 항상 도덕적 측면에서 자신을 분명히 드러내시며, 우리를 죄와 악에서 끌어내어 의와 거룩으로 인도하신다. 그리스도인의 삶에 대해 생각할 때 반드시 기억해야 할 것은, 성령은 우리가 죄를 지을 때 슬퍼하시고 우리가 거룩해지기를 원하신다는 점이다. 따라서 성령의 사역을 단지 하나님

과 관련한 어떤 특정한 체험이라는 관점에서만 바라보는 것은 잘못이다. 물론 하나님이 원하신다면 그런 체험을 허락하실 것이다. 그러나 그것은 성령 사역의 일부일 뿐이며, 우리가 그리스도의 형상을 닮아 가도록 지속적으로 역사하시는 성령의 사역에 통합되어야 한다.

궁극적 완성 | 성령은 타락한 세상 질서의 조건 아래 놓인 우리에게 주어진, 도래하는 새 시대의 생명이다. 성령의 임재는 항상 약속의 성격을 띤다. 즉 성령은 그리스도께서 영광 중에 재림하실 때 이루어질 궁극적 완성을 소망 가운데 바라보게 하신다. 그러므로 성령이 내주하시는 그리스도인들은 마지막 날에 하나님 백성의 기쁨이 될 성령의 충만한 생명과 축복을 기대하면서 힘써 전진할 것이다.

6부

교회

<u>교회를 상징하는 배.</u>

<u>노아의 방주, 예수님이 풍랑을 잔잔하게 하신 배 등을 연상시킨다.</u>

23   교회의 정체성

성경적 종교는 필연적으로 집단적 성격을 띤다. 타락 이전에도 아담은 동료 인간 없이는 완전하지 못했다(창 2:18). 하나님의 창조 목적에 내포된 집단성은 구속의 목적에도 그대로 드러난다. 하나님이 노아(창 9:8)와 아브라함(창 12:1-3; 15:1-5; 28:14)과 맺으신 언약은 개인을 초월하여 그들의 직계 후손과 심지어 '땅의 모든 민족들'까지 포용한다.

   구약은 한 **민족**과, 하나님이 그들을 다양한 방식으로 다루신 것에 관한 이야기다. 물론 위대한 개인들이 분명히 두드러지고, 하나님의 은혜 안에서 개인들이 하나님과 맺는 관계가 근본을 이루긴 하지만(신 24:16; 시 23:1; 51:10-12; 겔 18장), 그럼에도 그 맥락은 본질적으로 집단적이다. 신앙 공동체는 개인의 신앙이 싹을 틔우고 영양분을 공급받을 수 있는 토양이다. 따라서 메시아 대망 사상은 구약에서 집단적 차원을 띠었으며, 인자와 고난받는 종은 개인적인 동시에 집단적인 인물이었다(단 7:13이하, 27; 사 42:1; 44:1). 신약의 성취를 보면, 이런 구절들은 일차적으로 개인적 차원, 즉 예수 그리스도를 가리킨다. 그러나 메시아 백성과 분리된 메시아를 결코 상상할 수 없다는 점 역시 분명한 사실이다.

   신약은 이러한 집단성을 계승한다. 예수님은 자기 백성을 구원하기 위해 오신다(마 1:21). 그리고 이스라엘의 지파 수에 해당하는 열두 명의 제자를 모으신다. 그분은 분명 그들이 새 이스라엘의 핵심이며 자신의 구속 사역을 통해 새로운 언약을 체결할 하나님의 새로운 백성이라는 생각을 가지고 계셨다. 예수님은 그분 사역의 절정이 지나면 '교회'가 생겨날 것을 명시적으로 언급하셨고(마 16:18; 18:17), 마지막 위임 명령에서는 믿음과 증언의 공동체가 지속될 것임을 내다보신다(마 28:19이하).

오순절 사건 역시 본질적으로 집단적이다(행 2:1이하). 그때부터 제자들의 경험은 집단적 차원으로 발전하기 시작했고(행 2:44-47; 4:32-35; 5:12-16; 6:1-7), 복음이 이방 세계로 전파됨에 따라 제자들은 여러 도시의 중심지에 교회를 형성했다(행 11:26; 13:1; 14:23). 야고보는 하나님의 목적에 대한 사도적 이해를 이렇게 표현한다. "하나님이 처음으로 이방인 중에서 자기 이름을 위할 백성을 취하시려고 그들을 돌보[셨다]"(행 15:14).

성경은 고립된 신앙에 대해서는 전혀 아는 바가 없다. 개별 그리스도인은 하나님의 백성 가운데서 하나님의 은혜를 체험하며, 따라서 하나님 백성과의 화해 없이는 결코 하나님과 화해할 수 없다. 이처럼 구원론(**구원**에 관한 교리)과 교회론(**교회**에 관한 교리)은 결코 뗄 수 없이 연결되어 있다.

성경에 나타난 교회의 이미지들

하나님의 백성

하나님과 그 백성의 관계는 구약의 중심 주제로서, 다음과 같이 반복해서 등장하는 선언을 통해 표현된다. "너희를 내 백성으로 삼고, 나는 너희의 하나님이 되리니"(출 6:7; 19:5; 레 26:12; 렘 30:22; 겔 36:28; 호 2:23). 이 관계는 노아와 맺은 언약에서 시작되었고(창 6:18이하), 그 후 아브라함과 그의 후손들과의 언약으로 이어졌다(창 12:1이하; 15:1-19; 17:3-14). 그리고 이 후자의 언약은 모세 시대(출 6:6이하; 19-24장)와 다윗 시대(시 89:3이하; 삼하 7:12-17)에 국가 차원에서 재확인되었다. 언약은 하나님이 그분의 백성에 대해 의무를 지는 쌍무계약을 의미하지 않는다. 이것은 언제나 **은혜**의 언약, 즉 하나님이 먼저 시작하셨으며 그분께 결정권이 있는 계약이었다. 그리고 이스라엘은 하나님께 순종하는 한에서 그분의 임재와 축복을 보장받았다.

신약은 하나님의 백성 개념을 교회, 즉 "하나님의 이스라엘"(갈 6:16)을 통해 계승한다. 베드로는 이 개념을 특별한 의미로 사용하며(벧전 2:9; 참고. 딛 2:14), 성경은 다음과 같은 승리에 찬 확신으로 끝맺는다. "하나님의 장막이 사람들과 함께 있으매 하나님이 그들과 함께 계시리니 그들은 하나님의 백성이 되고"(계 21:3).

관계의 이 같은 언약적 기초는 신약에서도 계속 이어진다. 교회는 메시아 예수의 희생을 통해 이루어진 새 언약에 기초하여, 이스라엘에 주어진 약속을 상속한다(마 26:28; 눅 22:20; 히 9:15; 참고. 렘 31:31).

구약에는 '하나님 백성'의 본질적 특징을 나타내는 두 단어가 등장한다. 첫째, 하나님의 부르심에 응답하여 모인 회중을 뜻하는 '카할'(*qābāl*)이다(출 35:1; 민 16:26; 신 9:10). 헬라어로는 '에클레시아'(*ekklēsia*, 교회)로 번역되는 이 단어는 신약의 '교회'를 이해하는 열쇠가 된다. 둘째, '에다'(*ēdā*)는 출생과 동시에 소속되는 민족적 신앙 공동체를 의미한다(출 12:3; 민 16:9; 31:12). 초기 그리스도인들은 하나님의 직접적 부르심에 응답하여 모인 하나님 백성을 의미하는 '카할'이라는 역동적 개념에서 자신들의 역사적 선례를 찾았다.

과거에 하나님의 백성을 형성했던 하나님의 부르심(창 12:1이하; 출 3:1이하; 호 11:1이하)은 예수님을 통해 다시 울려 퍼졌고(마 11:28이하; 막 1:14-20; 요 7:37 이하), 그분이 승천하신 이후에도 복음의 부르심을 통해 계속해서 울려 퍼지고 있다(행 2:39; 살후 2:14). 우리가 하나님의 언약 백성인 교회의 일원이 되는 것은 복음을 통한 하나님의 부르심에 응답함으로써 가능하다.

이러한 성경적 배경은 '교회'가 본질적으로 하나님의 부르심에 응답한 사람들의 살아 있는 공동체임을 암시한다. 따라서 교회는 오늘날 '교회'라는 단어를 생각할 때 즉각 떠오르는 형식적 회중 조직을 의미하지 **않는다**. 에클레시아가 형식적 조직을 수반하는 것이 불가피할 수는 있지만, 그것이 교회의 본질은 아니다.

신약에서 에클레시아는 특정한 지역 교회(행 8:1; 롬 16:16; 살후 1:4)뿐 아니라, 오랜 기간 동안 전 세계적 차원에서 형성되어 온 하나님 백성(마 16:18; 고전 15:9; 엡 5:25이하)을 지칭하는 데 사용되기도 한다. 지역 교회와 하나님 백성 전체의 관계는 아주 미묘하며, 이와 비슷한 인간적 차원의 예시를 찾기도 힘들다. 왜냐하면 지역 교회는 더 큰 전체의 상대적으로 불완전한 일부분이 아니기 때문이다. 신약은 지역 교회가 하나님 백성 전체와 불가분하게 연합되어 있으면서도 엄연히 하나의 완벽한 교회라고 가르친다. 하나님의 모든 약속은 지역 교회를 위한 것이며, 교회의 머리이며 주인이신 그리스도께서는 확장된 그리스도인들의 모임뿐 아니라 지역 교회 가운데서도 충만하게 임재하신다(마 18:20).

그리스도의 몸

바울이 특히 좋아하는 이 이미지는 모든 하나님의 백성이 공유하는 것에 예리하게 초점을 맞춘다. 하나님의 백성을 성립시킨 '부르심'은 예수 그리스도('육신이 되신 말씀')를 믿고 그분과 연합하여 그 몸의 지체가 되라는 부르심이다. 이 개념은 분명 비유적인 것이지만(참고. 요 15:5, "나는 포도나무요 너희는 가지라"), 실제로 교회와 그리스도가 맺는 관계는 매우 밀접하다. 이것은 유기적 연합의 형태로, 이를 통해 우리 생명과 존재가 그분과 하나가 된다(골 3:4).

종종 등장하는 또 다른 비유는, 그리스도가 몸 전체이며 우리는 그 몸'에' 붙어 있는 지체라는 것이다(롬 12:5; 고전 10:16; 12:27). 바울은 이 이미지를 약간 다른 방식으로 변형해, 그리스도를 몸의 머리로 묘사한다(엡 5:23; 골 1:18; 2:19). 하지만 본질적 차이가 생기는 것은 아닌데, 이 경우에도 그리스도가 여전히 몸 전체의 소유권을 가진 주인이시기 때문이다.

이 이미지 역시 그리스도와 그 백성 간의 상호 관계성을 강조한다. 그리스도는 하나님의 오른편에서 **교회를 위해** 통치하신다(엡 1:22이하). 그분이 교회의 머리가 되신다는 것은, 우리의 모든 생명과 자양분이 그분에게서 나오고, 우리는 그분으로부터, 그분을 통해, 그분을 향해 살아간다는 뜻이다.

그리스도의 신부

이 생생한 이미지는 구약에서 하나님이 이스라엘을 자신의 신부로 묘사하시는 것에 뿌리를 둔다(사 54:5-8; 62:5; 렘 2:2). 하지만 비극적이게도 이스라엘은 신실하지 못했다(렘 3장; 겔 16장). 예수님은 이 비유를 사용하여, 자신이 신랑이며 신랑이 혼인 잔치에 온 손님들과 함께 있을 때는 금식하는 것이 적절하지 않다고 말씀하셨다(막 2:18-20). 그리스도는 하나님이 교회를 향해 품으신 남편으로서의 사랑을 구현하신다. 그리고 교회가 하늘의 신랑 앞에 "티나 주름 잡힌 것이나 이런 것들이 없이 거룩하고 흠이 없[는]" 영광스러운 교회로 설 수 있도록(엡 5:27) 교회를 위해 희생하심으로써, 그 사랑을 최고도로 나타내셨다. 그래서 요한은 교회의 운명을 이렇게 예견한다. "어린 양의 혼인 기약이 이르렀고 그의 아내가 자신을 준비하였으므로"(계 19:7). 그리고 그 예언의 절정은 다음과 같다. "거룩한 성 새 예루살렘이 하나님께로부터 하늘에서 내려오니, 그 준비한 것이 신부가 남편을 위하여 단장한 것 같더라"(21:2).

이 이미지는 하나님과 그 백성 간의 무조건적 사랑의 관계를 강조한다. 그분은 우리를 너무나 간절히 원하셨기 때문에 우리를 선택하고 구속하셨다. 우리는 그분의 영원한 사랑의 대상이다. 한편으로 이 은유는 우리에게도 하나님께 전심으로 헌신해야 할 책임이 있음을 깨닫게 해 주며, 특히 자신의 야망이나 관심사 같은 다른 대상에 애정과 충성을 바칠 경우 초래될 결과가 얼마나 심각한지를 알려 준다. 하나님의 사랑은 너무나도 깊기 때문에 우리가 다른 대상을 사랑하는 것을 용납하지 않는다.

하나님의 집

이 비유는 구약에서 하나님이 언약궤를 보관한 성막(출 25:8-22; 삼상 4:21이하)과 이후 솔로몬이 지은 성전(대하 7:1-3)을 통해 그분 백성 가운데 임재하시는 것을 언급하는 구절들에 뿌리를 둔다(출 25:8; 시 132:13이하; 사 12:6). 그러나 성경은 이 땅의 성소가 땅과 하늘에 편만하신 하나님을 모시기에 충분하지 않음을 분명히 한다(대하 6:18; 시 139:7-12).

솔로몬 성전은 주전 587년 바빌론 침략자들에 의해 파괴되었다. 이후 포로 생활을 하고 돌아온 사람들이 세운 제2성전(스 3장)이 약 5백 년간 존속되다가, 예수님 탄생 직전에 헤롯 성전이 완성되었다. 하지만 예수님은 헤롯 성전이 더 이상 하나님이 거하시는 장소가 아님을 암시하셨다. "너희가 이 성전을 헐라. 내가 사흘 동안에 일으키리라"(요 2:19). 그분이 궁극적으로 가리키신 것은 성전인 자신의 몸이었다(요 2:21). 그분은 또한 하나님께 나아갈 때 가장 우선적으로 고려해야 할 것이 지리적 위치가 아니라 마음의 태도와 자세임을 주장하셨다(요 4:23). 이후에 성전에 관한 예수님의 말씀이 정확한 예언으로 판명되었는데, 헤롯 성전이 주후 70년 로마군에 의해 파괴되었기 때문이다(참고. 막 13:1-2).

그러나 하나님이 백성들 가운데 거하신다는 사상은 계속 이어졌다. 예수님의 몸이 십자가에 달리심으로 성령이 이 땅에 오실 수 있었기 때문이다. 따라서 교회는 그리스도의 몸, 즉 하나님이 거하시는 새로운 성전으로 창조되었다. 그리스도는 친히 모퉁잇돌(고전 3:11; 엡 2:20)이 되셨고, 그 위에서 하나님의 백성이 "하나님의 성전"(고전 3:16), 곧 "성령 안에서 하나님이 거하실 처소"(엡 2:22)로 지어졌다. 이 성전은 장차 주님이 재림하실 때 완성될 것이다. "하나님의 장막이 사람들과 함께 있으매 하나님이 그들과 함께 계시리니, 그들은 하나님의 백성이 되고 하나님은 친히 그들과 함께 계셔서"(계 21:3).

발전된 신약적 의미에서 이러한 교회 이미지는 돌로 지어진 건물과는 별로 상관이 없다. 교회 건물이 아무리 거룩해 보이고 건축 구조가 탁월하다 해도, 교회를 건물로 보는 일반적 태도는 대단히 유감스럽다. 이 이미지는 성령의 창조물인 교회가 본질적으로 지니는 영적 특성과, 교회의 기초이자 모퉁잇돌이신 그리스도의 중심적 위치를 강조한다. 아울러 이 이미지는 그리스도인 삶의 근본적 상호성을 강조하는데, 하나님을 경험하고 그분을 섬기는 일들이 일어나고 표현될 수 있는 것은, 서로를 하나님의 한 성전을 이루는 살아 있는 돌로 인정할 때 가능해지기 때문이다(벧전 2:5).

하나님 나라

제3부에서 논의한 바 있고 다시 제7부에서 검토하게 될 성경의 이 기본적 개념 역시 구약에 뿌리를 둔다. 하나님의 통치는 세상에서 거부와 무시를 당하고 있다. 심지어 하나님이 "그의 영토"(시 114:2)로 선택하신 이스라엘에서조차도 그분의 뜻이 거부되고 율법이 무시받았다. 바로 여기서, 하나님이 자신의 왕권을 천명하시고 인간들 사이에서 그분의 통치 또는 '나라'를 확립하실 그 날에 대한 예언적 소망이 생겨났다. 예수님은 그 시대가 도래했음을 선포하셨고, 부활을 정점으로 하는 그분의 사역을 통해 하나님의 통치가 실제로 확립되었다. 물론 하나님 나라의 완전한 실현은 주님의 영광스러운 재림 때 이루어질 것이다. 하나님의 통치가 그분이 "흑암의 권세에서 건져 내사 그의 사랑의 아들의 나라로 옮기[신]"(골 1:13) 사람들 가운데 확립되었고, 그리스도는 성령을 통해 하나님의 통치를 시행하신다(롬 14:17).

하나님 나라와 교회를 동일시하는 것은 잘못이지만, 교회가 진정으로 그리스도의 말씀에 순종함으로 그분께 복종한다면 교회는 하나님 통치의 도구가 될 수 있다. 현재 교회는 하나님 나라의 완전한 도래를 기다리고 있지만, 성령의 사역을 통해 서로 사랑하고 섬기는 경험 속에서 하나님 나라의 삶을 진정으로 구현할 수 있다. 인간 경험의 다양성이 극복되고 다양한 구성원들이 하나님의 가족 안에서 특별한 일치를 발견하는 성령의 공동체는, 하나님 나라를 미리 보여 주고 이를 기대하게 하는 역할을 한다.

더 일반적 차원에서 이 이미지는 교회가 지니는 종으로서의 본질적 특성을 보여 주고, 삶의 전 영역이 하나님의 말씀을 통한 그분의 통치 아래 있어야 할 필요성을 나타낸다.

하나님의 가족

이 이미지는 구약에서 이스라엘을 하나님의 아들로 지칭하는 부분에서 처음 나타난다(호 11:1). 이는 궁극적으로는 장차 하나님의 아들로 나타날 예수님에 대한 언급이다(마 2:15).

이 이미지의 온전한 의미는 신약에서 분명하게 드러나는데, 그리스도 안에서 우리는 하나님의 가족으로 다시 태어나 그분의 자녀로 입양되고, 하나님의 성령이 우리 마음에 부어져 하나님을 아버지라 부를 수 있게 된다(롬 8:14-17). 따라서 교회는 하나님의 가족 혹은 하나님의 가정이다(엡 2:19; 딤전 3:15). 이 이미지는 하나님의 은혜로 말미암아 그분의 자녀로 신분이 높아진 우리의 고귀한 특권을 일깨워 준다. 또한 이것은 한 가족의 일원으로서 우리가 지니는 상호 관계성을 말해 주며, 우리의 모든 필요를 채워 주시는 하늘 아버지를 신뢰하도록 도전한다(마 6:25-34).

하나님의 양 떼

이스라엘은 하나님의 양 떼다(시 80:1; 95:7). 이스라엘의 지도자 혹은 '목자'가

양 떼를 돌보는 일에 실패했을 때, 하나님은 자신이 친히 양 떼를 돌볼 것이라고 말씀하셨다. "내가 친히 내 양의 목자가 되어 그것들을 누워 있게 할지라"(겔 34:15). 예수님은 이 목양 사역을 자신의 사역으로 삼으신다(요 10:1-30). 그분은 하나님 양 떼의 목자장이시며(벧전 5:4; 2:25; 히 13:20), 양 떼를 위해 자신의 생명을 내어 주신다(요 10:11). 그리고 이제는 자신의 종들을 '부목자'로 삼아 양 떼를 향해 보내신다(요 21:17; 행 20:28이하; 벧전 5:1-3). 이 이미지는 교회가 자신의 머리이자 주님 되시는 예수 그리스도께 전적으로 의존함을 강조하며, 아울러 그분이 우리를 향해 나타내시는 긍휼과 사랑, 백성을 인도하고 보호하고 먹이시는 헌신을 깊이 드러낸다(요 10:2-15).

하나님의 포도원

이스라엘은 하나님이 이집트에서 가져다가 가나안에 심으신 포도나무다. "주께서 한 포도나무를 애굽에서 가져다가 민족들을 쫓아내시고 그것을 심으셨나이다"(시 80:8). 그러나 하나님이 포도 열매, 즉 순종과 의의 '선한 열매'를 거두려고 오셨을 때, 그 나무에 열린 것은 불의와 억압의 쓴 열매뿐이었다(사 5:1이하, 7). 그래서 하나님은 그 포도원을 황무지로 만드셨다(6절). 예수님은 한 비유에서 이것을 하나님의 구속의 뜻이 이방인에게 옮겨 가는 것으로 해석하셨고, 소작인들에게 죽임 당한 포도원 주인의 아들이 이 변화를 실행하는 대리인이 될 것이라는 말씀도 덧붙이셨다(막 12:1-12). 그분은 친히 참 포도나무가 되시며, 나뭇가지들은 그분께 붙어 있을 때 풍성한 열매를 맺는다(요 15:1-8). 이 이미지는 하나님이 교회를 돌보신다는 사실과, 교회가 살아가고 존재하기 위해서는 전적으로 주님께 의존해야 한다는 것, 그리고 세상 속에 있는 교회가 정결함을 유지하고 풍성한 열매를 맺는 것에 주님이 큰 관심을 갖고 계심을 나타낸다.

진정한 교회의 특징

오늘날 진정한 교회를 어디서 찾아볼 수 있으며 그런 교회의 본질적 특징은 무엇인가? 먼저 '교회'라는 용어의 다양한 의미를 구분할 필요가 있다.

1. 전 시대에 걸쳐 형성된 모든 하나님 백성, 선택받은 모든 자들의 집합. 종교개혁자들은 이것을 비가시적 교회라고 불렀다.

2. 예배와 사역을 위해 가시적으로 모인 그리스도인들로 이루어진 지역적 집단. 신약에서 언급하는 교회(*ekklēsia*)는 거의 대부분 이런 의미다.

3. 어느 한 시대에 세상에 존재하는 모든 하나님의 백성. 이를 가장 잘 표현한 것이 보편 교회(universal church)라는 용어일 것이다. 신약에서는 아주 드물게 등장한다(고전 10:32; 갈 1:13).

4. '교회 안의 교회.' 앞서 구약이 '에다'(가시적인 전체 회중)와 '카할'(회중 가운데서 하나님의 부르심에 응답하는 자들)을 구별한다는 점을 언급했다. 예수님은 하나님 나라가 이런 패턴과 일치한다고 가르치셨다. 즉 밀과 가라지가 섞여 있다(마 13:24-30, 36-43). 그리스도와 긴밀한 관계를 맺는 무리 안에 하나님의 백성, 곧 진정한 '교회'가 있다. 따라서 순수한 교회란 존재하지 않는다. 모든 회중 안에는 신앙을 고백하지 않은 자들이 있을 수 있고, 어떤 신앙고백은 마지막 날에 진실하지 못한 것으로 드러날 수도 있다(마 7:21-23).

순수하거나 완전한 교회가 불가능함을 받아들인다면, 우리는 어디서 가시적으로 모인 하나님의 참된 백성을 찾을 수 있을까? 전통적으로 진정한 교회에는 네 가지 특징이 있다고 인정되었다.

하나 됨

교회의 일치는 교회가 한 분 하나님께 기초한다는 사실에서 비롯된다(엡 4:1-6). 교회에 진정으로 속한 모든 사람은 한 백성이며, 따라서 진정한 교회의 특징은 일치성으로 나타난다.

그러나 이 일치가 획일성을 의미하는 것은 아니다. 신약의 교회에는 다양한 사역(고전 12:4-6)과 부차적 문제들에 대한 다양한 견해(롬 14:1-15:13)가 존재했다. 기본적인 신학적 신념에서는 통일성을 유지했지만(고전 15:11; 유 3절), 공동의 신앙에서 강조되는 바는 사도들이 직면하는 다양한 필요에 따라 달라졌다(롬 3:20; 참고. 약 2:24; 빌 2:5-7; 참고. 골 2:9이하).

예배 형식 또한 다양했다. 고린도 교회의 예배 형태(고전 14:26이하)는 유대교 회당 모델에 기초하여 발전되고 기록된 말씀에 대한 강해 중심으로 정형화된 형태의 예배를 드렸던 팔레스타인 교회와는 엄연히 달랐을 것이다. 이러한 회당 모델은 교회가 초기에 유대교의 한 분파로 인식되었던 이유를 설명해 준다. 야고보서 2:2은 실제로 그리스도인의 회합을 표현하기 위해 '회당'이라는 용어를 사용한다. 또한 교회 정치 형태에서도 확실히 구별되는 여러 요소들이 존재한다.

성령 안에서 중생한 모든 백성의 참된 일치는, 외적으로 나타나는 교파의 다양성과 상관없는 분명한 사실이다. 따라서 신약에서 주어지는 일치에 대한 요구는 한 성령이 중생을 통해 부여하신 생명의 근본적 하나 됨을 '지키라'는 요청이다(엡 4:3). 종교개혁자들은 보이지 않는 교회(그리스도 안에서 참으로 하나인 모든 선택받은 자들)와 보이는 교회(중생한 자와 중생하지 않은 자가 섞여 있는 무리)를 구별함으로써 이 점을 강조했다. 보이지 않는 교회의 일치는 이미 성취된 사실로서, 구원과 함께 주어진 것이다.

로마 가톨릭교회는 이 점을 논쟁적으로 이용하여, 개신교의 분열과 대비되는 로마 가톨릭의 일치성이 곧 자신들이 참된 교회임을 보여 주는 증거라고 주장했다. 그러나 이 주장은 세 가지 내용을 간과하고 있다. (1) 로마 가톨릭 자체가 1054년 정교회와 분리되었으며, 이전 시대에도 결코 보편적으로 유일한 참된 교회로 간주된 적이 없다. 가령 켈틱 교회는 영국에서 발전했고,

성 패트릭(Patrick)은 로마 가톨릭 선교사가 캔터베리에 당도하기 오래전에 아일랜드 교회를 세웠다. (2) 진정한 교회의 표지들은 함께 보존되어야 한다. 역사적 계승 또는 외적 일치가 '사도성', 즉 사도적 복음에 대한 충실성과 무관하다면 그것은 가치가 없다. (3) 개신교가 때로 쓸데없는 분열 양상을 보였다면, 그것은 로마 가톨릭이 성경 교리에서 이탈함으로써 오랜 세월 동안 분열의 일차적 원인을 제공했기 때문이라고 할 수 있다.

성경은 하나님의 백성이 최대한 완전한 일치를 이룰 것을 권고하지만, 한편으로 사도적 기독교의 본질이 위기에 처해 있다면 분열 또한 하나님의 뜻과 완전히 일치한다는 점을 분명하게 밝힌다. 바울이 유대주의자와 갈등을 겪고(갈 1:6-12), 예수님이 바리새인들과 입장을 달리했던 것(막 7:1-13)이 바로 이런 예다. 유다가 독자들에게 "일반으로 받은 구원"에 관해 편지를 쓸 때, "성도에게 단번에 주신 믿음의 도를 위하여 힘써 싸우라"(유 3절)라고 권면할 필요성을 느꼈다는 것은 중요한 의미가 있다. 신약에서 일치는 사도적 기독교의 계시된 진리에 대한 의식적 헌신에 기초한다.

신약은 일치에 대한 가르침을 구체적인 그리스도인 집단들에 적용했으며 그것은 그들의 가시적 관계에 직접적으로 영향을 미쳤다(엡 2:15; 4:4; 골 3:15). 예수님은 세상이 믿음을 갖는 데에 도움이 되도록 일치를 위해 기도하셨다(요 17:23). 신자들 사이의 이러한 일치와 예수님과 성부 하나님의 일치(17:11, 22)의 유사성은 성경적 일치의 본질적인 영적 특성을 확인해 주지만, 한편으로 이것은 예수님의 전체 사역이 성부의 뜻과 가시적이고 증명 가능한 방식으로 일치했듯이 그리스도인들의 삶과 목적도 가시적 일치를 이루어야 한다는 당위를 포함한다. 달리 말하면, 사도적 복음을 고백하는 사람들은 현재 자기가 경험하는 것보다 더 완전한 가시적 일치를 추구할 필요가 있다.

이 내용은 특히 본질적인 성경적 신앙을 고백하는 두 개 이상의 집단이 같은 지역, 가령 같은 대학 캠퍼스에서 활동하는 경우에 적절히 적용될 수 있을 것이다. 그러나 이 가르침이 가장 깊은 도전을 던지는 곳은 지역 교회 신자들이 맺는 관계의 차원이다. 이곳에서 그리스도 안에서의 삶의 일치는 서로에 대한 진실하고 구체적인 돌봄과 헌신으로 표현되어야 한다. 이런 모습 없이도 스스로 진정한 기독교회임을 주장한다면 그에 대해 반드시 의문을 던져야 한다(고전 3:3이하).

오늘날 지역 교회가 가진 이런 '특징'은 새로운 도전에 직면한 동시에 새로운 가능성을 내포하고 있다. 교회가 직면한 도전은 글로벌 사회의 특징인 엄청난 다양성에서 비롯된다. 전쟁과 민족 갈등 등으로 세계적 차원에서 양산된 엄청난 규모의 이민자들이 고국을 버리고 가족을 부양할 새 땅을 찾아 떠나고 있다. 이런 이동은 모든 국가의 도시 거주자들에게는 익숙한 일이다. 세계 도처의 지역 교회가 직면한 새롭고도 거대한 도전은, 하나님이 성령을 통해 '우리와 비슷한 사람'만으로 이루어진 답답하고 부적절한 사슬을 끊고 다양한 이웃으로 구성된 새로운 신앙 공동체를 만드실 수 있는 분임을 믿는 것이다. 한편 이와 같은 다양화된 환경은 흥미롭고 새로운 가능성으로 가득 차 있다. 우리 지역 회중은 성령에 의해 예언자적 공동체, 화해의 중심, 서로를 이어 주는 장소, 사랑의 가족이 되라는 부르심을 받고 있다. 지역사회의 위협적 분열과 양극화를 오직 예수 그리스도의 이름과 능력으로 극복하고 하나님께 더 큰 영광을 돌리는 그러한 공동체 말이다.

거룩

하나님의 백성은 '거룩한 백성'(벧전 2:9)이다. 가장 깊은 의미에서 교회는 거룩하다. 이는 모든 개별 그리스도인이 세상에서 분리되어 그리스도와 연합함으로 그분의 완전한 의를 부여받아 거룩하게 되는 것과 마찬가지다(참고. 제4부 '칭의' 은유를 다룬 내용, pp. 310-318). 교회가 '그리스도 안에서' 하나님 앞에 설 때, 교회는 흠도 없고 도덕적 결함도 없다. 이때 가시적 교회와 비가시적 교회 사이의 구별을 적용할 필요가 있는데, 왜냐하면 이와 같은 '전가된 거룩'은 회중 가운데 그리스도를 구주로서 인격적으로 신뢰하지 않는 사람들에게는 해당되지 않기 때문이다.

그리스도와의 연합은 또한 삶의 가시적 거룩함을 수반한다. 교회가 머리 되신 그리스도와 맺는 관계는 성도들의 도덕적 성품을 통해, 그리고 일상생활을 영위하고 관계 맺는 방식들을 통해 표현될 것이다. 거룩과 거리가 먼 교회는 그리스도와도 거리가 멀다. 그리스도께서 교회를 향해 말씀하실 때 그분은 분명히 그러한 도덕적 차이를 기대하셨으며, 교회가 그렇지 못함을 아시고는 엄중히 책망하셨다(계 2-3장).

이 같은 시험 앞에서 낙담하지 않기 위해, 신약 교회의 삶이 실수와 분열, 도덕적 실패, 무능으로 점철되어 있었다는 사실을 기억한다면 도움이 될 것이다. 그럼에도 불구하고 가시적으로 드러나는 거룩함은 하나님의 참된 교회의 변함없는 특징이다.

보편성

'보편적'(catholic)이라는 말은 문자적으로 '전체를 가리키는 것'을 뜻한다. 초기에 이 용어는 단순히 지역 교회와 구별되는 보편 교회를 지칭했지만, 나중에는 이단이 아닌 정통 신앙을 고백하는 교회를 의미하게 되었다. 시간이 흐르면서 로마 가톨릭은 이 용어를 역사적으로 발전하고 지리적으로 확장된, 교황 제도를 중심으로 하는 기독교를 가리키는 말로 사용했다. 16세기 종교개혁자들은 정통 신앙의 인정이라는 보편성의 초기 의미를 회복하려 노력했고, 그런 의미에서 로마 가톨릭이 아닌 자신들이 진정한 보편 교회(catholic church)라고 주장했다.

초기 교회가 지녔던 보편성의 핵심적 내용은 모든 사람에 대한 개방성이었다. 민족적 배타주의를 주장하는 유대교나 지적·제의적 배타주의를 주장하는 영지주의와 달리, 교회는 피부색과 인종, 사회적 지위, 지적 능력, 과거의 도덕적 상태와 상관없이 교회의 메시지를 듣고 구주를 영접하고자 하는 모든 사람을 받아들였다. 기독교는 모든 사람을 위한 종교로 세상에 등장했기 때문이다(마 28:19; 계 7:9). 입회의 유일한 근거는 예수 그리스도를 구주이자 주로 믿고, 은혜의 복음을 나타내는 공식적 입회 의식인 세례를 받는 것이었다(마 28:19; 행 2:38, 41).

바로 이것이 '보편성'이라는 표지가 적용되는 근본적 영역이기에, 우리는 다른 '기준'을 내세우는 교회를 의구심을 갖고 바라보아야 한다. 참된 교회 안에는 인종, 피부색, 사회적 지위, 지적 능력, 도덕적 수준에 따른 차별이 결코 있을 수 없다. 다만 도덕적 측면의 경우는 진정한 회개의 증거가 있어야 할 것이다. 또한 성경 메시지의 근본 내용을 명확하게 인정하는 경우라면 특정 교파에 대한 차별 역시 매우 신중해야 한다.

사도성

사도는 예수님의 사역과 부활의 증인이며, 따라서 권위 있는 복음의 전달자다(눅 6:12이하; 행 1:21이하; 고전 15:8-10). 사도들은 예수님과 이후의 기독교 신앙을 지닌 모든 세대 사이에 서 있다. 우리는 오직 사도들과 그들이 신약에 기록한 예수님에 대한 증언을 통해서만 그분께 나아갈 수 있다. 이런 근본적 의미에서 전체 교회는 '사도들의 터 위에' 서 있다(엡 2:20; 참고. 마 16:18; 계 21:14). 따라서 교회의 사도성은 "성도에게 단번에 주신"(유 3절; 참고. 행 2:42) 사도적 신앙을 어떻게 지키느냐에 달려 있다. 성경의 가르침을 통해 자체의 삶과 이해와 설교를 끊임없이 개혁하는 만큼, 교회는 계속 사도의 다스림과 명령을 받고 있는 것이다.

'사도'는 문자적으로 '보냄 받은 자'를 의미하기 때문에, 신약이 때때로 다른 사도들의 이름을 언급하는 것은 결코 놀라운 일이 아니다(롬 16:7). 이 같은 일반적 의미에서, 오늘날 주님으로부터 **보냄 받은** 복음전도자, 설교자, 교회 개척자 등과 같은 모든 사람은 신약에 등장하는 헬라어로 '아포스톨로이'(apostoloi), 즉 '보냄 받은 자'들이다. 그렇다고 성경을 통해 지금도 교회를 다스리는 초대교회의 사도들에 필적할 만한 특별한 지위나 권위가 그들에게 있다는 뜻은 결코 아니다. 오늘날 사도의 **직분**을 주장하는 것은 성경의 가르침을 잘못 이해하는 것이며, 신약의 신적 계시의 권위와 최종성에 심각한 도전을 제기하는 것이다.

사도성을 그리스도와 그분의 사도들에게서 시작된 사역이 주교직 계승을 통해 역사적으로 이어진 것처럼 이해하는 것 역시 잘못이다. 이런 해석은 신약에서 어떤 지지도 받지 못한다. 직분의 역사적 계승을 통한 하나님 은혜의 전달이라는 개념 전체가 성경에 나타나는 교회의 특성과 완전히 상반되는 것이다. 나아가, 사도적 메시지에 담긴 진리의 보증으로서 감독직의 승계는 완전히 실패했다. 휫필드나 웨슬리 형제의 지도하에 일어났던 18세기의 대각성 운동 같은 소규모 개혁 운동은 말할 것도 없고, 16세기의 종교개혁이 절실히 필요로 했던 교회가 바로 이러한 역사적 승계 위에 꼿꼿하게 서 있던 교회였다.

로마 가톨릭은 '사도성'에 대한 해석을 확대하여 로마의 주교가 베드로의 역사적 계승자이며 교회 내에서 하나님 은혜의 특별 관리자 역할을 한다고 주장하지만, 이 주장은 타당한 근거가 없다. 사도들 중 베드로의 수위성은 초기 기독교 선교 시기에 부각된 지도력이었을 뿐이다. 교회의 선교가 예루살렘을 벗어나 바깥으로 확대될 때, 바울이 팔레스타인을 넘어 이방을 향한 선교의 사명을 받았을 때, 요한이 거짓 교사들의 파괴 행위로부터 교회를 지키고자 분투할 때, 베드로는 분명 무대 뒤편으로 사라졌다. 결정적으로, 베드로는 예루살렘 공의회에서 중요한 역할을 하지 않았으며(행 15장), 갈라디아서 2장에 기록된 사건에서 보듯이 바울의 영향력 아래에 있었다.

더 나아가 가톨릭은 이러한 베드로의 수위성이 교회의 영원한 구원과 계속적 선을 위해 지속되어야 한다고 주장한다. 그런데 근거로 인용되는 그 어떤 성경 구절에도(마 16:18이하; 요 21:15-17; 눅 22:32) 베드로의 계승자에 대한 언급이 전혀 없다. 로마 가톨릭의 이 두 가지 주장은 신약의 명백한 증거와 상반되며, 베드로의 수위성이 로마의 주교를 통해 이어진다는 세 번째 주장 역시 전혀 신뢰할 수 없다. 베드로가 로마에서 순교하여 생을 마쳤다는 것은 초기 전통으로서 상당한 지지를 얻고 있지만, 1세기에 로마의 군주제적 주교직이 제도로 확립되어 지금까지 계승되어 왔다는 점을 입증하기에는 해결하기 힘든 역사적 난제가 있다.

사도적 계승이란 사도적 복음의 계승, 즉 사도적 진리의 본래 내용이 한 세대에서 다음 세대로 전달되는 것이다. "또 네가 많은 증인 앞에서 내게 들은 바를 충성된 사람들에게 부탁하라. 그들이 또 다른 사람들을 가르칠 수 있으리라"(딤후 2:2). 교회가 사도적 성경의 최고 권위를 실제로 인정할 때 교회는 사도성을 갖게 된다.

종교개혁자들의 표지

종교개혁자들은 앞서 언급한 네 가지 전통적 표지를 무시하지 않지만, 그들이 휘말리게 된 논쟁으로 인해 다른 부분에 주의를 기울이게 되었다. 그들은 참된 가시적 교회의 특징으로 두 가지를 지적했다. "하나님의 말씀이 순수하게 선포되고, 그리스도가 세우신 제도에 따라 성례가 시행되는 곳에는 의심의 여지 없이 하나님의 교회가 존재한다"(칼뱅).

그들은 '순수하게 선포되는 말씀'이라는 용어를 통해 성경적 복음의 우위성을 명백하게 밝혔다. 정확히 이 지점이 종교개혁자들과 로마 가톨릭이 분리된 곳이었다. 이 점을 강조하는 배경에는 기록된 말씀과 성령 사이의 불가분리적 결속에 대한 확신, 성령과의 교제 안으로 들어가는 것은 성령의 영감으로 기록된 말씀에 순종하는 태도로 반드시 표현된다는 확신이 놓여 있다. 종교개혁자들은 성도들을 말씀으로 이끌지 않는 성령에 대해 결코 아는 바가 없었다. 또한 믿음과 진리와 상관없이 하나님을 사랑하는 것에 대해 결코 알지 못했다. 그들이 참된 교회를 식별하는 또 다른 표지로 지목한 성례 역시 논쟁을 불러일으켰다. 왜냐하면 종교개혁자들이 생각하기에 로마 가톨릭이 성경적 종교에서 가장 명확하게 벗어나 있는 부분이 바로 성례에 관한 가르침과 관행이었기 때문이다.

성례를 행하지 않는 기독교 교파들의 존재(예를 들어, 구세군과 종교친우회)로 인해, 성례를 참된 교회의 필수 요소로 받아들이기가 망설여지기도 한다. 그러나 예수님은 세례를 교회의 메시지와 그에 대한 인간의 응답과 가장 밀접한 것으로 보셨으며(마 28:19이하), 성찬 참여가 지속적 교회 생활의 근본이라고 여기셨다(눅 22:19; 고전 11:24이하).

이런 표지를 일반화시켜 말하자면, 종교개혁자들에게 교회의 궁극적 표지는 바로 그리스도였다고 주장할 수 있다. 오직 그분이 말씀의 중심이자 성례의 핵심이 되시기 때문이다.

현대의 표지: 선교

교회의 삶에 관한 예수님의 교훈(요 13-16장; 눅 10:1-20; 행 1:1-8)을 통해서, 우리는 지금까지 언급한 교회의 특징에서 명확하게 드러나지 않은 또 다른 내용이 분명히 있음을 확인하게 된다. 그것은 바로, 땅 끝까지 예수님의 복음을 전하고 어디서든 어려운 사람들을 만나면 그들을 돌보아야 한다는 선교적 의무다.

초기부터 지금까지, 예수 그리스도의 복음을 듣지 못했거나 아직 받아들이지 못한 사람에게 복음을 전하라는 부르심에 깨어 있는 사람들이 교회 안에 항상 있었지만, 유감스럽게도 역사의 증거가 보여 주듯이 교회는 전반적으로 선교적 소명에 너무도 주의를 기울이지 않았다. 성경 중심주의를 강력하게 주장하는 종교개혁도 이 '표지'를 강조하지는 않았다. 예를 들어, 칼뱅의 저작에 대해 이런 평가가 있다. "우리는 분명하고 확고한 세계 복음화를 위한 선언문을 찾았지만 허사였다"(데이비드 라이트). 다행히도 현대에 들어서, 교회에 대한 진정한 성경적 표현은 선교가 중심이 되어야 한다는 보편적 인식이 자리 잡고 있다.

선교에 대한 성경적 근거는 의문의 여지가 없다. 창세기 첫 부분에서 하나님은 자신을 전 지구와 우주를 돌보고 책임지는 분으로 계시하신다. 이 이야기는 아브라함의 자손을 통해 '모든 민족'이 하나님의 복을 받게 될 것이라는 아브라함과의 언약으로, 그리고 이스라엘을 향한 하나님의 약속을 성취하는 고난받는 종의 사역으로 이어진다. 이 고난받는 종은 또한 '이방의 빛', 마지막 때 인자의 신분으로 '모든 언어와 민족과 방언과 백성'으로부터 예배와 높임을 받는 메시아가 되실 분이다. 이렇듯 구약은 하나님의 목적이 장차 전 지구적 범위까지 미칠 것이라는 사실을 예고한다. 신약에서는 예수님이 하나님의 완전한 본성과 인간의 완전한 본성을 인격 속에 받아들인 성육신을 통해 구약의 예고를 완성하신다. '세상 죄를 지고 가는 하나님의 어린 양'이신 그분은 십자가에 '달리심으로써' '모든 사람을 자신에게로 이끌 것이며', 부활하심으로써 온 세상에 대한 '모든 권세'를 받아 사도적 공동체를 '그분의 증인으로 삼고 땅 끝까지' 파송하신다. 따라서 "선교는 성경이 어쩌다 우연히 언급한 일들 중 하나가 아니다.…상투적 표현이긴 하지만, 선교는 '교회의 핵심'이다"(크리스 라이트). "선교에 대한 헌신은 교회의 본질이다. 예수 그리스도를 증언하는 일에 헌신하지 않는 교회, 신앙과 불신앙의 경계를 넘나들지 않는 교회는 더 이상 교회가 아니며, 기껏해야 종교 클럽, 사교 집단, 혹은 사회 복지 단체일 뿐이다"(르네 파디야).

이와 관련해서, 성령이 성경에서 제공하는 유일한 교회사라 할 수 있는 사도행전의 중심 주제가, 1:8에서 표현된 대로 예루살렘(1-7장)에서 유대와 사마리아(8-9장), 로마 제국의 이방 세계(10-21장), 그리고 마지막으로 '세상의 중심'이자 사실상 '세상의 끝'인 로마까지(27-28장) 이르는 지속적인 복음의 확장이라는 점은 매우 의미심장하다. 이것은 하나님의 목적 안에 있는 교회의 본질적으로 역동적이고 선교 중심적인 특징을 보여 준다. "교회는 계속 움직이고 있다. 하루바삐 땅 끝까지 이르러 모든 사람에게 하나님과의 화해를 요청하고, 마지막 때에 모든 사람을 하나로 모으실 주님을 만나기 위해서다"(레슬리 뉴비긴). 여기서 하나님의 축복을 그토록 많이 받았던 예루살렘 교회가 예수님의 선교 명령을 시행하기를 주저했을 때, 하나님이 박해를 통해 그 교회를 흩어 버리셨다는 사실을 주목할 필요가 있다(행 8:1-5; 11:19-24). 그 결과 복음은 주변 지역인 유대와 사마리아, 로마 제국의 이방 세계로까지 전파되어 나갔다.

오늘날 선교의 우선순위가 회복되는 흐름에 부응하기 위해 '교회는 선교다'라는 슬로건이 만들어졌는데, 이는 분명히 과장된 표현이다. 교회는 예배와 친교 같은 다른 기능들도 수행하라는 분명한 부르심을 받았기 때문이다. 따라서 다음과 같은 균형 잡힌 표현이 유익할 것이다. "교회의 존재와 교회가 행하는 모든 일에는 선교적 차원이 있다. 그러나 모든 일이 선교적 의도를 가진 것은 아니다"(데이비드 보쉬). 선교는 그리스도와 진정으로 연결되어 있다고 주장하는 교회의 사역에서 근본적 요소다. 따라서 복음을 선포하지도 않고 이웃의 도덕적·영적 건강에 대한 책임감을 느끼지 않으며, 도처에서 만나는 영적으로 길 잃은 사람들과 가난하고 곤경에 처한 사람들에게 관심을 기울이지 않는 교회는 참된 교회의 모습을 상실한 교회다. 또한 그런 교회는 "아버지께서 나를 세상에 보내신 것같이 나도 너희를 세상에 보낸다"라고 말씀하신 주님을 명백하게 부인하는 교회다.

요약하면, 진정한 교회는 관계 안에서의 일치, 거룩한 삶, 모든 사람에 대한 개방성, 사도적 성경의 가르침에 대한 순종, 말씀과 성례를 통한 그리스도의 선포, 선교에 대한 헌신을 통해 식별할 수 있다.

■ 성경 구절

창 9:8이하; 12:1-3; 출 6:6-8; 시 95:7; 사 5:1-7; 마 16:18; 18:15-20; 28:18-20; 막 12:1-12; 눅 24:47-49; 요 10:1-30; 17:17-23; 행 1:8; 2:42-47; 4:23-37; 15:13-18; 20:28-32; 고전 11:23-26; 12:1-28; 엡 2:17-22; 4:1-6; 5:22-27; 벧전 2:4-10; 계 7:9-11; 21:1-22:5.

■ 토론 질문

1. 구원의 경험에 있어 개인과 공동체가 갖는 관계를 (1) 구약과 (2) 신약에서 조사해 보라.
2. 성경에 제시된 교회의 주된 이미지를 조사해 보라. 각 이미지가 (1) 하나님과 우리를 향한 그분의 태도, (2) 교회의 특권, (3) 교회의 책임, (4) 세상 속에서의 교회의 선교에 대해 무엇을 가르치는지 알아보라.
3. 가시적 교회와 비가시적 교회를 구별할 때의 유익과 위험을 논해 보라.
4. 참된 교회의 '표지'인 일치성, 거룩성, 보편성, 사도성의 성경적 기초를 조사해 보고, 각각 (1) 자신이 출석하는 지역 교회와 기독교 단체, (2) 세계 교회 전체에 어떻게 적용할 수 있을지 생각해 보라.
5. 종교개혁자들이 주장한 참된 교회의 '표지'는 얼마나 성경적이고 타당한가?
6. 선교가 교회의 본질에 속한다는 주장에 동의하는가? 자신의 응답에 대한 성경적 근거를 제시해 보라. 만약 선교가 교회의 본질이라면, 그것은 당신이 출석하는 지역 교회의 사역에 어떤 의미를 던지는가?

■ 참고 자료

J. Balchin, *What the Bible says about the Church* (Kingsway, 1979).

G. C. Berkouwer, *The Church* (Eerdmans, 1976).『개혁주의 교회론』(CLC).

E. Clowney, *The Church* (IVP, 1995). 『교회』(IVP).

D. M. Lloyd-Jones, *The Basis of Christian Unity* (IVP, 1962). 『시대의 표적』(CLC).

J. R. W. Stott, *One People* (Falcon, 1969). 『존 스토트가 말하는 목회자와 평신도』(아바서원).

D. Watson, *I Believe in the Church* (Hodder, 1978). 『교회의 진정한 표상』(여수룬).

C. J. H. Wright, *The Mission of God* (IVP Academic, 2006). 『하나님의 선교』(IVP).

24 | 교회의 기능

23장에서 교회란 **무엇인가**를 다루었다면, 이제 교회가 **무엇을 하는가**에 대해 살펴볼 것이다. 교회의 과제와 책무는 교회의 본질에 의해 결정된다. 교회는 하나님의 백성이기 때문에 그 **존재 이유**를 자신 안에서가 아니라 하나님께 영광과 존귀를 돌리는 데서 찾는다(롬 11:36; 고전 8:6). 그렇다면 교회는 하나님을 영화롭게 하기 위해 무엇을 해야 할까?

예배

예배(헬. *latreia*)는 하나님을 영화롭게 하고자 하는 교회의 목적을 수행하는 가장 분명한 방법이다.

성경의 사례

예배는 성경에 빈번하게 등장하며, '유대인 교회 찬송집'인 시편에 가장 두드러지게 나타난다.

신약에는 예배하는 것과 관련된 이야기들(마 6:9; 막 14:12이하; 눅 1:46-55, 68-79; 2:14, 29-32; 4:16; 행 3:1이하; 4:24이하)과 송영들(롬 11:33-36; 16:27; 딤전 1:17;

6:15이하; 유 24절이하; 계 1:5이하)과 함께, 초대교회의 찬송시(엡 5:14; 빌 2:5-11; 골 1:15-20; 딤전 3:16)와 예전적 공식 문구들 – **마라나타**('오 주여 오소서'라는 뜻, 고전 16:22), **아멘**('그렇게 될지어다'라는 뜻의 히브리어, 롬 1:25), **아바**('아버지', 롬 8:15) – 도 많이 기록되어 있다. 또한 예배는 하늘의 삶에서도 근본이 되는 것으로 보인다(계 4:8-11; 5:11-14; 7:9-12).

교회는 하나님께 "찬송의 제사"(히 13:15; 벧전 2:5)를 드리는 제사장들의 모임이다. 예배드리는 책임에 대한 이러한 인식은 '라트레이아'의 근본 의미, 즉 '섬김' 또는 '사역'과 일맥상통한다. 예배를 뜻하는 영어 단어 'service'는 바로 이런 의미를 담고 있으며, 이는 예배하는 모임에 대한 접근 방식에 깊은 함의를 던진다. 너무나 자주 그리스도인들은 '내가 이 예배에서 무엇을 얻을 것인가?' 하는 마음으로 예배에 참석한다. 그러나 예배에 참여하는 올바른 마음은 '내가 이 예배에서 (하나님께) 무엇을 드릴 수 있는가?'이다.

예배의 요소

찬양은 예배의 근본적 요소였다. 또 다른 기본 요소인 **하나님의 말씀 선포**는, 율법을 읽고 강론하는 것이 중요한 요소였던 유대교 회당으로부터(눅 4:16-27; 행 13:14이하) 교회가 물려받은 유산이다. 초대교회는 예배 때 성경을 공적으로 읽고(골 4:16; 살전 5:27) 강론했다(행 2:42이하; 6:2). 여기서 예배 때 하나님의 말씀을 선포하는 것이 부가적 행위이거나, 찬양과 기도 같은 신성한 활동 이후에 행하는 단순한 인간적 활동이 아니라는 종교개혁자들의 확신을 제대로 이해할 필요가 있다. 오히려 설교는 예배의 절정으로서, 이를 통해 우리는 하나님의 살아 있는 음성을 듣고 마음에 감동을 받아 헌신과 섬김을 통해 자신을 하나님께 드리게 된다. **헌금** 역시 예배의 한 요소였다. 구약에는 하나님께 십일조와 예물을 바치는 예가 풍부하다(창 14:20; 레 27:30; 대상 29:6 이하; 스 1:6; 말 3:30). 헌금에 관한 신약의 주요 구절은 고린도전서 16:1-4(참고.

마 6:2-4; 고후 8-9장)이다. 또한 다음 단락에서 설명하겠지만, 세례와 성찬 같은 **복음적 성례**는 아주 근본적인 또 다른 특징을 보여 준다.

예배의 특징

1. **살아 계신 그리스도가 예배 가운데 임재하신다.** 이것은 다른 종교에서는 결코 찾아볼 수 없는 내용이다. 우리는 기억 속에 남아 있는 주님을 숭배하기 위해서가 아니라, 임재하시는 주님을 송축하고 주님의 승리를 기뻐하며 말씀을 통해 성령 안에서 그분을 만나기 위해 모인다(마 18:20; 28:20은 교회의 징계를 실행하는 맥락에서 언급되고 있지만, 많은 신자들은 오랫동안 이 구절을 기독교 예배의 본질적 실재를 표현하는 것으로 이해했다. 사실상 이 구절은 예수님이 17절에 언급된 '교회'를 어떻게 이해하시는지를 보여 준다. 참고. 고전 5:4).

2. **성령이 예배에 능력을 부어 주신다**(요 4:24; 빌 3:3). 그분은 실재를 창조하시고(고전 12:3), 불필요한 본능을 억제하시며(고전 14:32이하, 40), 기도를 도우시며(롬 8:26이하), 마음을 감동시켜 찬송하게 하시며(엡 5:18이하), 진리로 인도하시며(고전 2:10-13), 자신의 은사를 나누어 주시며(롬 12:4-8), 불신앙을 책망하신다(요 16:8; 고전 14:24이하).

교회가 오랜 세월 동안 엄청나게 다양한 문화와 전통을 받아들여 왔다는 점을 고려할 때, 다양한 예배 방식이 발전해 온 것은 그리 놀라운 일이 아니다. 사실상 다양성은 성경 안에서도 나타나는데, 성경적 '예배 모델'을 적어도 다섯 가지로 구분할 수 있다.

첫째, 유대교 회당의 형식으로서 율법 강론을 중심으로 이루어지는 **교훈적** 모델이 있다. 예수님은 이 모델 안에서 성장하셨고, 계속되는 신약의 초기 경험들 역시 이 모델 안에서 이루어졌다(약 2:2에서는 교회를 나타낼 때 '회당'이라는 단어를 실제로 사용한다; 행 20:20; 딤후 4:2).

둘째, 이스라엘의 성전 예배에 사용된 **예전적** 모델이 있다. 이 모델에는 정해진 형식과 응답이 포함된다(시 136편을 보라). 신약 역시 많은 구절에서, 당시 예배에 사용된 공식 문구가 있었음을 암시해 준다(고전 16:22하; 엡 5:14; 빌 2:5-11; 골 1:15-20; 딤전 3:16).

셋째, 많은 구약 예배의 핵심인 희생 제사를 반영하는 **성례적** 모델이 있다. 또한 이 모델은 신약 예배의 중심이 되는 성찬에 반영되어 있다(출 25-31장; 35-40장; 레 1-9장; 16장; 막 14:12-26; 행 2:42, 46; 20:7; 고전 11:23-34).

넷째, 구약에서 앞서 일어난 일들(민 11:26-29; 삼상 10:12-13)과 고린도전서 12:8-12 및 14:1-40(참고. 행 11:27-28; 21:8-11)의 내용이 보여 주듯이, 예배 시에 다양한 은사가 나타나는 **은사적** 모델이 있다.

또한 하나님 백성 전체가 함께 지켰던(출 23:14-19상) 이스라엘의 절기 행사에 나타나는 **절기 예배**를 다섯 번째 모델로 볼 수 있을 것이다. 예수님의 사역은 이런 예배 형태로부터 깊은 영향을 받았고(눅 2:41-50; 요 2:13, 23; 7:37; 13:1; 19:14), 아마도 바울 역시 그러했을 것이다(참고. 행 20:16).

실제로 대부분의 교회는 이와 같은 여러 모델을 결합한 예배를 드리고 있을 것이다. 어쨌든 성경이 보여 주는 이 같은 다양성은 어느 하나의 모델을 '유일한 성경적 예배 형태'라고 내세울 수 없게 만든다.

3. 회중이 사랑의 교제의 정신으로 충만해진다. 초대교회 예배의 특징은 동료 예배자들에게 사랑의 관심을 기울였다는 것이다(행 2:42-47; 4:32-35). 이것은 특히 그리스도 안에서 서로 격려하고 세워 주려는 태도로 나타났다(엡 4:12-16). 이런 예배는 수직적일 뿐 아니라 수평적인 형태의 예배였다. 따라서 회중에 속한 특정 부류가 예배에 참여할 권리를 침해하지 않는 형태를 확실히 강구해야 할 필요성이 있다. 또한 예수님이 그러하셨듯이 "이웃을 기쁘게 하되 선을 이루고 덕을 세우도록"(롬 15:2) 할 필요가 있다. 세대적으로나 문화적으로 다양성이 넘쳐 나는 오늘의 상황에서, 모든 예배를 통해 자신이 원하는 모든 것을 얻을 수 있으리라 기대하는 것은 확실히 비현실적이다. 물론 우

리는 예배를 통해 우리에게 필요한 많은 것들을 경험하고, 마음과 삶에서 우러나는 흠모의 감정을 적어도 어느 정도까지는 전심으로 표현할 수 있어야 한다. 하지만 동시에 성령의 가장 좋은 열매인 사랑, 즉 "자기의 유익을 구하지 아니하[는]"(고전 13:5) 사랑을 나타내는 데도 부족함이 없어야 할 것이다.

'넘쳐흐르는' 예배

하나님을 향한 사랑의 응답인 예배는, 함께하는 찬양과 사역에만 국한되지 않고 전체 생활방식으로까지 확대되어야 했다. 따라서 바울은 골로새의 종들에게, 그들의 주인에게 "순종하되…오직 주를 두려워하여 성실한 마음으로 하라.…주께 하듯 하고 사람에게 하듯 하지 말라"(골 3:22-23)라고 촉구할 수 있었다. 예배는 다음 말씀처럼 전체적 생활방식이 되어야 한다. "무엇을 하든지, 말에나 일에나 다 주 예수의 이름으로 하고 그를 힘입어 하나님 아버지께 감사하라"(골 3:17).

교제

교제(헬. *koinōnia*)는 교회가 하나님을 영화롭게 하는 일과 밀접하게 관련된다. "그러므로 그리스도께서 우리를 받아 하나님께 영광을 돌리심과 같이 너희도 서로 받으라"(롬 15:7). 그리스도인들이 참된 교제를 나누며 함께 살아갈 때 하나님은 큰 영광을 받으신다. 헬라어 '코이노니아'는 본질적으로 어떤 것에 함께 참여한다는 뜻이다. 따라서 코이노니아의 본래 뜻은 오늘날 우리가 사용하는 일반적 의미의 '교제', 즉 상호 연결된 관계와는 약간 다르다. 그러나 공동의 참여는 서로 연결된 관계를 수반하기 때문에 이 두 의미가 완전히 구분되는 것은 아니다.

하나님 백성의 교제는 하나님의 생명에 함께 참여하는 것에 기반을 두는데(요일 1:3, 7), 이는 초기부터 교회가 지녔던 두드러진 특징이었다(살후 1:3). 그러나 신약의 교제가 결코 무분별한 것은 아니었다. 교회는 극단적 잘못을 범하는 사람들과는 교제를 끊었으며(고전 5:4이하; 살후 3:14), '사도들의 가르침'을 부인하는 자들과도 교류를 단절했다(행 2:42; 갈 1:8이하). 교제의 본질적 표현은 형제를 위해 자기를 내어 주는 사랑으로 나타났고(고전 13:1; 요일 3:16), 예수님은 이것을 새로운 공동체의 구별된 특징(요 13:34이하)이자 세상이 복음을 믿게 하는 수단이라고 말씀하셨다(요 17:23).

요한의 두 저작에서 '사랑'으로 번역된 헬라어는 '아가페'(*agapē*)다. 일찍이 이 단어(동족어들도 함께)가 하나님의 사랑을 나타내기 위해 만든 신약만의 특별한 용어였다는 주장이 제기되었는데, 사랑을 뜻하는 다른 헬라어 단어인 '필리아'(*philia*)와 '에로스'(*erōs*)가 예수님 안에서 자기를 낮추고 내어 주심으로 계시된 하나님의 특별한 사랑을 나타낼 수 없다고 보았던 것이다. 오늘날 이러한 명확한 구별은 언어학적으로 부적절하다고 여겨진다(예를 들어, 요 3:35과 5:20을 보면 '성자를 향한 성부의 사랑'을 의미하는 동일한 사랑이 아가페와 필리아로 각각 번역된다). 따라서 우리는 각 성경 구절의 문맥에 따라 의미를 판단해야 한다. 그러나 전체적 요점은 여전히 명확한데, 신앙 공동체 안에서 서로에 대한 사랑은 예수님이 자기희생을 통해 계시하신 우리를 향한 하나님의 사랑을 규범으로 삼아야 한다는 것이다. "내가 너희를 사랑한 것같이 너희도 서로 사랑하라"(요 15:12). 이런 수준의 사랑은 인간에게는 불가능하며, 그렇기 때문에 신약은 일관되게 아가페의 사랑을 성령의 은사라고 말한다(롬 5:5). 그러나 분명히 아가페의 사랑은 매우 실제적 사랑이다(요일 3:17이하; 참고. 롬 15:25이하; 고후 8-9장).

고린도후서 8-9장은 기근으로 고통당하는 유대/팔레스타인 교회를 위해 이방인 교회에서 구제 헌금을 거둔 내용을 언급하고 있다. 이 일은 초기 기독교의 양대 흐름을 이루던 교회들이 서로 교제하고 있었음을 보여 줄 뿐 아니라, 그 교제를 더욱 끈끈하고 깊이 있게 만드는 역할을 했다.

신약의 교제에는 손님 대접을 실천하고(히 13:2; 벧전 4:9), 서로의 짐을 지고(갈 6:2), 서로 격려하고(히 10:25), 서로를 위해 기도하는 일(빌 1:9-11, 19) 등도 포함되었다. 특히 성찬은 신약에서 나누었던 교제의 특별한 표현이었다(고전 10:16이하).

초대교회 그리스도인들의 풍성한 공동체 생활은 당시 이교도들이 기독교 신앙에 호감을 갖게 만드는 중요한 요소였다. 이런 교제의 삶은 지역적으로나 국제적으로 '교제'할 대상을 찾는 것이 생존에 필수가 된 오늘날에도 중요한 의미를 띠며, 교회가 세상에 전해 줄 수 있는 것들 중에서 진정한 인간관계의 비결만큼 직접적으로 중요한 것은 없다. 따라서 아가페를 경험하라는 부르심은 그리스도께서 교회에 던지는 가장 중요한 도전 중 하나다.

사역

초대교회는 섬김(헬. *diakonia*)에 헌신했다. 섬기는 일은 하나님께 영광을 돌리는 또 하나의 수단이었다(벧전 2:12). 타인을 복종시키는 권위와 권세를 지닌 자를 큰 자라고 여겼던 이방 세계와 달리, 예수님은 겸손하게 섬기는 자가 큰 자라고 가르치셨다(막 9:33-37; 눅 22:24-27). 이 가르침은 당시 제자들에게 그랬던 것처럼 오늘날의 우리에게도 근본적 도전을 던진다. 섬김은 우리가 흔히 생각하는 것처럼 큰 자가 되는 길이나 예비 단계가 아니며, 그 **자체로** 위대하다. 이런 가르침의 배경에는 예수님의 사역이 있다. "인자가 온 것은 섬김을 받으려 함이 아니라 도리어 섬기려 하고 자기 목숨을 많은 사람의 대속물로 주려 함이니라"(막 10:45). 종이신 메시아는 교회가 종의 공동체가 됨으로써 자신과 같이 될 것을 요청하신다. 이 진리에는 엄청난 보상이 뒤따르는데, 이는 겸손히 다른 사람을 섬기는 것 자체가 바로 우리 삶의 완성이라는 의미다.

성경이 가르치는 교회의 사역(*diakonia*)에는 다음 세 가지 측면이 있다.

성령의 은사

성령은 중생을 통해 새 생명을 선물로 주실 뿐 아니라, 모든 믿는 자에게 특별한 은사 혹은 사역을 나눠 주신다. 이 주제를 다루는 신약의 모든 주요 구절들은, 성령을 통해 진정으로 중생한 모든 사람에게 한 가지 이상의 성령의 은사가 있다고 주장한다(롬 12:3이하; 고전 12:7-1; 엡 4:7, 16; 벧전 4:10). 특히 몸 이미지(롬 12:5)는, 각 지체가 몸 전체와 관련된 한 가지 기능을 갖고 있음을 매우 설득력 있게 보여 준다. 또한 신약에는 성령의 특별한 은사를 받아 수행하는 일이 중생 이후의 어떤 성령 체험에 의존한다는 듯한 암시가 전혀 없다. 즉 모든 그리스도인이 각각 자신의 사역으로 부름받고 있는 것이다. 그리스도의 지체가 되는 것은 곧 그리스도의 사역자가 되는 것이다(고전 12:7, 11).

성령의 은사와 사역의 예시는 구약과 신약에 모두 등장한다(출 35:30-33; 삿 3:10; 롬 12:3-8; 고전 12:4-11, 28; 엡 4:11이하; 벧전 4:10이하). 성령은 자유롭고 주권적인 방식으로 은사와 사역을 나눠 주신다. "은사는 여러 가지나 성령은 같고…이 모든 일은 같은 한 성령이 행하사 그의 뜻대로 각 사람에게 나누어 주시는 것이니라"(고전 12:4, 11). 우리는 자신의 은사와 사역을 알고, 속한 교회나 단체의 유익을 위해 사용할 책임이 있다. 이런 은사와 사역의 목적은 두 가지인데, 일차적으로는 주 예수 그리스도께 영광을 돌리는 것이다. 승천하신 주님의 선물인 은사는 부활의 승리를 보여 주고 그 정당성을 입증한다(엡 4:8; 행 2:32이하). 또한 그리스도의 몸이 성장하도록 돕는다(엡 4:12).

전문 사역

전문 사역(specialized ministry)은 성령의 은사의 한 형태다. 구약은 제사장(창 14:18; 출 28:1이하), 예언자(신 18:15이하; 사 6:1이하), 장로(출 3:16; 신 19:12)와 같은 분명한 사역의 선례를 제공하며, 예수님도 열두 제자를 부르심으로써 이 원리를 계승하셨다. 이후에 신약에서도 같은 패턴을 따라 장로(presbyteroi), 감독(episkopoi), 집사(diakonoi)를 임명했으며(행 14:23; 딤전 3:1-3; 딛 1:5), 전도자, 목사, 교사의 직분을 세웠다(엡 4:11).

이러한 사역 '체계'는 그리스도인의 삶에 두 개의 층이 있음을 의미하지 않는다. 전문 사역과 평신도(헬. laos, 백성) 사역 간의 구별은 본질상 기능적인 것이다. '풀타임 사역자' 혹은 어떤 다른 호칭으로 부르든 간에, 그들은 회중의 평신도 지체들보다 결코 '더 위에' 있거나 '더 중요한', 혹은 하나님께 '더 가까이' 있는 사람이 아니다.

지역 교회가 더 큰 범위의 교회와 상관없이 한 사람을 사역자로 세울 수 있는가? 이에 대한 의견은 다양한데, 어떤 이들은 지역 교회가 더 큰 범위의 교회와 상관없이 그리스도의 주권 아래서 직분자를 충분히 임명할 수 있다고 주장한다. 또 어떤 이들은 사역자 임명이 보다 큰 범위의 교회로부터 승인이 필요한 일이라고 믿는다.

이런 사역의 권위에 대한 견해 역시 다양하다. 일반적으로, 신약은 하나님과 인간 사이를 중재하며 하나님의 은혜를 죄인에게 전달하는 사제직에 대해 전혀 언급하지 않는다. 신약에서 '제사장'이라는 단어가 오직 예수님께만 단수 형태로 사용되고 있다는 점은 매우 중요하다. 갈보리에서 수행된 그분의 독특한 제사장직은 모든 제사장의 중재를 영원히 불필요하게 만든다. 중보자로 행동하려는 인간의 어떤 시도도, 그리스도께서 단번에 드리신 제사를 부인하는 모독이자 그 효력에 대한 도전 행위로 간주된다. '모든 믿는 자들의 제사장직'이라는 복수 개념은 하나님 백성 전체가 일반적인 제사장의 기능을 수행함을 가리킨다(히 13:15이하; 참고. 롬 12:1이하; 벧전 2:5, 9; 계 1:6).

인간을 불필요하게 높이는 위험을 가장 잘 피하려면, 임직 여부와 상관없이 그리스도인의 모든 사역이 그리스도 그분의 사역이라는 점을 인식하면 된다. 모든 형태의 그리스도인 사역을 표현하는 가장 심오한 말은 그것이 부활하신 주님이 백성 가운데, 그리고 그 백성을 통해 행하시는 사역 외에 아무것도 아니라는 것이다(롬 15:18). 이것은 그리스도의 몸으로서의 교회 개념에도 암묵적으로 나타난다.

임직에 관한 최근 논의에서는 임직자의 성별과 관련된 문제가 두드러지게 나타난다(제3부 "남자와 여자"도 보라. pp. 190-193). 신약을 보면 여성이 사도 시대에 직분을 수행했음이 분명해 보인다. 바울은 신약 여러 군데에서 여성들의 기여를 찬성하는 입장을 내보이며(롬 16:1-2, 12; 고전 16:19; 빌 4:2-3), 고린도 교회에서 여자들이 기도하고 예언한 사실을 언급하고(고전 5:5), 디모데전서 3:11에서는 디모데에게 여자 집사를 세우는 것에 관한 지침을 준다. 빌립의 딸들이 '예언했다'고 언급하는 사도행전 21:9은 이에 대해 어떠한 논평도 달지 않는다. 아울러 예수님은 자신의 주변 그룹에 속한 여성들을 분명히 인정하셨고, 그들은 오순절에 성령이 임하실 때도 제자 공동체에 속해 있었다(행 1:14; 2:1-4). 또한 추정하건대, 방언으로 하나님의 일들을 증언함으로써 청중들을 놀라게 했던 그룹을 구성하던 일부는 여성이었을 것이다(2:7이하). 베드로가 그 상황을 설명하기 위해 인용한 요엘의 예언에 남자와 더불어 여자들이 성령의 능력으로 사역을 수행하는 내용이 포함되어 있다는 것은 결코 놀라운 일이 아니다(2:18). 아울러 신약에 등장하는 사역의 은사 목록은 어떤 성적 배타성도 없이 '모든' 믿는 자들에게 주시는 것으로 언급되어 있다("성령의 은사"를 보라. p. 452).

이렇듯 신약이 여성의 사역, 구체적으로는 여성의 **공적** 사역을 분명히 인정한다면, 사역자 임직에 성별 요소를 고려하는 것이 과연 정당할까? 이 문제를 심각하게 생각하는 정도는 교회가 임직을 독특하게 여기는 정도에 따라 달라진다. 특히 임직자가 실제적 의미에서 그리스도를 대신한다고 생각하는 교회들이 이 문제에 가장 예민하게 반응한다.

많은 사람들이 성경을 해석할 때 바울이 여성 지도력을 분명히 제한하는 내용에 매우 큰 비중을 둔다(고전 11:3-16; 14:34-36; 딤전 2:11-15). 또한 예수님의 열두 제자가 모두 남자였고, 창조 때 분명하게 확립된 우선권이 남성 지도력과 연결된다는 점도 주목한다(딤전 2:13이하; 고전 11:12). 그러나 어떤 사람들은, 바울의 메시지를 사역에 대한 보편적 기준을 확립하는 차원이 아니라 사도들이 처해 있던 구체적 목회 상황을 고려하여 해석할 수 있다고 본다. 그리스도 안에서는 '남자도 여자도 없다'는 바울의 진술(갈 3:28)은, 모든 형태의 다른 사역과 동일하고 궁극적으로 하나님의 부르심과 성령의 은사와 관련된 문제인 리더십의 성별에 대한 신약의 본질적 입장이다.

이에 대해 더 많은 논의를 알고 싶으면 "참고 자료"를 보기 바란다.

교회 밖 사역

교회의 섬김은 우선적으로 신앙 공동체 안에 있는 사람을 대상으로 하지만(갈 6:10), 여기서 멈추어서는 안 된다. 왜냐하면 예수님의 가장 깊은 섬김은 그분과 원수가 된 사람들을 향한 것이었기 때문이다(롬 5:6-8). 따라서 교회는 사회의 빛과 소금이 됨으로써 하나님을 영화롭게 해야 한다(마 5:16). 이에 교회는 복음전도뿐 아니라 여러 다양한 활동을 통해, 더 정의롭고 깨끗하며 정직하고 자비롭고 하나님의 성품을 더 많이 나타내는 사회, 최종적으로는 사회 구성원들이 함께 더 큰 행복과 성취감을 느끼는 사회를 만들어 나가도록 노력함으로써 하나님이 더 큰 영광을 받으시도록 해야 한다.

직접적 복음 증거 외에 교회가 이런 책임을 감당할 수 있는 일차적 방법은, 사회의 색깔과 분위기에 날마다 영향을 미칠 수 있는 강하고 확고한 성품을 지닌 그리스도인들을 길러 내는 것이다. 또한 사회적 필요에 응답해야 할 필요를 느낄 때 교회가 공동체적으로 협력할 수도 있다.

증언

증언(헬. *martyria*)의 소명은 예수님이 사도들에게 주신 마지막 가르침의 핵심 내용(행 1:8)이었으며, 사도들은 오순절을 기점으로 마침내 이 일에 착수했다. 예루살렘 교회가 즉시 세계적 복음전도에 나선 것은 결코 아니었고, 이 과업의 온전한 차원을 제대로 받아들이기 위해서는 스데반의 순교와 바울의 사역이 필요했다. 그리고 사도행전의 이야기가 보여 주듯 주님의 계획은 착실히 진행되었다. "예루살렘과 온 유대와 사마리아와 땅 끝까지 이르러 내 증인이 되리라"(행 1:8). 오늘날의 교회가 첫 세대의 성도들을 영적으로 계승하는 일은, 그들처럼 복음 증거에 헌신하는 교회가 될 때만 가능하다.

법적 맥락에서 '마르튀리아'는 누군가를 변호하는 것이다. 구두 증언이 이 용어의 핵심 의미다. '삶을 통한 증언', '삶이 말하게 하는 것' 등의 개념은 실제로 이 용어가 의미하는 바를 제대로 전달하지 못한다. 물론 우리 삶은 우리의 고백과 일치해야 한다. 그러나 예수님이 교회에 위임한 이 과제는 '입을 통한 선포'를 포함한다. 물론 예수님이 주신 사명은 이보다 훨씬 광범위한 것이지만 말이다(마 28:19이하; 요 20:21이하; 행 10:42이하).

복음을 증언할 때, 우리는 그리스도 안에서 일어난 하나님의 객관적 사역에 주의를 기울여야 한다. 불행히도, 복음 증거는 한 사람이 개인적으로 어떻게 신앙을 갖게 되었는지에 대한 이야기를 들려주는 것과 동일시되는 경우가 많다. 물론 경우에 따라, 하나님이 우리를 다루신 이야기가 우리의 증언을 효과적으로 표현하고 그것의 진정성을 확인하는 데 도움이 될 수 있다. 그러나 복음 증거의 핵심은 사람들이 그리스도를 바라보게 하고 그분의 구원 사역을 알리는 것이다.

세계적 차원에서 이루어지는 이 복음 증거 사역은, 신약 교회가 새 이스라엘이 되어 구약의 이스라엘이 이루지 못한 과업을 물려받은 것이다(창 12:1-3; 18:18; 사 49:6; 참고. 사 43:10, 12; 44:8).

교회, 특히 신학자들은 신약의 위대한 저작들이 복음전도와 목회 사역을 희생적으로 수행했던 선교사와 복음전도자들의 기록이라는 사실을 너무도 자주 잊어버린다. 그들의 선교 경험에 대해 전혀 알지 못하고 세계를 그리스도의 발아래로 인도하려는 뜨거운 열정을 결코 느껴 보지 못한 사람이 그들의 사상을 제대로 평가하거나 그 가르침을 해석하기란 매우 어려운 일이다.

구두로 하는 선포와 교육, 의료, 사회 정치 영역 등 세상 속에서 수행하는 다른 형태의 사역 간의 관계에 대해 상당히 많은 논의가 이루어져 왔다. 증언을 앞서 설명한 관점, 즉 구두 선포의 측면에서 이해하는 것은 유용하지만, 이것이 교회가 세상에서 수행하도록 요구받는 모든 것을 포함하지는 않는다는 인식도 중요하다. 이러한 더 폭넓은 관점은 "교회가 보냄 받은 세상에서 수행해야 하는 모든 것"(존 스토트)으로 해석되는 '선교'라 부를 수 있을 것이다. 그러므로 복음 증거는 교회의 과업의 전부는 아니지만 분명 핵심적이다. 세상에 복음을 증언하는 과업은 각 세대마다 교회에 새롭게 주어지며, 앞서 보았듯 교회의 중요한 목적 중 하나인 복음 증거를 결코 부차적 일로 취급해서는 안 된다.

무엇보다도, 복음을 증언하는 사도적 임무는 사도적 공동체인 **교회**에 주어진 것임을 기억해야 한다. 물론 친구나 직장 동료, 이웃에게 복음을 증언할 책임이 각 개인에게 있지만, 복음 증거의 사명을 일차적으로 받은 것은 공동체인 교회다. 그러므로 복음 증거를 수행하는 일차적 단위는 지역 회중이다. 우리는 이 세상에서 그리스도의 증인으로서, 지역 교회나 기독교 단체의 복음전도 프로그램을 뒤에서 지원하고 기도와 은사를 활용하여 개인의 기본 책임을 감당할 수 있다. 이런 방식은 개인적으로 복음을 증언하기 힘든 사람들에게 특히 적절할 것이다.

■ **성경 구절**

예배   창 8:20; 출 15:1-18; 삼상 2:1-10 대상 29:10-13; 느 9:5이하; 시 148-150편; 사 6:1이하; 암 5:21-27; 말 3:10; 마 6:1-18; 18:20; 막 14:22-26; 요 4:24; 롬 12:4-8; 고전 11:18-22; 16:1-4; 빌 1:9-11; 3:3; 4:20; 딤전 1:17; 3:16; 4:13; 6:15이하; 히 10:19-25; 13:15; 약 5:13; 유 24절이하; 계 1:5이하; 4:8-11; 5:11-14; 22:16.

교제   행 2:42-47; 롬 5:5; 12:13; 15:1, 5-7, 25이하; 고전 10:16; 13장; 살전 3:6, 12이하; 살후 1:3; 히 13:2, 16; 벧전 4:9; 요일 1:3, 7.

사역   출 35:10-33; 신 18:15이하; 19:12; 삿 3:10; 삼상 10:10; 느 8:7이하; 막 4:10이하; 눅 6:12이하; 22:24-27; 요 13:14-16; 20:21; 행 6:1-7; 11:30; 14:23; 엡 4:11-16; 딤전 3:1-13; 벧전 5:1-5; 계 1:6.

증언   사 43:10-13; 마 28:18이하; 행 1:8; 4:20; 13:1-3; 고후 5:11-20; 요일 1:2.

■ **토론 질문**

1. 구약에서 하나님 백성의 예배에 기초가 되는 원리는 무엇이었는가? 새 언약(신약)의 예배와는 어떤 점에서 다른가?
2. 예배에서 자유와 질서/형식이 지니는 역할을 논해 보라. 성경은 이에 대해 어떤 지침을 제시하는가?
3. 교제(koinōnia)란 무엇인가? 신약 교회에서 교제가 어떻게 나타났는지 조사해 보라. 또한 오늘날 교회에서는 어떠한가?
4. (1) '사도의 가르침'(행 2:42), (2) 성찬(고전 10:11), (3) 성령과 그분의 은사(고전 12-13장)가 참된 교제에 대해 갖는 의미를 평가해 보라.
5. 교회 내 사역과 관련하여, 영적 은사에 관한 성경의 가르침은 어떤 의미인가?
6. 신약이 교회의 전임 사역자들에게 요구하는 사항들을 열거해 보라(참고. 딤전 3:1-

13; 딛 1:9-15; 행 6:3이하).

7. 교회의 복음 증언이 어떻게 하나님께 영광을 돌리는가?
8. '선교'는 어떤 요소들을 포함하는가?
9. 그리스도인의 사회 참여에 대한 주된 성경의 근거는 무엇인가?
10. 성경은 (1) 기도, (2) 재정 후원, (3) 개인적 복음 증거, (4) 교회의 복음 증거를 통한 선교에 대해 어떻게 가르치는가? 각 영역은 당신이 개인적으로 선교에 헌신하는 데 있어 어떤 함의를 갖는가?

■ 참고 자료

Arts. 'Worship', 'Fellowship', 'Ministry' in *NDT*.

J. Blauw, *The Missionary Nature of the Church* (Lutterworth, 1974). 『교회의 선교적 본질』(한국장로교출판사).

D. J. Bosch, *Transforming Mission* (Orbis, 1991). 『변화하는 선교』(CLC).

D. Bridge and D. Phypers, *Spiritual Gifts and the Church* (IVP, 1973; 2nd edn, Christian Focus, 2008).

E. Clowney, *The Church* (IVP, 1995).

C. P. DeYoung, M. O. Emerson, G. Yancey and K. C. Kim, *United by Faith* (Oxford University Press, 2003).

E. M. B. Green, *Called to Serve* (Hodder, 1964).

S. J. Grenz, *Women in the Church* (IVP USA, 1995). 『교회와 여성』(CLC).

W. Grudem (ed.), *Are Miraculous Gifts for Today?* (IVP, 1996).

_____, *Evangelical Feminism and Biblical Truth* (Apollos, 2005).

J. B. Hurley, *Man and Woman in Biblical Perspective* (IVP, 1981). 『성경이 말하는 남녀의 역할과 위치』(여수룬).

P. Jenkins, *The Next Christendom* (Oxford University Press, 2002). 『신의 미래』(도마의길).

R. P. Martin, *Worship in the Early Church* (Marshall, Morgan and Scott, 1964). 『초대 교회 예배』(은성).

B. Milne, *We Belong Together* (IVP, 1978).

_____, *Dynamic Diversity* (IVP, 2008).

A. S. Moreau (ed.), *Evangelical Dictionary of World Missions* (Baker, 2000).

R. Padilla, *Mission Between the Times* (Eerdmans, 1985). 『복음에 대한 새로운 이해』(대장간).

D. Peterson, *Engaging with God* (Apollos, 1992). 『예배신학』(부흥과개혁사).

R. W. Pierce and R. M. Groothuis (eds.), *Discovering Biblical Equality* (Apollos, 2005).

J. Piper, *Let the Nations Be Glad* (IVP, 1994). 『열방을 향해 가라』(좋은씨앗).

D. W. Smith, *Against the Stream* (IVP, 2003).

J. R. W. Stott, *Baptism and Fullness* (IVP, 2nd edn, 1975).

_____, *Our Guilty Silence* (Hodder, 1969). 『존 스토트의 복음 전도』(IVP).

_____, *Christian Mission in the Modern World* (Falcon, 1975). 『현대 기독교 선교』(성광문화사).

_____, *The Living Church* (IVP, 2008). 『살아 있는 교회』(IVP).

D. Tidball, *Ministry by the Book* (Apollos, 2008).

A. F. Walls, *The Missionary Movement in Christian History* (Orbis, 1996).

_____, *The Cross-Cultural Process in Christian History* (Orbis, 2002).

C. J. H. Wright, *The Mission of God* (IVP, 2006).

25 교회의 삶

교회는 조직이 아닌 유기체이며, 살아 있고 성장하는 실재다. 여기서 성장이란 복음전도를 통해 성도의 수가 증가함으로써 외적으로 확대되는(extensive) 측면과, 성도의 삶과 믿음이 깊어짐으로써 내적으로 강해지는(intensive) 측면을 모두 포함한다. 25장에서는 교회의 내적 성장에 주로 관심을 두지만, 두 차원은 결코 분리될 수 없다. 건강하게 성장하는 교회는, 그리스도께로의 회심과 그분을 지속적으로 닮아 가는 일이 모두 일어나는 복된 교회다. 하나님은 교회가 자신의 거룩한 형상에 이르기까지 성장하는 데 필요한 수단들을 제공하셨는데, 이를 흔히 '은혜의 수단'이라 부른다.

하나님의 말씀

하나님이 그리스도의 형상을 따라 자기 백성을 새롭게 하시는 최고의 수단은 바로 말씀이다(요 17:17; 참고. 딤후 3:16이하). 따라서 사역자의 핵심 임무 역시 말씀을 가르치는 일이며(딤후 4:2), 이를 바울의 예(행 20:20이하)에서도 볼 수 있다. 성령은 우리가 그리스도에 대한 믿음을 갖게 하려고 말씀을 사용하시며(엡 1:13), 또한 우리의 성화를 위해서도 그렇게 하신다(엡 5:26이하).

강해 설교

성령의 능력 안에서 행하는 공적 성경 강해는 하나님 백성의 거듭남과 갱신과 성장에 헤아릴 수 없는 의미를 갖는다.

최근 들어 많은 곳에서 설교의 중요성이 현저히 줄어드는 현상이 나타나고 있다. 어느 정도는 교회 내부적 요인 때문인데, 회중의 참여와 영적 은사와 기도를 강조하는 다양한 예배 방식, 다양한 형태로 개인을 향해 이루어지는 직접적 사역, 더 늘어난 음악의 비중 등이 그것이다. 이 모두는 현명하게 사용할 경우 소중한 가치와 기능을 발휘하겠지만, 때로 의도적이지 않을지라도 더 우선적인 말씀을 가리거나 대체하는 경향이 있다. 또한 설교는 문화 환경의 영향을 받는다. 현대의 커뮤니케이션 혁명은 그 명확한 예이며, 특히 많은 교회가 신기술에 기초한 다양한 커뮤니케이션 방식에 개방적 태도를 취한다. 설교는 모든 형태의 권위적 선포에 거부감을 느끼는 문화의 확산에도 영향을 받는다. 이러한 지역적·세계적 환경의 영향으로 인해 오늘날의 많은 설교자들이 위기를 느끼고 있는 것 같다.

그러나 하나님 계시의 한 형태이자 은혜의 중요한 수단인 하나님의 말씀을 선포하는 설교의 역할은 변하지 않았다. 성경은 개인과 공동체가 하나님을 만나는 데 설교가 얼마나 중요한지를 일관되게 증언한다. 구약에서 하나님의 말씀을 백성에게 전하도록 특별히 선택받고 은사를 받는 예언자 직분은 일찍이 아론 때부터 나타난다. 아론은 모세와 동행하면서 스스로 말솜씨가 없다고 생각한 모세를 도와주라는 소명을 하나님께 받았다. "그[아론]가 너를 대신하여 백성에게 말할 것이니…너는 그에게 하나님같이 되리라.…아론이 여호와께서 모세에게 이르신 모든 말씀을 전하고"(출 4:16, 30). 이러한 예언자적 소명은 이후 세대에도 계속 이어졌다. 예를 들면, 드보라(삿 4:4), 사무엘(삼상 3:19-21), 나단(삼하 11:1-14), 갓(삼하 24:13-20; 대상 21:8-19), 엘리야(왕상 17-19장; 21:17-29), 엘리사(왕하 2:1-25; 4:1-8:15; 또한 17:7-23, 특히 13, 23절), 이사야(왕하

19:1-37; 20:1-21), 훌다(왕하 22:11-20), 스마야(대하 12:5-8)가 있다. 이 '설교 사역'은 구약의 예언자들을 통해 나타나며, 하나님께 받은 그들의 메시지는 기록된 성경책, 특히 몇 권만 예를 들자면, 이사야서와 예레미야서, 에스겔서, 요나서, 아모스서, 호세아서 등에 실려 있다. 그들은 하나님이 예비하여 따로 세우고 그분 말씀을 전하라고 보내신 사람들이었다. 그들은 일차적으로는 하나님의 백성에게 말씀을 선포했지만, 때로 주변 국가들을 대상으로 하기도 했다(예를 들어, 사 13-21장; 렘 46-50장; 겔 25-30장; 38-39장; 나 1-3장).

'때가 차서' 예수님이 이 땅에 오셨을 때도 설교는 여전히 중심적 위치를 고수한다. 그분의 길을 예비한 세례 요한은 유대 광야에 이르러(마 3:1) "죄 사함을 받게 하는 회개의 세례를 전파[했다]"(눅 3:3). 예수님은 설교자로서 세상에 갑자기 등장하셨다. "요한이 잡힌 후 예수께서 갈릴리에 오셔서 하나님의 복음을 전파하여"(막 1:14). 복음서들은 예수님의 사역을 비슷한 말로 요약한다. "예수께서 모든 도시와 마을에 두루 다니사 그들의 회당에서 가르치시며 천국 복음을 전파하시며"(마 9:35). 이와 같은 그분 사역의 근거는 구약의 예언자들과 동일하다. "주의 성령이 내게 임하셨으니, 이는 가난한 자에게 복음을 전하게 하시려고"(눅 4:18). 사도들이 사역을 하는 데 있어서 예수님과 동일한 우선순위를 적용한 것은 당연한 일이다. 그들은 이 사역을 완수하기 위해 다른 형태의 사역들을 의식적으로 피했다. "우리가 하나님의 말씀을 제쳐 놓고 접대를 일삼는 것이 마땅하지 아니하니"(행 6:2). 사도행전의 이후 장들은 그들이 그 결정을 그대로 실천했음을 보여 준다. "담대히 하나님의 말씀을 전하니라"(4:31). 또한 10:42에서 그들은, 부활하신 예수님이 백성들에게 말씀을 전하라고 그들에게 명령하셨음을 증언한다. 바울은 사역을 하면서, 부활하신 주님이 그에게 세례 베푸는 일이 아닌 오직 복음을 전하는 일을 맡기셨다고 언급한다(고전 1:17). 그는 고린도에서 오로지 말씀 전하는 일에 헌신했으며(행 18:5), "유익한 것은 무엇이든지 공중 앞에서나 각 집에서나 거리낌이 없이 여러분에게 전[했다]"(행 20:20)라는 말로 자신의 에베소 사역을 요약한다. 사도행전에 기록된 바울의 마지막 모습을 보면, 그는 로마에서 죄수로 갇힌 상태에서도 여전히 말씀 전하는 일에 힘썼다. "하나님의 나라를 전파하며 주 예수 그리스도에 관한 모든 것을 담대하게 거침없이 가르치더라"(행 28:31). 이런 구절들은 일차적으로 신약의 주요 동사 'preach'(헬. *kērysso*, 설교하다)가 언급되는 많은 성구 중 일부에 지나지 않는다. 또한 '증언하다', '가르치다', '교훈하다'와 같이 이와 비슷한 뜻을 가진 단어들도 매우 많다. 다시 말하지만, 선포되는 '말씀'은 하나님의 말씀으로 간주되었고, 따라서 하나님 계시의 한 형태로 여겨졌다.

이같이 설교를 높이 평가하는 관점에 대한 두 가지 신학적 근거가 성경에 제시되어 있다. 첫째, 설교의 필요성은 우리가 죄인의 상태, 죄로 말미암아 영적으로 '죽은 상태'에 놓여 있다(참고. 마 8:22; 엡 2:1이하; 골 2:13; 딤전 5:6)는 데서 비롯된다. 우리는 타락으로 인해 나사로처럼 무력하게 무덤에 누워 있다. 그러나 하나님의 아들이 우리에게 오셔서, 은혜의 복음을 설파하시며 "나오라!"(요 11:43)라고 외치신다. 그때 우리는 '그리스도와 함께 부활하여' 앞으로 나아가, 그분과 함께 영원한 생명을 얻는다. 우리의 인간적 노력에 기초한 자기 의가 아니라 오직 '말씀을 들음으로써'(롬 10:17) 구원받는다는 사실은 이러한 기본적 진리들을 증거하고 확증해 준다. 따라서 매클루언(McLuhan)의 말을 빌리자면, 설교의 '연약함'과 의사소통 수단으로서의 '투박함'은 사실상 설교에 내포된 영원한 '힘'이자 적절한 요소다.

둘째, 성령의 도움을 받아 하나님의 말씀을 입으로 선포하는 것은 특별한 신적 권위를 가지며, '주께서 말씀하신다'라는 고대 예언자들의 주장을 이차적이지만 적절한 수준에서 반복하는 것이다. 이런 특징을 잘 담고 있는 것이 앞서 언급한 '케뤼소'라는 동사인데, 이는 고대 시대에 군주를 대신하여 그의 말을 구두로 선포하는 사자와 관련하여 쓰이는 말이었다. 이것은 "왕이 사자의 입을 통해 뜻을 전달하는 것처럼 인간의 말을 통해 전달하는 하나님의 말씀"(바르트)이라는, 설교에 대한 현대적 정의와 잘 부합한다.

말씀 설교에 대한 강조의 세 번째 근거는, '얼굴을 마주하고' 입으로 말하고 듣는 의사소통 방식은 개인 간의 관계 및 개인과 집단의 관계에서 우리가 항상 이용할 수 있는 가장 인격적인 의사소통 형태라는 인간학적 사실에 있다. 이 사실은 최근 연구에서 다시 확증되었다. 교회는 관계적 실재, 즉 '그리스도의 몸'이기 때문에, 지도자/설교자/목회자와 회중 전체 사이에 맺어진 인격적 관계의 질과 깊이가 진정한 공동체적 삶을 발전시키는 데 매우 중요한 요인으로 작용한다. 이런 과정에서 설교자-회중 간의 의사소통 형태가 다른 무엇보다 큰 영향을 미치기 마련이다. 직접 '얼굴을 마주하고' 하나님 말씀을 구두로 전달하는 방식은 서로 사랑하고 지지하고 돌보는 성령의 공동체를 창조하며, 다른 방식으로는 그렇게 하기가 거의 불가능하다.

오늘날 우리는 성령의 사역을 통해, 하나님의 최종적 말씀이라는 의미에서의 완전한 성경을 갖고 있다. 우리는 설교가 그 같은 일차적 의미에서 하나님의 계시가 된다고 결코 주장할 수 없을 것이다. 하지만 성경의 기준에 충실하게 부합하는 설교는 하나님 은혜의 기적을 통해, 우리의 개인적 삶과 공동체적 삶을 향해 말씀하시는 하나님과의 참된 만남의 도구가 된다고 주장할 수는 있다. 성경에 나오는 하나님의 백성은 설교를 통해 하나님의 말씀을 들은 사람들이었고, 오늘날의 우리도 여전히 그러하다.

다음은 이와 같은 설교의 가장 근본적인 다섯 가지 특징이다.

성경적 설교: 설교는 그 진실성과 권위의 근거를 성경 말씀에 두어야 한다. 설교는 다루는 성경 본문과 구절을 충실하게 설명해야 한다.

성령 의존적 설교: 설교자는 자신의 철저한 연약함을 인식하고 지속적으로 성령 하나님을 의지함으로써, 하나님을 계시하고 삶에 영향을 주는 설교를 해야 한다.

상황에 뿌리박은 설교: 설교는 청중의 삶에 진실하게 뿌리박아야 하며, 보편적 인간 본성 및 주변 문화, 설교자 자신의 자아 등에 대한 명확한 이해를 바탕으로 이루어져야 한다.

적용되는 설교: 설교 메시지는 청중 안에 있는 무언의 질문, 즉 설교 메시지의 진리가 청중의 영적 상황과 모든 수준의 일상생활에 어떤 관계가 있느냐 하는 질문에 답해야 한다.

열정적 설교: 설교는 하나님을 대신해 말씀을 선포한다는 설교자의 확신과, 그에 합당한 깊은 열정과 성실함을 드러내야 한다.

개인 성경공부

하나님의 사람이 된다는 것은 말씀의 사람이 되는 것이다. 따라서 매일 성경공부 훈련을 하는 것은 하나님이 보증하시는 확실한 영적 성장의 비결이다.

이 훈련에는 헤아릴 수 없는 축복뿐 아니라 위험도 도사리고 있다. 예를 들어 '점성술'처럼 거의 미신에 가까운 태도를 가지고 그날의 본문을 성경 문맥과 상관없이 읽다 보면, 숨겨져 있던 특별한 메시지를 도출해 자신이 당면한 상황에 억지로 끼워 맞추는 일이 일어나게 된다. 물론, 때로 하나님은 우리의 특정한 필요에 놀라울 정도로 딱 맞는 말씀을 주기도 하신다. 그러나 우리는 성경 전체가 우리에게 주어진 하나님 말씀임을 항상 명심해야 한다. 각 구절과 본문이 우리에게 전하는 진리는 성경 전체와 신학적 맥락 안에 있는 진리다(제1부 "해석학"을 보라. pp. 73-83). 성경을 공적으로 함께 이해할 때뿐 아니라 개인적으로 이해하는 과정에도 올바른 성경 해석 원리가 필요하다.

또한 우리는 성경공부에 대한 율법주의적 태도, 즉 그날의 경건의 의무를 완수하면 하나님의 축복을 받는다고 여기고, 성경공부를 빠뜨리면 '오늘은 뭔가 잘못된 날'이라는 죄책감에 빠지는 식의 태도를 경계해야 한다. 주권자이신 영광의 하나님은 우리 삶 속에서 그분의 목적을 이루고 은혜 가운데 우리를 보호하고 축복하시는 모든 일에서 우리의 연약한 종교적 행위에 의존하지 않으신다.

그러나 평생 동안 하나님 말씀을 매일 공부함으로써 얻는 무한한 가치보다 이런 위험성을 더 높이 평가하는 일이 결코 있어서는 안 된다.

그룹 성경공부

우리는 신약에서 비공식적인 그룹 성경공부가 이루어지는 모습을 확인할 수 있다(행 17:11). 그룹 성경공부는 교회 갱신이 일어날 때 중요한 역할을 해 왔으며, 특히 공적 설교가 금지되거나 쇠퇴한 시기에 더욱 그러했다. 물론 여기에도 위험 요소가 있다. 그룹으로 함께 공부하기 위해서는 좋은 인도자가 필요하고, 주제에서 벗어나거나 개인적 의견이 분분하거나 다루는 본문과 관계없는 간증이 오고 감에 따라 이를 수습할 필요가 생긴다. 이런 위험 요소들을 인식하고 잘 제거할 수 있다면, 그룹 성경공부가 진정한 은혜의 도구라는 사실은 의문의 여지가 없다.

성례

'성례'(라. *sacramentum*)는 "비가시적인 내적 은혜의 가시적인 외적 표지"(잉글랜드 성공회 교리문답)라고 간단히 정의 내릴 수 있다. 만일 이 용어를 그리스도가 제정한 의식에만 국한시킨다면, 세례와 성찬 두 가지뿐이다(루터는 이것을 '목욕과 식사'라고 불렀다). 어떤 이들은 이것을 구약의 두 가지 의식인 할례와 유월절에 따라 제정된 것이라고 본다. 로마 가톨릭교회는 트렌트 공의회(1545-1563)에서, 교회 전통에 따라 고해성사와 성품성사, 혼인성사, 견진성사, 죽어 가는 사람에게 베푸는 종부성사를 더하여 일곱 가지 성례를 제정했지만, 이 모든 것을 성례로 입증할 성경적 근거는 없다.

구세군이나 퀘이커 등 성례를 시행하지 않는 교파들이 존재한다는 것은, 성례를 과대평가하거나 하나님 은혜를 성례에 한정하려는 그 어떤 시도도 무익함을 잘 보여 준다. 그러나 대부분의 그리스도인은 이것이 성례를 시행하라는 그리스도의 명령을 무시할 만한 충분한 근거가 될 수 없다는 데 동의한다. 일부 메노파 교회와 이와 유사한 다른 기독교 교파는 요한복음 13:14이하에 기초하여 '세족식'을 성례로 시행한다. 거의 모든 해석자들이 예수님이 이 명령을 하신 것은 서로에 대한 겸손한 섬김의 태도를 요구하기 위해서였을 뿐이라고 보지만, 세족식은 이 교파들이 겸손과 상호 헌신의 깊이를 지속적으로 더해 가는 데 중요한 역할을 해 왔다.

성례에는 다음과 같은 세 가지 주요 요소가 있다.

1. **가시적 표지**는 세례의 물과, 성찬의 빵과 포도주를 통해 드러난다.

2. **비가시적 은혜**는 성례가 가리키는 것이다. 그리고 많은 사람들이 추가하고 싶어 하는 바는, 성례가 믿는 자에게 비가시적 은혜의 증표가 된다는 것이다. 세례는 "중생의 씻음"(딛 3:5), 죄의 용서(행 2:38), 죽음과 부활 안에서 그리스도와 연합하는 것(롬 6:1이하), 그리스도의 한 몸 안으로 들어가는 것(고전 12:12이하)이다. 또한 성찬은 그리스도의 희생의 유익을 받고(고전 10:16), 그리스도를 영적으로 '먹으며'(고전 11:24이하), 하나님의 백성과 교제를 나누는 행위다(고전 10:17).

3. 가시적 표지와 비가시적 은혜 사이의 **성례적 관계**는, 1번과 2번 요소의 동일성을 주장하는 로마 가톨릭의 극단적 견해에서부터, 16세기 종교개혁자 츠빙글리(Zwingli)의 영향을 받아 1번과 2번의 관계를 순수하게 상징적인 것으로 보는 견해에 이르기까지 다양하다. 그리스도께서 세례와 성찬에 권위를 부여하시는 주요 구절들은 '가르침'(마 28:20)과 '선포'(고전 11:26)를 언급한다. 즉, 성례는 복음의 성례로서 우리로 하여금 죄인을 위해 죽고 부활하신 그리

스도를 바라보게 한다. 로마 가톨릭이 성례를 미신적으로 남용하는 것을 바로잡기 위해, 종교개혁자들은 성례를 시행할 때마다 말씀을 선포할 필요성과, 성례는 '하나님의 가시적 말씀'이라는 아우구스티누스의 정의를 다시금 강조했다. 이것은 매우 중요한 원리인데, 오직 말씀의 빛 아래에서만 비로소 성례가 그리스도를 가리키고 그분에 대한 우리 믿음을 확증하는 것을 돕는 본연의 역할을 할 수 있기 때문이다.

세례

구약은 의례적인 것을 포함한 여러 종류의 씻는 행위들, 혹은 죄로 인한 오염과 죄책으로부터의 정화를 표시하기 위해 물을 사용하는 정결 행위를 언급한다(출 19:14이하; 레 16:4, 24; 참고. 시 51:2).

예수님은 공생애 사역을 시작하면서 요한에게 세례를 받으셨다(막 1:2-11; 요 19:34). 요한의 세례는 두 가지 내용에 초점을 맞추었다. 그것은 죄에 대한 회개의 세례(마 3:2)인 동시에, 준엄한 심판과 함께 임박한 하나님 나라의 도래를 예고하는 것이었다(마 3:7-12).

예수님은 친히 요한에게 세례를 받으셨다. 이것은 왜 무죄한 분이 회개의 세례를 받으셔야 하는가 하는 의문을 제기하며, 요한도 이렇게 생각했다(마 3:14). 이에 대해 두 가지로 설명할 수 있다. 첫째, 예수님은 약속된 메시아로서 자신이 구원할 사람들과 동등하게 되어야 한다는 하나님의 요구를 인식하셨다. "우리가 이와 같이 하여 모든 의를 이루는 것이 합당하니라"(마 3:15). 둘째, 예수님은 세례 요한이 하나님이 임명하신 선구자(눅 7:24이하; 말 3:1)라고 명시적으로 밝히는 방식을 사용하여, 자신을 구원 사역의 도구로 하나님께 공적으로 봉헌하셨다(마 3:17).

예수님은 세례 요한이 아직 활동 중이던 자신의 공적 사역 초기에(요 3:22; 4:1) 일부 제자들에게 세례 베푸는 것을 허락하셨다. 예수님은 자신의 사역이 세례, 즉 큰 고난의 물속에 잠기는 것(눅 12:50; 헬. *baptizō*, 담그다, 익사시키다)이라고 말씀하셨다.

부활하신 주 예수님은, 사람들을 제자 삼고 아버지와 아들과 성령의 이름으로 세례를 베풀라고 명령하시며 교회를 세상으로 보내셨다(마 28:19이하). 신약의 나머지 부분은 교회가 이 명령을 어떻게 완수하는지를 보여 준다.

세례의 의미 | 세례는 **그리스도에 대한 신앙고백**으로(롬 6:3-4; 벧전 3:21; 행 8:37), 공적으로 예수 그리스도를 주와 구주로 인정하는 것이다(행 2:38; 10:48; 8:16).

세례는 **그리스도와의 연합을 체험하는 것이다**(골 2:12). 수세자는 믿음으로 주님과 연결되고 그분의 이름으로 세례를 받는다. 그리하여 어떤 의미에서 그리스도의 죽음과 부활 속으로 들어가는 것이다(롬 6:3-5). 따라서 신약적 의미의 세례는 죄인이 그리스도의 구속 행위의 전 과정, 즉 삶과 죽음, 부활, 승천, 통치를 통해 그리스도와의 연합 안으로 들어가는 시작점이다(갈 2:20; 엡 2:5이하). 그렇다고 해서 구원이 세례 행위 자체를 통해 이루어진다는 뜻은 아니다. 구원은 오직 믿음, 더 정확하게는 믿음으로 영접하는 그리스도에 의해서만 주어진다. 그러나 신약 저자들에게 세례는 믿음을 공적으로 표현하는 일반 절차였으며, 이를 통해 신자는 그리스도와 그 구원의 축복, 즉 죄 씻음과 성령으로 거듭남, 그리스도 몸의 지체 됨, 섬김을 위한 은사의 선물 등을 받았다(고전 12:12; 벧전 3:21).

세례는 **자기 삶을 그리스도를 위한 삶으로 봉헌하는 것이다**(롬 6:4-22). 그러므로 부주의한 생활은 세례를 부인하는 것과 같다.

세례는 **그리스도를 통한 완성의 약속**이다(롬 6:22). 성찬과 마찬가지로, 세례는 우리로 하여금 과거의 위대한 복음 사건을 돌아보게 하고, 우리가 믿음으로 그리스도와 연합함으로써 이미 들어온 하나님 나라가 최종적으로 완성되는 때를 바라보게 한다.

세례와 교회 | 신약 시대에는 교회에 소속되지 않은 그리스도인이 없었다. 왜냐하면 세례를 통해 복음에 응답한 개인은 자동적으로 그 지역에 있는 그리스도의 백성들 모임에 참여할 수 있었기 때문이다. 오늘날에는 세례와 회심이 분리되고—어느 쪽이 먼저든 간에—두 사건 사이에 상당히 긴 시간 간격이 발생함에 따라, 이 가르침을 적용하기 곤란한 상황이 발생한다. 게다가 '교회'가 초대교회처럼 그리스도 안에서 살아 있는 공동체라기보다는 형식과 제도를 갖춘 조직이 되어 버렸다는 점도 어려움을 초래한다.

세례와 성령 | 성경은 여러 곳에서 물 세례와 성령 세례가 서로 관련되어 있음을 보여 준다(갈 3:26이하; 고전 12:12; 행 2:38).

세례의 대상 | 앞서 언급한 성경적 가르침의 상당 부분이 다양한 교파에 속한 복음주의적 그리스도인들의 견해와 일치하지만, 이견이 발생하는 한 가지 근본 지점을 언급할 필요가 있다. 세례는 개인적으로 그리스도에 대한 신앙을 고백한 사람, 또는 그러한 신앙을 표현하고자 하는 사람에게만 베풀어야 하는가? 아니면 신자들의 자녀에게도 베풀 수 있는가? 신약에서는 명백히 세례가 개인적으로 신앙을 고백한 사람에게 베풀어졌는데, 그렇다면 유아에게 세례를 주는 성경적 근거는 무엇인가? 가장 일반적으로 주장되는 내용은 다음과 같다.

1. 구약에는 두 가지 성례, 즉 할례와 유월절이 있는데, 새 언약에서는 세례가 입교 의식으로서 할례를 대신하고 성찬이 구속/교제 의식으로서 유월절을 대신한다. 할례는 하나님 백성에게서 태어난 남아에게 출생 후 8일 만에 시행하는 가정 의식이었다(창 17:12). 따라서 세례 역시 구약에서와 같이 신자의 자녀들에게 적용되어야 한다. 바울은 골로새서 2:11이하에서 두 언약이 동일하다고 보며, 또 로마서 3:21-4:24에서 두 언약이 은혜와 믿음의 언약으로서 동일하다고 말한다. 사도행전 2:39의 약속은 바로 이런 관점에서 이해되어야 하며 유아세례 문제 역시 마찬가지다.

그렇다면 다음과 같은 문제가 제기된다. 이것이 골로새서 2:11이하에 대한 정확한 주해인가? 바울이 로마서에서 주장하는 내용에서 정말 이런 결론을 도출할 수 있는가? 나아가, 할례와 세례가 동일하다는 이 주장은 할례의 명백한 성차별적 특성도 받아들여야만 한다. 그러나 세례는 남녀 모두에게 동일하게 시행된다. 또한 신약 시대에는 이 두 의식이 나란히 계속 시행되고 있었다. 예수님과 그분의 제자들, 그리고 1세대 유대계 그리스도인들은 **두 의식**을 모두 받았다.

2. 신약에는 온 '집안'이 세례를 받았다는 내용이 여러 곳에 나타난다(행 16:15, 31; 고전 1:16; 16:15이하). 집안이라는 표현은 유아도 포함됨을 암시하지 않는가? 이에 반대하는 사람들은 사도행전 16:31, 34에 '믿음'이 언급되어 있다는 점을 지적한다. 우리는 루디아가 어린 자녀를 둔 어머니였다고 분명하게 단정할 수 없으며, 바울이 어느 가정에 대해 언급할 때는 그 가정이 성도의 책임을 다한다는 의미로 이야기한다(고전 16:15이하). 이런 반대의 근거들은 결정적인가?

3. 바울은 신자의 자녀가 '거룩'해지는 것에 대해 말한다(고전 7:14). 그는 세례에 대해 명시적으로 언급하지는 않지만, 신자의 자녀와 불신자의 자녀를 구별하는 것처럼 보인다. 하지만 여기서 주목할 점은, 그 구절의 전반부에서 동일한 용어(헬. *hagios, hagiazō*)가 그리스도인 배우자가 믿지 않는 배우자를 '거룩'하게 만드는 효과를 언급할 때 사용된다는 것이다. 신자의 자녀에 관해 이 본문으로부터 도출한 어떤 결론이든, 불신 배우자에게도 동일하게 적용해야 한다.

4. 사람들이 유아세례를 지지하는 이유는, 하나님의 자비를 입은 당사자가 믿음을 나타낼 기회를 갖기 전에도 하나님이 그를 향해 은혜로운 구원의 뜻을 품고 계심을 독특한 방식으로 예시해 주기 때문이다. 하지만 반대자들은 이런 식으로 은혜와 믿음을 분리하는 것이 은혜나 믿음에 관한 신약적 가

르침에 비추어 옳은 것인지 의문을 제기한다.

궁극적으로, 유아세례에 관한 불일치는 구약과 신약 사이의 본질적 연속성 및 불연속성의 문제와 관련되어 있는 것 같다. 따라서 세례를 신자에게 한정된 것으로 보는 사람들은 자신이 과연 두 언약 간의 적절한 연속성을 고려하고 있는지 질문할 필요가 있다. 만일 그 연속성의 영향력이 지대하다면, 이 문제에 관해 실제적으로 침묵을 견지하는 신약의 태도는 그 어떤 명시적 가르침 못지않게 유아세례를 지지하는 중요한 요소가 된다. 한편, 신자의 자녀에 대한 세례를 주장하는 사람들은 자신이 두 언약 간의 불연속성을 고려하고 있는지 질문해야 한다. 그들의 새 언약은 과연 정말로 **새로운** 것인가? 즉, 하나님 나라의 시작에 초점을 맞추고, 메시아의 도래와 그것이 믿음의 의미에 던지는 모든 함의를 포함할 만큼 새로운가? 만약 그렇지 않다면, 신약에서 유아세례를 지지하는 분명한 주해적 근거가 없다는 점은 심각한 문제가 될 것이다.

두 전통의 합치점으로서, 양육의 측면에서 볼 때 두 전통 사이에는 차이점보다 유사점이 많음을 언급할 가치가 있다. 일반적인 그리스도인 부모들은 태어난 어린 자녀를 주님께 봉헌한다. 그 후 가정과 교회에서 양육된 유아들은 자라서 신자의 세례나 입교 의식을 통해 개인적 신앙고백을 하고, 계속해서 활동적인 그리스도인의 삶을 살아간다.

추가로, 이 모든 것에도 불구하고 하나님이 루터나 웨슬리 같은 유아세례주의자와, 침례교의 스펄전과 빌리 그레이엄(Billy Graham) 같은 인물들의 사역을 그 입장과 상관없이 모두 놀랍게 축복하시고 귀히 여기셨음을 간과해서는 안 된다. 우리는 이 문제에 대한 지나친 구분이 불필요하다는 점을 확인하기 위해 성공회의 존 뉴턴(John Newton)과 침례교의 윌리엄 캐리(William Carey)가 서로를 깊이 존중했다는 사실을 기억할 필요가 있다.

성찬

그리스도인의 두 번째 성례는 주의 만찬(Lord's Supper), 성찬(eucharist), 성찬례(communion), '떡을 떼는 것' 등 다양한 이름으로 불린다. 이 성례는 "주 예수께서 잡히시던 밤에"(고전 11:23) 나누었던 마지막 만찬에 뿌리를 두며, 예수님은 자신이 다시 오실 때까지 만찬을 지속해 나갈 것을 명령하셨다. 관련 증거들을 살펴보면, 이 마지막 만찬은 전통적 유월절 식사에 예수님이 새로운 의미를 부여한 것이라는 관점을 지지하는 듯 보인다. 이러한 동일성은 성례를 해석하는 데 있어 몇 가지 점에서 도움을 준다.

"이것은 너희를 위하여 주는 내 몸이라. 너희가 이를 행하여 나를 기념하라.…이 잔은 내 피로 세우는 새 언약이니"(눅 22:19-20). 예수님은 아람어로 말씀하셨기 때문에, 아람어 용법에 따라 이를 다시 표현하자면 "이 떡[은] 너희를 위해 깨어지는 나의 몸"(this bread my body broken for you)이 된다. 이 아람어 표현에서 동사 'is'(~이다)가 없다는 점을 지나치게 문제 삼아서는 안 된다. 왜냐하면 동사 'is'는 생략되었을 것이고, 그것이 없더라도 의미를 충분히 추론할 수 있기 때문이다. 번역을 할 때는 유사 구문을 참고하여 어떤 말을 보충할지 결정해야 하는데, 갈라디아서 4:24에 나오는 "이 두 여자 두 언약"(these women the two covenants)이 그 예다. 이 경우에는 '의미하다' 또는 '나타내다'라는 개념이 필요하다. 즉, '두 여자는 두 언약이다'라고 말하면 전혀 의미가 통하지 않는다(참고. 창 40:12; 단 2:38; 갈 4:25).

그러나 이러한 성경적 유사성보다 더 중요한 것은, 유월절 식사 그 자체와, 1세기 유대인들이 유월절 식사와 출애굽 사건의 관계를 이해했던 방식이다(신 16:3). 유대인들은 유월절 식사를 통해 과거 사건들이 현재에 되살아난다고 믿었다. 그래서 『미쉬나』(Mishnah)는 이렇게 표현한다. "모든 세대의 사람은 자기 자신이 이집트에서 나온 것처럼 여겨야 한다." 따라서 예수님이 만찬에서 떼신 떡과 나누신 잔은 새로운 출애굽(참고. 눅 9:31)과 새 언약 수립을 위해 희생 제물로 바쳐진 그분의 몸과 피를 상징했다. 제자들이 유월절 식사를 반복할 때, 그것은 그들이 새 언약을 세운 근본적 사건(그리스도의 죽음)에 동참하고 그로 인한 축복에 참여하는 것을 의미했다.

원래 있었을 것으로 추정된 동사 '~이다'(이것은 나의 몸이다)에 근거하여 성찬의 빵과 포도주를 예수님의 실제 살과 피라고 여기는 생각은 전혀 정당성이 없다. 그러나 성찬을 단지 상징적 기억 행위, 즉 일종의 기독교적 현충일로 간주하는 극단적 생각 역시, 성찬이 단순히 정신적 회상이 아닌 진정으로 주님의 죽음에 참여하는 행위임을 함의하는 성경적 증거들에 의해 도전을 받는다(참고. 고전 10:16이하).

하나님과 이스라엘이 맺은 옛 언약은 이스라엘 백성의 불순종과 반역으로 오랫동안 손상되었고(렘 3:20), 예레미야는 옛 질서의 잿더미 가운데서 하나님이 제정하실 새 언약을 꿈꾸었다. 새 언약 아래서는 하나님의 법이 '백성들의 마음에' 새겨지고 그들의 죄가 제거될 것이었다(렘 31:31-34). 그리고 비로소 예수님이 희생을 통해 내면성과 개인의 책임과 완전하고 최종적인 용서에 강조를 둔 새로운 관계를 시작하셨던 것이다.

언약의 '잔'은 구약에서 다양한 요소를 상징하는데, 일반적으로는 우리와 하나님의 관계를 가리킨다. 이 관계가 긍정적일 때 그리스도인들은 넘치는 잔을 누리고(시 23:5), 만일 죄를 범하여 하나님을 멀리한다면 고난의 쓴 잔을 받는다(시 75:8). 고난의 본질은 하나님의 진노를 피할 수 없다는 것이며, 바로 이 지점에서 우리는 성찬이 가리키는 온전한 의미를 찾을 수 있다. **이것은** 겟세마네 동산에서 예수님이 피할 수 있기를 간구했던 잔이었다(눅 22:42이하). 온갖 축복을 담지한 새 언약은 결코 쉽고 가볍게 제정된 것이 아니다. 하나님과의 깨어진 관계가 가져다준 끔찍한 결과를 마주하고 예수님이 죄에 대한 하나님의 진노를 온전히 감당하심으로써만, 비로소 새 언약이 실현되고 죄인들의 구속이 이루어질 수 있었다.

유대인들이 지속적으로 유월절 식사를 반복하면서 자신이 그 역사적 구속 행위에 의존하고 있음을 새롭게 고백하고 그로부터 유익을 얻듯이(출 12:14; 13:39), 교회 역시 성찬을 반복해서 시행함으로써 교회의 토대가 된 위대한 구속 행위(고전 11:24-26)를 증언하고 믿음을 통해 그 거룩한 희생의 유익을 누린다.

성찬을 설명하는 여러 성경 본문들은 종말에 대해 생각하게 한다. 마태와 마가는, 도래하는 하나님 나라에서 새것으로 마실 때까지 포도나무에서 난 것을 다시는 마시지 않겠다고 하신 예수님의 말씀을 기록한다(마 26:29; 막 14:25). 같은 맥락에서 누가는 제자들이 "내 나라에 있어 내 상에서 먹고 마[실]"(눅 22:30) 것이라는 예수님의 말씀을 기록한다. 또한 바울은 성찬을 "그가 오실 때까지"(고전 11:26) 시행해야 한다는 말씀을 추가한다. 이렇듯 예수님은 하나님 나라의 완성을 의식적으로 기대하면서 성찬을 시행해야 한다고 생각하셨다. "그분은 '안녕'이라는 말에 '다시 만나자'라는 의미를 추가하셨다"(R. P. 마틴). 현대의 성찬, 특히 가톨릭과 주류 개신교 전통에서의 성찬은 주님의 재림 때 실현될 완전한 교제를 기쁜 마음으로 기대하는 기본적인 성경적 차원을 대부분 잃어버렸다. 역사적으로, 부활을 강조하는 동방정교회가 이런 차원을 종종 구현해 왔으며, 초기 재세례파들도 성찬을 교제와 축하의 자리로 강조함으로써 이러한 기쁜 기대감을 나타냈다.

로마 가톨릭의 관점과 거리를 둔 종교개혁자들은 성찬에 대해 세 가지 다른 견해를 제시했는데, 이는 대략적으로 볼 때 오늘날에도 성찬에 관한 개신교의 주된 입장으로 받아들여진다.

로마 가톨릭의 견해 | 사도적 서품을 받은 사제가 미사를 정당하게 집례할 경우 빵과 포도주는 그리스도의 몸과 피로 변한다. 빵과 포도주는 그 맛과 형태의 속성을 유지하고 있지만 **본질**은 그리스도의 진정한 몸과 피로 인정된다. 이를 전문용어로 '화체설'이라고 한다. 사제는 이것을 인정하는 행위로서

'성체'(라. *hostia*, '희생 제물')를 높이 들어 회중들이 경배하게 하고, 미사에 참여한 사람들은 그리스도의 몸과 피를 먹은 것으로 선포된다. 이런 관점의 뿌리는 이교도 철학자 아리스토텔레스의 사상에 닿아 있으며, 예수님과 같은 유대인에게는 분명히 낯선 사상적 틀 속에서 전개된다. 또한 이것은 갈보리에서 단번에 영원한 제사가 드려졌다는 결정적 주장을 흐리거나 심지어 이에 도전하는 것처럼 보인다(히 7:27; 9:12; 10:10). 더 나아가, 사제가 그리스도를 제단에 바친다는 주장은 성경적으로 예민한 사람의 귀에는 신성모독으로 들리지 않을 수 없다.

로마 가톨릭의 견해에서 또 다른 비성경적 측면은, 회중에게 빵 또는 제병만이 주어지는 '일형 영성체'(communion in one kind)다. 여기서 포도주는 사제만 받는다. 그러나 1960년대 초에 열린 제2차 바티칸 공의회 이후로는 특별한 경우에 한해 평신도에게도 포도주가 주어진다.

루터의 견해 | 루터는 '화체설'을 거부하고 그리스도의 몸과 피가 빵과 포도주 '안'과 '아래'에 임한다고 주장했다. 빵과 포도주의 본질에는 아무런 변화도 없지만, 성찬 참여자들이 물리적으로 그것을 함께 나눌 때 그들은 어디에나 계시는 그리스도의 영광스러운 몸을 실제로 받게 된다. 따라서 그리스도는 본질적 속성이 바뀌지 않은 빵과 포도주 안에 장소적으로 거하심으로써 성찬에 임재하신다.

츠빙글리의 견해 | 츠빙글리는 성찬이 단지 상징일 뿐이라고 본다. 성찬은 그리스도가 인간을 위해 십자가에서 무엇을 하셨는지 신자들에게 생생하게 일깨우며, 갈보리의 빛 아래서 자기 삶을 하나님께 다시금 헌신할 것을 요청한다. 그리스도가 성찬에 임재하시는 것은, 그리스도가 내주하시는 성령을 통해 신자들과 항상 함께하신다는 의미와 수준에서 그러할 뿐이다.

개혁 교회의 견해 | 칼뱅은 참된 믿음으로 나아오는 참여자가 성찬 시에 먹는 것은 실제 그리스도라고 주장했다. 그는 신자가 먹는 것이 육과 영이신 온

전한 그리스도임을 주장하면서도, 성령을 통한 그리스도와의 교제가 지니는 영적·신비적 측면을 강조한다. 성찬을 수행하는 교회는 성령에 의해 높이 들려 교회의 영광스러운 머리이자 주님이신 분과 교제하며, 믿음의 자양분을 공급받기 위해 그분을 먹을 수 있는 능력을 부여받는다.

요약 | 성찬은 예수님이 그분의 교회에 물려주신 유산들 중 하나다. 바로 그러한 의미에서 이것은 우리를 위한 선물이고, 소중히 여기며 기념해야 하는 것이다. 예수님이 성찬을 우리에게 주신 것은 모든 시대 사람들의 삶에 그것이 중요하다고 생각하셨기 때문이다. 성찬과 관련해 많은 논쟁이 존재한다는 안타까운 사실에도 불구하고, 오늘날 우리는 성찬이 그리스도인의 성장에 매우 유익하다는 확신과 감사를 가지고 이에 참여해야 한다. 성찬의 중요한 의미를 요약하는 좋은 방법은 세 가지 시제, 즉 과거, 현재, 미래의 관점으로 바라보는 것이다.

과거. 성찬은 예수 그리스도의 희생에 나타난 하나님의 이루 말할 수 없는 사랑을 돌아보게 한다. 여기서 우리는 하나님의 마음을 만나고, 그분의 '놀라운 은혜'에 감동하여 그분을 예배하고 경탄하고 찬양하게 된다.

현재. 성찬은 부활하신 구주를 만나는 장소다. 여기서 그분은 우리를 향한 사랑이 얼마나 큰지, 어떤 대가를 치르고 우리 죄를 용서하셨는지를 다시 확인해 주시며, 우리가 그 사랑에 응답할 수 있도록 능력을 주시고, 그분을 향한 우리의 믿음과 헌신에 깊이를 더해 주신다. 또한 그분은 식탁에 둘러앉은 형제자매들 사이에서 우리를 만나시고, 우리로 하여금 하나님의 가정 안에서 그들을 다시금 끌어안도록 하신다.

미래. 성찬은 우리를 들어 올려 시간과 공간의 지평을 초월한 더 큰 하늘의 공동체로 들어가게 한다. 그곳에서 우리는 그리스도께서 다시 오실 때 베풀어질 영광스러운 '어린 양의 결혼 잔치'에 미리 참여한다.

기도

구약에는 하나님이 백성들의 기도에 대한 응답으로 복을 주시는 예가 무수히 많다(창 18:16-33; 출 3:7-10; 민 21:4-9; 왕상 18:20-46; 느 1:1-11). 우리는 예수님의 사역에서 기도가 얼마나 두드러지고 규칙적인 활동이었는지(눅 3:21; 5:16; 9:28이하; 히 5:7), 사도들이 집단적이고 개인적인 차원에서 예수님의 모범을 얼마나 철저히 따랐는지(행 1:14; 2:42; 4:4-6, 23-31; 엡 1:16; 몬 4절)를 살펴보면서 많은 교훈을 얻을 수 있다. 예수님은 기도를 단순히 모범으로만 보여 주시지 않고, 제자들에게 기도할 것을 지시하시고 어떻게 기도해야 하는지도 알려 주셨다(마 5:44; 6:5-15; 눅 11:1-13; 18:1-8).

이후에 기록된 사도들의 저작에도 기도에 대한 다양한 권면이 나온다(엡 6:18; 골 4:2; 살전 5:17; 딤전 2:1이하; 약 5:13-18). 기도는 단순히 자신의 유익만을 위한 것이 아니다. 균형 잡힌 기도는 개인적 간구뿐 아니라 하나님에 대한 경배와 감사, 다른 사람을 위한 중보를 포함해야 한다. 하지만 그럼에도 불구하고 분명한 사실은, 이 세상에서 그분을 위해 살고 섬기라는 도전적 부르심을 받은 우리는 자주 그분께 나아가 도움과 축복을 간구해야 한다는 것이다.

또한 우리는 공동체적으로 함께 기도하는 것을 소홀히 여겨서는 안 된다. 함께 드리는 중보기도(도고)에는 특별한 축복이 약속되어 있으며(마 18:19이하), 초대교회는 이를 잘 알고 있었다(행 1:14; 2:42). 동료 그리스도인들과 함께 정기적으로 드리는 기도가 우리의 연약하고 간헐적인 중보기도나 간구에 새로운 생명과 힘을 불어넣는다는 사실은 굳이 말할 필요조차 없다. 기독교의 오랜 역사에서 뜨거운 개인의 기도와 공동체적 기도가 없었다면, 진정한 교회의 부흥은 결코 불가능했을 것이다.

하나님이 기도를 듣고 응답하기를 기뻐하신다는 것은 성경이 약속하는 바다. 하나님의 응답이 항상 우리가 바라는 방식으로 오지 않을 수도 있지만,

우리는 그 응답이 우리에게 가장 유익한 것이며 우리를 향한 하나님의 가장 깊은 사랑의 표현임을 확신할 수 있다. 더 나아가, 우리가 이 같은 이유 때문에 은혜를 간구하지 않을지라도 하나님과 기도 가운데 함께한 시간 자체가 우리에게 주는 은혜가 있다. 비록 이를 직접적으로 인식하거나 수량화할 수 없다고 해도, 그런 상태가 계속된다는 것은 우리에게 분명한 유익이 있다. 단순히 하나님이 우리에게 주시는 것만을 위해서 그분을 찾는 일이 없어지기 때문이다. 그러나 기독교 역사를 돌아볼 때, 규칙적이고 진지하게 기도를 실천하는 삶을 통해 우리가 하나님의 평화와 능력을 더 많이 알게 될 것임을 확인할 수 있다.

교제

그리스도 안에서 사람들과 나누는 교제는 하나님의 백성에게 강력한 은혜의 수단이다. 하나님은 결코 그리스도인들이 고립된 삶을 살아가도록 의도하지 않으셨다. 사실, 그런 삶을 시도하는 것은 매우 어리석은 일이다(요 15:1-8; 엡 4:1-16). 때로 그리스도인이 이런 은혜의 수단을 박탈당하는 상황이 생기는데, 우리는 주님이 자신의 자녀로 하여금 어떤 위로나 그분의 임재도 없이 그런 환경 속에서 살아가도록 방치하는 분이 아님을 확신할 수 있다(왕상 19:1-18; 행 23:11). 그러나 교제의 기회가 열려 있는 곳에서 스스로 고립을 선택하는 것은 영적 재난을 초래하는 것이다. 이와 관련해서 그리스도인의 생활에 관한 성경의 많은 가르침이 교회, 즉 그리스도인의 공동체에 주어진 것이라는 점은 분명히 의미심장하다. 하나님이 그리스도인에게 의도하신 삶은 이렇듯 서로 돌보고 기도하고 지지하는 교제의 삶이다. 여기서 우리는 다른 그리스도인이 우리의 삶과 성장에 기여해야 할 의무가 있을 뿐 아니라, 우리 역시 동료 그리스도인들의 유익과 성장을 위해 최선을 다해야 한다는 점을 인식해야 한다(고전 12:24이하; 갈 6:2; 살전 5:14).

고난

교회는 교회의 머리이자 주님이신 분을 따르되, 특히 그분의 고난과 핍박을 따르라는 부름을 받는다(눅 14:25-33; 요 12:23-25; 롬 8:17; 계 1:9). 십자가가 예수님의 삶과 사명에서 결정적 사건이었던 것처럼, 그분 백성의 삶과 사명에서도 역시 그러하다. 교회는 십자가의 공동체다(막 8:3-38; 행 14:22; 딤후 3:12). 따라서 신약에 따르면, 고난은 그리스도인의 살아 있는 증언의 근본적 특징이다. '증인'을 뜻하는 헬라어는 '마르튀스'(*martys*)인데 여기서 'martyr'(순교자)라는 영어 단어가 나왔다.

하나님은 교회가 주님의 형상을 닮고 이 세상에서 더 온전하게 증인의 사명을 감당하게 하려는 목적을 완수하시려고 집단적·개인적 고난을 사용하신다(욥 23:10; 시 119:67, 71; 요 15:2; 롬 5:3; 히 12:4-13; 벧전 1:6이하).

그리스도인의 경험에 속한 이 같은 차원은 특히 많은 서구 그리스도인들에게는 충격적이다. "이 나라는, 육체의 병이든 마음의 상처든 그로부터 비롯되는 고난을 영적 권리의 침해로 여기는 그리스도인들로 가득한 나라가 되었다"(유진 피터슨). 그러나 고난을 지지하는 성경적 기초는 견고하다. "여호와의 징계를 경히 여기지 말라. 그 꾸지람을 싫어하지 말라. 대저 여호와께서 그 사랑하시는 자를 징계하시기를 마치 아비가 그 기뻐하는 아들을 징계함같이 하시느니라"(잠 3:11-12; 히 12:5-6). "너희를 연단하려고 오는 불 시험을 이상한 일 당하는 것같이 이상히 여기지 말고 오히려 너희가 그리스도의 고난에 참여하는 것으로 즐거워하라. 이는 그의 영광을 나타내실 때에 너희로 즐거워하고 기뻐하게 하려 함이라"(벧전 4:12-13; 참고. 욥 23:10).

> 당신의 길에 불 시험 놓여 있을 때
> 주의 풍성한 은총 얻게 되리라.
> 불도 당신을 상하게 하지 못하리니
> 허물을 태워 정금같이 하려 함이네.

현대는 역사상 그 어느 때보다 '증인'의 의미를 깊이 보여 준 시대다. 1세기 이후로 가장 위대한 순교의 시대는 20세기였는데, 이 기간 중에 그리스도에 대한 충성 때문에 목숨을 잃은 사람의 수는 약 2천6백만 명이었다. 21세기에는 생존해 있는 그리스도인 2백 명당 한 명의 비율로 순교자가 지속적으로 발생하고 있다.

따라서 최근 특정 지역에서 지지를 얻어 온 이른바 '번영 신학'은, 버림받은 주를 따라 고난을 받아야 한다는 교회의 소명에서 크게 벗어난 것으로 보지 않을 수 없다. "하나님은 당신이 부유하고 건강하기를 원하신다"라는 번영 신학의 메시지는, 앞서 언급한 제자도의 소명이나 예수님이 우리 가운데 사실 때 보여 주신 삶의 방식과 조화될 수 없다. 그분은 '머리 둘 곳이 없었으며' 유일하게 남기신 유산은 십자가에 달리기 전에 입으신 겉옷뿐이었다. 특히 수많은 개발도상국들이 절망적 가난과 전염병에 시달리는 이때, 그런 메시지는 성경에 계시된 하나님이나 인간의 삶으로 성육신하신 예수님과 전혀 일치하지 않는다. 우리는 여기서 독일인 순교자 디트리히 본회퍼 (Dietrich Bonhoeffer)가 "값싼 은혜…회개 없는 용서, 교회의 권징 없는 세례, 죄 고백 없는 성찬, 십자가 없는 은혜, 살아 계시고 성육신하신 예수 그리스도 없는 은혜를 베푸는" 교회의 항구적 위험을 경고하는 소리를 듣는다. 번영 신학을 가르치는 많은 집단들 역시 서로 돕는 교제와 다양한 격려의 사역을 하고 있고 분명 칭찬할 만한 수준이지만, 그렇다 해도 여기서 제기하는 문제들이 해소되지는 않는다. 하나님은 자기 백성의 유익과 그분의 영광을 위해, 그들의 투쟁과 고난 속에서, 그리고 그것을 통해서 일하신다.

■ 성경 구절

하나님의 말씀　신 29:29; 대하 34:14-33; 느 8:1-8; 시 1:1-3; 19:7-11; 마 4:1-10; 막 12:24; 행 17:11; 20:27-32.

세례　출 19:14이하; 레 16:4; 마 3:1-17; 28:19이하; 막 10:38이하; 요 3:22; 4:1; 행 2:38, 42이하; 8:16, 36; 9:18; 10:47; 16:15; 고전 1:13-17; 10:2; 12:12; 갈 3:27이하; 벧전 3:21.

성찬　출 13:1-16; 렘 31:31-34; 마 26:17-30; 눅 22:7-23; 고전 10:14-22; 11:17-34.

기도　창 18:16-33; 32:9-32; 출 17:4-16; 33:12-23; 수 7:6-13; 삼하 7:18-29; 왕상 3:3-15; 18:20-39; 왕하 19:14-37; 20:1-11; 느 1:1-11; 단 9:1-23; 마 9:38; 26:36-44; 막 1:35; 9:29; 11:22-25; 눅 3:21; 5:16; 11:1-13; 18:1-8; 요 16:24; 17:1-26; 행 1:14; 12:5, 9; 롬 1:9; 8:26; 10:1; 12:12; 엡 6:18; 골 4:2; 살전 5:17; 딤전 2:1이하; 히 5:7; 약 5:13-18.

교제　창 2:18; 출 17:8-16; 삼상 23:16; 눅 22:28; 요 15:1-8; 행 2:42-47; 4:32-37; 롬 1:12; 15:1-7; 고전 12:24이하; 고후 7:6; 갈 6:2; 빌 2:4; 살전 5:11, 14; 히 3:13; 10:24이하; 유 20절.

고난　욥 23:10; 시 66:10-12; 119:67, 71; 막 8:35-38; 눅 14:25-35; 요 12:23-25; 15:2, 18이하; 행 14:22; 롬 5:3; 8:17; 고후 1:3-9; 4:10이하; 12:7-10; 갈 6:14; 빌 1:29; 3:10; 딤후 3:12; 히 12:4-13; 벧전 1:6이하; 4:13; 계 1:9.

■ 토론 질문

1. '은혜의 수단'이라는 말을 어떻게 이해하는가? 그것이 하나님 백성의 성장에 어떤 역할을 하는지 성경에서 찾아보라.
2. '교회는 그 교회의 강해 설교보다 높은 수준에 이를 수 없다'는 말에 대해 논해 보라.

3. (1) 개인 성경공부, (2) 그룹 성경공부에 관한 유익과 문제점을 검토해 보라.
4. '성례'란 무엇인가? 성례는 오직 두 가지뿐이라는 관점에 대한 성경적 근거를 제시해 보라.
5. (1) 하나님의 말씀, (2) 전체 회중의 교제, (3) 예수님의 갈보리 고난의 회상, (4) 회개한 신자에게 주어지는 용서의 확신, (5) 그리스도의 영광스러운 재림의 기대 등은 각각 성찬에서 어떤 위치를 차지하는가?
6. 세례에 대해 (1) 구약과 (2) 예수님으로부터 무엇을 배울 수 있는가?
7. 유아세례의 근거로 인용되는 성경의 주된 내용은 무엇인가? 그 내용들이 설득력이 있다고 보는가? 이런 문제에서 다른 의견을 가진 사람들과의 참된 교제와 협력 가능성을 고찰해 보라.
8. (1) 교제, (2) 고난은 어떤 방식으로 '은혜의 수단'이 될 수 있는가? (1) 성경의 가르침과 성경 인물들의 이야기, (2) 자신의 경험, (3) 당신이 아는 그리스도인들의 경험 등을 예로 들어 이것들의 가치를 설명해 보라.

■ 참고 자료

Arts. 'Word of God', 'Sacrament', 'Baptism', 'Eucharist', 'Prayer', 'Fellowship' in *NDT*.

P. Adam, *Speaking God's Words* (IVP, 1996).

G. R. Beasley-Murray, *Baptism in the New Testament* (Paternoster, 1972). 『성서적 침례론』(검과흙손).

G. C. Berkouwer, *The Sacraments* (Eerdmans, 1962).

H. Bonar, *When God's Children Suffer* (Evangelical Press, 1966). 『고난을 주시는 하나님』(지평서원).

D. Bridge and D. Phypers, *The Water that Divides* (IVP, 1977; 2nd edn, Christian Focus, 2008).

D. A. Carson, *A Call to Spiritual Reformation* (IVP, 1992). 『바울의 기도』(복있는 사람).

M. Green, *Baptism* (Hodder, 1987).

O. Hallesby, *Prayer* (IVP, 1961). 『영의 기도』(규장).

E. F. Kevan, *The Lord's Supper* (Evangelical Press, 1966).

D. Kingdon, *Children of Abraham* (Carey Publications, 1973).

E. Kreider, *Given for You* (IVP, 1998).

G. Kuhrt, *Believing in Baptism* (Mowbray, 1987).

D. M. Lloyd-Jones, *Preaching and Preachers* (Hodder, 1971). 『설교와 설교자』(복있는사람).

R. P. Martin, *Worship in the Early Church* (Marshall, Morgan and Scott, 1964).

B. Milne, *We Belong Together* (IVP, 1978).

_____, *Dynamic Diversity* (IVP, 2007).

J. Murray, *Christian Baptism* (PRPC, 1952). 『기독교 세례론』(대한기독교서회).

J. C. Ryle, *Knots Untied* (James Clarke, 1964). 『오직 한 길』(CLC).

R. C. Sproul, *Knowing God's Word* (Scripture Union, 1980). 『성경을 아는 지식』(좋은씨앗).

C. H. Spurgeon, *Lectures to My Students* (Baker, 1977). 『목회자 후보생들에게』(크리스천다이제스트).

A. M. Stibbs, *Sacrament, Sacrifice and Eucharist* (Tyndale Press, 1962). 『이 큰 구원을 보라』(좋은씨앗).

J. R. W. Stott, *I Believe in Preaching* (Hodder, 1982). 『존 스토트 설교론』(크리스천다이제스트).

_____, *The Living Church* (IVP, 2008).

D. F. Wright, *Infant Baptism in Historical Perspective* (Paternoster, 2007).

역사 속의 교회

조직 형태

교회 조직의 형태는 일반적으로 네 가지로 구분할 수 있는데, 물론 많은 교파들이 이 형태와 정확히 일치하지는 않는다.

감독제

감독제(Episcopalian)는 감독(*episkopoi*)이 다스리는 교회 정치 형태다. 이 형태를 따르는 교파로는 성공회와 루터교가 있으며, 감리교는 약간 수정된 형태를 따른다. 이 교회 형태는 주교, 사제(주로 지역 회중이나 교구에서 지도자 역할을 하는 성직자), 부제(지역 교회에서 보조적 사역을 수행하는 성직자)의 세 직분을 인정하며, 사실상 부제는 보통 견습 사제인 경우가 많다. 오직 감독(주교)만이 사람들을 직임에 임명할 수 있으며, 이런 질서가 수 세기 동안 지속되어 왔다. '성경적'이라는 말을 신약의 지지를 받는다는 뜻으로 사용한다면, 이 제도는 결코 성경적이라고 할 수 없다. 현재 일반적으로 모든 전통에 속한 학자들은 신약에서 사용된 헬라어 '에피스코포스'(*episkopos*, 감독)와 '프레스뷔테로스'(*presbyteros*, 장로)가 동의어라는 데 이견이 없다(행 20:17, 28; 빌 1:1; 딛 1:5, 7). 일반적으로 '감독'에 대한 신약의 이해는 감독제의 이해와는 다르다. 감독은 유대교 회당에서 활동한 구약의 장로 형태를 따르는, 보통 회중 속에서 활동하는 지역 교회의 직분자였다.

하지만 감독제 주창자들은 자신들의 정치 제도를 지지하는 두 가지 중요한 요소를 제시한다. 첫째, 초대교회 때 지역 회중 속에서 일하는 사람들보다 더 높은 위치에 있는 사역자가 존재했다는 것이다. 사도들이 이를 보여 주는 가장 좋은 사례이며, 예언자들 역시 때로 이런 방식으로 활동한 것처럼 보인다. 디모데와 디도, 야고보는 신약 시대에 이러한 '제3의 차원'의 사역을 수행한 사람들로 보이는데, 왜냐하면 그들은 분명 여러 그룹의 회중에 대한 책임을 부여받았기 때문이다. 둘째, 비록 구체적 증거는 없지만 3중 사역 체계가 거의(아마도 정확히) 사도 시대 때부터 시작되었다는 것은 의심의 여지가 없다. 그리고 2세기 중반에 이르면서 이 사역 체계는 기독교의 거의 보편적 형태가 되었다. 내부에서 발생한 이단과 외부로부터의 박해에 직면한 교회는 직무상의 지도력, 특히 감독권을 강화하여 이런 도전에 대처했다. 따라서 감독제는 수 세기 동안 교회에서 상당한 가치가 입증된 사역 형태라는 것이다.

장로제

장로제(Presbyterian)는 장로(*presbyteroi*)가 교회를 다스리는 정치 형태이며, 전 세계의 개혁 교회와 장로교, 그리고 감독제 형태로 약간의 수정을 가한 감리교가 이 제도를 채택한다. 보통 장로들은 전국 단위의 총회와 작은 지역 단위를 다스리는 노회를 통해 연합해 있다. 또한 선임된 지도자 그룹인 '장로회'가 지역 교회를 다스리는 일부 독립 교회도 이런 장로제 형태를 띠고 있다. 장로제는 신약의 관례에 근거하여 지역 회중이 장로를 임명할 직접적인 성경적 권위를 주장한다. 사도행전 15장을 보면, 장로들이 예루살렘 공의회에서 사도들과 함께 중요한 문제들을 논의하는 사람으로 등장한다. 그리고 이 지역 교회의 장로들 가운데 어떤 사람은 말씀과 성례를 맡은 '가르치는 장로'

로, 어떤 사람은 가르치는 장로와 함께 효과적 지도력을 공유하는 '다스리는' 장로로 세워졌다(딤전 5:17). 더 일반적 차원에서 보자면, 이 정치 제도는 보통 교회가 임명한 차등적 권위를 가진 위원회나 의회를 통해 운영된다. 또한 장로제는 사역자를 세울 때 전체 회중이 발언할 권리를 인정한다. 집사는 교회의 일상적 실무를 수행하는 조력자로서의 사역을 수행하며, 감독제와 달리 모든 사역자가 공식적으로 동일한 지위를 갖는다.

회중제(독립 교회)

회중제(Congregational)는 전체 지역 회중이 교회를 다스리는 정치 제도이며, 침례교와 회중 교회, 그리고 일반적으로 오순절 교회와 그 밖의 여러 독립 교회가 이 제도를 따른다. 기본 단위는 지역 회중이며, 교회의 어떤 직분자나 기관도 회중에 대해 권리를 행사할 수 없다. 모든 정책은 전체 회중의 판단에 맡겨져야 하며, 목사나 집사, 장로(만일 그런 사람들이 있다면)는 다른 신자들과 동등한 지위를 갖는다. 각각의 회중 교회는 다른 교회나 기관의 간섭 없이 그리스도의 정신을 자유롭게 해석할 수 있다. 물론 실제로는 대부분의 독립 교회가 공동의 관심사에 있어서 다른 교회들과 연합하는 경우가 많지만 말이다. 사역자 임명도 다른 교회의 간섭 없이 시행할 수 있지만, 실제로 이런 경우는 드물다. 사실, 많은 '회중주의자들'은 그러한 더 폭넓은 대표성이 필수적이라고 본다. 사역자는 보통 목사와 집사 둘로 나누어지는데, 일부 경우에는 목사가 다수의 장로들과 함께 영적 책임을 공유한다. 전통적으로 기독교 형제단(Christian Brethren)과 같은 일부 '회중' 교회들은 특정한 개인을 임명하여 교회에서 '사역'하게 하는 것이 타당한지에 대해 의문을 제기해 왔다. 그러나 요즘 들어 이런 입장은 다소 후퇴하고 있다.

이 제도의 지지자들은 신약에 나타나는 지역 교회의 중요성을 주장한다. 앞서 보았듯이, 성경은 교회의 본질과 관련한 언어를 지역 교회와 '전체' 교회에 동일하게 사용한다. 더 나아가, 신약에는 사도들과 그들의 개인적 대리자인 디도와 디모데 같은 인물을 제외하고는 지역 교회 위의 더 큰 기관이나 직분자가 회중의 삶을 다스렸다는 증거가 없다. 이는 그리스도가 교회의 머리이시며, 그분이 자기 백성 가운데 직접 임재하시고 개인이든 집단이든 어떤 다른 대리자의 중재 없이 자신의 능력으로 자신의 뜻을 실행하신다는 말이다.

실제로 회중주의가 상호적 교제와 교회 간 협력의 가치를 인정하는 부분이 있지만, 하나님의 뜻을 지역 교회 스스로 분별하고 그에 따라 행동할 궁극적 자유를 제한하는 수준에 이르지는 않는다.

세계의 많은 지역에서 발전하고 있는 가정 교회 운동 — 주로 은사주의적 갱신 운동과 관련이 있다(pp. 412-413) — 은 또 다른 현대적 회중제 형태다. 회중제를 채택한 다른 그룹들과 마찬가지로, 이들이 보여 주는 교회 간 연결의 형태는 타 교회와 아무런 관계도 맺지 않는 완전한 독립 형태부터 책임과 연합의 경계를 분명하게 설정하는 강한 교단적 형태에 이르기까지 매우 다양하다. 이 그룹 중 일부는 지도자에게 '사도'라는 칭호를 사용한다. 그 이유는 하나님이 본래의 신약적 교회를 회복하시는 일환으로서, 또는 살아 계신 성령이 자기 백성을 하나님의 진리와 실재로 지속적으로 인도하시는 수단으로서 이 칭호가 오늘날에도 계속 타당하다고 보기 때문이다. 그러나 이런 호칭 사용은 예수님이 친히 임명하신 사도들의 특별한 역할과, 최고의 권위를 가진 사도적 저작인 신약성경을 통해 모든 교회에 미치는 사도들의 지속적 지도력을 손상시킬 수 있어 본질적으로 위험하다.

로마 가톨릭

가톨릭주의는 본질적으로 감독제의 특별한 역사적 형태로 볼 수 있다. 이 제도의 독특한 특징은 로마 주교인 교황의 수위성이다. 가톨릭주의는 사제직의 개념과 관련해서 개혁 교회들과 확연히 다른데, 이 같은 사제직의 개념은 동방정교회와 성공회에서도 발견된다.

이상과 같은 간단한 요약을 통해서 감독제나 장로제, 회중제 중 어느 것도 성경의 절대적 지지를 받는다고 주장할 수 없음을 분명하게 알 수 있다(물론 각 교파에 속한 몇몇 사람들은 이를 부인할 것이다). 그렇다고 성경의 근거를 무시하고 실용적 필요에 따라 이 문제를 판단해야 한다고 주장하는 것은 아니다. 어쨌든 우리는 그리스도의 몸을 이루기 위해 이들 집단 중 하나에 소속되어야 하고, 그러한 선택에 일정 정도 충실하게 헌신할 필요도 있다. 그러면서도 성경의 가르침과 명백히 모순되지는 않는 어떤 문제에 대해 확신을 가질 뿐 아니라 한계 또한 인정해야 하며, 이에 대해 하나님 백성의 특징인 너그러운 태도를 가져야 한다(요 13:34이하).

역사적 개관

초기 시대

사도 시대 직후에 교회는 하나님의 백성, 곧 세례를 받음으로써 참여할 수 있는 예수님을 믿는 신자들로 구성된 새로운 영적 사회로 여겨졌다. 신자들은 유대인 및 이방인과 구별되는 제3의 인종이었으며, 높은 도덕 기준과 강력한 공동체적 삶으로 유명했다.

하지만 2세기에 현저한 변화가 일어났다. 이단이 등장함에 따라 분명한 경계를 그어야 할 필요가 생겼고, 이에 사도의 계승자로 여겨졌던 주교들이 권위 있는 사도적 전통을 보호했다. 이런 움직임은 중앙집권적 구조를 촉진했으며 교회의 본질적인 '영적' 특성들은 외적 제도로서의 교회라는 사상으로 대체되었다. 이런 변화가 저항 없이 이루어진 것은 아니었다. 몬타누스주의

(Montanism, 2세기), 노바티아누스주의(Novatianism, 3세기), 도나투스주의(Donatism, 4세기)는 각기 다른 방식으로 초기 교회의 도덕적·영적 순수성을 회복하려고 시도했다.

일반적으로 교회의 성직 계급들은 이런 운동을 거부했으며 그런 추세는 계속되었다. 3세기 중반 무렵 키프리아누스(Cyprian)는, 주교직에 기초하여 설립된 가시적 교회에서 분리되면 구원을 상실한다고 썼다. 그로부터 한 세기가 지난 후, 아우구스티누스는 교회가 선택받은 자들의 비가시적 모임이며, 내주하시는 성령과 함께하는 참된 사랑을 가진 성도들의 친교임을 인정했다. 그러나 그는 참된 '교회'는 주교직의 역사적 계승을 통해 사도적 권위를 행사하는 가톨릭교회 안에 있으며, 오직 그 울타리 안에서만 하나님의 사랑으로 충만해지고 성례를 통해 성령을 받을 수 있다고 말했다. 이후 수 세기에 걸쳐 교회는 동방 교회와 서방 교회로 분열되었는데, 그 분열의 뿌리는 로마 제국의 행정적·정치적 분열이며, 교회의 측면에서 보자면 그리스도의 인성에 관한 칼케돈 이후의 논쟁을 해결하지 못했기 때문이다. 동방 교회는 네스토리우스주의(참고. p. 293)와 단성론[1]에 보다 공감하는 입장이었으며, 성령론에서도 의견을 달리했다. 동방 교회는 성령이 오직 성부에게서만 발출한다고 주장했지만 서방 교회는 성령이 성부와 성자에게서 이중으로 발출한다고 주장했다. 이 동방 교회는 오늘날 동방정교회로 알려져 있다.

중세 시대

중세 시대의 교회는 사회 모든 분야의 기초가 되었으므로 그 어떤 신학적 정당화도 필요하지 않았다. 당시 이루어진 두 가지 특징적 변화를 언급할 필요가 있다. 첫째, 다른 사도들을 능가하는 수위성을 지닌 베드로를 로마의 첫 번째 주교로 인정하던 전통은, 베드로에게 주어진 수위권이 로마의 주교직을 계승하는 사람에게 전달된다는 주장으로 보강되었다. 그리고 7세기가 시작될 무렵에는 교황이 '전 세계의 주교'로 불리게 되었다. 동방 교회는 이러한 교황직의 발전을 거부했으며, 이는 동방 교회와 서방 교회의 분열을 가속화하는 원인이 되었다.

둘째, 가시적 가톨릭교회가 하나님 나라와 더욱 동일시되었다. 이 관점은 아우구스티누스에 대한 오해에 근거한 것으로, 이 관점의 고대적 권위를 주장하는 9세기의 위조문서 두 건이 유포되면서 더 강화되었다. 그 결과 모든 문화적·정치적 문제를 교회의 관할 아래 두려는 경향이 강해졌다.

종교개혁

16세기 초, 면죄부(죄의 사면을 보증하는 교황의 증서) 논쟁을 통해 교회의 본질에 관한 논쟁이 불붙기 시작했다. 마르틴 루터가 이끄는 종교개혁자들은 오직 은혜로 말미암는 구원의 복음으로 중세 가톨릭 체제에 정면으로 도전했다. 내부로부터의 개혁이 가로막히자 그들은 로마 가톨릭 밖으로 나가 개혁적인 새로운 회중을 모았고, 이로부터 개신교회가 탄생했다. 종교개혁자들이 교회를 이해하는 방식은 이전의 방식과 너무나 판이했기 때문에, 기존의 신학 서적들을 버리고 거의 다시 써야만 했다. 종교개혁은 하나의 공통적 관점을 만들기보다 비교적 다양한 몇 가지 해석을 포용하는 하나의 접근 방식을 제시했다.

루터는 교황이 이끄는 교회의 무류성, 사제직 제도, 성례의 자동적 효력설(성례를 받는 사람의 믿음과 상관없이, 또는 믿음이 없어도 성례 자체가 자동적으로 은혜를 제공한다는 주장)과 같은 로마 가톨릭의 주장을 거부했다. 그는 교회가 신자들의 영적 친교이며 모든 신자가 하나님의 제사장이라는 사상을 회복했지만, 유아세례 제도는 그대로 유지했다. 칼뱅은 교회의 치리와 교육 기능을 추가로 강조했고, 하나님의 말씀으로 제네바 사회 전체를 개혁하려고 시도했다.

당시 사람들에게 알려지면서 가장 큰 영향력을 미친 교회에 관한 제3의 관점은 바로 재세례파의 교회관이었다. 그들에게 재세례파라는 이름이 붙은 이유는, 세례는 오직 신자에게만 베풀어야 한다고 주장하며 유아기에 세례 받은 이들에게 다시 세례를 주었기 때문이다. 안타깝게도 극단적 모습만 역사책에 기록되고 주목을 끌었지만, 그들은 일반적으로 균형 잡힌 관점과 깊은 경건을 지닌 사람들이었다. 그들은 루터와 칼뱅보다 더 급진적인 개혁을 원했으며, 신앙을 고백하고 신앙의 실재를 분명하게 나타내는 사람들로만 구성되는 '분리파' 교회를 추구했다. 또한 교회 형식과 사역의 위계를 최소화하고, 개인이 하나님의 은혜를 직접 체험하는 것을 핵심으로 여겼다. 또한 교회와 국가를 엄격하게 분리해야 한다고 가르쳤다.

현대

종교개혁 이후부터 역사적인 개신교의 주요 교파들이 등장하여, 로마 가톨릭 및 정교회 전통과 함께 성장해 왔다. 현대에 나타난 여러 가지 중요한 특징은 다음과 같다.

1. 교회와 국가를 동일시하는 관점이 지속적으로 퇴색하고 있다. 이에 따라 종교는 점차 자유롭게 결단하는 개인의 확신이라는 사적 문제가 되었다. 물론 대부분의 서구 민주국가들은 아직도 여러 개혁 교회들 중 한 교파에 '국가' 교회로서의 특별한 권리와 특혜를 부여한다. 그러나 이런 지위마저도 흔들리고 있는 곳이 많다.

2. 물질주의, 특히 산업화된 서구 국가들의 물질주의는 삶의 전반적 세속화를 야기했고, 그에 따라 이전 세대의 기독교적 신념과 도덕적 가치관이 약화되었다. 서구 문화에서 기독교는 차츰 주변부로 물러났고, 종교를 부인하는 이들 및 여러 세계 종교들이 공존하는 종교 영역 안에 자리를 잡아야 하는 처지가 되었다. 좀더 자유주의적인 개신교 교파들은, 활기차게 성장하는 소수의 복음주의자들이 여전히 그 안에 소속되어 있음에도 불구하고 신자

들의 헌신과 출석이 지속적으로 줄어들고 있다. 이런 전반적 양상 가운데서도 다소 희망적인 것은, 이민자 집단에서 보다 생명력 있는 신앙 형태가 나타나고 있다는 점이다. 이민자들은 대부분 개발도상국에서 온 사람들로, 그들이 처음 신앙을 갖고 양육받았던 현지 기독교의 전형적 특징인 열심과 확신을 갖고 있다.

3. 1948년 세계교회협의회(World Council of Churches, WCC)의 출범으로 이어진 세계 에큐메니컬 운동은 가톨릭과 동방정교회가 더 높은 수준으로 참여하게 되면서 지속적 활동을 전개하고 있다. 그러나 20세기 동안 일부 국가에서 통합된 에큐메니컬 교파가 많이 만들어졌음에도 불구하고, 전반적으로 볼 때 세계 기독교의 일치라는 꿈은 이루어지지 못했다. 이 운동은 자기 교파에 대한 참여자들의 뿌리 깊은 충성심을 극복하지 못하고, 또한 단체의 비전에 대한 열정을 불러일으키는 데 실패함에 따라 끝내 목표를 이루지 못했다. 그리고 비서구권 국가에서 등장한 흔히 오순절파의 특징을 가진 더 새롭고 활기찬 교회들이 이 운동을 대체하고 있는데, 이 교회들은 서구에서 발생한 교파들의 경험을 공유하지 않으며, 기독교의 조직적 통일에 대한 열정도 거의 없다. 일부 복음주의자들은 세계교회협의회 운동을 지지하는 반면, 다른 복음주의자들은 이 운동이 표방하는 신학적 느슨함과 좌익 혁명 운동의 일부 내용에 대한 공감, 복음적이고 선교적 열정을 불러일으키지 못한 측면 등으로 인해 이 운동을 거부한다. 지난 세기에 복음주의자들은 세계적 차원의 연대 의식을 확인하였으며, 특히 1974년 대규모의 로잔 국제회의를 개최하고 로잔 운동을 출범했다. 이 연대 의식은 그 후 1994년 마닐라에서 개최된 세계회의를 통해 더욱 심화되었다. 로잔 운동은 세계 복음화의 목표 달성을 촉진하기 위해 전 세계 복음주의자들 사이의 교류와 논의를 활발하게 추진하고 있다.

4. 로마 가톨릭에서는 현대 세계의 영향에 더욱 개방적인 '새로운 가톨릭

주의'가 제2차 바티칸 공의회에서 등장해, 이후 오랜 기간 지속되었다. 여기에는 과거와 달리 개신교 및 동방정교회와의 접촉을 대폭 늘리는 내용도 포함되었다. 카리스마적 지도력을 행사했던 교황 요한 바오로 2세는 매우 중요한 인물이었다. 그는 신학적 보수주의와 여러 국가를 방문하는 순례 여행, 대중매체의 역할에 대한 탁월한 감각 등으로 가톨릭교회가 새롭게 부각되는 데 큰 기여를 했으며, 이런 추세는 후임자인 교황 베네딕토 16세 때도 지속되었다. 은사주의 운동과 알파 프로그램(Alpha programme)은 수많은 성직자와 평신도들이 더 큰 복음적 확신을 갖는 데 큰 영향을 미쳤다. 하지만 사제 충원 비율이 갈수록 줄고, 미성년자 성추행 사건이 고질적으로 발생한다는 점은 큰 문제가 되고 있다. 수치상으로는 로마 가톨릭이 여전히 세계적으로 가장 큰 기독교 교파다.

5. 세계 기독교와 관련한 중요한 이야기는, 단연코 20세기 말엽에 등장해 21세기에도 지속되고 있는 이른바 '남반부 교회'에 관한 이야기일 것이다. 특정 지역에 국한된 것은 아니지만 아프리카, 아시아, 라틴아메리카(AfAsLA)를 주 무대로 일어나는 이 놀라운 기독교 운동은, 주로 이전 수 세기 동안 복음을 땅 끝까지 전한 선교 활동의 열매다. 원대한 비전을 품은 선교사들과 때로 그들이 감당한 크나큰 희생을 통해 국제적 기독교 공동체가 탄생했으며, 이것이 바로 오늘날 예수 그리스도의 교회의 모습이다.

이런 현상을 간단히 설명하기 전에 선교학자 앤드류 월스(Andrew Walls)의 관점을 언급하면 도움이 될 것이다. 그는 지난 2천 년의 기독교 역사가 이른바 '기독교의 연속적 특성', 즉 세 단계로 이루어진 발전을 반복하는 패턴을 나타냈다고 말한다. 첫째, 기독교가 중심지에서 발전하여 확고하게 정착한다. 둘째, 기독교의 존속을 위협하는 부패가 중심에서 시작된다. 셋째, 신앙이 주변 지역으로 이동하여 교회가 이전에 지녔던 생명력을 새롭게 회복한다. 월스는 이 근거로 로마 제국의 '이방 교회'(1세기), 북유럽의 '미개인 교회'(4-9세기), 아프리카, 아시아, 라틴아메리카의 '남반부 교회'(19-21세기)를 제시한다. 따라서 우리는 지금 세 번째의 위대한 기독교 '회복' 운동을 경험하는 중이다.

통계로 현재 추세를 더 정확히 이해할 수 있다. 예를 들어, 1900년 아프리카에는 1천만 명의 그리스도인이 있었으며 아프리카 전체 인구의 9퍼센트를 차지했다. 하지만 오늘날 그리스도인 수는 약 3억6천만 명이며 이는 전체 인구의 46퍼센트다. 성장 수치를 국가별로 자세히 살펴보면, 우간다의 총인구 2천2백만 명 중 89퍼센트가 그리스도에 대한 살아 있는 신앙을 고백한다. 케냐 총인구 3천만 명 중 79퍼센트, 나이지리아 총인구 1억1천5백만 명 중 53퍼센트가 그리스도인이다. 아시아를 보자. 한국은 1884년에 최초로 개신교회가 세워졌다. 한국 인구 4천7백만 명 중 32퍼센트가 그리스도에 대한 신앙을 고백하며 1만 명의 한국 선교사가 해외에서 사역하고 있다. 신뢰할 만한 통계를 구하기는 어렵지만, 마오쩌둥이 1950년대 초 모든 서양 선교사를 추방하고 무신론을 공식 '종교'로 규정한 중국에서도, 12억6천만 명의 총인구 중 최소 12퍼센트가 그리스도인으로 추정되며 대부분 비공식적인 '가정 교회'에 속해 있다. 한 예측에 따르면, 현재 추세대로라면 2025년까지 중국 인구의 3분의 1이 그리스도인이 되는 것도 결코 불가능하지 않다. 라틴아메리카의 경우, 예를 들어 브라질은 총인구의 91퍼센트가 기독교적 정체성을 표방하며 복음주의적 그리스도인은 14퍼센트로 추정된다.

20세기는 끔찍한 전쟁과 인종 학살, 전염병, 세속적 전체주의로 인해 상당 기간 동안 수많은 사람들이 고통을 받았지만(이 시기는 세계 인구가 증가한 시기이기도 하다), 오늘날 세계 인구 중 그리스도인의 비율은 34.9퍼센트를 차지한다. 이 비율은 1900년대 유럽 개신교가 최고 수준일 때보다 결코 낮지 않다. 더욱이, 보수적 예측에 따르더라도 2025년에는 그리스도인이 무려 26억 명에 달해 "기독교는 역사상 세계 최대의 종교가 될 것"(필립 젠킨스)이다. '남반부 교회' 효과 덕분에 복음주의적 그리스도인의 성장률은 더욱 가파르다. 1960

년에서 2000년 사이에 복음주의적 그리스도인은 전 세계적으로 8,450만 명에서 4억2천만 명으로 증가했고, 그 증가율은 세계 인구 증가율의 세 배, 이슬람교인 증가율의 두 배 수준이다. 물론, 많은 측면에서 문제가 있는 것도 사실이다. 그중에는 진실한 '회심'을 하지 않은 사람도 있을 테고, 성경 지식과 진정한 제자도의 수준이 유감스러울 만큼 낮은 경우도 많다. 그러나 하나님은 지난 수십 년간 세계 도처에서 놀라운 방법으로 역사하셨으며, 우리는 이에 대해 깊이 감사해야 한다. 그러나 이 모든 것에도 불구하고, 세계 인구의 15-25퍼센트에 달하는 사람들이 아직 복음을 듣지 못해 예수 그리스도 안에 있는 영원한 구원에 응답하지 못하고 있음을 인식하는 것도 중요하다.

이런 전개 양상이 전 세계 교회 형성에 미치는 영향을 생각해 볼 필요가 있다. 한 예측에 따르면, 서구 그리스도인들의 충성이 약화되는 동시에 '남반부 교회'가 엄청나게 발전함으로써 2025년까지 세계 그리스도인의 83퍼센트가 비서구인이 될 것이다. 필립 젠킨스(Philip Jenkins)는 그 결과를 이렇게 예상한다. "얼마 못 가서 '백인 그리스도인'이라는 표현이 '스웨덴인 불교 신자'만큼이나 신기한 모순어법으로 들릴지도 모른다. 그런 사람들이 존재할 수는 있겠지만 약간 괴짜라는 인상을 줄 것이다." '오늘과 내일'의 그리스도인의 상당수를 차지하는 '남반부 그리스도인'들에게는 일곱 가지 특징이 있다. 그들은 지리적으로 '남쪽'에 있고, 백인이 아니며, 경제적으로 가난하고, 신학적으로 보수적이며, 보통 활기차게 예배를 드리고, 복음전도에 열정적이며, 공동체성이 강하다.

6. 마지막으로, 다소 덜 일반적인 다음과 같은 추세들을 언급할 수 있다.

통전적 선교. 한동안 '복음전도'와 '사회 선교' 중 하나를 선택하던 시기를 지나, 오늘날 선교는 거의 보편적으로 통전적 관점에서 실천된다. 때로 '통합적 선교'라고 불리는, 복음을 선포하라는 '대위임령'과 궁핍한 이웃을 사랑하라는 '대계명'을 통합하려는 태도는 오늘날 거의 의문의 여지가 없는 공리다.

아마도 지금 우리에게 주어진 일반적 과제는, 다가올 세상을 준비하는 책임도 잊지 않으면서 통합적 선교의 현세적 차원을 긍정하는 일일 것이다.

세속적 가치와의 충돌. 특히 서구 국가에서 사실상 보편화된 세속적 가치는, 낙태의 권리, 줄기세포 연구와 관련 복제 기술, 안락사 등의 영역에서 성경적 기준 및 가치관과 상당한 마찰을 일으켰다. 이런 충돌이 가장 분명하게 나타나는 영역은 성 윤리와 특히 동성애에 관한 문제다. 일부 교파들 — 그중에서 성공회가 가장 큰 주목을 받고 있다 — 은 이를 놓고 심각하게 의견이 갈리며, 앞으로 어떤 교회도 이 문제와 이와 관련된 행동규범의 문제를 완전히 회피할 수는 없을 것이다.

일치 속의 다양성을 추구하는 교회. 현재와 미래의 가장 두드러진 특징은 세계 인구의 다양성이다. 이민, 여행, 전쟁, 전기 통신망, 유연해진 고용 형태 등으로 촉발된 이러한 현상으로 인해 오늘날 세계는 전례 없이 다양화된 사회를 경험하고 있다. 한 특파원의 최근 기사를 인용해 보자. "정치인들이 주장하는 바와 상관없이, 이민은 멈출 수 없는 세계적 추세가 되었다. 실로 주님이 세계를 흔들고 계시는 중이다"(레이 바키). 이런 현상은 교회에 중요한 도전과 커다란 기회를 제공한다. 교회는 인종적으로나 사회적으로 단일한 배경에 기초하여 출발했다. 그러나 이제 우리 앞에 놓인 과제는, 회중을 구성하는 낡은 원리 — '우리와 같은 사람들' — 를 포기하고 담대하게 그리스도의 이름으로 '다른 타자들'과 관계 맺으며 그들을 포용하는 것, 오순절 이후 형성된 신약의 여러 교회들처럼 성령을 통해 '일치 속에서 다양성을 추구하는' 교회를 만드는 것이다. 이런 교회에 약속된 축복은 매우 다양하지만, 특히 교회는 더 확장된 예수 그리스도의 몸이 되고 교회의 영광스러운 미래를 미리 맛볼 수 있는 가능성을 부여받는다.

다른 종교 공동체와의 관계. 앞서 언급했듯이, 기독교의 세계적 확산과 더불어 대대적인 인구 다양화 추세는 특히 서구 기독교에 새로운 문제, 즉 기존

사회에 깊이 뿌리내린 다른 세계 종교의 대표자들과 맺는 신학적·사회적 관계 문제를 제기했다. 어떤 상황에서는 사회적 갈등의 위험 때문에 어느 정도 서로 관계 맺고 존중하려는 노력이 이루어졌고, 약간의 성공도 거두었다. 일반적으로, 다른 종교의 신념을 경청하는 동시에 기독교 진리를 진지하고 확고하게 증언할 유의미한 기회를 만들고자 하는 열정이 지금까지는 별로 나타나지 않는 것 같다.

이머징 교회. 특히 미국은 지난 수십 년간 이른바 이머징 교회(Emergent Church)의 발전을 목격했다. 주로 인터넷에 기반을 두고 인터넷 '블로깅'을 통해 유지되는 이런 교회는 새롭게 등장한 '포스트모던' 세대에 적합한 신앙 형태와 회중 스타일, 실천 방식을 추구한다. 이를 선도하는 사람들의 신학이 다소 모호하고 이 비전에 동조하는 사람들의 범위가 제한적이기 때문에, 아마 장기적 영향을 미치지는 못할 것으로 보인다. 그러나 이 교회들이 전통적 교회에 호감을 갖지 못하는 사람들의 호응을 얻고 있음은 확실하다.

복음주의의 미래. 복음주의는 지난 수십 년간 상당한 변화를 겪어 왔으며, 복음주의의 정체성은 지속적으로 논의 대상이 되어 왔다. 널리 회자되는 공식 하나는 복음주의를 네 가지 특징을 가진 운동으로 보는 것이다. 즉 성경주의, 회심주의, 십자가 중심주의(십자가를 일차적으로 강조한다), 행동주의가 그것이다. 복음주의는 몇십 년 전보다 '더 폭넓은 천막'이 되었다. 초기에는 다소 멸시를 받던 소수파 운동이었다가, 오늘날에는 서구 여러 곳과 '남반부' 지역에서 그리스도인의 주요한 신앙 형태로 거의 보편화되었다. 복음주의는 바로 이러한 '성공'에서 비롯된 도전에 직면해 있다. 그것은 바로 신앙과 실천의 새로운 개척지를 창의적으로 찾으려는 열정을 확고하게 유지하고, "성도에게 단번에 주신 믿음의 도를 위하여 힘써 싸우라는"(유 3절) 하나님의 소명에 충성을 다함으로써 지속적으로 하나님께 영광을 돌리며, 이 믿음을 기쁘고 온전한 마음으로 표현해야 하는 과제다.

교회의 미래

성령의 창조물인 교회는 끊임없이 미래를 내다본다. 성령은 새 시대에 완성되는 하나님 나라의 생명이며, 미리 맛보는 미래의 영광이다. 그런 의미에서 성령은 하나님의 백성에게, 신부가 하늘의 신랑과 연합할 때의 충만함을 사모하는 마음을 주신다(엡 5:25이하; 계 21:1이하).

그러므로 우리는 하늘의 신부로 불리지만 전혀 다른 모습을 가진 지금의 교회로만 생각을 제한해서는 안 된다. 우리는 장차 그리스도께서 그분의 영원한 기업을 나누어 주실 영광스러운 교회를 바라보아야 한다. 성경적 교회론에 관한 어떠한 설명도 이 차원을 결코 무시할 수 없으며, 제7부에서 이에 대해 자세히 다룰 것이다.

- **성경 구절**

민 11:16이하; 겔 34장; 마 18:15-20; 눅 5:1-12; 6:12-16; 행 6:1-6; 15:1-29; 20:17, 28; 고전 1:2; 4:1; 엡 4:1-16; 빌 1:1; 딤전 3:1-13; 5:1, 17이하; 딛 1:3, 5-9; 히 13:17; 요이 1절; 계 21:1-22:5.

- **토론 질문**

1. 감독제, 장로제, 회중제의 교회 조직 형태에 대한 성경의 근거를 진술하고 평가해 보라. '교회 정치 형태에 관하여 신약은 세부 형태가 아닌 원리를 제공한다'라는 진술에 대해 논하라.
2. 교회사 연구를 통해 어떤 유익을 얻을 수 있는가?
3. (1) 당신이 소속된 지역 교회나 기독교 단체, (2) 국내 기독교 상황, (3) 세계 기독교의 발전 양상 등에서 나타나는 희망적 요소를 찾아보라.
4. 교회의 미래는 어떠한가? 또한 이런 전망을 숙고해 봄으로써 어떤 유익을 얻을 수 있는가?

■ 참고 자료

J. F. Balchin, *What the Bible Teaches about the Church* (Kingsway, 1979).

D. Bebbington, *Evangelicalism in Modern Britain: A History from the 1730s to the 1980s* (Unwin Hyman, 1989). 『영국의 복음주의 1730-1980』(한국신약학회).

T. Bradshaw, *The Olive Branch* (Paternoster, 1990).

O. Chadwick, *The Reformation* (Penguin, 1964). 『종교개혁사』(크리스천다이제스트).

E. Clowney, *The Church* (IVP, 1995).

K. DeYoung and T. Kluck, *Why We Are Not Emergent* (Moody, 2008). 『왜 우리는 이머징 교회를 반대하는가』(부흥과개혁사).

P. Jenkins, *The Next Christendom* (Oxford University Press, 2002).

P. Johnstone, *The Church Is Bigger Than You Think* (Christian Focus, 1998). 『교회는 당신의 생각보다 큽니다』(WEC출판부).

I. Murray (ed.), *The Reformation of the Church* (Banner of Truth, 1965).

M. Noll, *Turning-Points* (IVP, 1998). 『터닝 포인트』(CUP).

A. M. Renwick and A. M. Harman, *The Story of the Church* (IVP, 2nd edn, 1985). 『간추린 교회사』(생명의말씀사).

M. A. Smith, *From Christ to Constantine* (IVP, 1971).

A. M. Stibbs, *God's Church* (IVP, 1959).

A. Walls, *The Missionary Movement in Christian History* (T. and T. Clark, 1996).

_____, *The Cross-Cultural Process in Christian History* (T. and T. Clark, 2002).

D. Watson, *I Believe in the Church* (Hodder, 1978).

▶▶ 　　　　　　　　　　　　　　　　　　　　　　　　　적용

교회의 중요성

그리스도와의 연합은 필연적으로 그분 백성과의 연합을 수반한다. 교회는 단순히 성장에 도움이 되는 '은혜의 수단'이 아니며, 가장 진지하게 받아들여야 하는 그리스도인 경험의 필수적 부분이다. 이런 의미에서 모든 그리스도인은 이미 교회 안에 있고, 교회는 신앙이 놓여 있는 본질적 맥락이다.

그리스도를 갈보리로 이끈 것은 바로 교회를 향한 하나님의 사랑과 관심이었다(엡 5:25). 따라서 우리의 생각이 그리스도의 생각과 일치하는 정도에 따라, 세계적·지역적 교회의 소명과 확장, 삶과 열정, 이해와 확신, 성장과 일치, 순수함과 거룩함에 대한 우리의 관심도 커지게 될 것이다.

교회의 기능

예배 | 교회는 예배하는 공동체다. 우리는 공예배에 대한 헌신을 다짐하고 그에 대한 자신의 태도를 살펴볼 필요가 있다. 신약의 제사장으로서 매주 모여 하나님께 찬미의 제사를 드리는 것은 우리에게 주어진 특권이요 책임이다(히 13:15). 우리는 이 예배 사역을 어떻게 실천하고 있는가? 앞서 언급했듯 말씀을 설교하고 가르치는 것은 예배의 중심 요소이므로, 우리는 기도와 격려를 통해 새로운 세대의 말씀 선포자를 지원하고 세움으로 비그리스도인에게

믿음을 전하고, 그리스도께 응답하는 사람들을 성장시키고 제자 삼는 일을 지속해 나가야 한다.

교제 | 교회는 성령 안에 있는 교제 공동체다. 우리는 지역 교회나 기독교 단체의 친교에 헌신할 것을 다짐하고 동료 그리스도인에 대한 우리 태도를 살펴보아야 한다. 마땅히 회개해야 할 악의나 시기심, 교만은 없는가? 또한 고백해야 할 비난과 중상과 험담, 사과해야 할 일, 용서해야 할 과거의 상처는 없는가? 우리는 환대를 베풀거나, 시간과 우정과 돈을 나누거나, 기도를 해 주는 등 여러 가지 일에서 더 많이 관대해질 필요가 있다.

봉사 | 교회는 종들의 공동체다. 우리는 그리스도의 이름으로 교회와 세상을 섬길 것을 다짐하고 우리의 자세를 살펴보아야 한다. 따라서 지역 교회 성장을 위해 사용하도록 성령이 어떤 은사(들)를 우리에게 주셨는지 발견하고, 이웃이나 직장에서 섬길 기회를 놓치지 않도록 늘 깨어 있어야 한다. 어떤 사람에게는 이런 것들이 직업과 직장을 선택하는 데 큰 영향을 미칠 것이다.

증언 | 교회는 증언하는 공동체다. 우리는 세상에서 그리스도의 증인으로 헌신할 것을 다짐하고 그에 대한 태도를 살펴볼 필요가 있다. 이에 다음 몇 가지 질문을 정직하게 대면할 필요가 있다. 나는 세계 곳곳에 복음이 확장되도록 하기 위해 규칙적이고 뜨겁게 기도하는가? 폭넓게 사용되는 기도 정보를 현명하게 활용하여 구체적으로 기도하는가? 전 세계에서 이루어지는 그리스도의 사역에 규칙적이고 희생적으로 헌신하는가? 이웃에게 그리스도를 알리기 위한 지역 교회 활동에 참여하는가? 하나님의 능력 안에서 이웃과 직장 동료, 학교 친구, 혹은 주님이 보내시는 모든 곳에서 만나는 사람들에게 그리스도를 충실하고 효과적으로 증언하려 노력하는가?

교회의 삶

우리는 은혜의 수단들에 대해 어떤 태도를 갖고 있으며 그것을 어떻게 사용하는지 살펴볼 필요가 있다. 은혜의 수단이란 헌신적으로 성경을 읽고 공부하며, 규칙적으로 성경 강해를 듣고, 아직 세례를 받지 않았다면 세례를 받고, 정기적으로 성찬에 참여하는 것을 의미한다. 아울러 시간을 내어 기도하고 하나님을 섬기는 일, 지역 교회의 교제에 헌신적으로 참여하는 일, 복음과 자기 자신과 교회의 성장을 위해 제 몫의 고난을 기꺼이 감당하는 일 등도 포함될 것이다.

교회의 비전

우리가 보고 경험하는 교회는, 전체 교회 차원이든 지역 교회 차원이든 결코 매력적으로 보이지 않는다. 또한 그리스도를 닮은 사람을 교회에서 찾아보기가 꽤 힘들 수도 있다. 그러나 우리는 눈에 보이는 교회의 모습 때문에 절망이나 환멸에 빠지려는 유혹에 반드시 저항해야 한다. 이런 연약한 모습에도 불구하고, 교회는 반드시 영광스럽고 아름다워질 것이기 때문이다. 때로는 의도적으로 지금의 현실 너머를 바라보고, 장차 다가올 위대한 교회와 그리스도의 완전한 백성, 그리스도께서 나타나실 때 하늘의 신랑 앞에 설 흠 없는 신부에 대한 비전을 바라볼 필요가 있다.

바로 이 비전이 우리의 결심을 굳게 하여, 시간과 자원을 투자하고 주님께 열정과 기도를 올려 드리게 할 것이다. 아울러 현재의 불완전하고 상처 난 그리스도의 몸(교회)이 장차 재림하실 주님 앞에 더 아름답고 성숙하고 완벽한 모습으로 나타나도록 돕는 일에 우리의 일생을 바치게 할 것이다.

7부

마지막
일들

종려나무 가지.
죄와 사망을 이기고 다시 오실 그리스도의 승리를 나타낸다.

27 하나님 나라

마지막 일들에 관한 연구는 전문용어로 **종말론**(eschatology)이라고 하는데, 이는 '마지막'을 뜻하는 헬라어에서 왔다. 아마도 종말론은 현대 신학의 가장 지배적 용어일 것이다. 이 주제는 생각보다 훨씬 복잡한데, 왜냐하면 '마지막 일들'은 단순히 역사의 마지막에 일어날 사건을 뜻하는 것이 아니기 때문이다.

성경적 종말론의 일차적 범주는 예수님이 자주 언급하신 하나님 나라다(마 12:28; 막 1:14; 9:1; 눅 13:18-20; 요 3:3). 이것은 기본적으로 지리적 영역이 아닌 하나님의 '통치' 또는 '왕권'(눅 19:12)을 뜻한다. 이는 매우 역동적 개념으로, 하나님 나라는 곧 **시행되고 있는** 그분의 통치다(시 145:13; 단 2:44).

구약적 배경

구약에서 하나님은 만물의 주권자로 여겨진다. "여호와께서 다스리시니…모든 신들보다 크신 왕이시기 때문이로다"(시 93:1; 95:3). 바로 이것이 전체 구약 신앙의 전제가 되는 내용이다(출 15:18; 사 43:15). 그러나 하나님의 통치는 저항과 반대에 부딪친다. 마귀는 인간을 유혹해 하나님께 반역하게 하고(창 3장),

열방은 우상숭배와 사악한 행위를 일삼으며(왕하 17:29), 이스라엘은 영적 침체에 빠져 적들에게 패배한다. 또 개인적 차원에서는, 모든 이스라엘 백성이 하나님의 뜻과 자신의 도덕적 성취 사이의 모순을 경험한다.

바로 이 모순으로부터, 다가올 '주의 날'(암 5:18이하; 말 4:1이하)에 하나님이 의심의 여지 없는 자신의 왕권을 입증하실 것(사 2:1-5; 습 3:15; 슥 14:9이하)이라는 신념이 생겨난다. 이 일은 메시아와 관련이 있는데(사 4:2; 9:6이하; 11:1이하), 이 메시아는 다윗의 계보를 잇는 위대한 통치자가 될 것이며(대상 17:11-14; 시 72편) 그분을 통해 주의 날이 도래하여, 열방이 심판받고 이스라엘은 구원받을 것이다(말 3:1이하). 때로는 현세적 역사와의 연속성이 강조되기도 하고(사 11장), 어떤 때는 하나님의 미래 행위가 역사를 초월한 곳으로부터 도래하는 것처럼 보이기도 한다(단 7장).

구약이 종결된 후 이런 소망은 '현 시대'와 구별되는 '다가올 새 시대'로 표현되었다. 예수님 당시에는 이런 구별이 익숙한 것이었으며(마 12:32; 막 10:30), 추가적 특징이 있다면 '다가올 시대'가 흔히 '하나님 나라'로 표현되었다는 점이다(막 10:23-30; 눅 18:29이하).

예수님과 하나님 나라

이러한 구약적 배경은 "하나님 나라가 가까이 왔다"(막 1:15; 마 12:28)라는 예수님의 핵심 주장을 이해하는 데 매우 중요하다. 즉, 구약에 예언된 대망의 구원이 이제 도래한 것이다.¹

하나님 나라에 대한 예수님의 가르침에는 두 가지 측면이 있다. 죽음과 부활에서 절정을 이룬 그분의 선포와 사역을 통해 하나님의 통치는 인간 역사 안에서 이제 하나의 현실이 된다. 그리고 사람들은 그분을 믿고 따름으로써 약속된 하나님 나라에 들어간다(눅 17:20이하; 18:28-30). 그러나 약속된 하나님 나라의 완성은 부활을 넘어 역사의 종말에 그분이 다시 영광스럽게 나타나실 때 이루어질 것이다(눅 21장; 22:29이하).

이 두 측면은 하나님 나라에 대한 예수님의 모든 가르침에서 핵심이 되는 내용이다. 즉, 하나님 나라는 이미 왔으며, 동시에 아직 오지 않았다.

특별히 유대인을 위해 기록된 마태복음에서 '하나님 나라'는 '천국'(kingdom of heaven)이라는 이름으로 나타난다. 하나님의 이름이 너무나 거룩하기 때문에 입에 담을 수 없다고 생각했던 1세기의 경건한 유대인들은 흔히 하늘을 하나님에 대한 동의어로 사용했고, 예수님은 이 두 표현을 모두 사용하셨다. 따라서 '천국'이라는 표현도 의미상 차이는 없다.

이와 관련된 또 다른 분명한 개념은 '영원한 생명'인데, 문자적 의미는 '다가올 시대의 생명'이다. 이것은 예수님 당시 유대인들에게는 사실상 '하나님 나라'와 같은 개념이었다(막 10:17). 물론 이것은 지속성에 있어서 영원한 것이지만, 실제 요점은 생명의 지속성이 아니라 질에 있다. 즉 이것은 구약에서 예언된 하나님 나라의 삶을 가리킨다. 요한이 기록한 예수님의 가르침에는 동일한 표현이 특히 두드러지게 나타난다(요 3:16, 36; 4:14; 5:24; 10:28).

신약 후기의 가르침

복음은 시간이 지나며 이방 지역으로 전파되었는데, 이방 지역은 예수님 자신이 인정하셨듯이(막 10:42이하) 왕권에 대한 개념을 전체적으로 오해할 여지가 있었다. 그래서 예수님에 관한 기독교적 주장을 전달하는 데 오해의 소지가 적은 다른 개념, 예를 들어 '구원'(행 16:30이하; 롬 1:16이하)과 '그리스도와의 연합'(롬 8:1; 빌 3:9이하) 등이 사용되었다.

하나님 나라는 흔히 미래에 이루어질 하나님의 통치를 가리키는 것으로 언급된다(행 1:6; 고전 15:24, 50). 하나님 나라가 이미 확립되었다고 말할 때, 그것은 성령을 통해 이미 세상에 도래한 **그리스도**의 나라로 간주된다(골 1:13; 참고. 요 3:1-8). 구약에 나타난 하나님 주권의 깊은 의미가, 신약에 와서는 아버지 우편에서 성령을 통해 하나님의 통치를 행사하시는(행 2:33) 그리스도의 인격으로 이전되는 것이다. 그러므로 하나님 나라는, 그리스도의 사역에 기초해 영광스러운 미래 시대의 생명을 지금의 현실로 가져오시는 성령의 사역을 통해 인간의 경험 안에서 실현되고 있다.

하나님 나라와 그리스도인의 경험

이 두 차원 사이의 긴장이야말로 그리스도인의 삶이 놓인 정직한 상황이다. 한편으로 그리스도인들은 새로운 존재로서 죽음과 부활과 통치 영역에서 그리스도와 연합하며, 성령 안에서 하나님의 새 시대의 권세를 공유한다. 다른 한편으로는, 옛 본성이 여전히 고통스럽고 끈질긴 실재로 남아 있어서 새 생명이 지향하는 도덕적 성취에 도달하지 못하도록 우리를 끌어당긴다.

우리는 하나님 나라의 도래와, 영원한 구원과, 그리스도와 연합함으로써 얻은 새 시대의 축복을 두고 기뻐한다. 하지만 여전히 구원과 하나님의 최종적 도래를, 구원이 완성되고 그리스도 안에 있는 새로운 인간이 완전히 등장하게 될 날을 간절히 고대한다.

이런 긴장에서 벗어나려는 유혹은 항상 존재한다. 이것은 두 가지 방식으로 일어날 수 있는데, 하나는 이 세상의 삶에 너무 깊이 절망한 나머지 하나님이 우리와 타인의 삶 속에서 지금 일하실 것에 대한 기대를 포기하는 것이다. 만일 하나님이 계시다면 오직 미래에 모든 것을 바꾸어 주시리라는 생각이다. 다른 하나는 하나님 나라를 현재에 완전히 실현하고자 하는 시도다. 이는 도덕적 완전함(제5부에서 '성화의 완성'을 언급하는 대목을 보라. p. 401), 완벽한 건강, 부와 번영에 대한 그리스도인의 '권리'(p. 482) 등, 비현실적이고 비성경적인 그리스도인의 경험을 주장하는 태도로 나타난다.

■ 성경 구절

출 15:18; 대상 29:11; 시 2:6; 99:1; 145:11-13; 사 9:6이하; 렘 23:5이하; 단 2:44; 7:9-14; 암 5:18이하; 슥 14:9; 마 6:10; 11:2-5; 12:28; 13:16이하, 24-30; 16:28; 19:28 이하; 막 1:15; 10:23-30; 눅 17:20이하; 요 3:5; 행 1:3; 14:22; 20:25; 28:23; 롬 14:17; 고전 4:20; 6:9; 15:24, 50; 골 1:13; 딤전 6:15; 계 1:5이하; 11:15.

■ 토론 질문

1. '하나님 나라'를 어떻게 이해하는가? 이것은 구약과 어떤 관련이 있는가? 하나님 나라에 관한 예수님의 가르침의 요점은 무엇인가?
2. '하나님 나라는 시작되었지만 아직 완전히 실현되지 않았다'는 진술에 대해 논하라.
3. 하나님 나라는 (1) 영원한 생명, (2) 구원, (3) 그리스도와의 연합, (4) 새로운 탄생, (5) 교회의 궁극적 영광과 각각 어떤 관련이 있는가?
4. 하나님 나라에 관한 성경의 가르침은 인간 사회와 그 필요에 대한 그리스도인의 응답에 어떤 영향을 미치는가?

■ 참고 자료

Arts. 'Kingdom of God' in *NBD* and *NDT*.

G. R. Beasley-Murray, *Jesus and the Kingdom of God* (Paternoster, 1986). 『예수와 하나님 나라』(크리스천다이제스트).

A. A. Hoekema, *The Bible and the Future* (Paternoster, 1978). 『개혁주의 종말론』(부흥과개혁사).

G. E. Ladd, *The Presence of the Future* (Eerdmans, 1974). 『조지 래드 하나님 나라』

(크리스천다이제스트).

_____, *Crucial Questions about the Kingdom of God* (Eerdmans, 1977). 『하나님 나라에 관한 중요한 문제들』(성광문화사).

H. Ridderbos, *The Coming of the Kingdom* (Paideia Press, 1978). 『하나님 나라』(솔로몬).

G. Vos, *The Teaching of Jesus Concerning the Kingdom of God and the Church* (PRPC, 1972). 『하나님 나라와 교회 은혜와 영광』(크리스천다이제스트).

28 그리스도의 재림

이제 '마지막 일들'에 관한 성경의 핵심적 가르침인 주님의 영광스러운 재림을 다룰 차례다. 예수님은 친히 "그때에 인자가 구름을 타고 큰 권능과 영광으로 오는 것을 사람들이 보리라"(막 13:26)라는 말씀으로 그 절정의 사건에 대해 말씀해 주셨다. 바울이 그리스도인의 소망에 대해 요약한 것 역시 이와 비슷하다. "우리의 시민권은 하늘에 있는지라. 거기로부터 구원하는 자 곧 주 예수 그리스도를 기다리노니"(빌 3:20).

신약의 용어들

'파루시아'(parousia)는 헬라어 신약성경에서 재림을 나타낼 때 가장 흔히 사용되는 용어다(마 24:3; 고전 15:23; 살전 2:19; 살후 2:1, 8). 이 단어는 '도래', '도착', '현존' 등을 의미하며, 1세기에 황제나 다른 뛰어난 인물의 방문을 나타낼 때 사용되었다. 이는 주의 재림이 그분의 입장에서 볼 때 매우 명백하고 결정적인 행동이라는 생각을 나타낸다. 그분은 성육신만큼이나 확실한 방법으로 친히 이곳에 오실 것이다. 재림은 왕의 귀환이 될 것이다(눅 19:12).

'아포칼립시스'(apokalypsis)는 '계시'(고전 1:7; 살후 1:7; 벧전 1:7)를 뜻한다. 주의 재림은 그분이 누구시며, 세상이 무엇인지를 드러낼 것이다. 그때는, 지금 숨겨져 있는 것들이 분명하게 드러나는 때다.

'에피파네이아'(*epiphaneia*)는 '나타남' 또는 '현현'(살후 2:8; 딛 2:13)을 의미한다. 이 단어 역시 베일을 벗겨 이미 있는 것의 실상을 드러낸다는 개념을 나타낸다.

관련 성경 구절

구약의 많은 성경 구절들은 그리스도의 초림 때 이루어지지 않은 메시아 왕국의 영광스러운 모습을 그린다(삼하 7:16; 시 2편; 72편; 사 2:1-5; 9:6이하; 11:1-10; 40:3-5; 49:6; 61:2; 렘 33:15; 미 4:1-3). 그리고 다니엘 7:13이하는 영광 가운데 오시는 주님의 모습을 직접적으로 언급한다(참고. 막 13:26; 14:62; 살전 4:17; 계 1:7, 13; 14:14).

신약에는 주의 재림을 언급하는 대목이 250회 이상 등장하는데(예를 들어, 마 24-25장; 막 13장; 눅 21장; 요 14:3; 행 1:11; 3:20; 17:31; 고전 15:23이하; 살전 4:13-5:11; 히 9:28; 약 5:7; 벧후 3:8-13; 요일 3:2이하; 계 1:7; 22:20), 이것은 주님의 재림이 신약적 가르침의 핵심 흐름 가운데 놓여 있음을 명백히 보여 준다.

따라서 그리스도의 재림이 몇 개의 모호한 구절에 한정되거나, 재림에 대한 신앙이 고도의 상상력을 발휘해 상징적 환상을 해석한 결과인 것도 아님은 매우 분명하다. 주님의 재림은 모든 사람이 볼 수 있도록 성경의 표면에 드러나 있다. 그러므로 재림을 부인하는 것은 성경의 권위를 근본적으로 부정하는 것이다.

재림의 성격

주님의 재림을 완벽하게 묘사하기란 불가능하다. 재림 때, 영광스러운 주님은 우리가 아는 바대로 가장 놀라운 모습으로 자신을 나타내실 것이다. 따라서 재림은 지금까지 우리가 경험한 시간과 공간의 모든 사건을 분명히 초월할 것이며, 재림에 대한 자세한 설명이라 주장되는 모든 이야기들은 시작부터 문제에 봉착할 것이다.

예수님은 자신의 재림을 번쩍이는 번개에 비유하셨는데(마 24:27), 이것은 1세기 청중에게 재림의 신비적 특성을 전달하는 역할을 했다. 주님의 재림은 불가피하게 '현세적' 묘사를 초월할 것이므로 우리는 이를 표현하기 위해 상징에 기댈 수밖에 없다. 그러나 성경적 상징은 하나님이 주시는 것이기 때문에, 우리는 그것이 전부는 아니지만 우리가 알아야 하는 것에 대해서는 말해 줄 수 있다는 확신으로 그 상징을 해석할 수 있다.

먼저, 재림은 "능력과 큰 영광"(마 24:30) 중에 나타나는 **영광스러운** 재림일 것이며, 모든 눈이 그를 볼 것이다(계 1:7). 이 땅에 처음 오신 주님은 미미하고 연약한 모습이었고, 인간 역사의 표면에 작은 물결조차 일으키지 못한 듯 보였다. 하지만 그분의 재림은 이와 반대로 우주적이고 분명한 모습일 것이다. 그분은 "하늘 구름을 타고"(단 7:13; 참고. 마 24:30; 행 1:9, 11; 계 1:7) 오실 것이다. 구름은 하나님의 영광을 의미하는 동시에 백성 가운데 임재하시는 하나님을 나타낸다(출 24:15-18; 대하 5:13이하). 이런 의미에서, 주님의 재림은 하나님의 임재를 계시하고 삼위 하나님의 위엄과 초월적 영광을 최종적으로 나타내는 마지막 행위가 될 것이다.

재림은 **결정적** 사건이 될 것이다. "그 후에는 마지막이니"(고전 15:24). 역사는 종말을 맞이하고, 시간의 무대 위에 커튼이 내려질 것이다. 그리스도께서 오심으로! 따라서 재림은 모든 인간이 참여하는 역사의 한 사건이 될 것이다. 즉, 일이 일어날 때 이 땅에 살아 있을 그리스도인이나 교회에만 국한된 사건이 아니다. 그들이 알든 모르든, 심지어 관심조차 두지 않더라도 모든 사람의 삶은 그리스도의 재림을 향하여 움직인다. 모든 사람이 주님을 만나기 위해 행진하고 있다.

재림은 **갑작스럽게** 닥쳐올 것이다. 시대적 징조에 관한 언급이 있음에도 불구하고, 성경은 주님의 재림을 예상할 수 없다고 분명히 말한다(마 24:37-44; 살전 5:1-6). 예수님은 "생각하지 않은 때에 인자가 오리라"(마 24:44)라고 말씀하셨고, 자신조차도 재림의 때를 알지 못하신다고 고백하셨다(막 13:32). 그러므로 그리스도인들은 '깨어 있어야' 한다(막 13:37).

이러한 미래의 소망을 제거하고 기독교를 해석하는 것은 성경의 증언을 부인하는 태도다. 한 가지 오류는, 재림에 대한 이러한 언급을 그리스도의 초림으로 하나님 나라가 확립되었다는 관점으로 해석하는 것이다. 신약의 다른 명확한 가르침들은 차치하고라도, 예수님이 직접 미래에 대해 언급하신 내용들(마 13:24이하; 19:28; 막 14:25)을 보면 이런 해석은 결코 성립할 수 없다. 또 다른 오류는, 미래에 오시는 예수님에 대한 언급이 그분의 사역 동안, 그리고 그 이후에 복음을 통해 사람들에게 하나님이 '오시는 것'을 의미한다고 보는 것이다. 물론 실제로 그리스도는 하나님의 말씀을 통해 사람들에게 '오시지만', 이것이 이 본문의 의미에 대한 완전한 설명은 아니다.

재림의 목적

구속 사역의 완성

그리스도는 재림을 통해 전 역사에 걸친 하나님의 구속 목적을 완성하실 것이다. 하나님의 모든 적들, 즉 죄와 죽음과 마귀는 하나님의 세계에서 제거되고(고전 15:22-28, 42-57; 계 12:7-11; 20:1-10), 인간과 창조 세계를 향한 하나님의 본래 목적이 최종적으로 실현될 새로운 질서가 세워질 것이다(벧후 3:1-13; 계 22:1-15).

이때 초림과 재림 사이의 본질적 연결성을 유지하는 것이 중요하다. 이는 초림이 불충분하기 때문에 사역을 제대로 완수하기 위해 재림이 필요하다는 뜻이 아니다. 오히려 재림하시는 그리스도가 행할 사역은 초림에서 결정적으로 이룩한 정복과 승리의 시행이다(요 14:3; 계 5:5-14). 예수님의 과거 사역을 통한 성취와 미래의 완성 간의 이러한 본질적 연결성은, 임박한 그리스도의 재림에 대한 기대가 왜 신약 전반에서 계속 언급되는지를 설명해 준다. 종말은 이미 왔고, 또한 '가까이' 오고 있다. 원칙적으로, 완전한 승리를 이룩하기 위해 더 해야 할 일은 아무것도 없다. 초림과 재림 사이의 그 어떤 사건도 그리스도의 부활의 승리에 영향을 미칠 수 없기 때문에, 우리는 그분의 재림을 지속적으로 기대하며 살아갈 수 있다.

죽은 자들의 부활

"무덤 속에 있는 자가 다 그의 음성을 들을 때가 오나니, 선한 일을 행한 자는 생명의 부활로, 악한 일을 행한 자는 심판의 부활로 나오리라"(요 5:28-29). 그리스도가 다시 오시면, 그분을 통해 역사하시는 하나님의 권능으로 지금까지 세상에 살았던 모든 사람이 육신으로 부활할 것이다. 이 부활은 심판을 받기 위한 것이다.

모든 자의 심판

그리스도는 "살아 있는 자와 죽은 자를 심판하실"(딤후 4:1; 참고. 행 17:31) 것이다. 구약(시 2:9; 110:5; 사 61:2; 말 3:1-3)과 신약(마 16:27; 행 10:42; 롬 2:3-16; 고전 4:5; 유 14절이하)은 모두 그리스도가 심판하기 위해 오실 것이라고 가르친다. 그분이 오시면, 모든 것이 그분 앞에 드러날 것이다.

교회의 구원

몇몇 성경 구절은 하나님의 백성에 대한 박해가 주님의 재림 때 특히 더 심해질 것임을 암시한다(단 7:21; 마 24:12, 21이하). 다시 오시는 주님은 자기 백성을 그들의 원수로부터 구원하고, 모든 시대의 선택받은 자들을 모두 자신에게로 모으실 것이다(살전 4:17; 계 6:9이하).

재림의 시기

제자들이 "주의 임하심과 세상 끝에는 무슨 징조가 있사오리이까?"(마 24:3)라고 물었을 때 예수님은 상당히 긴 말씀으로 대답하셨고, 바울 역시 이러한 결정적 시기에 대해 비슷한 내용을 언급한다(살후 2:1-12). 구약, 특히 다니엘서의 이미지를 발전시키는 요한계시록은 주의 재림까지의 발전 과정을 보여 주는 것처럼 보인다. 일부 그리스도인 교사들은 이런 자료와 에스겔 38장 같은 예언들을 기초로 엄청나게 많은 '시대의 징조들'을 만들어 냈다. 그들은 그것이 예수님 재림 당시의 정치적·도덕적·종교적 상황에 대한 청사진이 된다고 주장하는데, 그중에는 미래에 일어날 특정 국가들 간의 전쟁 이야기도 포함되어 있다. 이러한 것들은 모두 근거가 있는가?

제자들이 질문하자, 예수님은 재림 이전에 네 가지 일반적 특징이 나타날 것이라고 대답하셨다. 즉, 배교(막 13:5이하)와 박해, 전 세계로 퍼져 나가는 교회의 증언(막 13:9-11, 13, 19), 국가 간의 전쟁과 분쟁(막 13:7이하), 자연 질서의 혼란(막 13:8, 24이하)이다.

바울 역시 디모데후서 3장에서 이와 비슷한 내용을 언급하는 것처럼 보인다. "말세에 고통하는 때가 이르러"(1절), 사람들의 자기중심적 성향이 강해지며 가정과 사회에서 반사회적 태도가 나타난다(2-4절). 종교 생활에서는, 외적 모양은 있으나 내적 실재는 없을 것이다(5절). 바울은 데살로니가후서 2장에서, 주님의 재림 전에 "배교"가 일어나고 "불법의 사람"(3절)이 나타나 자기를 높여 신성한 존재라고 주장할 것(4절)임을 분명히 말한다. 그는 주님이 오실 때 죽임을 당할 것이다(8절).

이런 가르침을 통해 어떤 결론을 이끌어 낼 수 있는가? 깨어 있으라(막 13:37)는 말씀은 이런 징조들이 우리 시대에 일어나는지 지속적으로 확인해야 한다는 뜻인가? 그리고 일부 사람들처럼 재림의 정확한 시기를 예측하려고 노력해야 한다는 말인가?

여기서 다음과 같은 몇 가지 요소에 주의를 기울일 필요가 있다.

1. '마지막 날들'이라는 표현에 주의해야 한다. 일부 성경 구절(예를 들어, 행 2:17; 고전 10:11; 히 6:5)에서 이 표현은 분명 예수님의 초림과 재림 사이의 전체 기간을 가리킨다. 이 기간은 하나님 나라가 진정으로 도래했지만 완전하게 나타나기를 기다리는 시기다. 디모데후서 3장은 이 시기를 살아가는 삶의 주요한 특징을 나열한 것이다. 예수님이 우리에게 주신 것은 하나님 나라가 임재할 때의 징후들이며, 그런 의미에서 종말은 항상 가까이 있다. 왜냐하면 왕이신 예수님이 가까이 계시기 때문이다(빌 4:5; 계 22:20).

2. 예수님은 '시대의 징조'에 대한 의식을 고무하지 않으셨다. 그분은 "하나님 나라는 눈으로 볼 수 있게 임하는 것이 아니라"라고 말씀하셨고, 자신의 사역과 그것의 진정성을 입증하려는 목적으로 표적을 행하거나 나타내기를 거부하셨다(마 12:38이하; 16:4). 물론, 시대의 표적을 바르게 읽지 못하는 바리새인을 꾸짖으실 때처럼 이것에 대해 더 긍정적으로 말씀하시는 경우도 있었다(마 16:3; 눅 12:56). 또한 요한은 예수님의 기적을 그분의 특별한 인격을 나타내는 표적으로 본다(요 2:11, 23; 7:31; 12:37; 20:30이하). 예수님이 표적에 대

해 부정적 태도를 취하신 것은 그것이 가지는 도덕적·영적 영향력 때문이었다. 바리새인과 여러 '표적 추구자'들은 예수님을 바로 알고 그분 임재와 사역에 도덕적으로 응답하는 일에는 진정한 관심이 없었다. '표적'과 예언의 성취에 대한 관심은 하나님 뜻에 대한 관심과 분리되기 쉬우며, 우리 성품 안에 있는 무가치한 것들을 자극할 수 있다. 바로 이런 것들이 여호와의 증인 같은 비기독교적 종파들의 일차적 관심사임을 기억하면 도움이 될 것이다.

3. 성경은 주님의 재림이 결코 예상할 수 없는 것임을 분명히 밝힌다. 징조를 아무리 연구해도, 심지어 아무리 경건한 사람이라도 재림이 일어나면 깜짝 놀랄 것이다(마 24:44). 제자들 역시 그 시기를 알지 못했다. "그러므로 깨어 있으라. 어느 날에 너희 주가 임할는지 너희가 알지 못함이니라"(마 24:42). 사실, 그 때와 시기는 우리가 알아야 할 사항이 **아니다**(행 1:7).

4. 마태복음 24:36(막 13:32)에서 예수님은, 당시로서는 자신도 재림의 때를 알지 못한다고 말씀하셨다. 이 말씀은 자신의 신성에 대한 강한 의식을 보여 주는 말씀 바로 다음에 하신 것이기에 더욱 놀랍다(막 13:31). 만일 예수님이 재림의 때를 모른다고 인정하셨다면, 어떤 사람도 감히 그것을 안다고 주장할 수 없을 것이다. 그러므로 무지를 솔직하게 고백하는 것은 단순히 바람직하고 신중한 태도일 뿐 아니라 그리스도의 마음을 지녔음을 나타내는 표지다.

5. 베드로는 하나님의 시간표가 우리의 것과 완전히 다르다고 지적한다. "주께는 하루가 천 년 같고 천 년이 하루 같다는 이 한 가지를 잊지 말라"(벧후 3:8). 우리는 이러한 양면성을 주목해야 한다. 하나님의 시간은 강렬하고도 짧으며, 우리의 인식을 완전히 초월한다. 그러므로 우리는 하나님의 시간을 인간의 시간표에 맞추는 것에 대해 신중한 태도를 취해야 한다.

6. 수 세기 동안 많은 열정적 그리스도인들이 자신들의 생애 동안 종말의 징조가 나타나고 있고 따라서 종말이 임박했다고 믿었다. 여기에는 지난 세대의 가장 현명하고 경건했던 주님의 사람들도 일부 포함된다. 하지만 우리

는 자신이 살아가는 시대를 교리적으로 도식화해서는 안 되며, 이런 영역에 대한 과도한 집착이 초래할 목회적 위험을 무시해서도 안 된다. 오늘날에도, 세상의 종말이 가까이 왔다는 신념은 널리 퍼져 있다.

그렇다면 우리는 예수님이 어느 때라도 재림하실 수 있다고 결론 내려야 하는가? 바울은 그리스도의 재림 이전에 특정 사건들이 일어날 것이라고 가르친다(살후 2:3이하). 재림은 아무 때나 '그냥 발생하지' 않는데, 일반적으로는 주님이 오시기 전에 악의 힘이 매우 강력해질 것이다. 심지어 이런 현상도 의문의 여지가 없을 만큼 정확하게 규명할 수 있는 것이 아니다. 그런 시도가 실패해 왔던 그동안의 역사가 잘 보여 주듯이 말이다.

그렇다면 재림을 어떻게 요약할 수 있을까? 정말 중요한 요소는 바로 우리의 도덕적 태도다. 우리는 어떤 존재인가? 우리에게는 주님의 뜻을 행하고 다른 사람들도 주님께 순종하도록 격려하고자 하는 소망이 있는가? 우리는 마지막 날에 일어날 사건들을 세세하게 설명하고 재림의 때와 시기를 예측하고자 노력해서는 안 된다. 그러나 '징조'에 관한 일체의 질문에 대해 등을 돌리는 반대의 극단적 태도도 옳지 않다. 올바른 태도는, 늘 깨어 있고 종말이 오기 전에 선악의 갈등이 더 심각해질 것이라는 점을 인식하는 것이다. 물론 우리가 역사의 모호성을 완전히 피해 갈 수는 없겠지만 말이다. 주님은 항상 오실 준비를 갖추고 서 계신다. 모든 일은 하나님의 완벽한 타이밍에 맞춰 일어날 것이다.

관련된 문제들

그리스도의 재림과 관련된 많은 문제들이 계속 논쟁을 유발하고 있지만, 그런 문제들을 지나치게 중요하게 여겨서는 안 된다. 그것들은 그리스도가 다시 오실 것이라는 일차적 사실에 비하면 이차적 문제에 불과하기 때문이다. 여기서는 그런 문제들을 간략하게만 요약하고 넘어가기로 하자.

적그리스도

주의 재림과 관련된 주요 인물들 중 하나는 적그리스도다. 이 인물에 대한 성경의 언급은 요한의 서신들에 가장 분명하게 나타난다. 요한은 적그리스도가 이미 나타나 활동하고 있다고 말한다. 사실, '많은 적그리스도'가 존재하며 그들의 출현은 "지금은 마지막 때"(요일 2:18)라는 분명한 징조다. 적그리스도의 특징은 그의 가르침에서 나타나는데, 그는 "아버지와 아들을 부인하는" 자다(2:22). 적그리스도의 영은 "예수를 시인하지 아니하는 영"(4:3)이며, 그는 "예수 그리스도께서 육체로 오심을 부인[한다]"(요이 7절). 대부분의 성경 해석자들은 바울이 데살로니가후서 2장에서 '불법의 사람'에 대해 가르치는 내용을 이와 동일한 주제로 생각한다.

다니엘서와 요한계시록에는 적그리스도에 대한 성경의 가르침에서 더 논쟁적인 내용이 등장한다. 다니엘 7:20이하의 내용은 '눈이 있고 큰 말을 하는 입도 있고, 옛적부터 항상 계신 이가 오시기 전까지 성도들과 싸워 이긴' 뿔에 대해 언급한다. 이와 유사한 환상으로 여겨지는 요한계시록 13장에서는 괴상한 짐승이 바다에서 올라와서(1-4절) 하나님의 이름을 모독하고 우주적 권세를 받는다(5-10절). 이 짐승은 '사람의 수'인 666을 갖고 있다(18절). 그리고 마침내 그것은 하나님의 말씀과 하늘의 군대에 의해 유황불이 붙은 못에 던져진다(19:19-21).

이런 성경 구절에 기초하여, 수십 년간 많은 사람들이 '불법의 사람' 혹은 '적그리스도'를 찾으려고 시도해 왔다. 이에 대한 성경의 가르침을 해석할 때 현명한 태도는, 적그리스도에 관한 가장 명확한 언급이 요한의 글에 나타난다는 점을 기억하는 것이다. 여기 기록된 적그리스도는 특정한 인물 한 명에 국한되는 것이 아니라 '마지막 날들' 전체 기간에 나타나는 특징으로서 모든 사람에게 붙어 있는 하나의 영이다.

또한 데살로니가후서 2장에 기초해, 주님의 재림 전에 적그리스도의 영이 최종적이고 극적인 방식으로 등장하리라 예상하는 것이 우리가 지녀야 할 올바른 태도다. 과거에 자주 있었던 오류를 참고한다면, 적그리스도의 정체를 찾기 위해 시간을 허비하는 것은 현명하지 못하다. 다니엘서와 요한계시록의 언급이 어디까지 타당성을 지니며 그것으로부터 정확히 무엇을 얻을 수 있느냐 하는 것은 교조주의적으로 접근할 수 있는 문제가 아니다.

그렇다면 이 주제를 어떻게 다루어야 하는가? 우리는 모호한 내용은 명확한 내용에 비추어 해석해야 한다는 성경 해석 원리를 사용해야 하며, 요한의 서신에 그 명확한 내용이 언급되어 있다. 적그리스도 개념은 오늘날의 교회가 하나님의 진리와 특히 그분의 영원하신 아들의 완전한 신성과 참된 인성을 부인하는 모든 것에 맞서 깨어 있도록 하기 위해 주어진 것이다.

이스라엘

성경은 하나님이 이스라엘을 이 세상에서 그분의 목적을 이루기 위한 도구로 선택하셨음을 분명히 보여 준다. "그들은 이스라엘 사람이라. 그들에게는 양자 됨과 영광과 언약들과 율법을 세우신 것과 예배와 약속들이 있고"(롬 9:4). 세상의 구주이신 예수 그리스도가 이스라엘 사람들에게 오셨고, 그런 의미에서 "구원이 유대인에게서 [난다]"(요 4:22). 이 모든 것에도 불구하고 유대인들과 그들의 지도자들은 하나님이 약속하신 메시아를 거부했고, 로마 당국과 협력하여 그분을 십자가에 못 박았다.

이제 하나님의 구원은 이방인을 향해 나아갔다. 바울이 말했듯 이 비밀은 "만세와 만대로부터 감추어졌던 것"(골 1:26)으로서, "이방인들이 복음으로 말미암아 그리스도 예수 안에서 함께 상속자가 되고 함께 지체가 되고 함께 약속에 참여하는 자가 [되었다]"(엡 3:6).

그렇다면 하나님은 이스라엘과의 관계를 완전히 끊으셨는가? 어떤 사람들은 그렇다고 믿는다. 그러나 어떤 사람들은 이스라엘이 미래에 하나님의 목적 가운데, 특히 그리스도의 재림 직전에 벌어질 사건에서 어떤 역할을 맡을 것이라고 본다.

이스라엘의 미래 역할을 주장하는 사람들은 20세기에 일어난 세 가지 정치적 사건에 특히 중요한 의미가 있다고 본다. 첫째는 유대인들의 국가 건립을 지원하기로 약속한 1917년의 밸푸어 선언(Balfour Declaration)이다. 둘째는 구약 예언들(사 11:11이하; 암 9:14이하; 슥 8:1-8)의 성취라고 주장되는 1948년의 이스라엘 건국이다. 셋째는 1967년 6월에 발발한 6일 전쟁을 통해 유대인들이 예루살렘을 점령한 일이다. 이 사건은 예루살렘이 짓밟히는 '이방인의 때'에 끝이 있으리라는 예수님의 말씀(눅 21:24)과 관련된 것으로 간주된다. 사람들은 '시대의 징조'로서 이 세 가지 관련 사건이 큰 의미를 지니며 재림이 가까웠음을 암시하는 것이라고 본다.

그러나 이것은 과연 옳은 주장인가? 유대 민족의 회복을 예언하는 많은 성경 구절은, 바빌론 포로로 잡혀간 유대인의 귀환과 같이 구약의 당면한 역사적 정황에 대해 말하는 것처럼 보인다(신 30:1-10; 겔 36:17-24; 호 11:10이하). 귀환 약속은 이스라엘 백성 가운데 주님에 대한 믿음을 가졌던 남은 자들에게 주어진 것이었다. 앞의 세 가지 정치적 사건들에서 우리는 결코 이런 조건을 발견할 수 없으며, 오늘날 예루살렘에서 자주 만날 수 있는 세속적이고 무신론적인 이스라엘 시민들에게서도 마찬가지다. 그러나 바빌론에서 돌아왔던 사람들은 이 조건을 만족시킨다(스 3:4이하; 7:10; 느 1:4-11). 또한 누가복음 21:24에 기록된 예수님의 말씀은 현 시대의 마지막 날까지, 즉 복음이 이방 세계의 끝까지 전파되는 동안 유대인들이 하나님의 구속에서 중심 역할을 감당하지 못할 것임을 암시한다고 볼 수 있다. 하지만 다른 한편으로, 구약의 일부 예언들은 바빌론으로부터의 귀환 그 이상을 의미하는 듯 보이며(렘 29:1; 겔 36:24-28; 암 9:15; 슥 8:1-8), 누가복음 21:24은 군사적 점령이라는 상황을 배경으로 한다.

하나님의 목적과 관련한 유대인의 미래를 다루는 논의는 주로 신약의 몇몇 구절에 대한 해석과 관련이 있으며, 그중 "온 이스라엘이 구원을 받으리라"라는 로마서 11:26 말씀이 가장 중요하다. 이 구절의 의미는 다음과 같이 다양하게 해석된다.

1. 유대 민족 전체가 마지막 때에 구원될 것이다. 이 해석은, 해당 구절에서 바울이 '이스라엘'이라는 표현을 통해 일관되게 의도하는 바를 견지한다. 하지만 이는 이스라엘이 하나님의 은혜를 기초로 그분을 찾는 데 실패했기 때문에 하나님께 심판을 받았다는 로마서 9-11장의 바울의 주장, 정확히 말하면 민족적 정체성에 의한 구원을 전면 부정하는 그의 주장과 모순된다. 또한 이 해석은 예수님의 대위임령과, 예수님 승천 이후 유대 민족을 향해 진행된 복음전도 사역, 특히 바울의 복음전도 사역과 크게 상충된다.

2. 이 견해의 수정안은 '이스라엘'이라는 표현이 전 역사에 걸친 모든 이스라엘 민족을 문자적으로 나타내는 것이 아니라, 이스라엘을 대표하는 사람들만을 언급한다고 보는 것이다. 이것은 이 약속을 '파루시아'의 실제적 시기에 대한 언급으로 보는 많은 해석자들에게 지지를 받고 있다. 그들은 로마서 11:25-26에서 유대 민족의 구원이 일시적으로 유보되어 있다는 언급과, 15절에서 유대 민족이 최종적으로 부활할 것임을 암시하는 내용을 그 근거로 제시한다. 그들은 주의 재림 직전에 오직 하나님의 자비로 말미암아 유대인들이 전 세계에서 메시아께 돌아올 것이며, 이는 교회와 선교에 부어지는 세계적이고 위대한 축복의 수단이 될 것이라고 주장한다(참고. 롬 11:12-15).

3. 이 구절은 단순히 믿음을 가진 이스라엘, 즉 아브라함처럼 예수님이 성육신하시기 오래전에 예고되었고 신약 시대에 예수 그리스도 안에서 완성된

은혜의 언약을 오랫동안 믿어 온 이스라엘인들을 가리킨다. 바울은 유대 민족이 그리스도를 거부했지만, 하나님의 자비로 말미암아 그 민족 가운데 구원받을 남은 자, 즉 메시아를 믿는 소수가 남아 있다고 언급한다.

4. '온 이스라엘'은 유대인과 이방인을 막론하고 그리스도를 믿는 하나님의 백성 전체를 가리킨다. 즉, '이스라엘'은 갈라디아서 6:16에서 확실히 볼 수 있듯이 교회의 동의어다. 따라서 '온 이스라엘'은 유대인과 이방인 중에서 하나님의 선택을 받은 모든 사람을 나타낸다.

5. 마지막으로, 바울은 과연 미래에 대해 생각하고 있는가? 이와 관련된 전체적 논쟁은 기독교 복음전도자로서 자기 민족의 구원을 간절히 바랐던 그의 소망 및 동기와 관련이 있다(9:1-3). 로마서 11:26은 유대 민족에게 복음을 전하고자 하는 그의 소망과, 자기 조상들을 회복하셨던 하나님의 능력에 대한 신뢰를 표현한다. 이러한 해석들을 자세하게 평가하려면 책 한 권이 필요할 것이다. 이 주제에 관심이 있는 독자들은 "참고 자료"를 보라.

일반적으로, 성경이 언급하는 이스라엘과 현재의 세속 국가 이스라엘을 단순하게 동일시하는 것은 분명 의문의 여지가 있다. 장차 전 세계의 많은 유대인들이 예수님을 그리스도로 인정하게 되리라는 전망은 로마서 11:11-24에 비추어 볼 때 분명히 있을 법한 일이지만, 2, 3, 4번 역시 충분히 받아들일 수 있는 견해다.

최근 '온 이스라엘이 구원을 받을 것'이라는 견해가 '두 언약' 이론에 의해 새로운 지지를 받고 있다. 이것은 신구약에 나타난 하나님과의 옛 언약과 새 언약 사이의 구별(렘 31:31-34; 막 14:22-25; 고후 3:6-18; 히 8:6-13)을 이용하여, 하나님이 은혜와 구원에 관한 서로 다른 두 언약, 즉 유대인을 위한 첫 언약과 이방인을 위한 둘째 언약을 제정하셨다고 주장하는 이론이다. 따라서 하나님이 아브라함과 그의 후손과 맺은 언약은 온 이스라엘에게 구원을 가져다주는 취소할 수 없는 약속이며, 그리스도(메시아)의 도래는 이방인들에게 동일한 소망을 준 것이다. 이런 사고방식이 유대인 학자들 사이에서 거의 지지를 얻지 못한다는 사실과는 별개로, 이것은 신중한 신약 주해와 결코 부합되지 않는다.

고린도후서 3:14에서 바울은 옛 언약이 '그리스도 안에서' '없어졌다'고 분명히 말한다. 즉, 옛 언약은 사람들을 그리스도께로 인도하는 예비적 성격의 언약이었다(마 5:17; 롬 10:4; 갈 3:24). 옛 언약은 메시아이신 예수 안에서 새 언약으로 완성되고 대체되었다. 아울러 구약(옛 언약)을 읽는 이스라엘 백성이 그 내용을 이해할 수 없도록 그들의 정신을 덮고 있던 베일은, '그들이 주 예수 그리스도께로 돌아갈 때' 제거된다(16절). 마찬가지로, 히브리서 8장의 전체 주장은 첫 언약이 불충분하므로 '새' 언약으로 대체되었다는 것이다. 그리고 이것을 "새 언약(예수의 사역으로 실현된 언약, 8:6)이라 말씀하셨으매, 첫 것은 낡아지게 하신 것이니 낡아지고 쇠하는 것은 없어져 가는 것이니라"(8:13).

종말에는, 그리고 아마도 이전부터 항상 하나님의 마음속에는 오직 하나님과 그분의 백성 사이에 맺어진 순전한 은혜의 언약만이 존재하고 있을 것이다. 하나님은 바로 이 언약에 기초하여, 신-인이자 메시아시며 하나님의 아들이신 예수 그리스도의 대속적이고 희생적인 죽음을 통해 세계 열방의 유대인과 이방인 가운데서 자기 백성을 부르시고 구속하셨다. 이런 구속받은 공동체에 참여하게 되는 것은, 구약의 언약적 약속과 희생 제사를 통해 예고되었고 신약 시대에 이르러 십자가에서 죽고 부활하신 주님의 복음을 통해 선포된 그리스도의 구원 사역의 은혜에 대한 믿음을 통해서다. 따라서 바울은 로마서 4장에서 '아브라함이 우리 모두의 조상'이라고 주장한다. 왜냐하면 아브라함이 '하나님 앞에서 의롭다 여김을 받았다'(창 15:6, 22)는 말씀은 그만을 위한 것이 아니기 때문이다. 그것은 "의로 여기심을 받을 우리도 위함이니 곧 예수 우리 주를 죽은 자 가운데서 살리신 이를 믿는 자니라. 예수는 우리가 범죄한 것 때문에 내줌이 되고 또한 우리를 의롭다 하시기 위하여 살아나셨느니라"(롬 4:24-25).

이렇게 언약을 이해하는 방식은 사도들, 특히 바울이 사도행전과 나머지 신약에서 추구했던 기독교 선교의 기초를 이룬다. 사도들은 유대인과 이방인을 가리지 않고 예수 그리스도를 믿는 모든 이에게, 오직 예수 그리스도를 믿음으로써만 얻을 수 있는 구원을 선포했다. 따라서 "만일 교회가 우리에게 세상의 메시아요 구주를 제공한 유대 민족으로부터 구원의 복음을 박탈한다면, 그것은 복음을 전하라는 자신의 사명을 저버리는 것이다. 이런 태도는 가장 나쁜 반유대주의다. 그것은 하나님 나라 잔치의 초대장(눅 14:5-24)을 나눠 줄 때 의도적으로 유대인들을 제외하는 것이기 때문이다.…그것은 그리스도께서 허무신, 유대인과 이방인을 가르는 담(엡 2:14)을 다시 쌓는 것이다"(도널드 블로슈).

천년왕국

이것은 종말론의 전체 주제에서 가장 뜨거운 논쟁점 중 하나다. 천년왕국이라는 단어는 요한계시록 20장에 등장하는데(2, 7절), 본문에는 그리스도가 "예수를 증언함과 하나님의 말씀 때문에 목 베임을 당한 자들"(4절)과 함께 천(라. *mille*) 년 동안 왕 노릇을 한다고 기록되어 있다. 이 기간 동안 마귀가 '결박'되어(2절) 있다가 이후 잠시 풀려나 마지막 전쟁을 일으키고, 결국 그의 추종자들과 함께 불 못에 던져진다(20:7-10). 천 년간의 통치를 문자 그대로 믿는 천년왕국론은 헬라어 '킬리아스'(*chilias*, 천)에서 유래한 '킬리아즘'(chiliasm)이라고도 한다.

이러한 성경의 가르침을 어떻게 이해할 것인가? 우리는 이 표현이 성경에서 오직 한 장, 그것도 상징적 숫자로 가득하고 해석상의 논란이 많은 책에서만 등장한다는 사실을 잊지 말아야 한다. 현 시대의 마지막 때에 그리스도가 세상에서 천 년 동안 통치한다는 사상은 일부 초기 교부들의 저작에 나타난다. 이것은 2세기 몬타누스주의자들에 의해 되살아났고, 종교개혁 때 재세례파 다수의 지지를 받았다. 그러나 다른 초기 교부들은 종말론 주제를 논의할 때조차도 이 사상을 언급하지 않았다.

아우구스티누스는 초기에 천년왕국에 관심을 가졌지만, 결론적으로 요한계시록 20장의 이 구절을 그리스도의 초림과 재림 사이의 전 기간으로 해석하게 되었다. 그에 따르면, 이 기간 동안에 사탄이 '결박'되는 것은 죄를 '매기도' 하고 '풀기도' 하는 교회에 주어진 권세를 나타낸다(요 20:23).

주요 종교개혁자들은 거의 모두 천년왕국 개념을 거부했으며, 칼뱅은 이 개념이 '너무 유치해서 반박할 필요나 가치가 없다'고 말했다. 그러나 이런 입장은 19세기에 다시 등장하여 오늘날에는 세계 도처, 특히 미국에서 상당수의 복음주의적 그리스도인들이 다양한 형태로 이를 주장하고 있다.

천년왕국에 대한 학설은 크게 세 가지로 구분된다.

후천년설(postmillennialism) | 이 견해는 천년왕국을 천 년 동안의 지상 통치로 이해한다. 파루시아는 천년왕국 **이후**(post)에 일어난다. 그 천 년의 기간 동안 복음이 아주 왕성하게 전파되고, 그리스도가 재림하여 영원한 질서를 확립하기 전에 온 세상이 그리스도를 인정하게 된다. 일부 사람들은 이것이 로마서 11장에 약속되어 있다고 본다.

오늘날 이 견해의 지지자들은 19세기 후반에 비해 그다지 많지 않다. 19세기 후반은 전 세계적으로 선교 운동이 활발하게 일어나고(부분적으로는 후천년설에 의해 비롯되었다), 낙관주의가 서구 사회를 지배하던 시기였다. 반면 비관주의와 인류 문화에 대한 위기의식이 팽배한 오늘날 상황에서 현 시대에 복음의 전성기가 다시 온다는 사실을 수긍하기 위해서는, 명확한 성경적 근거도 없이 막연히 그렇게 될 것이라고 믿는 것보다 훨씬 큰 믿음이 요구되는 실정이다.

이 견해의 근거로 제시되는 성경 본문들로는, 열방의 복음화에 대한 약속으로 간주되는 마태복음 28:18-20과 교회의 승리에 대한 예수님의 선언(마 16:18)이 있다. 아울러 메시아의 보편적 통치(민 14:21; 시 2:8; 72편; 사 11:9; 슥 9:10)에 대한 언급을 비롯한 여러 구절들(마 13:31-35, 47이하; 24:14; 롬 11:11-16; 고전 15:25)도 인용된다. 이 견해는 마지막 때에 복음이 쇠퇴하고 극심한 박해가 있을 것이라는 성경의 증언과 상충되며(마 24:6-14; 눅 18:8; 살후 2:3-12; 계 13장), 갑작스러운 주의 재림에 대비하여 깨어 있으라는 예수님의 반복적 경고와도 양립하기 어렵다.

전천년설(premillennialism) | 이 견해는 그리스도의 재림 사건이 천 년 동안의 그리스도의 지상 통치 **이전**(pre)에 일어날 것이라고 본다. 타락으로 말미암아 저주 아래 있는 인간 역사는 그리스도의 재림으로 끝날 것이다. 그분의 재림 후 적그리스도는 죽임을 당하고 마귀와 모든 악한 세력이 이 땅에서 제거될 것이다. 그리고 그 후에는, 그리스도가 재림하셔서 회심한 많은 유대인을 비롯한 자신의 백성들을 약 천 년 동안 다스리는 평화와 축복의 때가 이어질 것이다.

그때도 악은 여전히 존재하겠지만 상당 부분 억제될 것이다. 심지어 자연도 이 시기의 축복에 참여할 것이다. 종말이 가까워짐에 따라 사탄이 풀려나 성도들과 마지막 전쟁을 벌이려고 세력을 모을 것이다. 하지만 그는 결국 하늘에서 내리는 불로 패배할 것이며, 이후 모든 죽은 자들의 부활과 우주적 심판이 이루어지고 새 하늘과 새 땅에서 영원한 시대가 시작될 것이다.

이 견해는 메시아 왕국을 지상의 이상적 질서로 묘사하는 성경 구절들에서 그 근거를 찾는다(사 2:2-5; 미 4:1-3; 슥 14:9, 16이하). 또한 도래하는 시대를 물질적 형태로 제시하는 구절들(마 19:28; 행 1:6이하)과, 그리스도의 재림과 영원한 시대 사이에 일정한 시간 간격이 있을 것임을 보여 주는 구절들(고전 15:23-25; 살전 4:13이하)을 근거로 제시한다. 무엇보다 이 견해가 내세우는 가장 중요한 근거는 바로 요한계시록 20장이다.

그러나 요한계시록 20장에 대한 해석은 결코 간단한 문제가 아니다. 예를 들어, 누가 천년왕국 통치에 참여하는가? 오직 참수당한 순교자들뿐인가? 헬라어 본문을 가장 자연스럽게 읽는다면 그렇게 이해할 수밖에 없다. 물론 순교자들이 성도 전체를 대표한다는 주장을 전적으로 배제할 수 없다 해도 말이다.

이 장의 내용을 그리스도가 성도들과 함께 이 땅을 통치한다는 의미로 이해할 때 발생하는 또 다른 문제는, 이 통치가 과연 지상에서 이루어지는가 하는 것이다. 요한계시록은 주로 '배후의 영역', 즉 하늘의 질서에 속한 현실을 바라본다(4:2; 11:19; 12:7이하). 천년왕국 통치에 참여하는 사람들은 몸을 떠난 상태의 "영혼들"(계 20:4)이다. 이 증거들을 통해 결정적 반박을 할 수 있는 것은 아니지만, 이 견해를 떠받치고 있는 단 하나의 구절에서 이렇게 큰 난제가 발생한다는 것은 난감한 일이다.

비슷한 문제가 전천년설의 다른 '증거 본문'들에서도 발생하는데(예를 들어, 고전 15:22-28; 살전 4:13이하), 바울이 말하는 내용이 전천년설의 입장을 분명하게 지지하지 않는다는 점에서 그러하다. 또한 다른 여러 구절들을 보면 천년왕국 전과 후의 사건들이 실제로는 동시에 발생할 것임을 언급하는 것 같다(예를 들어, 단 12:2; 마 13:37-43, 47-50; 24:29-31; 25:31-46; 행 24:15; 계 20:11-15). 그러나 이 견해의 가장 큰 문제점은, 그리스도의 영광스러운 재림 후에도 죄와 악이 지속될 뿐 아니라 가장 극심한 모습으로 나타날 것이라고 전제한다는 점이다. 영화롭게 된 성도들이 여전히 죄가 존재하는 이 땅으로 돌아온다는 사상도 비슷한 난제다.

하지만 한편으로는, 요한계시록이 절대적 확신을 갖고 해석하기가 무척 어려운 책임에도 불구하고, 어쨌든 전천년설의 입장이 요한계시록 20장을 독해하는 가장 명백한 방식임은 분명한 것 같다.

도래하는 하나님 나라에 관한 구약의 용어들은 여러 면에서 지극히 현세적이며(참고. 사 11:1-10; 35:1-10; 미 4:1-3), 에스겔 36-39장은 하나님의 영원한 나라가 회복되어 확립된 후에 악의 세력이 나타날 것이라는 해석이 가능하다. 물론 여기서 시간상의 순서를 주장하기에는 근거가 매우 미약하긴 하지만 말이다.

전천년설에 대해 반감이 일어나는 이유 중 하나는, 초기 교회 때나 지금이나 이 견해가 천년왕국 사상을 극단적으로 밀고 나가, 윤리나 정치 분야에서 비성경적 관점들을 전개하는 경향이 있기 때문이다. 그러나 이 입장이 남용되었다는 이유만으로 이것을 거부해서는 안 된다. 항상 그렇듯이, 결정적 문제는 성경이 실제로 무엇을 가르치느냐 하는 것이다.

무천년설(amillennialism) | 이 견해는 천년왕국이 상징적인 것이며 **문자적** 의미의 천년왕국은 존재하지 않는다(헬. *a*, '~이 없는')고 본다. 이 입장은 모호하고 상징적인 내용은 명확하고 교훈적인 내용에 따라 해석해야 한다는 원리를 따르려고 노력한다. 따라서 그리스도의 재림 사건을 여러 측면을 지닌 단 하나의 하나님의 행동으로 보는 신약의 일관된 가르침을 따라, 무천년설은 그리스도가 이 땅에서 가시적으로 통치하시는 천 년의 중간기가 있다는 개념을 거부한다. 그리고 요한계시록 20장의 천년왕국에 대한 언급은 그리스도의 통치를 나타내는 상징으로서 그 통치의 완전함과 완결성을 강조하는 것이라고 받아들인다.

많은 무천년설 지지자들은 사탄의 '결박'을 그가 그리스도의 전체 구속 사역을 통해 속박되어 있다는 의미로 이해한다(마 12:29). 천 년 동안의 통치는 지상이 아닌 하늘에서 그리스도와 함께 이루어지며, 그리스도의 초림과 재림 사이의 복음 시대를 일컫는다. 이때 사탄의 권세는 하늘의 영역에서 통치하시는 그리스도의 사역에 의해 제한된다. 어떤 이들은 이 본문을 굳이 자세히 해석할 필요를 느끼지 않는다. 그들은 이 본문을 연대기적 의미 없이 악을 제압하는 그리스도의 주권을 나타내는 상징으로만 이해한다. 무력하게 패배한 것처럼 보였던 순교자들조차도 사실은 그리스도와 함께 악에 대해 승리했으며, 이 사실은 마지막에 그리스도가 영광 중에 나타나실 때 밝히 드러날 것이다.

이런 관점의 위험성은, 마지막 때의 사건에 대한 **모든** 관심을 쉽게 잃어버리고 마침내 과도한 영적 사고에 빠질 수 있다는 점이다. 그렇게 되면 하나님 나라가 너무나도 천상적이고 초월적인 실재가 되어, 지금의 현실에 영향을 주지 못하고 현 세계의 구체적 실재 가운데서 은혜와 심판의 말씀이 되지 못한다. 더 나아가 이 견해는 주해상의 문제와 부딪칠 수밖에 없다. 과연 요한계시록 20장은 이 같은 상징적 방식으로 만족스럽게 해석될 수 있는가? 이스라엘에 대한 약속은 에스라와 느헤미야를 통한 회복으로 본질적으로 성취되었는가? 하나님 나라에 대한 성경적 비전에서 연속성을 가진 요소는 무엇이며, 그것은 현재의 세상 질서와 어떤 관계가 있는가?

그리스도인의 소망은 오로지 영적이기만 한 것이 아니다. 성경은 새 하늘과 **새 땅**을 동시에 바라본다. 설령 주해적·신학적 고려 사항 때문에 두 번의 오심과 두 번의 부활 사이에 놓인 그리스도의 천 년 통치 사상을 배제해야겠다는 생각이 들더라도, 우리는 감히 이 비전의 '의미', 즉 구속주의 최종적 계시를 통해 창조주가 마침내 자신을 입증하실 것이라는 사상을 결코 폐기해서는 안 된다. 창조 세계를 향한 하나님의 본래적 목적은 반드시 성취되어야 한다. 여기서 우리는 역사적으로 교회의 진취성이 발전하거나 쇠퇴함에 따라 기독교적 소망을 해석하는 입장도 변해 왔음을 눈여겨볼 필요가 있다. 교회의 건강 상태가 결코 결정적 요인이 되어서는 안 되겠지만, 이 요인이 그것의 낙관적·비관적 해석에 자주 영향을 미쳤다는 사실은 분명해 보인다.

나아가 천년왕국에 대한 세 가지 입장은, 교회의 신앙과 분투에 자극이 되기도 하고 **동시에** 방해가 되기도 했다. 이 점을 고려한다면, 우리는 이 주제에 대한 적절한 안목을 갖기 위해 끊임없이 노력해야 한다. 기독교적 소망의 중심은 그리스도와 그분의 영광스러운 출현이다. 천년왕국에 대한 의견이 다르다는 이유로 주 예수 그리스도에 대한 기대와 사랑으로 연합한 그리스도인들이 분열하는 일이 **결코** 있어서는 안 될 것이다.

■ 성경 구절

그리스도의 재림　창 3:15; 삼하 7:16; 시 2편; 사 2:1-5; 11:1-10; 53:10-12; 66:15-23; 말 4:1이하; 마 24-25장; 눅 21장; 요 5:28이하; 14:3; 행 1:7, 11; 2:17; 3:20; 17:31; 롬 8:18-23; 고전 15:22-57; 빌 3:20이하; 살전 4:13-5:11; 살후 1:7이하; 2:3이하, 7-12; 히 9:28; 약 5:7; 벧후 3:8-13; 요일 3:2이하; 계 1:7; 22:8-21.

적그리스도　단 7:20이하; 살후 2:1-11; 요일 2:18-22; 4:3; 요이 7절; 계 13장.

이스라엘　신 30:1-10; 스 6:16-22; 느 1:4-11; 렘 30:24-31:6; 겔 36:17-28; 암 9:14이하; 슥 8:1-8; 마 19:28; 눅 21:24; 요 4:22; 롬 4장; 9:6-13; 11:17-26; 갈 6:16; 엡 2:14-22; 3:6.

천년왕국　계 20:2-10.

■ 토론 질문

1. 신약과 구약에서 그리스도의 재림을 언급하는 주요 구절을 나열해 보라. 그에 대한 자세한 진술을 기대하는 것은 왜 잘못인가? 재림이 일반적으로 드러낼 주요한 특징은 무엇인가?
2. 그리스도의 재림에 관한 성경의 언급이 (1) 오직 그분의 초림과 연관된 것이라는 주장, (2) 그리스도가 복음 전파를 통해 사람들에게 영적으로 다가오심을 뜻한다는 주장에 대해 어떻게 답하겠는가?
3. 성경은 그리스도의 재림 시기에 대해 어떻게 가르치는가? 이것은 현재 우리의 삶에 어떤 함의를 가지는가?
4. 성경은 종말과 관련하여 (1) 적그리스도, (2) 이스라엘이 어떤 역할을 한다고 가르치는가?
5. '두 언약' 관점의 내용과 그 문제점은 무엇인가?

6. 천년왕국에 대한 어떤 견해가 성경의 가르침과 가장 부합한다고 보는가? 천년왕국은 (1) 교회의 삶, (2) 개인적 제자도, (3) 복음전도, (4) 사회 문제에 대한 관심에 어떤 함의가 있는가?

■ 참고 자료

Arts. 'Eschatology' in *NBD* and *NDT*.

G. C. Berkouwer, *The Return of Christ* (Eerdmans, 1972).

G. M. Burge, *Whose Land? Whose Promise?* (Pilgrim, 2003).

S. J. Grenz, *The Millennial Maze* (IVP, 1992).

W. Hendriksen, *Israel in Prophecy* (Baker, 1968).

_____, *More than Conquerors* (Baker, 1981).『헨드릭슨 성경주석: 요한계시록』(아가페).

A. A. Hoekema, *The Bible and the Future* (Paternoster, 1978).

R. Kyle, *Awaiting the Millennium* (IVP, 1998).

G. E. Ladd, *The Blessed Hope* (Eerdmans, 1956).『축복된 종말의 소망』(엠마오).

_____, *Crucial Questions about the Kingdom of God* (Eerdmans, 1977).

B. Milne, *What the Bible Says about the End of the World* (Kingsway, 1979).

S. Motyer, *Israel in the Plan of God* (IVP, 1989).

S. Sizer, *Zion's Christian Soldiers?* (IVP, 2006).『시온의 크리스천 군사들?』(CLC).

S. Travis, *End of Story?* (IVP, 1997).『종말, 종말, 종말』(IVP).

29 최후의 상태

29장에서는 종말론의 다양한 주제들 가운데 주로 개인의 미래와 관련된 진리를 다루고자 한다.

죽음

"한 번 죽는 것은 사람에게 정해진 것이요"(히 9:27). 성경에서 이 구절만큼 별로 도전받지 않는 구절은 없을 것이다. 우리 각자는 일생에 걸쳐서 "죽음에 이르는 존재"(하이데거)다.

죄와 죽음

성경은 일관되게 죽음과 죄를 연결한다(창 2:17; 시 90:7-11; 롬 5:12; 6:23; 고전 15:21; 약 1:15). 죽음은 인간에게 자연스러운 현상이 아니라 하나님께 반역했기 때문에 발생한 결과이며, 하나님의 심판의 한 형태다. 그러나 성경에 따르면, 죽음은 불가피하지만 우리가 본성상 불멸의 존재이기 때문에 죽음이 결코 끝은 아니다(히 9:27).

부활인가 불멸인가?

죽음 이후 신자가 맞이할 궁극적 운명에 대한 성경의 개념은 '몸의 부활'이라는 문구로 표현된다(고전 15:35-58; 빌 3:21). 그리스도의 재림 때 신자들은 부활하여, 예수님의 부활체를 따라 새로운 몸을 받게 될 것이다. "우리가 흙에 속한 자의 형상을 입은 것같이 또한 하늘에 속한 이의 형상을 입으리라"(고전 15:49). 따라서 성경은 개인의 삶이 몸을 입고 지속될 것이며, 지금은 도저히 상상할 수 없는 새로운 능력과 힘을 지닐 것임을 기대한다. 이런 기대는 흔히 플라톤 철학에서 미래 상태를 '영혼의 불멸'로 인식하는 태도와 대조를 이룬다.

그러나 여기서 주의를 기울여 약간의 차이를 확인할 필요가 있다. 왜냐하면 성경이 하나님이 선물로 주신 생명의 육체적 특성을 인정한다고 해서, '자아'가 몸을 넘어서 존재할 수 없을 만큼 몸과 동일하다는 의미는 아니기 때문이다. 자아에 대한 기독교적 관점은, 앞서 인간 존재에 관한 논의에서 언급했듯이 일원론과는 다르다. 그래서 죽음 이후 주님이 재림하시기 전까지 의식을 가지고 살아가는 삶의 형태에 대한 언급이 여러 성경 구절에 나타난다(다음에 다룰 "중간 상태"를 보라).

그리스도인의 소망

그리스도에 대한 믿음은 그분의 죽음과 부활에 대한 동참을 수반한다. 첫 번째 부활 사건은 **우리** 삶의 부활이 된다(갈 2:20; 골 3:1). 그러므로 그리스도인들은 이미 그리스도와 함께 죽음의 골짜기를 통과하여 새롭고 영원한 생명으로 나아왔다.

만일 재림이 지체된다면, 신자들은 직접적인 시간과 공간에서 사라진다는 의미에서 물리적 '죽음'을 맞이할 것이다. 비록 죽음이 여전히 원수이기는 하지만(롬 8:34, 38; 고전 15:26), 그것은 성경이 자주 언급하는 완전하고 두려운 의미에서의 죽음, 즉 죄의 심판으로서의 죽음(눅 12:4이하; 히 2:14이하; 9:27)

이 아니다. 그리스도인은 이미 그리스도와 연합함으로써 영원한 생명을 살고 있으며, 불가항력적으로 새 하늘과 새 땅으로 나아가고 있다. 그러나 이 같은 성경의 가르침 앞에서, 육체적 죽음과 주님의 재림 사이의 '중간'에 있는 신자들의 상태를 어떻게 이해할 것인지 의문이 생길 수 있다.

중간 상태

성경의 가르침

비정상적 상태 | 구약에는 무덤 너머의 삶이 우리가 지금 여기서 경험하는 삶보다 좋지 않음을 암시하는 내용이 여러 곳에 언급되어 있다(참고. 욥 7:9이하; 10:20이하; 시 6:5; 30:9). 그런 의미에서 이 상태는 우리를 향한 하나님의 목적에 비추어 볼 때 '정상적'이지 않다.

무시간적 상태? | 육체가 없는 존재를 생각할 때 생기는 어려움을 해결하는 한 가지 방법은, 이 세상을 떠나는 것은 곧 전체적인 시간적 질서를 떠나는 것이라고 생각하는 것이다. 따라서 죽은 사람들의 경험의 측면에서 보자면, 죽은 후 의식하는 그다음 순간은 주님의 재림과 부활이다. 죽음 이후의 시간 경험이 무엇을 의미하는지를 교리화하는 것은 결코 지혜롭지 못한 일이며, 우리가 지금 이해하는 시간과 그것을 동일시하기에는 분명한 모순이 존재한다. 그런데 한편으로는, 우리가 가진 성경의 여러 증언은 이런 해결책을 지지하지 않는 것 같다(눅 9:30이하; 20:37이하; 23:43; 행 7:55이하).

'잠을 잔다' | '잠'은 성경에서 죽은 사람의 상태를 묘사하는 용어로 쓰인다(행 7:60; 고전 15:51; 살전 4:14). 이 용어가 사용된 이유를 이해하기가 그리 어렵지는 않은 것은, 죽음이 수고로부터의 쉼, 책임의 면제, 일상사에 대한 직접적 관여로부터의 이탈, 다른 형태의 의식 등 수면의 여러 특징을 분명하게 가

지고 있기 때문이다. 그러나 수면이 상당히 의미 있는 작업일 수 있다는 점은 주목할 필요가 있다(창 28:10-17; 41장; 단 2장; 마 1:20이하; 2:13).

일부 사람들은 이를 넘어서서, 성경에서 이 용어는 죽음이 주님의 재림과 부활 이전까지 모든 의식을 중단시킨다는 사실을 뜻한다고 주장한다. 그러나 이 주장은 중간기에 의식을 지니고 살아가는 존재에 관해 가르치는 성경 구절(눅 16:22이하; 고후 5:8; 빌 1:23)들과 부합하지 않는다. "세상을 떠나서 그리스도와 함께 있는 것"(빌 1:23)이라는 구절은 특히 이를 잘 보여 주며, 죽은 신자들이 하나님 앞에서 '살아 있다'는 예수님의 언급(눅 20:37이하)이나 그들이 하나님 아버지와 어린 양을 경배하는 요한계시록의 여러 장면들 역시 그러하다. 또한 앞서 언급한 '자아', 곧 육체를 초월하는 실재로서 육체를 입은 '나'에 대한 철학적 주장 역시 이러한 가능성을 뒷받침한다.

'그리스도와 함께' | 이것이야말로 죽음에 대한 가장 중요한 묘사다(눅 23:43). '몸을 떠나는 것'(고후 5:8)은 '주와 함께 집에 거하는 것'이다. 죽는 것은 '그리스도와 함께' 있기 위해 떠나는 것이며, 그러므로 "훨씬 더 좋은 일"(빌 1:23)이다.

'기다린다' | '훨씬 더 좋은 일'임에도 불구하고 죽음은 완전한 실재가 아니다. 죽은 사람이 시간을 어떻게 경험하는지 우리는 알지 못한다. 그러나 성경은 하나님의 제단 아래 있는 순교자들을 주님의 재림과 새 시대를 기다리는 자들로 묘사한다. 그들은 "거룩하고 참되신 대주재여…어느 때까지 하시려 하나이까?"(계 6:9이하)라고 부르짖는다. 교회가 두 시대 사이에서 경험하는 긴장은 어떤 면에서는 죽은 사람들도 동일하게 경험하고 있다.

다른 이론들

'연옥' | 로마 가톨릭의 연옥 개념은, 죽음과 완전히 도래할 새 시대 사이의 중간기에 신자들의 영혼이 하나님의 최종 목적에 합당하게 되도록 정화

를 경험한다고 주장한다.

이 사상의 성경적 근거는 명확하지 않다. 이 맥락에서 자주 인용되는 고린도전서 3:15은 그리스도인의 섬김과 사역에 대한 심판을 다루는 내용이다. 다른 근거 구절들(사 4:4; 말 3:2이하; 마 12:32; 18:34) 역시 직접적으로 해석하면 결코 그런 관점을 가르치지 않는다. 연옥 개념을 거부해야 하는 또 다른 이유는 이것이 근본적으로 성경의 칭의 교리와 상충하기 때문이다(참고. 제4부). 비록 최후의 의식 상태에서 믿음을 고백했다 할지라도 믿음 가운데 죽었다면(눅 23:43; 롬 5:1; 8:1, 33이하), 그는 그리스도의 완전한 의를 덧입어 의롭다 하심을 받고 하나님의 심판대 앞에서 완전한 용서를 받으리라는 보장을 받고 죽은 것이다.

두 번째 기회 | 중간기에 복음에 응답할 수 있는 '두 번째 기회'가 주어진다는 사상은 종종 보편구원론의 내용과 결합된다. 하지만 이 견해의 근거는 성경에서 찾아볼 수 없다. "한 번 죽는 것은 사람에게 정해진 것이요, 그 후에는 심판이 있으리니"(히 9:27). 이는 예수님이 들려주신 부자와 나사로 이야기(눅 16:19-31)에서 보듯이 명백한 사실이다.

환생 | 특히 힌두교를 포함한 동양 종교는 죽음 이후의 생명이 환생을 통해 지속된다는 사상을 발전시켰다. 이것은 업보의 법칙(응보의 원리)에 의해 인간이 이생에서의 행위에 따라, 혹은 내적 정화 과정의 일환으로 사후에 새로운 사람이나 다른 피조물의 형태로 시공간 세계에 다시 들어온다(윤회)는 가르침이다. 여기에 엄청난 철학적 난제가 따른다는 사실은 별개로 해도, 이 견해는 결코 성경의 지지를 받지 못한다. 성경에 따르면 인간은 하나님이 자신의 형상대로 창조하신 개별적 개체이며, 이 땅에서 단 한 번뿐인 삶을 살면서 그에 대해 책임을 지는 존재다. 모든 개인은 죽음 이후 하늘이나 지옥에서 계속 개인적 정체성을 가지고 살아가게 되지만, 그 전에 반드시 자신이 살아온 삶을 개인적으로 하나님 앞에 보고할 책임이 있다.

부활

신약에 따르면, 주님이 재림하시면 죽은 사람들도 함께 부활할 것이다. 이 땅에 살았던 모든 이들이 이 놀랍도록 강력한 회복의 사건을 경험할 것이다.

어떤 이들은 구약에는 부활의 소망이 나타나지 않는다고 주장하지만, 그런 주장은 예수님이 보여 주셨듯이(마 22:29-32) 아무 근거가 없다. 부활에 대한 확신의 명료함은 전 구약 시대를 통해 점차 발전되고 깊어지며, 부활의 실존에 대한 어떤 오해도 발견할 수 없다(욥 19:25-27; 시 49:15; 73:24이하; 잠 23:14; 사 26:19; 겔 37:1-14; 단 12:2). 신약 역시 죽은 자의 부활을 분명하게 가르친다(마 22:29-32; 요 5:23-29; 6:39, 40, 44이하; 고전 15장). 부활은 구속의 진정한 완성이다(롬 8:23).

그렇다면 부활은 어떤 모습일까? 일반적으로 두 가지를 언급할 수 있을 것이다.

첫째, 부활은 우리가 현재 경험하는 바와 분명히 다를 것이다. 새 하늘과 새 땅에서의 삶은 타락과 죄로 야기된 한계로부터 자유로워질 것이다. 우리는 변화될 것이다. 지금 우리가 소유한 살과 피는 "하나님 나라를 이어받을 수 없[다]"(고전 15:50). 부활하신 예수님의 몸을 고려해 볼 때, 우리는 새롭고 기이한 특성을 갖게 될 것이다(눅 24:31, 36이하; 요 20:19-29). 잔뜩 말라비틀어진 작은 씨앗과, 그것에서 자란 풍성한 줄기와 이삭이 완전히 다르듯이, 부활의 몸은 지금의 몸과 전혀 다를 것이다(고전 15:35-38).

둘째, 부활은 우리의 현 존재와 어느 정도 연속성을 가질 것이다. 어떤 사람들은 육체가 완전히 분해되고 해체된다면 그 연속성에 대해 결코 확신할 수 없다고 말한다. 그러나 예수님이 당대의 회의주의자들에게 하신 말씀을 숙고해 보아야 한다. "너희가 성경도, 하나님의 능력도 알지 못하는 고로 오해하였도다"(마 22:29). 만일 지금 우주에 존재하는 모든 것이 하나님의 능력으로 무에서 창조되었음을 기억한다면, 전능하신 하나님이 부활 시에 겪을 '어려움'을 걱정할 필요가 전혀 없다.

심판

구약에서 하나님은 종종 악에 대해 단호한 행동을 취하시는 심판자로 나타난다(창 18:25; 신 1:17; 시 50:4; 75:7). 하나님의 자비와 진노는 인간 역사를 통해 계속 그 모습을 드러내고(신 10:18; 28:15이하; 호 1:10), 구약이 끝날 무렵에는 하나님의 심판이 하나님 나라의 도래와 함께 나타날 '주의 날'에 대한 전망으로 표현된다(암 5:18이하; 말 4장).

신약 역시 하나님의 심판을 그분의 본성에 속한 것으로 본다(벧전 1:17). 하나님의 심판은 이미 인간 삶에서 일어나고 있으며(롬 1:18-28), 특히 아버지의 심판을 수행하시는 그리스도와 관련이 있다(요 5:30). 신약은 유독 그리스도의 재림과 함께 이루어질(마 25:31-46) '다가올 심판'을 강조하는데, 이때 그리스도인을 비롯해(고전 3:12-15; 고후 5:10) 모든 사람이 심판받을 것이다(딤후 4:1).

심판의 근거는 계시된 하나님의 뜻에 대한 사람의 응답 여부일 것이며, 하나님의 뜻에 대한 지식과 그것을 실행하는 능력의 차이도 고려될 것이다(마 11:21-24; 롬 2:12-16). 심판은 전적으로 공정하며 누구도 이의를 제기하지 못할 것이다(롬 3:19). 우리는 현세에서 자주 불의를 경험하지만, 하나님이 모든 것을 아시며 그분이 조롱받지 않고 세상을 의로 심판하실 날을 정해 두셨음을 확신하는 가운데 평안을 누릴 수 있을 것이다(행 17:31).

그러므로 하나님의 심판을 제대로 이해한다면, 그것은 나쁜 소식이면서 좋은 소식이기도 하다. 심판은 악을 행하고 회개를 거부하는 사람들에게는 분명히 나쁜 소식일 것이다. 그러나 하나님의 정의롭고 즐거운 통치를 확립하고, 잘못된 것을 바로잡으며, 악의 반역적 다스림에서 만물을 해방한다는 의미에서 심판에는 영광스럽고 긍정적인 측면이 있다. 시편 기자가 하나님의 심판을 송축할 수 있는 이유는 바로 이런 관점 때문이다. "하늘은 기뻐하고 땅은 즐거워하며…숲의 모든 나무들이 여호와 앞에서 즐거이 노래하리니, 그가 임하시되 땅을 심판하러 임하실 것임이라.…그의 진실하심으로 백성을 심판하시리로다"(시 96:11-13). 개인적 차원에서 억압당하고 짓눌린 사람들, 학대와 착취와 속임을 당한 사람들과 피해자들 모두에게, 다가올 하나님의 심판은 다름 아닌 영광스러운 변호이며 꿈에도 상상하지 못한 보상과 회복, 평화다(갈 6:7-9; 롬 12:17-19; 계 21:1-4).

믿음인가 행위인가?

성경은 분명히 칭의를 우리의 선행과 상관없이 오로지 그리스도에 대한 믿음과 결부시키지만(롬 3:28), 심판은 인간의 행위를 기초로 선고된다(롬 2:6). 그러나 이런 불일치는 실제적이라기보다는 겉으로 그렇게 보일 뿐이다.

의롭다 여김을 받는다는 것은 하나님의 심판대에 서기를 면제받는다는 뜻이다. 삶과 죽음을 통한 그리스도의 완전한 순종이 지금 여기의 그리스도인들에게 전가되고, 그들은 심판 날에 그것을 갖고 하나님 앞에 선다(롬 5:1). 달리 말하면, 그리스도의 '선한 행위'가 우리에게 양도된다. 심판을 인간의 '행위'와 연결하는 성경의 언급은 이러한 근본적 진리에 의문을 제기하지 못한다.

이 주제와 관련해 양과 염소의 비유(마 25:31-46)가 종종 인용되는데, 어떤 사람은 이 비유를 근거로 그리스도를 명백히 부인한 사람도 '선한 행위'(예를 들어 궁핍한 사람을 돕고, 배고픈 사람을 먹이고, 심지어 해방 전쟁에 참여하는 것까지)를 통해 심판을 면제받을 수 있다고 주장한다. 왜냐하면 그들은 이런 '선한 행위'를 통해 부지중에 그리스도를 섬겼기 때문이다. 이런 해석은 단 한 구절의 말씀을 가지고 예수님의 다른 모든 말씀과 성경 전체를 부정하는 것이다.

우리는 이 구절을 예수님의 다른 가르침과 충분히 조화되도록 해석할 수 있다. 즉, '의로운 사람'의 '선한 행위'는 그의 '형제들'을 향해 행하는 것(40절)이며, 그 행위들은 살아 있는 믿음의 표지로서 예수의 제자들을 향한 자비의 행위다. "우리는 형제를 사랑함으로 사망에서 옮겨 생명으로 들어간 줄을 알거니와 사랑하지 아니하는 자는 사망에 머물러 있느니라"(요일 3:14; 참고. 마 10:42). (또한 이후에 다룰 "그리스도인에 대한 심판"을 보라.)

불신앙과 심판

사람이 하나님의 최종적 정죄를 받는 것은 그리스도의 복음을 명백하게 거부하는 경우뿐이라고 주장하는 사람들이 있다. 이들은 많은 성경 구절(예를 들어, 요 3:18, 36; 롬 10:9-12; 엡 4:18)들이 불신앙을 정죄의 유일한 근거로 제시한다고 주장한다. 이 주장에 대해 우리는 이렇게 답할 수 있다.

1. 그런 성경 구절들은 그리스도에 대한 믿음이 구원의 유일한 길임을 밝히고 있을 뿐이다. 이는 그리스도에 대한 의식적 거부가 정죄의 유일한 근거라는 말과는 다르다.

2. 성경은 사람들이 복음을 듣기 전에 이미 정죄받은 상태에 있다고 말한다. 정확히 말하면, 복음은 이런 정죄 아래 있는 인간에 대한 하나님의 은혜로운 응답인 셈이다(롬 1:16-18).

3. 만일 복음에 대한 의도적 거부가 정죄를 유발한다면, 그리고 (통계가 보여 주듯) 대다수의 사람들이 복음을 듣고도 받아들이지 않는다는 사실을 감안하면, 순수하게 실리적 입장에서 우리는 복음을 전파하지 말아야 한다. 이런 우스꽝스러운 결론은 이 주장이 얼마나 잘못되었는지를 보여 준다.

복음을 들어 보지 못한 사람들

지금까지 논의한 바에 따르면, 진리를 더 많이 듣고 기회를 더 많이 얻은 사람에게 더 큰 책임이 있다. 성경은 사람들이 하나님을 아는 기회를 동등하게 얻지 못한다는 점을 분명히 인정하며, 하나님은 심판 때에 이런 부분을 감안하실 것이다(마 11:20-24; 롬 2:1-24; 벧후 2:21). "많이 받은 자에게는 많이 요구할 것"(눅 12:48)이라는 원리가 여기 적용된다. 복음을 결코 들어 보지 못한 사람들은 그들에게 비추어진 빛을 통해 심판을 받게 될 것이다. 그러나 하나님은 자신을 증언하는 분이다(행 14:17). 하나님은 자신이 만드신 세계를 통해(롬 1:19-32), 특히 인간이 양심을 통해 어느 정도 의식하고 있는 하나님의 도덕법을 통해(롬 2:14-16) 모든 사람이 그분을 알게 하신다.

따라서 우리는 성경을 통해, 각각 어떤 형태의 빛에 노출되었든 상관없이 모든 사람이 하나님의 빛에서 돌아섰다고 결론 내릴 수밖에 없다. "모든 사람이 죄를 범하였고" 정죄 아래 있다(롬 3:9-23). 오직 예수 그리스도 안에 구원의 소망이 있다(요 14:6; 행 4:12).

그리스도인에 대한 심판

그리스도인들 역시 심판대에 설 것이다(고후 5:10). 그러나 "이제 그리스도 예수 안에 있는 자에게는 결코 정죄함이 없[기]"(롬 8:1) 때문에, 이 심판이 그리스도인의 영원한 구원을 위태롭게 하지 못한다. 만일 우리가 주 예수님을 믿는다면, 우리에게 전가된 그리스도의 완전한 의를 기초로 하나님의 최종 판결은 이미 선고되었다. 실제로 우리가 심판받을 부분은 이 세상에서 받은 은사와 재능, 기회와 책임을 청지기로서 어떻게 사용했는지에 대한 것이다. 이 것은 풍성한 이해와 긍휼을 지닌 아버지의 자애로운 심판이 되겠지만(벧전 1:17), 그럼에도 불구하고 이를 무시하거나 소홀하게 취급해서는 안 된다. 이러한 자애로운 심판은 주님이 재림하실 때 이루어질 것이다.

신약에 등장하는 중요한 두 구절은 신자들이 내세에서 보상을 받을 것이라고 말한다. 고린도전서 3:10-15에 따르면, 그리스도인이 행한 섬김의 가치는 다양한 건축 재료들이 상대적 내구성을 지닌 것과 비슷하다. "그날"(13절)에는 각 그리스도인의 섬김이 '불로' 시험함으로써 평가를 받을 것이다. 그리고 자신의 행위가 이 시험을 통과하면 '상급'을 받을 것이다(14절). 그 보상의 내용이 무엇인지는 알 수 없지만, 각 행위의 내구성에 따라 보상이 결정될 것이라는 점을 충분히 추정할 수 있다.

누가복음 19:11-26은 신중하게 해석할 필요가 있다. 일반적으로 비유는 한 가지 중심 내용을 전달하기 위한 것이므로 부차적인 세부 사항에 집중해서는 안 된다. 이 본문에서 종들의 행위는 신중한 심사를 받고 그 심사를 통과한 사람들은 상대적 보상을 받는다. 그 보상의 차이는, 왕이 돌아온 후 맡게 되는 책임의 수준 차이를 통해 표현되고 있다.

이처럼 다시 오실 주님은 우리가 재능과 은사, 기회, 사역, 증언, 섬김 등을 얼마나 잘 활용했는지 평가하실 것이다. 우리가 '선하고 착한' 종으로 드러나면, 영원한 나라에서 우리의 행위가 보존되고 아울러 그곳에서 추가적인 책임도 부여받음으로써 적절한 보상을 얻을 것이다. 그러나 이 모든 것의 기초는 하나님의 은혜다. 칼뱅은 '보상'이 '종의 품삯'이 아닌 '아들이 상속하는 유산'이라고 적절하게 표현했다.

지옥

성경은 최후의 심판 때 무죄를 선고받는 사람과 정죄를 받는 사람이 나누어질 것이라고 분명히 가르친다(단 12:2; 마 13:39-43; 요 5:28이하). 성경은 하나님의 심판을 받는 사람들이 가게 되는 곳을 일반적으로 **지옥**이라고 부른다. 영원한 형벌이라는 무서운 개념은 성경의 여러 곳에 분명히 나타나 있다(마 5:29 이하; 막 9:43; 계 14:11). 여기서 성경의 가르침은 한 치의 모호함도 없고 무서울 정도로 엄정하다. 자신을 향한 하나님의 요구를 직면하고도 회개하지 않는 사람들, 하나님의 뜻을 알고도 거부하는 사람들, 지속적으로 죄를 범함으로써 하나님을 모욕하거나 하나님께 반역하는 사람들은 그분의 공의로운 진노에 직면할 것이다. 구원받는다는 것은, 회개하고 그리스도 안에 있는 하나님의 자비에 자신을 맡기고 그리스도를 유일한 구주요 삶의 주인으로 믿는다는 뜻이다. 유일한 구원의 길을 거부하면 영원한 정죄에 직면하게 된다.

천국을 묘사하는 언어가 그러하듯, 지옥을 묘사하기 위해 사용되는 언어 역시 불가피하게 상징적일 수밖에 없다. 하지만 그것이 상징으로 표현되었다고 해서 무시하거나 평가절하할 수 있다는 뜻은 아니다. 이 상징들은 하나님이 주신 것이기에, 그것들이 모든 것을 말해 줄 수 없다 해도 우리를 결코 오도하지 않는다. 이런 점에서 우리는 성경의 증언을 회피할 수 없다. 지옥은 형용할 수 없을 만큼 엄정한 실재다(요 3:18-20, 36).

또한 우리는 지옥에 대해 말할 때 신중한 태도로 예수님과 성경의 인도를 받아야 한다. 때때로 예수님은 다가올 심판과 그것을 통과하지 못하는 사람에게 임할 결과에 대해 매우 엄하게 이야기할 필요가 있음을 아셨다(마 8:12; 13:30, 39-43, 49이하; 22:13; 25:32이하, 41, 46; 13:27; 막 9:43-49; 눅 12:4이하; 요 5:28-29). 만일 우리가 그분을 우리 삶의 주인이라고 부른다면, 복음을 이해하고 그것을 설명하는 방식에서도 그분이 주님이 되셔야 한다(요 13:13). 예수님에 대한 충성을 주장하면서 그분의 명백하게 중요한 가르침에 해당하는 내용을 외면하는 것은 적절하지 않다.

그러나 어떤 사람들이 지옥에 갈지 천국에 갈지를 자기 나름대로 판단함으로써 마치 최후의 심판이 우리 손에 달려 있는 것처럼 행동하는 것은 경계해야 한다. 성경의 여러 곳에는 심판 날에 놀라운 일이 있을 것임을 암시하는 내용이 나온다(마 7:21-23; 25:37-46). 그날에는 하나님의 자비가 최대한으로 베풀어질 것이다. 진정으로 그리스도를 믿는다면, 우리는 자신의 구원에 대해 전혀 두려워할 필요가 없다. 또한 다른 사람의 심판은 하나님의 손에 맡기고, 죄인의 유일한 소망인 그리스도의 복음을 세상 곳곳에 전파하는 일에 헌신해야 한다.

지옥과 그것의 영원한 지속성에 대해 생각할 때, 소돔과 고모라의 임박한 심판 앞에 조카 롯과 그의 가족이 처한 위험을 보고 아브라함이 한 말을 기억하면 도움이 될 것이다. 이때 아브라함은 하나님의 정의에 호소했다. "세상을 심판하시는 이가 정의를 행하실 것이 아니니이까?"(창 18:25) 당연히 하나님은 정의의 모범이며 기초이시다. 우리는 하나님이 최후 심판 때도 자신의 성품에 따라 행하실 것이라 신뢰할 수 있어야 하지 않을까? 최후 심판이 우리 모두에게 선고될 때 그것은 완전히 옳고 공정하며, 명백히 적절하며, 모든 양심이 그것을 완전히 인정할 것이다. 이는 "모든 입을 막고 온 세상으로 하나님의 심판 아래에 있게 하려 함이라"(롬 3:19)라는 바울의 언급에 암시적으로 표현되어 있다. 그때는 모든 사람이 하나님의 사랑과 거룩한 임재 안에서 조금이라도 부족하거나 넘치지 않는 공의로운 방식으로 다루어질 것이다. '최후 심판'은 사실 모든 역사를 통틀어 가장 완전한 정의로운 심판이 될 것이다. "세상을 심판하시는 이가 정의를 행하실 것이 아니니이까?" 우리는 이것을 확신할 수 있다!

보편구원론

이 견해는 결국 모든 사람이 구원을 받을 것이라고 주장한다. 하나님의 자비와 그리스도의 희생의 공로가 너무나 크기 때문에, 모든 사람이 결국 용서받고 새 하늘과 새 땅에 들어가게 된다는 것이다. 이를 뒷받침하기 위해 성경 구절도 인용된다(예를 들어, 롬 5:18; 고후 5:19; 엡 1:10; 딤전 2:4; 4:10). 보편구원론은 오늘날 널리 퍼져 있다.

성경의 가르침을 보면 이 견해는 전혀 적절하지 않다. 이 세상의 삶에서 그리스도인과 비그리스도인 간의 구별은 근본적이며, 이것은 사후에도 계속된다고 성경은 명백하게 말한다(요 3:36). 보편구원론자들의 '증거 본문들' 중 어떤 것도 자세히 살펴보면 그들의 주장을 지지하지 않는다. 우리는 다음 네 가지 요소에 유의할 필요가 있다.

첫째, 마지막 때 '모든 사람'이 그리스도를 주님으로 시인할 것이라는 성경의 이야기는, 그들이 자발적으로 그렇게 할 것이라는 뜻이 아니다. 그리스도가 재림하실 때 모든 사람의 주님으로 나타나실 것이라는 사실은 결코 보편구원론 교리의 근거가 될 수 없다.

둘째, 복음이 전파될 당시에는 특정 민족(유대 민족)이나 수도 공동체(에세네파), 특별한 의식을 수행하는 종교(신비 종교)에 입회한 사람에게만 구원을 한정하는 집단들이 있었고, 이런 배타적 집단과는 달리 기독교는 복음을 보편적으로 **전파**한다는 점에서 특별히 두드러진 종교였다. 원하는 사람이면 '누구든지' 들어올 수 있었다(참고. 계 22:17).

셋째, 보편구원론의 근거 구절은 대부분 바울 서신에서 채택되는데, 바울이 보편구원론자가 아님은 확실하다(고전 1:18-24; 엡 5:4-6; 빌 1:28).

넷째, 예수님의 가르침은 보편구원론적 관점에서 해석하기가 가장 어려운 대목이다. 그분의 비유들(마 12:37-50; 22:11-14; 25:40-46)과 직접적 주장은 성경의 다른 어떤 부분보다 회개하지 않는 사람의 최종적 파멸을 더 강력하게 경고한다.

우리는 죄를 너무 가볍게 생각하고 곧바로 그에 대해 변명할 수 있는 조건을 찾는다. 그러나 하나님은 그러실 수 없다. 그것은 우주에 대한 하나님의 주권에 반대하고 그분의 사랑의 목적을 거스르며 그분의 영광을 공격하는 일이다. 하나님이 죄를 얼마나 심각하게 보시는지는 갈보리의 공포에서 잘 알 수 있다.

때로, 하나님이 십자가에서 죄를 심각하게 다루신 것이 보편구원론과 양립 가능하다는 주장이 제기된다. 그리스도께서 죽음을 통해 모든 인간에 대한 정죄를 짊어지셨다는 것이다. 그러나 이런 형태의 보편구원론은 앞서 언급한 여러 난관들에 직면한다. 즉, 십자가 사건이 있었음에도 불구하고 사람들이 하나님의 최후 심판 앞에 설 것임을 이야기하는 많은 성경 본문들이 그런 결론과 명백히 모순된다. 또한 보편구원론은 구원과 개인의 믿음 간의 본질적 관계를 부정한다(요 3:36; 행 16:30이하; 롬 1:17; 5:1; 10:9이하).

이러한 비판은 결코 하나님 목적의 궁극적이고 우주적인 승리를 약화시키거나, 하나님의 구속 사역의 충분성과 완전성을 손상시키지 않는다. 마지막 날에는 모든 사람이 그분 앞에 무릎을 꿇을 것이며(빌 2:10), 하나님은 "만유의 주"(고전 15:28)가 되실 것이다. 그러한 완전한 구속 사역 안에는 기쁜 마음으로 경배하며 무릎 꿇기보다 억지로 주 앞에 무릎 꿇는 사람에 대한 심판이 포함될 것이다.

조건적 불멸설

이는 칭의를 얻지 못한 사람들이 사망을 통해서나 예수님의 심판대에서 그저 망각 속으로 사라질 것이라는 견해다. 이 견해는 모든 사람이 반드시 죽도록 창조되었으며, 영원한 생명은 그리스도를 믿는 모든 이들에게 주어진 하나님의 선물이라는 주장이다. 불신자들은 복음을 거부함으로써 영생을 박탈당한다.

영혼멸절설은 이 견해와 밀접한 관계가 있지만 약간의 차이가 있다. 조건적 불멸설은 불멸이 신자들이 중생할 때 받는 선물이며 따라서 회개하지 않는 자들은 이를 받지 못한다고 가르치는 반면, 영혼멸절설은 모든 사람이 영생하는 존재로 창조되었지만 계속 죄를 지은 사람은 불멸성을 박탈당하고 죽을 때 망각 속으로 떨어진다고 주장한다.

역사적으로, 이런 입장들은 보수적 성경 교사들에게 지속적으로 거부되었음에도 16세기 후반 소시니안주의와 현대의 제칠일안식교, 여호와의 증인과 같은 교파들에게 지지를 받았다. 오늘날에도 일부 사람들은 조건적 불멸이 회개하지 않는 자들이 맞이할 미래를 이해하는 성경적 방식이 될 수 있다고 생각한다.

그러나 이런 관점을 지지하는 방식으로는 관련된 성경 본문을 해석하기가 쉽지 않음을 인정해야만 한다. 기록된 예수님의 몇몇 가르침은 회개하지 않는 사람의 고통이 '영원히' 지속될 것임을 분명히 말해 주는 듯 보인다(참고. 마 25:41, 46; 18:9; 또한 사 66:24을 인용하는 막 9:44, 48도 보라). 바울 역시 데살로니가후서 1:7-9에서 이 같은 견해를 주장하는 것처럼 보이며, 유다서 7, 13절도 이와 비슷한 내용을 가르치는 것 같다. 요한계시록 14:9-11과 20:10의 매우 생생한 언어도 같은 내용을 전달한다고 볼 수 있다. '영원하다'라는 개념이 지속성에 관한 어떤 의미도 내포하지 않으며 단순히 '다가올 시대(하나님 나라)와 관련되다'라는 문자적 의미만 전달한다는 생각은, 예수님과 유대인들이 '다가올 시대'를 끝이 **없는** 것으로 여겼다는 사실과, 그것이 구속받은 자들에게 주어지는 축복의 지속성을 표현하는 단어와 동일하다는 사실에 비추어 보면 난관에 봉착한다.

조건적 불멸설의 지지자들은 회개하지 않는 자들의 운명을 언급하는 다른 용어들, 즉 '파괴', '파멸', '멸망' 등이 생명의 최종적 마감을 의미할 수 있다는 점을 근거로 제시한다(마 7:13; 10:28; 요 3:16; 10:28; 롬 2:12; 고전 1:18; 15:18; 고후 2:15; 4:3; 살전 5:3; 살후 1:9; 2:10; 벧후 3:9). 또한 "둘째 사망"(계 20:14-15; 21:8)에 대한 언급도 참고할 수 있을 것이다. 어떤 사람들은 악한 자들이 지속적으로 고통받는다는 생각은 사랑이신 하나님의 본성 및 그분의 영원한 승리와 양립할 수 없으며, 아울러 구속받은 자들이 누리는 축복의 관점에서 볼 때도 그런 일은 (예상하건대) 일어나기 어렵다고 주장한다. 그러나 이런 생각들은 대부분 추측에 의한 것이다.

영원한 심판이라는 개념이 무섭고 압도적이라는 사실에는 의문의 여지가 없으며, 우리가 그것을 "거울로 보는 것같이 희미하[게]"(고전 13:12) 보고 있다는 사실 역시 잊지 말아야 한다. 하지만 우리에게는 하나님이 주신 말씀과 이미지가 있으며, 우리는 이를 확고하게 붙들고 그것이 비추는 빛 아래서 살아가야 한다. 그리고 이 모든 것을 주신 하나님이 거짓말하는 분이 아님을 믿어야 한다. 오직 그분의 말씀에 복종할 때만 우리 모두는 평화를 누릴 수 있을 것이다.

다가올 삶

하나님 백성의 궁극적 목적과 하나님의 모든 목적이 수렴되는 실재를 우리는 "새 하늘과 새 땅"(사 65:17; 66:22; 벧후 3:13)이라고 부른다. 원칙적으로 지금 알 수 있는 것은 "거울로 보는 것같이"(고전 13:12) 희미하지만, 우리는 하나님 백성의 운명에 대한 몇 가지 확신을 조심스럽게 말할 수 있다.

육신을 가진 삶

'새 땅'은 현재의 세상과는 분명히 다를 것이다. "이 세상의 외형은 지나감이니라"(고전 7:31). 실로 예수님은 우리가 알고 있는 모습의 '하늘과 땅'은 사라질 것이라고 말씀하셨다(마 24:35). 그럼에도 불구하고 현재의 창조 세계가 장차 하나님의 자녀들이 누리게 될 영광스러운 자유에 참여하기를 고대하면서 우리와 함께 기다리고 있다는 사실(롬 8:19-25)은, 옛 땅과 새 땅 사이에 어느 정도 연속성이 있음을 암시한다. 마찬가지로, 우리의 육신이 비록 죽어서 먼지가 되더라도 소망 가운데 안식할 것이다(욥 19:26). 죽음의 먼지 속에 묻힌 우리는 하나님이 우리에게 주실 죽지 않는 새로운 몸으로 부활할 것이다(고전 15:35-37). 그러므로 우리는 자의식과 육신을 가진 존재, 더욱 향상된 능력을 부여받은 새로운 차원의 존재가 지속되는 삶을 기대할 수 있다.

사회적 삶

하늘에 속한 삶을 묘사하는 성경의 모든 장면은 집단적이다. 그것은 주로 완벽한 도시(히 13:14)와 승리의 왕국(히 12:28), 성전(겔 40-48장), 혼인 잔치(계 19:7)로 나타난다. 그러므로 다가올 삶을 높이 계신 하나님을 뵙기 위한 개인적이고 외로운 순례처럼 묘사하는 것은 잘못이다. 오히려 그것은 피조물을 향한 하나님의 목적들, 특히 상호 관계가 온전하게 이루어지는 것이다. 새 하늘과 새 땅은 우리의 사회적 관계에 전혀 상상할 수 없는 가능성을 제공할 것이다. 만일 지금 이 땅에서의 삶의 '견고한 기쁨과 영속적 즐거움'의 상당 부분이 동료와 이웃을 통해 주어졌다면, 영광스러운 사회 속에서는 얼마나 더 그러하겠는가.

책임 있는 삶

이에 대한 성경적 기초는 명확하지 않지만, 인간이 다가올 삶에서 놀랍고도 새로운 책임을 부여받게 될 것임을 암시하는 몇몇 구절이 있다. "그의 종들이 그를 섬기며"(계 22:3). 누가복음 19:11-26의 비유는 이 세상에서의 책임이 새 시대로 이월된다는 사상을 분명히 나타내며, 바울은 성도들이 세상과 천사를 판단하게 될 것이라고 말한다(고전 6:2이하).

완전한 삶

우리는 새 시대에 하나님이 본래 의도하셨던 충만한 삶을 얻을 것이다. 하나님과 이웃, 환경, 그리고 자신과의 완전한 관계를 누릴 것이다. 또한 창조주를 온전히 영화롭게 하며 철저한 자기완성에 이를 것이다(창 1:28; 시 8:4-6).

영원한 삶

새 시대의 도래와 함께 일어날 존재적 조건의 변화는 마땅히 시간적 질서의 변화를 수반할 것이다. 우리는 천국에서 시간이 어떤 의미를 가질지 가히 짐작조차 할 수 없다. '영원한' 존재가 어떤 모습일지 지금으로서는 거의 생각조차 할 수 없지만, 우리는 그 상태를 이렇게 표현하는 것이 결코 잘못되지 않았음을 믿으며 나머지에 대해서는 하나님의 사랑과 무한하심에 맡기고 안식할 수 있다.

하나님 중심의 삶

이것은 다가올 삶의 최고의 특징이다. 이 삶을 말해 주는 그 이외의 것은 이에 비하면 모두 부차적이며, 모든 것이 이 특징에서 비롯된다고 할 수 있다. 삼위일체 하나님의 현현, 이전에는 결코 경험하지 못했던 하나님 임재 앞에 있다는 의식은 다른 모든 것을 초월하는 새로운 삶의 특징일 것이다. 주님이 친히 새 예루살렘의 성전이 되신다(계 21:22). 성경은 이것이 하나님을 뵙는 것이라고 말한다. "[그들이] 그의 얼굴을 볼 터이요"(계 22:4; 참고. 마 5:8), "그의 참모습 그대로 볼 것이[다]"(요일 3:2).

하나님을 뵙고 아는 것은 천국 생활의 본질이며, 모든 축복이 솟아나는 샘이자 원천이다. "주의 앞에는 충만한 기쁨이 있고, 주의 오른쪽에는 영원한 즐거움이 있나이다"(시 16:11). 하늘의 영역에서 경험할 최고의 경이는, 이루 말할 수 없는 아름다움과 위엄과 사랑과 거룩과 능력과 기쁨과 은혜이신 하나님 그분을 끝없이 발견해 가는 것이다.

■ **성경 구절**

개인의 미래   창 2:17; 3:19; 욥 19:25-27; 시 49:15; 73:24이하; 잠 23:14; 사 26:19; 마 22:29-32; 막 8:38; 눅 12:4이하, 33; 16:19-31; 23:43; 요 6:39이하; 17:24; 롬

6:23; 8:28-39; 고전 15:51-55; 고후 5:8-10; 빌 1:23; 딤후 2:11; 히 2:14이하; 9:27; 계 5:13.

심판 창 18:25; 사 30:18; 단 12:1-3; 습 1:14이하; 말 2:17-3:5; 4:1이하; 마 3:7, 11이하; 5:29이하; 11:20-24; 13:37-43; 16:27; 22:13; 눅 13:1-5; 19:12-27; 요 3:19, 36; 롬 1:18-28; 3:5이하, 19; 8:1; 14:10-22; 엡 2:3; 살전 1:10; 히 12:23; 약 3:6; 벧후 2:4, 9; 요일 4:17; 계 6:16이하; 20:11-15.

내세의 삶 시 16:8이하; 23:6; 슥 14:5; 마 5:8; 6:19-21; 22:1-14; 25:34; 눅 14:16-24; 19:11-26; 행 2:26; 롬 8:19-25; 고전 6:2이하; 히 11:10; 13:14; 벧후 3:13; 요일 3:2; 계 19:7; 21-22장.

■ 토론 질문

1. 그리스도인의 미래 소망을 묘사할 때, 영혼의 불멸보다 몸의 부활에 우선순위를 두어야 하는 이유는 무엇인가?
2. 죽음에 직면한 그리스도인의 소망의 근거는 무엇인가? 최근에 사랑하는 이와 사별한 사람에게 무엇이라고 말하겠는가?
3. 성경은 '중간 상태'에 대해 어떻게 가르치는가? 우리는 왜 (1) 연옥설과 (2) 두 번째 기회설을 거부해야 하는가?
4. 최후 심판에서 다루어지는 '행위'의 중요성은, 오직 믿음을 통해 구원을 얻는다는 성경의 가르침과 어떻게 조화될 수 있는가?
5. 성경은 지옥에 대해 무엇이라고 말하는가? 이것은 하나님의 영원한 사랑과 양립하는가?
6. 성경은 보편구원론 또는 조건적 불멸설/영혼멸절설을 지지하는가?
7. 성경은 천국에서의 보상에 대해 어떻게 가르치는가?
8. 내세의 삶의 주요 특징은 무엇인가? 그에 대한 믿음이 (1) 일상의 제자도, (2) 가족 관계, (3) 신자들과의 관계, (4) 복음전도, (5) 사회에 대한 태도에 어떤 변화를 일으키는가?

■ 참고 자료

Arts. 'Heaven', 'Hell', 'Judgment' in *NBD* and *NDT*.

R. Baxter, *The Saints' Everlasting Rest* (Epworth Press, 1961). 『성도의 영원한 안식』 (크리스천다이제스트).

G. C. Berkouwer, *The Return of Christ* (Eerdmans, 1972).

P. Cotterell, *What the Bible Says about Death* (Kingsway, 1979).

W. Crockett (ed.), *Four Views on Hell* (Zondervan, 1992).

A. Fernando, *Crucial Questions about Hell* (Crossway, 1991).

B. Milne, *What the Bible Says about the End of the World* (Kingsway, 1979).

_____, *The Message of Heaven and Hell* (IVP, 2002).

L. Morris, *The Biblical Doctrine of Judgment* (Tyndale Press, 1960).

J. A. Motyer, *After Death* (Hodder, 1965).

J. O. Sanders, *What of the Unevangelized?* (OMF, 1966).

S. Travis, *Christian Hope and the Future of Man* (IVP, 1980). 『종말론 해설』(CLC).

_____, *End of Story?* (IVP, 1997).

30 종말론의 역사

초기 시대

속사도 시대의 그리스도인들은 종말론에 중요한 의미를 부여했는데, 어느 정도는 그들이 박해를 자주 받았기 때문이다. 수 세기 후 교회가 공인되자 종말에 관한 관심도 불가피하게 약화되었다. 일반적으로 말하자면, 첫 5세기를 규정하던 교회의 신학적 에너지가 다른 곳으로 향한 것이다. 초기 사상 중 상당 부분이 그리스도의 지상 통치를 고대하는 천년왕국론(킬리아즘)에 관한 것이었음을 보여 주는 증거들이 있다.

중세 시대

중세 시대의 가톨릭교회에서는 미래에서 현재로 초점이 점차 옮겨 오다가 마침내 그 정점에서 '하나님의 도성'(city of God)이 등장했다. 이 현세적 도성은 곧 하나님 나라와 동일시되었다. 교회는 영원한 세계와 인간의 운명을 상당 부분 지배하게 되었고, 교회의 성자들이 의로운 행위로 쌓아 올린 일종의 영적 '자본금 계정' 격인 '공로의 보고'를 나누어 준다고 주장했다. 이 시기에 발전한 가장 중요한 신학적 개념은 연옥이었으며, 이는 16세기까지 내세의 운명과 관련된 전 영역이 심각하게 물질화되고 상품화되는 데 큰 역할을 했다. 아마 다른 어떤 것보다 이 내용이 루터의 운동과 개신교 종교개혁을 일으키는 핵심적 계기가 되었을 것이다. 중세 시대에도 천년왕국설을 주장하는 이들은 간헐적으로 나타났다.

종교개혁

종교개혁의 일차적 관심사는 구원의 의미와 그것을 성취하는 방법이었기에, 종말론에 대한 관심은 다소 부차적이었다. 종말론은 주로 미래에 일어날 개인적·공동체적 구원의 최종 단계로 다루어졌다. 종교개혁 시기에 재세례파에 속한 일부 집단이 천년왕국설을 중심으로 한 종말론을 부활시키기도 했다.

19세기

성경 교리에 대한 합리주의적 비판, 계몽주의적 인본주의 전통이 고무한 죄에 대한 피상적 시각, 지옥의 공포를 조성함으로써 인간을 억지로 하나님 나라로 몰아가려는 지나친 시도에 대한 반발, 유전과 무의식 논의로 인해 부각된 책임의 문제 등, 이 시기의 여러 상황들이 종말론에 대한 신학적 관심을 약화시켰다. 예수님은 단순히 인류 최고의 모범이자 인간의 도덕적 이상을 위대하게 구현한 분에 불과하다고 이해되었다.

그러나 복음주의자들 사이에서는 종말에 대한 관심이 크게 부활했다. 천년왕국설에 대한 다양한 주장이 일어나고 주님의 임박한 재림에 대한 소망이 강렬하게 불타올랐다. 이 모든 것이 19세기의 위대한 선교 운동과 복음전도 활동, 사회 개선에 대한 복음주의자들의 관심을 촉진하는 데 상당한 영향을 미쳤다.

오늘날

20세기가 시작되면서, 하나님 나라에 관한 예수님의 가르침과 그분의 재림에 대한 기대가 지엽적 문제가 아닌 그분 사상과 선교의 핵심이라는 점이 밝혀지고, 그에 따라 자유주의적 개신교의 예수님 이해 방식이 공격을 받게 되었다. 그리고 이런 통찰은 이후에 발전할 신학의 흐름을 결정지었다. 오늘날 종말론은 19세기에는 전혀 생각할 수 없을 만큼 중요한 주제가 되었다.

오늘날 많은 이들이 예수님이 선포하신 하나님 나라를 현재적인 **동시에** 미래적인 것으로 이해해야 한다는 데 동의한다. 즉, 하나님 나라는 **이미 왔고, 아직도 오고 있다.** 그러나 예수님의 생각과 초대교회의 가르침, 그리고 오늘날 우리의 경험 속에서 두 측면이 어떻게 연관되어 있고 또 어떤 부분을 더 강조해야 할지에 대해서는 다양한 의견이 존재한다.

복음주의적 그리스도인들 가운데 일부는 냉전 시대의 종식으로 찾아온 소강상태 이후 그리스도의 임박한 재림에 대해 새롭게 기대하게 되었다. 이런 기대는 예수님의 초림 이후 세 번째로 천 년이 도래했다는 사실로 인해 촉발되었다. 주님의 재림 없이 이 역사적 시기가 지나가자 임박한 종말에 대한 기대는 다소 식었지만, 그 소망은 일부 집단에서 계속 이어지고 있으며 그중 일부는 종말과 중동의 정치적 사건을 직접적으로 연결 짓고자 노력한다. 이런 태도는 실제로 현실화되는 경향이 있는데, 종말 예언에 대한 문자적 해석이 지정학적 정책, 특히 미국의 정책에 심각한 영향을 줄 수 있기 때문이다. 최근 들어, 종말론은 중동 지역에서 화해보다는 적대적 입장에 대한 지지를 부채질하고 있는 것이 거의 틀림없다. 또한 일부 지역에서는 지구 생태계에 임박한 재앙을 보여 주는 누적된 과학적 증거를 거부하는 태도가 나타나기도 한다. 그런 재앙이 다가올 종말의 긍정적이고 희망적인 징조라고 보기 때문이다. 그러므로 우리는 성경의 예언을 다룰 때 최대한 주의를 기울이고, 종말론에 대한 견해가 다르다고 해서 부당한 편견을 가져서는 안 된다. 그리고 무엇보다, 종말에 관한 성경의 가르침에 내포된 도덕적 함의를 현재의 삶에서 실천해야 한다(다음 "적용" 부분을 보라).

▶▶ 적용

기독교 교리를 윤리적으로 적용해야 한다는 주장이 가장 타당성을 가지는 곳은 바로 종말론 영역이다. '(그리스도인, 비그리스도인을 막론한) 점쟁이들'의 관심사와는 대조적으로, 성경의 가르침은 항상 **도덕적**이다. 그것은 단순히 호기심을 채우는 것이 아니라 헌신과 순종을 요구한다(신 29:29). 종말에 관한 성경적 가르침의 함의는 여덟 개의 단어를 중심으로 정리할 수 있다.

소망

주님의 재림은 우리의 "복스러운 소망"(딛 2:13)이다. 이는 비관주의로 점철된 우리 시대의 분위기 속에서 매우 적절한 말씀이다. 새로운 천 년에 막 접어들 무렵, 인류는 지난 여러 세기에 이룬 인간적 성취를 자축하고 미래를 낙관하는 분위기에 물들어 있었지만, 밀레니엄 파티를 끝낸 후 세계가 다시 직면한 현실은 철저히 불확실한 미래였다. 세계 인구의 급증, 제한된 자원, 새롭고 치명적인 바이러스의 출현, 세계 각지에서 심화되고 있는 갈등, 핵무기에 대한 접근성 및 사용 능력 확대, 국제적 테러 행위의 발발과 지속적 확산, 점점 심각해지는 생태 위기 등, 이 모든 것이 장기적 소망에 대한 낙관을 방해한다. 오늘날 가장 현명한 사람들이 위기감을 가장 크게 느낀다는 점은 분명 주목할 만한 상황이다.

이처럼 절망적인 시대에 그리스도인들은 전혀 다른 토대 위에 서 있다. 우리의 소망은 인본주의자들이 지닌 인간 본성에 대한 이상주의적 견해나, 사회 환경을 개조함으로써 인간 행동의 변화가 가능하다는 사회과학자들의 신념, 새로운 보편적 의식 출현에 대한 뉴에이지의 신념 같은 것들에서 비롯되지 않는다. 그보다, 그리스도인들은 하나님에 대한 믿음으로 말미암아 소망의 사람이 된다. 그분은 영광스러운 구속 목적을 위해 세상을 창조하시고 그 안에서 인간 생명을 만드셨으며, 그 목적을 반드시 성취할 하나님이시다.

이 세상의 운명은 미친 듯 날뛰다가 파멸에 이르는 것이 아니다. 하나님은 이 세상의 주님이시며 그분은 세계가 자신의 통제에서 벗어나는 것을 허락하지 않으신다. 그분은 하나님이시다. 그분이 통치하실 것이다. 주님은 부활하셨고 통치하시며 재림하실 것이다. "나 예수는 교회들을 위하여 내 사자를 보내어 이것들을 너희에게 증언하게 하였노라.…내가 진실로 속히 오리라.…아멘, 주 예수여 오시옵소서"(계 22:16, 20). 이 얼마나 '복스러운 소망'인가!

위로

주님의 재림에 대한 그리스도인의 확신은 죽음에 대한 태도에 영향을 준다(살전 4:13-18). 우리는 다른 이들처럼 슬퍼하지 말아야 한다(13절). 주님이 재림하시기 전에 죽든, 재림하실 때 이 땅에 살고 있든 상관없이 우리의 운명은 그분과 함께 사는 것이다(5:10). 그러므로 종말에 관한 진리는 죽음에 직면해 있거나 사랑하는 사람과의 사별을 경험하는 모든 그리스도인에게 위로를 준다.

거룩

우리는 종말론의 진리를 통해, 현세를 사는 우리가 마땅히 지녀야 할 세 가지 도덕적 특성을 도출할 수 있다.

첫째, 만물의 끝이 온다는 것은, 이 세상이 본질적으로 영구적 실재가 아니며 이 세상의 삶을 최고의 실재로 여기고 그것을 위해 살아가는 것이 어리석은 일임을 보여 준다(히 11:13-16).

둘째, 그리스도인과 교회는 거룩하고 무죄한 영원의 세계로 가도록 예정되어 있다. 그러므로 우리는 죄에 대해 날마다 회개하고 하나님의 거룩한 뜻에 순종함으로써 우리의 운명을 향해 나아가도록 부름받았다(벧후 3:13; 요일 3:2).

셋째, 주님이 오실 때 우리는 그분 앞에서 우리 삶에 대해 보고할 책임이 있다(고후 5:10). 만일 우리가 주님의 재림을 진정으로 믿고 고대한다면, 거룩함에 이르도록(히 12:14) 모든 노력을 다해야 한다.

행동

주님의 재림에 대한 신앙이 무책임과 나태를 유발한다는 생각은 결코 성경이 지지하는 바가 아니다(살전 5:14; 살후 3:6). 종말에 관한 진리들은 안일한 생활이 아니라 적극적 **행동**으로 이어져야 한다.

복음 전파 | 어떤 사람들은 그리스도인이 사람들에게 다가올 심판을 피하도록 경고하고 그분께로 돌아올 것을 촉구할 의무를 진다는 측면에서 복음전도와 주님의 재림을 연결한다. 성경은, 특히 예수님은 그런 경고를 해야 한다는 점을 부인하지 않으신다(마 3:7-12; 눅 13:1-5). 그러나 복음전도와 재림의 관계가 더 분명하게 나타나는 다른 측면이 있다.

그리스도의 초림과 재림 사이의 중간기에 하나님이 가지고 계신 목적은, 세상으로부터 "자기 이름을 위할 백성"(행 15:14)을 취하시는 것이다. 예수님은 이 목적을 세상의 마지막 날과 연결하신다. "이 천국 복음이 모든 민족에게 증언되기 위하여 온 세상에 전파되리니 그제야 끝이 오리라"(마 24:14). 따라서 하나님은 복음이 전 세계에 선포되고 모든 백성이 하나님 나라에 들어올 때까지 종말을 보류하신다. 우리가 하나님이 일하시도록 강제한다는 개념은 결코 생각할 수 없지만, 어쨌든 주님의 재림은 복음의 전 세계적 전파와 밀접하게 관련되어 있다. 그러므로 우리는 복음전도와 각 사람의 구원이 하나님이 최종적 승리를 성취하는 도구가 된다는 확신으로, 전심을 다해 전 세계와 모든 사회 영역에 복음을 전파하는 데 헌신해야 한다.

교회 세우기 | 신약이 묘사하는 교회의 가장 위대한 모습 중 하나는 바로 그리스도의 신부 된 모습이다(엡 5:21-23). 주님이 재림하실 때, 모든 시대의 하나님 백성으로 이루어진 교회는 신랑이신 주님 앞에 나아갈 것이다(계 21:2). 따라서 우리는 교회를 세우고, 교회의 삶을 거룩하게 하고, 그것의 증언과 순결함을 더럽히고 손상시키는 모든 것으로부터 교회를 정화해야 한다. 그렇게 함으로써 교회는 "우리 주 예수 그리스도께서 강림하실 때에 흠 없게"(살전 5:23) 나아갈 수 있을 것이다.

이웃 섬기기 | 종말에 관한 진리는 그리스도인의 사회 참여에도 중요한 함의를 가진다. 성경이 증언하는 새로운 세상은, 비록 상징적 언어로 묘사되어 있지만 완전한 인간 사회다. 그때는 평화와 정의, 평등, 관용, 이해, 동정, 취약하고 연약한 자들에 대한 관심, 이웃에 대한 진정한 사랑, 전체의 유익을 위한 자원 사용 등 소중한 사회적 가치가 완전히 성취되고 실현될 것이다. 비록 이런 꿈이 주님 오시기 전에 실현되지 않을지라도, 그것은 두 가지 측면에서 매우 큰 의미가 있다.

첫째, 이것은 하나님의 뜻과 일치하고 따라서 그분의 영광과도 일치하는 인간 사회 형태에 대한 청사진을 요약적으로 제시한다. 따라서 우리의 현재 사회가 성경적 이상에 좀더 가까이 다가가는 데 사용되는 모든 수단은 하나님의 영원한 영광에 기여하며, 영구적 가치를 지닌다.

또한 다가올 완전한 질서는 이차적 측면에서 의미를 지닌다. 설령 우리가 직면한 사회적·정치적 문제들이 매우 심각해져서 공포를 조장하거나, 끔찍한 악이 지역적으로 혹은 전 세계적으로 나타날지라도, 그리스도인들은 결코 궁극적 절망에 빠지지 않는다. 사회 갱신과 사회 정의를 위해 기울인 모든 노력과 운동들은 그 형태가 어떠하든 역사의 궁극적 목적에 기여할 것이다. 주님이 오실 것이다. 주님이 승리하실 것이다(계 21:24).

기도

만일 우리가 주님의 재림과 현세의 종말을 믿는다면, 그것을 위해 기도해야 한다. 예수님은 자신이 가르치신 모범적 기도의 핵심부에서 종말의 도래를 간구하셨다. "당신의 나라가 임하옵시며." 또한 신약을 읽으면 다른 예들도 많이 발견할 수 있다(고전 16:22; 롬 8:19; 계 22:20).

깨어 있기

종말 신앙이 가장 분명하게 가르쳐 주는 태도 중 하나는 깨어 있는 것이다 (마 24:42; 25:13). 종말을 기대하는 사람들은 노아 시대의 사람들처럼 이 세상의 일에 빠지지 않고 항상 깨어서 준비할 것이다(마 24:37-39). 그들에게 주님의 재림은 결코 예상 밖의 놀라운 일이 아닐 것이다. 그분은 우리가 사는 날 동안 오시지 않을 수도 있으며, 그분이 우리 생전에 오셔야 한다고 감히 주장해서도 안 된다. 그러나 그분은 분명히 오실 것이기 때문에 우리는 깨어 준비하고 있어야 한다.

사랑

주님이 다시 오시고 하나님 나라가 영원할 것이라는 사실은, 우리가 교회 안에서 나누는 관계가 영원할 것임을 뜻한다. 이 사실 자체는 우리가 동료 그리스도인들을 사랑해야 할 중요한 근거가 된다. 만일 우리가 위대하고 견고한 하나님 백성의 연합 안에서 미래의 영광을 누릴 운명이라면, 지금부터 마음속에서 그 백성의 연합을 발견하고 그들을 받아들이며, 하나님이 그분의 사랑의 영을 마음에 부어 주실 때(롬 5:5) 그들을 사랑할 수 있어야 한다.

찬양

다가올 그리스도의 승리에 대한 확신을 최종적으로 표현하는 방법은 기쁜 찬양과 경배다. 이런 점에서, 요한계시록에 하늘의 천군천사들과 승리한 교회가 다가오는 종말을 내다보며 경배와 찬양을 드리는 모습이 묘사되어 있는 것은 의미심장하다(계 5:12이하; 7:10-12; 11:17이하; 15:3이하; 19:1-5). "보좌에 앉으신 이와 어린 양에게 찬송과 존귀와 영광과 권능을 세세토록 돌릴지어다!"(계 5:13) 다가오는 하나님의 승리를 고대하는 모든 그리스도인의 마음은 이 찬양에 '아멘'으로 화답한다.

마치는 기도

주님, 나로 하여금 당신을 바르게 알게 하사, 당신을 점점 더 많이 사랑하고 섬기며 즐거워하고 소유하게 하소서. 지금까지 살면서 이런 복을 누릴 수 없었사오나, 이제부터 날마다 내 안에서 조금씩 자라게 하시고 다가올 세상에서 완전히 이루어지게 하소서. 아멘.
— 성 안셀무스

주

1부. 신앙 문제에 관한 최종적 권위

1. 이 명칭은 다소 오해의 소지가 있다. 사도신경은 대략 3세기에 만들어진 것으로 보이며, 세례 예정자들의 학습에 사용한 신앙 요약문이었다.
2. **존재**에 있어서의 차이를 가리키는 것으로, **존재론적**(ontological)이라는 용어로 표현할 수 있다.
3. **인식**에 있어서의 차이를 가리키는 것으로, **인식론적**(epistemological)이라는 용어로 표현할 수 있다.
4. 제2부 "목적론적 논증"을 보라. pp. 97-99.
5. 제2부 "도덕적 논증"을 보라. pp. 100-101.
6. "나는 너희에게 이르노니…"라고 말씀하시는 산상설교(마 5:21-48)도 예외가 아니다. 이 말은 당대 서기관과 바리새인들의 해석에 반대하여 해당 성경 구절의 진정한 의도를 드러내기 위한 것이다. "내가 율법이나 선지자를 폐하러 온 줄로 생각하지 말라. 폐하러 온 것이 아니요 완전하게 하려 함이라.…누구든지 이 계명 중의 지극히 작은 것 하나라도 버리[는 자는]…천국에서 지극히 작다 일컬음을 받을 것이요"(마 5:17, 19). 참고. D. M. Lloyd-Jones, *Studies in the Sermon on the Mount*, vol. 1 (IVP, 1959), pp. 180-320. 예를 들어, 마 5:31-32에서 예수님은 모세 시대의 배경에서 주어진 하나님의 이혼 규정 뒤에 숨은 청중에게 창 2:24을 인용하면서, 결혼 관계는 일평생 충실하게 지켜야 한다는 하나님의 궁극적 의도를 설명하신다.
7. A. Kuyper, *Principles of Sacred Theology* (Eerdmans, 1954), p. 430.
8. RSV/REB의 "모든(또는 전체) 영감 된 성경은 유익하다"[Every (or all) inspired Scripture is profitable]라는 번역문은 헬라어 원문의 자연스러운 번역이 아니며, 논의의 대상인 구약을 거의 고려하지 않은 것이다(딤후 3:15).
9. 제4부 "영지주의"를 보라. pp. 288-289.
10. 제4부 "형벌적 은유: 칭의"를 보라. pp. 310-318.
11. J. Wenham, *The Goodness of God* (IVP, 1974); *Christ and the Bible* (IVP, 1972); C.

Pinnock, *Biblical Revelation* (Moody, 1971); *A Defense of Biblical Infallibility* (PRPC, 1967); J. W. Montgomery (ed.), *God's Inerrant Word* (Bethany, 1974); N. B. Stonehouse and P. Woolley (eds.), *The Infallible Word* (PRPC, 1946); C. F. H. Henry (ed.), *Revelation and the Bible* (Tyndale Press, 1959); R. Laird Harris, *Inspiration and Canonicity of the Bible* (Zondervan, 1975); N. Geisler (ed.), *Inerrancy* (Zondervan, 1979); J. I. Packer, *Under God's Word* (Lakeland, 1980); D. A. Carson and J. D. Woodbridge, *Scripture and Truth* (IVP, 1983); (eds.), *Hermeneutics, Authority and Canon* (Zondervan, 1986).

12. 창 1:6에 대한 주석. John Calvin, *Genesis* (Banner of Truth, 1975), p. 79를 보라.

2부. 신론

1. 참고. Stephen T. Davis, "The Cosmological Argument and the Epistemic Status of Belief in God", *Philosophia Christi* 1 (1999), pp. 5-15; Richard Swinburne, *The Existence of God* (Clarendon, 2004).
2. 참고. William Lane Craig, *Reasonable Faith* (Crossway, 3rd edn, 2008); J. P. Moreland, *Scaling the Secular City* (Baker, 1987); A. N. Flew, *There Is a God* (Harper One, 2007); David Conway, *The Rediscovery of Wisdom* (Macmillan, 2000).
3. 참고. Francis S. Collins, 'A Scientific Argument for the Existence of God', in M. J. Murray (ed.), *Reason for the Hope Within* (Eerdmans, 1999), chap. 3; Lee Strobel, *The Case for a Creator* (Zondervan, 2004), chap. 6; Michael Denton, *Evolution: a Theory in Crisis* (Adler and Adler, 1986); William Dembski, *The Design Inference: Eliminating Chance through Small Possibilities* (Cambridge, 1996).
4. 참고. A. Plantinga, *The Nature of Necessity* (Clarendon, 1974); C. S. Evans, *Philosophy of Religion: Thinking About Faith* (IVP, 2nd edn, 2009).
5. 참고. H. P. Owen, *The Moral Argument for Christian Theism* (Allen and Unwin, 1965); C. S. Lewis, *Mere Christianity* (Fontana, 1952; Harper, 2001); Frances S. Collins, *The Language of God* (Free Press, 2006); William Lane Craig, *Reasonable Faith* (Crossway, 3rd edn, 2008), pp. 172-183.
6. 참고. Anthony Flew and Roy A. Varghese, *There is a God* (Harper One, 2007), Appendix A; J. P. Moreland, *Scaling the Secular City* (Baker, 1987); C. S. Lewis, *Miracles* (Collins, 1960); A. Plantinga, *God and Other Minds* (Cornell University Press, 1967).
7. 참고. Mark Mittelberg, *Choosing Your Faith* (Tyndale, 2008), pp. 196-200.
8. 참고. Paul Eddy and Gregory Boyd, *The Jesus Legend* (Baker Academic, 2007); Craig Evans, *Fabricating Jesus* (IVP, 2006); Lee Strobel, *The Case for the Real Jesus* (Zondervan, 2007); N. T. Wright, *The Resurrection of the Son of God* (Fortress, 2003); Anthony Flew, *There Is a God* (Harper One, 2007), Appendix B, 'The Self-Revelation of God in Human History: A dialogue with N. T. Wright'; William Lane Craig, *Reasonable Faith* (Crossway,

3rd edn, 2008), chaps. 5-8; Craig L. Blomberg, 'The Historical Reliability of the New Testament', in William Lane Craig, *Reasonable Faith* (Moody Press, 2nd edn, 1994).
9. 예를 들어, 16세기 후반의 소시니안주의, 17세기의 유니테리언주의, 18세기의 이신론, 19세기의 고전적 자유주의가 있다.
10. 칼뱅 역시 이와 비슷한 입장을 취하는 것 같다. 참고. *Institutes*, 1, 8.
11. William C. Davis, 'Theistic Arguments', in M. J. Murray (ed.), *Reason for the Hope Within* (Eerdmans, 1999), pp. 45-46.
12. 가장 유명한 몇몇 인물로는 갈릴레오, 케플러, 뉴턴, 아사 그레이가 있다. 참고. R. Hooykaas, *Religion and the Rise of Modern Science* (Scottish Academic Press, 1972); Peter Harrison, *The Bible, Protestantism, and the Rise of Science* (Cambridge University Press, 1998, 2009).
13. R. Hooykaas, *Religion and the Rise of Modern Science* (Scottish Academic Press, 1972); Peter Harrison, *The Bible, Protestantism, and the Rise of Science* (Cambridge University Press, 1998, 2009)를 보라.
14. 참고. 또한 제3부에 제시된 '진화론' 논의.
15. 또한 제3부 "창조 질서와의 관계"를 보라. pp. 194-196.

3부. 인간과 죄

1. Freeman J. Dyson, *Disturbing the Universe* (Harper and Row, 1979), p. 250.
2. Charles Darwin, *The Autobiography of Charles Darwin 1809-1882*, ed. Nora Barlow (Collins, 1958), pp. 92-93.
3. 제2부 "정신적 논증"을 보라. pp. 101-102.
4. 제7부 "중간 상태"를 보라. pp. 538-540.
5. 예를 들어, H. D. Lewis, *The Self and Immortality* (Macmillan, 1973)를 참고하라.
6. 제4부 "적용" 부분의 "긍정"을 보라. pp. 353-354.
7. 제2부 "적용" 부분의 "창조"에 나오는 상세한 설명과 논의를 보라. pp. 165-167.
8. 제5부 "중생"을 보라. pp. 381-393.
9. 하나님 나라, 중생, 성화에 대해서는 제5부도 참고하라.

4부. 그리스도의 위격과 사역

1. B. B. Warfield, 'The Emotional Life of our Lord', *The Person and Work of Christ* (PRPC, 1950).
2. 참고. 제1부 "구약에 대한 예수님의 관점", pp. 47-49.
3. 참고. p. 272의 논평.
4. 신성과 인성을 가진 예수님의 신비를 통찰할 때 얻는 유익을 언급한 pp. 300-301를 보라.
5. 참고. E. F. Kevan, 'Note on the Resurrection Appearances of our Lord' in *New Bible*

Commentary, 1st edn, ed. F. Davidson (IVF, 1953), p. 864; Michael C. Perry, *The Easter Enigma* (Faber and Faber, 1959), pp. 65, 70; G. E. Ladd, *I Believe in the Resurrection of Jesus* (Hodder and Stoughton, 1975), chap. 8.

6. 참고. Robert H. Gundry, *Mark: A Commentary on his Apology for the Cross* (Eerdmans, 1993), pp. 917-918.

7. William Lane Craig, *Reasonable Faith* (Crossway, 3rd edn, 2008), p. 317.

8. 참고. J. N. D. Anderson, *The Mystery of the Incarnation* (Hodder, 1978), chap. 6; J. I. Packer, 'Jesus Christ the Lord', in *Obeying Christ in a Changing World*, 1. *The Lord Christ* (Fountain Books, 1977).

9. 구약적 형태의 율법은 십계명으로 요약된 기본적 도덕 규례를 뜻한다(출 20:1-17; 신 5:1-21). 구약의 의식법은 그리스도가 그것을 완성하셨다는 의미에서 폐지되었다. 구약의 사회법 역시 교회가 이스라엘의 신정 정치를 대체했다는 의미에서 그 규범성을 상실했다. 그러나 의식법과 사회법의 기초가 되는 원리들은 계속 타당성을 갖고 적용되고 있다.

10. J. I. Packer and Mark Dever, *In My Place Condemned He Stood* (Crossway, 2007), chap. 2.

5부. 성령의 위격과 사역

1. 이 논의에 대한 자세한 내용은, 제4부 "형벌적 은유: 칭의"를 보라. pp. 310-318.
2. 이 같은 고전적 의미의 부흥은, 특히 미국에서 지역 복음전도 활동을 의미하는 대중적 의미의 부흥과는 반드시 구분해야 한다.

6부. 교회

1. 성육신하신 주님께는 오직 하나의 본성만 있다고 주장하는 견해다.

7부. 마지막 일들

1. 참고. 제3부 "그리스도인: 그리스도 안에서 태어난 새로운 피조물"에 제시된 하나님 나라에 관한 내용, pp. 237-241.

찾아보기

가르침/교사(teaching/teachers) 51, 82, 461-467
가정 교회(house churches) 413, 489, 496
가현설(docetism) 281, 288
감리교(Methodism) 486
개신교(Protestantism) 334-335, 433-434
개인주의(individualism) 218-220
거널(W. Gurnall) 407
거룩한 영(Holy Spirit) '성령'을 보라.
건강(health) 23, 482
건드리(R. H. Gundry) 275
검증주의/논리적 실증주의(verificationism/logical positivism) 95
견인(perseverance) 405-407
견진성사(confirmation) 467, 473
결혼(marriage) 114, 190-194
겸손(humility) 121, 164, 168, 236, 244, 247, 350, 354, 468
경제(economics) 225-227
계몽주의(the Enlightenment) 218-222
계시(revelation) 30-41, 124-125, 142-143, 284, 513
   구속적(redemptive) 40-41
   일반(general) 33-38
   특별(special)

그리스도 안의(in Christ) 38-39
   성경 안의(in Scripture) 39, 44-83
고난(suffering) 121, 343-345, 481-483
고해성사(penance) 467
공로의 보고(treasury of merit) 557
공의(righteousness) 385-387, 394-399, 401, 543-546
   그리스도의(of Christ) 236-237, 310-314, 356, 392-394, 405-407
과학과 종교(science and religion) 94-99, 141-150, 219, 280
교만(pride) 209
교제(fellowship) 397, 419, 449-451, 480-481, 503, 553
교황 제도(papacy) 436, 489-495
교회(church) 372, 374, 423-504
   가족인(as family) 430
   그리스도의 몸인(as body of Christ) 426-427
   그리스도의 신부인(as bride of Christ) 427-428, 500, 504, 564
   성경에 나타난 이미지(biblical images of) 424-431
   양 떼인(as flock) 430-431
   와 성령(and the Holy Spirit)

326, 371, 428, 500
의 권위(authority of) 25-26, 66
의 목적/'표지'(purpose/'marks of')
432-443
의 미래(destiny of)
500, 504, 518, 552-554
의 본성/기능(nature/functions of)
교제(fellowship) 449-451
사역(ministry) 451-456
예배(worship) 445-449
증언(witness) 456-458
의 선교(mission of) 163-164, 357,
413-414, 417-418, 440-443, 456-458,
491-492, 563-564
의 성례(sacraments of) 394, 439-440,
447, 467-478, 487, 492. 또한 '세례',
'성찬'을 보라.
의 연합(unity of) 433-434
의 중요성(importance of) 502
포도원인(as vineyard) 431
교회(churches)
가정 교회(house churches) 413, 489, 496
감리교(Methodist) 486
개신교(Protestant) 492-493
구세군(Salvation Army) 468
나이지리아(in Nigeria) 496
'남반부 교회'('Southern Church')
496-497
동방정교회(Eastern Orthodox)
476, 491, 495
로마 가톨릭(Roman Chatholic) 433-434,
436, 467, 476-477, 489, 493-495, 539,
557-558
로잔 운동(Lausanne movement) 494
루터파(Lutheran) 486
메노파(Mennonite) 468
브라질(in Brazil) 496

성공회(Anglican) 467, 486
세계교회협의회(World Council of
Churches) 494
오순절파(Pentecostal) 403, 413
이머징 교회(Emergent Church) 499
'일치 속의 다양성'을 추구하는
('diversity-in-unity') 498
장로교(Presbyterian) 487
종교친우회(Society of Friends) 440, 468
중국(in China) 496
침례교(Baptist) 471-473, 492-493
케냐(in Kenya) 496
한국(in South Korea) 496
회중/독립(congregational/independent)
488-489
교회 조직(church order) 486-490
교회의 선교(mission of the church)
164-165, 357, 414, 418, 440-443,
456-458, 492-493, 563-564
통전적(holistic) 497-498
구세군(Salvation Army) 440, 468
구속(redemption) 40-41, 111, 115, 132-133,
283, 295, 322-323, 344-345, 373, 396,
470, 475, 532, 541
구원(salvation) 41, 121, 128, 264-265,
292-293, 303-361, 375-388, 424-425,
432-435, 456-458, 544, 548-550,
563-564
권위(authority) 23-28
교회의(of church) 25-26, 66
그리스도의(of Christ) 51, 277-279
사도의(of apostles) 52-53
귀신(demons) 148-150, 384
그레이엄(B. Graham) 473
그리스도(Christ)
가 받으신 시험(temptation of) 256-257
가 받으신 재판(trial of) 273

'공동체적 의미의'('corporate Christ') 283
구약성경에 대한 태도(attitude to Old
  Testament) 47-50
구주이신(as Saviour) 264, 327-330, 383
말씀이신(as Word) '로고스'를 보라.
메시아이신(as Messiah) 48, 110, 273-274,
  288, 306-330, 423, 451, 469, 508,
  528-534
성육신(incarnation) 38-39, 229, 235-237,
  253-258, 353-355
신랑이신(as bridegroom) 500, 504, 564
와의 연합(union with) 314, 322, 335,
  376-377, 396-397, 400-401, 426-427,
  436, 470, 502, 509, 538
위격적 연합(hypostatic union)
  282, 287-301
의 가르침(teaching of) 51, 254-255,
  272-279, 306-308, 381, 508-509, 540,
  543-544, 549, 551
의 계시(revelation of) 38-39, 260-284
의 권위(authority of) 51, 277-279
의 기적(miracles of) 102, 280
의 두 본성(two natures of) 287-301
의 부활(resurrection of) 110, 160, 230,
  266-271, 324-325, 358-360, 366, 376,
  468
의 사명(mission of) 148, 277-278,
  365-366, 440-443, 469-470, 481, 495,
  516-518
의 사역(work of) 303-330
의 삶(life of) 235-237
의 선재(pre-existence of) 272, 281
의 세례(baptism of)
  275, 365, 370, 392, 469
의 승리(victory of) 159-160, 256-257,
  266-271, 328-329, 358-361, 370-373,
  447, 470, 549-550, 566
의 승천(exaltation of) 119, 270-271, 277,
  360-361
의 신성(deity of)
  38-39, 102-103, 260-284
의 아들 됨(sonship of) 110-111, 135,
  253-255, 261-266, 272, 387, 446,
  469-470
의 예언자적 역할(prophetic work of)
  307-308
의 왕권/주권(kingship/lordship of)
  274-277, 515
의 위격(person of) 253-301
의 인격(character of)
  102-103, 110-112, 235
의 인성(humanity of)
  23, 235-237, 253-258
의 재림(return of) 149, 160, 190, 230,
  327, 361, 397-399, 420, 476, 513-521,
  541-542, 565
의 제사장직(priesthood of) 308-323
의 죽음(death of) 41, 48, 103, 121,
  129-133, 230, 273, 303-325, 328-329,
  333-351, 355-357
의 칭호(titles of) 273-277
자의식과 주장(self-consciousness and
  claims) 272
주의 종이신(as Servant of the Lord) 309,
  321, 376, 451
중보자이신(as Mediator) 295, 337
하나님의 지혜이신(as Wisdom of God)
  28, 49, 307
또한 '그리스도의 승천', '동정녀 탄생',
  '로고스', '속죄'를 보라.
그리스도 형제단(Christadelphians) 290
그리스도의 승천(ascension of Christ) 110,
  271, 325-327, 360-361, 371, 376, 470
그리스도인, 그리스도인의 삶(Christian,

Christian life) 86-89, 162-170, 237-241, 244-250, 353-361, 416-420, 502-504, 561-566
그리스도인의 유산(the Christian's inheritance) 387-388, 408-409, 552-553
그리스도인의 이성(Christian reason) 26-27
그리스도인의 체험(Christian experience) 26
기능적 기독론(functional Christology) 296-297
기도(prayer) 23, 88, 254, 263, 272, 299-300, 326, 434, 447, 451, 458, 479-480, 503, 565
기독교 형제단(Christian Brethren) 488
기독론(Christology)
 기능적(functional) 296-297
 두 신분(two-state) 294
 존재론적(ontological) 296-298
기독론적 논증(Christological argument) 102-103
기쁨(joy) 359, 553
기업 무를 자(kinsman-redeemer) 308
기적(miracles) 103, 139, 142-144, 266-271, 280, 412-415, 519

낙관주의/비관주의(optimism/pessimism) 173-175, 220
낙원(paradise) 186-187, 538-540
낙태(abortion) 188, 191, 243, 349, 354, 498
내러티브 신학(narrative theology) 75
내세(future life) 537-554, 561-566
내위격(*enhypostasia*) 292-293
내적 음성(inner voice) 27
네스토리우스, 네스토리우스주의(Nestorius, Nestorianism) 291, 294, 491
노바티아누스주의(Novatianism) 491
뉴에이지(New Age) 149, 215-217

뉴턴(I. Newton) 143, 146
뉴턴(J. Newton) 473
니체(F. Nietzsche) 218, 221
니케아 공의회(Council of Nicaea) 290
니콜(R. Nicole) 320

다원주의(pluralism) 227-231, 498-499
다윈(C. Darwin) 177, 218, 346-347
다이슨(F. J. Dyson) 176
단성론(Monophysitism) 491
대속(substitution) 303-306, 310-315, 321, 342-345
대표(representation) 308, 322
더수자(D. D'Souza) 93
데니(J. Denney) 268, 334, 341-342
데이비스(P. C. W. Davies) 98
도나투스주의(Donatism) 491
도덕, 도덕적 경험(morality, moral experience) 34-35, 100-101, 106, 125-129, 345, 435-437, 561
독신(singleness) 192-193
돈(money) 225-227, 357, 503
동성애 관계(homosexual relationships) 194, 498
동일 본체(*homoousious*) 290, 292
동정녀 탄생(the virgin birth) 123, 281-283
두 신분 기독론(two-state Christology) 294
두 지평(two horizons) 73
딕슨(M. Dixon) 176

라너(K. Rahner) 209
라이트(C. Wright) 441
라이트(D. F. Wright) 441
라이트(N. T. Wright) 269
라피데(L. Lapide) 102
러셀(B. Russell) 96, 100
레온티우스(Leontius) 292-293

로고스(the *Logos*) 39, 47, 110, 139, 289, 294-296, 307
로마 가톨릭 신학(Roman Catholic theology) 282-283, 334, 412, 433-434, 436-439, 467-469, 476-477, 489-495, 539-540
로잔 운동(Lausanne movement) 494
루이스(C. S. Lewis) 38, 101, 165, 311
루터(M. Luther) 36, 38, 182, 197, 334-335, 384, 467, 473, 477, 492-493, 558
르메트르(G. Lemaitre) 137

마귀(devil) 148-150, 384, 393, 397, 401, 407, 516
마르크스, 마르크스주의(K. Marx, Marxism) 218, 228
마리아(Mary) 281-283, 295
마틴(R. P. Martin) 476
매키(J. L. Mackie) 97
맥닐(J. McNeil) 351
메노파(Mennonites) 468
메타내러티브(meta-narrative) 77, 221, 224
모리스(L. Morris) 320
모울(C. F. D. Moule) 270, 283
목적론적 논증(teleological argument) 97-99
몬타누스주의(Montanism) 490-491, 529
무로부터(*ex nihilo*) 135-138, 178
무류성(infallibility) 67-69
무신론(atheism) 93, 157, 184, 209, 496. 또한 '불신앙'을 보라.
무천년설(amillenialism) 532-534
무함마드(Mohammed) 229
물리주의(physicalism) 101
미사(the Mass) 476
『미쉬나』(*Mishnah*) 474
믿음(faith) 86, 94, 104, 254, 305, 326, 376-377, 408, 424, 434, 437, 469-473,
477-478, 488-489, 524
과 행위(and works) 385-386
의 고백(confessions of) 25-26

바기즈(R. A. Varghese) 101
바리새인(Pharisses) 350, 434, 519
바빙크(H. Bavinck) 118, 182, 200
바키(R. Bakke) 498
박해(persecution) 414, 481
반틸(C. Van Til) 103
방언(glossolalia/speaking in tongues) 403, 412
배교(apostasy) 405-407
번영 신학(Prosperity gospel) 23, 482, 511
범신론(pantheism) 137, 146, 195
베네딕토 16세(Benedict XVI) 495
베르카우어(G. C. Berkouwer) 160, 201, 319, 338
베르코프(L. Berkhof) 153
변증(apologetics) 94-103
전제론적(presuppositional) 103-104
보쉬(D. Bosch) 442
보스턴(T. Boston) 249
보편구원론(universalism) 348, 548-550
복음(gospel) 86, 105-106, 284, 439-443, 456-458, 495-497, 563-564
복음전도(evangelism) 37, 55, 106, 164, 456-458, 497, 563-564
복음주의(evangelicalism) 493-494, 496-497, 499
본체(substance) 290-292
본회퍼(D. Bonhoeffer) 482
부(wealth) 225-227, 357, 503. 또한 '번영 신학'을 보라.
부르심, 소명(call, calling) 381, 424-426
부활(resurrection)
그리스도의(of Christ) 110, 160, 158,

266-271, 324-325, 358-360, 366, 376, 470
인간의(of humankind) 408, 517, 537, 541-542
부흥(revival) 414-415, 479
불교(Buddhism) 122, 157
불멸(immortality)
  33, 100, 197, 212, 537, 550-551
불신앙(unbelief) 105, 208-210, 215-224, 381, 544, 548-550. 또한 '무신론'을 보라.
브루스(F. F. Bruce) 70
블로슈(D. Bloesch) 528
비관주의(pessimism) '낙관주의/비관주의'를 보라.
비위격(*anhypostasia*) 292-293
빌렌킨(A. Vilenkin) 96

사도(apostles) 50-53, 63-66, 110, 265, 437-439, 456-458, 479
  구약성경에 대한 태도(attitude to the Old Testament) 50-51
  의 권위(authority of) 52-53
사도신경(Apostles' Creed) 25
사도적 계승(apostolic succession) 437-439
사랑(love)
  그리스도의(Christ's) 129-133, 310-318, 339-345
  그리스도인 사이의(between Christians) 394, 449-451, 480-481, 565-566
  인간의(human) 189-194
  하나님의(of God) 33, 115, 129-133, 310-318, 336-337, 339-342
사면(pardon) 127, 132-133, 159-160, 350
사역 체계(orders of ministry) 453, 486, 490
사역(ministry)
  교회의/안에서의(of/in the church) 451-456, 486-490, 503, 564-565

  말씀의(of the Word) 40, 88, 461-467
  성령의(of the Spirit) 365-415
  여성의(of women) 454-455
  의 질서(orders of) 452, 486, 490-491
사탄(Satan) 149-150, 256-257, 323-324, 384, 393, 397, 401, 530-532
사회적 유비(social analogy) 114
사회학(sociology) 100
삼분설(trichotomy) 183-184
삼위일체(the Holy Trinity) 103, 109-116, 118-133, 162-165, 296, 343, 366-367
'삼중직'('three-fold office') 306-330
상대주의(relativism) 220
새 예루살렘(the new Jerusalem) 427, 554
샌더스(E. P. Sanders) 315-317
생명(life)
  영원한(eternal)
    241, 261, 264-265, 509, 537
  창조의 기원(origin of created) 145-147
생명의 기원(origin of life) 145-147
서품(ordination) 453-454, 476
선택(election) 111, 275, 377-381, 406, 518
선행(good works) 75, 213, 316, 333-334, 345-348, 350-351, 385-386, 543-544
설교(preaching) 40, 52, 88, 164-165, 372, 446, 462-466, 563-564
섭리(providence) 60, 70, 153-160, 167-170
성경(Scripture) 39, 44-48, 87-89, 418, 437-439, 441, 446, 461-467, 504
  과 성령의 관계(Spirit in relation to) 52-55, 82, 87, 114-115, 125, 408, 439-440, 462-466
  에 나타난 특별 계시(special revelation in) 39, 44-83
  에 대한 성령의 '내적 증언'('inward witness' of the Spirit to) 53-54
  의 무오성(inerrancy of) 69-70

의 영감(inspiration of)
    55-62, 369-370, 408
의 해석(interpretation of) 73-83
성경공부(Bible study)
    개인(personal) 466-467
    그룹(group) 467
성경의 무오성(inerrancy of Scripture) 69-70
성경의 영감(inspiration of Scripture) 55-62,
    369-370, 408
성공회 39개 신조(Thirty-Nine Articles) 25
성관계(sex, sexual relations) 190-194,
    210-211, 245, 281-282, 498
성도(saints) 305, 405, 434, 437, 491, 522,
    531, 553, 557
성령(the Holy Spirit) 109-111, 118-133, 160,
    361, 365-420, 447, 471
    과 개인의 관계(in relation to the
        individual) 26, 41, 106, 391-409
    과 교회의 관계(in relation to the church)
        326, 371-373, 428-429, 500
    과 그리스도(and Christ) 370-373,
        376-377, 395, 510
    과 마지막 때의 관계(in relation to the
        end) 408-409
    과 성경의 관계(in relation of Scripture)
        52-55, 82, 87, 114-115, 125, 408,
        439-440, 462-466
    에 대한 모독(blasphemy against)
        213-214
    의 내적 증거(inward witness of)
        53-55, 393
    의 내주하심(indwelling of)
        115, 127, 184, 477
    의 '발출'('procession' of) 491
    의 신성(deity of)
        110-111, 114-116, 366-367
    의 열매(fruits of) 395

의 은사(gifts of) 328, 370-373, 452
의 인격성(personhood of) 109, 365-367
의 충만함(fullness of) 399, 402-405, 420
성례(the sacraments) 394, 439-440, 447,
    467-478, 487, 492
성막(tabernacle) 428
성전(temple) 428
성찬(Lord's Supper) 474-478, 504
성화(sanctification) 83, 111, 132, 239-241,
    247-250, 394-405, 461-467
세계교회협의회(World Council of Churches,
    WCC) 494
세례(baptism) 469-473, 493, 504
    그리스도의(of Christ)
        275, 365, 370, 392, 469
    성령(in/with the Spirit)
        403-405, 412-415
세상(world) 95-97, 122, 130, 135-160,
    165-167, 175-181, 194-196, 212, 237,
    240-241, 246, 264, 288, 353-354,
    360-361, 369, 417-419, 481-483, 497,
    515-516, 528-534, 552-554
세속주의/세속화(secularism/secularization)
    218-220, 493
세족식(foot-washing) 468
소망(hope) 248-249, 359, 388, 391-392,
    513, 516, 537-538, 541, 545, 552, 555,
    561-562
속량(ransom) 322-323
'속성 간의 교류'('communion of the
    properties') 293
속죄(atonement) 303-351
    '고전적' 견해('classic' theory) 338
    도덕감화설(moral-influence theory)
        336-337
    만족설(satisfaction theory) 333-334
    '신비적' 견해('mystical' theory) 337

형벌설(penal theory) 308-323, 334-335, 338-351
　또한 '그리스도: 의 죽음'을 보라.
속죄(expiation) 320-321
송영(doxology) 160, 263, 379, 566
순종(obedience) 275-277
쉐퍼(F. Schaeffer) 46, 103
슐라이어마허(F. Schleiermacher) 337
스윈번(R. Swinburne) 99
스토아주의(Stoicism) 154
스토트(J. R. W. Stott) 457
스펄전(C. H. Spurgeon) 383, 473
시간(time) 147, 197, 311, 348-349, 508, 518-521, 538-540, 554
신비 종교(mystery religions) 549
신비(mystery) 62, 115, 124, 158, 187, 287, 320, 337, 378-379, 381, 515
신앙고백(confessions of faith) 25-26
신정론(theodicy) 158-160
신조(creeds) 25, 94
신화(myth, mythology) 298-300
심리학(psychology) 100
심판(judgment)
　그리스도인의(of Christians) 545-546
　최종(final) 265, 517-518, 542-546
　하나님의(divine) 33-34, 123, 125, 131, 209, 265, 274, 283, 310-318, 322-323, 343-345, 469

아가페(*agapē*) 131-132, 450-451
아담(Adam) 31, 37, 40, 159, 174-181, 189, 197, 201, 205-206, 249-250, 256, 275, 297
　둘째(second) 235, 282, 322
아리우스주의(Arianism) 289-290
아바(*Abba*) 239, 272, 356, 387, 446
아벨라르(P. Abelard) 336-337

아우구스티누스(Augustine) 53, 112-113, 147, 165, 181, 469, 491, 529
아울렌(G. Aulén) 338
아인슈타인(A. Einstein) 137, 143, 146
아타나시우스(Athanasius) 290, 313
아타나시우스 신조(Athanasian Creed) 112
아폴리나리우스(Apollinarius) 291
아하드 하암(Ahad Ha'am) 279
악(evil) 136, 148-150, 158-160, 288, 398, 522-523, 529-533
안셀무스(Anselm) 99, 333-334, 566
양심(conscience) 35, 100-101, 106, 310, 315, 325, 331, 339-342, 392-393, 545
양자 이론(quantum theory) 144
언약(covenant) 121, 132, 425, 471-472
언약궤(ark of the covenant) 428
에드워즈(J. Edwards) 317
에반스(C. Evans) 66, 274
에베소 공의회(Council of Ephesus) 291
에비온주의(Ebionism) 288
에우세비우스(Eusebius) 65-66
에큐메니컬 운동(ecumenical movement) 494
여성(women)
　과 페미니즘(and feminism) 190-193
　의 사역(ministry of) 454-455
여호와의 증인(Jehovah's Witnesses) 113, 290, 551
역사(history) 54, 102-106, 145-146, 223, 266-271, 276, 319, 425, 507-508, 542-546
연옥(purgatory) 539-540, 558
열린 유신론(open theism) 154-158
영광(glory)
　406, 409, 420, 500, 554, 561-566
영생(eternal life)
　241, 261, 264-265, 509, 537

영성(spirituality) 215-217
영원(eternity) 123, 155
영적 전쟁(spiritual warfare) 148-150
영지주의자, 영지주의(gnostics, gnosticism) 66, 136, 288-289
영혼(soul) 113, 183-189, 531, 538-540
영혼멸절설(annihilationism) 550
예레미아스(J. Jeremias) 269
예루살렘 공의회(Council of Jerusalem) 487
예배(worship) 35, 110, 115-116, 120-121, 162-164, 248, 263, 270, 300, 355-356, 359, 416-417, 445-449, 502-503, 566
'예수 세미나'('Jesus Seminar') 299
예언(prophecy) 273-274, 453
　의 성취(fulfilment of) 102, 518-521
예지(foreknowledge) 380
오순절(Pentecost) 413, 424, 456
오컴의 면도날(Occam's razor) 99
와츠(I. Watts) 398
완전론(perfectionism) 401
외경(Apocrypha) 63-66
요세푸스(Josephus) 316, 320
요한 바오로 2세(John Paul II) 495
용서(forgiveness) 303-306, 308-315, 318-323, 328-329, 350-351, 356
우상, 우상숭배(idols, idolatry) 163, 203, 231
우주론(cosmology) 68, 139-147
우주론적 논증(cosmological argument) 95-97, 136-138
워치만 니(Watchman Nee) 184
워필드(B. B. Warfield) 61
월스(A. Walls) 495
웨스트민스터 신앙고백(Westminster Confession) 25, 69, 76
웨슬리(C. Wesley) 314, 386
웨슬리(J. Wesley) 184, 473
위격적 연합(hypostatic union) 292
위더링턴(B. Witherington III) 278
윌킨스(U. Wilkins) 269
유기(reprobation) 380-381
유대교(Judaism) 63, 187, 269, 275, 279, 298, 304, 309, 315-316, 436, 523-528
유비(analogy) 45-46, 107, 276
유신론의 근거(grounds for theism) 93-107, 283
유월절(Passover) 467, 471, 474-476
유일신교(monotheism) 385
유티케스, 유티케스주의(Eutyches, Eutychianism) 291
율법(law) 34, 100, 124, 303, 310-318, 335
은사주의 운동(charismatic movement) 413, 489, 495
은혜(grace) '하나님: 의 은혜', '은혜의 수단'을 보라.
은혜의 수단(means of grace) 461-483
이레나이우스(Irenaeus) 182
이분설(dichotomy) 183-184
이성(reason) 26-28, 93-107, 219
이스라엘(Israel) 109, 121, 273-274, 278, 322-323, 379, 387, 423, 475, 508, 523-528
이슬람교(Islam) 95, 154, 157
이신론(deism) 138
이원론(dualism) 136, 146, 186-188
인간 중심 원리(anthropic principle) 98, 176, 179
인간(humankind) 173-250
　안에 있는 하나님의 형상(image of God in) 105, 162-163, 181-182
　의 독특성(uniqueness of) 179
　의 부활(resurrection of) 408-409, 517, 537, 541-542
　의 연대(antiquity of) 179-180
　의 운명(destiny of) 197, 235-241

의 창조(creation of) 135, 176-182
인간의 몸(human body) 183-189, 244-245, 538-540
일원론(monism) 184-188
입양(adoption) 239, 387-388, 394, 430

자기 인식(self-awareness) 247-248
자비(mercy) '하나님: 의 자비'를 보라.
자연(nature) 135-139, 165-167, 194-196, 237, 240-241, 246, 418-419
자연 신학(natural theology) 94-103
자유(freedom) 204-205, 208-209, 214-215
자유 시장 개인주의(free-market individualism) 225-227
장로(elders) 487-488
재세례파(Anabaptists) 476, 493, 529, 558
적그리스도(antichrist) 522-523
전제론적 변증(presuppositional apologetics) 103-104
전천년설(premillennialism) 530-532
정경(canon) 63-66
정사와 권세(principalities and powers) 148-149
제2차 바티칸 공의회(Vatican II) 477, 495
제사장직/사제(priesthood) 453, 476, 486, 492-493
　그리스도의(of Christ) 308-323
젠킨스(P. Jenkins) 497
조건적 불멸설(conditional immortality) 550-552
조로아스터교(Zoroastrianism) 137
존스턴(B. Johnston) 348-349
존재론적 기독론(ontological Christology) 296-298
존재론적 논증(ontological argument) 99-100
종교, 종교적 경험(religion, religious experience) 35-36, 93, 227-231, 498-499, 509
종교 간 관계(inter-faith relations) 498-499
종교개혁(the Reformation) 492-493, 528-529
종교개혁자들의 가르침(teaching of the Reformers) 315, 334-335, 338, 343, 346, 405, 433, 436-440, 477-478, 487, 492-493, 529, 558
종교친우회(Society of Friends) 440, 468
종말론(eschatology) 507-566
종부성사(extreme unction) 467
죄(sin) 31-32, 34-35, 38-39, 61, 105, 114-115, 125-129, 158-160, 181-182, 200-215, 217, 223, 229-232, 306-330
　사회적(social) 210-211
　용서받을 수 없는(unpardonable) 213-214
　원죄(original) 205-207
　의 결과(effects of) 207-213
　의 범위(extent of) 204-205
죄책(guilt) 34-35, 126-132, 310-322, 333-338, 343-351
주교직(bishops) 438-439, 453, 486-487, 489-490
죽음(death) 173-175, 197, 209, 212-213, 237, 241, 249-250, 266-271, 322-323, 325, 536-538, 541, 552-553
중간 상태(intermediate state) 187, 538-540
중동 정치(Middle East politics) 559
중생(regeneration) 86-87, 114, 123, 136, 369, 376-377, 381-383, 403, 417-418, 452
증언(witness) 265-266, 326, 441, 503
　그리스도인의(of Christians) 40
　성경의(of Scripture) 39
지식(knowledge)
　인간의, 하나님에 관한(human, of God)

30-41, 162-163, 369-370, 554, 566
　　하나님의(God's) 31, 44-45, 124-125, 380
지옥(hell) 546-548
지적 설계(intelligent design) 23
　　결과와 한계(effects and limitations)
　　　36-37
지혜(wisdom) 38, 125, 418
　　하나님의(of God) 46, 110, 169, 279
지혜 문학(wisdom literature) 47, 79
진리(truth) 53-55, 124-126, 284, 384,
　　　392-394, 447
진화/진화론(evolution/theory of evolution)
　　　177-178
집사(deacons) 486-489

창세기의 창조 기사(Genesis creation
　　　accounts) 145-147
창조(creation)
　　계속되는(continuing) 138-139, 264
　　교리(doctrine of) 135-150
　　무로부터의 창조(creation *ex nihilo*)
　　　135-138, 178
　　세계(the world as) 135-144, 165-167,
　　　194-196, 353-354
　　영적 세계/존재의(of spiritual world/
　　　beings) 148
　　와 삼위일체(and the Trinity) 135
　　의 날들(days of) 145-147
　　의 증언(witness of) 33-34
　　의 청지기직(stewardship of)
　　　142, 165-167, 188, 196, 212
　　인간의(of humankind) 136, 176-182
　　행위(act of) 33-34, 45, 110-111, 120,
　　　135-150, 165-167, 264
창조된 영(created spirits) 148-150
천국/하늘(heaven) 160, 195, 241, 250,
　　　266-271, 397-398, 541, 552

천국의 보상(heavenly rewards) 128, 545
천년왕국(millennium) 528-534
천사(angels) 110, 148, 186, 294, 297
철학(philosophy) 53, 94-104, 267, 290
초자연(supernature) 139-140
츠빙글리(U. Zwingli) 468, 477
치유(healing) 418
칭의(justification) 310-318
　　와 믿음(and faith) 385-387
　　와 성화(and sanctification) 335, 394-405

카이퍼(A. Kuyper) 46, 50, 182, 353
칸트(I. Kant) 100, 267
칼람 우주론적 논증(Kalam cosmological
　　　argument) 96-97
칼뱅, 칼뱅주의(J. Calvin, Calvinism) 36, 38,
　　　44, 53, 69, 76-77, 93, 102, 118, 121, 153,
　　　164, 174, 182, 190, 250, 254, 313,
　　　334-335, 346, 377, 393, 439, 441,
　　　477-478, 492-493, 529, 546
'칼뱅주의적 밖에서'('Calvinist extra') 294
칼케돈(Chalcedon)
　　　287, 292, 294, 296-297, 491
캐리(W. Carey) 473
케노시스(*kenosis*) 294-296
케직 사경회(Keswick Convention) 412
켈리(J. N. D. Kelly) 156-157
코페르니쿠스(Copernicus) 146
콘스탄티노플 공의회(Council of
　　　Constantinople) 291
쿠퍼(J. W. Cooper) 187
퀘이커(Quakers) '종교친우회'를 보라.
크레이그(W. L. Craig) 96, 104, 13, 275
크리슈나(Krishna) 229
키르케고르(S. Kierkegaard) 253, 353
키프리아누스(Cyprian) 491
킹슬리(C. Kingsley) 142

타락(the fall) 31-32, 35, 37, 49, 149, 159,
　　200-202, 205-207
　의 결과(effects of) 207-213
테일러(V. Taylor) 276
템플(W. Temple) 280, 295
토런스(T. F. Torrance) 33
토마스 아퀴나스(Thomas Aquinas) 95
토저(A. W. Tozer) 162
투르니에(P. Tournier) 348
트라야누스에게 보낸 플리니우스의 서신
　　(Pliny's Letter to Trajan) 288
트렌트 공의회(Council of Trent) 467
특수 상대성 이론(special relativity) 137,
　　143, 157
'틈새의 하나님'('God in the gaps') 141

파디야(R. Padilla) 441
파루시아(*parousia*) 513-523
패커(J. I. Packer) 13-14, 68, 344
퍼거슨(M. Ferguson) 217
페미니즘(feminism) 190-191
페일리(W. Paley) 97
펜로즈(R. Penrose) 99
펠리칸(J. Pelikan) 300
평화(peace) 133, 284, 318-322, 359, 564
포스트모더니즘(postmodernism) 221-224
프랑스(R. T. France) 138
프로이트(S. Freud) 218
프리드먼(A. Friedman) 137
프톨레마이오스(Ptolemy) 146
플라톤, 플라톤주의(Plato, Platonism) 97,
　　100-101, 136, 185, 537
플루(A. N. Flew) 97-99, 144
피터슨(E. Peterson) 481
필드(D. Field) 196
필론(Philo) 316, 320

하나님(God)
　계시에 나타난 낮추심(condescension of in
　　revelation) 44-45
　의 거룩(holiness of) 125-133, 305
　의 공의(righteousness of) 128, 542-546
　의 내재하심(immanence of) 138-142
　의 말씀(Word of) '성경'을 보라.
　의 무한성(infinity of) 120
　의 부성(fatherhood of) 110-111, 118-133,
　　430, 545
　의 불변성(immutability of) 120
　의 사랑(love of) 33, 115, 129-133,
　　310-318, 336-337, 339-342
　의 삼위일체(tri-unity of) 103, 109-116.
　　또한 '삼위일체'를 보라.
　의 선하심(goodness of) 36, 132
　의 속성(attributes of) 118-133, 162-165
　의 신실하심(faithfulness of) 120
　의 영광(glory of) 119-121, 126, 162-165,
　　262-263, 405, 445, 514-515
　의 영원성(eternity of) 124
　의 은혜(grace of) 115, 129-133, 303-305,
　　308-323, 339-340, 343-348, 350-351,
　　375
　의 이름(names of) 262
　의 인격성(personality of) 109-110
　의 자비(mercy of) 132, 308-323, 387
　의 자유(freedom of) 62, 121-125,
　　153-154, 162-163, 167-170, 377-380,
　　561-562
　의 자존성(self-existence of) 120
　의 전능(omnipotence of)
　　58-61, 67-71, 123
　의 전지(omniscience of) 124-125
　의 정의(justice of) 128-129
　의 존재(being of) 93-107
　의 주권(sovereignty of) 81, 121-125,

138-139, 153-160, 277, 324, 381-383,
405-407, 429-430, 507-511
의 진노(wrath of) 129, 208-209,
318-322, 339-342, 343-348, 350,
405-407, 475, 542-552
의 처벌(divine punishment) 128-129,
310-318, 334-335, 338-351. 또한
'하나님: 의 진노'를 보라.
의 초월성(transcendence of) 106-107,
115, 136, 179, 378-379
의 편재(omnipresence of) 123-124,
428-429, 515-516, 554
의 허용적 의지(permissive will of) 155
존재의 증거(proofs of existence) 93-107
주 되심/주권(lordship/sovereignty)
121-125
창조주이신(as creator) 31, 33-34,
135-150, 165-167, 175-182, 264, 381,
400
하나님 나라, 천국(kingdom of God,
kingdom of heaven) 237-239, 277-278,
323-324, 429-430, 507-511
하나님의 어린 양(Lamb of God)
321, 427, 566
하나님의 형상(image of God) 105, 162-163,
181-182
하이데거(M. Heidegger) 536
하지(C. Hodge) 93
할례(circumcision) 471-472
합리주의(rationalism) 219
해석학(hermeneutics) 73-83
해석학적 순환/나선(hermeneutical circle/
spiral) 73-74
해체주의(deconstructionism) 73
허블(E. Hubble) 137
헌신(consecration) 358, 446, 470. 또한
'성화'를 보라.

호킹(S. Hawkings) 98
혼외정사(extra-marital sex) 192-193
화목(propitiation) 318-322
화체설(transubstantiation) 477
화해(reconciliation) 318-322, 424
확신(assurance) 53-55, 267-270, 379-380,
392-394
환경/지구 온난화(environment/global
warming) 23, 166-167, 196, 217, 419
환대(hospitality) 451, 503
환생(reincarnation) 540
회개(repentance)
106, 305, 383, 437, 469, 503
회심(conversion) 381-383, 403
효과적 소명(effectual call) 381
후천년설(postmillennialism) 529-530
흄(D. Hume) 97-98, 144, 218
희생 제사(sacrifice) 304-306, 309, 319-323,
474-478
힌두교(Hinduism) 137, 157, 540
힐라리우스(Hilary) 156

DNA 98

옮긴이 **안종희**는 서울대학교 지리학과와 환경대학원(교통계획학 전공), 장로회신학대학원을 졸업했다. 옮긴 책으로는 『기업가형 리더십』 『시대가 묻고 성경이 답하다』 『예수 혁명』 『삶을 위한 신학』 『은밀한 세계관』 『화해의 제자도』 『교실에서 하나님과 동행하십니까?』(이상 IVP), 『바이블』(지식갤러리), 『피터 드러커의 산업사회의 미래』(21세기북스), 『위닝』(알에이치코리아), 『과학, 인간의 신비를 재발견하다』(시그마북스) 등이 있다.

기독교 교리 핸드북

초판 발행 2017년 7월 21일
무선판 발행 2024년 3월 5일 | 무선판 2쇄 2025년 3월 25일

지은이 브루스 밀른
옮긴이 안종희
펴낸이 정모세

편집 이종연 이성민 이혜영 심혜인 설요한 양지영 박예찬
디자인 한현아 서린나 | 마케팅 오인표 | 영업·제작 정성운 이은주 조수영
경영지원 이혜선 이은희 | 물류 박세율 정용탁 김대훈

펴낸곳 한국기독학생회출판부 | 등록번호 제2001-000198호(1978.6.1)
주소 04031 서울시 마포구 동교로 156-10
대표 전화 (02) 337-2257 | 팩스 (02) 337-2258
영업 전화 (02) 338-2282 | 팩스 080-915-1515
홈페이지 http://www.ivp.co.kr | 이메일 ivp@ivp.co.kr
ISBN 978-89-328-2239-6

ⓒ 한국기독학생회출판부 2017

책값은 뒤표지에 있습니다.
무단 전재와 복제를 금합니다.